惠州市国家税务局

2013 年 8 月 21 日，市国税局党组书记、局长林树山率队做客行风热线面对面，与听众进行交流。

1994 年 9 月 28 日，惠州市国家税务局正式挂牌成立。从 1994 年到 2014 年的二十年时间里，惠州市国家税务局认真贯彻国家税务总局、省国税局和市委、市政府对国税工作的要求，坚持为国聚财、为民收税的税收工作宗旨，围绕服务科学发展、共建和谐税收，积极推进依法治税，强化科学管理，优化纳税服务，加强队伍建设，实现了一个又一个跨越：自 2005 年惠州国税税收总收入首次突破 100 亿元大关之后，惠州国税税收总收入分别于 2008 年、2010 年、2011 年分别突破 200 亿元、300 亿元、400 亿元，2012 年更是历史性地突破 500 亿元大关，惠州也成为继广州、深圳、佛山、东莞之后，广东省第五个国税收入突破 500 亿元大关的地级市。

2003-2013 年，惠州国税税收总额增长了近十倍，为地方财政直接贡献超过 300 亿元。2013 年，全市国税系统完成税收 522.6 亿元，增幅居全省第五位，珠三角第四位，为惠州财政公共预算收入突破 250 亿元做出了重要贡献。十年来，惠州国税办理出口退（免）税 637.2 亿元，仅 2013 年全市国税系统就办理出口退（免）税 142 亿元，直接向企业办理出口退税 93 亿元。

近年来，惠州市国税局以纳税人需求为导向，转变服务理念，创新服务手段，不断提升纳税服务质量和效率：持续简化办税流程、改进办税模式，实行六类涉税业务“同城通办”，着力构建“窗口办税、网上办税、自助办税”三位一体的多元化办税架构；全面开展纳税信用等级评定管理工作，促进纳税信用体系建设；开通 12366 纳税服务热线，为纳税人提供方便、快捷、高效的涉税咨询服务。

新的十年，惠州国税将以“铸担当品质、塑有为团队、建日新国税”为共同愿景，坚持公道正派、严管厚爱的队伍管理理念，通过文化引领、制度规范、领导带头、人人参与，不断凝聚国税事业发展正能量，再谱惠州国税新篇章。

2003-2013 年惠州国税三大指标增长情况图

单位：亿元

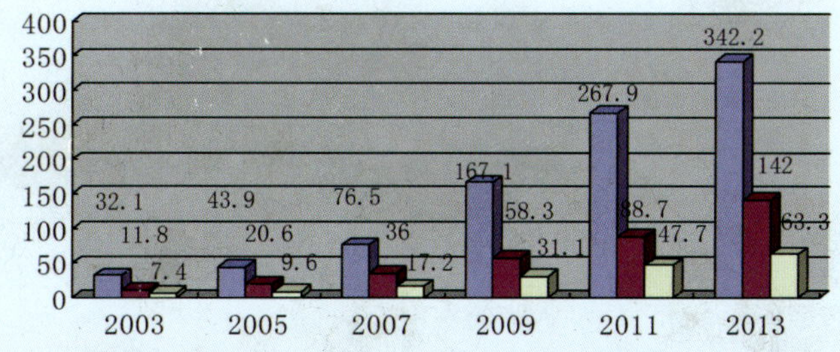

■国内税收收入 ■出口退免税 ■市县级财政收入贡献

2013 年 4 月 9 日，惠州市国税局、地税局联合举行纳税百强榜单发布会。图为：百强纳税人企业代表签到。

2013 年 5 月 1 日，惠州国税自助办税服务终端投入使用，为纳税人提供 24 小时不间断服务。

惠州统计年鉴

HUIZHOU STATISTICAL YEARBOOK

2014

（总第21期）

惠　州　市　统　计　局
国家统计局惠州调查队　编

图书在版编目（CIP）数据

惠州统计年鉴．2014 / 惠州市统计局编．-- 北京：中国统计出版社，2014.9
ISBN 978-7-5037-7183-5

Ⅰ．①惠… Ⅱ．①惠… Ⅲ．①统计资料－惠州市－2014－年鉴 Ⅳ．①C832.653-54

中国版本图书馆 CIP 数据核字（2014）第 182597 号

惠州统计年鉴 — 2014

作　　者 / 惠州市统计局
责任编辑 / 陈越月
装帧设计 / 银世纪广告·九歌传媒
出版发行 / 中国统计出版社
地　　址 / 北京市丰台区西三环南路甲 6 号　邮政编码 /100073
电　　话 / 邮购（010）63376909　书店（010）68783171
网　　址 / http://csp.stats.gov.cn
印　　刷 / 深圳市德信美印刷有限公司
经　　销 / 新华书店
开　　本 / 890mm×1240mm　1/16
字　　数 / 104 千字
印　　张 / 40 印张
版　　别 / 2014 年 9 月第 1 版
版　　次 / 2014 年 9 月第 1 次印刷
定　　价 / 330.00 元

如有印装差错，由本社发行部调换。

《惠州统计年鉴－2014》编委会及编纂人员

主　编：王国付　林金灿

副主编：严伟仁　赵英玲　曾庆忠

陈健生　朱伟玲　谭绮华

编　委：（以姓氏笔划为序）

叶玉琴　叶建文　艾香莲　张协环　陈桂花

林锦来　郭寒宙　高贵明　黄　斌　魏谷芳

编纂工作人员：（以姓氏笔划为序）

区永兴　卢小文　卢德雄　邓　轩　李伟林

李其芬　朱莉莉　邹　丹　张玉珍　张金鹏

张亚飞　余丽红　刘惠锋　杨文华　杨柳梅

陈定国　陈　高　陈国巨　郑春林　林艳云

钟伟红　黄银妹　黄跃栋　梁　蓓　彭燕芬

赖志琼　曾翠凌　黎淑婷

装帧设计：银世纪广告 · 九歌传媒

编 者 说 明

《惠州统计年鉴－2014》（下称《年鉴》），以大篇幅的统计图表形式，汇集了惠州市2013年经济和社会发展的主要指标，而且较全面地反映了建国以来主要年份，特别是"十一五"以来惠州国民经济和社会各方面的巨大变化，全面展示惠州经济社会所取得的辉煌成就。该书资料翔实、图文并茂、实用性强，是社会各界人士认识和掌握惠州经济、社会发展规律的重要工具书，更是各行各业研究和制订惠州发展战略的客观依据。《年鉴》分成三部分。第一部分，概述。以统计公报的形式全面地介绍2013年惠州市国民经济和社会发展的基本情况。第二部分，统计图。直观形象地反映惠州2007–2013年经济和社会发展主要统计指标的变化情况。第三部分，统计表，包括历史主要经济指标、综合、基本单位、人口、劳动工资、固定资产投资与建筑业、能源、财政金融和保险、价格指数、人民生活、农业、工业、运输和邮电、国内贸易、对外经济及旅游、教育科学和文化、体育卫生社会福利环保及其他等主要统计数据；最后附有全国和全省各市主要经济指标情况及主要统计指标解释。

《年鉴》统计资料来源于各级政府统计部门以及有关业务主管部门。

因行政区划变动及统计范围调整因素，原市直数据均包括在惠城区内；分县（区）统计指标如无单列仲恺区数据，均包含在惠城区内。2013年涉及地区生产总值核算数据部分及F部分2013年数据均为初步统计数。

统计表中的符号说明："空格"除上述情况外，表示无指标数据；"#"表示指标的其中项；"…"表示数据不足最小单位。

本《年鉴》在编辑出版过程中，得到各县（区）统计局、惠州市创世纪传媒中心以及其他有关单位的大力支持和协助，在此深表谢忱！

惠州市城市管理行政执法局

2013 年，在市委、市政府的正确领导下，惠州市城市管理行政执法局深入贯彻落实党的十八大及省、市有关会议精神，紧紧围绕市委、市政府中心工作，紧扣“规范、提质、创新、增效”的工作思路和目标，真抓实干、凝心聚力，以加快推进城市管理转型升级为主线，以深入推进网格化管理责任制为抓手，以落实城市常态化管理为重点，突出抓好市容市貌常态化管理、迎文明城市测评、流动商户疏导、“三网”整合、数字城管建设、队伍培训和廉政建设等十二项重点工作，圆满完成城市管理各项工作，城市管理转型升级步伐进一步加快。2013 年，网络问政事项共接处 1783 宗，解决率 98%，办结率 100%，该项工作成为市的示范点；流动商户之家荣获惠州市社会管理创新二等奖；彻底转变原迎春花市由镇办自行招标方式，实行迎春花市统一交由市公共资源交易中心挂牌公开竞价招标，提高了城市管理公信力和社会管理影响力。

今后，市城管执法局将继续全面贯彻落实党的十八大和习近平总书记视察广东重要讲话精神，紧紧围绕市委、市政府的中心工作，以转型升级为目标，以科学治理为指导，以改革创新为动力，进一步理顺城管体制机制，强化常态管理，为实现我市全国文明城市“三连冠”、推动“尽快进入珠三角第二梯队”作出新的贡献。

2013 年 2 月 8 日，市委书记陈奕威检查迎春花市情况。

2013 年 4 月，我局举办执法业务培训。

2013 年 6 月，我局召开执法信息与监督员大会。

2013 年 6 月，我局组织拆除户外违法广告牌，打造靓丽市容环境。

广东电网有限责任公司惠州供电局

惠州供电局新大楼

500 千伏祯州变电站

惠州供电局是广东电网有限责任公司下属大一型供电企业，下辖惠城、博罗、惠阳、惠东、仲恺和大亚湾等 6 个县（区）级供电局，受广东电网公司委托管理龙门供电局（子公司）。

惠州供电局着力构建适度超前的现代化电网，目前，全局共有 35 千伏及以上变电站 135 座，其中 500 千伏变电站 4 座，220 千伏变电站 23 座，110 千伏变电站 103 座；变电总容量 2569 万千伏安。全市拥有 35 千伏及以上输电线路 5508 千米，其中 500 千伏线路 28 回，线路总长 1228 千米，居南方电网首位。全市 220 千伏及以上主干网基本实现以 4 个 500 千伏变电站为中心，分区供电、相互支持的目标，主网规模与质量基本达到国内领先水平，基本形成“主网坚强、配网可靠、区域协调发展”的网架结构，是三峡电力输入广东和粤东电力外送的重要通道，为珠三角中心送去源源不断的电力资源。

2011 年，惠州供电局供售电量双双突破 200 亿千瓦时大关，跃居全省第 5 位、南方电网五省区第 7 位；2013 年，该局安全生产局面保持稳定，全市最高负荷 435.4 万千瓦，同比增长 8.2%。完成供电量 244.29 亿千瓦时、售电量 234.64 亿千瓦时，同比分别增长 7.75% 和 8.91%；同年，第三方客户满意度提升至 81 分，供电服务在全省社情民意调查中连续 5 年获得满意度第一。

惠州供电局先后荣获“全国精神文明建设工作先进单位”、“全国电力行业用户满意企业”、“全国五一劳动奖状”、“全国供电可靠性金牌企业（B 级）”、“广东省先进基层党组织”、“广东省模范职工之家”等荣誉称号。

惠州仲恺高新技术产业开发区管理委员会

国家统计局局长马建堂到我区企业调研

2013 年 11 月仲恺高新区参加第三届惠州农博会取得圆满成功

麦教猛到我区调研，强调全力提升发展水平，加快建设“科技新城”

第二届云博会高峰论坛举行

杨鹏飞率团赴德国开展择商选资引智系列活动

仲恺高新区是 1992 年经国务院批准成立，并以近代民主革命先驱廖仲恺先生的名字命名的国家级高新区，目前下辖仲恺高新科技产业园、东江高新科技产业园、惠南高新科技产业园、留学人才发展基地 4 个园区以及陈江、惠环、沥林、潼侨、潼湖 5 个镇（街道），区域总面积 500 多平方公里，实际管理面积 320 平方公里，常住人口近 50 万。近年来，尤其是 2010 年新区设立以来，区委、区管委会围绕建设“现代创新型、生态城市型”高新区的核心目标，提出“以战略性新兴产业引领经济社会跨越发展”的战略思路，全力打造了以平板显示、移动互联网、LED、新能源和云计算应用、智能装备制造业为主导的“4+2”特色产业体系，带动经济社会稳健快速发展。2013 年完成地区生产总值 531 亿元，增长 21.5%；规模以上工业总产值突破 2500 亿元，增长 28.1%；主要经济指标提前实现“五年大发展”预期目标，仲恺成为全市最大经济体。

今年以来，高新区以实施“群众路线教育实践年”、“重大项目推进年”、“城市优化年”、“社会建设年”、“生态建设年”五个主题年活动为抓手，全力推进经济社会各项事业发展，争当惠州尽快“进二”排头兵。同时，我区大力推进产业组织招商、制造业主辅分离以及重大项目建设，先后引进信利 AMOLED、锐嘉科通讯、帝晶科技、翠涛自动化等一批“4+2”产业行业龙头企业及细分市场前三名项目，发展后劲更显充足；创新实施重大项目“绿色通道”服务，加快推进慧云创意生态产业园、科技金融新区、信利 AMOLED 等重大项目建设，发展动力持续加码；投入 3000 万元重奖创新人才，启动德国科隆“经济技术交流中心”项目，仲恺高新区综合实力位列中国百强产业园区排行榜第 28 位；此外，经济、社会、文化、教育等重点领域深化改革工作扎实推进，累计投入近 20 亿元打造了“教育发展年”、“城市优化年”、“高中阶段免费义务教育”、民办教师“星光奖”、“仲恺教育云”、“电子书包”、“免费午餐”、“电子教育券”、“儿童窝齿沟封闭”、“恺旋人才计划”、“百校千企”、“免费穿梭电动巴士”、“公共自行车”、“公园进村”、“村村亮”、“百姓有约”等一大批惠民特色品牌和行动计划。

仲恺全景图

惠州仲恺高新区东江高新科技产业园

——发展高新科技 建设东部新城

惠州市委书记陈奕威带队到东江产业园开展“尽快进入珠三角第二梯队”专题调研指导活动。

惠州市委副书记、市长麦教猛带队到东江产业园检查市重点项目建设进度。

东江产业园于2008年12月经市委、市政府批准设立，是惠州市“十一五”、“十二五”期间重点建设的产业园区。2010年2月，纳入仲恺高新区管理范围，成为仲恺高新区“一区四园五镇（街道）”重要组成部分。近年来，东江产业园紧紧围绕“国家级、创新型、生态化、示范性”四个关键词实施建设，坚持产业带动、创新驱动、产城联动，现已进入项目大落户、工程大建设的加快发展的新阶段。目前，园区已开发土地约7平方公里，辖上霞、东兴两个片区。园区内道路、供电、供水、通信、路灯、排水、排污、燃气等市政设施实现“七通一平”配套，科技金融服务持续优化，社会管理日益加强，投资环境日趋成熟。

成立以来，东江产业园以战略性新兴产业引领园区科学发展，积极承接深圳、广州、香港、北京等发达地区的高新技术产业转移，全面掀起“大招商、大建设、大发展”新高潮，加快打造园区核心竞争力，园区经济社会各项事业实现持续、快速、健康发展。园区已引进优质项目100多个，总投资额450多亿元，其中约80%的落户企业为上市公司或正在筹备上市的公司，引进的项目基本进入细分行业前三甲，确保园区经济建设赢在“起跑线”上。目前，园区投产企业达34家，在建项目40多个，筹建项目20多个。引进了华阳集团、拓邦股份、长方照明、雷曼光电、艾比森光电、景阳科技、硕贝德科技、福日电子、华能集团、泓淋通讯、伊利乳业、雪榕生物、泰蒙电脑、胜诺达手机研发等一批优质企业，初步形成了以LED光电、移动互联网等产业为主的战略性新兴产业集群。同时引进了商住地产、医院、科技金融大厦、学校、社会停车场、公交汽车、燃气、加油站、主题公园等配套项目，初步奠定了高新技术产业与科技金融、现代物流、商住地产和学校教育等现代服务业衔接配套、互融发展、优化合理的产业布局。

园区2012年实现工业总产值93亿元，税收2.3亿元；2013年实现工业总产值约158亿元，税收约3.6亿元。2014年有望实现工业总产值230亿元，五年后园区有望实现工业总产值1000亿元以上。园区经济呈现出发展速度快、发展质量高、发展势头猛的特点，将成为仲恺高新区乃至惠州市新的经济增长点和重要的税源地，以及拉动惠州市区东部发展的重要引擎。

园区企业——广东伊利乳业有限责任公司

园区企业——惠州雷曼光电科技有限公司

仲恺高新区惠南高新科技产业园

惠州仲恺高新区惠南高新科技产业园（以下简称：惠南科技园）的前身是惠州（数码）工业园区，成立于2002年1月8日，2006年批准为省级开发区，并更名为"广东惠州工业园区"，2010年2月纳入仲恺高新区"一区四园"整合升格为国家级高新区。近年来，尤其在纳入仲恺高新区管辖以来，在市委、市政府和仲恺高新区委、区管委会的正确领导下，深入贯彻落实科学发展观，真抓实干，园区保持持续快速健康的发展态势。

惠南科创中心

开发建设12年来，惠南科技园初步形成了一个集智能移动通信、平板显示、现代装备制造三大产业为主导的新型产业园区。园区先后获得"国家电子信息产业基地"、"国家火炬计划惠州数码视听产业基地"、"广东省民营科技园"、"广东省小企业创业基地"等多块金牌。2008年，园区综合经济实力进入全省56个省级开发区前十强，2009年荣获"中国十大特色工业园区"称号，2009年、2012年园区集约节约用地评价指标连续两次位列全省前茅。2014年1–9月份，园区累计实现工业总产值128.2亿元，同比增长45.3%；其中，规模以上企业累计实现工业总产值约78.4亿元，同比增长44.1%。

惠南科技园注重科技引领发展，已建成的惠南科技创业中心（简称科创中心）是仲恺高新区（国家级）科技企业孵化器的重要组成部门，总占地面积3.7万平方米，总建筑面积6万平方米，总投资约1.4亿元，建成包括孵化器、加速器、大学生创业基地、成果展示及交易中心、行政服务中心、现代服务业超市、金融服务中心、远程视频会议室、科研人员公寓、商务中心等为一体的创新创业基地。截至目前，入驻企业达50多家。科创中心着力发展新一代移动通讯、电子装备、LED及现代服务业等产业，重点引进自主创新能力强、拥有核心技术和自主知识产权的快速发展的科技型中小企业，力争在2年内取得国家级孵化器资格，实现在孵企业超过100家，在孵企业产值超过50亿元的目标。

展望未来，惠南科技园将坚持"规划引领、产业兴园、创新驱动、产城融合"发展战略，推进园区扩容、经济加速、城市提质、服务增效。力争到2017年，产值规模超700亿元，实现税收超20亿元。同时筹建高端装备制造产业园，启动二期征地，力争引进德赛集团项目，朝着千亿产业园区的目标迈进。届时，惠南科技园将建成一个人文生态型、科技创新型、宜居宜业型、和谐幸福的新园区，为惠州尽快进入珠三角第二梯队做贡献。

园区全景

惠环街道

惠环街道办事处位于惠州市仲恺高新技术产业开发区中心，辖区面积31平方公里，下辖西坑、红旗、平南3个村委会和古塘坳、中星、斜下、惠新4个社区居委会，户籍人口约2.1万人，常住人口共约17万人。惠环街道与惠城区一衣带水，素有惠州“南出口”之称，地缘区位优势明显，仲恺大道与惠深高速贯穿其中，惠河高速、惠澳铁路经过辖区，正在建设的莞惠城际轨道也在此设站，成为连接深莞港三地的重要交通枢纽。

仲恺高新区宜居宜业中心。近年来，惠环街道以促进经济增长为中心，以狠抓政府服务管理为主线，实现经济社会健康快速发展。惠环街道坚持做好企业和项目的跟踪服务，大力培植税源；积极引进先进制造业和现代服务业企业，推动产业转型升级；持续加大对基础设施、环境卫生、教育提升、文化惠民、平安创建等方面的投入，大力改善民生；加强规范、监督和引导，不断发展壮大农村集体经济和个体经济；全方位提升人民群众幸福指数，着力将惠环打造成为仲恺高新区宜居宜业中心。

仲恺高新区的门户花园和商贸服务枢纽基地。近年来，惠环街道依托仲恺高新区的辐射作用，各项重要经济指标稳步增长，特别是2010年2月区划调整以来，惠环街道在仲恺高新区委、区管委会的正确领导下，适时提出了“打造仲恺高新区的门户花园和商贸服务枢纽基地”的发展目标，加快转型升级，大力发展现代服务业和先进制造业。目前，惠环辖区有企业1200多家，其中规模以上企业130家。2013年实现地区生产总值(GDP)95.3亿元，同比增长7.4%，其中，第一产业为0.4亿元，第二产业为68.9亿元，第三产业为26亿元，三产比例为0.4：72.3：27.3；完成工业总产值353.64亿元；完成社会固定资产20.06亿元；实现一般预算收入6447万元，同比增长3%；工商税收收入完成28086万元，同比增长36.85%。

建设中的莞惠城际轨道

惠环街道中心区一角

水口街道办事处

水口街道位于惠州市区东部，是广东省首批中心镇（办），总面积120平方公里，下辖17个村委会和4个社区居委会，总人口约16万人，其中常住人口5.4万，外来人口10.6万。水口地理位置优越，交通便利，惠州市三环路、惠州大道、省道120线、广惠高速和规划建设中的惠大高速、四环路穿境而过，与市、区乃至珠三角一体化交通网络已初步形成，是产业发展的理想区域。

近年来，水口坚持“工业进园、商住进区”的发展理念，以打造“惠州市区东部新城”为目标，全面推动产业结构转型升级。东江沿线绿色蔬菜基地面积不断扩大，海纳粮油、粤东花木大世界、绿湖园艺等农业龙头企业加快发展，确立了以无公害蔬菜、有机米、名贵花木为主的特色农业发展格局;雷克萨斯4S店、皇冠假日五星级酒店、光辉家居CBD先后建成运营，蓝波湾、合生国际新城、天地源、宝安山水龙城等一批大型高尚住宅小区相继建设;辖区聚集了南旋、澳宝、宏凯、天宝、棉王纺织、大西洋服饰等400多家企业，产业聚集效应和规划效应凸显，为推动水口经济社会跨越发展奠定了基础。

近年来，水口先后荣获“广东省教育强镇”、“广东省群众性体育活动先进单位”、“惠州市卫生先进镇”“惠州市尊师重教先进单位”等荣誉，街道党政班子被市委、市政府评为“科学发展好班子”称号。

水口文化体育中心

水口广场全景图

水口鸟瞰图

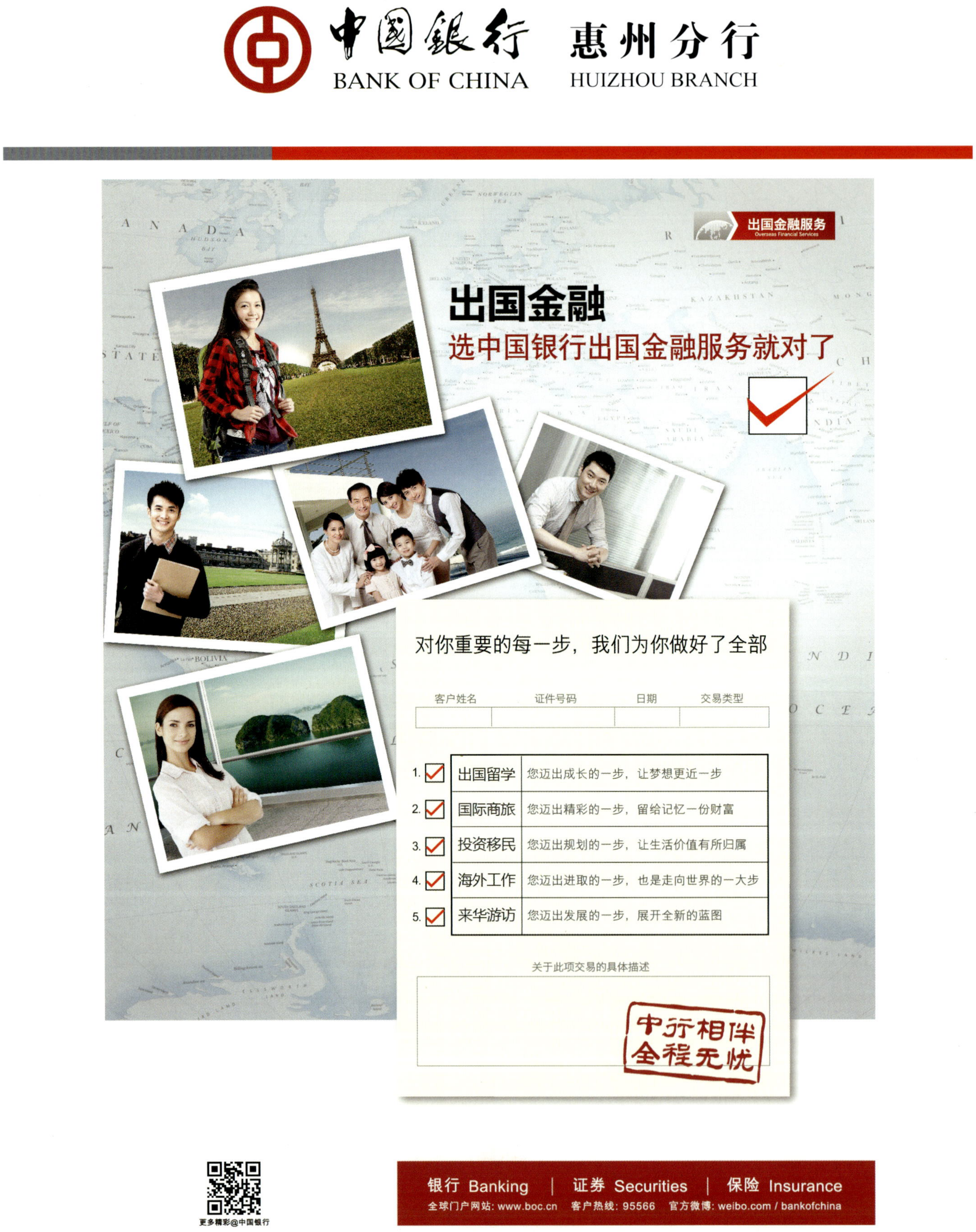
中国银行 BANK OF CHINA
惠州分行 HUIZHOU BRANCH
出国金融服务
Overseas Financial Services
出国金融
选中国银行出国金融服务就对了
对你重要的每一步，我们为你做好了全部
客户姓名
证件号码
日期
交易类型
1. 出国留学 您迈出成长的一步，让梦想更近一步
2. 国际商旅 您迈出精彩的一步，留给记忆一份财富
3. 投资移民 您迈出规划的一步，让生活价值有所归属
4. 海外工作 您迈出进取的一步，也是走向世界的一大步
5. 来华游访 您迈出发展的一步，展开全新的蓝图
关于此项交易的具体描述
中行相伴
全程无忧
更多精彩@中国银行
银行 Banking | 证券 Securities | 保险 Insurance
全球门户网站: www.boc.cn 客户热线: 95566 官方微博: weibo.com / bankofchina

廣東南粵銀行
GUANGDONG NANYUE BANK

惠州分行

广东南粤银行成立于1998年1月，至2014年上半年，资产规模已超过1500亿元。广东南粤银行始终坚持“立足广东、面向全国、放眼世界”的发展愿景，始终坚持“业务走出去、机构走出去、人才走出去、品牌走出去”的发展战略，经过持续的改革创新，已发展成为一家极具活力的区域性股份制商业银行。目前除湛江总部外，已在广州、深圳、重庆、长沙、佛山、东莞、肇庆、江门、惠州、揭阳等10多个城市开设了分支机构，并作为发起行设立了中山古镇南粤村镇银行。

在惠州市各级党委、政府，监管部门及社会各界的支持下，广东南粤银行惠州分行于2013年12月4日正式开业，经营地点位于惠城区三环南路与演达大道交汇处。开业当天，广东南粤银行与惠州市人民政府签订了战略合作协议。经过近一年的时间，经营管理走上正轨，业务发展蒸蒸日上。

广东南粤银行自进驻惠州以来，紧紧坚持“服务中小企业、服务三农、服务市民”的市场定位，围绕惠州经济社会发展主线，积极践行社会责任，支持行业遍及电子信息、石油化工、汽车产业、现代农业等行业，通过BT项目贷款、商业物业经营抵押贷等产品支持惠州市基础设施建设；通过1+N业务、订单融资等产品支持重点产业发展；通过超值贷、超市贷、共同基金等产品支持小微企业发展，在当地银行业中落地首个针对惠州鞋业行业集群授信项目。同时，有一系列服务社会、让利于民的举措：一是存款利率在央行基准利率基础上全线上浮10%；二是现有银行卡及结算业务的优免政策，包括全球ATM取款免费、全国ATM转账免费、网银转账汇款免费、手机短信银行转账免费等免费服务，为客户提供便捷、优质的金融服务；三是可根据客户需求定制专属理财产品，收益高、期限灵活；四是有蓄利宝、微信银行、手机银行等系列市民受用的产品和服务；五是成为我行贵宾客户，可享受专业法律、机场贵宾、导医导诊、健康体检等贵宾权益。

展望未来，广东南粤银行惠州分行将继续发扬“正气、责任、创新、超越”的“南粤精神”，立足惠州、服务惠州、扎根惠州，进一步加深银政、银企合作，围绕惠州经济社会发展核心目标，扶持与培育一批优质企业与客户，与企业共同发展，利用各类特色产品和服务，为社会公众、广大企业提供更优质的金融服务。

南粤風　及時雨

网上银行：www.gdnybank.com　　客服热线：0752-8226660

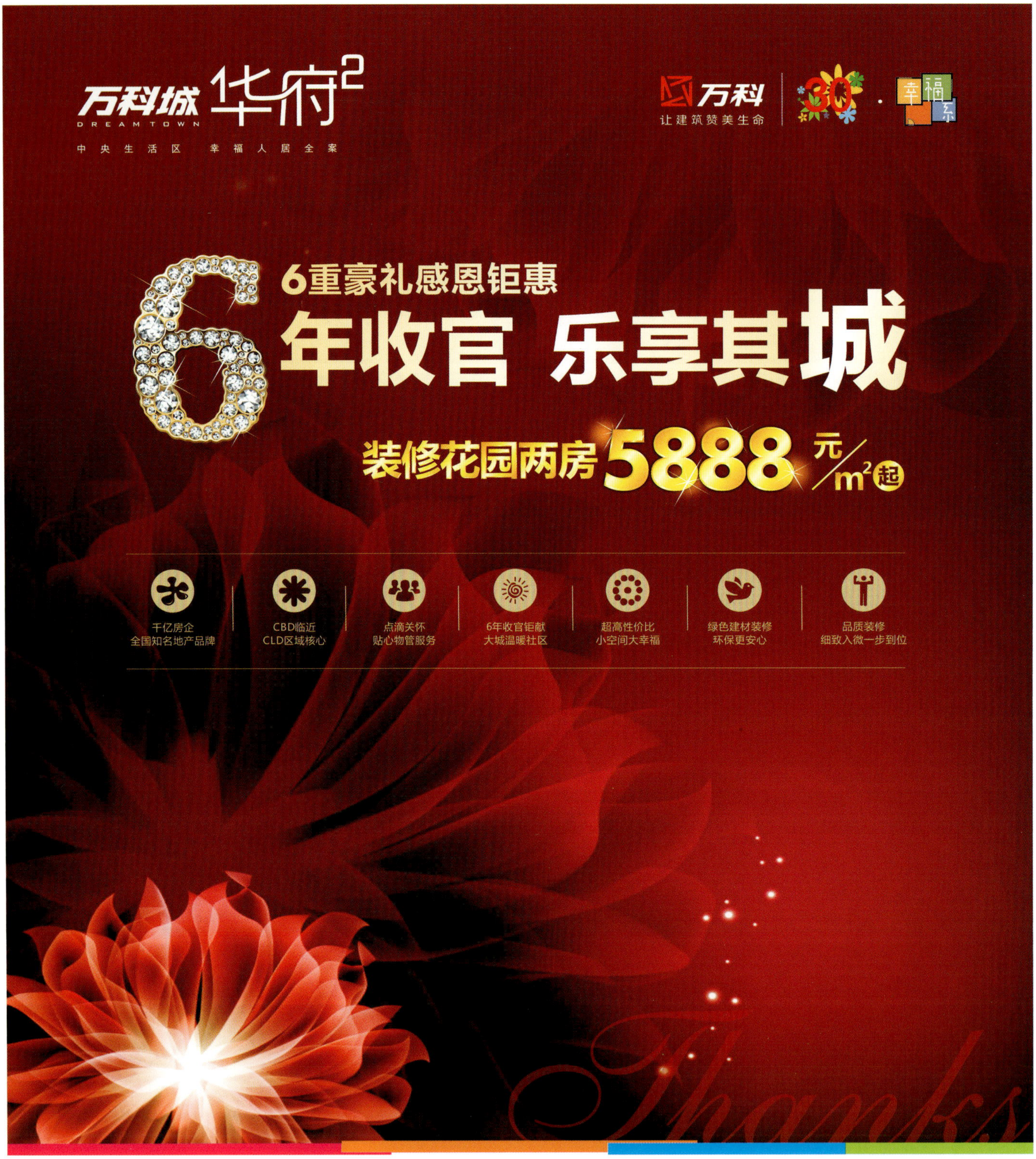
万科城 华府²
DREAMTOWN
中央生活区 幸福人居全案
万科
让建筑赞美生命
幸福系
6重豪礼感恩钜惠
6年收官 乐享其城
装修花园两房5888元/m²起
千亿房企
全国知名地产品牌
CBD临近
CLD区域核心
点滴关怀
贴心物管服务
6年收官钜献
大城温暖社区
超高性价比
小空间大幸福
绿色建材装修
环保更安心
品质装修
细致入微一步到位
Thanks

祝 贺 单 位

（排名不分先后）

中共惠州市委党校

惠州市公安局惠城区分局

惠州市公安局交通警察支队

惠州市公用事业管理局

惠州市环境保护局

广东省惠州市惠城区国家税务局

中国移动通信集团广东有限公司惠州分公司

中国邮政储蓄银行股份有限公司惠州市分行

惠城区水务局

惠州仲恺高新区公用事业办公室

惠州市地产总公司

惠州市第一人民医院

惠州市惠城区仍图中学

惠城区江南街道办事处

惠城区三栋镇人民政府

长江证券股份有限公司惠州下埔路证券营业部

惠州市南方水务有限公司

惠州市东江水利工程建设监理有限公司

惠州市水电建筑工程有限公司

惠州市日升昌集团有限公司

惠州市东建物业管理有限公司

创富商贸广场房地产开发（惠州）有限公司

广东鋇豪润建工有限公司

惠州鸿兴建筑五金制造有限公司

志源塑胶制品（惠州）有限公司

目　　录

第一部分　概　述

第二部分　统计图

第三部分　统计表

一、历年主要经济指标

二、综合

三、基本单位

四、人　口

五、劳动工资

六、固定资产投资和建筑业

七、能　源

八、财政、银行和保险

九、价格指数

十、人民生活

十一、农业

十二、工业

十三、运输和邮电

十四、国内贸易

十五、对外经济及旅游

十六、教育、科技和文化

十七、体育、卫生、社会福利、环保和其他

附　录

第一部分

概　述

2013年惠州国民经济和社会发展统计公报

惠 州 市 统 计 局　　国家统计局惠州调查队

2013年，惠州市人民在市委、市政府的正确领导下，紧紧围绕“尽快进入珠三角第二梯队”的总目标，坚持稳中求进、好中求快的总基调，积极应对复杂的国内外经济形势，着力稳增长、调结构、促改革、惠民生，发展活力不断增强，全市经济实现持续快速发展，各项社会事业取得新的进步。

一、综　合

初步核算，全市实现地区生产总值（GDP）2678.4亿元，比上年增长13.6%。其中，第一产业增加值136.7亿元，增长3.6%；第二产业增加值1550.6亿元，增长16.0%；第三产业增加值991.1亿元，增长11.0%。三次产业结构调整为5.1：57.9：37.0。民营经济增加值1018.9亿元，增长13.8%。2013年，惠州市人均GDP57144元，按平均汇率折算为9227美元。

图1

地区生产总值（GDP）

全市地方公共财政预算收入250.1亿元，增长24.5%；地方公共财政预算支出328.1亿元，增长19.7%。其中，教育支出72.6亿元，增长16.0%；社会保障和就业支出26.8亿元，增长21.9%；医疗卫生支出26.3亿元，增长20.5%；节能环保支出28.6亿元，增长281.1%；农林水事务支出26.5亿元，增长0.5%。税收总收入728.7亿元，增长3.5%。其中，国税522.6亿元，下降1.3%，国税中的国内税收收入342.2亿元，增长12.5%，国税中的海关代征税180.5亿元，下降19.9%；地税206.1亿元，增长17.9%。

图2

地方公共财政预算收入

全年市区居民消费价格总水平（CPI）上涨2.1%。其中食品类上涨4.6%，居住类上涨2.3%，衣着类上涨1.9%，家庭设备用品及维修服务类上涨1.4%，烟酒类上涨1.1%，医疗保健和个人用品类上涨0.5%，娱乐教育文化用品及服务类下降2.5%，交通和通信类下降0.1%。工业生产者出厂价格指数（PPI）下降2.9%。

图3

居民消费价格涨跌幅度

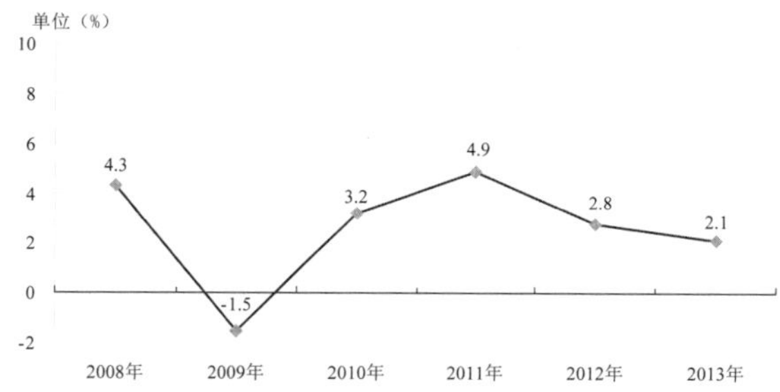

全年城镇新增就业人员65603人，下岗再就业人员21198人，转移农村劳动力10627人，就业困难人员再就业3453人。年末城镇登记失业率为2.25%，比上年末下降0.1个百分点。

二、农　业

全市粮食作物播种面积175.0万亩，比上年下降3.5%；粮食总产量55.7万吨，下降11.1%；蔬菜总产量243.1万吨，增长8.7%；水果总产量66.9万吨，增长5.6%。

全年肉类总产量19.1万吨，比上年下降0.2%。其中，猪肉产量14.2万吨，增长2.0%；禽肉产量4.6万吨，下降6.9%。全年水产品产量15.7万吨，增长4.9%。其中，淡水产品产量7.7万吨，增长4.0%；海水产品产量7.9万吨，增长5.9%。

表1 主要特色农业产品生产情况

指　标	产　量（万吨）	增　长（%）
蔬　菜	243.1	8.7
年　桔	15	-12.6
玉　米	11.9	2.5
荔　枝	7.7	3.6
马铃薯	3.4	-7.1

三、工　业

全年规模以上工业企业 1459 家，实现增加值 1374.6 亿元，比上年增长 17.7%。分行业看，电子行业完成增加值 560.2 亿元，增长 29.3%；石化行业完成增加值 314.1 亿元，增长 9.2%。电子行业、石化行业增加值占规模以上工业增加值的比重分别为 40.8%、22.9%。分企业类型看，外商及港澳台投资企业增加值 843.4 亿元，占规模以上工业增加值比重为 61.4%，增长 19.2%；国有企业增加值 274.3 亿元，占规模以上工业增加值比重为 20.0%，增长 8.4%；民营企业增加值 252 亿元，占规模以上工业增加值比重为 18.3%，增长 31%。规模以上工业企业实现销售产值 6399.1 亿元，增长 17.3%，其中，内销产值 3992.8 亿元，增长 20.2%；出口交货值 2406.3 亿元，增长 12.8%。内外销比例为 62.4：37.6。

全年规模以上工业实现利润总额 236.3 亿元，增长 37.2%，产品销售率 98.2%。

表 2 规模以上工业增加值主要分类情况

指　标	绝对数（亿元）	占比（%）	增长（%）
规模以上工业增加值	1374.6	100	17.7
#轻工业	311.2	22.6	17.5
重工业	1063.4	77.4	18.6
#外商及港澳台投资企业	843.4	61.4	19.2
国有企业	274.3	20.0	8.4
集体企业	2.7	0.2	41.4
民营企业	252.0	18.3	31.0
#电子行业	560.2	40.8	29.3
石化行业	314.1	22.9	9.2
纺织服装、服饰业	19.4	1.4	17.7
皮革、毛皮、羽毛及其制品和制鞋业	38.9	2.8	7.8
非金属矿物制品业	33.6	2.4	28.5
汽车制造业	37.1	2.7	25.5

表 3 规模以上工业主要电子产品产量情况

产品名称	绝对数（万部）	增 长（%）
电话单机	2228.7	2.6
激光音、视盘机	13464.0	−15.9
组合音响	905.8	4.6
电视接收机顶盒	425.0	−14.4
半导体存储器播放器(含 MP3、MP4)	65.2	−58.6
彩色电视机	1403.8	5.8
液晶 (LCD) 电视机	1372.1	19.0
移动电话机	28726.7	55.7
微型电子计算机	84.9	−8.6

表 4 规模以上工业其他主要产品产量情况

产品名称		绝对数	增长（%）
锂离子电池	万只（自然只）	25880.5	82.0
皮革鞋靴	万双	12096.2	−0.6
服装	万件	11534.0	1.6
水泥	万吨	1787.6	18.3
塑料制品	万吨	15.1	5.1
发电量	亿千瓦时	194.5	−8.4

四、固定资产投资和房地产

全年固定资产投资 1401.3 亿元，比上年增长 18.6%。分城乡看，城镇投资 1243.5 亿元，增长 11.6%；农村投资 157.8 亿元，增长 67.4%。分投资主体看，国有经济投资 265.4 亿元，增长 13.0%；民间投资 863.6 亿元，增长 20.1%；港澳台、外商经济投资 228.9 亿元，增长 13.0%。

全年工业固定资产投资 423.7 亿元，增长 20.8%。其中，石化行业投资 55.9 亿元，增长 62.3%；电子行业投资 117.6 亿元，增长 30.1%。

图 4

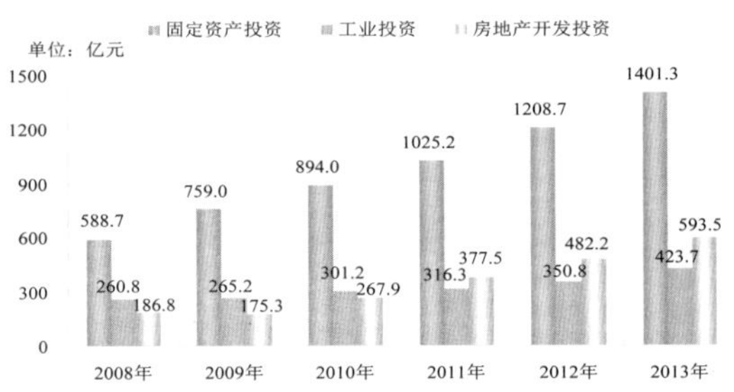

全年房地产开发投资 593.5 亿元，增长 23.1%；商品房建筑面积 5810.7 万平方米，增长 26.9%；商品房竣工面积 634.8 万平方米，增长 24.7%；商品房销售面积 1149.5 万平方米，增长 39.0%；商品房销售金额 672.1 亿元，增长 40.5%。

表 5 商品房销售面积分类情况

指　标	绝对数（万平方米）	占 比（%）
商品房销售面积	1149.5	100
#住宅	1092.8	95.1
90 平方米以下	345.0	30.0
90-144 平方米	512.2	44.6
144 平方米以上	235.6	21.5
别墅、高档公寓	106.4	9.3
办公楼	8.6	0.8
商业营业用房	37.4	3.3

五、国内贸易

全年社会消费品零售总额857.9亿元，比上年增长13.5%。分地域看，城镇消费品零售额707.5亿元，增长15.4%；农村消费品零售额150.4亿元，增长6.4%。分行业看，批发业零售额96.2亿元，增长14.9%；零售业零售额685.6亿元，增长14.4%；住宿业零售额15.2亿元，增长1.8%；餐饮业零售额60.9亿元，增长8.3%。

从限额以上批发和零售业商品零售额看，食品、饮料、烟酒类增长21.5%，服装、鞋帽针纺织品类增长10.8%，化妆品类增长0.1%，金银珠宝类增长47.7%，日用品类增长11.3%，体育、娱乐用品类增长6.6%，书报杂志类增长23.2%，家用电器和音像器材类增长13.2%，中西药品类增长68.2%，文化办公用品类增长18.9%，通讯器材类增长14.5%，石油及制品类增长14.2%，汽车类增长27.3%，建筑及装潢材料类增长389.9%。

图5

社会消费品零售总额

六、对外经济

全年外贸进出口总额573.9亿美元，比上年增长16.0%。其中，出口333.2亿美元，增长14.1%；进口240.7亿美元，增长18.6%。进出口差额（出口减进口）92.5亿美元，比上年增加3.4亿美元。

图6

外贸出口和实际利用外商直接投资

表6 外贸进出口主要分类情况

指　　标	绝对数（亿美元）	增长（%）
出口额	**333.2**	**14.1**
#“三资”企业	284.5	16.7
国有企业	5.3	-11.4
集体企业	…	-30.2
私营企业	22.0	-6.4
#机电产品	284.6	16.9
高新技术产品	216.4	21.0
鞋类	8.0	5.4
服装	11.2	-13.0
进口额	**240.7**	**18.6**
#“三资”企业	224.5	21.1
国有企业	8.8	-13.3
私营企业	7.2	-1.0
#机电产品	203.9	23.0
高新技术产品	174.4	28.0
服装及衣着附件	0.1	-7.5

从出口市场看，2013年主要出口市场的占比分别为：韩国38.7%、香港26.1%、美国11.7%、欧盟7.1%、拉丁美洲3.8%、东南亚3%、日本2.5%，这七大市场占比合计93.0%。

全年共签订外商直接投资项目合同284宗，下降13.1%；外商直接投资合同金额28.9亿美元，增长8.9%；实际利用外商直接投资18.3亿美元，增长6.2%。全年工商注册新登记外商投资企业339家，新增注册资金6亿美元。年末全市工商登记外商企业实有6627家。其中，香港4292家；台湾、英属维尔京群岛、萨摩亚合计871家；韩国163家；美国103家；日本67家；欧洲34家。

表7 实际利用外商直接投资分行业情况

指　标	合同数（宗）	实际利用外资	
		（万美元）	增长（%）
合　计	**284**	**183417**	**6.2**
第一产业	13	445	-85.0
第二产业	140	146522	11.8
#制造业	136	143946	10.9
第三产业	131	36450	-6.0
#房地产业	1	3064	-55.6
批发和零售业	117	25518	38.2
住宿和餐饮业	2	1268	430.5

表8 实际利用外商直接投资分地区情况

指标	合同数（宗）	实际利用外资（万美元）	增长（%）
合计	284	183417	6.2
香港	237	97443	-10.3
台湾	10	521	-33.8
韩国	12	4885	-20.6
维尔京群岛	3	19739	-14.1
美国	1	473	-66.8
日本	2	10311	1360.5
其它	19	50045	56.0

七、交通、邮电和旅游

年末全市境内公路通车里程总长11234公里。其中等级公路10703公里，高速公路492公里。通车里程公路密度为99公里/百平方公里；等级公路密度为94公里/百平方公里。全年沿海港口完成货物吞吐量4784万吨，其中港口集装箱吞吐量112万吨。

表9 各种运输方式完成客货运输量情况

指标		绝对数
旅客运输总量	**万人**	17285
#铁路	万人	612
公路	万人	16661
水路	万人	12
货物运输总量	**万吨**	19312
#铁路	万吨	249
公路	万吨	9534
水路	万吨	9529
港口货物吞吐量	**万吨**	8045
#沿海港口	万吨	4784

年末全市民用汽车保有量41.4万辆，比上年末增长15.7%，其中私人汽车36.1万辆，增长18.3%。民用轿车保有量25万辆，增长19.3%，其中私人轿车23.6万辆，增长20.2%；当年新注册上牌私人轿车4.1万辆，增长18.6%。

全年邮政电信业务收入64亿元，增长2.7%。其中，邮政业务收入2.4亿元，比上年增长1.9%；电信业务收入61.7亿元，增长2.7%。年末固定电话用户131.5万户，其中，城市固定电话用户92.9万户；农村固定电话用户38.6万户。年末移动电话597.8万户；年末3G移动电话用户437.9万户。至年底，共有互联网宽带接入用户110万户。

全市共接待国内外游客3551.4万人次，增长12.6%。接待住宿游客1501.6万人次，增长14.4%，其中国内游客人数1294.6万人次，增长15.4%。全年实现旅游总收入212.7亿元，增长15.5%，其中旅游外汇收入7.7亿美元，增长13.7%。至年底，全市共有旅游景区（点）76个，其中国家5A级景区1个、4A级景区9个、3A级景区2个；旅行社58家；品牌星级酒店72家，其中国际品牌酒店10家；五星级饭店5家，四星级饭店10家；持证导游1831人。

八、金融、保险

年末全市金融机构本外币存款余额3138.8亿元，比上年末增长16.4%。其中人民币各项存款余额2984.9亿元，比上年末增长19.0%。全市金融机构本外币贷款余额2036.9亿元，比上年末增长17.4%。其中人民币贷款余额1826.6亿元，比上年末增长21.7%。

图7

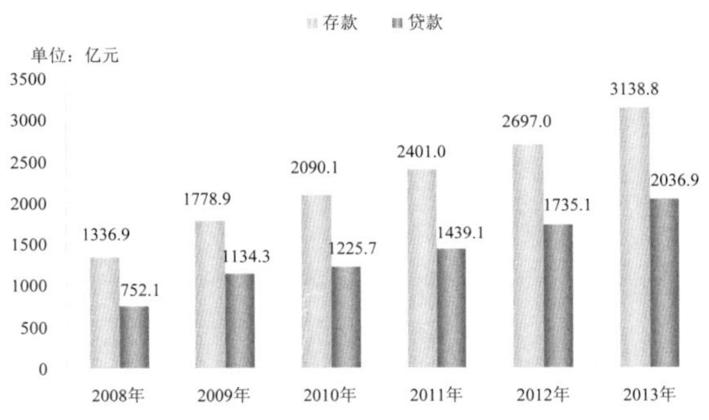

表10 金融机构人民币存贷款情况

指标	年末余额（亿元）	比上年末增长（%）
各项存款余额	2984.9	19.0
#单位存款	1301.6	23.7
个人存款	1574.7	15.2
城乡居民储蓄存款	1534.0	13.6
#城镇	1178.4	12.4
农村	355.6	18.1
各项贷款余额	1826.6	21.7
#短期贷款	335.4	35.3
中长期贷款	1441.5	20.1
#个人消费	611.3	23.2

全市共有各类保险公司50家（含分支机构），全年实现保费收入64.5亿元，增长14.1%。其中，寿险保费收入40.4亿元，增长8.4%；健康险和意外伤害险保费收入1.2亿元，增长11.9%；财产险保费收入22.9亿元，增长26.0%。支付财产险赔款3.94亿元，增长31.3%。

九、教育和科学技术

全市参加当年高考被录取的学生人数27845人，考入中专人数30095人；本地普通高等院校招生8942人；高中毕业生升学率92.85%；初中毕业生升学率98.7%；小学毕业生升学率100%；学龄儿童入学率100%。全市承担的推进义务教育发展国家教育体制改革试点项目获批转为全国示范项目。惠阳区、惠城区、大亚湾经济技术开发区和仲恺高新技术产业开发区被授予“广东省推进教育现代化先进区”称号。

表11 各类教育发展情况

指　标	学校数（所）	招生数（人）	在校生数（人）
普通高等学校	3	8942	27012
普通高中	34	33025	96918
中等职业技术学校	33	31607	95812
普通初中	187	62619	190399
普通小学	460	89068	445608
幼儿园	480	88817	163139

全市新认定省级工程技术研发中心15家，市级16家，至年底全市共有企业技术创新平台189家。全年共申请专利15168件，增长53.3%；PCT（专利合作条约）专利申请154件；专利授权5976件，增长46.0%。其中，发明专利申请2467件，占申请总量的16.3%。全市每万人有效发明专利拥有量2.27件。

十、文化、卫生和体育

年末全市共有博物馆6个，群众文化事业馆（站）79个，公共图书馆5个，广播电台频道7套，电视频道6套。广播人口覆盖率和电视人口覆盖率均为100%。全市有线电视用户74.21万户，数字电视用户53.5万户，娱乐歌舞厅299家，网吧589家。

年末全市共有各类卫生机构（不含村卫生室）1096个，其中，医院、卫生院139个（乡镇卫生院73个）；妇幼卫生保健机构6个；疾病预防控制中心5个；卫生监督所5个。全市拥有病床数19155张，比上年增长11.2%。其中医院、卫生院床位16258张。各类卫生技术人员26991人，比上年增长13.5%。其中执业医师、执业助理医师9578人，注册护士10266人。另外，疾病预防控制中心卫生技术人员384人，卫生监督所卫生技术人员148人。另有村卫生室1508间。

年末全市共有体育馆20个，体育娱乐场所75个。全年体育健儿在省级以上比赛中共获奖牌55枚。其中，获世界赛金牌1枚；获国家赛金牌7枚；获省赛金牌12枚。

十一、人民生活、社会保障和安全生产

全年农村居民人均纯收入14029元，比上年增长13.0%，剔除价格因素，实际增长10.7%。农村居民家庭恩格尔系数为44.1%；农村居民人均住房面积35.6平方米。

市区城镇居民全年人均可支配收入32992元，增长10.1%，剔除价格因素，实际增长7.8%。

年末全市参加城镇职工养老保险197.6万人，比上年下降2.2%；领取养老金通过社会化发放人数9.2万人，增长8.9%。参加失业保险127.4万人，增长37.7%；年末领取失业救济金人数2815人，下降17.4%。城镇职工参加基本医疗保险159.3万人，增长14.2%。

各类收养性社会福利单位床位7836张，收养人员1971人。城镇各种社区服务设施6110个，其中综合性社区服务中心766个。共发行销售福利彩票11.2亿元，筹集福利彩票公益金1.2亿元，直接接收社会捐赠1.8亿元。

全年共发生各类生产经营性安全事故197宗，死亡117人。其中，生产经营性道路交通事故死亡109人，占各类生产经营性安全事故死亡人数的93.2%；工矿商贸企业事故死亡6人，占各类生产经营性安全事故死亡人数的5.1%；亿元地区生产总值生产安全事故死亡率为0.115。

十二、人口、资源和环境

年末全市常住人口470万人，人口密度414人/平方公里。户籍人口343.37万人，户籍人口出生率11.59‰，死亡率4.66‰，自然增长率6.94‰。

全年总用电量248.4亿千瓦时，增长9.3%。其中工业用电176.9亿千瓦时，增长10.5%。年末全市拥有500千伏变电站4座；110千伏以上变电站125座，主变容量2519万千伏安。

至年底，全市建成区面积302.8平方公里，建成区绿化覆盖面积10566公顷；实有铺装道路面积2414万平米，铺装道路长度1887公里；供水管道总长度2781公里，排水管道长度2663公里。供水综合生产能力146万立方米/日，供水总量32531万立方米，其中居民家庭用水量12486万立方米。

年末全市森林面积69.7万公顷，当年造林面积3112公顷。全市共有自然保护区26个，保护区面积8.8万公顷，森林覆盖率61.28%。

注：1、本公报中2013年数据均为初步统计数，统计图中2008-2012年数据为年报数。

2、公报中生产总值、各产业增加值绝对数按现价计算，增长速度按可比价计算。

3、部分数据因四舍五入的原因，存在分项合计不等的情况。

4、表中“…”表示数据不足最小单位。

第二部分

统 计 图

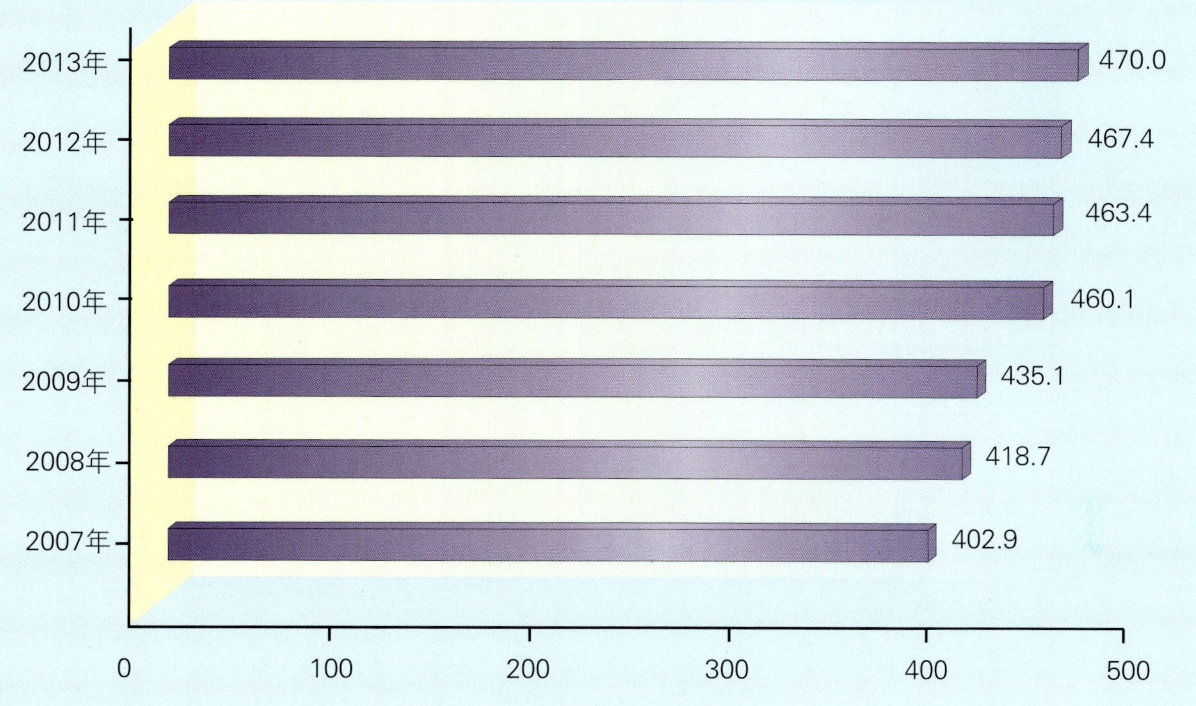

人口密度

单位：人/平方公里

2013年
414
2012年
412
2011年
408
2010年
406
2009年
384
2008年
369
2007年
355
0
150
300
450

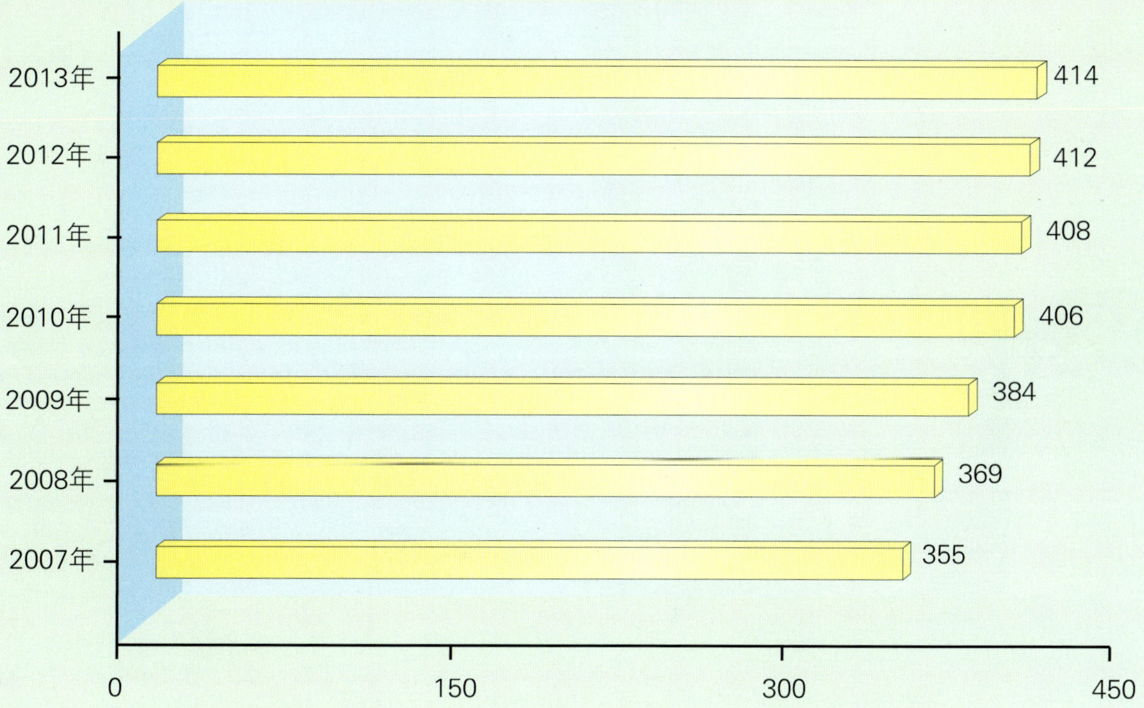

地区生产总值（GDP）

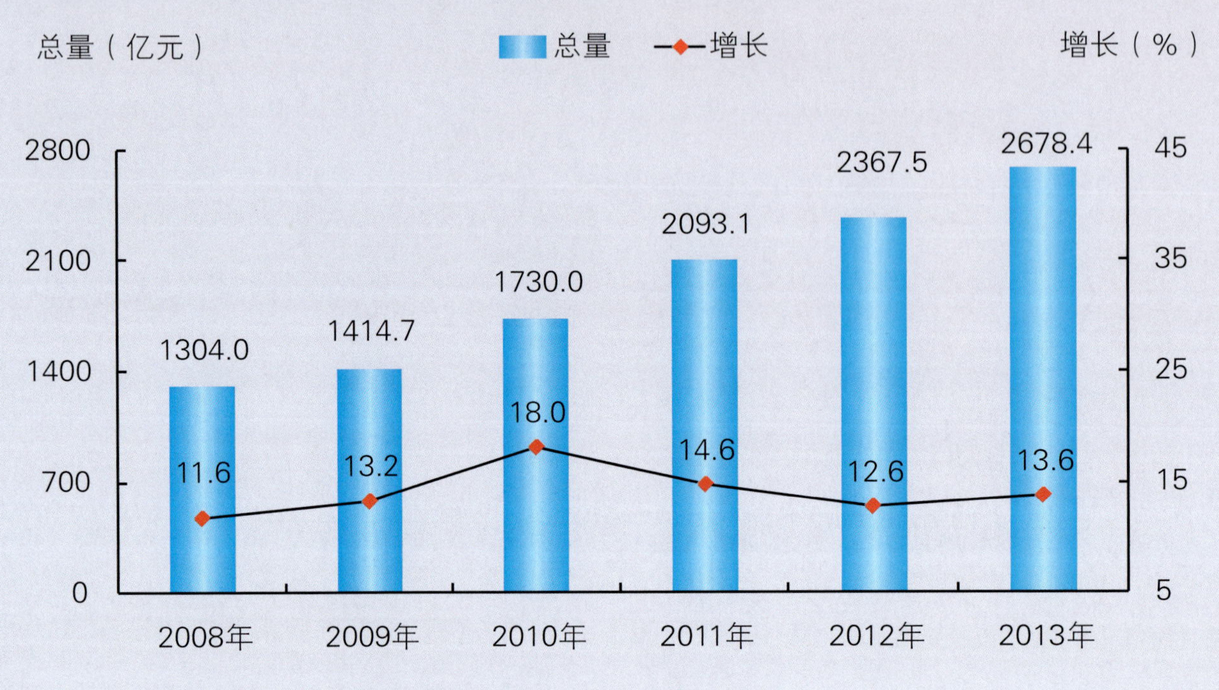

人均地区生产总值

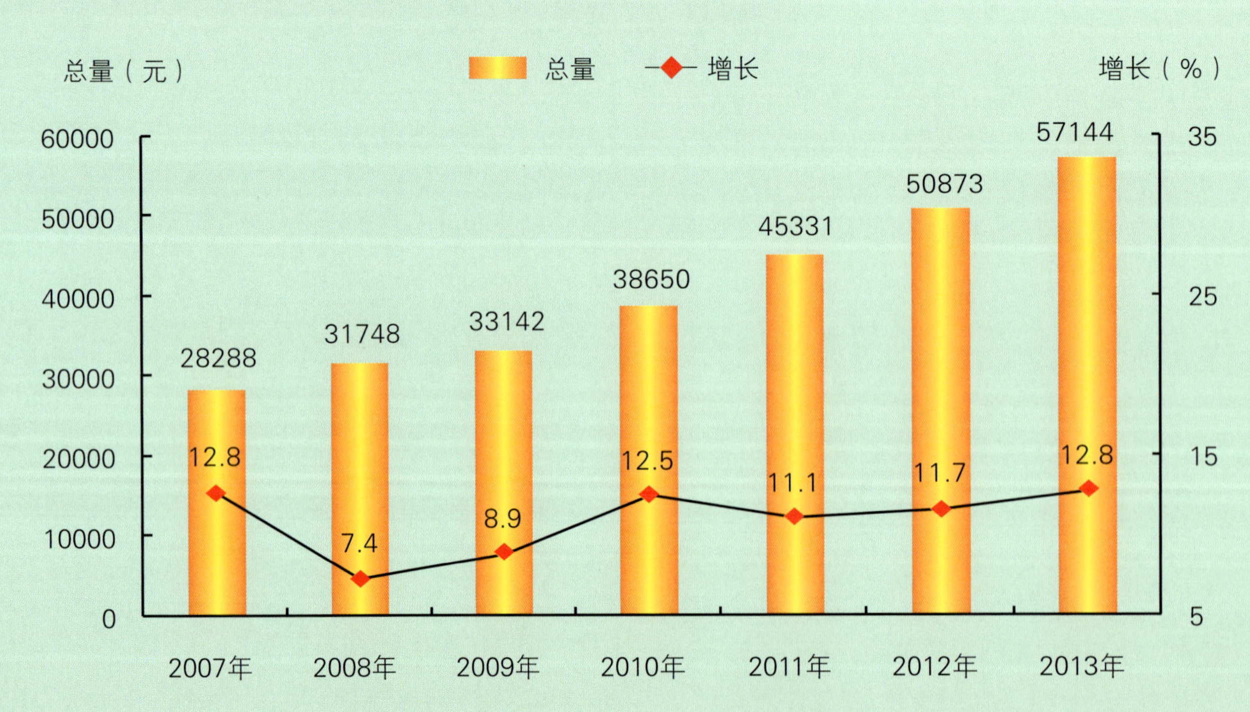

第三产业增加值

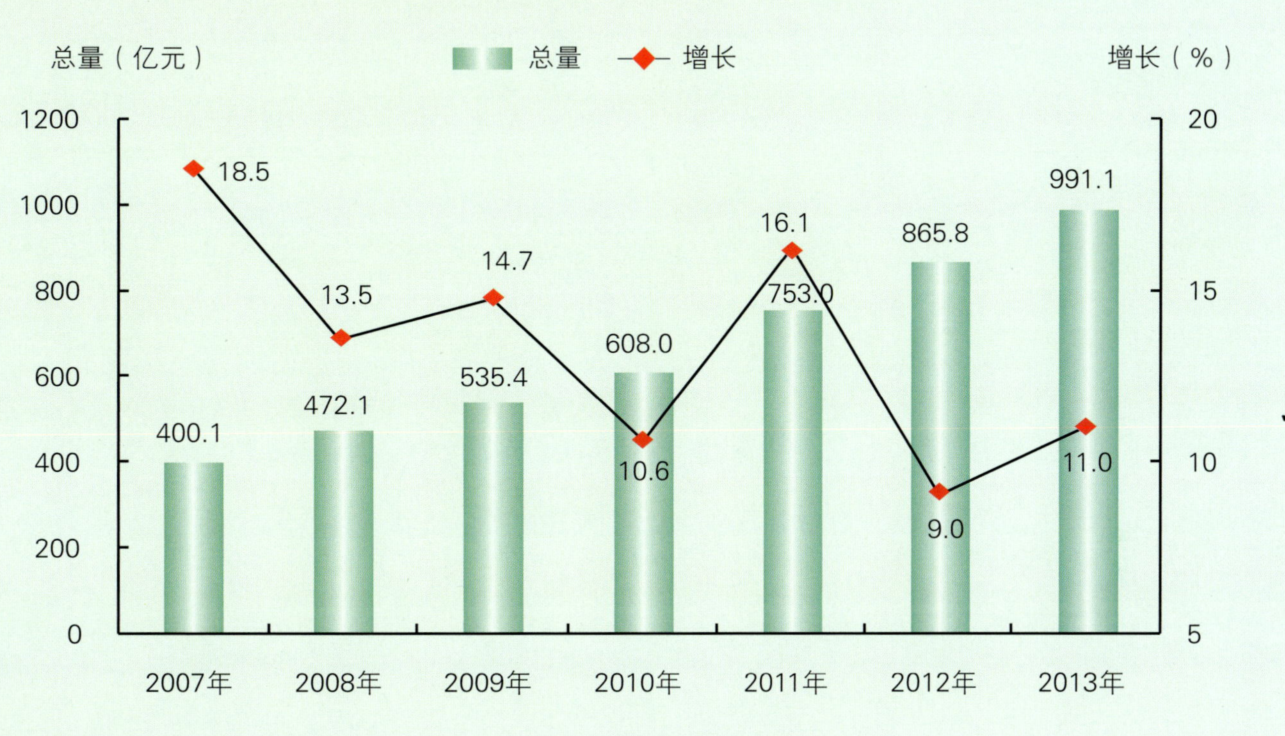

三次产业结构演变 单位：%

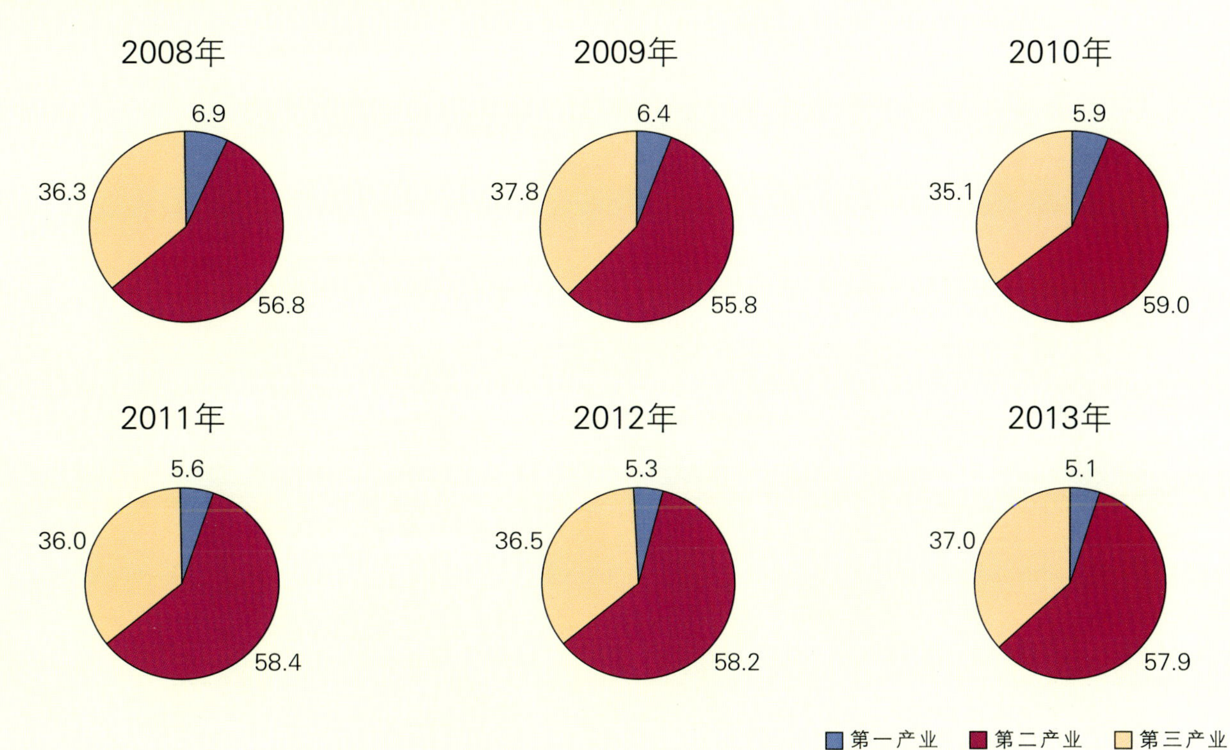

规模以上工业增加值

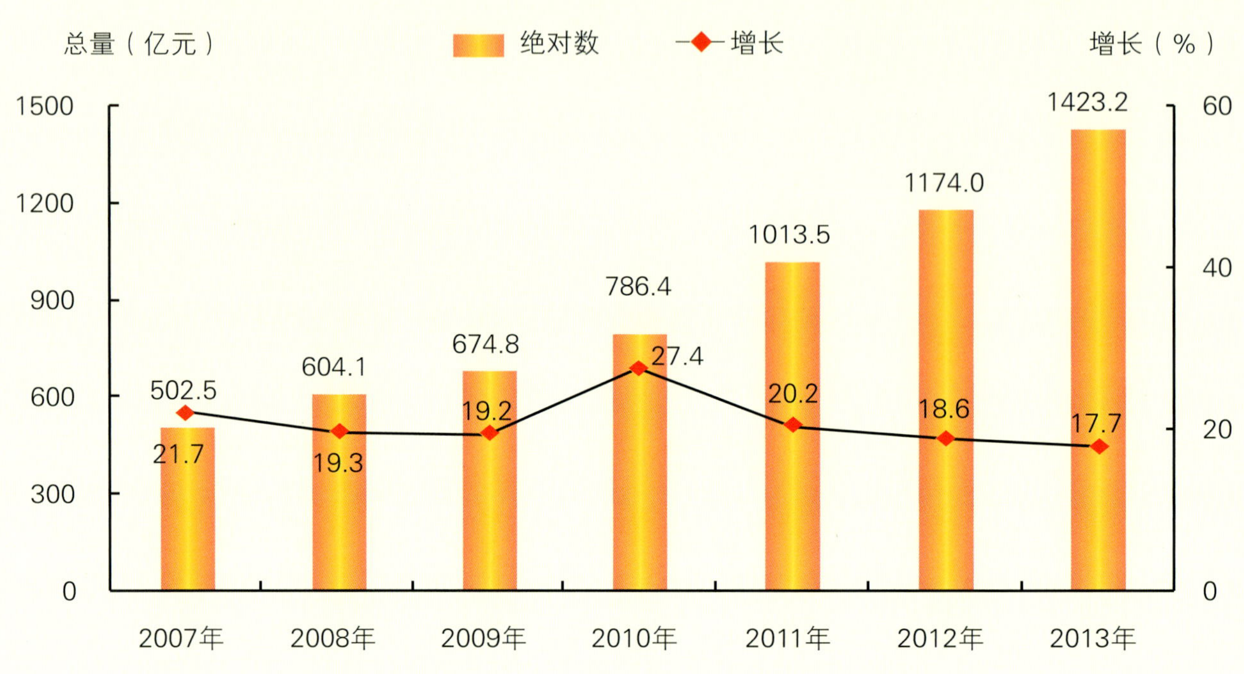

规模以上电子、石化工业增加值

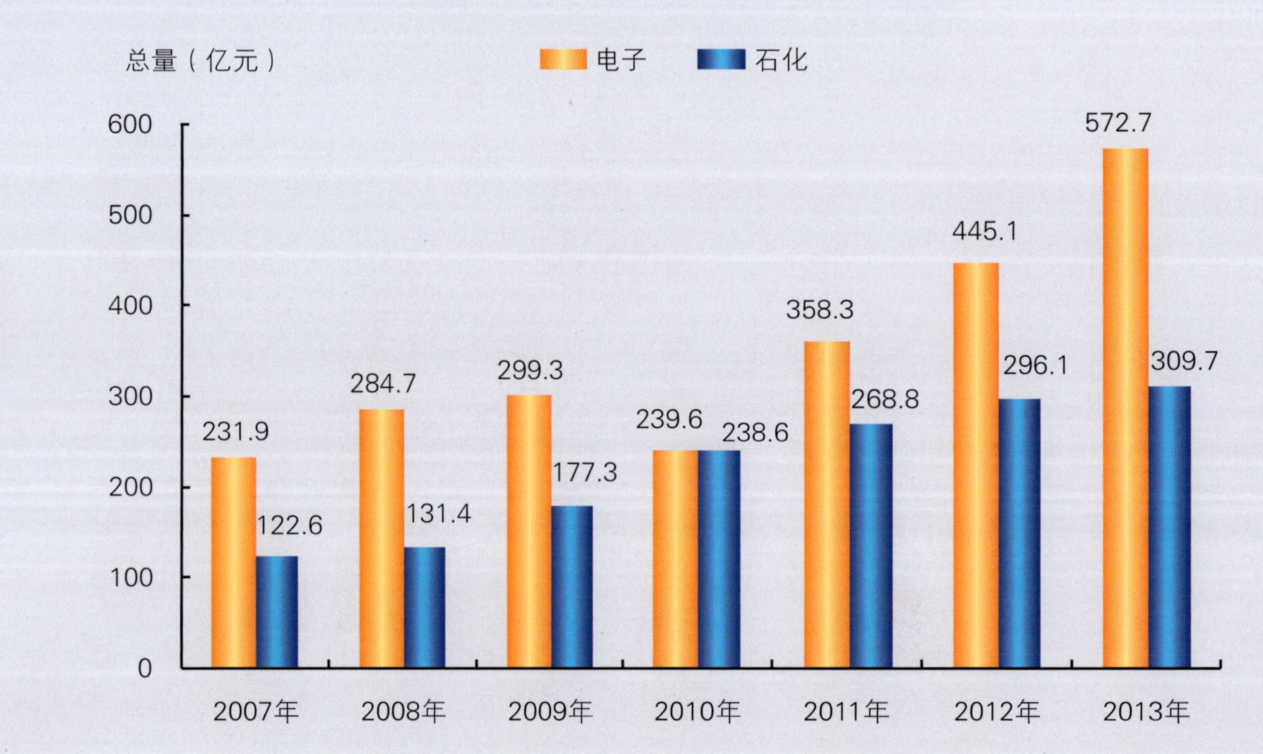

社会消费品零售总额

固定资产投资总额

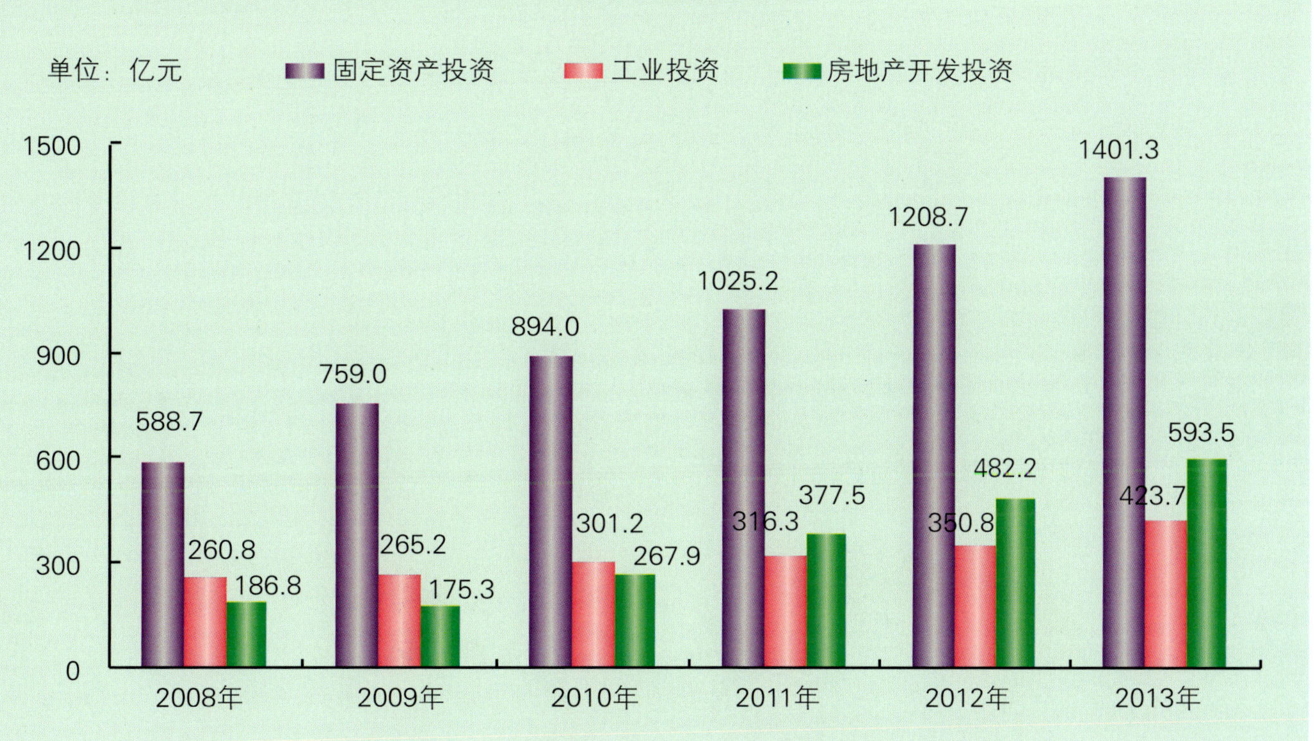

地方公共财政预算收入

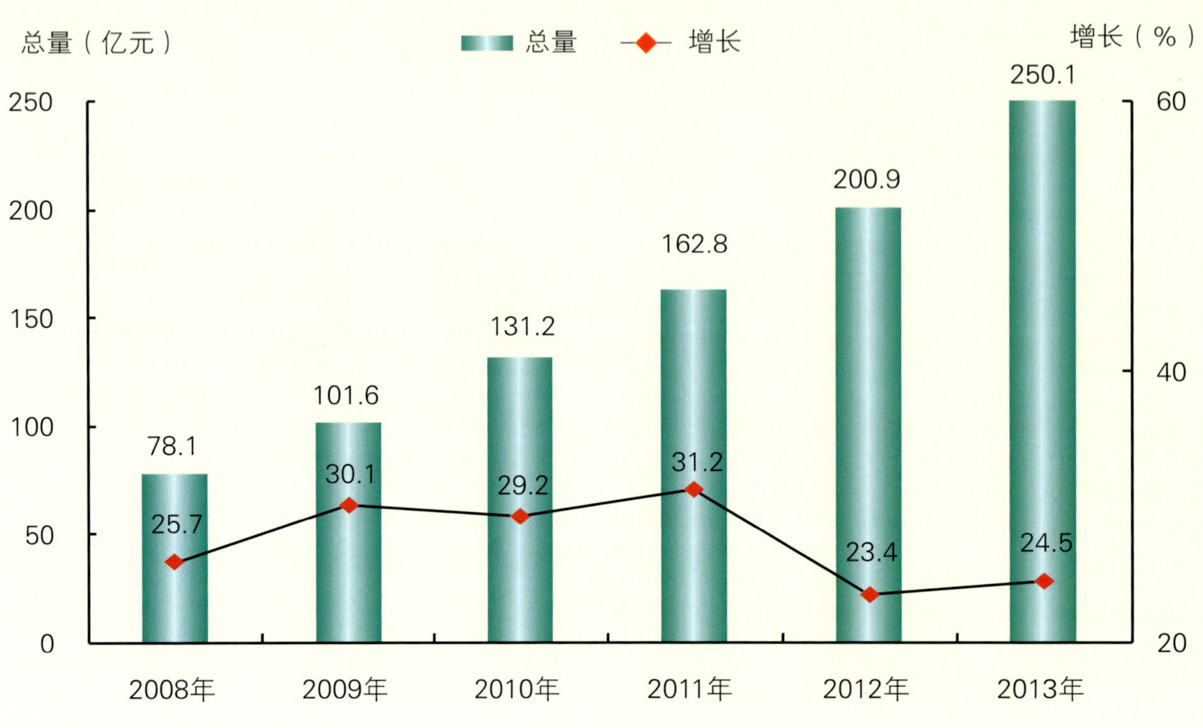

居民消费价格涨跌幅度

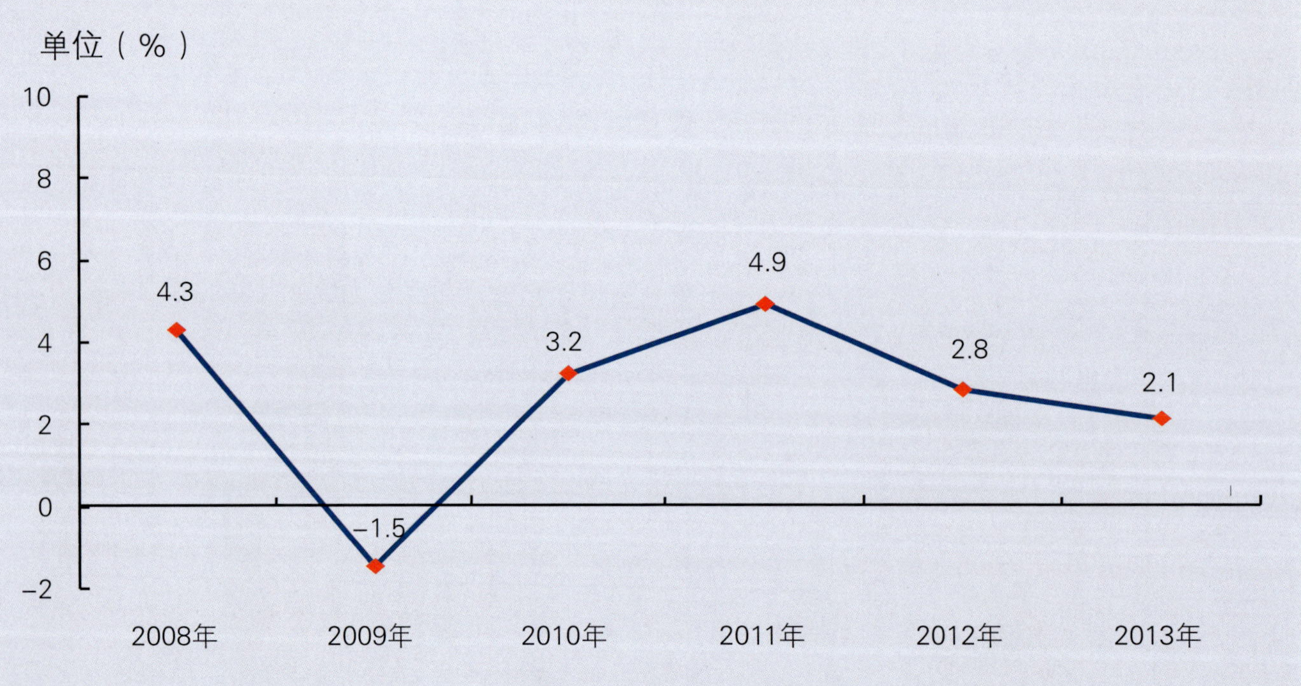

居民收入

单位：元
农村居民人均纯收入
城镇居民人均可支配收入
35000
28000
21000
14000
7000
0
5695
17310
6626
19481
7583
21278
9077
23565
10938
26609
12415
29965
14029
32992
2007年
2008年
2009年
2010年
2011年
2012年
2013年

居民收入增幅

单位：%
城镇居民人均可支配收入
农村居民人均纯收入
21
18
15
12
9
6
3
11.9
16.3
14.4
19.7
20.5
13.5
13.0
8.2
12.5
9.2
10.7
12.9
12.6
10.1
2007年
2008年
2009年
2010年
2011年
2012年
2013年

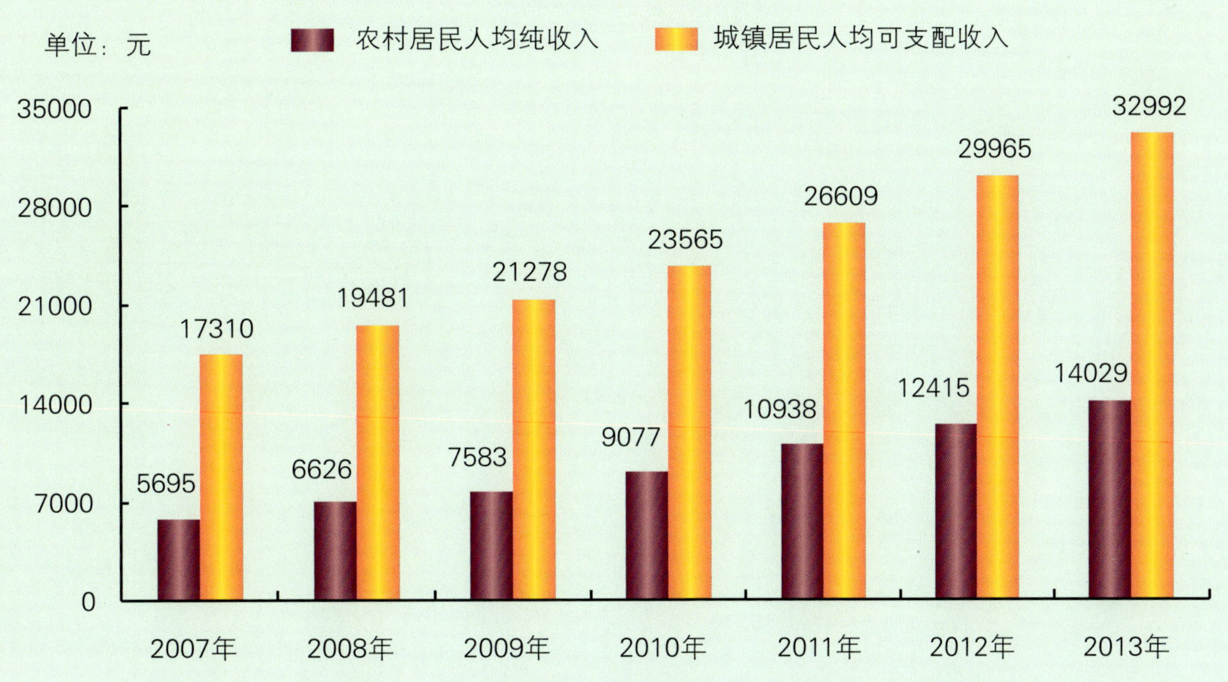

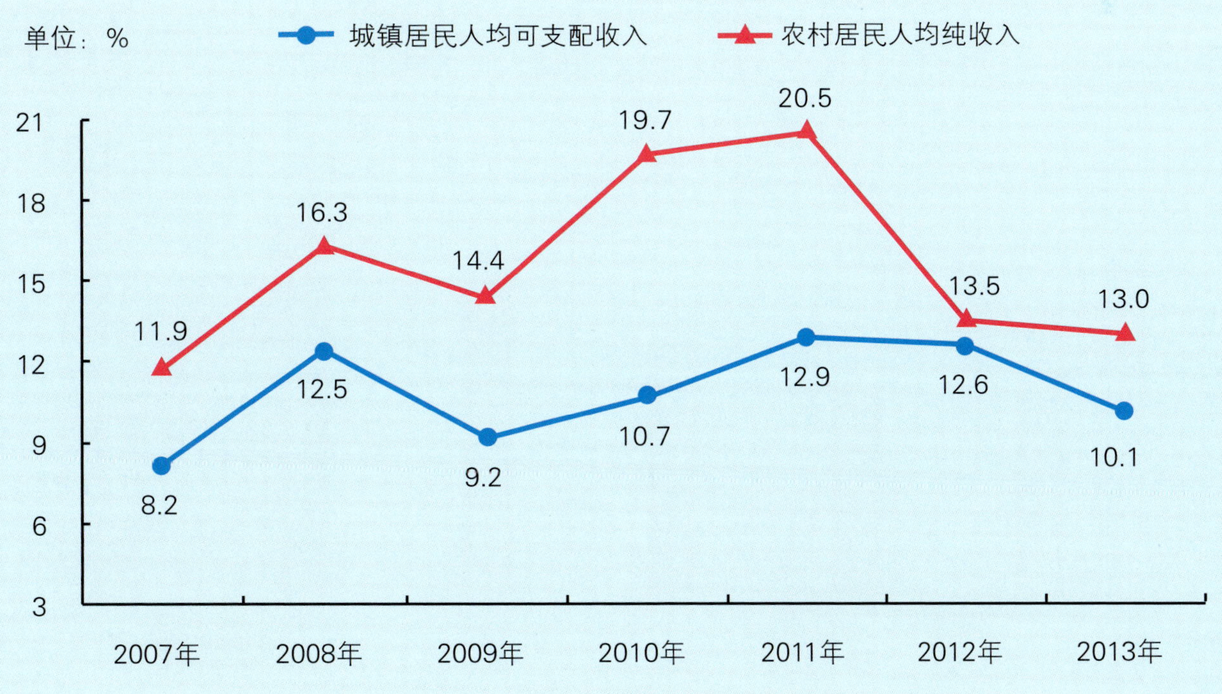

在岗职工年平均工资

外贸出口和实际利用外商直接投资

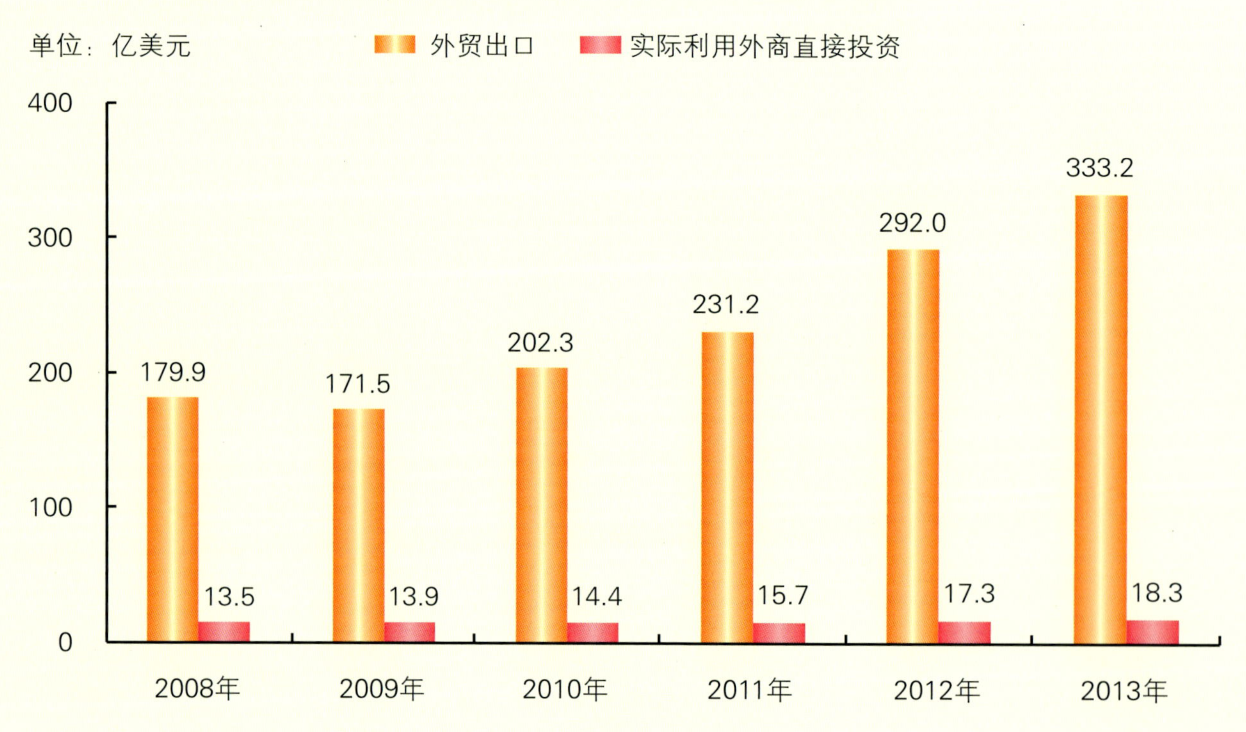

金融机构本外币存贷款余额

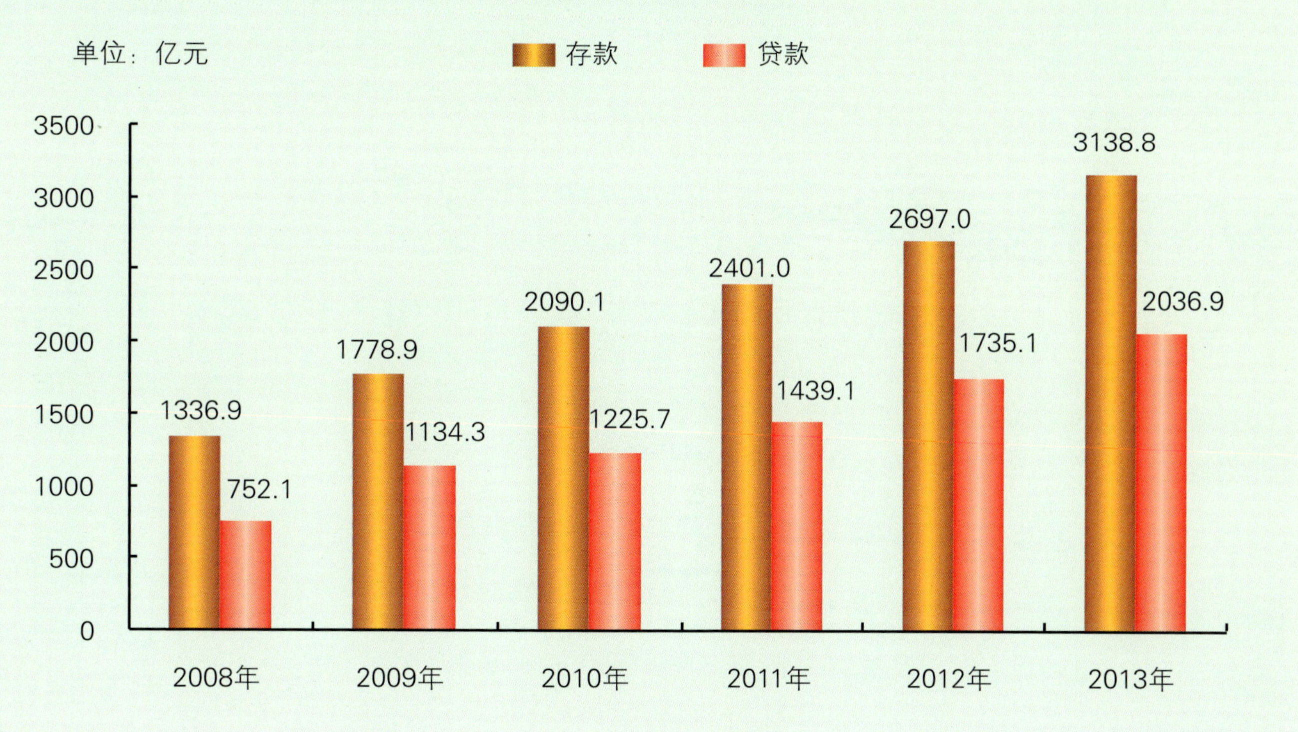

城乡居民存款余额

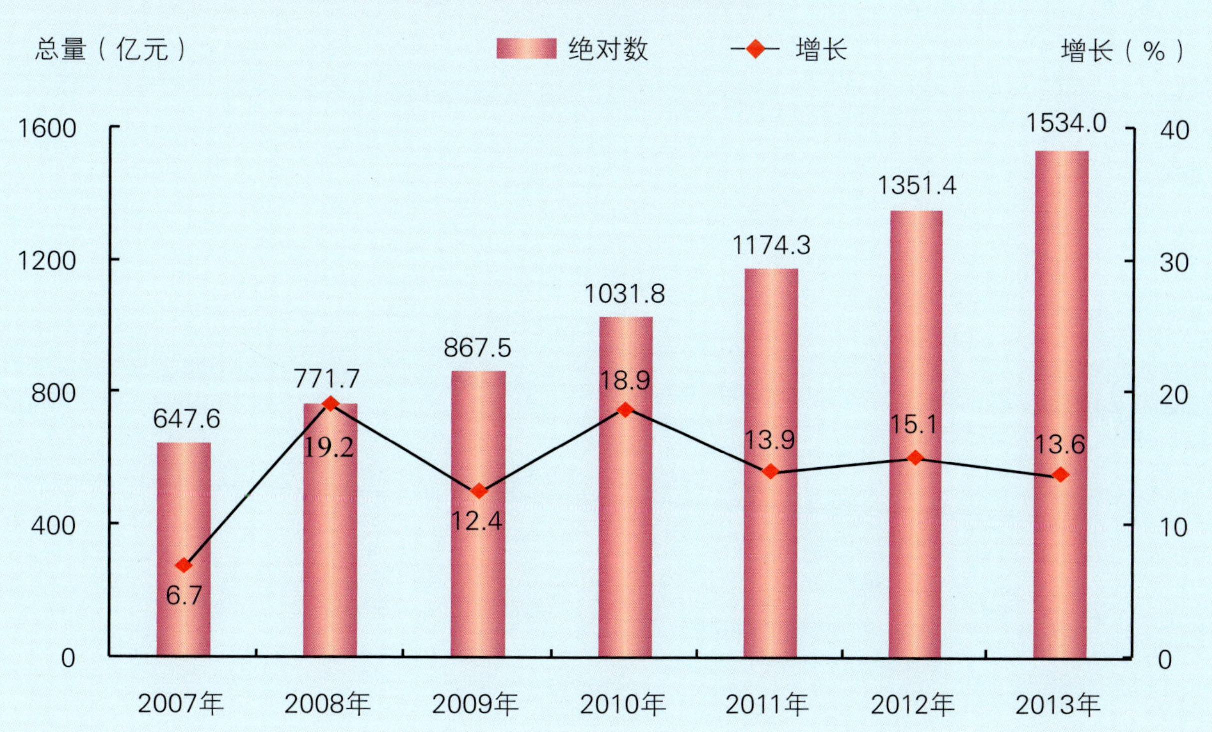

养老保险与城镇职工基本医疗保险参保人数

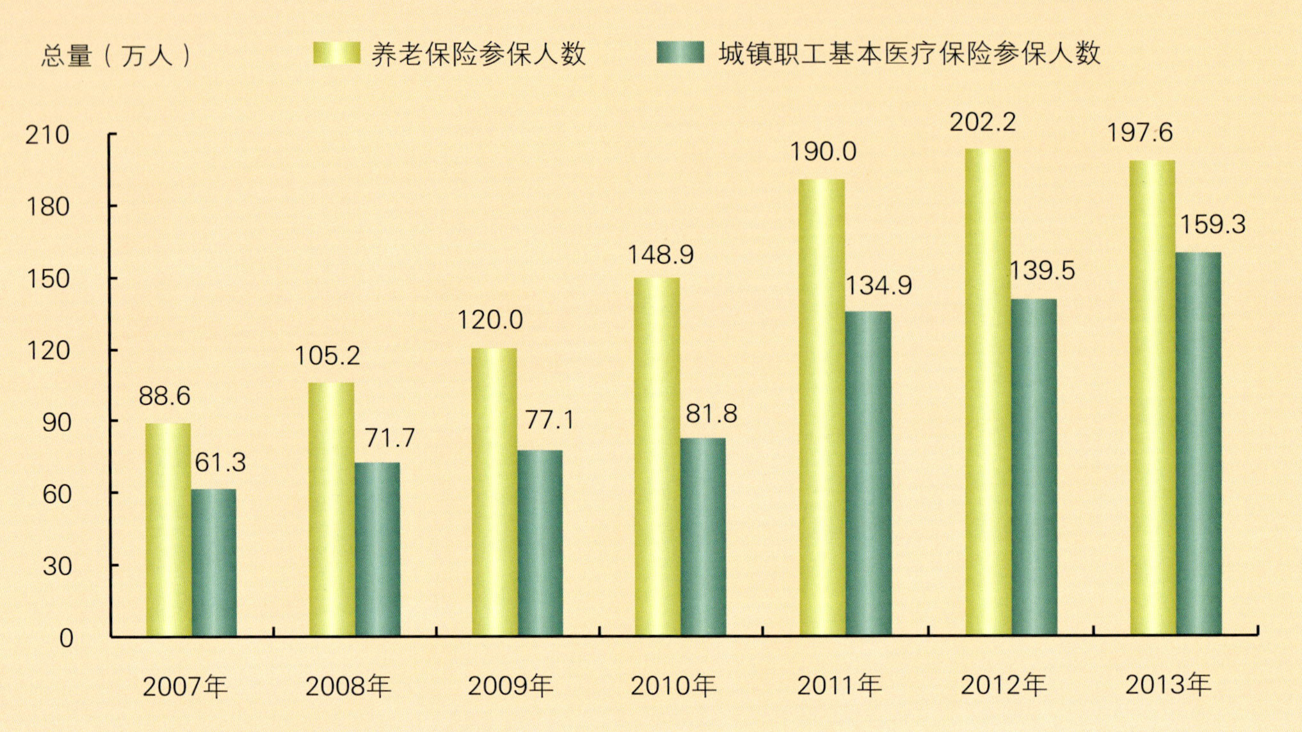

医院、卫生院床位数和医生人数

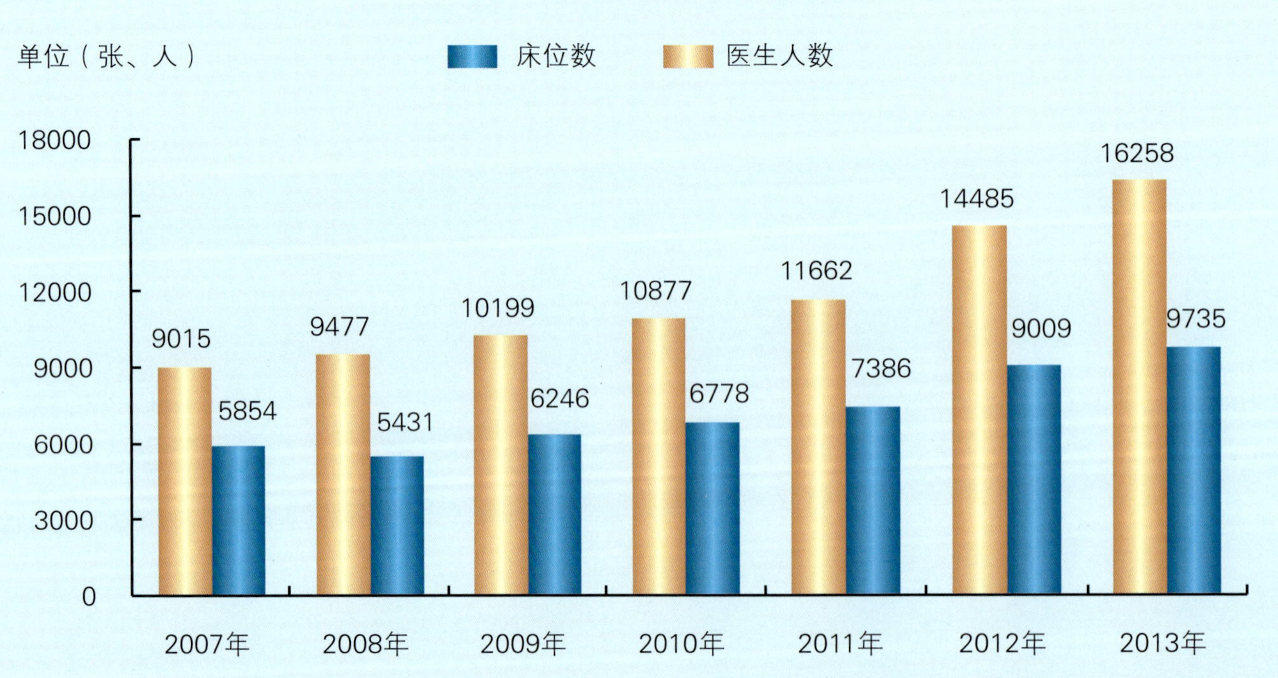

初中和高中升学率

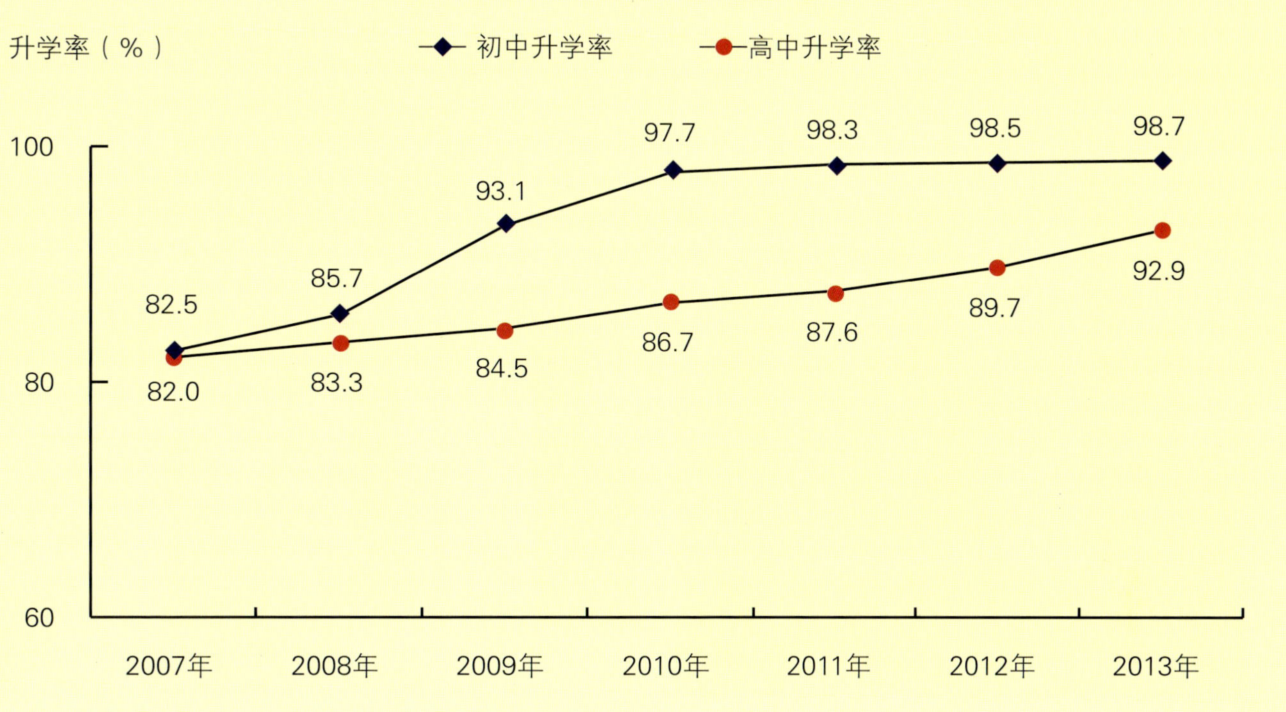

考入大学人数 单位：人

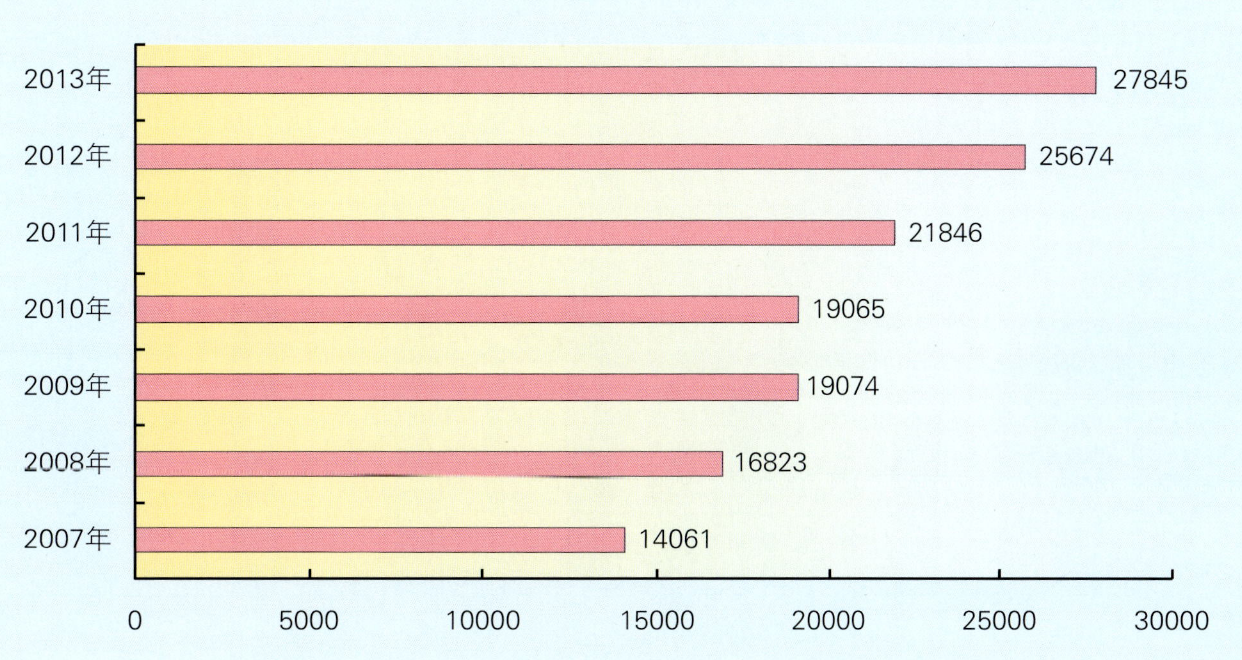

旅游总收入

单位：亿元

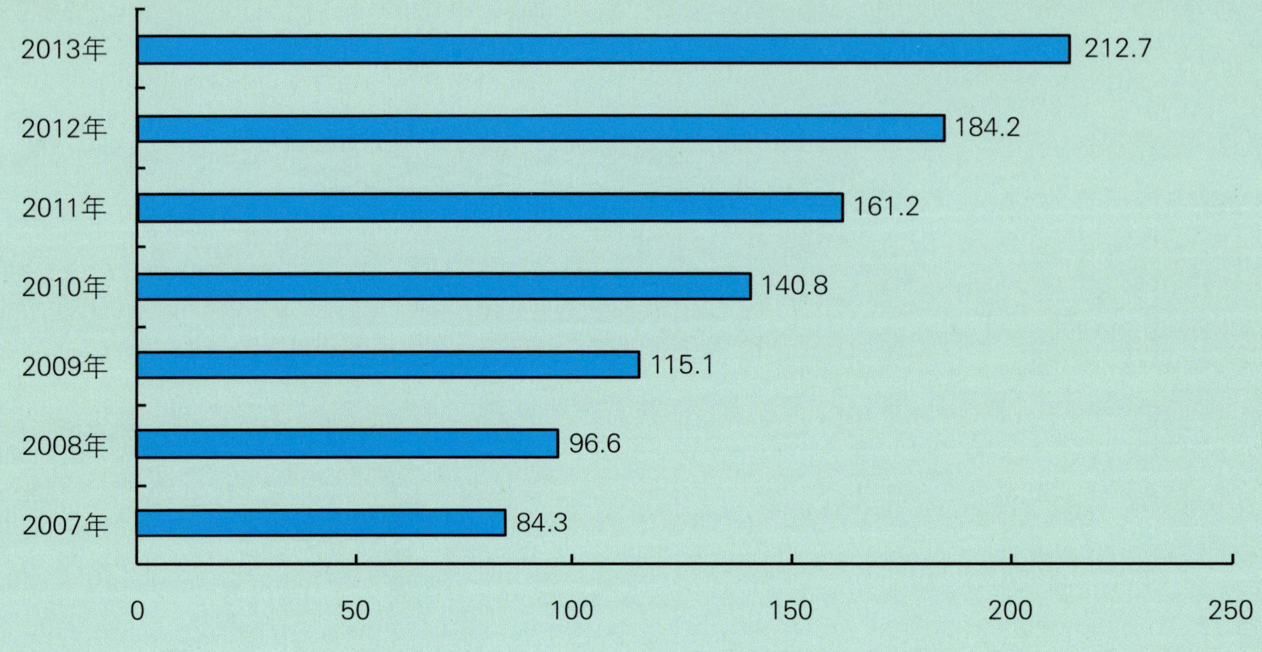

年份	旅游总收入
2013年	212.7
2012年	184.2
2011年	161.2
2010年	140.8
2009年	115.1
2008年	96.6
2007年	84.3

0 50 100 150 200 250

国地税总额

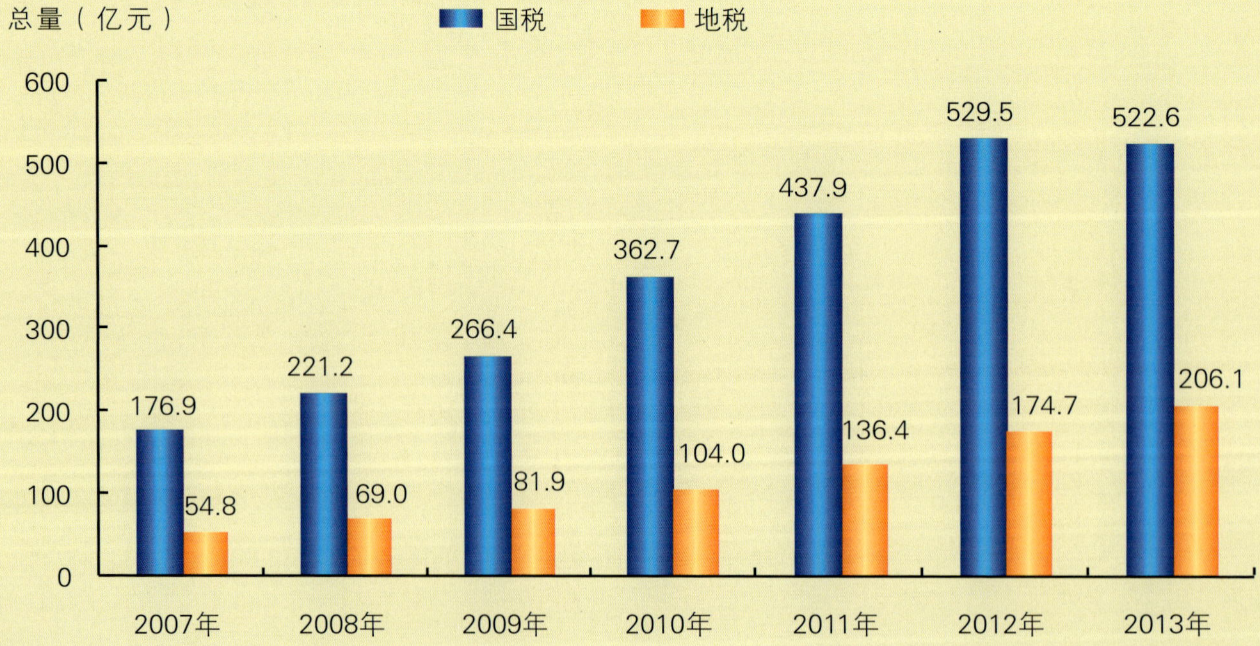

总量（亿元）

年份	国税	地税
2007年	176.9	54.8
2008年	221.2	69.0
2009年	266.4	81.9
2010年	362.7	104.0
2011年	437.9	136.4
2012年	529.5	174.7
2013年	522.6	206.1

600 500 400 300 200 100 0

第三部分

统　计　表

一、历年主要经济指标

1-1 历年指标数据

年份	年末户籍人口（万人）	非农人口	女性人口	年末常住总人口（万人）	出生率（‰）	死亡率（‰）	自然增长率（‰）
1949	103.30						
1952	107.53						
1957	118.23						
1962	127.91						
1965	138.99						
1970	160.65						
1975	180.13						
1978	187.74	30.30	92.85		21.83	5.90	15.93
1979	189.73	31.88	94.21		26.68	5.87	20.81
1980	192.47	33.24	95.74		23.70	5.49	18.21
1981	195.69	34.66	97.35		22.90	5.37	17.53
1982	199.20	35.68	98.81		22.83	5.21	17.62
1983	202.27	36.59	100.27		20.22	5.84	14.38
1984	205.30	38.79	101.53		20.09	5.30	14.79
1985	208.88	44.47	103.22		17.67	5.17	12.50
1986	211.71	42.58	104.70		16.77	4.77	12.00
1987	214.90	44.92	106.18		15.34	4.35	10.99
1988	218.06	47.51	107.77		14.17	4.61	9.56
1989	221.47	50.54	109.29		14.17	4.75	9.42
1990	226.16	53.39	111.55	231.25	17.71	5.04	12.67
1991	232.86	61.31	114.89	239.01	17.36	4.77	12.59
1992	239.33	65.36	117.96	247.02	17.07	4.98	12.09
1993	245.72	71.25	120.89	255.31	16.96	4.80	12.16
1994	251.16	75.35	123.51	263.87	16.57	4.50	12.07
1995	255.90	80.61	125.78	272.72	16.30	4.85	13.93
1996	260.08	85.23	127.86	281.87	18.37	4.58	13.79
1997	266.53	89.80	131.10	291.32	16.39	4.50	11.89
1998	270.00	92.81	132.66	301.09	14.26	5.08	9.18
1999	271.82	94.18	133.36	311.19	11.76	4.60	7.16
2000	277.81	98.40	136.20	321.80	10.62	4.69	5.93
2001	280.45	100.57	137.49	334.77	9.66	4.26	5.39
2002	283.02	109.02	138.73	343.41	9.16	4.27	4.88
2003	286.36	111.85	140.22	352.27	9.48	4.40	5.08
2004	293.22	114.27	143.34	363.18	9.59	4.35	5.24
2005	297.58	166.53	145.29	370.69	9.74	4.38	5.36
2006	306.41	170.86	149.86	387.51	10.08	4.54	5.55
2007	312.89	183.35	153.31	402.86	10.24	4.67	5.58
2008	318.84	186.17	156.34	418.65	10.80	4.75	6.04
2009	324.36	187.07	159.27	435.08	10.95	4.60	6.35
2010	337.28	199.02	165.93	460.11	11.78	4.78	6.99
2011	343.03	203.51	169.06	463.36	11.43	4.66	6.77
2012	341.91	203.92	168.50	467.40	12.31	5.48	6.83
2013	343.37	204.45	169.11	470.00	11.59	4.66	6.94

注：1、2006-2009年年末常住人口根据2010年第六次全国人口普查快速汇总数据进行平滑调整；
2、出生率、死亡率、自然增长率均为户籍人口口径。

1-1.1

年 份	从业人员（万人）				年末在岗职工人数（万人）
		第一产业	第二产业	第三产业	
1949	38.28				
1970	66.80				8.26
1975	75.61				11.43
1979	82.49				16.11
1980	85.54				17.13
1981	87.75				17.99
1982	90.73				18.31
1983	93.31				18.27
1984	97.73				18.34
1985	99.63				19.85
1986	102.39				19.87
1987	106.94				21.20
1988	110.44				22.14
1989	113.37				23.37
1990	119.85	62.91	24.79	32.15	23.77
1991	125.85	63.65	27.26	34.94	28.03
1992	134.49	62.54	34.56	37.39	30.87
1993	145.83	62.26	40.60	42.97	34.45
1994	157.52	61.18	44.22	52.12	38.56
1995	172.85	64.54	48.80	59.51	43.44
1996	165.28	66.40	49.42	49.46	44.09
1997	180.98	67.45	50.86	62.67	44.93
1998	183.03	68.62	50.97	63.44	42.76
1999	185.05	69.33	50.79	64.93	42.15
2000	186.70	69.37	51.90	65.43	42.19
2001	196.84	69.82	53.44	73.58	42.71
2002	216.55	76.92	61.37	78.26	47.43
2003	206.67	69.56	88.38	48.73	50.24
2004	212.92	68.37	92.24	52.31	53.23
2005	222.62	69.35	99.22	54.05	64.92
2006	227.84	67.53	102.70	57.61	66.90
2007	236.47	64.79	109.13	62.55	75.70
2008	243.74	63.62	109.37	70.75	72.60
2009	252.16	62.21	115.75	69.21	76.59
2010	260.14	55.12	126.99	78.03	78.60
2011	267.97	52.56	133.12	82.27	83.35
2012	270.04	52.19	134.15	83.70	87.22
2013	277.27	51.87	137.61	87.79	83.91

注：2006–2009 年根据第六次人口普查结果进行调整。

1-1.2

年份	本市生产总值(万元)	第一产业	第二产业	第三产业	人均GDP(元)	本市生产总值指数(%)	第一产业	第二产业	第三产业
1949	11180	8821	556	1803	109	100.0	100.0	100.0	100.0
1954	21220	15846	1769	3605	193	111.2	111.2	144.2	104.1
1955	23322	17396	1981	3945	210	103.6	102.4	118.4	103.1
1957	26053	18038	3431	4584	224	99.7	97.7	119.2	98.3
1958	26287	17868	3689	4730	220	100.0	99.1	110.7	97.3
1959	25944	15818	4367	5759	214	95.5	85.5	117.0	116.8
1960	29752	19353	4360	6039	242	107.3	111.0	101.8	101.2
1961	25026	17195	2987	4844	201	85.9	94.1	64.2	76.6
1962	39841	29994	3411	6436	316	110.1	106.9	92.3	130.0
1963	31631	21271	2789	7571	244	103.9	100.1	102.0	115.0
1964	38019	25807	4125	8087	287	117.0	116.5	147.6	108.5
1965	42131	29647	5447	7037	309	111.8	119.3	116.3	90.2
1966	39525	26132	4949	8444	280	103.8	99.5	93.6	124.6
1967	42729	29095	5094	8540	295	104.8	105.7	111.0	99.6
1968	41156	28319	5018	7819	275	95.1	97.6	91.5	90.4
1969	42615	28461	5294	8860	277	103.1	100.4	100.7	112.5
1970	47834	31820	6864	9150	302	110.4	109.4	133.7	103.1
1971	50678	33628	7283	9767	311	106.1	107.8	97.4	105.8
1972	54093	34947	8444	10702	325	103.6	99.1	120.4	108.5
1973	55092	34187	9186	11719	323	100.8	96.1	108.5	109.3
1974	58900	38144	9551	11205	337	104.9	109.5	102.0	95.3
1975	59794	36742	10468	12584	335	101.3	95.6	111.0	111.2
1976	63665	37891	11533	14241	351	106.6	104.2	106.9	112.4
1977	64885	37328	12294	15263	352	105.7	106.1	104.1	105.8
1978	67596	37720	14065	15811	360	103.7	101.1	120.8	99.8
1979	67917	35496	13368	19053	358	96.7	86.8	94.4	120.6
1980	75357	41077	13525	20755	391	106.2	106.7	105.6	105.8
1981	90879	48930	16105	25844	464	113.5	112.1	113.6	115.7
1982	103536	52806	19745	30985	523	115.4	113.5	120.5	115.7
1983	102144	52101	19417	30626	505	96.8	93.5	102.2	99.1
1984	117923	58549	21204	38170	576	107.0	110.3	98.7	106.9
1985	137464	65999	32070	39395	656	110.9	103.0	148.5	103.5
1986	166334	74453	39186	52695	783	117.3	109.9	113.7	131.1
1987	224107	93760	60156	70191	1042	123.2	99.2	162.9	128.1
1988	323416	130478	84675	108263	1482	117.6	107.1	116.3	129.1
1989	390768	152609	99999	138160	1769	112.5	111.1	115.8	111.1

注：2006–2009 年根据第六次人口普查结果进行调整。

1-1.2 续表1

年份	本市生产总值(万元)	第一产业	第二产业	第三产业	人均GDP(元)	本市生产总值指数(%)	第一产业	第二产业	第三产业
1990	487913	175371	144398	168144	2110	123.1	120.5	130.6	119.6
1991	614253	189069	220258	204926	2569	123.9	109.8	148.2	115.2
1992	841348	225313	320550	295485	3462	132.9	117.2	144.4	132.8
1993	1324826	258176	595953	470697	5190	142.3	102.6	166.4	141.5
1994	1793884	338054	843706	612124	6799	127.8	111.4	140.5	118.7
1995	2295679	396992	1154242	744445	8557	125.4	107.7	136.7	115.3
1996	2713746	454228	1460372	799145	9627	117.9	109.8	125.9	106.1
1997	3189026	541678	1772237	875111	10947	117.2	110.3	122.3	108.5
1998	3574207	549949	2041812	982446	12067	114.8	103.1	117.3	113.6
1999	3942003	592605	2261163	1088235	12668	112.7	109.4	114.2	109.9
2000	4391944	622339	2552591	1217014	13877	111.3	106.1	113.1	108.6
2001	4789523	654378	2767390	1367754	14590	109.5	107.3	109.2	111.4
2002	5265704	673896	3065762	1526045	15529	110.7	104.7	112.1	110.8
2003	5864620	682657	3437058	1744905	16860	112.2	100.4	114.4	113.2
2004	6864489	775253	3921239	2167995	19189	115.1	104.2	114.4	121.2
2005	8039248	751011	4557365	2730872	21909	115.9	105.4	117.1	117.4
2006	9289210	687776	5389868	3211566	24503	116.8	102.4	120.6	114.5
2007	11179105	782076	6396201	4000828	28288	117.6	104.5	118.8	118.5
2008	13040471	906113	7412972	4721386	31748	111.6	104.3	111.9	113.5
2009	14147026	902923	7889604	5354498	33142	113.2	103.8	113.3	114.7
2010	17299543	1023813	10195732	6079998	38650	118.0	104.0	123.8	110.6
2011	20930808	1165098	12232520	7533190	45331	114.6	103.9	114.7	116.1
2012	23675499	1245642	13772300	8657558	50873	112.6	102.9	114.4	111.1
2013	26783541	1366733	15505911	9910897	57144	113.6	103.6	116.0	111.0

1-1.2 续表 2

年份	本市生产总值构成 (%)			
		第一产业	第二产业	第三产业
1978	100	55.8	20.8	23.4
1983	100	51.0	19.0	30.0
1984	100	49.6	18.0	32.4
1986	100	44.7	23.6	31.7
1987	100	41.9	26.8	31.3
1988	100	40.3	26.2	33.5
1989	100	39.0	25.6	33.4
1990	100	35.9	29.6	34.5
1991	100	30.7	35.9	33.4
1992	100	26.8	38.1	35.1
1993	100	19.5	45.0	35.5
1994	100	18.9	47.0	34.1
1995	100	17.3	50.3	32.4
1996	100	16.7	53.8	29.5
1997	100	17.0	55.6	27.4
1998	100	15.4	57.1	27.5
1999	100	15.0	57.4	27.6
2000	100	14.2	58.1	27.7
2001	100	13.6	57.8	28.6
2002	100	12.8	58.2	29.0
2003	100	11.6	58.6	29.8
2004	100	11.3	57.1	31.6
2005	100	9.3	56.7	34.0
2006	100	7.4	58.0	34.6
2007	100	7.0	57.2	35.8
2008	100	6.9	56.8	36.3
2009	100	6.4	55.8	37.8
2010	100	6.0	58.9	35.1
2011	100	5.6	58.4	36.0
2012	100	5.3	58.2	36.5
2013	100	5.1	57.9	37.0

注：1998 年起第一产业按新口径统计；指数 1999 年前按 1990 年不变价计算，2001 年起按 2000 年不变价计算，2006 年起按 2005 年不变价计算；1998 年起生产总值、第一产业指数按同口径计算。根据属地统计原则，对 2001 年工业、核算有关数据作了调整，公布数据具有可比性（下同）。原“国内生产总值”指标改为“本市生产总值”。2004 年经济普查后，对 1993-2004 年的历史数据作了修正。

1-1.3

年 份	固定资产投资（万元）	房地产开发	# 国有经济单位投资（万元）	新增固定资产投资（万元）	商品房销售面积（万平方米）	商品房销售额（亿元）
1952	65					
1957	1125					
1978	5991		5412	2281		
1979	5604		5182	1984		
1981	18535		10324	17445		
1982	27468		14118	22575		
1983	23703		13448	17664		
1984	25799		12930	34637		
1985	40932		17565	36700		
1986	42022		20775	35429		
1987	66330		29885	60744		
1988	94932		36195	79671		
1989	107324		52909	94568		
1990	165399	8900	99271	138344		
1991	223295	19699	135097	164072		
1992	423763	43293	250270	285596		
1993	917831	209362	634949	568072	79.54	11.33
1994	756761	96102	474351	193844		
1995	616145	90969	402492	337770		
1996	631257	48139	435564	417831	17.10	2.33
1997	588301	44477	396904	677075	9.96	2.35
1998	603754	55355	388213	578269	25.07	3.80
1999	665760	66655	446537	551361	26.00	4.29
2000	774104	92069	499766	717371	48.00	8.12
2001	844273	106472	536391	729930	45.48	7.88
2002	1047340	158773	717190	778366	56.36	13.24
2003	2284704	272724	1954087	1042687	86.13	16.70
2004	2976139	295532	2598702	1030306	101.13	22.88
2005	3523708	438917	501163	1513591	149.40	149.39
2006	3087813	690302	549679	5041074	254.71	75.80
2007	4869094	1377564	1428299	1965560	383.18	153.33
2008	5887368	1868314	1662243	2249185	295.90	121.94
2009	7589682	1753332	2247850	5826042	543.81	232.01
2010	8940191	2678611	2199034	5712027	627.30	311.17
2011	10252067	3775399	2163119	6666439	796.30	440.87
2012	12086803	4821683	2238291	6830591	826.72	478.42
2013	14013040	5934706	2588028	7522838	1149.46	672.11

1-1.4

年 份	地方公共财政预算收入（万元）	地方公共财政预算支出（万元）	金融机构存款余额（万元）	城乡居民储蓄存款余额（万元）	金融机构贷款余额（万元）
1963	2395	1938			
1964	4629	2299			
1965	4340	2222			
1970	5159	2920			
1971	6167	3044			
1973	5961	4179			
1974	5439	2625			
1975	4947	5024		1747	
1976	4392	4132			
1977	4745	4247			
1978	5500	5921	11320	3167	25533
1979	3086	5735	15097	4508	29052
1980	3760	6901	21978	6106	39095
1981	5278	8378	30350	8906	48069
1982	4488	8421	32897	11548	53872
1983	4888	9259	42115	15518	58545
1984	4937	10433	68598	25711	89880
1985	5433	13321	81580	37112	106910
1986	8917	18239	116242	54669	136221
1987	13261	23701	160861	80969	183514
1988	20821	29456	164170	107628	203942

1-1.4 续表

年份	地方公共财政预算收入（万元）	地方公共财政预算支出（万元）	金融机构存款余额（万元）	城乡居民储蓄存款余额（万元）	金融机构贷款余额（万元）
1989	23802	35697	198416	154493	247536
1990	28098	43934	408425	243080	387858
1991	39449	53729	447167	378205	370297
1992	57606	77309	1153953	823452	538911
1993	93622	108904	1540834	1017762	1317543
1994	74409	112167	1600774	1118399	1416385
1995	76925	118321	1933487	1434177	1968310
1996	70669	116392	2459994	1704458	2620118
1997	76086	132446	2807971	2080232	2744975
1998	94281	149709	3109384	2314576	2846817
1999	107529	168174	3499731	2515692	2439765
2000	129356	197886	3590688	2493084	2133399
2001	182792	258858	4024608	2740804	2267685
2002	197153	330094	4790091	3191087	2653794
2003	241238	387786	5719088	3795484	3138211
2004	254208	459451	6651342	4472809	3478121
2005	347218	524097	7817848	5222112	3672270
2006	444473	660323	9467087	6072335	4407589
2007	620603	860589	11338239	6476106	5632461
2008	780657	1062985	13045899	7716561	6598939
2009	1015651	1347527	17344007	8674938	9249371
2010	1312270	1854379	20411875	10317915	10976616
2011	1628309	2272099	23260486	11743416	12954779
2012	2008762	2740831	25075498	13514447	15010215
2013	2501721	3282913	29849362	15339566	18266246

注：表中金融指标均为人民币口径。

1-1.5

年份	在岗职工工资总额（万元）	国有经济	在岗职工年平均工资（元）	职工平均工资指数(%)	城镇居民家庭人均可支配收入（元）	城镇居民家庭人均消费性支出（元）	农村居民家庭人均纯收入（元）	农村居民家庭人均消费性支出（元）
1957	1232	1232	532	104.1				
1962	2198	2198	510	117.2				
1965	2875	2816	518	98.7				
1980	11529	8897	705	118.1			209	
1981	13247	10481	772	109.5			327	
1983	15567	12377	880	119.6			392	
1984	20107	15253	1052	109.3			468	399
1985	21232	15711	1150	109.3	747	720	505	446
1986	25111	18187	1314	113.8	1027	1011	520	471
1987	29168	20630	1462	111.4	1235	1148	639	512
1988	43385	29605	2057	140.7	1512	1462	785	678
1989	54397	36625	2365	115.0	2145	1929	943	1018
1990	63016	40874	2786	117.8	2602	2349	1131	1062
1991	88474	52800	3302	118.5	3142	2712	1217	1108
1992	114028	66677	3871	117.4	3969	3768	1393	1355
1993	169932	95900	5119	132.0	5953	5387	1700	1884
1994	230994	122813	6262	122.3	7566	6225	2230	2244
1995	275711	128326	6716	107.3	7857	7156	2641	2563
1996	287574	135335	6889	102.6	8141	7554	3112	2767
1997	305664	138970	6966	101.1	8563	7262	3305	2690
1998	329725	143869	7835	112.5	8982	7362	3422	2579
1999	367555	165464	8883	113.4	9436	8194	3531	2738
2000	399339	175953	9607	108.2	9824	8555	3630	2737
2001	446319	197786	10482	109.1	10014	8574	3750	2724
2002	522965	216224	11318	108.0	10691	8603	3903	2805
2003	644073	254571	13265	117.2	12673	10303	4054	3005
2004	737530	292541	14439	108.8	13822	11929	4370	3300
2005	995961	329339	16017	110.9	14884	12931	4698	3782
2006	1168338	380252	17760	110.9	15991	14035	5090	4022
2007	1458774	444552	19644	110.6	17310	15015	5695	4320
2008	1723298	531884	22727	115.7	19481	16581	6626	4863
2009	1928867	615777	25786	113.5	21278	17914	7583	5249
2010	2307432	687101	29599	114.8	23565	19741	9077	6029
2011	2983287	867915	35719	120.7	26609	20603	10938	7187
2012	3570487	1011661	41506	116.2	29965	22279	12415	8286
2013	4000986	1092897	47126	113.5	32992	–	14029	9465

注：2001 年城镇居民家庭人均可支配收入和人均消费型支出按 2002 年新口径调整。

1-1.6

年份	农林牧渔劳动力（万人）	农业机械总动力（万千瓦）	化肥施用折纯量（吨）	农村用电量（万千瓦时）	农作物播种面积（千公项）	粮食	油料
1949	36.88						
1952	38.72						
1957	42.71						
1962	45.30						
1965	46.27						
1970	54.59						
1975	58.85						
1978	62.55	25.50	32288	3703	343.44	285.47	24.66
1979	58.58	27.89	34845	3606	330.79	269.00	26.62
1980	59.78	28.98	40177	3837	324.66	261.53	30.71
1981	62.17	31.04	44495	4127	318.54	244.53	35.55
1982	65.51	32.08	45047	5416	316.19	239.73	35.94
1983	66.81	33.76	47086	7226	313.79	241.47	28.81
1984	66.76	34.43	46926	8304	311.89	237.07	32.18
1985	62.59	38.07	50039	8386	308.36	226.27	31.36
1986	66.76	41.05	57752	10534	305.19	223.47	30.99
1987	64.71	48.07	58590	13375	303.65	222.93	28.96
1988	65.43	52.23	61691	12421	302.82	220.11	27.98
1989	63.05	57.01	70642	13618	307.69	224.40	27.83
1990	62.44	59.17	74800	17235	310.02	223.87	28.09
1991	61.70	65.83	75000	18896	301.19	211.74	27.33
1992	61.76	77.60	78000	35300	286.77	197.19	26.59
1993	60.71	92.11	66700	35851	271.05	181.28	27.42

1-1.6 续表

年份	农林牧渔劳动力（万人）	农业机械总动力（万千瓦）	化肥施用折纯量（吨）	农村用电量（万千瓦时）	农作物播种面积（千公项）	粮食	油料
1994	59.46	93.45	67979	31236	270.89	190.49	27.51
1995	62.78	91.71	74221	42406	284.75	195.59	27.12
1996	64.83	85.04	77487	46371	293.97	200.72	26.14
1997	67.45	85.15	70907	44149	293.54	199.79	26.81
1998	68.62	85.71	74708	42947	298.19	200.20	26.54
1999	69.34	84.24	73500	46206	300.94	200.45	26.57
2000	69.36	83.69	79107	55479	302.83	189.27	28.27
2001	69.82	85.86	82860	70351	307.30	177.30	30.95
2002	76.92	90.89	77832	76815	292.95	154.89	31.56
2003	68.17	91.30	79000	57869	266.07	133.87	27.87
2004	65.76	88.78	78419	61243	268.14	147.93	26.71
2005	67.30	95.14	81327	73104	237.54	151.26	24.03
2006	66.68	94.60	82424	245041	225.74	112.14	19.71
2007	66.05	94.06	83521	253985	225.85	114.38	19.75
2008	66.83	112.90	84101	263257	227.57	115.64	20.37
2009	67.05	115.97	86647	260545	233.08	121.20	21.27
2010	61.79	119.57	89347	307123	241.45	120.16	21.13
2011	52.11	123.09	90512	339519	247.35	120.04	21.70
2012	51.83	125.99	93962	347807	249.78	120.92	22.32
2013	51.62	135.32	94340	354425	256.47	116.66	22.65

1-1.7

年 份	水果产量（万吨）	粮食产量（万吨）	油料产量（万吨）	猪牛羊肉产量（万吨）	水产品产量（万吨）
1949	0.12	26.00	0.76		1.06
1952	0.17	34.10	1.04		1.28
1957	0.26	40.00	1.04		2.23
1962	0.23	42.00	0.79		1.53
1965	0.47	56.70	1.62		1.51
1970	1.29	62.30	2.08		3.20
1975	1.62	66.50	2.00		2.31
1978	1.59	68.70	2.23	2.20	1.97
1979	1.21	62.30	2.80	2.13	1.16
1980	1.38	71.60	3.67	2.21	1.79
1981	1.46	69.20	4.74	2.55	1.59
1982	1.34	77.50	5.38	2.83	2.40
1983	1.78	79.10	3.56	3.49	2.89
1984	2.28	78.40	4.23	3.30	2.57
1985	3.47	76.60	4.09	3.86	2.52
1986	5.94	70.30	4.30	4.19	3.06
1987	7.85	79.70	3.91	4.36	3.42
1988	9.26	78.65	3.96	4.68	3.99
1989	11.19	86.01	4.10	4.92	4.16
1990	14.78	89.01	4.34	5.38	4.49
1991	17.55	82.27	3.82	5.84	5.19
1992	21.86	82.20	4.54	6.74	6.01
1993	20.34	76.11	4.89	7.55	6.49
1994	21.82	84.80	5.12	7.44	7.27
1995	20.21	89.33	5.37	7.59	8.17
1996	19.90	97.54	5.24	8.31	9.02
1997	18.32	105.95	5.41	9.58	11.26
1998	17.44	111.61	5.68	5.53	12.39
1999	20.33	112.66	5.92	7.23	13.09
2000	18.50	105.31	6.19	8.24	13.28
2001	19.83	92.87	6.91	8.85	13.98
2002	27.12	81.80	7.05	9.93	15.61
2003	28.85	68.02	6.59	10.39	15.69
2004	39.15	74.44	6.38	11.66	16.26
2005	48.76	74.21	6.13	13.21	16.36
2006	41.59	51.37	4.38	13.58	12.34
2007	46.78	55.15	4.74	12.81	13.71
2008	49.96	55.73	4.86	13.93	13.63
2009	51.82	58.64	5.28	14.40	14.06
2010	54.92	58.68	5.29	15.02	14.33
2011	58.88	60.98	5.46	14.09	14.67
2012	63.41	62.66	5.62	14.17	14.94
2013	66.93	55.70	5.92	14.45	15.67

1-1.8

年份	规模以上工业企业单位数（个）	"三资"	规模以上工业企业增加值（万元）	"三资"	规模以上工业企业总产值（万元）	"三资"
1978	902				37436	
1979	922				35149	
1980	957				35659	
1981	978				37066	
1982	1005				37745	
1983	986				42961	
1984	1043				46658	
1985	1098				64202	
1986	1199				81074	
1987	1296				139596	
1988	1464				199325	
1989	1510				260814	
1990	1558				358215	
1991	1692				654909	
1992	1873		172423		941251	
1993	2106		314778		1426945	
1994	2506		502602		2212527	
1995	2616		680134		3139604	
1996	2926		880279		4125504	
1997	2909		1063139		5300732	
1998	913	502	905916		4885589	4092130
1999	710	449	1003315		5472135	4593630
2000	689	454	1321892	1070148	6578284	5618681
2001	702	483	1311496	1136088	7081192	6406301
2002	765	555	1909451	1731477	8623884	7990454
2003	808	593	2333741	1997000	10204400	9574466
2004	1257	880	2787247	2521400	11197762	10525823
2005	1244	880	3153193	2810031	14286640	12879247
2006	1279	916	4041627	3481645	18339670	16364607
2007	1387	955	5025237	4280594	22179612	19312868
2008	1875	1192	6146690	5117619	26002646	22117995
2009	1870	1139	6747555	4829101	30051367	22231185
2010	1926	1167	7863875	4916548	39051731	26214443
2011	1428	895	10135400	6456875	47650331	31552511
2012	1430	868	11739666	6853081	54772792	34537841
2013	1702	941	14232012	8571381	66052943	42093462

注：1、1998 年起统计口径为规模以上工业企业；2、2011 年起口径有调整。

1-1.9

年 份	规模以上工业企业销售产值（万元）			规模以上工业企业流动资产合计（万元）	
		国有	“三资”企业		国有
1992	749986	138624			
1993	1128714	189649		530716	116059
1994	2145278	235496		859804	150311
1995	3283594	243103		1370095	164277
1996	4182675	240619		1449137	166637
1997	5104970	239978		2045366	202930
1998	4707413	205542		1942185	164314
1999	5247831	332112		2433793	252633
2000	6450572	150210	5516780	2809707	151798
2001	6893799	147526	6240656	3065358	164834
2002	8294503	147738	7682119	3808908	196790
2003	9921699	614053	4367646	4253560	179959
2004	12368170	555138	10279696	5210232	192025
2005	14151961	654178	12756086	5907824	162052
2006	17995058	981479	16044847	7413445	221978
2007	21761400	1194947	18926330	8748903	227310
2008	25481498	1305136	21633186	9305182	258453
2009	29740355	4264708	22001614	12651624	1505216
2010	38927458	8030926	21620597	14748340	1394428
2011	47059493	9669775	31070966	17643300	1526481
2012	54494076	12037625	34259979	19280519	1527992
2013	64992232	536013	41585861	21466743	236368

注：1、1998 年起统计口径为规模以上工业企业；2、2011 年起口径有调整。

1-1.10

年 份	规模以上工业利税总额（万元）	国 有	客运量（万人）	公 路 客运量	货运量（万吨）	公 路 货运量
1978	4043	3353	1213	1125	1141	830
1979	3261	2504	1336	1234	1198	870
1980	3259	2110	1409	1310	1273	920
1981	3212	2050	1508	1421	1333	963
1982	3118	1834	1731	1643	1384	989
1983	3434	2218	1988	1892	1441	1028
1984	3376	1692	2198	2120	1512	1121
1985	5901	2170	2797	2725	1617	1230
1986	7540	4307	2432	2381	1715	1350
1987	10969	5158	2662	2622	1876	1253
1988	17090	7742	5917	5895	2125	1785
1989	20830	6727	3531	3462	2218	1769
1990	24515	3046	3559	3509	2336	1882
1991	26154	10736	3693	3673	2269	1909
1992	49462	13591	3604	3576	2337	1900
1993	89528	28328	4482	4461	2513	2083
1994	192373	30310	4794	4616	2822	2286
1995	226361	10467	3728	3603	2610	1962
1996	239560	13442	2364	2218	2204	1624
1997	321533	21363	2276	2063	2616	1638
1998	235202	14548	3008	2808	2192	1276
1999	266826	19287	4123	3927	3837	2802
2000	294042	13683	4288	4058	4329	3099
2001	344494	24303	4772	4521	4498	3189
2002	455756	18243	4696	4486	4666	3221
2003	470188	-24067	4332	4136	4196	2785
2004	608754	47087	5217	4994	4970	2988
2005	575745	54066	5535	5149	5694	3080
2006	675321	134927	5721	5265	5615	3416
2007	1657834	162359	5889	5410	5936	3568
2008	1073509	152391	6113	5591	7487	4295
2009	2505802	876152	12162	11657	8645	4061
2010	3886371	1559771	13313	12753	11352	4307
2011	4916084	1701472	13600	12996	14477	6041
2012	5840135	2237777	16598	16013	17346	7862
2013	6415642	112309	17301	16661	19314	9534

注：2006 年起货运量的统计口径不含管道一块。

1–1.11

年 份	公路客运周 转 量（万人公里）	公路货运周 转 量（万吨公里）	年 份	公路客运周 转 量（万人公里）	公路货运周 转 量（万吨公里）
1949	724	47	1982	77221	44505
1950	902	68	1983	122980	49344
1951	1130	113	1984	165360	56580
1952	1401	193	1985	196000	55000
1953	1748	467	1986	161700	64812
1954	2196	1037	1987	145384	73211
1955	2776	1449	1988	295478	73242
1956	5450	5878	1989	186464	91776
1957	6480	6488	1990	190766	97712
1958	7771	6790	1991	202263	99005
1959	9485	8685	1992	198658	98936
1960	10092	9090	1993	236970	107872
1961	8744	8100	1994	262150	118374
1962	8376	8327	1995	288753	95314
1963	8427	8934	1996	263782	143619
1964	10713	10061	1997	147751	165964
1965	10718	10764	1998	161280	97732
1966	12106	13151	1999	186436	228598
1967	12692	10713	2000	216293	260121
1968	11184	9387	2001	236050	265687
1969	12171	12289	2002	234836	265799
1970	12208	14823	2003	196477	209944
1971	12900	14377	2004	297895	201279
1972	15470	15544	2005	359701	219710
1973	18099	16017	2006	519938	242443
1974	19331	15374	2007	563115	270819
1975	18787	18624	2008	666617	352190
1976	21791	19729	2009	387819	463098
1977	23287	19456	2010	493566	477654
1978	42750	19456	2011	728741	681623
1979	46892	39150	2012	1163294	886014
1980	49780	41421	2013	1244139	1151818
1981	63945	43335			

1–1.12

年 份	公路线路长度（公里）	等级公路	高速公路	沿海港口货物吞吐量（万吨）
1978				154
1979				150
1980				139
1981				124
1982				117
1983				103
1984				91
1985				107
1986				106
1987				100
1988				105
1989				109
1990				83
1991				85
1992				88
1993				113
1994				128
1995	5963	5486	35	74
1996	5431	5198	35	83
1997	6608	6114	97	476
1998	6660	6327	97	533
1999	6862	6499	127	669
2000	6986	6632	128	787
2001	7045	6703	128	834
2002	7211	6870	128	956
2003	7372	6908	277	1098
2004	7382	6920	277	1543
2005	7538	7093	277	1512
2006	10436	8831	277	2082
2007	10436	8831	277	2324
2008	10468	9348	277	2583
2009	10682	9826	374	3613
2010	10826	10074	379	4534
2011	10893	10235	454	5014
2012	10933	10341	492	5118
2013	11234	10703	492	4784

注：2006 年起货运量的统计口径不含管道一块。

1-1.13

年 份	邮电业务总量（不变价，万元）	年 份	邮电业务总量（不变价，万元）	年末城乡固定电话机（部）	移动电话用户（户）
1949	30	1982	627	5057	
1950	50	1983	666	5101	
1951	53	1984	603	5284	
1952	61	1985	866	5749	
1953	84	1986	1060	7073	
1954	115	1987	1554	11318	
1955	119	1988	2171	17038	
1956	155	1989	4039	23825	
1957	160	1990	7434	32796	
1958	197	1991	12836	45168	
1959	192	1992	22666	58681	
1960	258	1993	46330	87666	
1961	270	1994	65021	148922	
1962	249	1995	91630	213763	
1963	231	1996	112681	264062	
1964	276	1997	131066	297732	65648
1965	300	1998	151230	338777	100844
1966	328	1999	193704	398334	150440
1967	309	2000	259727	457077	229329
1968	284	2001	286167	575195	378800
1969	316	2002	325371	667115	864516
1970	334	2003	326947	919517	1180548
1971	367	2004	664935	1056984	1705459
1972	419	2005	810066	1331231	2129440
1973	427	2006	961446	1605902	2602300
1974	435	2007	1291743	1854048	3323111
1975	454	2008	1329872	2026020	4101005
1976	490	2009	1612479	1674649	4103817
1977	501	2010	548745	1397692	3781674
1978	501	2011	659200	1351635	4198619
1979	530	2012	800493	1300558	5011597
1980	573	2013	864441	1314749	5977949
1981	522				

注：邮电业务总量从 2004 年起为省里反馈数。

1-1.14

年份	社会消费品零售总额（万元）	年份	社会消费品零售总额（万元）		
				批发零售贸易业	住宿和餐饮业
1949	4414	1982	54482		
1950	5324	1983	49733		
1951	6406	1984	62827		
1952	6276	1985	78746		
1953	6924	1986	92649		
1954	7189	1987	118345		
1955	7655	1988	163952		
1956	8394	1989	187659		
1957	8743	1990	208830		
1958	8989	1991	252178		
1959	10216	1992	343562		
1960	9069	1993	607660		
1961	8586	1994	746147		
1962	12219	1995	866407	571457	141333
1963	13063	1996	917230	610921	132536
1964	13902	1997	1005493	673561	142236
1965	12555	1998	1100550	747444	158208
1966	14622	1999	1209519	840998	172922
1967	15417	2000	1264834	1099716	165118
1968	13918	2001	1413915	1229259	184656
1969	15843	2002	1618494	1403052	215443
1970	16601	2003	1816724	1598762	247739
1971	16518	2004	2131547	1820044	311503
1972	17544	2005	2520091	2168504	346572
1973	18347	2006	2984133	2570068	402200
1974	20867	2007	3560595	3061310	478070
1975	21680	2008	4267505	3676248	557389
1976	23082	2009	4910993	4270143	640850
1977	25433	2010	5825274	5300129	525145
1978	28124	2011	6847206	6194235	652971
1979	31135	2012	7541529	6833198	708331
1980	36482	2013	8579079	7818759	760319
1981	43170				

1-1.15

年份	外贸进口总额(万美元)	外贸出口总额(万美元)	利用外资签订协议合同数(个)	外商直接投资签订协议合同数(个)	实际利用外资(万美元)	外商直接投资额	接待旅游总人数(万人次)
1978		1278	3				
1979		1171	53		13		
1980		1663	173		60		
1981		1511	151		138	3	
1982		1672	173		198	80	
1983		1356	232		344	29	
1984		1759	382		1258	253	
1985		2931	425		1600	1070	
1986		5791	470		1802	1254	33
1987		11314	744	63	1503	1084	51
1988		19751	805	96	8178	4577	73
1989		21971	669	78	9205	7703	71
1990		28703	747	127	19136	15662	76
1991		42497	841	211	20754	15207	78
1992		55552	1077	556	35376	29831	96
1993		78992	1271	916	61774	58576	100
1994		172693	1002	531	78877	72789	190
1995		233211	984	431	88834	79802	212
1996		277364	589	221	90990	83672	240
1997	228703	346591	613	195	96855	85273	248
1998	243798	335269	475	247	97026	83643	329
1999	327468	367612	484	182	98383	78526	443
2000	371384	449746	477	238	105016	83319	446
2001	391989	490928	446	262	118015	96015	458
2002	533589	588957	578	405	132648	108208	605
2003	598521	714614	581	388	169035	140703	522
2004	789613	873927	721	549	93134	63228	750
2005	836630	1065535	659	539	128390	104187	1000
2006	895372	1227718	602	489	129541	104518	1217
2007	950722	1460586	506	444	148801	122815	1567
2008	1175594	1798881	362	293	155848	135249	1805
2009	1209154	1714867	323	279	150528	139484	2115
2010	1400157	2023305	368	362	145887	143761	2501
2011	1569148	2312180	434	425	157307	156803	2821
2012	2029557	2920456	337	327	173267	172782	3153
2013	2407220	3332146	298	284	183895	183417	3551

注：本表外贸出口总额从 1998 年起改用海关统计口径。

1-1.16

年份	小学在校学生数（人）	普通中学在校学生数（人）	普通高等学校在校学生数（人）	学龄儿童入学率(%)	小学毕业生数（人）	普通中学毕业生数（人）
1963	172265	17359				
1964	204350	17767				
1965	228402	25494				
1966	224695	30632				
1967	220641	31458				
1968	215060	46897				
1969	214791	65707				
1970	196860	90131				
1971	207710	93926				
1972	244396	73596				
1973	268367	63640				
1974	288983	64202				
1975	298499	76527				
1976	295658	103051				
1977	280052	129119				
1978	282536	132051	370	95.60	47872	
1979	279458	97897	574	95.53	43240	
1980	276676	81940	758	95.57	36507	
1981	272207	51648	729	95.65	35059	
1982	273689	58350	591	96.23	39910	
1983	268576	62567	638	97.63	40104	
1984	280129	69623	754	98.20	38019	
1985	279666	76827	1258	98.43	39360	
1986	286976	82039	1344	99.10	33290	
1987	296037	81668	1413	99.14	33834	
1988	300094	82197	1498	99.30	40860	

1-1.16 续表

年份	小学在校学生数（人）	普通中学在校学生数（人）	普通高等学校在校学生数（人）	学龄儿童入学率（%）	小学毕业生数（人）	普通中学毕业生数（人）
1989	305312	91617	2351	99.36	41572	
1990	317220	93739	1961	99.57	36595	
1991	329000	95816	1216	99.49	38746	
1992	337062	99400	1417	99.70	41480	26243
1993	344397	105233	1598	99.69	45642	25304
1994	348451	120195	2036	99.82	48607	27274
1995	346242	131499	2419	99.86	50328	31405
1996	342661	146165	2804	99.70	52044	34739
1997	341166	158529	3165	99.60	53757	40923
1998	335053	163476	3629	99.74	52341	47322
1999	337362	168464	4562	99.84	52439	49527
2000	335551	174526	6915	99.83	55889	52931
2001	345222	182123	5841	99.66	54926	53199
2002	360649	188425	5449	99.82	54227	59579
2003	391082	198004	6586	100.00	57435	58996
2004	418989	212095	8046	99.97	59661	60248
2005	442407	232301	8106	99.94	64271	62343
2006	451551	257051	8423	99.96	72225	68243
2007	445221	277215	8079	99.35	79066	73144
2008	426443	295346	9286	100.00	80890	79839
2009	401270	305888	12038	100.00	80973	87064
2010	397983	308667	20041	100.00	76715	91248
2011	403950	307746	22007	100.00	70940	95870
2012	421074	296561	24300	100.00	64366	99934
2013	445608	287317	27012	100.00	62148	98685

1–1.17

年 份	医 院（卫生院）数 （个）	医 院（卫生院）床位数（张）	卫 生 技术人员（人）	医生数（人）	护士数（人）	个体医务人员（人）
1969	74	2330	2924	1256		
1970	73	2781	2921	1247		
1971	77	3117	3169	1218		
1972	77	2550	3359	1476		
1973	81	2807	3532	1419		
1974	79	2887	3668	1456		
1975	82	3053	3879	1457		
1976	82	3147	3996	1518		
1977	87	3203	4260	1605		
1978	95	3460	4533	1698		
1979	96	3406	4815	1831		
1980	96	3511	5203	1944		
1981	101	3618	5347	1938		15
1982	101	3565	5535	2050		34
1983	103	3834	5699	2069		81
1984	106	3787	5812	2099		95
1985	103	3697	5768	1967		103
1986	103	3971	5863	1875		144
1987	107	3911	5955	1944		148
1988	107	4079	6139	2157		185
1989	104	4018	6214	2194		193
1990	105	4098	6398	2284		230
1991	106	4394	6873	2530		251
1992	106	4529	7262	2607		272
1993	106	4763	7559	3003		457
1994	106	4845	8236	3388		570
1995	112	5261	8923	3744		780
1996	113	5498	9460	3990	2464	807
1997	113	5495	9336	3590	2684	392
1998	114	5682	9893	4030	2846	592
1999	115	5702	10335	4246	2923	604
2000	116	5869	10552	4371	3214	625
2001	116	5931	10586	4472	3335	618
2002	116	6472	10310	3566	3445	184
2003	121	7279	10561	3999	3498	257
2004	123	7513	11289	4392	3620	271
2005	123	7960	12043	4622	3872	537
2006	125	8532	12703	5000	4245	380
2007	123	9538	14964	5854	5109	722
2008	119	10207	14765	5431	4962	698
2009	124	10199	16728	6216	5795	748
2010	126	10877	18218	6778	6391	776
2011	131	11662	19978	7386	7283	912
2012	137	14485	23787	9009	9445	1171
2013	139	16258	26991	9735	10266	1319

1-1.18

年份	小学教师 （人）	普通中学 教　师 （人）	中等职业技 术学校教师 （人）	高等学校 教　师 （人）	初　中 升学率 (%)	高　中 升学率 (%)	考入大学 人　数 （人）
1988					42.1	32.5	1622
1989					41.9	25.4	1314
1990					39.0	25.6	1095
1991					40.4	27.1	971
1992					44.4	27.5	1135
1993	14028	5679	361	206	46.9	42.2	1785
1994	14694	6394	463	230	47.5	67.9	2144
1995	15193	7096	428	159	56.8	67.1	2511
1996	15863	7550	500	182	60.3	72.9	2518
1997	16023	7716	518	270	53.6	64.2	2150
1998	16477	8016	585	305	53.6	43.6	2291
1999	16371	8227	604	375	53.5	55.1	3280
2000	16675	8635	492	281	51.0	71.1	4025
2001	17319	8856	582	296	55.0	71.3	5894
2002	17777	9633	471	364	63.5	69.7	6494
2003	18861	10242	560	460	63.4	83.7	8818
2004	18986	10943	1128	496	64.3	86.0	10470
2005	19217	11969	1278	506	71.1	87.2	11534
2006	19749	13315	1600	511	77.2	81.4	11571
2007	20188	14330	1944	503	84.9	82.0	14061
2008	20240	15232	2220	522	90.6	83.3	16823
2009	20137	16735	3160	629	93.1	84.5	19074
2010	20652	17211	3429	990	97.7	86.7	19065
2011	20947	17759	3355	1290	98.3	87.6	21846
2012	21243	18444	3366	1329	98.5	89.7	25674
2013	22497	19076	3209	1497	98.7	92.9	27845

1-1.19

年份	科技专利申请量(件)	科技专利授权量(件)	废水排放总量(万吨)	工业废水	生活废水	城镇恩格系数(%)	农村恩格系数(%)
1988							
1989							
1990							
1991							
1992							
1993	20					38.6	
1994	1					42.7	
1995	5	3	1647	1505	142	42.9	
1996	106	38	8612	1112	7500	43.4	50.9
1997	146	100	9737	1981	7756	46.0	51.8
1998	118	126	9253	1678	7575	42.5	52.1
1999	206	148	10690	1689	9001	38.1	48.7
2000	378	207	10046	1833	8213	37.3	49.5
2001	331	283	10958	1979	8979	38.6	50.5
2002	708	443	12983	2794	10189	39.2	49.5
2003	854	532	12642	3432	9210	36.4	49.1
2004	1109	680	13585	4039	9546	34.3	49.9
2005	1041	651	13774	4359	9415	32.1	49.8
2006	877	641	21616	6204	15412	31.6	47.9
2007	1235	726	26974	8727	18247	32.5	47.9
2008	1160	1011	28074	7189	20884	34.1	49.5
2009	1761	985	28188	5782	22406	34.1	48.2
2010	2889	1628	31126	6029	25097	33.9	45.0
2011	6029	2917	30400	7462	22937	34.5	44.6
2012	9893	4093	33789	8300	25489	35.7	44.3
2013	15168	5976	39562	8320	31242	–	44.1

1-1.20

年份	旅游总收入（亿元）	接待过夜旅游者（万人次）	文化馆、艺术馆（个）	公共图书馆（个）	博物馆（个）	广播电台（套）	电视台（座）
1988	1.2	73				2	3
1989	2.5	71				2	3
1990	3.3	76				3	3
1991	3.4	78				4	3
1992	4.0	96				4	3
1993	5.3	100				4	3
1994	3.9	74				5	3
1995	4.3	81	7	5	5	5	3
1996	4.0	82	6	5	5	5	7
1997	18.1	85	6	5	5	5	7
1998	18.4	154	6	5	5	5	5
1999	22.9	199	6	5	5	5	5
2000	24.1	214	6	5	5	5	5
2001	27.0	247	6	5	5	5	5
2002	31.0	301	6	5	5	5	5
2003	26.2	272	6	5	5	5	6
2004	38.9	352	6	5	5	5	4
2005	49.9	460	6	5	5	5	6
2006	61.2	562	6	5	5	6	7
2007	84.3	707	6	5	5	6	7
2008	96.6	808	6	5	5	6	7
2009	115.1	943	6	5	5	5	5
2010	140.8	1074	6	5	5	6	6
2011	161.2	1189	6	5	6	6	6
2012	184.2	1313	6	5	6	6	6
2013	212.7	1502	6	5	6	7	6

1-2 惠州历年各站点平均气温、相对湿度

年份	平均气温（℃）				相对湿度（%）			
	惠阳站	惠东站	博罗站	龙门站	惠阳站	惠东站	博罗站	龙门站
1997	22.0	21.8	22.4	20.9	79	81	81	85
1998	22.9	22.7	23.1	21.7	78	80	80	84
1999	22.6	22.3	22.8	21.2	75	76	77	81
2000	22.5	22.1	22.7	21.2	76	78	78	82
2001	22.7	22.2	22.8	21.3	76	78	79	83
2002	23.0	22.5	23.1	21.6	76	79	78	83
2003	22.7	22.1	22.9	21.3	75	78	77	82
2004	22.6	21.9	22.7	20.8	52	53	79	53
2005	22.4	22.0	22.7	20.9	71	78	76	83
2006	22.9	22.3	22.9	21.3	75	81	78	83
2007	23.0	22.3	22.9	21.2	73	72	72	79
2008	22.3	21.6	22.2	20.5	72	75	72	78
2009	23.0	22.1	23.0	21.2	71	75	70	78
2010	22.6	21.9	22.6	20.8	74	78	73	82
2011	22.3	21.5	22.3	20.4	70	75	69	78
2012	22.0	22.0	23.0	21.0	78	81	75	84
2013	22.0	22.0	23.0	21.0	77	78	75	82

1-3 惠州历年各站点降雨量、日照时数

年份	降雨量（MM）				日照时数（小时）			
	惠阳站	惠东站	博罗站	龙门站	惠阳站	惠东站	博罗站	龙门站
1997	2049.1	2474.6	2136.1	2779.7	1653.4	1945.3	1466.1	1450.2
1998	1951.4	2081.0	2141.3	2102.3	1753.8	2054.4	1764.8	1500.3
1999	1539.5	1646.4	1685.9	1787.7	1780.7	1981.2	1798.7	1683.7
2000	2315.6	2281.0	2743.1	2095.0	1880.3	1999.4	1948.4	1639.5
2001	2320.5	2248.2	2104.1	2321.5	1776.9	1999.0	1855.8	1672.5
2002	1325.3	1443.1	1280.0	1620.2	1783.6	2127.2	1825.5	1600.3
2003	1609.4	1694.8	1489.9	1522.7	2020.6	2482.8	2024.4	1808.4
2004	1174.2	1403.8	1141.2	1468.5	2076.1	2350.7	2082.4	1910.5
2005	1789.5	1720.1	2057.4	2715.1	1552.0	1888.3	1637.6	1448.7
2006	2570.9	2316.8	3111.7	2998.4	1618.5	1784.2	1618.2	1560.0
2007	1920.8	2123.8	2432.4	1705.1	1716.9	2040.5	1700.8	1723.5
2008	1942.9	2406.7	2111.9	2543.0	1595.7	1865.9	1545.7	1628.1
2009	1621.9	1714.2	1766.3	1438.3	1698.2	1958.1	1731.3	1778.9
2010	1565.7	1818.2	1883.8	2462.4	1464.0	1667.1	1638.5	1546.5
2011	1460.9	1425.5	1450.5	1451.3	1799.5	2065.7	1885.7	1910.0
2012	1273.0	1660.0	1772.0	2004.3	1521.0	1615.0	1576.0	1487.7
2013	2194.0	2129.0	2402.0	2356.0	1562.0	1611.0	1561.0	1628.0

1-4 惠州历年各水文站最高水位

单位：（m）

年份	观音阁站		岭下站		惠州站		博罗站		平山站		淡水站	
	实测值	出现日期	实测值	出现日期	实测值	出现日期	实测值	出现日期	实测值	出现日期	实测值	出现日期
2004	21.08	9.1	15.07	9.1	6.51	8.3	4.74	8.3	14.13	8.31	21.62	7.3
2005	26.69	5.23	20.67	6.23	12.85	6.23	9.85	6.23	16.57	6.22	19.73	8.2
2006	25.19	7.28	19.26	6.1	11.51	6.1	9.03	7.17	20.04	8.4	18.17	7.16
2007	53.87	6.1	18.18	6.1	10.64	6.12	7.34	6.1	16.35	6.1	18.34	6.1
2008	25.50	7.31	18.95	7.31	11.56	6.14	9.06	6.14	21.39	6.14	21.79	6.14
2009	20.73	6.27	14.97	6.28	10.83	6.4	2.78	6.28	14.83	6.4	17.75	5.24
2010	24.33	6.27	18.13	6.17	10.90	7.9	6.17	6.28	16.36	10.2	18.37	9.21
2011	22.76	10.14	16.66	10.14	10.98	7.17	3.21	7.16	16.55	8.1	18.87	6.17
2012	22.43	4.28	16.49	4.28	10.85	6.27	3.40	4.28	16.54	6.22	18.51	7.25
2013	24.39	5.22	17.91	8.18	11.24	8.18	8.06	8.18	20.75	8.18	19.34	8.17

1-5 惠州历年各水文站最低水位

单位：（m）

年份	观音阁站		岭下站		惠州站		博罗站		平山站		淡水站	
	实测值	出现日期	实测值	出现日期	实测值	出现日期	实测值	出现日期	实测值	出现日期	实测值	出现日期
1998	19.66	12.3	13.51	12.3	5.76	12.31	4.40	10.2	12.63	3.27	11.97	11.24
1999	19.18	7.21	13.01	7.27	5.07	8.1	4.00	8.1	12.61	7.24	11.90	2.7
2000	19.44	3.13	13.30	3.14	5.30	3.14	4.05	10.19	11.03	12.8	12.01	1.17
2001	19.46	1.23	13.29	1.24	5.03	12.3	3.69	11.2	10.85	12.29	12.02	3.21
2002	19.27	7.13	13.07	7.14	4.23	7.15	2.97	7.15	10.29	7.5	12.01	5.5
2003	19.25	11.28	13.04	12.9	3.84	12.1	2.53	12.1	10.35	5.2	11.96	12.2
2004	18.98	10.24	12.87	10.25	3.12	12.12	1.79	12.12	10.06	6.15	11.92	1.29
2005	18.89	1.31	12.69	1.31	2.73	12.16	1.68	2.1	10.70	12.31	11.91	2.12
2006	19.46	3.16	13.30	3.17	2.90	1.3	0.68	11.2	10.58	1.4	12.06	12.1
2007	19.17	11.26	12.97	1.31	6.67	5.22	–0.14	12.7	10.60	11.14	11.99	3.1
2008	18.86	12.1	13.01	3.19	9.70	6.17	–0.40	12.22	10.47	4.5	12.02	2.16
2009	18.60	9.22	12.66	9.21	10.06	7.9	–0.43	12.25	10.62	12.8	12.12	12.28
2010	18.75	2.3	12.88	2.3	10.32	9.3	–0.41	12.3	10.59	4.1	12.10	2.13
2011	18.36	4.24	12.74	4.26	10.28	11.8	–0.60	3.16	15.79	1.2	11.95	2.11
2012	18.43	10.21	12.76	10.21	10.44	6.3	–0.53	12.22	15.66	4.15	12.08	1.23
2013	18.44	1.7	12.56	11.18	9.78	8.20	–0.50	3.21	15.09	9.22	12.81	2.15

1-6 惠州历年各水文站最大流量

单位：（m3/s)

年份	岭下站		博罗站	
	实测值	出现日期	实测值	出现日期
1988	3280	7.2	3960	7.21
1989	3950	5.22	4940	5.23
1990	2200	4.21	2600	9.12
1991	2690	9.8	3730	9.8
1992	3010	4.12	3460	3.28
1993	3830	6.6	4540	9.28
1994	1700	6.22	3200	8.8
1995	4890	8.14	6660	8.14
1996	3010	8.18	3730	6.26
1997	3530	8.13	4800	8.13
1998	2880	4.27	3820	6.25
1999	2680	8.25	4810	8.25
2000	2670	9.2	4920	9.3
2001	3070	7.8	4340	7.8
2002	1640	8.9	1970	8.1
2003	2640	6.15	3150	6.16
2004	1001	9.1	1430	8.3
2005	6990	6.23	7840	6.23
2006	5030	6.1	7710	7.17
2007	3780	6.1	5570	6.1
2008	4860	7.31	7070	6.14
2009	966	6.28	2440	6.28
2010	4000	6.17	5430	6.27
2011	2370	10.14	2830	10.14
2012	2320	4.28	3030	4.28
2013	3930	8.18	7900	8.18

1–7 惠州历年各水文站最小流量

单位：（m3/s）

年份	岭下站		博罗站	
	实测值	出现日期	实测值	出现日期
1988	108	2.22	111	2.22
1989	143	4.3	181	11.13
1990	153	2.2	184	2.3
1991	84	7.18	106	11.25
1992	240	10.2	245	2.4
1993	196	4.12	246	4.13
1994	154	11.3	207	11.3
1995	300	12.12	283	12.12
1996	270	11.28	315	11.12
1997	265	3.1	338	3.11
1998	204	12.3	280	10.2
1999	104	7.27	207	8.1
2000	212	3.14	270	3.15
2001	228	1.24	227	1.25
2002	143	7.14	202	7.15
2003	121	12.9	152	12.1
2004	120	10.25	137	12.12
2005	82	1.31	114	2.1
2006	244	3.17	199	11.2
2007	277	1.31	126	3.5
2008	258	3.19	316	3.28
2009	169	9.21	27	9.2
2010	214	2.3	37	11.3
2011	200	4.26	60	10.27
2012	246	10.21	4	9.3
2013	254	11.18	2	3.17

惠州统计年鉴－2014

HUIZHOU STATISTICAL YEARBOOK

三、综 合

2-1 行政区划

（2013 年）

县区	合计	乡镇		街道办事处		村委会	社区居委会
		个数	名称	个数	名称		
全市	69	53		16		1043	208
惠城区	13	5	马安镇、横沥镇、芦洲镇、汝湖镇、三栋镇	8	桥东、桥西、江南、江北、龙丰、水口、河南岸、小金口	142	65
惠阳区	8	6	沙田镇 新圩镇 镇隆镇 永湖镇 良井镇 平潭镇	2	淡水、秋长	102	25
惠东县	14	13	大岭镇、白花镇、梁化镇、稔山镇、铁涌镇、平海镇、吉隆镇、多祝镇、安墩镇、高潭镇、宝口镇、黄埠镇、白盆珠镇	1	平山	245	38
博罗县	17	17	罗阳镇、石坝镇、麻陂镇、公庄镇、杨村镇、泰美镇、柏塘镇、湖镇镇、龙溪镇、龙华镇、长宁镇、福田镇、园洲镇、石湾镇、杨桥镇、观音阁、横河镇			331	35
龙门县	10	9	龙田镇、平陵镇、龙江镇、龙华镇、永汉镇、麻榨镇、龙潭镇、地派镇、蓝田乡	1	龙城	156	23
大亚湾区	2			2	霞涌、澳头	29	7
仲恺区	5	3	潼湖镇、潼侨镇、沥林镇	2	惠环、陈江	38	15

2-2 自然资源

（2013 年）

项　目		全 市	惠城区	惠阳区	惠东县	博罗县	龙门县	大亚湾区	仲恺区
一、土地面积和海洋									
土地面积	（平方公里）	11343	1157	916	3527	2855	2267	290	331
海域面积	（平方公里）	4519			3200			1319	
海洋滩涂面积	（公顷）	3537			2586			951	
大陆海岸线长度	（公里）	281.4			218.3			63.1	
岛屿岸线长度	（公里）	133.7			37.6			96.1	
岛屿个数	（个）	140			55			85	
二、气候									
年降雨量	（毫米）	2270		2194	2129	2402	2356		
年平均气温	（摄氏度）	22		22	22	23	21		
年日照时数	（小时）	1590		1562	1611	1561	1628		
三、森林									
森林面积	（万公顷）	69.68	4.82	4.32	24.98	15.72	17.52	1.14	1.17
活立木蓄积量（森林蓄积量）	（万立方米）	3086.62	173.68	121.82	1026.28	897.09	819.52	15.11	33.12
当年造林面积	（公顷）	3112	13	200	1766	153	529		451
森林覆盖率	（%）	61.28	41.98	47.88	73.01	62.07	77.91	43.39	33.63
自然保护区数	（个）	26	4	5	8	4	5		
自然保护区面积	（公顷）	88015	4815	13889	33246	22433	13632		
四、水资源									
水资源总量	（亿立方米）	148.67	13.16	14.57	44.36	35.45	33.93	3.34	3.85

注：1、气候数据为所在县（区）站点的数据；2、森林面积、活木蓄积量统计口径有调整。

2-3 惠州市、县（区）国民经济主要指标

（2013 年）

项 目		全 市	惠城区	惠阳区	惠东县	博罗县	龙门县	大亚湾区	仲恺区
地区生产总值（GDP）	（亿元）	2678.35	501.00	290.44	383.32	445.34	115.71	468.61	530.88
第一产业	（亿元）	136.67	17.72	12.00	38.67	42.35	18.48	1.83	6.13
第二产业	（亿元）	1550.59	163.25	148.95	186.18	233.64	45.54	408.65	426.91
工业	（亿元）	1464.70	122.10	138.63	178.56	224.11	39.27	395.90	419.00
第三产业	（亿元）	991.09	320.04	129.49	158.47	169.34	51.69	58.13	97.84
GDP 增长速度	（%）	13.6	12.1	14.5	14.3	12.5	14.3	11.0	21.5
三次产业结构	（%）								
第一产业	（%）	5.1	3.5	4.1	10.1	9.5	16.0	0.4	1.2
第二产业	（%）	57.9	32.6	51.3	48.6	52.5	39.4	87.2	80.4
工业	（%）	54.7	24.4	47.7	46.6	50.3	33.9	84.5	78.9
第三产业	（%）	37.0	63.9	44.6	41.3	38.0	44.7	12.4	18.4
年末常住人口	（万人）	470.00	118.75	58.75	92.50	105.75	31.50	19.90	42.85
年末户籍总人口	（万人）	343.37	82.19	36.61	83.91	85.36	35.29	8.26	11.76
农业人口	（万人）	138.92			54.32	61.01	23.60		
全社会从业人员	（万人）	277.27	57.60	36.07	56.84	63.39	17.07	14.09	32.22
第一产业	（万人）	51.87	6.54	3.63	13.70	16.00	9.28	0.65	2.06
第二产业	（万人）	137.61	20.95	20.47	25.40	32.17	3.09	10.45	25.07
第三产业	（万人）	87.79	30.10	11.97	17.74	15.20	4.69	2.99	5.09
城镇单位在岗职工平均人数	（万人）	84.90	19.13	12.88	5.61	15.28	1.93	10.67	19.41
城镇单位在岗职工工资总额	（亿元）	400.10	103.24	56.30	22.99	64.14	6.93	54.38	92.13
城镇单位在岗职工平均工资	（元）	47126	53966	43718	40946	41978	36001	50972	47474
城乡居民储蓄存款余额	（亿元）	1533.96	692.05	236.32	206.93	271.18	58.32	69.15	—
农村居民人均纯收入	（元）	14029	15464	16747	13791	13864	11220	14635	16793
农村居民人均居住面积	（平方米）	35.57	28.28	40.90	29.03	47.79	27.49	44.47	33.63
地方财政一般预算收入	（亿元）	250.17	121.09	27.91	23.26	27.33	7.72	29.81	13.06
地方财政一般预算支出	（亿元）	328.29	140.53	34.58	41.40	42.35	18.07	37.36	14.00
税收总收入	（亿元）	728.69	162.64	45.38	38.48	45.60	9.36	326.31	92.29
国税	（亿元）	522.63	88.98	20.32	16.71	22.95	4.22	288.29	72.52
地税	（亿元）	206.06	73.66	25.06	21.76	22.65	5.14	38.02	19.77

注：“—”仲恺区数含在惠城区内，下同。

2-3 续表 1 （2013 年）

项 目		全 市	惠城区	惠阳区	惠东县	博罗县	龙门县	大亚湾区	仲恺区
粮食产量	（万吨）	55.70	7.78	3.74	18.02	15.05	9.19	0.12	1.82
禽肉产量	（万吨）	4.56	0.62	0.51	0.77	2.12	0.31	0.03	0.20
猪肉产量	（万吨）	14.22	3.07	0.38	3.04	6.42	0.67	0.26	0.37
水果产量	（万吨）	66.93	2.75	2.87	7.91	14.40	38.29	0.15	0.56
蔬菜产量	（万吨）	243.10	31.80	35.83	66.88	72.95	19.65	0.83	15.15
水产品产量	（万吨）	15.67	1.95	0.44	6.05	2.66	0.59	2.86	1.12
农业主要特色农产品									
玉米	（万吨）	11.86	2.55	1.08	2.12	4.51	0.28		1.31
柑桔	（万吨）	34.61	0.40	0.16	1.40	2.47	30.18		
荔枝	（万吨）	7.66	0.64	0.86	2.62	2.82	0.37	0.11	0.24
马铃薯	（万吨）	3.39	0.05	0.06	3.04	0.19	0.02	0.01	0.02
规模以上工业	（个）	1702	201	350	213	415	59	102	362
“三资”企业	（个）	941	119	207	57	253	16	60	229
规模以上工业总产值	（亿元）	6605.29	421.58	548.72	379.74	829.06	115.74	1737.95	2572.49
规模以上工业增加值（收入法）	（亿元）	1423.20	97.67	132.59	112.19	196.65	39.43	399.14	445.53
规模以上工业销售产值	（亿元）	6499.22	414.49	522.99	371.90	814.81	112.65	1714.69	2547.69
出口交货值	（亿元）	2385.21	164.74	272.49	78.22	317.54	6.74	131.18	1414.30
全社会用电量	（亿千瓦时）	248.44	45.17	40.97	25.24	47.61	16.87	38.03	30.39
工业用电量	（亿千瓦时）	176.93	21.07	30.57	13.21	35.55	14.29	33.45	23.27
万元 GDP 能耗	（吨标煤/万元）	0.748	0.537	0.830	0.562	0.894	1.502	2.028	0.512
社会消费品零售总额	（亿元）	857.91	360.38	103.71	165.79	124.28	39.69	18.86	45.20
限额以上住宿餐饮、批零单位数	（个）	626	272	66	136	44	49	24	35
星级宾馆数	（个）	63	24	16	7	6	3	4	3
进出口总额	（亿美元）	573.94	29.77	51.28	15.69	43.56	1.16	41.00	115.76
外贸出口额	（亿美元）	333.21	18.28	32.55	11.69	29.73	0.85	24.36	71.63
外贸进口额	（亿美元）	240.72	11.49	18.73	4.00	13.83	0.31	16.64	44.12
实际外商直接投资额	（亿美元）	18.34	2.43	3.69	1.67	3.16	0.46	3.50	2.78
固定资产投资	（亿元）	1401.30	404.52	210.07	193.23	194.18	95.17	179.28	124.85

注：进出口额、实际外商直接投资额县（区）数据不含市直部分。

2-3 续表 2 （2013 年）

项 目		全 市	惠城区	惠阳区	惠东县	博罗县	龙门县	大亚湾区	仲恺区
#城镇	（亿元）	1243.53	399.70	159.45	144.84	174.18	61.80	178.95	124.61
#房地产开发	（亿元）	593.47	231.63	83.43	80.47	81.89	38.03	63.22	14.80
农村	（亿元）	157.77	4.83	50.62	48.39	20.00	33.37	0.33	0.24
商品房施工面积	（万平方米）	5810.67	1837.68	858.50	896.48	849.51	68.62	1029.14	270.73
商品房竣工面积	（万平方米）	634.77	163.52	57.12	159.46	103.43	6.07	116.74	28.44
商品房屋销售面积	（万平方米）	1149.46	337.79	165.17	160.84	147.81	21.81	274.44	41.61
商品房屋销售额	（亿元）	672.11	238.86	100.35	105.43	59.45	13.64	127.96	26.42
公路线路长度	（公里）	11234	1431	1397	2832	2898	2031	229	416
等级公路	（公里）	10626	1731	1257	2460	2604	1962	196	416
高速公路	（公里）	492	98	103	77	130	51	33	
等级公路密度	（公里/百平方公里）	99	124	152	80	101	90	79	126
金融机构本外币存款余额	（亿元）	3138.79	1739.04	372.50	271.63	393.32	81.18	281.13	–
人民币	（亿元）	2984.94	1648.19	365.18	269.70	386.05	80.95	234.87	–
金融机构本外币贷款余额	（亿元）	2036.92	1308.54	176.87	144.78	163.43	29.56	213.74	–
人民币	（亿元）	1826.62	1151.44	175.56	144.64	162.99	29.56	162.44	–
小学学校数	（所）	460	93	95	106	96	23	12	35
小学在校学生数	（万人）	44.56	10.70	7.58	9.49	9.66	2.28	1.24	3.60
普通中学学校数	（所）	221	50	31	49	51	20	4	16
普通中学在校学生数	（万人）	28.73	7.27	5.64	6.37	5.78	1.67	0.63	1.38
大学录取人数	（人）	27845	8707	5951	4906	5404	1648	650	579
卫生机构数	（个）	2604	641	354	540	605	241	83	140
医院	（个）	63	24	15	11	6	4	1	2
医生(执业医师+执业助理医师)	（人）	9735	3983	1439	1474	1519	518	397	405
注册护师、护士	（人）	10266	4598	1513	1366	1632	512	324	321
卫生机构床位数	（张）	19155	8920	2286	2773	3202	917	696	361
医院	（张）	12714	6687	1703	1740	1471	393	538	182
卫生院	（张）	3544	241	347	819	1545	445		147
社会养老保险参保人数	（万人）	197.61	103.28	26.10	14.85	30.81	5.09	17.48	–

2-4 主要经济指标占全省比重

（2013 年）

指　　标		惠州市	广东省	惠州市占全省比重（%）
人口				
年末常住人口数	（万人）	470.00	10644.00	4.4
土地面积	（万平方公里）	1.13	17.98	6.3
地区生产总值	（亿元）	2678.35	62163.97	4.3
#第一产业	（亿元）	136.67	3047.51	4.5
第二产业	（亿元）	1550.59	29427.49	5.3
第三产业	（亿元）	991.09	29688.97	3.3
人均地区生产总值	（元）	57144	58540	97.6
工业增加值				
规模以上工业增加值	（亿元）	1423.20	25647.24	5.5
#轻工业	（亿元）	323.64	9702.90	3.3
重工业	（亿元）	1099.56	15944.33	6.9
#电子行业	（亿元）	572.73		
石化行业	（亿元）	309.72		
#国有企业	（亿元）	21.58		
集体企业	（亿元）	3.22	138.49	2.3
“三资”企业	（亿元）	857.14	12330.81	7.0
民营企业	（亿元）	271.73	10282.11	2.6
主要工农业产品产量				
粮食	（万吨）	55.70	1315.90	4.2
蔬菜	（万吨）	243.10	3144.47	7.7
水果	（万吨）	66.93	1368.73	4.9
水产品	（万吨）	15.67	815.37	1.9
肉类	（万吨）	19.12	435.22	4.4
发电量	（亿千瓦时）	194.55	3796.25	5.1
水泥	（万吨）	1787.59	13394.93	13.3
原油加工量	（万吨）	1225.16	4707.37	26.0
乙烯	（万吨）	103.20	238.26	43.3
彩电电视机	（万台）	1403.84	6691.07	21.0
微型计算机	（万台）	84.94	3756.53	2.3
移动电话机	（万部）	28726.69	77818.03	36.9
固定资产投资				
固定资产投资额	（亿元）	1401.30	22858.53	6.1
#第一产业	（亿元）	9.66	354.14	2.7
第二产业	（亿元）	423.72	7446.06	5.7
#工业	（亿元）	423.72	7365.66	5.8
第三产业	（亿元）	967.93	15058.32	6.4
#房地产	（亿元）	593.47	6519.47	9.1

注：广东省数据为快报数。

2-4 续表 （2013 年）

指 标		惠州市	广东省	惠州市占全省比重（%）
商品房				
商品房销售面积	（万平方米）	1149.46	9836.39	11.7
商品房销售额	（亿元）	672.11	8941.05	7.5
房屋施工面积	（万平方米）	5810.67	46480.47	12.5
房屋新开工面积	（万平方米）	1467.38	14265.48	10.3
房屋竣工面积	（万平方米）	634.77	6273.30	10.1
商品房待售面积	（万平方米）	324.72	4469.53	7.3
国内贸易和物价				
社会消费品零售总额	（亿元）	857.91	25453.93	3.4
#城镇	（亿元）	707.47	22282.42	3.2
农村	（亿元）	150.44	3171.51	4.7
商品零售价格指数	（%）	101.0	101.0	100.0
居民消费价格指数	（%）	102.1	102.5	99.6
财政税收金融				
地方财政一般预算收入	（亿元）	250.17	7075.54	3.5
地方财政一般预算支出	（亿元）	328.29	8265.78	4.0
国税收入	（亿元）	522.63	9026.8	5.8
地税收入	（亿元）	206.06	5084.7	4.1
金融本外币存款余额	（亿元）	3138.79	119685.15	2.6
#城乡居民储蓄存款余额	（亿元）	1533.96	50638.64	3.0
金融本外币贷款余额	（亿元）	2036.92	75664.16	2.7
外经旅游				
进出口总额	（亿美元）	573.94	10915.70	5.3
出口总额	（亿美元）	333.21	6364.04	5.2
进口总额	（亿美元）	240.72	4551.66	5.3
实际利用外商直接投资	（亿美元）	18.34	249.52	7.4
旅游总收入	（亿元）	212.65		
旅游外汇收入	（亿美元）	7.70	162.78	4.7
人民生活				
城镇居民人均可支配收入	（元）	32992	33090	99.7
农村居民人均纯收入	（元）	14029	11669	120.2

注：广东省数据为快报数。

2-5 国民经济主要经济指标

指 标		2000年	2001年	2002年	2003年	2004年	2005年	2006年	2007年
综合									
建成区面积	（平方公里）	89.3	97.4	93.7	96.2	110.8	136.3	136.6	155.0
本地生产总值（GDP）	（亿元）	439.2	479.0	526.6	586.5	686.4	803.4	928.9	1117.9
# 第一产业	（亿元）	62.2	65.4	67.4	68.3	77.1	75.1	68.8	78.2
第二产业	（亿元）	255.3	276.7	306.6	343.7	392.1	455.7	539.0	639.6
第三产业	（亿元）	121.7	136.8	152.6	174.5	217.2	273.1	321.2	400.1
人均GDP（按常住人口计算）	（元）	13877	14590	15529	16860	19189	21909	24503	28288
人均GDP（按常住人口计算）	（美元）	1676	1763	1876	2108	2399	2739	3074	3720
地区生产总值结构	(%)	100.0	100.0	100.0	100.0	100.0	100.0	100.0	100.0
第一产业	(%)	14.2	13.7	12.8	11.6	11.3	9.3	7.4	7.0
第二产业	(%)	58.1	57.8	58.2	58.6	57.1	56.7	58.0	57.2
第三产业	(%)	27.7	28.5	29.0	29.8	31.6	34.0	34.6	35.8
民营经济增加值	（亿元）					215.1	285.7	338.2	398.0
农业									
农业增加值	（亿元）	62.2	65.4	67.4	68.3	77.5	75.1	68.8	78.2
粮 食	（万吨）	105.3	92.9	81.8	69.5	74.4	74.2	51.4	55.2
蔬 菜	（万吨）	142.0	166.1	185.2	184.9	186.7	192.9	173.9	174.9
水 果	（万吨）	18.5	19.8	27.1	31.2	39.2	48.8	41.6	46.8
玉 米	（万吨）	2.2	3.5	6.5	6.4	9.5	12.5	8.8	9.5
年 桔	（万吨）	1.8	2.9	3.8	8.5	9.2	13.2	10.8	15.6
荔 枝	（万吨）	1.7	3.7	5.6	4.4	7.1	6.9	6.7	6.8
梅 菜	（万吨）				3.2	3.9	6.5	7.7	8.0
马铃薯	（万吨）	0.5	2.0	2.2	2.2	2.8	3.3	1.2	1.4
韭 黄	（万吨）	0.9	1.1	1.2	1.3	1.5	1.7	1.7	2.0
农业龙头企业单位数	（个）	7	15	24	92	109	123	131	144
销售收入	（亿元）	0.5	2.1	5.0	17.3	25.7	29.0	35.0	34.4
带动农户数	（万户）	0.4	2.4	3.8	10.8	14.6	14.0	16.0	16.3
肉类总产量	（万吨）	13.2	13.5	15.0	14.9	15.3	17.8	18.0	17.9
猪肉	（万吨）	8.0	8.6	9.7	10.2	11.4	12.9	13.4	12.6
牛羊肉	（万吨）	0.2	0.2	0.2	0.2	0.2	0.3	0.2	0.2
禽肉	（万吨）	4.9	4.6	5.0	4.3	3.3	4.4	4.2	4.9
禽蛋	（万吨）	1.6	1.5	1.5	1.2	1.1	1.2	1.0	1.0
奶类产量	（万吨）	0.1	0.2	0.3	0.1	0.2	0.3	0.4	0.4
水产品产量	（万吨）	13.3	14.0	15.6	15.7	16.3	16.4	12.3	13.7
淡水	（万吨）	6.8	7.3	7.2	7.0	7.5	7.9	5.6	6.2
海水	（万吨）	6.5	6.7	8.4	8.7	8.8	8.5	6.7	7.6
工业									
规模以上工业单位数	（个）	689	702	765	808	1257	1244	1279	1387
三资企业	（个）	454	483	555	593	880	880	916	955

2–5 续表 1

指　　标		2008 年	2009 年	2010 年	2011 年	2012 年	2013 年	2013 年比 2012 年增长 (%)
综合								
建成区面积	(平方公里)	180.5	210.8	266.3	280.4	292.2	302.8	3.6
本地生产总值(GDP)	(亿元)	1304.0	1414.7	1730.0	2093.1	2367.5	2678.4	13.6
#第一产业	(亿元)	90.6	90.3	102.4	116.5	124.6	136.7	3.6
第二产业	(亿元)	741.3	789.0	1019.6	1223.3	1377.2	1550.6	16.0
第三产业	(亿元)	472.1	535.4	608.0	753.3	865.8	991.1	11.0
人均 GDP(按常住人口计算)	(元)	31748	33142	38650	45331	50873	57144	12.8
人均 GDP(按常住人口计算)	(美元)	4571	4852	5709	7018	8048	9227	12.8
地区生产总值结构	(%)	100.0	100.0	100.0	100.0	100.0	100.0	
第一产业	(%)	6.9	6.4	5.9	5.6	5.3	5.1	-0.2
第二产业	(%)	56.8	55.8	59.0	58.4	58.2	57.9	-0.3
第三产业	(%)	36.3	37.8	35.1	36.0	36.5	37.0	0.5
民营经济增加值	(亿元)	461.4	508.2	614.2	778.5	887.2	1018.9	13.8
农业								
农业增加值	(亿元)	96.7	91.9	102.4	116.5	124.6	136.7	3.6
粮　食	(万吨)	55.7	58.6	58.7	61.0	62.7	55.7	-11.1
蔬　菜	(万吨)	181.4	190.2	201.7	214.5	223.6	243.1	8.7
水　果	(万吨)	50.0	51.8	54.9	58.9	63.4	66.9	5.6
玉　米	(万吨)	10.2	11.1	11.0	11.1	11.6	11.9	2.5
年　桔	(万吨)	19.6	20.3	22.4	24.2	17.2	15.0	-12.6
荔　枝	(万吨)	6.7	7.4	7.4	8.0	7.4	7.7	3.6
梅　菜	(万吨)	8.2	8.7	9.6	4.8	10.1	9.8	-2.9
马铃薯	(万吨)	2.0	3.3	3.5	3.5	3.7	3.4	-7.1
韭　黄	(万吨)	2.1	3.1	3.2	3.0	3.0	4.0	-7.4
农业龙头企业单位数	(个)	162	181	198	210	220	236	7.3
销售收入	(亿元)	48.6	62.8	65.5	71.5	75.0	80.5	7.3
带动农户数	(万户)	19.6	22.2	25.2	23.7	23.5	24.2	2.8
肉类总产量	(万吨)	18.6	19.3	20.0	18.9	19.2	19.1	-0.2
猪肉	(万吨)	13.7	14.2	14.8	13.9	13.9	14.2	2.0
牛羊肉	(万吨)	0.2	0.2	0.2	0.2	0.2	0.2	1.5
禽肉	(万吨)	4.6	4.8	4.8	4.7	4.9	4.6	-6.9
禽蛋	(万吨)	1.1	1.1	1.1	1.0	0.9	0.9	1.6
奶类产量	(万吨)	0.4	0.6	0.6	0.7	0.7	0.8	17.0
水产品产量	(万吨)	13.6	14.0	14.3	14.7	14.9	15.7	4.9
淡水	(万吨)	6.4	6.7	7.0	7.2	7.4	7.7	4.0
海水	(万吨)	7.2	7.3	7.4	7.5	7.5	7.9	5.9
工业								
规模以上工业单位数	(个)	1875	1870	1926	1428	1430	1702	19.0
三资企业	(个)	1192	1139	1167	650	868	941	8.4

2-5 续表 2

指 标		2000 年	2001 年	2002 年	2003 年	2004 年	2005 年	2006 年	2007 年
规模以上工业增加值	(亿元)	132.2	131.1	190.9	218.5	278.7	315.3	404.2	502.5
#轻工业	(亿元)	84.2	70.2	93	103.3	145.4	159.5	158.7	186.9
重工业	(亿元)	48	60.9	98	115.5	133.4	155.8	245.5	315.6
#电子工业	(亿元)	78.1	81.8	134.5	170.7	183.6	212.6	209	231.9
石化工业	(亿元)	9.1	8	10	11	18	20.6	80.2	122.6
纺织业	(亿元)	3.4	2.5	3	4.8	8.2	7.9	9.7	9.5
纺织服装、服饰业	(亿元)	5	4.4	4.5	4.8	4.8	5.5	6.4	7.3
非金属矿物制品业	(亿元)	2.2	2.6	3.4	2.9	4.3	3.7	5.6	10.1
制鞋业	(亿元)	2.64	2.64	3.43	4.66	5.21	9.41	6.86	10
汽车制造业	(亿元)	1.3	1.2	1.5	3.3	5.5	8.1	11.3	19.4
#国有企业	(亿元)	7.1	7.4	7.5	7.8	6.12	14.3	29.5	31.9
集体企业	(亿元)	3.1	1.9	1.9	1.8	3.2	3.1	2.4	1.7
三资企业	(亿元)	107	112	173.1	199.7	252.14	280.5	348.2	427.1
电话机	(万部)	2960	2744	3074	2988	3668	3419	3160	3064
彩色电视机	(万台)	499	453	438	727	941	1360	1448	981
激光视盘机	(万台)	227	203	323	363	1412	1764	1921	2590
微型计算机	(万台)	24	19	66	55	62	70	70	45
移动电话机	(万部)		137	522	804	742	755	1172	1651
组合音响	(万台	598	1009	1398	1309	1318	1164	773	839
塑料制品	(万吨)	9	9	12	13	15	14	24	26
发电量	(亿千瓦时)	12	13	13	12	10	8	16	35
皮革鞋靴	(万双)	1182	816	1023	1491	2593	2762	7876	8699
水泥	(万吨)	226	336	226	305	393	393	595	1033
服装	(万件)	25617	16633	15323	16319	15228	13811	15975	14800
灯饰	(万套)						1974	3788	6005
家具	(万件)	13.7	7.6	12.0	70.3	91.6	204.0	210.0	176.0
工业综合经济效益指数	(%)	134.3	129.3	145.8	124.3	123.1	124.1	138.4	166.3
实现利润总额	(亿元)	20.2	21.5	33.9	30.0	38.0	36.7	39.9	99.2
投资和房地产									
固定资产投资额	(亿元)	77.4	84.4	104.7	228.5	297.6	352.4	308.8	486.9
#城镇	(亿元)								
农村	(亿元)								
#第一产业	(亿元)	2.6	2.6	2.6	2.0	2.5	3.2	0.8	1.6
第二产业	(亿元)			47.3	148.7	183.1	210.5	154.6	236.8
#工业	(亿元)	36.4	37	44.8	139	197.8	229.9	154.3	234.1
#石化工业	(亿元)	0.3	2.9	8.5	95.5	125.5	118.6	38.7	108.9
电子工业	(亿元)	10.9	6.6	10.8	13.4	13.1	21.8	24.6	38.5
第三产业	(亿元)			54.8	77.8	76.2	97.6	153.4	248.5
#房地产开发	(亿元)	9.2	10.6	15.9	27.3	29.6	43.9	69.0	137.8
#住宅	(亿元)		7.1	10.0	17.2	20.8	28.7	47.2	94.3

2-5 续表 3

指 标		2008 年	2009 年	2010 年	2011 年	2012 年	2013 年	2013 年比 2012 年增长 (%)
规模以上工业增加值	(亿元)	604.1	674.8	786.4	1013.5	1174.0	1423.2	17.7
# 轻工业	(亿元)	197.2	175.0	206.7	242.0	261.5	323.6	17.5
重工业	(亿元)	406.9	499.7	619.3	771.5	912.5	1099.6	18.6
# 电子工业	(亿元)	284.7	299.3	239.6	358.3	445.1	572.7	29.3
石化工业	(亿元)	131.4	177.3	238.6	268.8	296.1	309.7	9.2
纺织业	(亿元)	12.0	11.1	13.3	11.6	10.0	10.6	23.3
纺织服装、服饰业	(亿元)	10.2	12.0	9.5	13.8	16.8	25.7	17.7
非金属矿物制品业	(亿元)	13.7	12.8	18.9	23.6	27.7	40.2	28.5
制鞋业	(亿元)	12.4	14.5	24	19.1	25.6	38.3	7.8
汽车制造业	(亿元)	19.5	19.6	23.2	23.1	35.1	38.6	25.5
# 国有企业	(亿元)	34.4	114.9	190.6	243.4	280.5	21.6	8.4
集体企业	(亿元)	3.4	3.7	3.0	3.2	3.2	3.2	41.4
三资企业	(亿元)	503.6	482.9	491.7	645.7	685.3	857.1	19.2
电话机	(万部)	2844	2744	2295	2493	2173	2229	2.6
彩色电视机	(万台)	940	941	938	1140	1068	1404	5.8
激光视盘机	(万台)	2321	2702	2955	2803	15652	13464	-15.9
微型计算机	(万台)	19	95	109	198	93	85	-8.6
移动电话机	(万部)	5670	8471	12078	15074	18397	28727	55.7
组合音响	(万台	1363	624	603	736	866	906	4.6
塑料制品	(万吨)	15	15	18	11	8	15	5.1
发电量	(亿千瓦时)	42	48	52	156	202	195	-8.4
皮革鞋靴	(万双)	9720	10645	14283	11555	12065	12096	-0.6
水泥	(万吨)	1121	1342	1468	1578	1518	1788	18.3
服装	(万件)	15072	15298	14637	10853	11170	11534	1.6
灯饰	(万套)	9117	8188	10565	7247	5662	5324	-7.2
家具	(万件)	290.0	319.5	471.1	544.3	444.1	526.7	5.5
工业综合经济效益指数	(%)	145.6	163.6	193.6	219.1	221.5		
实现利润总额	(亿元)	37.7	115.3	141.1	220.2	219.3	279.9	37.2
投资和房地产								
固定资产投资额	(亿元)	588.7	759.0	894.0	1025.2	1208.7	1401.3	18.6
# 城镇	(亿元)	506.4	666.6	778.3	956.5	1114.4	1243.5	11.6
农村	(亿元)	82.4	92.3	115.7	68.7	94.3	157.8	67.4
# 第一产业	(亿元)	2.0	3.3	1.3	2.9	8.2	9.7	17.6
第二产业	(亿元)	263.1	265.6	301.2	316.4	351.1	423.7	20.8
# 工业	(亿元)	260.8	265.2	301.2	316.3	350.8	423.7	20.8
# 石化工业	(亿元)	107.8	45.2	30.2	38.8	54.3	55.9	62.3
电子工业	(亿元)	66.2	66.2	58.9	78.7	89.1	117.6	30.1
第三产业	(亿元)	323.6	490.0	591.5	705.9	849.4	967.9	13.9
# 房地产开发	(亿元)	186.8	175.3	267.9	377.5	482.2	593.5	23.1
# 住宅	(亿元)	131.8	133.2	198.5	291.5	364.0	469.8	29.1

2-5　续表 4

指　标		2000 年	2001 年	2002 年	2003 年	2004 年	2005 年	2006 年	2007 年
商品房施工面积	（万平方米）	146.0	186.0	211.0	335.8	385.0	485.0	731.3	1347.8
商品房竣工面积	（万平方米）	64.0	63.1	87.3	104.0	86.7	133.8	173.0	213.1
商品房销售面积	（万平方米）	48.4	45.5	56.4	86.1	101.1	149.4	254.7	390.6
# 住宅	（万平方米）	45.7	42.0	53.0	81.9	73.1	132.1	242.4	363.5
商品房待售面积	（万平方米）	58.8	27.1	47.5	69.9	77.1	87.5	61.1	60.0
商品房销售额	（亿元）	8.1	7.9	13.2	16.7	22.9	38.0	75.8	156.2
# 住宅	（亿元）	7.6	7.1	10.6	15.0	17.4	29.4	68.8	137.1
交通、邮电、电力									
公路路线长度	（公里）	6986	7045	7211	7372	7382	7538	10436	10436
# 等级公路	（公里）	6632	6703	6870	6908	6920	7093	8831	8831
# 高速公路	（公里）	97	128	128	277	277	277	277	277
公路密度		60	63	65	66	66	68		94
年末民用汽车保用量	（万辆）	5.8	6.7	7.7	7.3	8.9	11.3	13.2	15.5
# 私人汽车保有量	（万辆）	2.3	2.4	3.5	3.7	4.9	6.3	9.1	11.2
沿海港口吞吐量	（万吨）	787	809	910	1050	1371	1271	1069	2192
邮电业务收入	（亿元）	26.0	24.3	27.1	30.4	32.8	36.6	37.6	40.4
移动电话用户（含卡）	（万户）	49.7	79.0	108.8	161.5	202.4	260.2	314.2	410.1
固定电话用户数（含小灵通）	（万户）	57.5	76.6	92.0	105.7	133.1	160.6	185.4	202.6
互联网用户数	（万户）	3.9	11.6	31.8	35.5	60.3	73.2	77.4	92.1
全年用电量	（亿千瓦时）	43.5	49.6	60.8	74.7	89.6	105.2	123.2	145.6
# 工业用电	（亿千瓦时）	26.8	30.9	38.7	49.2	58.5	68.1	80.9	99.6
城乡居民生活用电	（亿千瓦时）	7.1	7.6	8.1	9.0	10.1	11.9	14.0	15.5
220 千伏以上变电站	（座）	1	1	1	1	1	2	2	2
220 千伏以下变电站（含 220 千伏）	（座）	70	67	71	71	72	72	73	76
国内贸易、旅游									
社会消费品零售总额	（亿元）	126.5	141.4	161.8	184.7	213.2	252.0	298.4	356.1
# 批发零售贸易业	（亿元）	110	122.9	140.3	159.9	182.0	218.2	259.4	309.4
# 限上批发零售贸易业	（亿元）	16.5	19.7	22.2	24.3	33.5	41.7	56.5	73.5
住宿餐饮业	（亿元）	16.5	18.5	21.5	24.8	31.2	33.8	39.0	46.6
# 限上住宿和餐饮业	（亿元）	2.9	3.3	3.7	4.2	5.1	5.9	6.3	8.4
限上商贸企业数	（个）	107	112	112	105	155	185	212	262
批发业	（个）	29	35	36	33	53	50	44	50
零售业	（个）	24	32	32	24	29	51	63	82
住宿业	（个）					36	38	46	63
餐饮业	（个）	54	45	44	48	37	46	59	67

2-5 续表 5

指　标		2008 年	2009 年	2010 年	2011 年	2012 年	2013 年	2013 年比2012 年增长(%)
商品房施工面积	(万平方米)	2059.3	2248.3	3073.0	3905.1	4579.9	5810.7	26.9
商品房竣工面积	(万平方米)	242.8	553.9	564.6	502.7	509.0	634.8	24.7
商品房销售面积	(万平方米)	295.9	543.8	627.3	796.3	826.7	1149.5	39.0
#住宅	(万平方米)	270.8	516.4	593.7	752.4	787.3	1092.8	38.8
商品房待售面积	(万平方米)	69.2	170.5	227.5	221.0	229.0	324.7	41.8
商品房销售额	(亿元)	121.9	232.0	311.2	440.9	478.4	672.1	40.5
#住宅	(亿元)	106.4	212.3	286.0	414.7	445.8	613.9	37.7
交通、邮电、电力								
公路路线长度	(公里)	10468	10682	10826	10893	10933	11234	2.8
#等级公路	(公里)	9348	9826	10074	10235	10341	10703	3.5
#高速公路	(公里)	277	374	379	454	492	492	0.0
公路密度	(公里/百平方公里)	94	96	95	96	96.4	99	2.7
年末民用汽车保用量	(万辆)	17.9	21.1	25.6	30.6	35.8	41.4	15.7
#私人汽车保有量	(万辆)	13.4	16.6	20.8	25.6	30.5	36.1	18.3
沿海港口吞吐量	(万吨)	2459	3613	4534	5014	5118	4784	-6.5
邮电业务收入	(亿元)	44.3	48.3	54.9	58.0	62.4	64.0	2.7
移动电话用户(含卡)	(万户)	410.4	466.1	378.2	419.9	501.2	597.8	19.3
固定电话用户数(含小灵通)	(万户)	221.5	189.7	139.8	135.2	130.1	131.5	1.1
互联网用户数	(万户)	46.1	56.3	68.3	81.8	104.2	110.0	5.7
全年用电量	(亿千瓦时)	153.6	165.8	192.5	209.7	227.4	248.4	9.3
#工业用电	(亿千瓦时)	104.4	113.2	132.0	145.4	160.2	176.9	10.5
城乡居民生活用电	(亿千瓦时)	17.8	20.5	23.9	27.4	31.5	32.6	3.5
220 千伏以上变电站	(座)	2	2	2	4	4	4	0.0
220 千伏以下变电站(含 220 千伏)	(座)	81	96	122	115	116	125	7.8
国内贸易、旅游								
社会消费品零售总额	(亿元)	426.8	491.1	582.5	684.7	754.2	857.9	13.5
#批发零售贸易业	(亿元)	373.0	439.0	530.0	619.4	683.3	781.9	14.5
#限上批发零售贸易业	(亿元)	100.6	118.2	173.6	207.3	246.9	298.3	18.7
住宿餐饮业	(亿元)	52.7	52.1	52.5	65.3	70.8	76.0	7.0
#限上住宿和餐饮业	(亿元)	10.4	12.3	15.5	19.3	23.6	24.3	-2.3
限上商贸企业数	(个)	262	337	404	423	482	626	29.9
批发业	(个)	50	62	74	106	135	220	63.0
零售业	(个)	82	122	144	167	181	223	23.2
住宿业	(个)	63	67	75	86	81	93	14.8
餐饮业	(个)	67	86	111	71	85	93	9.4

2-5 续表 6

指　标		2000 年	2001 年	2002 年	2003 年	2004 年	2005 年	2006 年	2007 年
旅游总人数	（万人次）	446	458	605	522	750	1000	1217	1567
# 接待过夜旅游者	（万人次）	214	247	301	272	352	460	562	707
# 国际旅游者	（万人次）	23	28	30	22	31	80	101	121
# 港澳台同胞	（万人次）	20	23	24	16	21	57	78	91
旅游总收入	（亿元）	24.1	27	31	26.2	38.9	49.9	61.2	84.3
# 旅游外汇收入	（万美元）	5333	5610	6404	5757	8586	16549	21315	28665
星级宾馆	（个）	9	12	36	40	38	45	53	61
星级宾馆营业额	（亿元）					4.39	4.17	6.4	8.5
对外经济									
外贸进出口总额（海关数）	（亿美元）	82.10	88.30	112.30	131.30	166.40	190.20	212.31	241.13
# 出口总额	（亿美元）	45	49.09	58.9	71.46	87.39	106.55	122.77	146.06
# 香港	（亿美元）		15.48	18.17	20.87	27.23	30.06	43.63	54.51
日本	（亿美元）		3.56	4.79	6.11	4.24	6.97	5.6	7.3
美国	（亿美元）		9.8	11.79	14.61	15.01	20.64	23.33	25.26
欧盟	（亿美元）		10.52	12.85	12.15	9.47	14.64	16.59	20.38
台湾	（亿美元）		0.54	0.66	0.99	1.95	2.47	3.02	3.5
东盟	（亿美元）		2.40	2.52	2.11	2.63	3.53	4.04	4.68
韩国	（亿美元）		1.8	2.53	8.52	19.71	18.4	12.7	10.94
俄罗斯	（亿美元）		0.14	0.23	0.34	0.53	0.69	1.04	1.63
进口总额	（亿美元）	37.1	39.2	53.4	59.9	79.0	83.7	89.5	95.1
外商直接投资合同宗数	（宗）	238	259	405	388	549	539	489	444
外商直接投资合同金额	（亿美元）	7.7	7.5	14.7	15.4	13.0	19.5	15.1	15.71
实际利用外商直接投资	（亿美元）	7.8	9.6	10.8	14.1	6.3	10.4	10.5	12.28
# 香港	（亿美元）	4.88	4.78	5.44	6.47	2.34	3.77	4.15	6.53
日本	（亿美元）	0.1	0.18	0.72	0.47	0.31	1.55	1.51	1
台湾	（亿美元）	0.83	0.25	0.92	0.82	0.22	0.19	0.35	0.45
美国	（亿美元）	0.18	0.3	0.18	0.09	0.88	0.11	0.23	0.22
欧盟	（亿美元）		1.26	0.4	3.85	2.26	3.2	0.79	0.35
# 荷兰	（亿美元）			0.38	3.57	2.25	3.14	0.64	0.1
英属维尔京群岛	（亿美元）	1.23	1.54	1.71	1.34	0.62	0.97	2.22	2.44
大洋洲	（亿美元）	0.04	0.28	0.67	0.37	0.20	0.21	0.42	0.44
东盟	（亿美元）	0.14	0.11	0.17	0.17	0.11	0.07	0.39	0.28
财税、金融和保险业									
来源于惠州的财政总收入	（亿元）	63.41	73.42	77.33	96.06	111.17	140.40	170.33	307
地方公共财政预算收入	（亿元）	12.9	18.2	19.7	24.1	25.4	34.7	44.4	62
# 增值税	（亿元）	2.3	4.4	5.6	6.3	3.4	7.8	9.9	14.6
营业税	（亿元）	2.8	3.6	4.6	6	7.5	9.4	11.3	14.9
企业所得税	（亿元）	1.5	2.5	1.5	1.5	2.0	2.6	3.2	4

2-5 续表 7

指 标		2008 年	2009 年	2010 年	2011 年	2012 年	2013 年	2013 年比 2012 年增长（%）
旅游总人数	（万人次）	1805	2115	2501	2821	3153	3551	12.6
# 接待过夜旅游者	（万人次）	808	943	1074	1189	1313	1502	14.4
# 国际旅游者	（万人次）	133	144	160	175	191	207	8.6
# 港澳台同胞	（万人次）	100	110	122	134	146	162	11.2
旅游总收入	（亿元）	96.6	115.1	140.82	161	184.2	212.7	15.5
# 旅游外汇收入	（万美元）	33091	40107	50168	57652	67785	77039	13.7
星级宾馆	（个）	62	67	68	66	63	63	
星级宾馆营业额	（亿元）	8.98	11.56	14.75	19.51	20.01	21.23	6.1
对外经济								
外贸进出口总额（海关数）	（亿美元）	297.44	292.40	342.35	388.13	495.00	573.94	16.0
# 出口总额	（亿美元）	179.89	171.49	202.33	231.22	292.05	333.21	14.1
# 香港	（亿美元）	53.46	47.73	61.36	69.54	78.29	87.00	11.1
日本	（亿美元）	8.5	6.68	8.12	8.03	8.00	8.43	5.4
美国	（亿美元）	25.83	27.67	32.42	34.83	39.11	39.13	0.04
欧盟	（亿美元）	24.59	21.46	23.07	25.95	24.59	23.77	-3.4
台湾	（亿美元）	3.98	2.72	3.26	3.87	3.53	4.78	35.3
东盟	（亿美元）	5.84	5.91	6.39	8.69	8.89	10.04	13.0
韩国	（亿美元）	32.77	36.09	36.39	42.31	95.41	128.97	35.2
俄罗斯	（亿美元）		1.08	1.40	1.92	2.65	2.05	-22.5
进口总额	（亿美元）	117.6	120.92	140.02	156.91	202.96	240.72	18.6
外商直接投资合同宗数	（宗）	293	279	362	425	327	284	-13.1
外商直接投资合同金额	（亿美元）	15.85	14.04	14.80	21.68	26.55	28.92	8.9
实际利用外商直接投资	（亿美元）	13.52	13.94	14.38	15.68	17.28	18.34	6.2
# 香港	（亿美元）	8.09	9.38	9.62	11.61	10.87	9.74	-10.3
日本	（亿美元）	0.84	0.14	0.65	0.02	0.07	1.03	1360.5
台湾	（亿美元）	0.28	0.21	0.12	0.22	0.08	0.05	-33.8
美国	（亿美元）	0.61	0.09	0.32	0.08	0.14	0.05	-66.8
欧盟	（亿美元）	0.06	0.04	0.07	0.15	2.07	3.12	51.1
# 荷兰	（亿美元）					2.05	3.06	48.8
英属维尔京群岛	（亿美元）	3.19	2.92	1.67	1.73	2.35	1.97	-14.1
大洋洲	（亿美元）	0.01	0.33	0.28	0.43	0.32	0.18	-43.8
东盟	（亿美元）	0.45	0.45	0.46	0.63	0.34	0.12	-65.1
财税、金融和保险业								
来源于惠州的财政总收入	（亿元）	324	391.9	573.1	672.70	771.02	805.37	4.5
地方公共财政预算收入	（亿元）	78	101.5	131.2	162.83	200.88	250.17	24.5
# 增值税	（亿元）	16	24.9	29.2	36.04	40.85	47.03	15.1
营业税	（亿元）	17.5	19.5	24.1	25.51	29.29	34.48	17.7
企业所得税	（亿元）	5.9	6.6	9.7	11.70	11.37	16.34	43.7

2-5 续表 8

指 标		2000 年	2001 年	2002 年	2003 年	2004 年	2005 年	2006 年	2007 年
个人所得税	（亿元）	1.1	1.4	1.1	1.5	2.0	2.4	2.4	2.8
房产税	（亿元）	1.0	1.2	1.3	1.5	1.6	1.9	2.1	2.4
契税	（亿元）	0.5	0.7	0.8	1.1	1.6	2.0	2.9	5.2
行政性收费收入	（亿元）	0.7	0.9	1.2	1.8	2.2	2.6	2.9	3.8
罚没收入	（亿元）	0.8	1.1	0.9	0.9	1.0	1.3	2.9	4.6
地方公共财政预算支出	（亿元）	19.7	25.8	33.0	38.8	45.9	52.4	66.0	86.0
# 公共安全	（亿元）								
农林水事务	（亿元）								
教育支出	（亿元）	3.4	4.0	5.8	7.1	8.6	10.0	11.2	15.6
科学支出	（亿元）	0.1	0.1	0.1	0.2	0.2	0.2	0.3	1.0
医疗卫生支出	（亿元）	1.0	1.1	1.6	2.0	2.5	2.9	4.0	5.0
社会保障和就业	（亿元）								
节能环保	（亿元）								
税收总收入	（亿元）	60.7	71.6	79.7	100.0	119.6	149.3	181.9	238.3
国税	（亿元）	42.1	50.1	59.3	73.4	86.6	107.3	134.0	176.9
地税	（亿元）	10.2	13.0	16.6	22.1	28.0	34.7	40.9	54.8
本外币存款余额	（亿元）	394.4	442.6	524.2	615.6	710.7	823.9	986.4	1169.5
人民币存款余额	（亿元）	359.1	402.5	479.0	571.9	665.1	781.8	946.7	1133.8
# 企业存款	（亿元）	88.8	104.1	119.0	144.4	161.6	178.4	215.1	276.4
城乡居民储蓄存款	（亿元）	249.3	274.1	319.1	379.5	447.3	522.2	607.2	647.6
# 城镇居民	（亿元）	214.0	235.9	275.4	327.7	382.0	443.9	504.8	519.3
农村居民	（亿元）	35.3	38.2	43.7	51.9	65.2	78.3	102.5	128.3
本外币贷款余额	（亿元）	220.8	234.7	275.9	347.0	378.2	409.4	481.8	679.7
人民币贷款余额	（亿元）	213.3	226.8	265.4	313.8	347.8	367.2	440.8	563.2
# 短期贷款	（亿元）	150.3	144.8	136.0	136.0	130.8	115.8	119.5	156.6
中长期贷款	（亿元）	35.9	65.8	107.2	157.6	197.7	246.5	309.6	396.4
个人贷款及透支	（亿元）								166.7
农、林、牧、渔业	（亿元）								22.7
房地产业	（亿元）								67.1
教育	（亿元）								2.2
卫生和社会工作	（亿元）								3.6
文化、体育和娱乐业	（亿元）								2.0

注：2011 年起企业存款为单位存款。

2–5 续表 9

指　标		2008 年	2009 年	2010 年	2011 年	2012 年	2013 年	2013 年比 2012 年增长（%）
个人所得税	（亿元）	3.2	3.3	4.2	4.3	3.1	3.7	17.9
房产税	（亿元）	2.6	3.1	3.8	4.9	5.2	7.8	51.1
契税	（亿元）	6.2	7.7	10.5	14.0	26.6	23.3	–12.3
行政性收费收入	（亿元）	5.2	6.8	11.0	13.2	16.0	23.2	45.2
罚没收入	（亿元）	3.7	3.7	4.9	4.9	6.1	7.3	19.2
地方公共财政预算支出	（亿元）	106.2	134.7	185.4	227.2	274.1	328.3	19.8
# 公共安全	（亿元）		12.6	16.4	19.3	21.0	25.6	21.6
农林水事务	（亿元）		13.2	14.6	19.2	26.1	26.5	0.5
教育支出	（亿元）	19.7	25.8	32.4	45.0	62.6	72.8	16.3
科学支出	（亿元）	1.5	2.3	3.6	5.3	5.1	5.6	14.9
医疗卫生支出	（亿元）	7.1	8.1	10.7	18.1	21.8	26.3	20.5
社会保障和就业	（亿元）		13.7	18.5	18.9	22.0	26.8	21.9
节能环保	（亿元）		3.2	6.5	6.8	7.5	28.6	281.1
税收总收入	（亿元）	297.4	355.1	473.9	583.6	704.3	728.7	3.5
国税	（亿元）	221.2	266.4	362.7	437.9	529.5	522.6	–1.3
地税	（亿元）	69.0	81.9	104.0	136.4	174.7	206.1	17.9
本外币存款余额	（亿元）	1336.9	1778.9	2090.1	2401.0	2697.0	3138.8	16.4
人民币存款余额	（亿元）	1304.6	1734.7	2041.2	2326.0	2507.5	2984.9	19.0
# 企业存款	（亿元）	327.9	493.0	556.0	1066.9	1052.6	1301.6	23.7
城乡居民储蓄存款	（亿元）	771.7	867.5	1031.8	1174.3	1351.4	1534.0	13.6
# 城镇居民	（亿元）	614.9	688.3	809.8	908.8	1050.3	1178.4	12.4
农村居民	（亿元）	156.8	179.2	221.8	265.5	301.1	355.6	18.1
本外币贷款余额	（亿元）	752.1	1134.3	1225.7	1439.1	1735.1	2036.9	17.4
人民币贷款余额	（亿元）	659.9	924.9	1097.7	1295.5	1501.0	1826.6	21.7
# 短期贷款	（亿元）	201.0	233.2	146.5	194.3	248.0	335.4	35.3
中长期贷款	（亿元）	444.5	675.0	944.9	1070.1	1200.1	1441.5	20.1
个人贷款及透支	（亿元）	189.1	292.9	435.6	515.2	620.8	786.9	26.8
农、林、牧、渔业	（亿元）	25.4	21.5	6.5	7.8	9.5	10.7	12.9
房地产业	（亿元）	81.0	110.1	132.1	154.3	147.5	172.0	16.6
教育	（亿元）	1.9	4.3	6.9	7.3	8.8	10.4	17.5
卫生和社会工作	（亿元）	4.5	6.0	7.9	9.4	12.7	14.4	13.8
文化、体育和娱乐业	（亿元）	2.3	3.8	3.0	4.0	6.3	6.7	5.2

指 标		2000 年	2001 年	2002 年	2003 年	2004 年	2005 年	2006 年	2007 年
个人消费贷款	(亿元)	0.9	25.2	38.9	56.3	68.4	80.7	82.7	126.3
住房贷款	(亿元)		20.8	32.8	46.0	59.6	72.5	77.0	121.2
汽车贷款	(亿元)		2.3	4.7	4.6	3.5	2.7	2.7	2.6
各类保险保费收入	(亿元)	3.5	4.2	5.8	7.4	8.4	10.9	15.3	22.8
保险支付各类赔款	(亿元)	1.4	1.6	2	2.4	2.6	3.4	6.3	4
人口、就业、人民生活									
年末常住人口	(万人)	321.80	334.77	343.41	352.27	363.18	370.69	387.51	402.86
年末户籍人口	(万人)	277.80	280.45	283.02	286.36	293.22	297.58	306.41	312.89
人口自然增长率	(‰)	5.93	5.39	4.88	5.08	5.24	5.36	5.55	5.58
全社会从业人员	(万人)	186.70	196.84	216.55	206.67	212.92	222.62	227.84	236.47
在岗职工人数	(万人)	42.19	42.71	47.43	50.24	53.23	64.92	66.90	75.70
# 企业	(万人)	32.41	33.01	37.43	40.22	42.97	54.23	55.40	63.75
事业	(万人)	6.21	6.32	6.62	6.68	6.86	7.17	7.59	7.90
机关	(万人)	3.57	3.38	3.38	3.34	3.40	3.52	3.91	4.05
在岗职工年平均工资	(元)	9607	10482	11318	13265	14439	16017	17760	19644
# 企业	(元)	9193	9812	10534	12295	13098	14762	16232	17935
事业	(元)	10852	12578	13983	16036	18231	19725	22755	26489
机关	(元)	11157	13085	14486	18912	22866	26807	29516	32874
年末城镇登记失业人数	(人)	10483	13091	14222	13581	12870	14001	14835	14140
年末城镇登记失业率	(%)	2.4	2.9	2.8	2.7	2.5	2.6	2.6	2.2
惠城市区居民人均可支配收入	(元)	9825	10014	10691	12673	13822	14884	15991	17310
# 名义增长	(%)	4.1	5.3	6.8	18.5	9.1	7.7	7.4	8.2
# 实际增长	(%)	1.5	5.0	8.7	18.0	6.8	5.6	5.7	4.1
惠城市区居民人均消费性支出	(元)	8555	8574	8603	10303	11929	12931	14035	15015
# 食品	(元)	3085	3310	3369	3755	4090	4152	4435	4873
衣着用品	(元)	409	459	541	657	714	755	808	817
家庭设备、用品及服务	(元)	645	868	544	709	713	909	719	650
医疗保健	(元)	519	554	741	721	736	539	693	884
交通和通讯	(元)	1132	1073	1062	1682	2614	2353	2908	2795
娱乐、教育、文化服务	(元)	867	948	1082	1472	1594	1567	1581	1766
居住	(元)	1092	871	976	1004	1124	1951	2478	2809
农村居民人均纯收入	(元)	3630	3750	3903	4054	4370	4698	5090	5695
# 名义增长	(%)	2.8	3.3	4.0	3.9	7.8	7.5	8.3	11.9
# 实际增长	(%)	0.2	3.0	5.8	3.5	5.6	5.4	6.6	7.7

2–5 续表 11

指　标		2008 年	2009 年	2010 年	2011 年	2012 年	2013 年	2013 年比 2012 年增长 (%)
个人消费贷款	(亿元)	145.6	238.9	343.7	415.7	500.7	618.0	23.4
住房贷款	(亿元)	141.7	224.4	315.2	372.9	457.1	566.7	24.0
汽车贷款	(亿元)	2.2	2.4	2.6	1.9	0.7	0.4	–43.2
各类保险保费收入	(亿元)	35.3	36.4	48.7	50.5	56.5	64.6	14.2
保险支付各类赔款	(亿元)	5.7	5.7	15.9	6.9	8.3	9.0	8.0
人口、就业、人民生活								
年末常住人口	(万人)	418.65	435.08	460.11	463.36	467.40	470.00	0.6
年末户籍人口	(万人)	318.84	324.36	337.28	343.03	341.91	343.37	0.4
人口自然增长率	(‰)	6.04	6.35	6.99	6.77	6.83	6.94	
全社会从业人员	(万人)	243.74	252.16	260.14	267.97	270.04	277.27	2.7
在岗职工人数	(万人)	72.60	76.59	78.61	83.35	87.22	83.91	–3.8
# 企业	(万人)	60.31	63.91	65.77	69.44	72.85	69.45	–4.7
事业	(万人)	8.09	8.15	8.16	8.67	9.14	9.05	–0.9
机关	(万人)	4.20	4.51	4.62	5.06	5.07	5.16	1.8
在岗职工年平均工资	(元)	22727	25786	29599	35719	41506	47126	13.5
# 企业	(元)	20517	23143	26934	32885	38770	43928	13.3
事业	(元)	32255	37201	42406	50748	55452	63296	14.1
机关	(元)	38300	42114	44675	49400	55256	63726	15.3
年末城镇登记失业人数	(人)	16528	15737	14996	15467	16869	17317	2.7
年末城镇登记失业率	(%)	2.6	2.5	2.3	2.3	2.4	2.4	–2.1
惠城市区居民人均可支配收入	(元)	19481	21278	23565	26609	29965	32992	10.1
# 名义增长	(%)	12.5	9.2	10.7	12.9	12.6	10.1	
# 实际增长	(%)	7.9	10.9	7.3	7.6	9.5	7.8	
惠城市区居民人均消费性支出	(元)	16581	17914	19741	20603	22279		
# 食品	(元)	5654	6101	6695	7114	7943		
衣着用品	(元)	928	993	1104	1284	1503		
家庭设备、用品及服务	(元)	1026	1018	1163	1225	1304		
医疗保健	(元)	851	973	1011	1005	1098		
交通和通讯	(元)	3177	3425	4041	4049	4540		
娱乐、教育、文化服务	(元)	1728	1866	2015	2357	2787		
居住	(元)	2631	2897	3061	2882	2347		
农村居民人均纯收入	(元)	6626	7583	9077	10938	12415	14029	13.0
# 名义增长	(%)	16.3	14.4	19.7	20.5	13.5	13.0	
# 实际增长	(%)	11.5	16.1	16.0	14.9	10.4	10.7	

2–5 续表 12

指　标		2000 年	2001 年	2002 年	2003 年	2004 年	2005 年	2006 年	2007 年
农村居民人均生活费支出	(元)	2737	2724	2805	3005	3300	3782	4022	4320
城镇恩格尔系数	(%)	37.3	38.6	39.2	36.4	34.3	32.1	31.6	32.5
农村恩格尔系数	(%)	49.5	50.5	49.5	49.1	49.9	49.8	47.9	47.9
城镇居民人均住房面积	(平方米)	24.2	24.3	25	25.3	25.8	26.2	26.3	23.28
农村居民人均住房面积	(平方米)	22.34	22.55	23.12	22.56	23.58	26.01	26.41	27.45
居民消费价格指数	(%)	102.5	100.3	98.2	100.5	102.1	102	101.6	103.9
科学、教育									
专利申请量	(项)	378	331	708	854	1109	1041	877	1235
专利授权量	(项)	207	283	443	532	680	651	641	726
认定高新技术企业	(家)	47	57	71	88	111	141	158	192
高新技术产品产值	(亿元)	143	202	287	472	562	661	909	1147
考入大学人数	(人)	4025	5894	6494	8818	10470	11534	11571	14061
高等学校									
学校数	(所)	1	1	1	1	1	1	1	1
毕业生数	(人)	1336	1590	1646	1460	1460	1421	1622	2706
招生数	(人)	2201	2529	1452	2419	2924	1513	1972	2386
在校学生数	(人)	4911	5841	5449	6586	8046	8106	8423	8079
教职工数	(人)	641	616	647	777	797	807	755	753
# 专任教师	(人)	281	296	364	460	496	506	511	503
中等职业技术学校									
学校数	(所)	9	11	8	9	27	34	34	40
毕业生数	(人)	3121	3843	3420	4126	5829	8325	11864	13006
招生数	(人)	3830	4290	5442	7212	12463	15108	21348	23176
在校学生数	(人)	10818	11026	13622	17466	32037	35694	50665	57180
教职工数	(人)	850	1043	856	987	2007	2046	2432	2869
# 专任教师	(人)	492	582	471	560	1128	1278	1600	1944
普通中学									
学校数	(所)	154	153	163	167	171	174	194	203
毕业生数	(人)	52931	53199	59579	58996	60248	62343	68243	73144
招生数	(人)	63624	64608	65603	72202	78501	85872	97533	102373
在校学生数	(人)	174526	182123	188425	198004	212095	232301	257051	277215
教职工数	(人)	10498	10877	11689	12350	12972	14046	15569	16675
# 专任教师	(人)	8635	8856	9633	10242	10943	11969	13315	14330

2-5 续表 13

指　标		2008 年	2009 年	2010 年	2011 年	2012 年	2013 年	2013 年比 2012 年增长 (%)
农村居民人均生活费支出	(元)	4863	5249	6029	7187	8286	9465	14.2
城镇恩格尔系数	(%)	34.1	34.1	33.9	34.5	35.7	35.7	
农村恩格尔系数	(%)	49.5	48.2	45.0	44.6	44.3	44.1	
城镇居民人均住房面积	(平方米)	31.37	32.78	33.93	32.7	35.34		
农村居民人均住房面积	(平方米)	28.17	29.98	28.59	31.24	32.80	35.57	8.4
居民消费价格指数	(%)	104.3	98.5	103.2	104.9	102.8	102.1	2.1
科学、教育								
专利申请量	(项)	1160	1761	2889	6029	9894	15168	53.3
专利授权量	(项)	1011	985	1628	2917	4093	5976	46.0
认定高新技术企业	(家)	44	73	73	122	132	163	23.5
高新技术产品产值	(亿元)	1246	1318	1798	2219	2927	3200	9.3
考入大学人数	(人)	16823	19074	19065	21846	25674	27845	8.5
高等学校								
学校数	(所)	1	1	2	2	3	3	0.0
毕业生数	(人)	2244	1479	4005	4358	5631	6070	7.8
招生数	(人)	3467	4265	6199	6373	8032	8942	11.3
在校学生数	(人)	9286	12038	20041	22007	24300	27012	11.2
教职工数	(人)	773	881	1490	1545	1907	2095	9.9
#专任教师	(人)	522	629	990	1049	1329	1497	12.6
中等职业技术学校								
学校数	(所)	45	40	43	39	39	33	-15.4
毕业生数	(人)	14380	16745	19503	22032	24441	27156	11.1
招生数	(人)	27818	31308	37893	37203	34167	31607	-7.5
在校学生数	(人)	65460	76596	89908	97131	97852	95812	-2.1
教职工数	(人)	3230	3886	4160	4295	4473	4268	-4.6
#专任教师	(人)	2220	3160	3429	3355	3366	3209	-4.7
普通中学								
学校数	(所)	209	210	209	211	214	221	3.3
毕业生数	(人)	79839	87064	91248	95870	99934	98685	-1.2
招生数	(人)	108741	109635	107112	102649	98045	95644	-2.4
在校学生数	(人)	295346	305888	308667	307746	296561	287317	-3.1
教职工数	(人)	17643	18995	19605	20383	20235		
#专任教师	(人)	15232	16735	17211	17759	18444	19076	3.4

2-5 续表 14

指 标		2000 年	2001 年	2002 年	2003 年	2004 年	2005 年	2006 年	2007 年
小学									
学校数	(所)	1231	1174	1167	1154	1170	1118	1031	982
毕业生数	(人)	55889	54926	57208	57435	59661	64271	72225	79066
招生数	(人)	55562	60229	64396	67095	67728	66305	64111	63353
在校学生数	(人)	335551	345222	360649	391082	418989	442407	451551	445221
教职工数	(人)	19090	19811	20105	20827	21251	21601	22370	22961
#专任教师	(人)	16675	17319	17777	18861	18986	19217	19749	20188
学龄儿童									
学龄儿童总数	(人)	330118	342381	351340	383748	409497	435971	448694	442082
学龄儿童入学率	(%)	99.83	99.66	99.8	100.48	99.97	99.94	99.96	100
小学毕业生升学率	(%)	96.6	96.86	97.41	100	100	100	100	100
幼儿园									
幼儿园数	(所)	239	229	221	227	243	253	273	278
在园幼儿数	(人)	68641	71803	69078	69699	69867	70685	51667	79722
教职工数	(人)	3772	2410	4040	4300	4615	5284	5957	6467
#专任教师	(人)	2502	2124	2354	2509	2697	3073	3499	3907
文化、卫生、体育									
文化馆、艺术馆	(个)	6	6	6	6	6	6	6	6
公共图书馆	(个)	5	5	5	5	5	5	5	5
博物馆	(个)	5	5	5	5	5	5	5	5
广播电台	(套)	5	5	5	5	5	5	6	6
广播人口覆盖率	(%)	98.5	98.7	98.7	98.8	98.8	98.2	98.35	99.5
电视台	(套)	5	5	5	6	4	6	7	6
电视发射台和转播台	(座)	25	25	22	6	4	15	13	7
电视人口覆盖率	(%)	95.6	96.3	96.9	97.3	97.6	96.7	97.3	97.8
有线电视用户	(万户)	23.6	24.7	26.7	27.1	27.3	26.3	34.3	34.4
影剧院(含电影院)	(个)	25	25	9	9	4	4	4	6
歌舞厅	(个)				257	257	145	157	297
网吧	(个)				204	205	245	435	569
卫生机构数	(个)	768	758	419	484	576	614	235	270
#医院、卫生院	(个)	116	116	122	121	123	123	125	123
卫生防疫防治机构	(个)	14	14	15	14	14	14	14	16
妇幼卫生机构	(个)	5	5	5	5	5	5	5	5
卫生技术人员	(人)	10552	10586	10310	10561	11289	12043	12703	14964
#医生、助理医生	(人)	4371	4472	3804	3932	4214	4622	5000	5854
护师、护士	(人)	3214	3335	3445	3498	3620	3872	4245	5109
卫生机构床位数	(张)	5869	6087	6979	7279	7513	7960	8532	9538
#医院、卫生院	(张)	5648	5705	6472	6577	7067	7529	8048	9015
村级卫生机构数	(个)					1124	1283	1532	1512
村级执业(助理)医师	(人)					178	225	384	435

注：2009 年起卫生机构数为全市各类机构数。

2-5　续表 15

指　标		2008 年	2009 年	2010 年	2011 年	2012 年	2013 年	2013 年比 2012 年增长（%）
小学								
学校数	（所）	945	785	689	518	472	460	-2.5
毕业生数	（人）	80890	80973	76715	70940	64366	62148	-3.4
招生数	（人）	61952	62344	72570	78119	87160	89068	2.2
在校学生数	（人）	426443	401270	397983	403950	421074	445608	5.8
教职工数	（人）	23054	22759	23194	13194	24342		
# 专任教师	（人）	20240	20137	20652	20947	21243	22497	5.9
学龄儿童								
学龄儿童总数	（人）	423240	397204	392431	399720	409732	441726	7.8
学龄儿童入学率	(%)	100	100	100	100	100	100	
小学毕业生升学率	(%)	100	100	100	100	100	100	
幼儿园								
幼儿园数	（所）	300	326	351	384	436	480	10.1
在园幼儿数	（人）	87378	100617	114440	128324	144664	163139	12.8
教职工数	（人）	7442	8398	10448	12061	14593	17341	18.8
# 专任教师	（人）	4453	5043	6044	6819	8216	9507	15.7
文化、卫生、体育								
文化馆、艺术馆	（个）	6	6	6	6	6	6	
公共图书馆	（个）	5	5	5	5	5	5	
博物馆	（个）	5	5	6	6	6	6	
广播电台	（套）	6	6	6	6	6	7	16.7
广播人口覆盖率	(%)	99.67	99.95	99.95	99.99	100	100	
电视台	（套）	6	6	6	6	6	6	
电视发射台和转播台	（座）	7	5	6	6	6	6	
电视人口覆盖率	(%)	98.5	98.95	99.56	99.98	100	100	
有线电视用户	（万户）	39.9	47.2	48.0	69.6	74.2	74.2	
影剧院（含电影院）	（个）	5	15	12	18	18	14	-22.2
歌舞厅	（个）	133	200	168	168	226	299	32.3
网吧	（个）	587	577	584	584	584	589	0.9
卫生机构数	（个）	285	2214	2258	2366	2558	2604	1.8
# 医院、卫生院	（个）	119	124	128	131	137	139	1.5
卫生防疫防治机构	（个）	17	17	17	17	18	18	
妇幼卫生机构	（个）	5	5	5	6	6	6	
卫生技术人员	（人）	14818	16728	18218	19978	23787	26991	13.5
# 医生、助理医生	（人）	5431	6246	6778	7386	9009	9735	8.1
护师、护士	（人）	4962	5795	6391	7283	9445	10266	8.7
卫生机构床位数	（张）	10207	11122	12206	13092	17231	19155	11.2
# 医院、卫生院	（张）	9477	10199	10877	11662	14485	16258	12.2
村级卫生机构数	（个）	1539	1534	1539	1557	1574	1508	-4.2
村级执业（助理）医师	（人）	513	394	555	562	604	581	-3.8

2-5 续表 16

指　标		2000 年	2001 年	2002 年	2003 年	2004 年	2005 年	2006 年	2007 年
乡村医生和卫生员	（人）					1228	1208	1632	1437
#乡村医生数	（人）					1122	1139	1488	1364
卫生员	（人）					106	69	144	73
农村诊疗人次	（万人次）					375.00	397.58	505.88	485.21
社保、环保、公用事业									
养老保险参保人数	（万人）	34.8	39.6	41.3	44.2	47.4	52.7	60.1	88.6
失业保险参保人数	（万人）	31.7	35.9	36.8	37.4	40.7	45.1	51.6	50.4
城镇职工基本医疗保险参保人数	（万人）		21.5	29.4	30.6	35	46.7	59.1	61.3
社会保险基金收入	（亿元）	3.3	5.3	7.3	8.2	11.1	12.8	18.2	21.5
年末城镇最低生活保障人数	（人）	2206	13242	6043	7248	7894	8101	7842	8693
年末乡村最低生活保障人数	（人）	7016	12436	19856	25203	29083	33307	43453	55149
自然保护区	（个）						26	26	26
自然保护区面积	（公顷）						88016	88016	88016
森林覆盖率	(%)	57.3	58.7	59.3	59.8	59.9	59.8	58.2	58.6
建成烟尘控制区	（个）	2	2	5	8	8	8	8	8
烟尘控制区面积	（平方公里）		52.5	60.1	144.5	144.5	147.8	147.8	147.8
噪声达标面积	（平方公里）	33	33	40.7	55.7	55.7	71.3	71.5	71.5
市区空气污染综合指数(API 指数)	(%)	19–81	19–90	13–85	23–99	14–97	21–74	27–73	30–67
废水排放总量	（万吨）	10046	10958	12983	12642	13585	13774	21616	26974
#生活污水	（万吨）	8213	8979	10189	9210	9546	9415	15412	18247
工业废水	（万吨）	1833	1979	2794	3432	4039	4359	6204	8727
废水中 COD 排放量	（万吨）	2.21	3.00	1.99	1.69	1.78	1.70	2.29	4.5
污水处理厂	（座）								7
生活污水集中处理率	（%）							23.68	47.2
废气排放总量	（亿标立米）	104.05	126.11	192.32	186.79	302.47	271.36	400.91	1024.41

2-5 续表 17

指 标		2008 年	2009 年	2010 年	2011 年	2012 年	2013 年	2013 年比2012 年增长（%）
乡村医生和卫生员	（人）	1444	1539	1545	1629	1528	1391	-9.0
#乡村医生数	（人）	1366	1417	1413	1504	1385	1287	-7.1
卫生员	（人）	78	122	132	125	143	104	-27.3
农村诊疗人次	（万人次）	520.29	493.83	506.99	547.42	767.64	958.27	24.8
社保、环保、公用事业								
养老保险参保人数	（万人）	105.2	120.0	148.9	190.0	202.2	197.6	-2.2
失业保险参保人数	（万人）	44.9	32.8	30.0	91.0	92.5	127.38	37.7
城镇职工基本医疗保险参保人数	（万人）	71.7	77.1	81.8	134.9	139.5	159.3	14.2
社会保险基金收入	（亿元）	28.5	32.7	38.9	46.4	56.1	73.1	30.3
年末城镇最低生活保障人数	（人）	9465	10433	9875	9799	9327	9028	-3.2
年末乡村最低生活保障人数	（人）	58943	66248	69694	71386	80019	79153	-1.1
自然保护区	（个）	26	26	26	26	26	26	
自然保护区面积	（公顷）	88285	88285	88285	88285	88285	88015	-0.3
森林覆盖率	(%)	59.2	59.4	59.6	60.4	60.9	61.3	0.7
建成烟尘控制区	（个）	8	8	8	8	8	8	
烟尘控制区面积	（平方公里）	147.8	147.8	147.8	147.8	147.8	147.8	
噪声达标面积	（平方公里）	71.5	71.5	71.5	209.7	209.7	209.7	
市区空气污染综合指数 (API 指数）	(%)	30-68	18-72	19-101	19-86	19-94		
废水排放总量	（万吨）	28074	28188	31126	30400	33789	39562	17.1
#生活污水	（万吨）	20884	22406	25097	22937	25489	31242	22.6
工业废水	（万吨）	7189	5782	6029	7462	8300	8320	0.2
废水中 COD 排放量	（万吨）	0.56	0.49	0.61	0.85	0.90	0.88	-2.8
污水处理厂	（座）	15	15	26	19	27	37	37.0
生活污水集中处理率	（%）	47.2	63.2	71.5	91.5	91.0	95.1	4.5
废气排放总量	（亿标立米）	965.36	1319.13	1163.31	1907.11	1487.80	1509.51	1.5

2-5 续表 18

指标		2000 年	2001 年	2002 年	2003 年	2004 年	2005 年	2006 年	2007 年
# 工业废气量	（亿标立米）	104.05	126.11	192.32	186.79	302.47	271.36	400.91	1024.41
二氧化硫排放总量	（万吨）	0.58	0.79	0.91	0.79	1.04	1.07	1.22	1.65
# 工业二氧化硫	（万吨）	0.56	0.71	0.81	0.79	0.75	0.74	1.22	1.64
工业烟尘排放量	（万吨）	0.48	0.09	0.07	0.07	0.1	0.09	0.19	0.32
工业固体废物产生量	（万吨）	16.01	12.20	12.91	15.77	15.53	17.13	19.26	33.97
全市水资源总量	（亿立方米）	137.1	100.5	108.4	85.1	70	126.9	183.6	119.79
全市总用水量	（亿立方米）	20.1	22.3	19.8	20.1	20.5	21.1	21.4	21.67
# 生活用水比重	(%)	19.1	15.7	14.9	17.4	17	11.3	11.3	11.4
工业用水比重	(%)	8.1	10.6	12.6	12.5	13	17	19.1	20.8
农业用水比重	(%)	72.8	73.7	72.5	70.1	70	66.6	64.5	62.4
城市维护建设资金支出	（万元）		37215	28914	78454	54111	57936	69349	142528
年末实有铺装道路面积	（万平方米）	685	1005	572	1092	1041	1076	1151	1558
排水管道长度	（公里）	771	794	653	752	827	863	915	765
供水综合生产能力	（万立方米 / 日）	87	88.1	76.7	76.7	84.5	99.5	107	97.2
供水总量	（万吨）	12302	14443	14378	17581	19684	20468	21401	22485
# 居民家庭用水量	（万吨）	6978	5437	6211	7092	7121	7463	7158	7119
液化石油气供气总量	（吨）	136889	70632	88553	91295	99858	113905	172574	196507
年末实有营运公共汽车	（辆）	462	535	447	778	707	707	738	917
年末实有出租小汽车数	（辆）			312	879	911	975	950	983
建成区绿化覆盖面积	（公顷）	3055	2703		3780	3070	4028	5102	5130
园林绿地面积	（公顷）	2357	2600		3947	3384	3704	4419	4675
# 公园绿地面积	（公顷）	597	702		890	721	763	1190	1190
工商登记情况									
个体户期末实有户数	（万户）		6.07	6.54	7.44	8.29	9.38	11	16.26
个体户期末注册资本	（亿元）		10.55	12.96	17.18	21.81	25.44	48.41	53.17
个体户本期新增户数	（万户）		1.32	0.99	1.85	2.01	2.17	2.76	6.5
个体户本期新增注册资本	（亿元）		3.09	2.81	5.02	6.57	6.58	6.87	9.33
私营企业期末实有户数	（万户）		0.47	0.62	0.82	1.06	1.35	1.69	2.13
私营企业期末注册资本	（亿元）		65.96	92.26	124.12	154.91	198.6	292.56	401.28
私营企业本期新增户数	（万户）		0.09	0.17	0.25	0.28	0.31	0.42	0.45
私营企业本期新增注册资本	（亿元）		2.9	14.75	27.31	33.93	36.14	62.62	71.01

2-5 续表 19

指　　标		2008 年	2009 年	2010 年	2011 年	2012 年	2013 年	2013 年比 2012 年增长 (%)
#工业废气量	(亿标立米)	965.36	1319.13	1163.31	1197.11	1487.80	1509.51	1.5
二氧化硫排放总量	(万吨)	3.27	3.57	3.31	3.90	3.61	3.03	-16.1
#工业二氧化硫	(万吨)	3.26	3.56	3.31	3.89	3.55	3.00	-15.5
工业烟尘排放量	(万吨)	0.26	0.32	0.32	2.19	2.13	2.30	8.0
工业固体废物产生量	(万吨)	29.94	27.27	40.60	76.40	123.23	119.62	-2.9
全市水资源总量	(亿立方米)	159.4	96.45	115.60	84.76	115.38	148.67	28.9
全市总用水量	(亿立方米)	21.99	21.68	21.82	21.81	21.75	21.51	-1.1
#生活用水比重	(%)	11.4	11.7	16.3	11.8	17.7	16.7	-1.0
工业用水比重	(%)	24.4	24.6	26.4	25.8	26.5	24.0	-2.5
农业用水比重	(%)	57.9	59.3	56.5	57.0	55.8	58.9	3.1
城市维护建设资金支出	(万元)	212451	188545	250586	368439	607377	618136	1.8
年末实有铺装道路面积	(万平方米)	1798	1891	2320	2408	2510	2623	4.5
排水管道长度	(公里)	1168	1567	1816	2332	2527	2663	5.4
供水综合生产能力	(万立方米/日)	129.2	133.5	134	136.5	138.0	146.0	5.8
供水总量	(万吨)	23506	25309	28889	28977	30522	32531	6.6
#居民家庭用水量	(万吨)	8193	9522	9223	10536	11509	12486	8.5
液化石油气供气总量	(吨)	178073	117430	90496	103506	99148	104647	5.5
年末实有营运公共汽车	(辆)	1056	1062	1178	1498	1558	1916	23.0
年末实有出租小汽车数	(辆)	1149	1229	1650	1651	1663	1732	4.1
建成区绿化覆盖面积	(公顷)	5555	7586	8049	8908	9748	10384	6.5
园林绿地面积	(公顷)	5107	6961	7411	8313	9076	9685	6.7
#公园绿地面积	(公顷)	1634	2040	2047	2477	3021	3333	10.3
工商登记情况								
个体户期末实有户数	(万户)	17.78	15.78	16.25	17.44	19.19	21.33	11.1
个体户期末注册资本	(亿元)	55.56	51.31	49.59	55.26	64.18	76.69	19.5
个体户本期新增户数	(万户)	3.36	2.92	3.24	2.94	3.16	3.33	5.4
个体户本期新增注册资本	(亿元)	8.67	9.8	10.96	11.60	13.69	17.50	27.8
私营企业期末实有户数	(万户)	2.67	3.06	3.67	4.05	4.66	5.53	18.6
私营企业期末注册资本	(亿元)	487.88	566	705.64	879.78	1009.05	1247.47	23.6
私营企业本期新增户数	(万户)	0.41	0.48	0.66	0.72	0.69	0.98	41.5
私营企业本期新增注册资本	(亿元)	52.48	52.1	110.98	125.47	93.12	162.67	74.7

2-6 各行业增加值构成项目

单位：亿元

行　业	2005年	2006年	2007年	2008年	2009年	2010年	2011年	2012年	2013年
地区生产总值	803.92	928.92	1117.91	1304.05	1414.70	1729.95	2093.08	2367.55	2678.35
第一产业	75.10	68.78	78.21	90.61	90.29	102.38	116.51	124.56	136.67
第二产业	455.74	538.99	639.62	741.30	788.96	1019.57	1223.25	1377.23	1550.59
工业	420.22	503.32	599.84	696.86	738.31	960.82	1147.79	1296.40	1464.70
建筑业	35.52	35.67	39.78	44.43	50.65	58.75	75.46	80.83	85.89
第三产业	273.09	321.16	400.08	472.14	535.45	608.00	753.32	865.76	991.09
交通运输、仓储和邮政业	32.53	38.90	47.24	58.30	56.76	63.48	85.46	108.60	121.31
批发和零售业	64.56	74.36	82.34	93.28	116.15	132.33	166.05	190.35	214.00
住宿和餐饮业	21.40	28.11	37.94	49.91	50.28	56.15	64.80	78.01	83.35
金融业	8.66	16.18	31.28	36.35	41.39	51.63	60.52	67.12	78.07
房地产业	32.49	42.99	63.60	65.02	80.86	97.26	119.03	132.16	178.51
其他服务业	113.45	120.62	137.69	169.29	190.01	207.16	257.47	289.52	315.85

2-6 续表

单位：%

行　业	2005年	2006年	2007年	2008年	2009年	2010年	2011年	2012年	2013年
地区生产总值	115.9	116.8	117.6	111.6	113.2	118.0	114.6	112.6	113.6
第一产业	105.4	102.4	104.5	104.3	103.8	104.0	103.9	102.9	103.6
第二产业	117.1	120.5	118.8	111.4	113.3	123.8	114.7	114.4	116.0
工业	117.3	122.2	119.7	111.9	113.0	124.5	114.4	115.0	116.6
建筑业	113.9	99.9	107.1	102.5	118.6	111.1	119.4	105.1	104.7
第三产业	117.4	114.5	118.5	113.5	115.0	110.6	116.1	111.1	111.0
交通运输、仓储和邮政业	121.6	110.7	113.5	116.4	109.9	109.4	119.0	118.2	111.9
批发和零售业	112.2	113.2	106.4	110.0	124.2	111.0	127.2	107.2	111.4
住宿和餐饮业	119.3	121.6	125.0	120.7	99.2	110.1	111.5	114.8	102.5
金融业	119.2	164.7	171.5	98.7	119.0	119.3	111.6	108.6	114.6
房地产业	118.3	131.4	143.0	96.9	123.8	118.1	108.9	111.1	121.3
其他服务业	118.7	106.2	111.0	123.3	111.6	106.5	114.0	111.1	107.3

2-7 民营经济主要统计指标

项 目		2005年	2006年	2007年	2008年	2009年
单位个数	（万个）	11.05	13.04	18.79	20.86	19.29
#私营	（万个）	1.35	1.69	2.13	2.67	3.06
个体	（万个）	9.38	11.00	16.26	17.78	15.78
从业人数	（万人）	73.55	76.22	80.96	91.63	92.09
#私营	（万人）	27.42	28.46	28.06	28.87	31.01
个体	（万人）	43.27	44.65	49.99	60.29	58.54
民营经济增加值	（亿元）	285.72	338.22	398.00	461.35	508.23
第一产业	（亿元）	32.42	34.13	37.18	43.12	43.60
第二产业	（亿元）	118.29	142.74	171.35	199.95	212.65
#工业	（亿元）	110.07	130.73	157.63	183.82	196.42
第三产业	（亿元）	135.00	161.36	189.48	218.28	251.98
私营企业出口	（亿美元）	3.15	4.55	6.36	10.74	11.29
税收收入	（亿元）	29.81	39.69	61.68	77.09	153.66
#国税	（亿元）	13.49	15.92	26.57	31.90	95.89
地税	（亿元）	16.32	23.77	35.10	45.19	57.77

注：单位个数数据来源工商局，2011年起统计口径有调整。

2-7 续表

项 目		2010年	2011年	2012年	2013年	2013年比2012年增长（%）
单位个数	（万个）	20.42	22.25	24.68	27.47	12.5
#私营	（万个）	3.67	4.05	4.66	5.53	18.6
个体	（万个）	16.25	17.44	19.19	21.33	11.1
从业人数	（万人）	104.30	121.18	122.62	124.04	1.2
#私营	（万人）	33.89	41.88	42.39	42.94	1.3
个体	（万人）	65.40	73.70	74.13	74.65	0.7
民营经济增加值	（亿元）	614.23	778.45	887.15	1018.93	13.8
第一产业	（亿元）	49.54	78.02	95.67	95.67	3.6
第二产业	（亿元）	267.67	320.97	343.83	343.99	18.4
#工业	（亿元）	248.81	298.27	320.09	320.09	19.8
第三产业	（亿元）	297.02	379.46	447.65	579.27	12.4
私营企业出口	（亿美元）	17.00	24.15	24.39	21.98	–6.4
税收收入	（亿元）	137.86	237.85	292.34	321.48	9.9
#国税	（亿元）	67.73	149.19	173.81	180.90	4.1
地税	（亿元）	70.13	88.66	118.53	140.58	18.5

2-8 城市社会经济基本情况表

（2013年）

项　　目		2013年全市	市辖区	2012年全市	市辖区
一、人口、劳动力及土地面积					
年末户籍总人口	（万人）	343.37	138.82	341.91	138.07
非农业人口	（万人）	204.45	138.82	203.92	138.07
户籍平均人口	（万人）	342.64	138.45	342.47	137.80
暂住人口（一个月以上）	（万人）	94.77	69.83	82.92	57.17
年出生人口	（人）	43460	17270	47249	19389
年死亡人口	（人）	17453	6187	21024	7610
年末总户数	（万户）	96.56	43.88	97.86	45.01
人口自然增长率（户籍口径）	(‰)	6.94		6.83	
年末单位从业人员数（城镇）	（万人）	86.08	63.84	88.99	66.54
第一产业（农、林、牧、渔业）	（万人）	0.09	0.02	0.06	0.01
第二产业	（万人）	59.73	46.46	65.20	51.28
采矿业	（万人）	0.03	0.02	0.02	0.01
制造业	（万人）	55.90	43.52	61.03	48.09
电力、燃气及水的生产和供应业	（万人）	0.95	0.53	1.01	0.55
建筑业	（万人）	2.86	2.38	3.16	2.65
第三产业	（万人）	26.25	17.36	23.72	15.25
农、林、牧、渔服务业				0.04	0.01
金属制品、机械和设备修理业				0.02	0.02
交通运输、仓储及邮政业	（万人）	1.98	1.64	1.23	0.93
信息传输、计算机服务和软件业	（万人）	0.67	0.58	0.48	0.39
批发和零售业	（万人）	2.86	2.28	2.25	1.91
住宿、餐饮业	（万人）	0.87	0.53	1.05	0.65
金融业	（万人）	2.48	2.08	2.53	2.13
房地产业	（万人）	1.71	1.22	1.11	0.84
租赁和商业服务业	（万人）	0.87	0.62	0.75	0.54
科学研究、技术服务和地质勘查业	（万人）	0.46	0.32	0.52	0.35
水利、环境和公共设施管理业	（万人）	0.80	0.50	0.77	0.47
居民服务和其他服务业	（万人）	0.08	0.04	0.08	0.06
教育	（万人）	4.86	2.45	4.59	2.19
卫生、社会保障和社会福利业	（万人）	2.48	1.53	2.24	1.31
文化、体育和娱乐业	（万人）	0.42	0.27	0.39	0.23
公共管理和社会组织	（万人）	5.72	3.29	5.67	3.22
城镇私营和个体从业人员	（人）	1143866	527795	1136977	526847
年末城镇登记失业人员数	（人）	17317	10976	16869	10574
行政区域土地面积	（平方公里）	11343	2694	11343	2694
建成区面积	（平方公里）	302.84	236.94	292.21	229.30
城市建设用地面积	（平方公里）	288.23	228.63	272.56	215.97

注：2012年第一产业从业人员不含农、林、牧、渔服务业人员，第二产业从业人员不含金属制品、机械和设备修理业人员。

2-8 续表1

项 目		2013年全市	市辖区	2012年全市	市辖区
居住用地面积	(平方公里)	90.70	65.58	87.12	63.4
公共设施用地面积	(平方公里)	30.25	23.91	30.56	23.19
工业用地面积	(平方公里)	74.95	62.37	72.33	60.52
二、综合经济					
(一)地区生产总值(当年价格)	(万元)	26783541	17908026	23675499	15574090
第一产业增加值	(万元)	1366733	376743	1245642	349498
第二产业增加值	(万元)	15505911	11638323	13772300	10074089
工业增加值	(万元)	14646977	10917086	12964028	9382402
第三产业增加值	(万元)	9910897	5892960	8657558	5150503
交通运输仓储及邮政业	(万元)	1213104	412059	1086004	373942
金融业	(万元)	780711	550038	671193	469047
房地产业	(万元)	1785107	834948	1321601	647898
地区生产总值(2010年价格)	(万元)	25355368	16696352	22318966	14613401
人均地区生产总值	(元)	57144	74760	50873	65535
地区生产总值增长率	(%)	13.6	14.3	12.6	13.2
第三产业增长率	(%)	11.0	11.5	11.1	9.6
单位GDP能耗	(吨标煤/万元)	0.748		0.782	
单位GDP能耗下降率	(%)	-4.35		-3.91	
(二)财政、金融、保险					
地方公共财政预算收入	(万元)	2501721	1918614	2008762	1555843
各项税收	(万元)	1860753	1453004	1542002	1236111
企业所得税	(万元)	163431	135804	113695	92865
个人所得税	(万元)	36900	29766	31308	25549
地方公共财政预算支出	(万元)	3282913	2264681	2740831	1875959
科学支出	(万元)	55635	43107	51031	41021
教育支出	(万元)	727857	446291	626047	378721
医疗卫生支出	(万元)	262848	157140	218197	130257
人民币金融机构存款余额	(万元)	29849362	22482443	25075498	18623696
城乡居民储蓄余额	(万元)	15339566	9975251	13514447	8808686
人民币年末金融机构贷款余额	(万元)	18266246	14894343	15010215	12322239
保费收入	(万元)	645570		565382	
财产险	(万元)	229086		181803	
人身险	(万元)	416484		383579	
各类赔款	(万元)	89913		83270	

2-8 续表 2

项　　目		2013 年全市	市辖区	2012 年全市	市辖区
财产险	（万元）	39418		36089	
人身险	（万元）	50495		47181	
三、农业					
蔬菜产量	（万吨）	243.10	83.61	223.63	78.07
水果产量	（万吨）	66.93	6.33	63.41	6.15
肉类总产量	（万吨）	19.12	5.53	19.16	5.50
奶类产量	（吨）	8010	257	6846	52
水产品产量	（万吨）	15.67	6.37	14.94	6.11
四、工业					
规模以上工业法人企业					
工业企业数	（个）	1702	1015	1430	847
内资企业	（个）	761	400	562	274
国有企业	（个）	14	5	24	15
私营企业	（个）	412	225	294	142
私营独资企业	（个）	31	4	45	17
私营股份有限公司	（个）	11	6	8	5
港、澳、台商投资企业	（个）	700	433	633	390
外商投资企业	（个）	241	182	235	183
工业总产值（当年价）	（万元）	66052943	52807488	54772792	44005070
内资企业	（万元）	23959480	16656004	20234952	14369078
国有企业	（万元）	542637	368309	11906955	11194217
私营企业	（万元）	4965715	1973653	3555559	1250528
私营独资企业	（万元）	585755	30415	677309	102949
私营股份有限公司	（万元）	104433	45851	76709	34455
港、澳、台商投资企业	（万元）	16179073	11255418	14078843	9981362
外商投资企业	（万元）	25914389	24896066	20458998	19654630
从业人员年平均人数	（万人）	72.41	53.31	66.78	48.15
流动资产合计	（万元）	21466743	18299013	19280519	16310203
固定资产合计	（万元）	13487938	10567281	13362965	10201813
主营业务收入	（万元）	64771978	51908111	55030485	44476656
主营业务税金及附加	（万元）	917811	874529	946158	925104
本年应交增值税	（万元）	2691534	2399674	2687228	2363898
利润总额	（万元）	2799262	1954265	2193171	1328286

2-8 续表 3

项　　目		2013 年全市	市辖区	2012 年全市	市辖区
民用汽车拥有量	（辆）	414021		357655	
私人汽车拥有量	（辆）	360883		305145	
公路客运量	（万人）	16661		16013	
公路货运量	（万吨）	9534		7862	
境内等级公路里程	（公里）	10703		10341	
境内高速公路里程	（公里）	492		492	
沿海港口货物吞吐量	（万吨）	4784		5118	
内河港口货物吞吐量	（万吨）	3261		139	
水运货运量	（万吨）	9529		9249	
万人拥有公共汽（电）车数量	（标台）		8.23		17.39
城市公共交通分担率	（%）		34		34
年末邮政局所数	（处）	164	97	158	96
邮政业务收入	（万元）	23765		23318	
电信业务收入	（万元）	616640		600593	
年末固定电话用户数	（万户）	131.47		130.06	
年末移动电话用户数	（万户）	597.79		501.16	
国际互联网用户数	（万户）	110.04		104.18	
全年用电量	（万千瓦时）	2484351	1545632	2273557	1419567
工业用电	（万千瓦时）	1769304	1083545	1601751	997183
居民生活用电	（万千瓦时）	325682	191978	314785	181358
五、内外贸易、外经、旅游					
社会消费品零售总额	（万元）	8579079	5281460	7541529	4605954
限额以上批发和零售企业数（法人数）	（个）	443	299	316	215
零售业	（个）	223	164	181	139
货物进口额（海关数）	（万美元）	2407220	2225841	2029557	1860571
货物出口额（海关数）	（万美元）	3332146	2909387	2920456	2540860
外商直接投资					
外商直接投资项目（企业）个数	（个）	284	203	327	247
实际利用外商直接投资金额	（万美元）	183417	130439	172782	124084
国际旅游者	（万人）	207.01		190.59	
外国人	（万人）	44.73		44.62	
港、澳、台同胞	（万人）	162.28		145.97	
旅游（外汇）收入	（万美元）	77039		67785	

注：万人拥有公共汽（电）车数量、城市公共交通分担率市辖区数据为惠城区数据。

2-8 续表 4

项　　目		2013 年全市	市辖区	2012 年全市	市辖区
六、固定资产投资					
固定资产投资总额	(万元)	14013040	9187221	12086803	8147238
城镇固定资产投资额	(万元)	12435309	8627042	11144108	7992702
房地产开发投资额	(万元)	5934706	3930804	4821683	3454381
住宅	(万元)	4697816	3116864	3640151	2549596
全年新增固定资产	(万元)	7522838	4277009	6830597	4119463
商品房屋销售面积	(万平方米)	1149.46	819.00	826.72	578.40
住宅	(万平方米)	1092.76	777.33	787.29	549.78
别墅、高档公寓	(万平方米)	106.43	56.92	81.00	51.84
商品房屋销售额	(万元)	6721088	4935862	4784238	3467865
住宅	(万元)	6138971	4482189	4457970	3190480
别墅、高档公寓	(万元)	920807	487077	713515	452803
商品房屋待售面积	(万平方米)	324.72	251.17	228.96	159.54
七、教育、科技、文化、卫生					
学校数					
普通高等学校	(所)	3	3	3	3
中等职业教育学校	(所)	33		39	
普通中学	(所)	221	101	214	97
小 学	(所)	460	235	472	239
专任教师数					
普通高等学校	(人)	1497	1497	1329	1329
中等职业教育学校	(人)	3209		3366	
普通中学	(人)	19076	9378	18444	9027
小 学	(人)	22497	10410	21243	9398
在校学生数					
普通高等学校	(人)	27012	27012	24300	24300
高中阶段在校学生数	(人)	96918	53132	93938	51691
中等职业教育学校	(人)	95812		97852	
普通中学	(万人)	28.73	14.92	29.66	14.88
小 学	(万人)	44.56	23.13	42.11	21.50
小学毕业生升学率	(%)	100	100	100	100
初中毕业生升学率	(%)	98.69	99.13	98.51	99.28
专利申请量	(项)	15168		9894	
专利授权量	(项)	5796		4093	

2-8　续表 5

项　　目		2013 年全市	市辖区	2012 年全市	市辖区
剧场、影剧院数	（个）	5	2	7	2
公共图书馆图书总藏量	（千册、件）	1173.48	675.55	841.90	588.50
医院、卫生院数	（个）	139	61	137	60
医院、卫生院床位数	（张）	16258	9845	14485	8664
医生数（执业医师 + 执业助理医师）	（人）	9735	6224	9009	5757
注册护士	（人）	10266	6756	9445	6146
八、人民生活、社会保障					
在岗职工平均人数	（万人）	84.90	62.08	86.02	63.78
在岗职工工资总额	（万元）	4000986	3060435	3570487	2788098
城镇居民可支配收入	（元）	32992	32992	29965	29965
居民消费价格指数（上年为 100)	(%)	102.1	102.1	102.8	102.8
年末离休、退休、退职人员数	（万人）	9.20	4.56	8.44	4.18
基本养老保险参保人数	（人）	1976065	1468610	2021518	1498933
城镇职工基本医疗保险参保人数	（人）	1593023	1224293	1394912	1059133
失业保险参保人数	（人）	1273804	1001721	925282	713929
城乡居民最低生活保障人数	（人）	88181	23244	89346	24091
城镇		9028	4759	9327	5170
九、社会治安					
交通事故死亡人数	（人）	297	120	299	175
交通事故损失额	（万元）	277.76	57.24	285.32	242.99
火灾事故死亡人数	（人）			2	
火灾事故损失额	（万元）	345.26	222.55	922.95	767.56
刑事案件立案数	（件）	62135	36149	14900	8900
犯罪人数	（人）	9673	5069	9642	5979
青少年人数（年龄 25 周岁及以下）	（人）	4473	2587	4316	3131

2-8　续表 6

项　　目		2013 年全市	市辖区	2012 年全市	市辖区
十、市政公用事业					
城市维护建设资金支出	（万元）	618136	539543	607377	563362
年末实有城市道路面积	（万平方米）	2623.25	2116.11	2509.69	2010.11
排水管道长度	（公里）	2662.90	2339.70	2526.77	2208.11
供水综合生产能力（包括自备水源）	（万立方米 / 日）	146.00	115.00	138.00	115.00
供水总量	（万吨）	32530.57	26534.07	30521.96	24948.96
居民家庭用水量	（万吨）	12486.20	9892.20	11508.59	9210.59
液化石油气供气总量	（吨）	104647.28	84454.68	99147.87	76861.87
年末实有公共汽（电）车营运车辆数	（辆）	1916		1558	
全年公共汽（电）车客运总量	（万人次）	18615		21675	
年末实有出租汽车数	（辆）	1732		1663	
建成区绿化覆盖面积	（公项）	10384	8531	9748	7951
建成区绿化覆盖率	(%)		41.23		40.51
城市人均公园绿地面积	（平方米）		16.80		15.80
森林覆盖率	(%)	61.28		60.87	
十一、环境保护					
工业废水排放量	（万吨）	8320		8300	3581
工业二氧化硫排放量	（吨）	30029		35501	17318
工业烟尘排放量	（吨）	23017		21297	4588
环境噪声达标区总面积	平方公里			209.65	189.44
区域环境噪声平均值	(dB)		54.5		55.3
城市污水处理厂日处理能力	（立方米）	1107000		924600	686600
城市污水实际处理量	（万吨）	30093		24379	18762
城市污水处理率	(%)		95.50		91.57
生活垃圾无害化处理率	(%)	100	100	100	100

2-9 总户数（户籍）

单位：万户

项 目	2000 年	2001 年	2002 年	2003 年	2004 年	2005 年	2006 年	2007 年
全 市	69.32	70.58	71.8	73.83	76.86	79.04	81.44	84.36
惠城区	17.14	17.59	18.15	18.96	19.81	20.98	21.96	23.41
惠阳区	9.95	10.02	10.39	10.87	11.11	11.43	11.63	12.22
惠东县	14.51	14.89	14.96	15.27	16.63	17.12	17.96	18.38
博罗县	17.15	17.41	17.61	17.82	18.03	18.26	18.42	18.75
龙门县	8.58	8.67	8.65	8.84	8.98	8.94	9.11	9.21
大亚湾区	1.99	2	2.04	2.07	2.31	2.31	2.36	2.39
仲恺区	—	—	—	—	—	—	—	—

注：2011 年惠城区、仲恺区区域人口进行调整，不可比；表中“—”表示仲恺区数据包含在惠城区内，下同。

2-9 续表

单位：万户

项 目	2008 年	2009 年	2010 年	2011 年	2012 年	2013 年	2013 年比 2012 年增长（%）
全 市	87.06	90.19	94.57	95.60	97.86	96.56	-1.3
惠城区	24.47	21.97	22.66	22.39	24.40	24.84	1.8
惠阳区	12.7	13.35	15.10	14.92	14.49	12.94	-10.7
惠东县	18.85	19.33	19.75	20.02	19.86	19.71	-0.7
博罗县	19.15	19.92	20.73	21.73	21.84	22.49	3.0
龙门县	9.43	9.59	10.01	10.37	11.15	10.50	5.8
大亚湾区	2.46	2.54	2.73	2.84	2.64	2.65	0.2
仲恺区	—	3.48	3.59	3.32	3.47	3.45	-0.7

2-10 年末户籍总人口

单位：万人

项 目	2000 年	2001 年	2002 年	2003 年	2004 年	2005 年	2006 年	2007 年
全 市	277.81	280.45	283.02	286.36	293.23	297.58	306.41	312.89
惠城区	64.41	65.52	67.11	68.63	70.63	72.9	76.26	79.68
惠阳区	31.31	31.83	32.28	33.16	33.92	34.5	34.84	35.33
惠东县	68.89	69.8	69.7	69.84	73.1	73.7	77.57	78.35
博罗县	74.77	74.85	75.2	75.81	76.45	77.2	77.98	79.31
龙门县	31.69	31.7	31.77	31.97	32.1	32.2	32.59	32.95
大亚湾区	6.74	6.83	6.88	6.95	7.03	7.1	7.17	7.27
仲恺区	—	—	—	—	—	—	—	—

2-10 续表

单位：万人

项 目	2008 年	2009 年	2010 年	2011 年	2012 年	2013 年	2013 年比 2012 年增长（‰）
全 市	318.84	324.36	337.28	343.03	341.91	343.37	4.3
惠城区	82.91	73.66	76.25	79.98	80.78	82.19	17.5
惠阳区	35.72	36.19	37.46	37.85	37.17	36.61	−15.1
惠东县	79.41	80.42	83.91	85.18	84.48	83.91	−6.7
博罗县	80.35	81.37	84.77	85.18	84.33	85.36	12.2
龙门县	33.13	33.55	34.72	35.15	35.03	35.29	7.3
大亚湾区	7.32	7.41	8.07	8.31	8.12	8.26	17.7
仲恺区	—	11.76	12.10	11.38	12.01	11.76	−20.5

2-11　年末常住人口

单位：万人

项　目	2000 年	2001 年	2002 年	2003 年	2004 年	2005 年	2006 年	2007 年
全　市	321.80	334.77	343.41	352.27	363.18	370.69	387.51	402.86
惠城区	59.31	60.95	61.18	99.06	101.09	102.05	110.27	79.70
惠阳区	79.24	82.28	86.55	51.30	52.79	53.77	54.67	55.55
惠东县	71.31	73.71	74.98	76.64	78.47	79.51	83.81	84.97
博罗县	78.05	81.66	83.29	85.08	88.16	90.42	92.50	95.10
龙门县	26.80	28.00	28.15	29.66	30.66	31.38	31.70	31.90
大亚湾区	7.09	8.17	9.26	10.53	12.01	13.56	14.56	15.63
仲恺区	—	—	—	—	—	—	—	—

注：本表 2005 年全市、惠城区、惠阳区和大亚湾的统计口径有变，与往年不可比。

2-11　续表

单位：万人

项　目	2008 年	2009 年	2010 年	2011 年	2012 年	2013 年	2013 年比 2012 年增长（‰）
全　市	418.65	435.08	460.11	463.36	467.40	470.00	5.6
惠城区	130.57	105.79	116.58	117.45	118.49	118.75	2.2
惠阳区	56.09	56.35	57.28	57.68	58.50	58.75	4.3
惠东县	86.28	87.31	90.78	91.31	92.03	92.50	5.1
博罗县	97.36	99.45	103.91	104.65	105.33	105.75	4.0
龙门县	31.71	31.38	30.73	30.93	31.21	31.50	9.3
大亚湾区	16.65	17.64	19.27	19.44	19.56	19.90	17.4
仲恺区	—	37.16	41.56	41.90	42.28	42.85	13.5

2-12 人口自然增长率

单位：‰

项 目	2000年	2001年	2002年	2003年	2004年	2005年	2006年	2007年
全 市	5.93	5.39	4.88	5.08	5.24	5.36	5.55	5.58
惠城区	7.65	7.6	6.24	5.3	5.64	6.08	5.98	6.48
惠阳区	4.86	3.77	3.46	4.69	4.58	4.97	5.56	5.15
惠东县	5.87	5.68	4.92	4.66	4.59	4.43	4.4	4.57
博罗县	6.34	5.7	5.46	5.71	6.03	6.17	6.29	6.05
龙门县	4.52	4.13	4.19	4.39	4.57	4.38	5.29	5.02
大亚湾区	5.27	5.76	4.98	5.14	5.51	4.94	6.05	6.07
仲恺区	—	—	—	—	—	—	—	—

2-12 续表

单位：‰

项 目	2008年	2009年	2010年	2011年	2012年	2013年
全 市	6.04	6.35	6.99	6.77	6.83	6.94
惠城区	6.62	6.84	7.56	7.44	7.67	7.13
惠阳区	5.86	6.51	7.35	6.88	6.63	6.88
惠东县	4.97	5.34	5.84	5.58	5.66	6.04
博罗县	6.65	6.77	7.41	7.12	7.63	7.89
龙门县	5.82	6.31	6.82	6.41	5.36	5.69
大亚湾区	6.37	6.44	7.62	7.85	8.01	8.47
仲恺区	—	—	7.24	8.02	8.12	8.07

2-13　地区生产总值

单位：亿元

项　目	2000 年	2001 年	2002 年	2003 年	2004 年	2005 年	2006 年
全　市	439.19	478.95	526.57	586.46	686.45	803.92	928.92
惠城区	165.49	194.02	225.65	264.6	297.7	349.88	393.47
惠阳区	41.35	46.8	51.64	58.8	68.09	79.68	96.08
惠东县	85.69	93.63	100.3	106.96	122.9	135.23	152.11
博罗县	81.26	90.48	98.02	109.04	127.62	144.95	165.08
龙门县	16.57	18.58	20.63	23.72	27.35	32.37	36.79
大亚湾区	14.42	17.69	21.66	36.29	42.85	52.43	102.5
仲恺区	—	—	—	—	—	—	—

注：本表 2005 年全市、惠城区、惠阳区和大亚湾的统计口径有变，与往年不可比。

2-13　续表

单位：亿元

项　目	2007 年	2008 年	2009 年	2010 年	2011 年	2012 年	2013 年
全　市	1117.91	1304.05	1414.70	1729.95	2093.08	2367.55	2678.35
惠城区	452.02	513.49	291.02	342.42	405.31	439.58	501.00
惠阳区	116.82	139.19	154.23	184.13	220.49	254.25	290.44
惠东县	178.58	201.17	216.64	250.53	300.02	326.01	383.32
博罗县	198.34	229.23	252.67	294.82	347.55	400.09	445.34
龙门县	44.42	52.67	57.35	68.85	85.00	100.29	115.71
大亚湾区	156.33	168.89	212.33	343.63	404.64	440.75	468.61
仲恺区	—	—	230.68	252.78	330.67	422.83	530.88

2-14 地区生产总值增速

单位：%

项 目	2000年	2001年	2002年	2003年	2004年	2005年	2006年
全 市	11.3	9.5	10.7	12.2	15.1	15.9	16.8
惠城区	12.2	12.2	10.9	18.1	15.5	15.9	16.4
惠阳区	8.4	12.5	12.3	14.5	14.6	16.6	18.0
惠东县	10.4	7.5	9.7	7.2	12.5	10.3	14.2
博罗县	10.4	13.9	11.1	9.5	14.5	15.3	15.7
龙门县	6.8	5.6	6.1	10.7	12.5	17.6	14.8
大亚湾区	21.5	26.1	20.5	69.0	14.1	21.0	98.1
仲恺区	—	—	—	—	—	—	—

2-14 续表

单位：%

项 目	2007年	2008年	2009年	2010年	2011年	2012年	2013年
全 市	17.6	11.6	13.2	18.0	14.6	12.6	13.6
惠城区	16.3	12.0	11.5	15.0	14.5	12.0	12.1
惠阳区	17.5	12.3	13.5	15.4	16.5	14.0	14.5
惠东县	15.3	12.5	13.1	15.3	19.3	14.1	14.3
博罗县	16.3	13.5	14.8	15.2	16.2	13.7	12.5
龙门县	17.0	15.3	13.4	15.5	16.9	16.3	14.3
大亚湾区	44.7	10.2	23.0	30.7	11.2	10.3	11.0
仲恺区	—	—	—	15.0	19.6	17.8	21.5

2-15　第一产业增速

单位：%

项　目	2000年	2001年	2002年	2003年	2004年	2005年	2006年
全　市	6.1	7.3	4.7	0.4	4.2	5.4	2.4
惠城区	14.4	20	15.9	-6.8	5.2	4.4	6.8
惠阳区	8.9	6.6	10.4	5.3	5.6	14.8	5.6
惠东县	7.3	7.5	6.1	3.5	1.9	3.2	3.3
博罗县	4.2	6.8	6.1	10.1	0.2	1.6	6.7
龙门县	3.9	7.3	6.4	10.4	3.1	9.6	1.7
大亚湾区	-4.8	34.0	9.5	3.4	-11.3	-3.9	-9.0
仲恺区	—	—	—	—	—	—	—

2-15　续表

单位：%

项　目	2007年	2008年	2009年	2010年	2011年	2012年	2013年
全　市	4.5	4.3	3.8	4.0	3.9	2.9	3.6
惠城区	-0.7	5.1	6.3	4.3	4.3	2.5	4.2
惠阳区	-0.2	3.8	3.5	1.9	2.7	3.6	3.1
惠东县	1.1	2.8	3.9	6.4	4.9	3.1	6.2
博罗县	5.5	5.6	3.8	4.8	5.9	3.3	3.8
龙门县	7.4	4.5	5.0	6.1	7.0	6.7	5.3
大亚湾区	-4.4	-8.0	2.3	-6.0	-12.3	0.0	0.8
仲恺区	—	—	—	6.4	-1.4	-2.8	-6.7

2-16 第二产业增速

单位：%

项 目	2000年	2001年	2002年	2003年	2004年	2005年	2006年
全 市	13.1	9.2	12.1	14.4	14.4	17.1	20.5
惠城区	15.6	14.7	18.9	19.4	14.8	15.2	16.2
惠阳区	9.2	18.0	16.0	17.0	11.1	12.8	19.0
惠东县	11.1	11.6	11.2	10.8	14.3	10.1	15.4
博罗县	10.8	12.5	13.2	9.7	10.1	14.6	17.9
龙门县	6.2	-0.1	7.8	12.1	14.4	20.3	22.6
大亚湾区	14.4	74.0	50.4	145.3	15.4	32.0	165.3
仲恺区	—	—	—	—	—	—	—

2-16 续表

单位：%

项 目	2007年	2008年	2009年	2010年	2011年	2012年	2013年
全 市	18.8	11.4	13.3	23.8	14.7	14.4	16.0
惠城区	14.8	11.1	5.9	21.0	13.1	13.2	13.3
惠阳区	17.4	12.4	14.8	16.2	18.5	17.3	18.4
惠东县	17.2	13.3	12.2	16.7	22.9	17.2	17.8
博罗县	16.6	12.8	17.5	25.2	17.0	17.7	15.5
龙门县	27.0	18.1	14.9	14.4	18.0	20.0	20.5
大亚湾区	53.2	10.2	24.3	35.4	11.4	11.3	10.5
仲恺区	—	—	—	15.7	21.4	22.1	24.1

2-17　第三产业增速

单位：%

项　目	2000年	2001年	2002年	2003年	2004年	2005年	2006年
全　市	8.6	11.4	10.8	13.2	21.2	17.4	14.5
惠城区	15.8	24.2	15.0	19.9	19.0	19.1	18.3
惠阳区	7.1	6.5	7.4	12.3	21.7	22.3	18.4
惠东县	11.0	5.5	10.0	3.7	16.4	16.1	19.1
博罗县	13.7	11.9	10.3	19.7	33.1	23.9	16.6
龙门县	10.1	9.7	4.2	9.6	21.0	22.4	18.5
大亚湾区	12.1	6.5	6.6	29.0	19.4	9.8	13.2
仲恺区	—	—	—	—	—	—	—

2-17　续表

单位：%

项　目	2007年	2008年	2009年	2010年	2011年	2012年	2013年
全　市	18.5	13.5	14.7	10.6	16.1	11.1	11.0
惠城区	20.5	14.4	20.4	12.1	16.0	11.8	11.8
惠阳区	19.7	13.0	12.7	16.0	15.8	11.2	10.7
惠东县	19.9	15.7	18.3	16.5	18.8	18.8	11.2
博罗县	20.2	17.2	14.7	5.5	18.0	10.8	10.0
龙门县	14.8	19.3	16.5	21.2	20.0	16.8	11.9
大亚湾区	20.4	11.4	4.6	2.5	10.8	2.9	15.8
仲恺区	—	—	—	12.9	15.3	3.3	12.2

2-18　第二产业增加值比重

单位：%

项　目	2000 年	2001 年	2002 年	2003 年	2004 年	2005 年	2006 年
全　市	58.1	57.8	58.2	58.6	57.1	56.7	58.0
惠城区	69.3	67.6	67.9	67.4	66.1	65.5	61.4
惠阳区	52.0	54.4	55.6	56.3	54.3	52.8	53.0
惠东县	48.5	49.7	49.9	50.8	50.6	51.1	52.7
博罗县	53.0	53.5	53.7	51.4	47.8	47.8	49.3
龙门县	28.1	29.2	30.7	31.1	31.6	32.0	33.0
大亚湾区	21.8	30.8	37.4	53.4	53.8	56.4	75.9
仲恺区	—	—	—	—	—	—	—

2-18　续表

单位：%

项　目	2007 年	2008 年	2009 年	2010 年	2011 年	2012 年	2013 年
全　市	57.2	56.8	55.8	59.0	58.4	58.2	57.9
惠城区	60.0	58.5	51.6	35.1	35.1	33.3	32.6
惠阳区	52.3	51.2	50.4	51.1	51.6	51.7	51.3
惠东县	53.2	54.1	51.9	50.5	50.5	48.2	48.6
博罗县	49.1	48.4	48.4	52.3	52.4	53.1	52.5
龙门县	33.7	36.8	36.6	37.8	37.8	39.6	39.4
大亚湾区	79.1	77.9	81.7	88.1	88.1	88.4	87.2
仲恺区	—	—	—	76.4	78.7	80.4	80.4

2-19 第三产业增加值比重

单位：%

项 目	2000 年	2001 年	2002 年	2003 年	2004 年	2005 年	2006 年
全 市	27.7	28.6	29.0	29.8	31.6	34.0	34.6
惠城区	25.4	27.0	26.8	28.0	29.6	30.9	35.3
惠阳区	40.5	38.7	37.5	37.3	39.4	41.5	41.7
惠东县	27.7	27.3	27.7	27.1	28.1	30.0	30.7
博罗县	25.6	26.5	27.1	29.4	34.5	36.7	36.7
龙门县	32.8	34.2	34.8	35.5	36.1	38.5	40.6
大亚湾区	61.1	54.6	49.3	38.2	40.8	39.3	22.3
仲恺区	—	—	—	—	—	—	—

注：本表 2005 年全市、惠城区、惠阳区和大亚湾的统计口径有变，与往年不可比。

2-19 续表

单位：%

项 目	2007 年	2008 年	2009 年	2010 年	2011 年	2012 年	2013 年
全 市	35.8	36.2	37.8	35.1	36.0	36.5	37.0
惠城区	36.8	38.2	45.1	61.0	61.1	63.0	63.9
惠阳区	42.7	43.0	44.3	44.0	44.0	44.0	44.6
惠东县	32.1	34.1	36.9	38.2	38.8	41.2	41.3
博罗县	37.8	39.3	40.5	37.1	37.2	37.2	38.0
龙门县	39.7	41.1	44.0	44.0	43.9	44.0	44.7
大亚湾区	19.6	21.1	17.5	11.4	11.5	11.2	12.4
仲恺区	—	—	—	21.2	19.5	18.1	18.4

2-20 人均GDP

单位：元

项 目	2000年	2001年	2002年	2003年	2004年	2005年	2006年
全 市	13877	14590	15529	16860	19189	21909	24503
惠城区	23513	23779	30097	26486	29748	34447	37064
惠阳区	13206	14255	14865	10939	13083	14954	17720
惠东县	12112	12913	13491	14109	15847	17120	18627
博罗县	10484	11330	11885	12952	14733	16234	18049
龙门县	6160	6783	7348	8208	9067	10436	11664
大亚湾区	21049	23188	24851	36677	38017	41011	72902
仲恺区	—	—	—	—	—	—	—

2-20 续表

单位：元

项 目	2007年	2008年	2009年	2010年	2011年	2012年	2013年
全 市	28288	31748	33142	38650	45331	50873	57144
惠城区	39311	41035	28671	30798	34639	37263	42236
惠阳区	21198	24936	27433	32406	38357	43770	49542
惠东县	21161	23494	24961	28136	32953	35563	41545
博罗县	21145	23821	25676	28995	33328	38107	42196
龙门县	13968	16561	18181	22168	27567	32275	36902
大亚湾区	103564	104641	123844	186215	209088	226008	237512
仲恺区	—	—	—	64222	79242	100465	124722

2-21 人均GDP增速

单位：%

项 目	2000年	2001年	2002年	2003年	2004年	2005年	2006年
全 市	7.7	5.6	7.2	9.4	12.0	13.0	13.1
惠城区	4.2	6.7	9.2	16.9	14.3	14.2	11.3
惠阳区	3.2	7.7	7.5	12.9	13.0	13.9	16.0
惠东县	8.6	4.9	6.9	5.1	10.0	8.3	10.5
博罗县	8.8	10.5	7.5	10.0	11.3	11.9	12.9
龙门县	7.5	3.7	3.6	7.3	7.8	14.3	13.0
大亚湾区	13.3	13.2	5.5	48.8	0.2	6.6	80.1
仲恺区	—	—	—	—	—	—	—

2-21 续表

单位：%

项 目	2007年	2008年	2009年	2010年	2011年	2012年	2013年
全 市	12.8	7.4	8.9	12.5	11.1	11.7	12.8
惠城区	7.4	2.9	18.1	22.3	8.8	11.1	11.5
惠阳区	15.6	10.9	12.7	14.2	15.2	12.9	13.4
惠东县	11.6	10.9	11.6	12.4	16.7	13.3	13.6
博罗县	13.4	10.7	12.3	11.5	13.3	13.0	11.9
龙门县	16.1	15.3	14.3	17.3	17.7	15.4	13.2
大亚湾区	34.8	3.1	15.8	21.4	6.0	9.4	9.7
仲恺区	—	—	—	—	12.8	16.8	20.1

2-22 规模以上工业增加值

单位：亿元

项 目	2000年	2001年	2002年	2003年	2004年	2005年	2006年	2007年
全 市	132	132.77	190.95	233.37	278.72	315.32	404.16	502.52
惠城区	90	81.18	136.54	161.24	185.29	214.64	223.35	246.50
惠阳区	20	27.32	23.54	29.16	31.39	29.83	38.06	43.61
惠东县	4	3.04	4.00	6.92	11.83	11.41	12.35	17.39
博罗县	15	16.27	19.71	25.39	35.47	39.69	49.47	62.39
龙门县	1	1.16	1.22	1.67	2.49	2.64	3.65	6.83
大亚湾区	2	3.78	5.92	9.00	12.26	17.11	77.28	125.80
仲恺区	—	—	—	—	—	—	—	—

注：2003年以前数据为区划调整口径。

2-22 续表

单位：亿元

项 目	2008年	2009年	2010年	2011年	2012年	2013年	2013年比2012年增长（%）
全 市	604.08	674.76	786.38	1013.54	1173.97	1423.20	17.7
惠城区	307.14	299.35	85.28	99.02	77.36	97.67	12.3
惠阳区	42.83	57.92	64.76	86.52	103.69	132.59	25.7
惠东县	20.15	25.39	32.67	57.87	89.75	112.19	27.8
博罗县	77.86	86.92	113.32	148.55	163.41	196.65	17.5
龙门县	10.88	11.73	15.43	21.60	29.35	39.43	30.4
大亚湾区	144.63	193.45	302.23	343.09	373.78	399.14	11.7
仲恺区	—	—	172.71	256.89	336.61	445.53	30.2

2-23 固定资产投资

单位：亿元

项 目	2000 年	2001 年	2002 年	2003 年	2004 年	2005 年	2006 年	2007 年
全 市	77.41	84.43	104.73	228.47	297.61	352.37	308.78	486.91
惠城区	30.99	33.58	40.35	62.43	82.50	104.31	126.60	170.49
惠阳区	11.61	12.90	14.49	17.57	19.48	24.69	38.83	62.09
惠东县	12.00	13.10	14.30	18.30	21.59	25.96	31.05	40.54
博罗县	13.45	14.53	15.76	17.66	22.54	28.60	38.96	55.23
龙门县	2.89	2.56	3.22	4.22	6.24	13.61	12.13	13.05
大亚湾区	6.47	7.76	16.61	108.29	145.26	155.21	61.21	145.49
仲恺区	—	—	—	—	—	—	—	—

2-23 续表

单位：亿元

项 目	2008 年	2009 年	2010 年	2011 年	2012 年	2013 年	2013 年比 2012 年增长（%）
全 市	588.74	758.97	894.02	1025.21	1208.68	1401.30	18.6
惠城区	219.73	307.94	324.53	363.46	403.63	404.52	6.1
惠阳区	83.41	100.90	126.91	141.28	167.16	210.07	25.7
惠东县	54.87	80.69	116.04	143.42	163.69	194.18	18.0
博罗县	70.07	91.35	118.37	131.43	154.94	193.23	25.7
龙门县	13.84	21.97	30.97	52.13	75.33	95.17	26.3
大亚湾区	146.83	156.11	120.10	120.47	146.49	179.28	22.4
仲恺区	—	—	57.11	73.00	97.44	124.85	28.1

2-24　社会消费品零售总额

单位：亿元

项　目	2000 年	2001 年	2002 年	2003 年	2004 年	2005 年	2006 年	2007 年
全　市	126.48	141.39	161.85	184.65	213.15	251.51	298.41	356.06
惠城区	50.71	59.53	69.95	82.26	97.16	116.82	138.71	166.71
惠阳区	16.91	17.56	20.42	22.69	26.31	31.59	37.89	45.09
惠东县	31.27	34.08	37.52	41.35	45.48	51.09	59.28	69.67
博罗县	19.16	21.18	23.75	26.95	31.04	37.01	44.02	52.55
龙门县	6.00	6.48	7.06	7.74	8.66	10.25	12.23	14.41
大亚湾区	2.44	2.56	3.15	3.66	4.50	5.25	6.29	7.61
仲恺区	—	—	—	—	—	—	—	—

注：2003 年以前数据为区划调整口径。

2-24　续表

单位：亿元

项　目	2008 年	2009 年	2010 年	2011 年	2012 年	2013 年	2013 年比 2012 年增长（%）
全　市	426.76	491.10	582.53	684.72	754.15	857.91	13.5
惠城区	199.71	203.06	237.61	273.28	311.88	360.38	15.6
惠阳区	54.70	62.94	73.63	87.18	92.27	103.71	13.2
惠东县	83.46	95.76	113.64	134.64	146.91	165.79	13.2
博罗县	62.94	72.89	90.99	106.78	112.04	124.28	12.2
龙门县	17.20	19.68	22.10	30.36	34.61	39.69	15.0
大亚湾区	8.74	8.82	13.07	14.99	16.81	18.86	12.2
仲恺区	—	27.95	31.49	37.50	39.63	45.20	14.1

2-25 外贸出口额

单位：亿美元

项 目	2000年	2001年	2002年	2003年	2004年	2005年	2006年	2007年
全 市	44.97	49.09	58.90	71.46	87.39	106.55	122.77	146.06
惠城区	26.15	29.42	38.60	45.74	59.83	77.51	86.12	96.72
惠阳区	10.16	10.54	8.32	9.92	9.54	11.44	13.69	17.22
惠东县	2.37	2.91	3.50	5.66	7.02	5.81	6.74	9.23
博罗县	4.89	4.45	5.46	6.33	7.49	7.48	9.20	10.44
龙门县	0.26	0.31	0.33	0.38	0.44	0.37	0.34	0.38
大亚湾区	1.14	1.46	2.69	3.43	3.07	3.95	6.68	12.07
仲恺区	—	—	—	—	—	—	—	—

注：2003年以前数据为区划调整口径；2010年起县（区）数据不含市直部分。

2-25 续表

单位：亿美元

项 目	2008年	2009年	2010年	2011年	2012年	2013年	2013年比2012年增长（%）
全 市	179.89	171.49	202.33	231.22	292.05	333.21	14.1
惠城区	125.28	117.91	11.56	13.22	15.42	18.28	18.5
惠阳区	17.62	16.78	20.68	24.85	28.94	32.55	12.4
惠东县	11.19	9.83	7.91	8.80	10.25	11.69	14.1
博罗县	11.86	13.02	16.40	21.71	27.00	29.73	10.1
龙门县	0.39	0.42	0.48	0.57	0,71	0.85	20.2
大亚湾区	13.54	13.53	18.42	20.28	22.10	24.36	10.2
仲恺区	—	—	57.15	63.13	68.82	71.63	4.1

2-26 实际利用外商直接投资

单位：亿美元

项目	2000年	2001年	2002年	2003年	2004年	2005年	2006年	2007年
全市	10.50	11.80	13.26	16.90	9.31	10.42	10.45	12.28
惠城区	3.31	4.15	5.75	5.24	2.77	3.78	5.15	5.61
惠阳区	2.34	2.39	1.66	1.90	1.29	0.95	1.33	1.63
惠东县	1.46	1.62	1.80	2.20	1.25	0.96	0.61	0.79
博罗县	2.09	2.21	2.42	2.76	1.10	0.96	1.19	1.59
龙门县	0.11	0.06	0.06	0.08	0.09	0.27	0.17	0.23
大亚湾区	1.19	1.37	1.57	4.72	2.81	3.50	2.00	2.43
仲恺区	—	—	—	—	—	—	—	—

注：2003年以前数据为区划调整口径；2003年起统计口径有调整，与往年不可比；2010年起县（区）数据不含市直部分。

2-26 续表

单位：亿美元

项目	2008年	2009年	2010年	2011年	2012年	2013年	2013年比2012年增长（%）
全市	13.52	13.95	14.38	15.68	17.28	18.34	6.2
惠城区	5.93	5.95	1.74	1.92	2.24	2.43	8.7
惠阳区	1.99	2.10	2.48	2.80	3.30	3.69	11.7
惠东县	0.98	1.09	1.17	1.31	1.52	1.67	10.1
博罗县	1.74	1.81	2.26	2.50	2.92	3.16	8.3
龙门县	0.32	0.33	0.34	0.39	0.43	0.46	7.1
大亚湾区	2.57	2.66	2.74	2.99	3.29	3.50	6.3
仲恺区	—	—	2.17	2.38	2.62	2.78	6.1

2-27　城乡居民储蓄存款余额（人民币）

单位：亿元

项　目	2000年	2001年	2002年	2003年	2004年	2005年	2006年	2007年
全　市	249.31	274.08	319.11	379.55	447.28	522.21	607.23	647.61
惠城区	101.96	114.34	136.10	173.80	202.38	243.00	280.75	292.48
惠阳区	49.10	52.56	60.10	59.70	71.71	76.30	89.36	99.81
惠东县	39.60	42.28	48.40	56.80	65.49	76.60	88.68	91.47
博罗县	42.34	46.86	54.30	64.30	77.38	90.80	105.68	117.96
龙门县	9.77	10.80	12.00	13.90	16.78	20.20	23.34	24.61
大亚湾区	6.54	7.23	8.20	11.00	13.53	15.30	19.43	21.29

注：2003年以前数据为区划调整口径。

2-27　续表

单位：亿元

项　目	2008年	2009年	2010年	2011年	2012年	2013年	2013年比2012年增长（%）
全　市	771.66	867.49	1031.79	1174.34	1331.44	1533.96	13.6
惠城区	358.06	403.67	471.23	531.29	610.12	692.05	13.7
惠阳区	119.02	134.22	164.78	188.02	208.34	236.32	13.4
惠东县	105.27	118.98	143.71	163.52	183.17	206.93	13.0
博罗县	135.61	148.69	177.50	206.40	237.31	271.18	14.3
龙门县	29.06	33.90	39.06	43.54	50.10	58.32	16.4
大亚湾区	24.64	28.03	35.51	41.57	62.42	69.15	10.8

2-28　地方公共财政预算收入

单位：亿元

项　目	2000年	2001年	2002年	2003年	2004年	2005年	2006年	2007年
全　市	12.94	18.28	19.72	24.12	25.42	34.72	44.44	62.06
惠城区	6.58	9.96	11.55	13.54	13.51	20.01	24.64	33.95
惠阳区	2.21	3.14	2.24	2.67	2.76	3.61	5.14	7.66
惠东县	1.18	1.37	1.48	1.73	2.00	2.66	3.39	4.61
博罗县	1.99	2.38	2.50	2.91	3.06	4.23	5.60	7.53
龙门县	0.39	0.44	0.50	0.60	0.75	1.03	1.30	1.71
大亚湾区	0.59	0.99	1.45	2.67	3.34	3.18	4.34	6.57
仲恺区	—	—	—	—	—	—	—	—

注：2003年以前数据为区划调整口径

2-28　续表

单位：亿元

项　目	2008年	2009年	2010年	2011年	2012年	2013年	2013年比2012年增长（%）
全　市	78.06	101.56	131.22	162.83	200.88	250.17	24.5
惠城区	41.12	56.08	67.93	83.77	102.21	121.09	18.5
惠阳区	9.49	11.71	14.79	18.10	21.75	27.91	28.3
惠东县	6.11	7.60	10.26	13.43	17.20	23.26	35.2
博罗县	10.01	12.37	15.01	18.36	22.03	27.33	24.0
龙门县	2.37	2.93	4.12	5.14	6.06	7.72	27.5
大亚湾区	8.93	10.83	14.09	17.45	22.40	29.81	33.1
仲恺区	—	—	4.97	6.59	9.23	13.06	41.5

2-29 地方公共财政预算支出

单位：亿元

项 目	2000年	2001年	2002年	2003年	2004年	2005年	2006年	2007年
全 市	19.79	25.88	33.00	38.78	45.94	52.40	66.03	86.05
惠城区	9.26	12.43	15.49	18.66	21.41	24.35	31.26	39.12
惠阳区	2.89	4.05	5.02	4.65	5.26	5.80	7.83	10.82
惠东县	2.37	2.73	3.60	4.45	5.30	6.89	8.23	11.47
博罗县	3.01	3.71	4.85	5.70	7.32	8.28	10.14	12.16
龙门县	1.45	1.73	2.24	2.40	2.80	3.41	4.20	5.59
大亚湾区	0.80	1.22	1.78	2.89	3.82	3.64	4.34	6.87
仲恺区	—	—		—	—	—	—	—

注：2003年以前数据为区划调整口径

2-29 续表

单位：亿元

项 目	2008年	2009年	2010年	2011年	2012年	2013年	2013年比2012年增长（%）
全 市	106.29	134.75	185.43	227.21	274.08	328.29	19.8
惠城区	48.29	62.65	89.33	97.69	113.31	140.53	24.0
惠阳区	12.86	15.01	19.37	23.89	27.28	34.58	26.8
惠东县	14.72	17.87	21.93	28.07	34.33	41.40	20.6
博罗县	15.35	20.65	24.38	30.05	35.83	42.35	18.2
龙门县	6.63	7.64	10.21	16.83	16.33	18.07	10.7
大亚湾区	8.45	10.89	16.88	23.79	36.81	37.36	1.5
仲恺区	—	—	3.30	6.88	10.20	14.00	37.3

2-30 税收总收入

单位：亿元

项 目	2000年	2001年	2002年	2003年	2004年	2005年	2006年	2007年
全 市	52.40	63.19	76.00	95.61	114.71	142.05	174.92	231.77
惠城区	14.30	24.31	34.20	42.53	49.81	56.60	64.41	79.60
惠阳区	3.90	5.77	5.00	5.58	5.94	7.30	9.86	14.72
惠东县	4.70	4.91	3.30	5.48	5.38	7.10	7.90	10.50
博罗县	6.60	6.48	11.00	7.70	9.41	11.50	13.97	16.85
龙门县	0.80	0.89	1.00	1.08	1.30	1.60	2.07	3.28
大亚湾区	22.10	20.85	21.50	33.23	42.87	57.90	76.71	106.80
仲恺区	—	—	—	—	—	—	—	—

2-30 续表

单位：亿元

项 目	2008年	2009年	2010年	2011年	2012年	2013年	2013年比2012年增长（%）
全 市	290.24	348.42	466.79	574.31	704.26	728.69	3.5
惠城区	96.58	113.69	138.85	169.43	213.91	162.64	13.0
惠阳区	17.54	19.39	24.12	30.71	37.15	45.38	22.2
惠东县	13.21	13.06	18.09	26.68	34.33	38.48	12.1
博罗县	19.98	20.42	24.85	30.92	37.29	45.60	22.3
龙门县	4.37	4.73	6.71	8.33	7.75	9.36	20.9
大亚湾区	138.53	173.97	249.00	301.51	366.78	326.31	-11.0
仲恺区	—	—	—	—	70.02	92.29	31.8

2-31 国家税收

单位：亿元

项 目	2000 年	2001 年	2002 年	2003 年	2004 年	2005 年	2006 年	2007 年
全 市	42.15	50.11	59.31	73.44	86.66	107.35	133.98	176.94
惠城区	8.98	17.59	23.29	31.17	35.50	38.86	42.09	50.49
惠阳区	2.01	3.07	4.30	2.90	2.85	3.48	4.68	6.33
惠东县	3.83	3.93	2.07	3.97	3.52	4.81	5.01	6.76
博罗县	5.40	4.98	9.28	5.55	6.78	8.06	9.56	11.02
龙门县	0.48	0.54	0.60	0.64	0.79	0.90	1.12	1.86
大亚湾区	21.44	19.99	19.78	29.20	37.22	51.24	71.52	100.45
仲恺区	–	–	–	–	–	–	–	–

注：2003 年以前数据为区划调整口径

2-31 续表

单位：亿元

项 目	2008 年	2009 年	2010 年	2011 年	2012 年	2013 年	2013 年比 2012 年增长（%）
全 市	221.22	266.43	362.77	437.92	529.52	522.63	–1.3
惠城区	60.33	72.66	88.13	103.29	129.27	88.98	19.8
惠阳区	7.78	8.82	10.94	13.85	16.05	20.32	26.6
惠东县	8.44	7.48	10.67	15.94	18.52	16.71	–9.8
博罗县	12.50	11.81	13.96	16.83	19.42	22.95	18.1
龙门县	2.52	2.41	3.77	4.56	3.88	4.22	8.9
大亚湾区	129.63	160.09	230.13	276.72	335.32	288.29	–14.0
仲恺区	–	–	–	–	55.03	72.52	31.8

2-32 地方税收

单位：亿元

项 目	2000年	2001年	2002年	2003年	2004年	2005年	2006年	2007年
全 市	10.24	13.09	16.69	22.17	28.05	34.70	40.94	54.83
惠城区	5.40	6.72	8.50	11.36	14.31	17.90	22.31	29.10
惠阳区	1.91	2.70	3.16	2.68	3.09	3.77	5.18	8.38
惠东县	0.82	0.98	1.20	1.51	1.86	2.29	2.89	3.73
博罗县	1.21	1.50	1.76	2.15	2.63	3.45	4.41	5.82
龙门县	0.29	0.34	0.40	0.44	0.51	0.66	0.95	1.42
大亚湾区	0.61	0.86	1.67	4.03	5.65	6.63	5.19	6.35
仲恺区	—	—	—	—	—	—	—	—

2-32 续表

单位：亿元

项 目	2008年	2009年	2010年	2011年	2012年	2013年	2013年比2012年增长（%）
全 市	69.02	81.98	104.02	136.40	174.75	206.06	17.9
惠城区	36.25	41.02	43.82	54.77	69.64	73.66	5.8
惠阳区	9.76	10.57	13.17	16.86	21.10	25.06	18.8
惠东县	4.77	5.58	7.41	10.75	15.81	21.76	37.7
博罗县	7.47	8.60	10.89	14.09	17.87	22.65	26.7
龙门县	1.85	2.32	2.94	3.77	3.87	5.14	32.9
大亚湾区	8.89	13.87	18.87	24.78	31.46	38.02	20.9
仲恺区	—	—	6.89	11.37	15.01	19.77	31.7

2-33 在岗职工年平均工资收入

单位：元

项 目	2000年	2001年	2002年	2003年	2004年	2005年	2006年	2007年
全 市	9607	10482	11318	13265	14439	16017	17760	19644
惠城区	11323	12161	13315	15246	16512	18317	19612	21580
惠阳区	8383	9322	10383	10904	11691	12904	15446	16825
惠东县	8265	9102	10320	11238	12394	13982	15235	17433
博罗县	8065	8838	9422	11074	12064	13857	15557	17893
龙门县	7140	8080	8943	9980	10747	11312	13569	17163
大亚湾区	10373	12412	14569	17864	19345	21490	22553	23894
仲恺区	—	—	—	—	—	—	—	—

注：2003年以前数据为区划调整口径

2-33 续表

单位：元

项 目	2008年	2009年	2010年	2011年	2012年	2013年	2013年比2012年增长（%）
全 市	22727	25786	29599	35719	41506	47126	13.5
惠城区	24623	30756	34563	40766	47545	53966	13.5
惠阳区	20404	23837	26946	33038	39810	43718	9.8
惠东县	19858	22678	26238	30591	35201	40946	16.3
博罗县	20615	23538	26902	31162	35723	41978	17.5
龙门县	19518	21601	24508	28581	31850	36001	13.0
大亚湾区	25863	29231	32972	41629	48822	50972	4.4
仲恺区	—	23700	28477	35524	40208	47474	18.1

2-34 农民人均纯收入

单位：元

项 目	2000年	2001年	2002年	2003年	2004年	2005年	2006年	2007年
全 市	3630	3751	3903	4054	4370	4698	5090	5695
惠城区	4308	4516	4792	4282	4559	4978	5389	6307
惠阳区	3613	3787	3866	4371	4653	5120	5636	6365
惠东县	3673	3788	3975	4107	4327	4621	4933	5383
博罗县	3566	3679	3948	4067	4279	4610	5041	5755
龙门县	3360	3341	3282	3300	3453	3763	4120	4381
大亚湾区	3427	3514	3748	4113	4360	4720	5319	6255
仲恺区	—	—	—	—	—	—	—	—

2-34 续表

单位：元

项 目	2008年	2009年	2010年	2011年	2012年	2013年	2013年比2012年增长（%）
全 市	6626	7583	9077	10938	12415	14029	13.0
惠城区	7425	8541	9976	12056	13636	15464	13.4
惠阳区	7250	8323	10914	13001	14886	16747	12.5
惠东县	6332	7231	9005	10907	12151	13791	13.5
博罗县	6721	7682	8929	10671	12269	13864	13.0
龙门县	5118	5805	7034	8596	9911	11220	13.2
大亚湾区	6816	7791	9319	11257	13035	14635	12.3
仲恺区	—	—	10961	13208	14980	16793	12.1

三、基本单位

3-1 法人和产业活动单位数（2009-2013）

单位：个

名　　称	2009年		2010年	
	法人单位数	产业单位数	法人单位数	产业单位数
总　计	28830	35394	33163	41275
一、按地区分				
惠城区	9185	10426	11057	12760
惠阳区	5185	5902	5645	6871
惠东县	4316	6040	5041	7096
博罗县	5207	6683	5652	7221
龙门县	1375	2272	1482	2425
大亚湾区	1388	1678	1737	2098
仲恺区	2174	2393	2549	2804
二、按注册类型分				
内资企业	25240	31585	29419	37159
国有企业	3393	6363	3437	6505
集体企业	938	1591	1009	1817
股份合作企业	106	234	139	271
联营企业	74	105	77	126
有限责任公司	2467	2889	2882	3589
股份有限公司	367	1017	411	1086
私营企业	15355	16384	18626	20362
其他企业	2540	3002	2838	3403
港、澳、台商投资企业	2837	2952	2949	3150
合资经营企业（港或澳、台资）	305	331	312	386
合作经营企业（港或澳、台资）	254	262	249	257
港、澳、台商独资经营企业	2220	2287	2326	2430
港、澳、台商投资股份有限公司	58	72	62	77
其他港、澳、台商投资				
外商投资企业	753	857	795	966
中外合资经营企业	166	180	169	213
中外合作经营企业	56	58	57	59
外资企业	508	592	545	665
外商投资股份有限公司	23	27	24	29
其他外商投资				

3-1 续表 1 单位：个

名　称	2009 年		2010 年	
	法人单位数	产业单位数	法人单位数	产业单位数
三、按行业分				
第一产业	634	723	777	874
第二产业	11026	11411	12283	12867
采矿业	177	185	190	200
制造业	8915	9001	9669	9787
电力、燃气及水的生产和供应业	337	416	351	439
建筑业	1597	1809	2073	2441
第三产业	17170	23260	20103	27534
交通运输、仓储和邮政业	514	790	610	920
信息传输、计算机服务和软件业	719	1068	801	1169
批发和零售业	4791	6056	5902	8140
住宿和餐饮业	484	553	590	679
金融业	218	1059	274	1150
房地产业	2840	3035	3443	3711
租赁和商务服务业	1929	2193	2359	2715
科学研究、技术服务和地质勘查业	549	728	640	864
水利、环境和公共设施管理业	301	423	335	466
居民服务和其他服务业	369	458	485	582
教育	1223	1722	1293	1795
卫生、社会保障和社会福利业	286	1107	312	1135
文化、体育和娱乐业	197	322	251	380
公共管理和社会组织	2750	3746	2808	3828

注：1、本表 2009 年起惠城区数据不包含仲恺区数据。

3-1　续表 2

单位：个

名　　称	2011 年		2012 年		2013 年	
	法人单位数	产业单位数	法人单位数	产业单位数	法人单位数	产业单位数
总　计	37994	46726	42934	52261	46845	56428
一、按地区分						
惠城区	13436	15392	15490	17734	15727	18354
惠阳区	6154	7491	6701	8088	6992	8057
惠东县	5779	7883	6696	8941	8955	10977
博罗县	6144	7777	6694	8412	7695	9756
龙门县	1621	2608	1718	2745	1715	2701
大亚湾区	2171	2581	2436	2841	2310	2605
仲恺区	2689	2994	3199	3500	3451	3978
二、按注册类型分						
内资企业	34062	42399	38864	47766	43947	53188
国有企业	3513	6614	3520	6710	3247	6312
集体企业	1237	2096	1468	2380	1343	2528
股份合作企业	185	325	216	354	138	260
联营企业	90	154	106	172	169	249
有限责任公司	3552	4392	4277	5213	6797	7724
股份有限公司	476	1181	558	1322	518	1217
私营企业	21636	23658	24752	26905	19930	22095
其他企业	3373	3979	3967	4710	11805	12803
港、澳、台商投资企业	3093	3301	3215	3437	2327	2483
合资经营企业（港或澳、台资）	319	391	332	408	257	287
合作经营企业（港或澳、台资）	240	248	233	243	86	91
港、澳、台商独资经营企业	2444	2557	2551	2670	1886	1998
港、澳、台商投资股份有限公司	90	105	74	91	69	76
其他港、澳、台商投资			25	25	29	31
外商投资企业	839	1026	855	1058	571	757
中外合资经营企业	182	225	183	230	115	161
中外合作经营企业	59	61	60	60	35	39
外资企业	575	711	587	736	370	478
外商投资股份有限公司	23	29	24	30	30	47
其他外商投资			1	2	21	32

单位：个

名 称	2011 年		2012 年		2013 年	
	法人单位数	产业单位数	法人单位数	产业单位数	法人单位数	产业单位数
三、按行业分						
第一产业	964	1064	1166	1268	726	794
第二产业	13365	14045	14494	15230	12794	13688
采矿业	187	196	199	206	138	148
制造业	10362	10498	11205	11348	9842	10022
电力、燃气及水的生产和供应业	356	446	362	451	312	466
建筑业	2460	2905	2728	3225	2502	3052
第三产业	23665	31617	27273	35763	33325	41946
交通运输、仓储和邮政业	678	995	755	1093	766	1146
信息传输、计算机服务和软件业	878	1257	1034	1442	602	966
批发和零售业	7166	9702	8326	11072	8252	10857
住宿和餐饮业	641	756	703	834	586	771
金融业	336	1261	352	1301	147	1059
房地产业	4127	4440	4646	4988	3675	4022
租赁和商务服务业	3076	3475	3834	4268	11579	11951
科学研究、技术服务和地质勘查业	764	1012	1075	1350	1128	1457
水利、环境和公共设施管理业	372	512	425	585	383	514
居民服务和其他服务业	563	667	636	744	452	514
教育	1377	1882	1444	1954	1610	1946
卫生、社会保障和社会福利业	347	1170	359	1218	395	1506
文化、体育和娱乐业	292	422	347	473	649	783
公共管理和社会组织	3048	4066	3338	4441	3101	4454

3-2　全市法人单位及从业人数（2009–2013）

单位：个、人

名　　称	2009 年		2010 年	
	法人单位数	从业人员	法人单位数	从业人员
总 计	28830	1279744	33163	1355515
一、按地区分				
惠城区	9185	338579	11057	358075
惠阳区	5185	194494	5645	213409
惠东县	4316	160478	5041	164562
博罗县	5207	244990	5652	253006
龙门县	1375	35689	1482	37077
大亚湾区	1388	103972	1737	107125
仲恺区	2174	201542	2549	222261
二、按行业分				
第一产业	634	10975	777	12319
第二产业	11026	913586	12283	951757
采矿业	177	3575	190	3754
制造业	8915	851771	9669	887326
电力、燃气及水的生产和供应业	337	13142	351	13193
建筑业	1597	45098	2073	47484
第三产业	17170	355183	20103	391439
交通运输、仓储和邮政业	514	22298	610	24251
信息传输、计算机服务和软件业	719	9471	801	10860
批发和零售业	4791	51126	5902	62287
住宿和餐饮业	484	26711	590	30985
金融业	218	16423	274	16818
房地产业	2840	33248	3443	39962
租赁和商务服务业	1929	24150	2359	27947
科学研究、技术服务和地质勘查业	549	9791	640	10343
水利、环境和公共设施管理业	301	6808	335	6956
居民服务和其他服务业	369	7303	485	8217
教育	1223	53234	1293	55840
卫生、社会保障和社会福利业	286	20814	312	21184
文化、体育和娱乐业	197	7123	251	7915
公共管理和社会组织	2750	66683	2808	67874

注：1、本表 2009 年起惠城区数据不包含仲恺区数据。

3-2 续表 单位：个、人

名　　称	2011年		2012年		2013年	
	法人单位数	从业人员	法人单位数	从业人员	法人单位数	从业人员
总 计	37994	1478939	42934	1574431	46845	1640425
一、按地区分						
惠城区	13436	383906	15490	397169	15727	425965
惠阳区	6154	236107	6701	267496	6992	258902
惠东县	5779	188389	6696	205267	8955	198869
博罗县	6144	272718	6694	284657	7695	324927
龙门县	1621	37930	1718	38938	1715	42053
大亚湾区	2171	133367	2436	138793	2310	134934
仲恺区	2689	226522	3199	242111	3451	254775
二、按行业分						
第一产业	964	14580	1166	17366	726	13137
第二产业	13365	1028150	14494	1088775	12794	1069161
采矿业	187	3663	199	3878	138	3806
制造业	10362	959335	11205	1017472	9842	998547
电力、燃气及水的生产和供应业	356	14199	362	14388	312	10782
建筑业	2460	50953	2728	53037	2502	56026
第三产业	23665	436209	27274	468290	33325	558127
交通运输、仓储和邮政业	678	25473	755	26360	766	33595
信息传输、计算机服务和软件业	878	11245	1034	11818	602	10431
批发和零售业	7166	74373	8326	82033	8252	106822
住宿和餐饮业	641	32688	703	35224	586	29921
金融业	336	17182	352	17747	147	17606
房地产业	4127	47150	4646	50132	3675	62133
租赁和商务服务业	3076	32337	3834	33720	11579	69854
科学研究、技术服务和地质勘查业	764	10970	1075	11744	1128	15238
水利、环境和公共设施管理业	372	7294	425	7803	383	10575
居民服务和其他服务业	563	8823	636	9549	452	6567
教育	1377	61049	1444	70359	1610	72064
卫生、社会保障和社会福利业	347	22193	359	22994	395	28217
文化、体育和娱乐业	292	8395	347	9503	649	10037
公共管理和社会组织	3048	77037	3338	79304	3101	85067

3-3 全市企业法人单位及从业人数(2009-2013)

单位：个、人

名　　称	2009年		2010年	
	单位数	从业人员	单位数	从业人员
总 计	23656	1119208	27591	1188791
一、按地区分				
惠城区	7521	289619	9224	306557
惠阳区	4558	171983	4990	190546
惠东县	3518	130587	4196	134022
博罗县	4031	211404	4447	218531
龙门县	852	23064	951	24398
大亚湾区	1233	98098	1569	100812
仲恺区	1943	194453	2214	213925
二、按行业分				
第一产业	514	9300	631	10325
第二产业	11019	913074	12274	951234
采矿业	177	3575	190	3754
制造业	8915	851771	9669	887326
电力、燃气及水的生产和供应业	330	12630	342	12670
建筑业	1597	45098	2073	47484
第三产业	12123	196834	14686	227232
交通运输、仓储和邮政业	483	20431	574	22404
信息传输、计算机服务和软件业	692	9308	769	10664
批发和零售业	4791	51126	5902	62287
住宿和餐饮业	479	26626	572	30400
金融业	212	16096	266	16484
房地产业	2793	32867	3394	39578
租赁和商务服务业	1610	19499	1957	22845
科学研究、技术服务和地质勘查业	354	6287	439	6795
水利、环境和公共设施管理业	161	1983	189	1993
居民服务和其他服务业	340	6485	394	7182
教育	83	706	93	1048
卫生、社会保障和社会福利业	31	969	35	989
文化、体育和娱乐业	94	4451	102	4563

注：1、本表2009年起惠城区数据不包含仲恺区数据。

3-3 续表 单位：个、人

<table>
<tr><th rowspan="2">名　　称</th><th colspan="2">2011 年</th><th colspan="2">2012 年</th><th colspan="2">2013 年</th></tr>
<tr><th>单位数</th><th>从业人员</th><th>单位数</th><th>从业人员</th><th>单位数</th><th>从业人员</th></tr>
<tr><td>总 计</td><td>31709</td><td>1293857</td><td>35932</td><td>1375709</td><td>32968</td><td>1402906</td></tr>
<tr><td>一、按地区分</td><td></td><td></td><td></td><td></td><td></td><td></td></tr>
<tr><td>惠城区</td><td>11213</td><td>321113</td><td>12954</td><td>331426</td><td>12056</td><td>347490</td></tr>
<tr><td>惠阳区</td><td>5483</td><td>212487</td><td>5999</td><td>243407</td><td>5119</td><td>227375</td></tr>
<tr><td>惠东县</td><td>4851</td><td>152808</td><td>5655</td><td>161273</td><td>5394</td><td>158809</td></tr>
<tr><td>博罗县</td><td>4885</td><td>237872</td><td>5382</td><td>249399</td><td>4880</td><td>272622</td></tr>
<tr><td>龙门县</td><td>1040</td><td>24837</td><td>1146</td><td>26049</td><td>1044</td><td>26683</td></tr>
<tr><td>大亚湾区</td><td>1954</td><td>126218</td><td>2200</td><td>131040</td><td>1811</td><td>126202</td></tr>
<tr><td>仲恺区</td><td>2283</td><td>218522</td><td>2596</td><td>233115</td><td>2664</td><td>243725</td></tr>
<tr><td>二、按行业分</td><td></td><td></td><td></td><td></td><td></td><td></td></tr>
<tr><td>第一产业</td><td>777</td><td>11746</td><td>918</td><td>14059</td><td>535</td><td>10762</td></tr>
<tr><td>第二产业</td><td>13356</td><td>1027633</td><td>14484</td><td>1088153</td><td>12791</td><td>1069061</td></tr>
<tr><td>　采矿业</td><td>187</td><td>3663</td><td>199</td><td>3878</td><td>138</td><td>3806</td></tr>
<tr><td>　制造业</td><td>10362</td><td>959335</td><td>11205</td><td>1017472</td><td>9842</td><td>998547</td></tr>
<tr><td>　电力、燃气及水的生产和供应业</td><td>347</td><td>13682</td><td>352</td><td>13766</td><td>309</td><td>10682</td></tr>
<tr><td>　建筑业</td><td>2460</td><td>50953</td><td>2728</td><td>53037</td><td>2502</td><td>56026</td></tr>
<tr><td>第三产业</td><td>17576</td><td>254478</td><td>20530</td><td>273497</td><td>19642</td><td>323083</td></tr>
<tr><td>　交通运输、仓储和邮政业</td><td>639</td><td>23615</td><td>714</td><td>24497</td><td>727</td><td>31207</td></tr>
<tr><td>　信息传输、计算机服务和软件业</td><td>838</td><td>10986</td><td>982</td><td>11495</td><td>589</td><td>9744</td></tr>
<tr><td>　批发和零售业</td><td>7166</td><td>74373</td><td>8323</td><td>81949</td><td>8251</td><td>106816</td></tr>
<tr><td>　住宿和餐饮业</td><td>621</td><td>32063</td><td>682</td><td>34569</td><td>582</td><td>29548</td></tr>
<tr><td>　金融业</td><td>319</td><td>16815</td><td>332</td><td>17321</td><td>143</td><td>17221</td></tr>
<tr><td>　房地产业</td><td>4074</td><td>46698</td><td>4593</td><td>49668</td><td>3608</td><td>60839</td></tr>
<tr><td>　租赁和商务服务业</td><td>2391</td><td>24979</td><td>2909</td><td>25363</td><td>3497</td><td>35818</td></tr>
<tr><td>　科学研究、技术服务和地质勘查业</td><td>546</td><td>7255</td><td>824</td><td>7853</td><td>831</td><td>9982</td></tr>
<tr><td>　水利、环境和公共设施管理业</td><td>221</td><td>2286</td><td>280</td><td>3502</td><td>269</td><td>3599</td></tr>
<tr><td>　居民服务和其他服务业</td><td>469</td><td>7750</td><td>528</td><td>8221</td><td>428</td><td>6149</td></tr>
<tr><td>　教育</td><td>117</td><td>1578</td><td>138</td><td>1763</td><td>125</td><td>2966</td></tr>
<tr><td>　卫生、社会保障和社会福利业</td><td>42</td><td>1119</td><td>45</td><td>1339</td><td>48</td><td>1697</td></tr>
<tr><td>　文化、体育和娱乐业</td><td>133</td><td>4961</td><td>180</td><td>5957</td><td>544</td><td>7497</td></tr>
</table>

3-4 全市机关和事业单位及从业人数（2009-2013）

单位：个、人

名 称	2009年		2010年	
	单位数	从业人员	单位数	从业人员
总 计	2508	130348	2554	132370
一、按地区分				
惠城区	838	38954	856	39696
惠阳区	335	18600	334	18537
惠东县	336	24325	354	24508
博罗县	488	26600	491	27131
龙门县	273	11167	277	11201
大亚湾区	97	5122	99	5319
仲恺区	141	5580	143	5978
二、按行业分				
第一产业	104	1497	107	1524
第二产业	5	465	5	465
电力、燃气及水的生产和供应业	5	465	5	465
第三产业	2399	128386	2442	130381
交通运输、仓储和邮政业	21	1773	20	1726
信息传输、计算机服务和软件业	2	40	2	40
批发和零售业				
住宿和餐饮业	1	40	1	40
金融业	1	305	1	305
房地产业	5	173	6	174
租赁和商务服务业	90	2752	94	2821
科学研究、技术服务和地质勘查业	181	3302	183	3326
水利、环境和公共设施管理业	134	4726	140	4864
居民服务和其他服务业	13	472	13	472
教育	732	40004	736	40610
卫生、社会保障和社会福利业	209	18865	216	19106
文化、体育和娱乐业	82	2489	82	2496
公共管理和社会组织	928	53445	948	54401

注：1、本表2009年起惠城区数据不包含仲恺区数据。

3-4 续表 单位：个、人

名称	2011年		2012年		2013年	
	单位数	从业人员	单位数	从业人员	单位数	从业人员
总 计	2594	136317	2603	143347	2798	151958
一、按地区分						
惠城区	873	40627	885	41385	840	52287
惠阳区	309	17124	302	16570	273	20468
惠东县	384	28989	412	36486	675	25939
博罗县	487	26805	492	26698	374	28266
龙门县	292	11465	258	10996	311	12089
大亚湾区	110	5969	115	6032	198	6880
仲恺区	139	5338	139	5180	127	6029
二、按行业分						
第一产业	112	1569	113	1594	53	807
第二产业	5	459	6	564	1	84
电力、燃气及水的生产和供应业	5	459	6	564	1	84
第三产业	2477	134289	2484	141189	2744	151067
交通运输、仓储和邮政业	20	1726	20	1712	35	1975
信息传输、计算机服务和软件业	2	40	3	53	11	678
批发和零售业					1	6
住宿和餐饮业	1	40	1	40	1	289
金融业	1	305	1	305	1	298
房地产业	7	229	6	174	36	1050
租赁和商务服务业	99	2824	103	2896	89	2945
科学研究、技术服务和地质勘查业	193	3406	202	3351	221	4108
水利、环境和公共设施管理业	143	4899	135	4155	107	6803
居民服务和其他服务业	14	473	15	504	12	333
教育	709	39449	675	46360	745	42096
卫生、社会保障和社会福利业	226	19368	227	19852	205	23825
文化、体育和娱乐业	83	2503	81	2395	74	2087
公共管理和社会组织	979	59027	1015	59392	1206	64574

3-5 各县区法人单位综合情况

（2013年） 单位：个

指标名称	全市	惠城区	惠阳区	惠东县	博罗县	龙门县	大亚湾区	仲恺区
总　计	46845	15727	6992	8955	7695	1715	2310	3451
一、按注册类型分								
内资企业	43947	15176	6286	8674	7085	1616	2176	2934
国有企业	3247	956	354	733	445	393	247	119
集体企业	1343	251	61	152	698	83	54	44
股份合作企业	138	68	5	19	30	9	2	5
联营企业	169	36	27	13	51	13	7	22
有限责任公司	6797	2447	303	1087	1976	219	76	689
股份有限公司	518	255	28	95	72	22	6	40
私营企业	19930	8154	3885	3186	1567	428	1441	1269
其他企业	11805	3009	1623	3389	2246	449	343	746
港、澳、台商投资企业	2327	405	601	255	492	96	85	393
合资经营企业（港或澳、台资）	257	52	39	29	47	9	17	64
合作经营企业（港或澳、台资）	86	21	8	18	16	10	3	10
港、澳、台商独资经营企业	1886	319	548	176	411	59	63	310
港、澳、台商投资股份有限公司	69	7	5	20	10	18	2	7
其他港、澳、台商投资	29	6	1	12	8			2
外商投资企业	571	146	105	26	118	3	49	124
中外合资经营企业	115	35	19	4	16	1	14	26
中外合作经营企业	35	18	2	5	4	1	1	4
外资企业	370	80	71	14	88	1	28	88
外商投资股份有限公司	30	7	9		5		6	3
其他外商投资	21	6	4	3	5			3
二、按机构类型分								
企业	32968	12056	5119	5394	4880	1044	1811	2664
事业单位	2264	681	207	580	304	243	146	103
机关	534	159	66	95	70	68	52	24

3-5 续表 （2013 年） 单位：个

指标名称	全市	惠城区	惠阳区	惠东县	博罗县	龙门县	大亚湾区	仲恺区
社会团体	634	305	48	111	78	76	12	4
民办非企业单位	867	380	148	89	149	17	18	66
基金会	4	4						
居委会	207	64	22	38	34	23	13	13
村委会	959	142	45	240	306	155	35	36
其他组织机构	8408	1936	1337	2408	1874	89	223	541
三、按行业分								
第一产业	726	189	107	165	108	95	24	38
第二产业	12794	3197	2630	1677	2477	357	660	1796
采矿业	138	16	11	37	26	44	2	2
制造业	9842	1861	2112	1359	2255	207	343	1705
电力、燃气及水的生产和供应业	312	20	13	147	52	56	14	10
建筑业	2502	1300	494	134	144	50	301	79
第三产业	33325	12341	4255	7113	5110	1263	1626	1617
交通运输、仓储和邮政业	766	287	67	70	90	46	120	86
信息传输、计算机服务和软件业	602	401	33	57	47	2	10	52
批发和零售业	8252	3702	867	1941	966	231	235	310
住宿和餐饮业	586	204	81	145	56	54	21	25
金融业	147	115	5	3	8	5	5	6
房地产业	3675	1238	771	565	514	105	351	131
租赁和商务服务业	11579	3825	1609	2742	2099	138	511	655
科学研究、技术服务和地质勘查业	1128	468	63	235	178	122	28	34
水利、环境和公共设施管理业	383	94	68	74	91	32	11	13
居民服务和其他服务业	452	234	51	52	63	13	28	11
教育	1610	538	277	289	256	84	51	115
卫生、社会保障和社会福利业	395	164	32	61	74	34	10	20
文化、体育和娱乐业	649	174	102	147	97	34	37	58
公共管理和社会组织	3101	897	229	732	571	363	208	101

惠州统计年鉴－2014

HUIZHOU STATISTICAL YEARBOOK

四、人　口

4-1 人口主要指标

（2013 年）

指标名称		全 市	惠城区	惠阳区	惠东县	博罗县	龙门县	大亚湾区	仲恺区
常住人口	万人	470.00	118.75	58.75	92.50	105.75	31.50	19.90	42.85
人口密度	人 / 平方公里	413	1025	640	262	370	138	680	1286
户籍人口情况									
年末总户数	万户	96.56	24.84	12.94	19.70	22.49	10.50	2.65	3.44
年末总人口	万人	343.37	82.18	36.61	83.91	85.36	35.29	8.26	11.76
男	万人	174.26	41.37	18.53	43.04	43.28	17.88	4.15	6.01
女	万人	169.11	40.81	18.08	40.87	42.08	17.41	4.11	5.75
非农业人口	万人	204.45	82.19	36.61	29.59	24.35	11.69	8.26	11.76
农业人口	万人	138.92			54.31	61.01	23.60		
人口变动情况									
年内出生人数	万人	4.63	1.11	0.60	0.87	1.23	0.47	0.15	0.20
年内死亡人数	万人	1.00	0.17	0.09	0.14	0.38	0.16	0.02	0.04
年内迁入人数	万人	5.91	2.69	0.83	0.72	0.95	0.22	0.19	0.32
年内迁出人数	万人	8.05	2.75	1.90	2.01	0.77	0.27	0.15	0.20
2013 年平均人口	万人	342.64	81.74	36.89	84.20	84.85	35.16	8.19	11.62
出生率	‰	11.59	10.91	11.05	10.72	12.96	11.66	13.49	12.78
死亡率	‰	4.66	3.78	4.17	4.68	5.07	5.97	5.02	4.70
自然增长率	‰	6.93	7.13	6.88	6.04	7.89	5.69	8.47	8.08

注：本表数据分别由公安、计生等部门协助提供。

4-2　历年户籍总人口

单位：万人

年份	总人口	按性别分		按农业、非农业分		人口密度（人/平方公里）
		男	女	非农业人口	农业人口	
1994	251.16	127.65	123.51	75.35	175.81	229
1995	255.90	130.12	125.78	80.61	175.29	237
1996	260.08	132.22	127.86	85.23	174.85	244
1997	266.53	135.43	131.10	89.80	176.73	253
1998	270.00	137.34	132.66	92.81	177.19	261
1999	271.82	138.47	133.35	94.18	177.64	270
2000	277.80	141.60	136.20	98.40	179.40	279
2001	280.45	142.96	137.49	100.57	179.88	289
2002	283.02	144.29	138.73	109.02	174.00	299
2003	286.36	146.14	140.22	111.86	174.50	307
2004	293.22	149.88	143.34	114.27	178.95	315
2005	297.58	152.29	145.29	166.53	131.05	323
2006	306.41	156.54	149.87	170.86	135.55	334
2007	312.89	195.98	153.31	183.35	129.54	348
2008	318.83	162.49	156.34	186.17	132.67	362
2009	324.36	165.09	159.27	187.07	137.29	376
2010	337.28	171.36	165.92	199.02	138.26	395
2011	343.03	173.98	169.05	203.50	139.53	407
2012	341.91	173.41	168.50	203.91	138.00	410
2013	343.37	174.26	169.11	204.45	138.92	413

注：本表数据分别由公安、计生等部门协助提供。

4-3 暂住人口及分类情况

（2013 年）　　单位：人

指标名称	全　市	惠城区	惠阳区	惠东县	博罗县	龙门县	大亚湾区	仲恺区
暂住人口	947672	379574	118031	113378	132700	3272	114130	86587
#男	556124	215167	67571	73467	75643	2002	56786	65488
女	391548	164407	50460	39911	57057	1270	57344	21099
#省内	304465	148705	25268	51434	34209	1058	13462	30329
#市	96920	44973	12310	13580	11504	477	6745	7331
县	207545	103732	12958	37854	22705	581	6717	22998
#省外	640397	230790	90845	61626	98491	2214	100443	55988
#市	234392	84125	33483	17137	31854	532	39866	27395
县	406005	146665	57362	44489	66637	1682	60577	28593
港澳台、国外	2796	79	1918	318			225	256
#务　工	774444	338007	92765	105458	85463	2846	98784	51121
务　农	44616	758	11307	192	12036	94	7793	12436
经　商	49383	10229	6836	3523	6645	143	6518	15489
服　务	50126	23718	3004	4072	11087	118	692	7435
因公出差	3504	3256	202			15		31
借读培训	999	858	126			15		
治病疗养	221	199	22					
保　姆	12214	1054	140	133	10885		2	
投靠亲友	2307	313	1234		610	4	119	27
探亲访友	854	228	568			22		36
旅游观光	1661	838	200		623			
其　他	7343	116	1627		5351	15	222	12

注：本表按公安年报整理。

4-4 分县（市、区）人口迁移状况

（2013 年）　　　　单位：人、‰

县、区别	迁入		迁出		总迁移		净迁移	
	迁入人数	迁入率	迁出人数	迁出率	总迁移人数	总迁移率	净迁移人数	净迁移率
全　市	59128	17.26	80501	23.49	139629	40.75	21373	6.24
惠城区	26938	32.96	27466	33.60	54404	66.56	528	0.65
惠阳区	8298	22.49	19014	51.54	27312	74.04	10716	29.05
惠东县	7166	8.51	20114	23.89	27280	32.40	12948	15.38
博罗县	9471	11.16	7727	9.11	17198	20.27	-1744	-2.06
龙门县	2161	6.15	2682	7.63	4843	13.77	521	1.48
大亚湾区	1920	23.44	1474	18.00	3394	41.44	-446	-5.45
仲恺开发区	3174	27.31	2024	17.42	5198	44.73	-1150	-9.90

注：本表按公安年报整理。

4-5 历年户籍人口迁移状况

单位：人、‰

年 份	迁 入		迁 出		总 迁 移		净 迁 移	
	迁入人数	迁入率	迁出人数	迁出率	总迁移人数	总迁移率	净迁移人数	净迁移率
1990	52821	23.60	37432	16.72	90253	40.32	15389	6.88
1991	85740	37.36	50778	22.12	136518	59.48	34962	15.24
1992	45349	19.20	25564	10.83	70913	30.03	19785	8.37
1993	70576	29.10	37589	15.50	108165	44.60	32987	13.60
1994	77142	31.05	52754	21.23	129896	52.28	24388	9.82
1995	63156	24.91	44926	17.72	108082	42.63	18230	7.19
1996	50509	19.58	39017	15.12	89526	34.70	11492	4.46
1997	74632	28.34	40192	15.26	114824	43.60	34440	13.08
1998	54263	0.20	43523	16.22	97786	36.45	10740	4.00
1999	38644	14.26	38877	14.35	77521	28.61	–233	–0.09
2000	73196	26.60	46168	16.80	119364	43.40	27028	9.80
2001	47139	16.90	37468	13.40	84787	30.20	9851	3.50
2002	45066	16.00	33480	11.88	78546	27.88	1390	0.49
2003	59182	20.97	41189	14.60	100371	35.57	17993	6.38
2004	61825	21.33	35503	12.25	97328	33.59	26322	9.08
2005	82839	28.04	56016	19.23	2033	47.28	1977	8.81
2006	136490	45.20	74329	24.61	210819	69.81	62161	20.58
2007	91349	29.50	45573	14.72	136922	44.22	45776	14.78
2008	86255	27.30	47227	14.95	133482	42.26	39028	12.35
2009	74641	23.21	45844	14.26	120485	37.46	28797	8.95
2010	70238	21.23	34799	10.52	105037	31.75	35439	10.71
2011	78544	23.09	47037	13.83	125581	36.92	31507	9.26
2012	57072	16.66	63809	18.63	120881	35.30	–6737	–1.97
2013	59128	17.26	80501	23.49	139629	40.75	21373	6.24

注：本表按公安年报整理。

4-6 历年常住人口

单位：万人

年　份	惠州市	惠城区	惠阳区	惠东县	博罗县	龙门县	大亚湾区	仲恺区
1990	231.25	27.74	50.55	59.04	65.82	28.1		
1991	239.01	30.01	53.48	60.34	67.14	28.04		
1992	247.02	32.44	56.53	61.61	68.35	28.09		
1993	255.31	35.05	55.43	62.83	69.74	27.7	4.56	
1994	263.87	37.85	58.45	64.16	71	27.78	4.63	
1995	272.72	40.84	61.58	65.41	72.45	27.47	4.97	
1996	281.87	44.04	64.84	66.64	73.48	27.53	5.34	
1997	291.32	47.46	68.23	67.84	74.67	27.37	5.75	
1998	301.09	51.12	71.76	69.03	75.83	27.19	6.16	
1999	311.19	55.01	75.41	70.19	76.96	27.01	6.61	
2000	321.8	59.31	79.24	71.31	78.05	26.8	7.09	
2001	334.77	60.95	82.28	73.71	81.66	28	8.17	
2002	343.41	61.18	86.55	74.98	83.29	28.15	9.26	
2003	352.27	99.06	51.3	76.64	85.08	29.66	10.53	
2004	363.18	101.09	52.79	78.47	88.16	30.66	12.01	
2005	370.69	76.49	53.77	79.51	90.42	31.38	13.56	25.56
2006	387.51	82.48	54.67	83.81	92.5	31.7	14.56	27.79
2007	402.86	89.47	55.55	84.97	95.1	31.9	15.63	30.23
2008	418.65	97.22	56.09	86.28	97.36	31.71	16.65	33.35
2009	435.08	105.79	56.35	87.31	99.45	31.38	17.64	37.16
2010	460.11	116.58	57.28	90.78	103.91	30.73	19.27	41.56
2011	463.36	117.45	57.68	91.31	104.65	30.93	19.44	41.9
2012	467.4	118.49	58.5	92.03	105.33	31.21	19.56	42.28
2013	470	118.75	58.75	92.5	105.75	31.5	19.9	42.85

注：此表常住人口数为统计部门推算数，2006–2009 年数据根据第六次全国人口普查结果进行平滑调整。

4-7 历年暂住人口

单位：万人

年份	惠州市	惠城区	惠阳区	惠东县	博罗县	龙门县	大亚湾区	仲恺区
1997	33.63	10.58	12.52	4.17	5.12	0.40	0.84	
1998	41.73	13.53	17.14	5.53	4.21	0.55	0.77	
1999	37.24	12.28	14.60	4.75	3.89	0.32	1.39	
2000	46.72	13.10	19.85	5.53	6.20	0.47	1.57	
2001	53.28	14.69	22.01	7.21	7.10	0.58	1.68	
2002	50.71	12.26	22.75	7.03	7.22	0.49	0.97	
2003	54.47	12.61	23.34	6.22	8.97	0.57	2.77	
2004	68.35	28.18	15.85	7.39	10.74	0.62	5.57	
2005	71.76	25.24	17.74	7.35	17.08	0.61	3.75	
2006	72.61	22.90	17.45	15.11	11.73	0.51	4.91	
2007	79.62	23.06	19.07	16.44	14.62	0.34	6.10	
2008	76.03	24.24	12.12	17.02	14.18	0.39	8.07	
2009	53.87	16.09	10.66	12.21	8.49	0.24	6.18	
2010	49.22	16.49	9.56	10.07	6.52	0.39	6.19	
2011	48.74	13.72	16.26	6.74	5.19	0.37	6.46	
2012	82.92	30.38	11.60	13.34	12.03	0.39	6.53	8.66
2013	94.77	37.96	11.80	11.34	13.27	0.33	11.41	8.66

注：以上数据根据公安年报整理

4-8　历年总户数（户籍）

单位：万户

年 份	惠州市	惠城区	惠阳区	惠东县	博罗县	龙门县	大亚湾区	仲恺区
1995	59.56	9.46	12.05	12.76	16.14	7.60	1.55	
2000	69.32	17.14	9.95	14.51	17.15	8.58	1.99	
2001	70.58	11.32	15.76	14.89	17.93	8.67	2.00	
2002	71.80	11.81	16.22	14.96	18.13	8.66	2.04	
2003	73.83	18.96	10.87	15.27	17.82	8.84	2.07	
2004	76.86	19.81	11.78	16.63	18.03	8.98	1.64	
2005	79.04	20.98	11.43	17.12	18.26	8.94	2.31	
2006	81.44	21.96	11.63	17.96	18.42	9.11	2.36	
2007	84.36	23.41	12.22	18.38	18.75	9.21	2.39	
2008	87.06	24.47	12.70	18.85	19.15	9.43	2.46	
2009	90.19	21.97	13.35	19.33	19.92	9.59	2.54	3.48
2010	94.57	22.66	15.10	19.75	20.73	10.01	2.73	3.59
2011	95.60	22.40	14.90	20.00	21.70	10.40	2.80	3.3
2012	97.80	24.50	14.49	19.86	21.84	11.15	2.60	3.37
2013	96.56	24.84	12.94	19.70	22.49	10.50	2.65	3.44

注：2011 年惠城区、仲恺区区域人口进行调整，不可比。

4-9 历年户籍人口自然增长

单位：‰

年 份	惠州市	惠城区	惠阳区	惠东县	博罗县	龙门县	大亚湾区	仲恺区
1995	13.93	13.03	14.35	14.15	13.98	13.33	14.94	
2000	5.93	7.65	4.86	5.87	6.34	4.52	5.27	
2001	5.39	7.60	3.77	5.68	5.70	4.13	5.76	
2002	4.89	6.24	3.46	4.92	5.46	4.19	4.98	
2003	5.08	5.30	4.69	4.66	5.71	4.39	5.14	
2004	5.88	5.33	3.96	6.92	6.89	4.65	4.81	
2005	5.36	6.08	4.97	4.43	6.17	4.38	4.94	
2006	5.55	5.98	5.56	4.40	6.29	5.29	6.05	
2007	5.58	6.48	5.15	4.57	6.05	5.02	6.07	
2008	6.04	6.62	5.86	4.97	6.65	5.82	6.37	
2009	6.35	6.84	6.51	5.34	6.77	6.31	6.44	
2010	6.99	7.56	7.35	5.84	7.41	6.82	7.62	7.24
2011	6.77	7.44	6.88	5.58	7.12	6.41	7.85	8.02
2012	6.83	7.67	6.63	5.66	7.63	5.36	8.01	8.12
2013	6.93	7.13	6.88	6.04	7.89	5.69	8.47	8.08

注：以上数据根据计生年报整理。

五、劳动工资

5-1 分县区单位从业人员及劳动报酬

（2013 年） 单位：人、万元、元

项　目	总计	惠城区	惠阳区	惠东县	博罗县	龙门县	大亚湾区	仲恺区
单位从业人员（人）	860801	205985	131452	57219	145521	19675	104056	196893
#女性	375498	91156	55466	24646	67041	8085	38721	90383
#在岗职工	839131	190219	130263	56732	143696	19134	103576	195511
其他从业人员	21670	15766	1189	487	1825	541	480	1382
单位从业人员平均人数（人）	870074	206571	129904	56651	154567	19801	107120	195460
#在岗职工平均人数	849002	191300	128770	56136	152784	19261	106682	194069
其他从业人员平均人数	21072	15271	1134	515	1783	540	438	1391
单位从业人员工资总额（万元）	4101428	1092464	568791	231607	649130	70496	554938	934002
#在岗职工工资总额	4000986	1032366	562959	229855	641354	69341	543778	921333
其他从业人员工资总额	100441	60098	5832	1752	7776	1155	11160	12669
单位从业人员平均工资（元）	47139	52886	43785	40883	41997	35602	51805	47785
#在岗职工平均工资	47126	53966	43718	40946	41978	36001	50972	47474
其他从业人员平均工资	47666	39355	51427	34014	43611	21380	254795	91078

5-2 分县区单位从业人员及劳动报酬复合分组

（2013 年）　　单位：人

项　目	总计	惠城区	惠阳区	惠东县	博罗县	龙门县	大亚湾区	仲恺区
单位从业人员人数	860801	205985	131452	57219	145521	19675	104056	196893
按经济类型分组								
#国有经济	181034	68284	24302	30440	30579	14059	8240	5130
城镇集体经济	19257	4736	5504	1883	3379	1234	262	2259
其他经济	660510	132965	101646	24896	111563	4382	95554	189504
按企业、事业、机关分组								
#企　业	714103	157755	108884	30593	117971	8120	98354	192426
事　业	92220	32173	12389	17739	18609	7035	1732	2543
机　关	51932	14892	9063	8670	8893	4520	3970	1924
民间非盈利组织	781	517	264					
其他	1765	648	852	217	48			
在岗职工人数	839131	190219	130263	56732	143696	19134	103576	195511
按经济类型分组								
#国有经济	178011	67018	24141	30232	29989	13578	8137	4916
城镇集体经济	19094	4688	5488	1825	3378	1194	262	2259
其他经济	642026	118513	100634	24675	110329	4362	95177	188336
按企业、事业、机关分组								
#企　业	694512	143070	107792	30278	116582	7818	97922	191050
事　业	90467	31154	12309	17646	18279	6822	1720	2537
机　关	51624	14839	9055	8591	8787	4494	3934	1924
民间非盈利组织	768	513	255					
其他	1760	643	852	217	48			
其他从业人员人数	21670	15766	1189	487	1825	541	480	1382
按经济类型分组								
#国有经济	3023	1266	161	208	590	481	103	214
城镇集体经济	163	48	16	58	1	40		
其他经济	18484	14452	1012	221	1234	20	377	1168
按企业、事业、机关分组								
#企　业	19591	14685	1092	315	1389	302	432	1376
事　业	1753	1019	80	93	330	213	12	6
机　关	308	53	8	79	106	26	36	
民间非盈利组织	13	4	9					
其他	5	5						

（2013年）

单位：人

项 目	总计	惠城区	惠阳区	惠东县	博罗县	龙门县	大亚湾区	仲恺区
单位从业人员平均人数	870074	206571	129904	56651	154567	19801	107120	195460
按经济类型分组								
#国有经济	177853	67224	22632	30215	30458	14169	8156	4999
城镇集体经济	19442	5124	5246	1784	3249	1234	255	2550
其他经济	672779	134223	102026	24652	120860	4398	98709	187911
按企业、事业、机关分组								
#企 业	725821	158759	109064	30229	127130	8128	101470	191041
事 业	90194	31885	10810	17545	18514	7167	1740	2533
机 关	51529	14762	8929	8661	8875	4506	3910	1886
民间非盈利组织	770	516	254					
其他	1760	649	847	216	48			
在岗职工平均人数	849002	191300	128770	56136	152784	19261	106682	194069
按经济类型分组								
#国有经济	174969	65981	22483	30010	29917	13689	8054	4835
城镇集体经济	19274	5075	5226	1726	3248	1194	255	2550
其他经济	654759	120244	101061	24400	119619	4378	98373	186684
按企业、事业、机关分组								
#企 业	706758	144556	108023	29882	125736	7826	101079	189656
事 业	88512	30880	10734	17455	18231	6956	1729	2527
机 关	51220	14708	8921	8583	8769	4479	3874	1886
民间非盈利组织	757	512	245					
其他	1755	644	847	216	48			
其他从业人员平均人数	21072	15271	1134	515	1783	540	438	1391
按经济类型分组								
#国有经济	2884	1243	149	205	541	480	102	164
城镇集体经济	168	49	20	58	1	40		
其他经济	18020	13979	965	252	1241	20	336	1227
按企业、事业、机关分组								
#企 业	19063	14203	1041	347	1394	302	391	1385
事 业	1682	1005	76	90	283	211	11	6
机 关	309	54	8	78	106	27	36	
民间非盈利组织	13	4	9					
其他	5	5						

（2013年）

单位：万元

项　　目	总计	惠城区	惠阳区	惠东县	博罗县	龙门县	大亚湾区	仲恺区
单位从业人员工资总额（万元）	4101428	1092464	568791	231607	649130	70496	554939	934002
按经济类型分组								
#国有经济	1101912	496083	147045	136955	167000	55636	61033	38160
城镇集体经济	68395	15464	22135	6675	9707	3970	612	9833
其他经济	2931121	580917	399611	87978	472423	10890	493294	886008
按企业、事业、机关分组								
#企 业	3198735	713186	435117	113914	499053	27271	511319	898875
事 业	565656	241542	77683	81450	104670	25650	13895	20767
机 关	327348	132620	52514	35372	45184	17575	29725	14359
民间非盈利组织	1975	1356	618					
其他	7713	3760	2859	871	224			
在岗职工工资总额（万元）	4000986	1032366	562959	229855	641354	69341	543778	921333
按经济类型分组								
#国有经济	1092897	491555	146651	136267	165777	54699	60521	37427
城镇集体经济	67817	15256	22034	6577	9704	3802	612	9833
其他经济	2840272	525555	394274	87011	465873	10841	482645	874073
按企业、事业、机关分组								
#企 业	3104644	657069	429540	112740	492180	26539	500356	886221
事 业	560247	237793	77464	81091	103975	25325	13846	20753
机 关	326441	132408	52490	35154	44976	17478	29576	14359
民间非盈利组织	1958	1352	606					
其他	7697	3744	2859	871	224			
其他从业人员工资总额（万元）	100441	60098	5832	1752	7776	1155	11160	12669
按经济类型分组								
#国有经济	9014	4528	394	688	1223	937	511	734
城镇集体经济	578	208	101	98	3	168		
其他经济	90849	55362	5337	966	6550	49	10649	11935
按企业、事业、机关分组								
#企 业	94091	56117	5577	1174	6873	732	10963	12655
事 业	5409	3749	219	359	695	325	48	14
机 关	908	211	24	219	208	97	149	
民间非盈利组织	17	5	12					
其他	16	16						

5－2 续3 （2013年） 单位：元

项 目	总计	惠城区	惠阳区	惠东县	博罗县	龙门县	大亚湾区	仲恺区
单位从业人员平均工资（元）	47139	52886	43785	40883	41997	35602	51805	47785
按经济类型分组								
#国有经济	61956	73795	64972	45327	54830	39266	74832	76336
城镇集体经济	35179	30180	42193	37414	29876	32172	24000	38561
其他经济	43567	43280	39168	35688	39088	24761	49975	47150
按企业、事业、机关分组								
#企 业	44071	44923	39896	37684	39255	33552	50391	47051
事 业	62715	75754	71862	46423	56535	35789	79856	81987
机 关	63520	89839	58813	40841	50911	39004	76023	76135
民间非盈利组织	25647	26289	24343					
其他	43826	57931	33753	40319	46646			
在岗职工平均工资（元）	47126	53966	43718	40946	41978	36001	50972	47474
按经济类型分组								
#国有经济	62462	74499	65228	45407	55412	39958	75144	77407
城镇集体经济	35186	30060	42162	38104	29877	31843	23992	38561
其他经济	43379	43707	39013	35660	38946	24762	49063	46821
按企业、事业、机关分组								
#企 业	43928	45454	39764	37729	39144	33911	49501	46728
事 业	63296	77006	72167	46457	57032	36407	80081	82125
机 关	63733	90025	58839	40957	51290	39022	76345	76135
民间非盈利组织	25864	26400	24743					
其他	43860	58132	33753	40319	46646			
其他从业人员平均工资（元）	47666	39355	51427	34014	43611	21380	254795	91078
按经济类型分组								
#国有经济	31257	36426	26430	33537	22603	19527	50098	44750
城镇集体经济	34393	42551	50400	16862	27000	42000		
其他经济	50416	39604	55308	38349	5278	24600	316935	97270
按企业、事业、机关分组								
#企 业	49358	39511	53575	33833	49306	24245	280384	91368
事 业	32159	37304	28763	39911	24555	15398	43636	24000
机 关	29379	39185	29875	28013	19585	36074	41389	
民间非盈利组织	13000	12000	13444					
其他	32000	32000						

5-3 分县区分行业单位从业人员年末人数

（2013年）　　单位：人

项　　目	总 计	惠城区	惠阳区	惠东县	博罗县	龙门县	大亚湾区	仲恺区
合 计	860801	205985	131452	57219	145521	19675	104056	196893
农林牧渔业	927	82	73	71	440	219		42
采矿业	326	147	49	31		99		
制造业	558954	62672	94379	15719	104801	3216	90674	187493
电力、热力、燃气及水的生产和供应业	9467	2698	1394	1273	1718	1135	1035	214
建筑业	28597	18283	4304	1832	2250	690	930	308
批发和零售业	28595	18773	2135	4082	1303	389	301	1612
交通运输、仓储和邮政业	19798	11879	1258	1003	1579	841	2483	755
住宿和餐饮业	8653	4328	508	1950	691	664	401	111
信息传输、软件和信息技术服务业	6712	5207	365	362	377	128	166	107
金融业	24846	18947	1484	1178	2133	748	356	
房地产业	17050	8522	1726	2396	2268	222	1293	623
租赁和商务服务业	8690	4368	793	1095	971	427	576	460
科学研究、技术服务业	4642	2588	394	274	961	179	95	151
水利、环境和公共设施管理业	8021	3265	1384	1068	1294	657	270	83
居民服务、修理和其他服务业	773	194	203	166	189	5	16	
教育	48591	14907	7068	10647	9853	3583	1025	1508
卫生和社会工作	24797	10588	2956	3576	4387	1544	253	1493
文化、体育和娱乐业	4176	1857	880	381	812	246		
公共管理、社会保障和社会组织	57186	16680	10099	10115	9494	4683	4182	1933

5-4　分县区分行业在岗职工年末人数

（2013 年）　　　　单位：人

项　目	总 计	惠城区	惠阳区	惠东县	博罗县	龙门县	大亚湾区	仲恺区
合　计	839131	190219	130263	56732	143696	19134	103576	195511
农林牧渔业	923	82	69	71	440	219		42
采矿业	326	147	49	31		99		
制造业	555880	62363	93837	15585	104100	3201	90306	186488
电力、热力、燃气及水的生产和供应业	9396	2698	1394	1273	1695	1135	1030	171
建筑业	26550	16619	4221	1831	2249	650	880	100
批发和零售业	26598	17030	2084	4021	1161	389	301	1612
交通运输、仓储和邮政业	19490	11637	1254	999	1530	839	2476	755
住宿和餐饮业	8278	3960	508	1950	684	664	401	111
信息传输、软件和信息技术服务业	6712	5207	365	362	377	128	166	107
金融业	13633	8794	1116	1175	1682	510	356	
房地产业	16727	8386	1694	2354	2248	215	1291	539
租赁和商务服务业	8589	4335	787	1064	958	427	572	446
科学研究、技术服务业	4582	2574	394	274	937	179	95	129
水利、环境和公共设施管理业	7959	3237	1384	1039	1294	652	270	83
居民服务、修理和其他服务业	762	183	203	166	189	5	16	
教育	47681	14102	7037	10604	9822	3583	1025	1508
卫生和社会工作	24069	10436	2909	3520	4132	1337	248	1487
文化、体育和娱乐业	4119	1815	868	379	812	245		
公共管理、社会保障和社会组织	56857	16614	10090	10034	9386	4657	4143	1933

5-5 分县区分行业其他从业人员年末人数

（2013 年）　　单位：人

项 目	总 计	惠城区	惠阳区	惠东县	博罗县	龙门县	大亚湾区	仲恺区
合 计	21670	15766	1189	487	1825	541	480	1382
农林牧渔业	4		4					
采矿业								
制造业	3074	309	542	134	701	15	368	1005
电力、热力、燃气及水的生产和供应业	71				23		5	43
建筑业	2047	1664	83	1	1	40	50	208
批发和零售业	1997	1743	51	61	142			
交通运输、仓储和邮政业	308	242	4	4	49	2	7	
住宿和餐饮业	375	368			7			
信息传输、软件和信息技术服务业								
金融业	11213	10153	368	3	451	238		
房地产业	323	136	32	42	20	7	2	84
租赁和商务服务业	101	33	6	31	13		4	14
科学研究、技术服务业	60	14			24			22
水利、环境和公共设施管理业	62	28		29		5		
居民服务、修理和其他服务业	11	11						
教育	910	805	31	43	31			
卫生和社会工作	728	152	47	56	255	207	5	6
文化、体育和娱乐业	57	42	12	2		1		
公共管理、社会保障和社会组织	329	66	9	81	108	26	39	

5-6　分县区分行业单位从业人员工资总额

（2013 年）　　　　单位：万元

项　　目	总 计	惠城区	惠阳区	惠东县	博罗县	龙门县	大亚湾区	仲恺区
合　计	4101428	1092464	568791	231607	649130	70496	554938	934002
农林牧渔业	2721	256	186	144	1222	692		221
采矿业	2345	1860	128	55		302		
制造业	2436324	240443	366134	52583	436525	7062	463037	870539
电力、热力、燃气及水的生产和供应业	64493	20006	10109	6928	10383	6968	9039	1059
建筑业	99092	68274	14142	5170	5555	2283	2606	1062
批发和零售业	122344	84018	9967	12851	4979	1595	1715	7220
交通运输、仓储和邮政业	89290	47187	6681	3669	6956	2645	17223	4930
住宿和餐饮业	27111	12781	1529	7371	1833	1869	1340	388
信息传输、软件和信息技术服务业	51415	43751	1518	1625	2286	687	995	554
金融业	167935	121172	12373	9922	18520	2998	2950	
房地产业	83135	41975	7047	11246	9495	1231	8647	3494
租赁和商务服务业	38558	16852	5089	3709	3084	1177	3203	5445
科学研究、技术服务业	27404	17059	1746	1264	5605	677	533	520
水利、环境和公共设施管理业	38823	20619	5467	3320	5381	2179	1379	479
居民服务、修理和其他服务业	2986	759	576	720	791	10	131	
教育	317905	122074	46313	51621	61756	14211	7918	14013
卫生和社会工作	143700	72592	15374	15680	23370	4888	2103	9692
文化、体育和娱乐业	23495	13171	4796	1436	3092	1000		
公共管理、社会保障和社会组织	362353	147616	59616	42295	48297	18023	32120	14386

5-7 分县区分行业在岗职工工资总额

（2013年） 单位：万元

项 目	总 计	惠城区	惠阳区	惠东县	博罗县	龙门县	大亚湾区	仲恺区
合 计	4000986	1032366	562959	229855	641354	69341	543778	921333
农林牧渔业	2712	256	177	144	1222	692		221
采矿业	2345	1860	128	55		302		
制造业	2401861	236961	362108	51876	431827	7023	452777	859290
电力、热力、燃气及水的生产和供应业	64178	20006	10109	6928	10342	6968	8935	890
建筑业	92143	62612	13956	5168	5553	2115	2396	343
批发和零售业	116584	78836	9844	12699	4676	1595	1715	7220
交通运输、仓储和邮政业	87865	46324	6678	3661	6789	2637	16846	4930
住宿和餐饮业	26886	12573	1529	7371	1816	1869	1340	388
信息传输、软件和信息技术服务业	51415	43751	1518	1625	2286	687	995	554
金融业	124644	80913	11465	9907	16917	2493	2950	
房地产业	81961	41597	6786	11164	9435	1218	8637	3124
租赁和商务服务业	38320	16796	5077	3619	3084	1177	3194	5375
科学研究、技术服务业	27198	17001	1746	1237	5560	677	533	444
水利、环境和公共设施管理业	38674	20543	5467	3259	5381	2167	1379	479
居民服务、修理和其他服务业	2979	752	576	720	791	10	131	
教育	314746	119171	46232	51497	61704	14211	7918	14013
卫生和社会工作	141700	71902	15249	15423	22794	4576	2078	9678
文化、体育和娱乐业	23394	13145	4725	1433	3092	999		
公共管理、社会保障和社会组织	361383	147367	59589	42072	48086	17926	31957	14386

5-8 分县区分行业其他从业人员工资总额

（2013 年） 单位：万元

项 目	总 计	惠城区	惠阳区	惠东县	博罗县	龙门县	大亚湾区	仲恺区
合 计	100441	60098	5832	1752	7776	1155	11160	12669
农林牧渔业	9		9					
采矿业								
制造业	34463	3482	4026	707	4698	40	10261	11250
电力、热力、燃气及水的生产和供应业	315				42		105	169
建筑业	6949	5661	186	2	3	168	210	720
批发和零售业	5760	5183	122	153	303			
交通运输、仓储和邮政业	1426	863	3	8	167	8	378	
住宿和餐饮业	225	208			16			
信息传输、软件和信息技术服务业								
金融业	43291	40259	908	16	1603	504		
房地产业	1174	378	261	82	60	12	10	371
租赁和商务服务业	238	56	13	91			9	70
科学研究、技术服务业	207	58		28	46			76
水利、环境和公共设施管理业	149	75		62		12		
居民服务、修理和其他服务业	7	7						
教育	3159	2902	81	124	51			
卫生和社会工作	2000	691	125	257	576	312	25	14
文化、体育和娱乐业	101	26	71	2		1		
公共管理、社会保障和社会组织	969	249	27	222	211	97	163	

5-9 分县区分行业在岗职工年平均工资

（2013 年） 单位：元

项 目	总 计	惠城区	惠阳区	惠东县	博罗县	龙门县	大亚湾区	仲恺区
合 计	47126	53966	43718	40946	41978	36001	50972	47474
农林牧渔业	29709	32000	30483	20324	27717	31455		51395
采矿业	73959	133777	26122	18233		30535		
制造业	42081	36255	38362	32488	38062	21898	48479	46451
电力、热力、燃气及水的生产和供应业	68325	74734	72418	53660	60906	61285	87509	51445
建筑业	35883	38974	33412	30382	26391	32543	27105	34969
批发和零售业	44347	46962	48542	31628	40171	41326	55129	45180
交通运输、仓储和邮政业	45476	40840	54513	36575	44461	29794	68228	56599
住宿和餐饮业	31913	31710	30098	36820	25765	27126	30176	34643
信息传输、软件和信息技术服务业	77783	84855	48022	44878	60960	53664	59916	51785
金融业	92734	92083	115107	85921	102402	49178	85249	
房地产业	51937	51367	40298	66372	42540	59136	66285	52942
租赁和商务服务业	44688	38925	64342	34137	31955	27948	54687	121878
科学研究、技术服务业	59867	66488	44879	45142	59908	38022	50771	39679
水利、环境和公共设施管理业	50037	63346	44812	32716	42572	33232	50867	57663
居民服务、修理和其他服务业	40038	42727	28657	45834	41831	19200	81875	
教育	67525	84735	76341	49199	62822	38753	77022	92922
卫生和社会工作	60959	71035	61415	44243	55446	34253	80224	66836
文化、体育和娱乐业	56007	69846	55258	37223	37815	40614		
公共管理、社会保障和社会组织	64031	89400	59907	41925	51385	38617	78365	75916

5-10 分县区国有经济单位分行业在岗职工年平均工资

（2013年） 单位：元

项　目	总 计	惠城区	惠阳区	惠东县	博罗县	龙门县	大亚湾区	仲恺区
合 计	62462	74499	65228	45407	55412	39958	75144	77407
农林牧渔业	28674		60667	20324	27863	32647		
采矿业	22385			18233		24979		
制造业	43636	35216	56463	16000	31571	30048		23000
电力、热力、燃气及水的生产和供应业	73501	78048	85358	57676	68963	64162	89212	
建筑业	37879	40079	29658	31508			18759	48905
批发和零售业	59068	57150	70953	110614	39927	52163	102647	
交通运输、仓储和邮政业	49104	47371	40831	44712	50118	30643	88401	76606
住宿和餐饮业	38049	27263	42746			20000		
信息传输、软件和信息技术服务业	51965	95781		44878		53664	59916	72520
金融业	94557	91275	57707	105189	94412	70281	88759	
房地产业	47213	52305	32683			35750	43759	
租赁和商务服务业	46105	66898	67809	34768	27973	27822	57488	
科学研究、技术服务业	59432	65190	45461	45142	58974	38483	53620	37235
水利、环境和公共设施管理业	50313	77151	41889	32290	42572	33232	50867	45568
居民服务、修理和其他服务业	51705	89750		41695	46661			
教育	69619	74538	87877	49493	63131	38753	77022	92922
卫生和社会工作	62491	68572	68726	44261	55712	34253	80224	63112
文化、体育和娱乐业	55909	89400	62479	37223	42517	41487		
公共管理、社会保障和社会组织	64062		60062	41925	51385	38617	78365	75916

5-11 分县区集体经济单位分行业在岗职工年平均工资

（2013 年） 单位：元

项　目	总 计	惠城区	惠阳区	惠东县	博罗县	龙门县	大亚湾区	仲恺区
合 计	35186	30060	42162	38104	29877	31843	23992	38561
农林牧渔业								
采矿业								
制造业	29437	30592	24159	24532	40908	18407	18963	31916
电力、热力、燃气及水的生产和供应业	25087		23155		27210	12000		25214
建筑业	28109	29089	30352	24491	24931	32647		
批发和零售业	48658	29868	67360	30802	20105	19030		
交通运输、仓储和邮政业	61686	73415			29500	22727		
住宿和餐饮业	17024		17200	17364		15667		
信息传输、软件和信息技术服务业								
金融业	80739		146836	62745		37760		
房地产业	35837	36388	34667		37659		30000	
租赁和商务服务业	24863	24023	34528	24264	37061	48706		
科学研究、技术服务业	80372	85778	48750					
水利、环境和公共设施管理业	52036	32051	59308					63636
居民服务、修理和其他服务业	50865	31200	8000			19200	81875	
教育	41553		46258	23721				
卫生和社会工作	54215	48081	42578		49604			78342
文化、体育和娱乐业	20000					20000		
公共管理、社会保障和社会组织	34820		34820					

5-12 分县区其他经济单位分行业在岗职工年平均工资

（2013 年） 单位：元

项　目	总 计	惠城区	惠阳区	惠东县	博罗县	龙门县	大亚湾区	仲恺区
合 计	43379	43707	39013	35660	38946	24762	49063	46821
农林牧渔业	32484	32000	28836		26667	16250		51395
采矿业	90791	133777	26122			35765		
制造业	42227	36396	38522	32657	38061	21982	48546	46623
电力、热力、燃气及水的生产和供应业	60708	64207	47393	41058	30585	21259	84834	56510
建筑业	38119	39288	36157		44877	19200	33816	24518
批发和零售业	42820	46434	38600	28599	43431	23290	41831	45180
交通运输、仓储和邮政业	43181	36976	59330	29316	35284	21417	62608	52097
住宿和餐饮业	31927	31731	29099	36928	25765	27270	30176	34643
信息传输、软件和信息技术服务业	80871	84855	48022		60960			33596
金融业	93657	89276	99720	120839	103860		42038	
房地产业	52685	50174	48470	66372	42727	60582	69139	52942
租赁和商务服务业	58377	47749	39235	74063	38641	25481	53892	121878
科学研究、技术服务业	58614	62619	43105		68301	18000	44824	40744
水利、环境和公共设施管理业	35588	23031	29114	40000				70833
居民服务、修理和其他服务业	34053	27435	28760	54192	39638			
教育	36930	39976	32642	22507	46112			
卫生和社会工作	35159	34801	34080	42000	50091			
文化、体育和娱乐业	56401	71573	47273		32758			
公共管理、社会保障和社会组织								

5-13　分县区分行业社会从业人员年末人数

（2013 年）　　　　　　　　　　　　　　　　　单位：人

项　目	总 计	惠城区	惠阳区	惠东县	博罗县	龙门县	大亚湾区	仲恺区
合 计	2772730	575951	360716	568438	633876	170660	140889	322200
农林牧渔业	518736	65433	36311	136998	160094	92830	6478	20592
采矿业	5643	452	395	897	1274	1878	38	709
制造业	1259392	171371	192689	234172	296126	25038	95579	244418
电力、热力、燃气及水的生产和供应业	17400	4472	1444	3448	3784	2541	1125	586
建筑业	93696	33184	10188	15486	20553	1460	7789	5036
批发和零售业	353344	118451	43238	86929	56423	15095	8628	24580
交通运输、仓储和邮政业	65788	23403	8293	12956	10367	1411	3717	5641
住宿和餐饮业	110723	27672	17315	23482	22638	10656	3242	5718
信息传输、软件和信息技术服务业	16267	8639	2456	1821	1548	499	416	888
金融业	25684	19582	1524	1178	2296	748	356	
房地产业	36209	16909	4811	5422	3338	697	3393	1639
租赁和商务服务业	18953	9837	1582	2461	2213	727	981	1152
科学研究、技术服务业	6133	3914	499	274	974	179	142	151
水利、环境和公共设施管理业	9819	3990	1463	1206	1556	735	375	494
居民服务、修理和其他服务业	61080	15410	10979	8859	15623	4784	1996	3429
教育	64062	19505	9529	12233	14101	4333	1315	3046
卫生和社会工作	28982	11051	4564	3576	5426	1995	589	1781
文化、体育和娱乐业	12375	5210	2421	1475	2195	303	363	408
公共管理、社会保障和社会组织	68444	17466	11015	15565	13347	4751	4367	1933

5-14 分县区按三次产业分社会从业人员年末人数

单位：万人

县 区	2012年				2013年			
	合计	第一产业	第二产业	第三产业	合计	第一产业	第二产业	第三产业
全 市	270.04	52.19	134.15	83.70	277.27	51.87	137.61	87.79
惠城区	56.53	6.63	21.11	28.79	57.59	6.54	20.95	30.10
惠阳区	34.56	3.88	18.92	11.76	36.07	3.63	20.47	11.97
惠东县	54.41	13.11	25.59	15.70	56.84	13.70	25.40	17.74
博罗县	63.68	16.52	31.66	15.49	63.39	16.00	32.19	15.20
龙门县	16.84	9.21	3.00	4.63	17.06	9.28	3.09	4.69
大亚湾区	13.67	0.65	10.14	2.88	14.09	0.65	10.45	2.99
仲恺区	30.35	2.18	23.73	4.43	32.22	2.06	25.07	5.09

5-15 历年主要指标数据

年份	社会从业人员（万人）				年末在岗职工人数（万人）	在岗职工年平均工资（元）	职工平均工资指数(%)
		第一产业	第二产业	第三产业			
1949	38.28						
1952	40.55						
1957	48.56				2.31	532	104.1
1962	53.64				4.31	510	117.2
1965	55.58				5.55	518	98.7
1970	66.80				8.26	546	98.0
1975	75.61				11.43	607	102.5
1978	83.46				16.00	599	95.7
1979	82.49				16.11	597	99.7
1980	85.54				17.13	705	118.1
1981	87.75				17.99	772	109.5
1982	90.73				18.31	849	110.0
1983	93.31				18.27	880	119.6
1984	97.73				18.34	1052	109.3
1985	99.63				19.85	1150	109.3
1986	102.39				19.87	1314	113.8
1987	106.94				21.20	1462	111.4
1988	110.44				22.14	2057	140.7
1989	113.37				23.37	2365	115.0
1990	119.85	62.91	24.79	32.15	23.77	2786	117.8
1991	125.85	63.65	27.26	34.94	28.03	3302	118.5
1992	134.49	62.54	34.56	37.39	30.87	3871	117.4
1993	145.83	62.26	40.60	42.97	34.45	5119	132.0
1994	157.52	61.18	44.22	52.12	38.56	6262	122.3
1995	172.85	64.54	48.80	59.51	43.44	6716	107.3
1996	165.28	66.40	49.42	49.46	44.09	6889	102.6
1997	180.98	67.45	50.86	62.67	44.93	6966	101.1
1998	183.03	68.62	50.97	63.44	42.76	7835	112.5
1999	185.05	69.33	50.79	64.93	42.15	8883	113.4
2000	186.70	69.37	51.90	65.43	42.19	9607	108.2
2001	196.84	69.82	53.44	73.58	42.71	10482	109.1
2002	216.55	76.92	61.37	78.26	47.43	11318	108.0
2003	206.67	69.56	88.38	48.73	50.24	13265	117.2
2004	212.92	68.37	92.24	52.31	53.23	14439	108.8
2005	222.62	69.35	99.22	54.05	64.92	16017	110.9
2006	227.84	67.53	102.70	57.61	66.90	17760	110.9
2007	236.47	64.79	109.13	62.55	75.70	19644	110.6
2008	243.74	63.62	109.37	70.75	72.60	22727	115.7
2009	252.16	62.21	115.75	69.21	76.59	25786	113.5
2010	260.14	55.12	126.99	78.03	78.60	29599	114.8
2011	267.97	52.56	133.12	82.27	83.35	35719	120.7
2012	270.04	52.19	134.15	83.70	87.22	41506	116.2
2013	277.27	51.87	137.61	87.79	83.91	47126	113.5

六、固定资产投资和建筑业

6-1　历年固定资产投资及商品房销售

年 份	固定资产投资（万元）		#国有经济单位投资（万元）	新增固定资产投资（万元）	商品房销售面积（万平方米）	商品房销售额（亿元）
		房地产开发				
1949						
1952	65					
1957	1125					
1962	412					
1965	2444					
1970	1753					
1975	2857					
1978	5991		5412	2281		
1979	5604		5182	1984		
1980	8623		8272	3590		
1981	18535		10324	17445		
1982	27468		14118	22575		
1983	23703		13448	17664		
1984	25799		12930	34637		
1985	40932		17565	36700		
1986	42022		20775	35429		
1987	66330		29885	60744		
1988	94932		36195	79671		
1989	107324		52909	94568		
1990	165399	8900	99271	138344		
1991	223295	19699	135097	164072		
1992	423763	43293	250270	285596		
1993	917831	209362	634949	568072	79.54	11.33
1994	756761	96102	474351	193844		
1995	616145	90969	402492	337770		
1996	631257	48139	435564	417831	17.10	2.33
1997	588301	44477	396904	677075	9.98	2.33
1998	603754	55355	388213	578269	25.07	3.80
1999	665760	66655	446537	551361	26.00	4.29
2000	774104	92069	499766	717371	48.00	8.12
2001	844273	106472	536391	729930	45.48	7.88
2002	1047340	158773	717190	778366	56.36	13.24
2003	2284704	272724	1954087	1042687	86.13	16.70
2004	2976139	295532	2598702	1030306	101.13	22.88
2005	3523708	438917	501163	1513591	149.40	37.97
2006	3087813	690302	549679	5041074	254.71	75.80
2007	4869094	1377564	1428299	1965560	383.18	153.33
2008	5887368	1868314	1662243	2249185	295.90	121.94
2009	7589682	1753332	2247850	5826042	543.81	232.01
2010	8940191	2678611	2199034	5712027	627.30	311.17
2011	10252067	3775399	2163119	6666439	798.23	441.77
2012	12086803	4821683	2102892	4229766	826.72	478.42
2013	14013040	5934706	2588028	7522838	1149.46	672.11

6-2 固定资产投资主要指标

（2013 年）　　单位：万元、万平方米

指标名称	本年完成投资	城　镇	房地产	农　村
投资总额	14013040	12435309	5934706	1577731
建筑工程	9565455	8467270	4409996	1098185
安装工程	1037286	927527	569476	109759
设备工器具购置	1691857	1491104	38231	200753
其他费用	1718442	1549408	917003	169034
本年新增固定资产	7522838	6276724	2242887	1246114
本年资金来源合计	18388450	16801905	10020259	1586545
上年末结余资金	2370583	2363973	2106730	6610
本年资金来源小计	16017867	14437932	7913529	1579935
(1) 国家预算内资金	512802	445191		67611
(2) 国内贷款	2126306	2105916	1401819	20390
(3) 债券	2338	2338		
(4) 利用外资	282349	224049	27508	58300
其中：外商直接投资	191079	143379	27508	47700
(5) 自筹资金	8233360	6957605	2345431	1275755
其中：企、事业单位自有资金	1966544	1750064	1123307	216480
(6) 其他资金来源	4860712	4702833	4138771	157879
各项应付款合计	2704512	2561535	1866134	142977
其中：工程款	1355546	1341940	1070287	13606
本年施工房屋面积（万平方米）	9366.72	8944.35	5810.67	422.37
其中：住宅（万平方米）	4617.68	4599.54	4412.37	18.14
本年竣工房屋面积（万平方米）	1353.42	1146.86	634.77	206.57
其中：住宅（万平方米）	610.66	601.93	506.1	8.74

注：数据尾数不等是四舍五入造成。

6-3 全社会固定资产投资分行业情况表

（2013 年）　　　　单位：万元

指标名称	本年完成投资	城　镇	房地产	农　村
合计	14013040	12435309	5934706	1577731
（一）农、林、牧、渔业	96572	27210		69362
（二）采矿业	18350	2500		15850
（三）制造业	3873992	3106680		767312
（四）电力、燃气及水的生产和供应业	332670	304200		28470
（五）建筑业				
（六）交通运输、仓储和邮政业	1380907	1320853		60054
（七）信息传输、计算机服务和软件业	140684	121300		19384
（八）批发和零售业	177793	113261		64532
（九）住宿和餐饮业	302425	185540		116885
（十）金融业				
（十一）房地产业	6343317	6181318	5934706	161999
（十二）租赁和商务服务业	84026	58571		25455
（十三）科学研究、技术服务和地质勘查业	43526	43016		510
（十四）水利、环境和公共设施管理业	902746	685652		217094
（十五）居民服务和其他服务业	4900	2000		2900
（十六）教育	117667	103817		13850
（十七）卫生、社会保障和社会福利业	108911	108101		810
（十八）文化、体育和娱乐业	57780	46816		10964
（十九）公共管理和社会组织	26774	24474		2300
（二十）国际组织				

注：数据尾数不等是四舍五入造成。

6-4　分县区全社会固定资产主要指标

（2013 年）

指标名称	惠州市	惠城区	惠阳区	惠东县	博罗县	龙门县	大亚湾区	仲恺区
本年完成投资	14013040	4045203	2100687	1941771	1932333	951715	1792846	1248485
城镇	12435309	3996953	1594458	1741801	1448440	618026	1789546	1246085
房地产开发投资	5934706	2316257	834330	818865	804728	380309	632201	148016
其中：住宅	4697816	1805185	679477	626002	660400	294550	516551	115651
农村	1577731	48250	506229	199970	483893	333689	3300	2400
本年新增固定资产	7522838	1537603	1230030	1114337	1468838	662654	979676	529700
内资企业								
国有企业	2588028	1034261	235061	237818	243852	118351	526364	192321
集体企业	230632	61150	44208	45954	58016	8887		12417
股份合作企业	25760	4000	6000	2500	7650		5610	
国有联营企业	34904			34764	140			
集体联营企业								
国有与集体联营企业								
其他联营企业	3489			3489				
国有独资公司	30291							30291
其他有限责任公司	4065329	1321040	380876	578466	768255	685242	92640	238810
股份有限公司	276782	65514	9034	51494	83809	700	16300	49931
私营企业	2458684	836254	598671	321346	100375		539216	62822
个体经营企业	137319	3810	102467	21622	2520	2100		4800
其他企业	502847	5208	45385	93470	323804	13350		21630
港澳台商投资	500080	352381	18587	89266	10145		12305	17396
外商投资	94884	90951	2907				1026	
建筑工程	9565455	2925024	1378694	1311233	1667695	714552	920962	647295
安装工程	1037286	310188	257694	158679	32619	80574	90529	107003
设备工器具购置	1691857	179142	264037	263722	79307	57400	423225	425024
其他费用	1718442	630849	200262	208137	152712	99189	358130	69163
第一产业	96572	14635	5735	8819	35738	25070		6575
第二产业	4225012	309563	948705	425780	689622	238764	775905	836673
第三产业	9691456	3721005	1146247	1243330	1470815	687881	1016941	405237
本年施工房屋面积	9366.72	2164.75	1244.05	1173.94	1236.67	123.25	1249.1	2174.96
其中：住宅	4617.68	1290.13	596.49	720.98	829.25	65.15	904.34	211.33
本年竣工房屋面积	1353.42	342.74	92.98	316.86	358.74	53.52	160.08	28.5
其中：住宅	610.66	110.75	47.68	90.42	231.53	9.35	96.94	23.99

注：数据尾数不等是四舍五入造成。

6-5 分县区新增生产能力表

（2013 年）

指标名称		惠州市	惠城区	惠阳区	惠东县	博罗县	龙门县	大亚湾区	仲恺区
输电线路长度 (110KV 及以上)	（公里）	230.27	16		181		33.27		
水泥	（万吨 / 年）	100			100				
磷肥	（吨 / 年）	2500			2500				
轮胎外胎	（万条 / 年）	29							29
新建公路	（公里）	166.94	0.8	6.57	59.57	62	38		
其中：高速公路	（公里）								
一级公路	（公里）	6.07		6.07					
二级公路	（公里）	7.5		0.5		7			
改建公路	（公里）	307.5				307.5			
新建独立公路桥梁	（延长米）	600			600				
新建独立公路桥梁	（处）	2			2				
新 (扩) 建公路客、货运站	（个）	3			2		1		
新 (扩) 建公路客、货运站	（平方米）	27100			24600		2500		
城市自来水供水能力	（万吨 / 日）	20							20
城市污水处理能力	（万吨 / 日）	4.3				4.3			

注：数据尾数不等是四舍五入造成。

6-6 房地产开发主要指标

项　目	2005 年	2009 年	2010 年	2011 年	2012 年	2013 年
土地开发及购置(平方米)						
本年土地开发面积	444972	851011				
本年土地购置面积	997571	1121073	5756941	4391342	2370372	2222765
本年完成投资额　(万元)	438917	1753332	2678611	3765382	4821683	5934706
# 住宅	287342	1331950	1984720	2908315	3640151	4697816
# 经济适用房屋	300	21905	20513			
资金来源小计　(万元)	494392	2818212	5627146	4954232	6488226	7913529
# 国内贷款	104376	446714	1246799	761245	952497	1401819
利用外资	21182	6806	360	360		27508
自筹资金	196936	768287	1878305	1734298	2237537	2345431
房屋建筑面积（平方米）						
施工面积	4849538	22483353	30730377	39051186	45798658	58106715
# 住宅	3905272	17830929	24025322	30591124	35153731	44123712
# 经济适用房屋	117000	402803	423343			
竣工面积	1337991	5538659	5645880	5026639	5090084	6347747
# 住宅	1100985	4567677	4533723	4056166	4037488	5061002
# 经济适用房屋			28283			
商品房屋销售额　(万元)	379705	2320126	3111736	4408734	4784238	6721088
# 住宅	294171	2122826	2859694	4146618	4457970	6138971
# 经济适用房屋			2232			
商品房屋销售面积(平方米)	1493990	5438101	6272990	7963007	8267214	11494568
# 住宅	1320973	5163883	5937165	7524356	7872877	10927626
# 经济适用房屋			12635			

注：2010 年国家取消本年土地开发面积指标，2011 年取消经济适用房相关指标。

6-7 房地产开发投资情况

（2013 年）

单位：万元

按登记注册类型分组	完成投资额
全市总计	5934706
国有经济控股	349843
内资企业	5339742
国有企业	194138
集体企业	
股份合作企业	5610
联营企业	
国有联营企业	
集体联营企业	
国有与集体联营企业	
其他联营企业	
有限责任公司	2560983
国有独资公司	
其他有限责任公司	2560983
股份有限公司	55736
私营企业	2458684
私营独资企业	138995
私营合伙企业	22786
私营有限责任公司	2257767
私营股份有限公司	39136
其他企业	64591
港澳台商投资企业	500080
与港澳台商合资经营企业	257396
与港澳台商合资合作经营企业	14967
港澳台商独资经营企业	143072
港澳台商投资股份有限公司	84645
其他港澳台投资	
外商投资企业	94884
中外合资经营企业	15484
中外合作经营企业	
外资企业	79400
外商投资股份有限公司	
其他外商投资	

6-8 商品房施工与销售

（2013 年）

指标名称		合计	住 宅	90 平米以下住房	144 平米以上住房	别墅、高档公寓	办公楼	商业营业用 房	其他房屋
房屋施工面积	（平方米）	58106715	44123712	12781933	10099002	5142347	905468	4503682	8573853
其中：新开工面积	（平方米）	14673763	10968032	3644030	1423125	390544	148196	1541265	2016270
房屋竣工面积	（平方米）	6347747	5061002	1557116	1250383	449857	130040	425284	731421
竣工房屋价值	（万元）	1825822	1442244	435408	391190	163069	39339	129583	214656
出租房屋面积	（平方米）	177560	147	147			35047	142366	
商品房销售面积	（平方米）	11494568	10927626	3450269	2356129	1064258	86409	374392	106141
其中：现房销售面积	（平方米）	1818351	1526372	261768	520051	108861	60838	159785	71356
其中：期房销售面积	（平方米）	9676217	9401254	3188501	1836078	955397	25571	214607	34785
商品房销售额	（万元）	6721088	6138971	1910154	1636622	920807	109787	425787	46543
其中：现房销售额	（万元）	946475	722016	122305	248323	79629	80904	122442	21113
其中：期房销售额	（万元）	5774613	5416955	1787849	1388299	841178	28883	303345	25430
待售面积	（平方米）	3247183	2139610	394671	1000142	360261	101771	373447	632355
其中：待售 1–3 年面积	（平方米）	1693546	1032590	159094	580698	185342	59805	211436	389715
其中：待售 3 年以上面积	（平方米）	185026	108172	13974	80357	57879	7663	24921	44270

6-9 分县区商品房销售与待售

（2013年）

指标名称		惠州市	惠城区	惠阳区	惠东县	博罗县	龙门县	大亚湾区	仲恺区
房屋施工与竣工									
施工房屋面积	（平方米）	58106715	18376826	8585025	8964830	8495066	686224	10291405	2707339
住宅	（平方米）	44123712	12861320	5888126	7420323	6965067	571835	8315560	2101481
本年新开工面积	（平方米）	14673763	5094083	1914932	3449737	1960340	228353	1516005	510313
住宅	（平方米）	10968032	3657745	930202	2917435	1633061	166727	1269994	392868
竣工房屋面积	（平方米）	6347747	1635231	571242	1594573	1034304	60663	1167379	284355
住宅	（平方米）	5061002	1067529	467885	1459749	821707	42800	961412	239920
竣工房屋价值	（万元）	1825822	524015	217207	424099	242356	16050	336938	65157
住宅	（万元）	1442244	335250	172564	378491	200913	11339	286501	57186
房屋销售与待售									
商品房销售面积	（平方米）	11494568	3377863	1651707	1608380	1478052	218107	2744409	416050
住宅	（平方米）	10927626	3120507	1587644	1560109	1377240	217019	2682528	382579
商品房销售额	（万元）	6721088	2388584	1003528	1054294	594483	136449	1279589	264161
住宅	（万元）	6138971	2139088	928451	1006955	513968	135859	1220838	193812
商品房待售面积	（平方米）	3247183	1196170	516792	191364	542614	1463	690902	107878
住宅	（平方米）	2139610	513456	383566	146689	427221	888	591052	76738

6–10 建筑业企业生产情况

（2013 年）

指标名称		总 计	国有及国有控股
企业个数（个）	**（个）**	**121**	**25**
一、建筑业合同情况			
签订的合同额	（千元）	23133707	13958148
1. 上年结转合同额	（千元）	10337563	6297901
2. 本年新签合同额	（千元）	12796144	7660247
二、承包工程完成情况			
1. 直接从建设单位承揽工程完成的产值	（千元）	10266080	5100008
（1）自行完成施工产值	（千元）	10235028	5100008
（2）分包出去工程的产值	（千元）	31052	
2. 从建设单位以外承揽工程完成的产值	（千元）	58502	
三、建筑业总产值	**（千元）**	**10293530**	**5100008**
其中：装饰装修产值	（千元）	449655	50758
在外省完成的产值	（千元）	165241	
按构成分：1. 建筑工程产值	（千元）	9320317	4798460
2. 安装工程产值	（千元）	508784	22271
3. 其他产值	（千元）	464429	279277
四、竣工产值	（千元）	**7998862**	**3959434**
五、房屋建筑施工面积	（平方米）	**14109163**	**7524815**
其中：本年新开工面积	（平方米）	4806617	1675532
其中：实行投标承包面积	（平方米）	4553789	3020145
本年新开工	（平方米）	1398667	1029694
六、劳动人员情况			
直接从事生产经营活动的平均人数	（人）	31031	13823
年末从业人数	（人）	36134	15581
其中：工程技术人员	（人）	5901	2747
其中：一级建造师	（人）	383	176

注：数据尾数不等是四舍五入造成。

6-11 分县区建筑业企业生产情况

（2013年）

指标名称		惠州市	惠城区	惠阳区	惠东县	博罗县	龙门县	大亚湾区	仲恺区
企业个数（个）	**（个）**	121	78	10	5	12	6	7	3
一、建筑业合同情况									
签订的合同额	（千元）	23133707	19753883	488064	1010872	1106257	185420	468594	120617
1. 上年结转合同额	（千元）	10337563	8877703	223915	467510	403469	41020	292095	31851
2. 本年新签合同额	（千元）	12796144	10876180	264149	543362	702788	144400	176499	88766
二、承包工程完成情况									
1. 直接从建设单位承揽工程完成的产值	（千元）	10266080	8439147	329382	413715	550029	171093	253106	109608
（1）自行完成施工产值	（千元）	10235028	8408095	329382	413715	550029	171093	253106	109608
（2）分包出去工程的产值	（千元）	31052	31052						
2. 从建设单位以外承揽工程完成的产值	（千元）	58502	58502						
三、建筑业总产值	**（千元）**	10293530	8466597	329382	413715	550029	171093	253106	109608
其中：装饰装修产值	（千元）	449655	433535	849	616	9531		5124	
在外省完成的产值	（千元）	165241	165241						
按构成分：1. 建筑工程产值	（千元）	9320317	7641075	267144	413715	516774	171093	251906	58610
2. 安装工程产值	（千元）	508784	461091			20942		1200	25551
3. 其他产值	（千元）	464429	364431	62238		12313			25447
四、竣工产值	（千元）	7998862	6410575	307881	366947	467696	105820	254335	85608
五、房屋建筑施工面积	**（平方米）**	14109163	11942115	384009	689833	725313	192287	82304	93302
其中：本年新开工面积	（平方米）	4806617	3828347	179093	255671	429117	34903	27524	51962
其中：实行投标承包面积	（平方米）	4553789	4489153	4365	4000	6450			49821
本年新开工	（平方米）	1398667	1367866		4000	6450			20351
六、劳动人员情况									
直接从事生产经营活动的平均人数	（人）	31031	22850	2779	1665	2264	355	937	181
年末从业人数	（人）	36134	25902	3820	1817	2576	685	951	383
其中：工程技术人员	（人）	5901	4009	806	298	430	98	173	87
其中：一级建造师	（人）	383	261	17	15	12		64	14

6-12 按行业分建筑业企业生产情况

（2013 年）

指标名称		惠州市	惠城区	惠阳区	惠东县	博罗县	龙门县	大亚湾区	仲恺区
企业个数（个）	**（个）**	**121**	**78**	**10**	**5**	**12**	**6**	**7**	**3**
一、建筑业合同情况									
签订的合同额	（千元）	23133707	19753883	488064	1010872	1106257	185420	468594	120617
1. 上年结转合同额	（千元）	10337563	8877703	223915	467510	403469	41020	292095	31851
2. 本年新签合同额	（千元）	12796144	10876180	264149	543362	702788	144400	176499	88766
二、承包工程完成情况									
1. 直接从建设单位承揽工程完成的产值	（千元）	10266080	8439147	329382	413715	550029	171093	253106	109608
（1）自行完成施工产值	（千元）	10235028	8408095	329382	413715	550029	171093	253106	109608
（2）分包出去工程的产值	（千元）	31052	31052						
2. 从建设单位以外承揽工程完成的产值	（千元）	58502	58502						
三、建筑业总产值	**（千元）**	**10293530**	**8466597**	**329382**	**413715**	**550029**	**171093**	**253106**	**109608**
其中：装饰装修产值	（千元）	449655	433535	849	616	9531		5124	
在外省完成的产值	（千元）	165241	165241						
按构成分：1. 建筑工程产值	（千元）	9320317	7641075	267144	413715	516774	171093	251906	58610
2. 安装工程产值	（千元）	508784	461091			20942		1200	25551
3. 其他产值	（千元）	464429	364431	62238		12313			25447
四、竣工产值	**（千元）**	**7998862**	**6410575**	**307881**	**366947**	**467696**	**105820**	**254335**	**85608**
五、房屋建筑施工面积	**（平方米）**	**14109163**	**11942115**	**384009**	**689833**	**725313**	**192287**	**82304**	**93302**
其中：本年新开工面积	（平方米）	4806617	3828347	179093	255671	429117	34903	27524	51962
其中：实行投标承包面积	（平方米）	4553789	4489153	4365	4000	6450			49821
本年新开工	（平方米）	1398667	1367866		4000	6450			20351
六、劳动人员情况									
直接从事生产经营活动的平均人数	（人）	31031	22850	2779	1665	2264	355	937	181
年末从业人数	（人）	36134	25902	3820	1817	2576	685	951	383
其中：工程技术人员	（人）	5901	4009	806	298	430	98	173	87
其中：一级建造师	（人）	383	261	17	15	12		64	14

6-13 建筑业企业财务状况主要指标

（2013 年）　　单位：千元

指标名称	营业税金及附加	主营业务税金及附加	管理费中税金	应付职工薪酬	营业利润	利润总额
一、按登记注册类型分组						
国有企业	151570	150906	4419	433704	49504	48775
集体企业	47125	47104	337	149230	32453	32583
联营企业			2	3569	-373	-384
集体联营企业			2	3569	-373	-384
有限责任公司	77770	77619	5111	221119	154218	156973
国有独资公司	22866	22719	625	56349	-2993	909
其他有限责任公司	54904	54900	4486	164770	157211	156064
股份有限公司	20311	20268	584	75290	4425	4346
私营企业	81184	80748	1804	322190	119566	119124
私营有限责任公司	81043	80607	1804	321696	119473	119031
私营股份有限公司	141	141		494	93	93
二、按行业分组						
房屋建筑业	291971	290960	5636	960162	288954	288615
土木工程建筑业	63518	63264	2098	142615	6016	8960
建筑安装业	14122	14075	1938	79949	57762	57617
建筑装饰和其他建筑业	8349	8346	2585	22376	7061	6225
三、按资质等级分组						
施工总承包	351293	350055	7854	1092989	322397	324892
一级	108892	108482	2178	360836	-4486	-927
二级	150187	149960	2947	487072	239373	238763
三级及以下	92214	91613	2729	245081	87510	87056
专业承包	26667	26590	4403	112113	37396	36525
一级	8837	8794	448	17542	14304	13554
二级	5734	5734	112	24038	5390	5160
三级及以下	12096	12062	3843	70533	17702	17811
四、按控股情况分组						
国有控股	176002	175148	5459	490396	51840	54934
集体控股	70896	70871	1677	274083	83717	83522
私人控股	129897	129461	2582	432033	222153	220878
其他	1165	1165	2539	8590	2083	2083

6-14 分县区建筑业企业总产值

单位：万元

年份	总计	市直	惠城区	惠阳区	惠东县	博罗县	龙门县	大亚湾区	仲恺区
1994	167950	65902	29804	21450	15371	17829	8692	8902	
1995	123588	57735	10926	14110	12621	16644	8162	3390	
1996	131278	68933	10776	14678	8681	19856	5045	3309	
1997	145740	71010	18202	19775	3331	15278	12908	5236	
1998	148230	69784	17201	20846	9243	19484	8671	3001	
1999	191716	93992	21344	33175	10418	18002	11481	3304	
2000	203459	89363	24366	46706	9747	24929	6629	1719	
2001	267712	116755	29900	56135	17444	31880	7362	8236	
2002	354818	163574	50238	79902	8948	32726	6993	12437	
2003	372950		272215	30657	17126	34137	7718	11097	
2004	313107		221653	32468	13723	35160	3415	6688	
2005	469374		347993	46479	24002	31595	9758	9547	
2006	497006		377509	59787	15135	27136	7737	9702	
2007	542325		414419	61037	18544	27849	7129	13347	
2008	523519		400274	42921	30444	27299	6586	15995	
2009	528602		410626	29689	31724	34857	6173	15533	
2010	698302		542363	43273	37014	39430	8356	18355	9511
2011	869329		709550	31969	32922	51573	9527	21240	12548
2012	937412		768692	29636	30615	50859	16482	30169	10959
2013	1029353		846659	32938	41372	55003	17109	25311	10961

注：1：2003 年和 2010 年区域调整。2：2008 年为快报数。

6-15　历年建筑业企业主要指标

单位：万元

年份	建筑业企业总产值（亿元）	建筑业企业增加值（亿元）
1952	0.04	
1957	0.25	
1962	0.21	
1965	0.37	
1970	0.50	
1975	0.84	
1978	1.03	
1979	1.08	
1980	1.29	
1981	1.62	
1982	2.30	
1983	1.99	
1984	2.08	
1985	2.89	
1986	2.81	
1987	4.95	1.38
1988	8.15	2.30
1989	8.24	2.23
1990	13.19	4.88
1991	19.13	6.86
1992	30.84	10.0
1993	21.98	16.68
1994	16.80	12.63
1995	12.36	11.97
1996	13.13	13.42
1997	14.57	11.52
1998	14.82	11.06
1999	19.17	11.83
2000	20.35	12.64
2001	26.77	14.03
2002	35.48	15.57
2003	37.30	26.07
2004	31.31	30.64
2005	46.94	35.52
2006	49.70	35.67
2007	54.23	39.78
2008	52.35	44.43
2009	52.86	50.65
2010	69.83	58.75
2011	86.93	75.46
2012	93.74	80.83
2013	102.94	85.89

注：1. 建筑业企业总产值数据，1992 年数据为全民和集体所有制数据；1993 年至 1995 年数据为各种经济成分的建制镇以上建筑业企业数据；1996 年至 2001 年数据为资质等级（旧资质）四级及四级以上建筑业企业数据；2002 年及以后为具有资质等级的施工总承包、专业承包建筑业企业（不含劳务分包建筑业企业）数据。

2. 建筑业增加值由省统计局反馈，与建筑业总产值数据不可比。自 2002 年起，建筑业增加值核算口径有所调整，从 2004 年开始，按新核算方法核算。

3.2008 年建筑业企业总产值数据为快报数，2013 年建筑业企业增加值为快报数。

七、能 源

7-1 能源消费情况

指标	全市能源消费总量（万吨标准煤）	其中：全社会用电量（亿千瓦时）	单位GDP能耗		单位GDP电耗（千瓦时/万元）	规上工业综合能源消费量（万吨标准煤）	规上工业增加值能耗（吨标准煤/万元）
			指标值（吨标准煤/万元）	增长（%）			
2005年	688.48	105.22	0.856		1308.9	193.07	0.610
2006年	915.89	123.17	0.976	13.94	1312.2	495.8	1.200
2007年	1121.12	145.59	1.016	4.13	1319.5	650.13	1.360
2008年	1177.33	153.57	0.956	–5.89	1247.3	648.23	1.209
2009年	1319.51	165.83	0.947	–0.95	1189.9	767.64	1.217
2010年	1466.16	192.46	0.892	–5.82	1170.9	914.74	1.012
2011年	1613.52	209.66	0.814	–3.97	1057.6	1098.5	1.207
2012年	1745.59	227.36	0.781	–3.91	1018.7	1279.25	1.073
2013年	1896.92	248.44	0.748	–4.35	979.8	1236.65	0.878

注：1、能源消费总量为等价值，规上工业综合能源消费量为当量值。
2、规上工业综合能源消费量根据当年度规上工业企业汇总。
3、能耗下降率按指数法计算。

7-2　分县区单位 GDP 能耗

单位：吨标准煤 / 万元

县（区）	2005 年	2006 年	2007 年	2008 年	2009 年	2010 年	2011 年	2012 年	2013 年
惠州市	0.856	0.976	1.016	0.956	0.947	0.892	0.814	0.782	0.748
惠城区	0.638	0.620	0.602	0.581	0.564	0.618	0.577	0.557	0.537
惠阳区	1.191	1.150	1.114	1.078	1.021	0.988	0.900	0.867	0.830
惠东县	0.696	0.689	0.664	0.645	0.602	0.585	0.627	0.589	0.562
博罗县	1.188	1.165	1.129	1.129	1.035	1.003	0.963	0.931	0.894
龙门县	1.336	1.369	2.120	2.039	1.930	1.799	1.642	1.563	1.502
大亚湾区	1.056	3.821	3.442	3.102	3.041	2.853	2.216	2.121	2.028
仲恺区	—	—	—	—	—	0.516	0.564	0.53	0.512

注：2010 年惠城区、仲恺高新区区域调整，表中“—”表示仲恺高新区数据包含在惠城区内，下同。

7-3　分县区单位 GDP 能耗增长

单位：%

县（区）	2006 年	2007 年	2008 年	2009 年	2010 年	2011 年	2012 年	2013 年
惠州市	13.94	4.13	−5.89	−0.95	−5.82	−3.97	−3.91	−4.35
惠城区	−2.81	−2.90	−3.51	−2.96	−2.76	−3.43	−3.48	−3.50
惠阳区	−3.40	−3.14	−3.30	−5.31	−3.21	−3.67	−3.68	−4.00
惠东县	−1.01	−3.66	−2.80	6.73	−2.78	2.56	−5.94	−4.69
博罗县	−3.17	−3.14	−3.10	−5.29	−3.15	−3.67	−3.72	−3.99
龙门县	2.44	54.90	−3.80	−5.71	−6.82	−3.91	−4.09	−3.90
大亚湾区	261.71	−7.89	−9.90	−1.95	−6.19	−4.11	−4.52	−4.52
仲恺区	—	—	—	—	−2.77	−4.11	−3.43	−3.76

7-4 分县区规模以上工业单位增加值能耗

单位：吨标准煤 / 万元

县（区）	2005 年	2006 年	2007 年	2008 年	2009 年	2010 年	2011 年	2012 年	2013 年
惠州市	0.610	1.200	1.360	1.209	1.217	1.012	1.207	1.073	0.878
惠城区	0.488	0.177	0.178	0.151	0.132	0.132	0.139	0.125	0.113
惠阳区	1.103	0.431	0.409	0.344	0.201	0.185	0.181	0.167	0.161
惠东县	1.569	0.696	0.625	0.553	0.383	0.320	3.625	2.647	1.843
博罗县	1.720	0.735	0.753	0.703	0.533	0.411	0.332	0.275	0.234
龙门县	10.059	7.851	10.146	8.685	7.786	6.677	3.871	2.994	2.488
大亚湾区	2.117	4.726	4.414	3.923	3.981	3.049	2.252	2.173	1.866
仲恺区	—	—	—	—	—	0.150	0.124	0.104	0.081

注：规模以上工业综合能源消费量为当量值。

7-5 分县区单位 GDP 电耗

单位：千瓦时 / 万元

县（区）	2005 年	2006 年	2007 年	2008 年	2009 年	2010 年	2011 年	2012 年	2013 年
惠州市	1308.9	1312.2	1319.5	1247.3	1189.9	1170.9	1057.6	1018.7	979.8
惠城区	1099.5	1097.0	1105.3	1016.7	828.0	953.8	950.4	911.0	854.9
惠阳区	2241.9	2172.4	2152.3	1989.6	1617.9	1590.2	1476.6	1512.2	1462.6
惠东县	874.6	918.4	956.3	845.8	777.9	782.8	736.3	707.4	647.4
博罗县	1659.0	1681.8	1769.7	1628.1	1375.6	1399.1	1282.1	1174.1	1086.3
龙门县	1414.8	1717.2	2137.3	2160.1	1927.6	1658.3	1424.9	1339.4	1577.1
大亚湾区	1519.8	1100.0	870.5	1004.6	1177.4	1151.4	832.4	819.3	813.2
仲恺区	—	—	—	—	—	—	962.7	854.9	756.2

7-6　规模以上工业企业能源购进、消费与库存情况

（2013 年）

能源名称		年初库存量	购进量	消费量				年末库存量
				合计	工业生产消费	用于原材料	非工业生产消费	
原煤	（吨）	390817	6856019	6807388	6787362	28994	20026	439449
煤制品	（吨）		3381	3381	3381			
焦炭	（吨）	110	3942	3558	3558			494
天然气（气态）	（万立方米）		11879	11879	11830		49	
液化天然气（液态）	（吨）	10	1231564	1231555	1231311		243	19
原油	（吨）	513029	12302488	12251563	12251563			563954
汽油	（吨）	6	13940	13933	1270	46	12664	12
煤油	（吨）	46	1114	1114	999		115	46
柴油	（吨）	4030	44240	45373	29651	193	15722	2897
燃料油	（吨）	11059	69406	1111698	1111416		282	11734
液化石油气	（吨）	37	15695	15644	12666	14	2978	88
石脑油	（吨）	83683	1919305	1859853	1859853	1859853		143134
润滑油	（吨）		34	34	34			
石蜡	（吨）		4	4	4			
其它石油制品	（吨）	109309	3298657	3362856	3362856	284785		45110
热力	（百万千焦）		6704723	39125473	39125473			
电力	（万千瓦时）		1097127	1297283	1227834		69449	
煤矸石用于燃料	（吨）		29000	8285	8285			
生物质废料用于燃料	（吨）		39779	39763	39577		185	17
其它工业废料用于燃料	（吨）		286	286	286			
其他燃料	（吨标准煤）		7825	7819	7678	129	141	6
能源合计	（吨标准煤）			37057604	36908385		149219	

7-7 规模以上工业企业能源加工转换情况

（2013 年）

能源名称		工业生产消费量	加工转换投入合计	火力发电	供热	炼油及煤制油	能源加工转换产出
原煤	（吨）	5406416	5406416	5142652	263764		
天然气（气态）	（万立方米）	10263	10263	10263			
液化天然气（液态）	（吨）	1230470	667579	583736	83843		
原油	（吨）	12251563	12251563			12251563	
汽油	（吨）						1056033
煤油	（吨）						1478805
柴油	（吨）	510	510	13	497		4599281
燃料油	（吨）	1092079	1089008	180350	908658		43227
液化石油气	（吨）						506331
石脑油	（吨）	1859853					1055363
石油焦	（吨）						1027857
其它石油制品	（吨）	3330839	3046993			3046993	4885575
热力	（百万千焦）	35873857					39045396
电力	（万千瓦时）	339290					1874903
能源合计	（吨标准煤）	34496643	28675693	5273902	1633418	21768373	24541898

7-8 规模以上工业能源消费合计

（2013 年）　　单位：个、吨标准煤

指标	企业单位数	消费量合计	工业生产消费	非工业生产消费
全部工业企业	**1458**	**37057604**	**36908385**	**149219**
一、按工业行业门类分				
（一）轻工业	721	476543	427710	48833
（二）重工业	737	36581061	36480675	100386
（三）采矿业	19	5068	4949	120
黑色金属矿采选业	1	1514	1514	
有色金属矿采选业	2	1611	1526	85
非金属矿采选业	16	1943	1909	35
（四）制造业	1413	31823900	31692260	131639
农副食品加工业	27	23454	21873	1582
食品制造业	9	8927	8588	338
酒、饮料和精制茶制造业	6	11438	11017	422
纺织业	34	45501	43907	1593
纺织服装、服饰业	74	44474	38876	5599
皮革、毛皮、羽毛及其制品和制鞋业	128	36736	32396	4341
木材加工和木、竹、藤、棕、草制品业	21	12734	10534	2200
家具制造业	44	18084	14700	3385
造纸和纸制品业	24	47497	46410	1088
印刷和记录媒介复制业	22	15733	14196	1537
文教、工美、体育和娱乐用品制造业	61	32830	29861	2969
石油加工、炼焦和核燃料加工业	3	23238618	23237881	737
化学原料和化学制品制造业	93	6320904	6311922	8982
医药制造业	9	15448	14999	449
化学纤维制造业	1	2773	2689	85
橡胶和塑料制品业	136	166793	155054	11740
非金属矿物制品业	57	982378	975651	6727
黑色金属冶炼和压延加工业	11	52353	50222	2131
有色金属冶炼和压延加工业	13	12442	11228	1214
金属制品业	71	65836	59006	6830
通用设备制造业	32	15378	13488	1889
专用设备制造业	25	11376	9825	1551
汽车制造业	22	59544	57345	2199
铁路、船舶、航空航天和其他运输设备制造业	12	5292	4862	430
电气机械和器材制造业	112	68076	57501	10575
计算机、通信和其他电子设备制造业	331	497147	447858	49288
仪器仪表制造业	12	3243	2708	535
其他制造业	9	2944	2493	451
废弃资源综合利用业	14	5946	5171	775
（五）电力、热力、燃气及水生产和供应业	26	5228636	5211176	17460
电力、热力生产和供应业	13	5211666	5195499	16166
燃气生产和供应业	2	234	57	177
水的生产和供应业	11	16736	15620	1116

7-8 续表 （2013 年） 单位：个、吨标准煤

指标	企业单位数	消费量合计	工业生产消　费	非工业生产消　费
二、分部门				
石油石化	3	23238618	23237881	737
冶金	15	62443	60168	2276
有色	15	14053	12754	1299
建材	90	992898	984712	8186
化工	105	6374729	6364422	10308
轻工	572	389261	352537	36724
纺织	109	92748	85472	7277
医药	10	16313	15752	562
机械	140	126094	114820	11274
电子	331	497147	447858	49288
电力	10	5181237	5165071	16166
其他	58	72062	66940	5122
三、特殊分组				
高耗能行业	190	35818360	35782403	35957
电子行业	331	497147	447858	49288
石化行业	120	29617360	29605811	11550
四、分能源消费量（吨标准煤）				
5000 吨以下	1388	867180	763650	103530
5000 吨以上	70	36190424	36144735	45689
1 万以上	34	35937084	35905679	31405
5 万以上	15	35540460	35514925	25535
10 万以上	10	35004811	34987661	17150
15 万以上	8	33661417	33645328	16089
五、分地区				
惠城区	183	160823	139303	21520
惠阳区	270	246933	211867	35066
惠东县	188	3028934	3003788	25146
博罗县	353	526000	504509	21491
龙门县	55	813743	811945	1798
大亚湾区	97	31880129	31867578	12551
仲恺高新区	312	401042	369395	31647
六、按企业登记注册类型分				
国有企业	24	25404130	25401255	2875
集体企业	14	6746	5692	1054
股份合作企业	4	20141	20016	125
股份制企业	449	3992758	3948853	43905
外商及港澳台商投资企业	875	7574767	7478335	96432
其他经济类型企业	92	59062	54234	4828

7-9 规模以上工业企业分品种能源消费量

（2013 年）

指　　标	原煤（吨）	煤制品（吨）	焦炭（吨）	天然气（气态）（万立方米）	液化天然气（液态）（吨）	原油（吨）	汽油（吨）
全部工业企业	**6807388**	**3381**	**3558**	**11879**	**1231555**	**12251563**	**13933**
一、按工业行业门类分							
（一）轻工业	151911	3381		347	720		5665
（二）重工业	6655477		3558	11532	1230835	12251563	8269
（三）采矿业							60
黑色金属矿采选业							
有色金属矿采选业							
非金属矿采选业							60
（四）制造业	1446005	3381	3558	1615	691918	12251563	13504
农副食品加工业	7671						122
食品制造业	620			285			89
酒、饮料和精制茶制造业							34
纺织业	38292						183
纺织服装、服饰业	28177						473
皮革、毛皮、羽毛及其制品和制鞋业	2776						544
木材加工和木、竹、藤、棕、草制品业							74
家具制造业	714						430
造纸和纸制品业	52856						66
印刷和记录媒介复制业	2792	3381					296
文教、工美、体育和娱乐用品制造业	89			33	663		211
石油加工、炼焦和核燃料加工业					690833	12251563	
化学原料和化学制品制造业	122591			78			1209
医药制造业	11331						84
化学纤维制造业	2025						
橡胶和塑料制品业	62610			566	19		1042
非金属矿物制品业	1105625						414
黑色金属冶炼和压延加工业	1760		3448				45
有色金属冶炼和压延加工业	153		110	304			170
金属制品业	1650			295	230		763
通用设备制造业				24			432
专用设备制造业							238
汽车制造业				19			278
铁路、船舶、航空航天和其他运输设备制造业							29
电气机械和器材制造业					1		1267
计算机、通信和其他电子设备制造业	4273			11	169		4603
仪器仪表制造业							122
其他制造业					2		44
废弃资源综合利用业							239
（五）电力、热力、燃气及水生产和供应业	5361383			10263	539637		370
电力、热力生产和供应业	5361383			10263	539637		156
燃气生产和供应业							77
水的生产和供应业							137

7-9 续表 1 （2013 年）

指　　标	原煤（吨）	煤制品（吨）	焦炭（吨）	天然气（气态）（万立方米）	液化天然气（液态）（吨）	原油（吨）	汽油（吨）
二、分部门							
石油石化					690833	12251563	
冶金	1760		3448	186			81
有色	153		110	304			170
建材	1107275						755
化工	162943			644			1414
轻工	89776	3381		318	686		3705
纺织	68494						655
医药	11331						111
机械				127	230		1646
电子	4273			11	169		4603
电力	5319789			10263	539637		156
其他	41594			25			637
三、特殊分组							
高耗能行业	6591512		3558	10645	1230470	12251563	1995
电子行业	4273			11	169		4603
石化行业	164043			644	690833	12251563	1495
四、分能源消费量（吨标准煤）							
5000 吨以下	120171	3381	3558	525	1085		12828
5000 吨以上	6687217			11353	1230470	12251563	1105
1 万以上	6610959			10849	1230470	12251563	332
5 万以上	6451735			10263	1230470	12251563	97
10 万以上	6255485				1230470	12251563	
15 万以上	6118979				1230470	12251563	
五、分地区							
全国	6807388	3381	3558	11879	1231555	12251563	13933
惠城区	25160		3143	186			2614
惠阳区	22009	3381	110	84	254		2578
惠东县	3690964				663		1208
博罗县	346350			304			2829
龙门县	951043						281
大亚湾区	1767210			131	1230470	12251563	763
仲恺区	4652		305	11174	167		3662
六、按企业登记注册类型分							
国有企业	1664641			7	1230470	12251563	274
集体企业					34		149
股份合作企业	23497						12
股份制企业	4670802		3253	363	1		3751
外商及港澳台商投资企业	432326	3381	305	11485	1049		9193
其他经济类型企业	16122			25			555

7-9 续表 2

（2013 年）

指　　标	煤油（吨）	柴油（吨）	燃料油（吨）	液化石油气（吨）	石脑油（吨）	润滑油（吨）	石蜡（吨）
全部工业企业	**1114**	**45373**	**1111698**	**15644**	**1859853**	**34**	**4**
一、按工业行业门类分							
（一）轻工业	14	14274	3985	6469			
（二）重工业	1100	31099	1107713	9175	1859853	34	4
（三）采矿业		1939					
黑色金属矿采选业		550					
有色金属矿采选业		510					
非金属矿采选业		879					
（四）制造业	1114	43258	1111296	15641	1859853	34	4
农副食品加工业		1257		97			
食品制造业		67		258			
酒、饮料和精制茶制造业		192	363	14			
纺织业		147		13			
纺织服装、服饰业		1002	37	15			
皮革、毛皮、羽毛及其制品和制鞋业		1696	1634	16			
木材加工和木、竹、藤、棕、草制品业		649					4
家具制造业		507		233			
造纸和纸制品业		470	12	12			
印刷和记录媒介复制业		335		896			
文教、工美、体育和娱乐用品制造业		992		737			
石油加工、炼焦和核燃料加工业			3071				
化学原料和化学制品制造业	467	6998	1089435	425	1859853		
医药制造业		383	54				
化学纤维制造业		55					
橡胶和塑料制品业		2918	1334	757			
非金属矿物制品业	240	4414	1	85			
黑色金属冶炼和压延加工业		128	8490	87			
有色金属冶炼和压延加工业	45	1210	971	116			
金属制品业		2229	32	4372			
通用设备制造业	193	253		837		34	
专用设备制造业		288		46			
汽车制造业		307		1512			
铁路、船舶、航空航天和其他运输设备制造业		203	123	354			
电气机械和器材制造业	2	3251	352	2735			
计算机、通信和其他电子设备制造业	155	12912	5357	2022			
仪器仪表制造业		101					
其他制造业	12	60					
废弃资源综合利用业		234	32				
（五）电力、热力、燃气及水生产和供应业		176	402	3			
电力、热力生产和供应业		127	402				
燃气生产和供应业		9					
水的生产和供应业		40		3			

7-9 续表 3 （2013 年）

指　　标	煤油（吨）	柴油（吨）	燃料油（吨）	液化石油气（吨）	石脑油（吨）	润滑油（吨）	石蜡（吨）
二、分部门							
石油石化			3071				
冶金		678	8490	87			
有色	45	1720	971	116			
建材	240	5866	1	268			
化工	467	7216	1089331	446	1859853		
轻工	14	12154	3915	6081			
纺织		1204	37	28			
医药		413	54				
机械	193	2064	6	6479		34	
电子	155	12912	5357	2022			
电力		127	402				
其他		1020	64	115			4
三、特殊分组							
高耗能行业	752	12877	1102370	713	1859853		
电子行业	155	12912	5357	2022			
石化行业	467	7641	1092506	446	1859853		
四、分能源消费量（吨标准煤）							
5000 吨以下	843	31268	5842	11083		34	4
5000 吨以上	271	14106	1105857	4560	1859853		
1 万以上	271	6476	1105857	552	1859853		
5 万以上		1603	1092079	40	1859853		
10 万以上		993	1092079		1859853		
15 万以上		767	1089008		1859853		
五、分地区							
惠城区	13	4875	1986	3452			
惠阳区	57	8633	1603	3788			
惠东县		3357	8	2294			
博罗县	200	14043	6337	617			4
龙门县	240	1931	690	11			
大亚湾区	271	6435	1100633	965	1859853		
仲恺高新区	333	6099	441	4516		34	
六、按企业登记注册类型分							
国有企业		981	3473	46			
集体企业		386		5			
股份合作企业		6					
股份制企业	285	9940	343	574			4
外商及港澳台商投资企业	829	32190	1107882	14400	1859853	34	
其他经济类型企业		1870		620			

7-9　续表4　　（2013年）

指　　标	其它石油制品（吨）	热　力（百万千焦）	电　力（万千瓦时）	煤矸石用于燃料（吨）	生物质废料用于燃料（吨）	其它工业废料用于燃料（吨）	其他燃料（吨标准煤）
全部工业企业	**3362856**	**39125473**	**1297283**	**8285**	**39763**	**286**	**7819**
一、按工业行业门类分							
（一）轻工业		320975	230117		35328		1921
（二）重工业	3362856	38804498	1067166	8285	4435	286	5898
（三）采矿业			1753				
黑色金属矿采选业			580				
有色金属矿采选业			706				
非金属矿采选业			467				
（四）制造业	3362856	39125473	1187811	8285	39763	286	7819
农副食品加工业			5717		13799		1738
食品制造业			3025		577		
酒、饮料和精制茶制造业		117205	5346				
纺织业			12955		3443		
纺织服装、服饰业			16215		4003		183
皮革、毛皮、羽毛及其制品和制鞋业			23324		279		
木材加工和木、竹、藤、棕、草制品业			9059		1080		
家具制造业			12527		605		
造纸和纸制品业			6834				
印刷和记录媒介复制业			7722				
文教、工美、体育和娱乐用品制造业		203770	15865		3378		
石油加工、炼焦和核燃料加工业	3046993	3453107	109174				
化学原料和化学制品制造业	314924	35098674	190691		1300		
医药制造业			3213		5296		
化学纤维制造业			666		856		
橡胶和塑料制品业	939	252717	76941		2055		
非金属矿物制品业			124834	8285			5881
黑色金属冶炼和压延加工业			28339				
有色金属冶炼和压延加工业			3575			286	
金属制品业			39395				
通用设备制造业			9983				17
专用设备制造业			8566				
汽车制造业			45434				
铁路、船舶、航空航天和其他运输设备制造业			2164		3024		
电气机械和器材制造业			45792				
计算机、通信和其他电子设备制造业			371618				
仪器仪表制造业			2346		67		
其他制造业			2255				
废弃资源综合利用业			4237				
（五）电力、热力、燃气及水生产和供应业			107718				
电力、热力生产和供应业			94230				
燃气生产和供应业			86				
水的生产和供应业			13402				

7-9 续表 5

（2013 年）

指标	其它石油制品（吨）	热力（百万千焦）	电力（万千瓦时）	煤矸石用于燃料（吨）	生物质废料用于燃料（吨）	其它工业废料用于燃料（吨）	其他燃料（吨标准煤）
二、分部门							
石油石化	3046993	3453107	109174				
冶金			33839				
有色			4281			286	
建材			130050	8285			5881
化工	315863	35098674	203133		2021		
轻工		573692	199200		22996		1738
纺织			29837		8302		183
医药			3849		5296		
机械			87118		67		17
电子			371618				
电力			93646				
其他			31540		1080		
三、特殊分组							
高耗能行业	3361917	38551781	550843	8285	1300	286	5881
电子行业			371618				
石化行业	3362856	38551781	314212		2021		
四、分能源消费量（吨标准煤）							
5000 吨以下	1154	406622	519575	8285	28858	286	1938
5000 吨以上	3361702	38718851	777708		10905		5881
1 万以上	3361702	38424650	654304				
5 万以上	3361702	37025845	492385				
10 万以上	3330839	33837009	403697				
15 万以上	2472832	33491809	380758				
五、分地区							
惠城区	215	81473	89779		8320		17
惠阳区		55274	161464		4138	286	
惠东县			120606		10941		183
博罗县			187358		13163		1738
龙门县			84644	8285			
大亚湾区	3362641	38700277	480370		3200		
仲恺区		288449	173062				5881
六、按企业登记注册类型分							
国有企业	3046993	3453107	164808				
集体企业			4798				
股份合作企业			2710				
股份制企业	215	660674	275777	8285	10721	286	6787
外商及港澳台商投资企业	314709	35011692	816970		27828		71
其他经济类型企业	939		32220		1214		961

7-10 规模以上工业企业分品种工业能源消费量

（2013 年）

指　　标	原煤（吨）	煤制品（吨）	焦炭（吨）	天然气（气态）（万立方米）	液化天然气（液态）（吨）	原油（吨）	汽油（吨）
全部工业企业	**6787362**	**3381**	**3558**	**11830**	**1231311**	**12251563**	**1270**
一、按工业行业门类分							
（一）轻工业	148948	3381		342	611		484
（二）重工业	6638413		3558	11488	1230700	12251563	786
（三）采矿业							52
黑色金属矿采选业							
有色金属矿采选业							
非金属矿采选业							52
（四）制造业	1442802	3381	3558	1567	691674	12251563	1099
农副食品加工业	7671						38
食品制造业	620			285			44
酒、饮料和精制茶制造业							
纺织业	38219						11
纺织服装、服饰业	25366						155
皮革、毛皮、羽毛及其制品和制鞋业	2776						
木材加工和木、竹、藤、棕、草制品业							
家具制造业	713						22
造纸和纸制品业	52778						
印刷和记录媒介复制业	2792	3381					66
文教、工美、体育和娱乐用品制造业	89			33	609		18
石油加工、炼焦和核燃料加工业					690833	12251563	
化学原料和化学制品制造业	122591			78			162
医药制造业	11331						6
化学纤维制造业	2025						
橡胶和塑料制品业	62424			543			34
非金属矿物制品业	1105625						12
黑色金属冶炼和压延加工业	1760		3448				
有色金属冶炼和压延加工业	98		110	292			
金属制品业	1650			291	230		1
通用设备制造业				24			110
专用设备制造业							23
汽车制造业				19			0
铁路、船舶、航空航天和其他运输设备制造业							7
电气机械和器材制造业							93
计算机、通信和其他电子设备制造业	4273			1			296
仪器仪表制造业							2
其他制造业					2		
废弃资源综合利用业							
（五）电力、热力、燃气及水生产和供应业	5344560			10263	539637		119
电力、热力生产和供应业	5344560			10263	539637		119
燃气生产和供应业							
水的生产和供应业							

7-10 续表 1

（2013 年）

指 标	原煤（吨）	煤制品（吨）	焦炭（吨）	天然气（气态）（万立方米）	液化天然气（液态）（吨）	原油（吨）	汽油（吨）
二、分部门							
石油石化					690833	12251563	
冶金	1760		3448	183			
有色	98		110	292			
建材	1107275						64
化工	162943			621			185
轻工	89511	3381		318	611		238
纺织	65611						166
医药	11331						20
机械				127	230		182
电子	4273			1			296
电力	5302966			10263	539637		119
其他	41594			24			
三、特殊分组							
高耗能行业	6574634		3558	10633	1230470	12251563	293
电子行业	4273			1			296
石化行业	164043			621	690833	12251563	185
四、分能源消费量（吨标准煤）							
5000 吨以下	119116	3381	3558	502	841		1198
5000 吨以上	6668246			11328	1230470	12251563	72
1 万以上	6593950			10826	1230470	12251563	
5 万以上	6434912			10263	1230470	12251563	
10 万以上	6238662				1230470	12251563	
15 万以上	6102156				1230470	12251563	
五、分地区							
惠城区	22374		3143	183			90
惠阳区	21916	3381	110	84	232		182
惠东县	3674141				609		60
博罗县	346105			292			357
龙门县	950964						213
大亚湾区	1767210			130	1230470	12251563	65
仲恺区	4652		305	11140			303
六、按企业登记注册类型分							
国有企业	1664641			1	1230470	12251563	117
集体企业							
股份合作企业	23497						
股份制企业	4653845		3253	363			521
外商及港澳台商投资企业	429257	3381	305	11443	841		521
其他经济类型企业	16122			24			110

指　　标	煤油（吨）	柴油（吨）	燃料油（吨）	液化石油气（吨）	石脑油（吨）	润滑油（吨）	石蜡（吨）
全部工业企业	999	29651	1111416	12666	1859853	34	4
一、按工业行业门类分							
（一）轻工业	2	9122	3763	5415			
（二）重工业	997	20529	1107653	7251	1859853	34	4
（三）采矿业		1934					
黑色金属矿采选业		550					
有色金属矿采选业		509					
非金属矿采选业		875					
（四）制造业	999	27663	1111014	12666	1859853	34	4
农副食品加工业		723		97			
食品制造业		33		229			
酒、饮料和精制茶制造业		129	363	14			
纺织业		70					
纺织服装、服饰业		735	37	11			
皮革、毛皮、羽毛及其制品和制鞋业		1299	1565				
木材加工和木、竹、藤、棕、草制品业		480					4
家具制造业		207		182			
造纸和纸制品业		293	12				
印刷和记录媒介复制业		174		827			
文教、工美、体育和娱乐用品制造业		723		678			
石油加工、炼焦和核燃料加工业			3071				
化学原料和化学制品制造业	409	3088	1089331	326	1859853		
医药制造业		276	54				
化学纤维制造业							
橡胶和塑料制品业		1844	1268	439			
非金属矿物制品业	240	1738	1	59			
黑色金属冶炼和压延加工业		118	8490	73			
有色金属冶炼和压延加工业		896	971	109			
金属制品业		1205	32	4280			
通用设备制造业	193	136		782		34	
专用设备制造业		102		46			
汽车制造业		266		1378			
铁路、船舶、航空航天和其他运输设备制造业		156	114	333			
电气机械和器材制造业	2	2114	352	2561			
计算机、通信和其他电子设备制造业	155	10644	5332	243			
仪器仪表制造业		22					
其他制造业		49					
废弃资源综合利用业		142	21				
（五）电力、热力、燃气及水生产和供应业		55	402				
电力、热力生产和供应业		32	402				
燃气生产和供应业							
水的生产和供应业		23					

7-10 续表 3

（2013 年）

指标	煤油（吨）	柴油（吨）	燃料油（吨）	液化石油气（吨）	石脑油（吨）	润滑油（吨）	石蜡（吨）
二、分部门							
石油石化			3071				
冶金		668	8490	73			
有色		1405	971	109			
建材	240	2778	1	212			
化工	409	3072	1089331	326	1859853		
轻工	2	8390	3668	5361			
纺织		805	37	11			
医药		290	54				
机械	193	896	6	6269		34	
电子	155	10644	5332	243			
电力		32	402				
其他		672	53	63			4
三、特殊分组							
高耗能行业	649	5872	1102266	567	1859853		
电子行业	155	10644	5332	243			
石化行业	409	3468	1092402	326	1859853		
四、分能源消费量（吨标准煤）							
5000 吨以下	728	17923	5560	8626		34	4
5000 吨以上	271	11728	1105857	4040	1859853		
1 万以上	271	4531	1105857	500	1859853		
5 万以上		1352	1092079		1859853		
10 万以上		790	1092079		1859853		
15 万以上		679	1089008		1859853		
五、分地区							
惠城区	13	3067	1821	2973			
惠阳区		4638	1512	3152			
惠东县		2231	8	2227			
博罗县	142	10780	6337	400			4
龙门县	240	1774	690				
大亚湾区	271	3386	1100633	826	1859853		
仲恺区	333	3776	415	3088		34	
六、按企业登记注册类型分							
国有企业		898	3473				
集体企业		216					
股份合作企业		6					
股份制企业	240	4811	326	172			4
外商及港澳台商投资企业	759	22421	1107617	12064	1859853	34	
其他经济类型企业		1300		430			

7-10 续表4 （2013年）

指　　标	其它石油制品（吨）	热力（百万千焦）	电力（万千瓦时）	煤矸石用于燃料（吨）	生物质废料用于燃料（吨）	其它工业废料用于燃料（吨）	其他燃料（吨标准煤）
全部工业企业	**3362856**	**39125473**	**1227834**	**8285**	**39577**	**286**	**7678**
一、按工业行业门类分							
（一）轻工业		320975	206489		35253		1797
（二）重工业	3362856	38804498	1021345	8285	4324	286	5881
（三）采矿业			1671				
黑色金属矿采选业			580				
有色金属矿采选业			638				
非金属矿采选业			453				
（四）制造业	3362856	39125473	1121582	8285	39577	286	7678
农副食品加工业			5265		13799		1614
食品制造业			2886		577		
酒、饮料和精制茶制造业		117205	5118				
纺织业			12017		3443		
纺织服装、服饰业			14000		3996		183
皮革、毛皮、羽毛及其制品和制鞋业			21017		279		
木材加工和木、竹、藤、棕、草制品业			7558		1080		
家具制造业			10687		605		
造纸和纸制品业			6300				
印刷和记录媒介复制业			7036				
文教、工美、体育和娱乐用品制造业		203770	14161		3378		
石油加工、炼焦和核燃料加工业	3046993	3453107	108574				
化学原料和化学制品制造业	314924	35098674	189600		1300		
医药制造业			3068		5296		
化学纤维制造业			662		856		
橡胶和塑料制品业	939	252717	70815		1944		
非金属矿物制品业			123051	8285			5881
黑色金属冶炼和压延加工业			26690				
有色金属冶炼和压延加工业			3390			286	
金属制品业			36136				
通用设备制造业			9061				
专用设备制造业			7782				
汽车制造业			44213				
铁路、船舶、航空航天和其他运输设备制造业			1937		3024		
电气机械和器材制造业			40185				
计算机、通信和其他电子设备制造业			342219				
仪器仪表制造业			2175				
其他制造业			1967				
废弃资源综合利用业			4014				
（五）电力、热力、燃气及水生产和供应业			104581				
电力、热力生产和供应业			91853				
燃气生产和供应业			46				
水的生产和供应业			12682				

7-10 续表 5　　　　（2013 年）

指　　标	其它石油制品（吨）	热　力（百万千焦）	电　力（万千瓦时）	煤矸石用于燃料（吨）	生物质废料用于燃料（吨）	其它工业废料用于燃料（吨）	其他燃料（吨标准煤）
二、分部门							
石油石化	3046993	3453107	108574				
冶金			32145				
有色			4028			286	
建材			127956	8285			5881
化工	315863	35098674	201612		2021		
轻工		573692	179644		22885		1614
纺织			26679		8295		183
医药			3646		5296		
机械			81417				
电子			342219				
电力			91268				
其他			28647		1080		
三、特殊分组							
高耗能行业	3361917	38551781	543157	8285	1300	286	5881
电子行业			342219				
石化行业	3362856	38551781	311931		2021		
四、分能源消费量（吨标准煤）							
5000 吨以下	1154	406622	470375	8285	28672	286	1797
5000 吨以上	3361702	38718851	757459		10905		5881
1 万以上	3361702	38424650	642500				
5 万以上	3361702	37025845	482695				
10 万以上	3330839	33837009	400601				
15 万以上	2472832	33491809	378390				
五、分地区							
惠城区	215	81473	79960		8320		
惠阳区		55274	141728		4027	286	
惠东县			113647		10934		183
博罗县			177470		13096		1614
龙门县			83510	8285			
大亚湾区	3362641	38700277	474805		3200		
仲恺区		288449	156713				5881
六、按企业登记注册类型分							
国有企业	3046993	3453107	162881				
集体企业			4375				
股份合作企业			2623				
股份制企业	215	660674	261463	8285	10654	286	6663
外商及港澳台商投资企业	314709	35011692	766716		27709		54
其他经济类型企业	939		29776		1214		961

7-11 规模以上工业企业水消费情况

（2013 年）

指标名称	取水量（万立方米）	陆地地表水	地下水	自来水	海水	雨水收集利用	再生水（中水）
全部工业企业	**57563**	**45866**	**376**	**10373**	**829**	**6**	**22**
一、按工业行业门类分							
（一）轻工业	47436	43224	263	3919		5	10
（二）重工业	10127	2642	113	6453	829	1	12
（三）采矿业	27	24		4			
有色金属矿采选业	23	22					
非金属矿采选业	4	1		3			
（四）制造业	12771	2663	376	9612		6	22
农副食品加工业	82	2	4	77			
食品制造业	107	1	1	105			
酒、饮料和精制茶制造业	173		55	118			
纺织业	435	176	45	195			10
纺织服装、服饰业	608	73	12	523			
皮革、毛皮、羽毛及其制品和制鞋业	418	24	31	356		5	
木材加工和木、竹、藤、棕、草制品业	73	4	15	53			
家具制造业	187	1	18	168			
造纸和纸制品业	174	132	3	37			
印刷和记录媒介复制业	97			97			
文教、工美、体育和娱乐用品制造业	313	1	32	280			
石油加工、炼焦和核燃料加工业	881	369	6	507			
化学原料和化学制品制造业	2261	1758	13	468			
医药制造业	120	3		117			
化学纤维制造业	1			1			
橡胶和塑料制品业	593	1	29	563			
非金属矿物制品业	407	98	12	246		1	
黑色金属冶炼和压延加工业	33	1	4	28			
有色金属冶炼和压延加工业	38			36			
金属制品业	349		10	339			
通用设备制造业	78		5	73			
专用设备制造业	109		1	106			
汽车制造业	313		2	311			
铁路、船舶、航空航天和其他运输设备制造业	46	8	1	37			
电气机械和器材制造业	558	3	28	527			
计算机、通信和其他电子设备制造业	4223	7	33	4170			12
仪器仪表制造业	32		1	30			
其他制造业	20		6	15			
废弃资源综合利用业	39		9	30			

7-11 续表 1 （2013 年）

指标名称	取水量（万立方米）	陆地地表水	地下水	自来水	海水	雨水收集利用	再生水（中水）
（五）电力、热力、燃气及水生产和供应业	44765	43179		757	829		
电力、热力生产和供应业	1407	382		196	829		
燃气生产和供应业	5			5			
水的生产和供应业	43353	42797		556			
二、分部门							
石油石化	881	369	6	507			
冶金	44	1	4	39			
有色	60	23		36			
建材	490	99	21	318		1	
化工	2321	1759	25	514			
轻工	2736	170	193	2363		5	
纺织	1045	249	57	720			10
医药	171	3		168			
机械	674	3	13	656			
电子	4223	7	33	4170			12
电力	1321	382		110	829		
其他	43596	42801	24	771			
三、特殊分组							
高耗能行业	5027	2608	35	1480	829	1	
电子行业	4223	7	33	4170			12
石化行业	3263	2128	31	1081			
四、分地区							
惠城区	16727	15384	11	1325		6	
惠阳区	7811	6127	118	1563			
惠东县	5848	4364	96	557	829		
博罗县	8763	6461	102	2189			
龙门县	382	254	18	60			
大亚湾区	15969	13227	6	2690			22
仲恺区	2063	48	25	1989			
五、按企业登记注册类型分							
国有企业	27544	26942	7	595			
集体企业	4808	4712	2	93			
股份合作企业	14	9	1	4			
股份制企业	8630	5600	57	2086	829		
外商及港澳台商投资企业	16349	8571	291	7426		6	22
其他经济类型企业	217	31	18	168			

7-11 续表 2 （2013 年）

指标名称	外供水量（万立方米）	重复用水量（万立方米）	河湖海冷却直排水量（万立方米）	废水排放量（万立方米）
全部工业企业	**41864**	**3436**	**206022**	**6697**
一、按工业行业门类分				
（一）轻工业	41857	808	1	2912
（二）重工业	7	2628	206021	3785
（三）采矿业				20
有色金属矿采选业				16
非金属矿采选业				4
（四）制造业	87	1190	1	6130
农副食品加工业		2		54
食品制造业				67
酒、饮料和精制茶制造业	79	9		41
纺织业		33		243
纺织服装、服饰业		15		402
皮革、毛皮、羽毛及其制品和制鞋业		35		248
木材加工和木、竹、藤、棕、草制品业				33
家具制造业		12		113
造纸和纸制品业		669		67
印刷和记录媒介复制业				66
文教、工美、体育和娱乐用品制造业		5		202
石油加工、炼焦和核燃料加工业		113		335
化学原料和化学制品制造业	7	30		440
医药制造业		2	1	74
化学纤维制造业				1
橡胶和塑料制品业		8		344
非金属矿物制品业		87		196
黑色金属冶炼和压延加工业		18		9
有色金属冶炼和压延加工业		1		18
金属制品业		11		209
通用设备制造业				48
专用设备制造业				76
汽车制造业		8		103
铁路、船舶、航空航天和其他运输设备制造业				24
电气机械和器材制造业		1		391
计算机、通信和其他电子设备制造业		130		2277
仪器仪表制造业				20
其他制造业				11
废弃资源综合利用业		1		17

7-11 续表 3 （2013 年）

指标名称	外供水量（万立方米）	重复用水量（万立方米）	河湖海冷却直排水量（万立方米）	废水排放量（万立方米）
（五）电力、热力、燃气及水生产和供应业	41777	2246	206021	547
电力、热力生产和供应业		2246	206021	94
燃气生产和供应业				4
水的生产和供应业	41777			448
二、分部门				
石油石化		113		335
冶金		18		10
有色		1		34
建材		97		232
化工	7	30		490
轻工	79	739		1598
纺织		48		645
医药		2	1	109
机械		10		343
电子		130		2277
电力		2246	206021	20
其他	41777	1		602
三、特殊分组				
高耗能行业	7	2495	206021	1094
电子行业		130		2277
石化行业	7	143		852
四、分地区				
惠城区	15196	17		675
惠阳区	5726	65		1143
惠东县	4309	64	119514	460
博罗县	5575	813	1	1630
龙门县		78		244
大亚湾区	11057	196	86507	1179
仲恺区		2202		1367
五、按企业登记注册类型分				
国有企业	25537	135	86507	652
集体企业	4126			236
股份合作企业				9
股份制企业	5740	179	119514	1011
外商及港澳台商投资企业	6462	3116	1	4657
其他经济类型企业		5		132

7-12 产值能耗分组表

指　标	2012年			2013年		
	综合能源消费量（吨标准煤）	工业总产值（万元）	产值单耗（吨标准煤/万元）	综合能源消费量（吨标准煤）	工业总产值（万元）	产值单耗（吨标准煤/万元）
全部工业企业	**12843915**	**53468296**	**0.24**	**12366487**	**63323104**	**0.20**
一、按工业行业门类分						
（一）轻工业	424542	12573219	0.03	427710	13965088	0.03
（二）重工业	12419373	40895077	0.30	11938777	49358016	0.24
（三）采矿业	7109	152593	0.05	4949	135552	0.04
黑色金属矿采选业	1436	17325	0.08	1514	29807	0.05
有色金属矿采选业	1121	6636	0.17	1526	5824	0.26
非金属矿采选业	4552	128632	0.04	1909	99922	0.02
（四）制造业	9572905	52173196	0.18	9441556	62078657	0.15
农副食品加工业	18610	415971	0.04	21873	506261	0.04
食品制造业	1619	50242	0.03	8588	167033	0.05
酒、饮料和精制茶制造业	11871	264804	0.04	11017	303734	0.04
纺织业	40858	353027	0.12	43907	447031	0.10
纺织服装、服饰业	38255	761976	0.05	38876	888016	0.04
皮革、毛皮、羽毛及其制品和制鞋业	34655	1145942	0.03	32396	1244257	0.03
木材加工和木、竹、藤、棕、草制品业	11045	265353	0.04	10534	366192	0.03
家具制造业	15336	875809	0.02	14700	1213216	0.01
造纸和纸制品业	54289	212054	0.26	46410	243140	0.19
印刷和记录媒介复制业	11463	306735	0.04	14196	367520	0.04
文教、工美、体育和娱乐用品制造业	29217	483160	0.06	29861	544289	0.05
石油加工、炼焦和核燃料加工业	2280197	9353095	0.24	2190690	9488223	0.23
化学原料和化学制品制造业	5294209	4536622	1.17	5108409	4785840	1.07
医药制造业	16707	103556	0.16	14999	119067	0.13
化学纤维制造业	1898	7503	0.25	2689	14776	0.18
橡胶和塑料制品业	155540	1494192	0.10	155054	1733197	0.09
非金属矿物制品业	902090	942632	0.96	975651	1289266	0.76
黑色金属冶炼和压延加工业	46925	646747	0.07	50222	743780	0.07
有色金属冶炼和压延加工业	12431	135656	0.09	11228	162187	0.07
金属制品业	54785	1061908	0.05	59006	1379812	0.04
通用设备制造业	12697	417353	0.03	13488	561490	0.02
专用设备制造业	8412	206013	0.04	9825	270317	0.04
汽车制造业	53337	1158576	0.05	57345	1423271	0.04
铁路、船舶、航空航天和其他运输设备制造业	6420	101099	0.06	4862	98094	0.05
电气机械和器材制造业	56312	2461755	0.02	57501	3177209	0.02
计算机、通信和其他电子设备制造业	396114	24122800	0.02	447858	30183677	0.01
仪器仪表制造业	2217	79054	0.03	2708	110465	0.02
其他制造业	2166	55144	0.04	2493	66889	0.04
废弃资源综合利用业	3228	154420	0.02	5171	180409	0.03
（五）电力、热力、燃气及水生产和供应业	3263901	1142507	2.86	2919982	1108894	2.63
电力、热力生产和供应业	3248397	1027936	3.16	2904305	975969	2.98
燃气生产和供应业	74	30271	0.00	57	40383	0.00

7-12　续表 1

指　标	2012 年			2013 年		
	综合能源消费量（吨标准煤）	工业总产值（万元）	产值单耗（吨标准煤/万元）	综合能源消费量（吨标准煤）	工业总产值（万元）	产值单耗（吨标准煤/万元）
水的生产和供应业	15431	84300	0.18	15620	92542	0.17
二、分部门						
石油石化	2280197	9353095	0.24	2190690	9488223	0.23
冶金	54284	710684	0.08	60168	834325	0.07
有色	13551	142292	0.10	12754	168010	0.08
建材	914058	1300327	0.70	984712	1677992	0.59
化工	5352005	4746168	1.13	5160909	4963529	1.04
轻工	344992	7058168	0.05	352537	8818900	0.04
纺织	81011	1122505	0.07	85472	1349822	0.06
医药	17410	121742	0.14	15752	141472	0.11
机械	108164	3195996	0.03	114820	4008280	0.03
电子	396114	24122800	0.02	447858	30183677	0.01
电力	3218822	1008166	3.19	2873876	944773	3.04
其他	63307	586353	0.11	66940	744101	0.09
三、特殊分组						
高耗能行业	11784249	16642688	0.71	11240506	17445265	0.64
电子行业	396114	24122800	0.02	447858	30183677	0.01
石化行业	7635105	14229844	0.54	7355107	14633671	0.50
四、分能源消费量（吨标准煤）						
5000 吨以下	738496	24920887	0.03	763650	28940792	0.03
5000 吨以上	12105418	28547410	0.42	11602837	34382312	0.34
1 万以上	11899681	16984261	0.70	11363782	18082662	0.63
5 万以上	11527814	14599358	0.79	10973027	15073776	0.73
10 万以上	11172796	13454633	0.83	10575361	13599086	0.78
15 万以上	10919768	13023431	0.84	10339930	12873208	0.80
五、分地区						
惠城区	137176	3362209	0.04	139303	3696803	0.04
惠阳区	174975	3930300	0.04	211867	4864026	0.04
惠东县	1982016	2663887	0.74	1764321	3584125	0.49
博罗县	504359	6624891	0.08	504509	7648102	0.07
龙门县	749039	896127	0.84	811945	1147927	0.71
大亚湾区	8992545	16295968	0.55	8625288	17092704	0.50
仲恺区	303805	19694914	0.02	309254	25289418	0.01
六、按企业登记注册类型分						
国有企业	3556796	10093885	0.35	3362479	10327532	0.33
集体企业	6648	83619	0.08	5692	116511	0.05
股份合作企业	22079	44714	0.49	20016	65906	0.30
股份制企业	2840584	6931889	0.41	2709386	9264046	0.29
外商及港澳台商投资企业	6367712	35071981	0.18	6214681	41928055	0.15
其他经济类型企业	50097	1242208	0.04	54234	1621053	0.03

7-13 综合能源消费量1万吨标准煤以上工业企业

（2013年）

序号	单位名称	所属县（区）	所属行业	注册类型
1	惠州福和纸业有限公司	博罗县	机制纸及纸板制造	港澳台独资
2	中海石油炼化有限责任公司惠州炼化分公司	大亚湾区	原油加工及石油制品制造	国有
3	中海石油开氏石化有限责任公司	大亚湾区	原油加工及石油制品制造	国有
4	中海油能源发展股份有限公司惠州石化分公司	大亚湾区	原油加工及石油制品制造	国有
5	中海壳牌石油化工有限公司	大亚湾区	有机化学原料制造	中外合资经营
6	惠州忠信化工有限公司	大亚湾区	有机化学原料制造	港澳台独资
7	惠州惠菱化成有限公司	大亚湾区	有机化学原料制造	外资企业
8	普莱克斯（惠州）工业气体有限公司	大亚湾区	其他基础化学原料制造	外资企业
9	惠州李长荣橡胶有限公司	大亚湾区	合成橡胶制造	外资企业
10	普利司通（惠州）合成橡胶有限公司	大亚湾区	合成橡胶制造	外资企业
11	惠州中创化工有限责任公司	大亚湾区	专项化学用品制造	私营有限责任公司
12	普利司通（惠州）轮胎有限公司	仲恺区	轮胎制造	外资企业
13	来百利（惠州）手套有限公司	博罗县	日用及医用橡胶制品制造	港澳台独资
14	南亚塑胶工业（惠州）有限公司	博罗县	塑料人造革、合成革制造	港澳台独资
15	惠州市光大水泥企业有限公司	龙门县	水泥制造	其他责任有限公司
16	惠州塔牌水泥有限公司	龙门县	水泥制造	股份有限公司
17	华润水泥（惠州）有限公司	龙门县	水泥制造	港澳台独资
18	博罗县固力建材有限公司	博罗县	水泥制造	私营有限责任公司
19	惠州固力水泥集团有限公司	博罗县	水泥制造	集体联营
20	泰山石膏（广东）有限公司	博罗县	轻质建筑材料制造	其他责任有限公司
21	大亚湾宝兴钢铁厂有限公司	大亚湾区	钢压延加工	港澳台独资
22	惠东县华业铸造厂	惠东县	钢压延加工	私营独资
23	惠州比亚迪电池有限公司	大亚湾区	汽车零部件及配件制造	与港澳台商合资经营
24	东风本田汽车零部件有限公司	大亚湾区	汽车零部件及配件制造	中外合资经营
25	惠州比亚迪电子有限公司	大亚湾区	通信终端设备制造	中外合资经营
26	惠州比亚迪实业有限公司	大亚湾区	通信终端设备制造	与港澳台商合资经营
27	伯恩光学（惠州）有限公司	惠阳区	光电子器件及其他电子器件制造	港澳台独资
28	华通电脑（惠州）有限公司	博罗县	印制电路板制造	港澳台独资
29	南亚电子材料（惠州）有限公司	博罗县	印制电路板制造	港澳台独资
30	广东惠州平海发电厂有限公司	惠东县	火力发电	国有
31	中国神华能源股份有限公司国华惠州热电分公司	大亚湾区	火力发电	国有
32	广东惠州天然气发电有限公司	大亚湾区	火力发电	国有
33	惠州深能源丰达电力有限公司	仲恺区	火力发电	与港澳台商合资经营
34	惠州市瑞能热力有限公司	博罗县	热力生产和供应	其他责任有限公司

7-14 主要耗能工业企业单位产品能源消耗情况

指　　标		2013年			2012年		
		产品单耗	能耗	产量	产品单耗	能耗	产量
机制纸及纸板耗电	（千瓦时/吨）	477.18	2102	44057	563.99	2865	50799
机制纸及纸板综合能耗	（千克标准煤/吨）	660.07	29081	44057	779.23	39584	50799
原油加工单位耗电	（千瓦时/吨）	51.24	66833	13042208	46.97	59363	12638244
原油加工单位综合能耗	（千克标准油/吨）	65.82	858437	13042208	68.69	868154	12638244
单位乙烯生产综合能耗	（千克标准煤/吨）	707.51	728396	1029516	731.23	739550	1011371
单位乙烯生产耗电	（千瓦时/吨）	148.37	15275	1029516	151.08	15280	1011371
吨水泥熟料综合能耗	（千克标准煤/吨）	112.00	820943	7330125	115.16	782685	6796278
吨水泥熟料综合电耗	（千瓦时/吨）	50.62	37105	7330125	54.24	36861	6796278
吨水泥综合能耗	（千克标准煤/吨）	80.90	905783	11196964	92.86	879477	9471017
吨水泥综合电耗	（千瓦时/吨）	73.12	81875	11196964	84.41	79943	9471017
轧钢工序单位电力消耗	（千瓦时/吨）	80.86	2296	283961	83.70	2501	298790
电厂火力发电标准煤耗	（克标准煤/千瓦时）	280.10	4949087	1766884	281.38	5513222	1959374
电厂火力供电标准煤耗	（克标准煤/千瓦时）	294.1	4949087	1682651	295.8	5513222	1863964
发电厂用电率	(%)	4.79	84587	1766884	4.87	95432	1959374

八、财政、银行和保险

8-1 地方公共财政预算收支和增长指数

年份	地方公共财政预算收入	地方公共财政预算支出	发展指数（%）		财政收入占地区生产总值的比重（%）
			地方公共财政预算收入	地方公共财政预算支出	
1978	5500	5921	115.9	139.4	8.1
1979	3086	5735	56.1	96.9	4.5
1980	3760	6901	121.8	120.3	5.0
1981	5278	8378	140.4	121.4	5.8
1982	4488	8421	85.0	100.5	4.3
1983	4888	9259	108.9	110.0	4.8
1984	4937	10433	101.0	112.7	4.2
1985	5433	13321	110.0	127.7	4.0
1986	8917	18239	164.1	136.9	5.4
1987	13261	23701	148.7	129.9	5.9
1988	20821	29456	157.0	124.3	6.4
1989	23802	35697	114.3	121.2	6.1
1990	28098	43934	118.0	123.1	5.8
1991	39449	53729	140.4	122.3	6.4
1992	57606	77309	146.0	143.9	6.8
1993	93622	108904	162.5	140.9	7.1
1994	74409	112167	79.5	103.0	4.1
1995	76925	118321	103.4	105.5	3.4
1996	70669	116392	91.9	98.4	2.6
1997	76086	132446	107.7	113.8	2.4
1998	94281	149709	123.9	113.0	2.6
1999	107529	168174	114.1	112.3	2.7
2000	129356	197886	120.3	117.7	2.9
2001	182792	258858	141.3	130.8	3.8
2002	197153	330094	107.9	127.5	3.7
2003	241238	387786	122.4	117.5	4.1
2004	254208	459451	105.4	118.5	3.7
2005	347218	524097	136.6	114.1	4.3
2006	444473	660323	128.0	126.0	4.8
2007	620603	860589	139.6	130.3	5.6
2008	780657	1062985	125.7	123.5	6.0
2009	1015651	1347527	130.1	126.7	7.2
2010	1312270	1854379	129.2	137.6	7.6
2011	1628309	2272099	131.2	122.5	7.8
2012	2008762	2740831	123.4	120.6	8.5
2013	2501721	3282913	124.5	119.8	9.3

8-2 地方公共财政预算收支基本情况

单位：万元

项 目	2007年	2008年	2009年	2010年	2011年	2012年	2013年
一、财政收入	**620603**	**780657**	**1015651**	**1312270**	**1628309**	**2008762**	**2501721**
税收收入	512617	645539	841425	1050478	1302860	1542002	1860753
#增值税	146040	160332	249463	292202	360443	408479	470287
企业所得税	40072	59456	66220	97051	116954	113695	163431
个人所得税	28726	32614	195241	42105	43496	31308	36900
资源税	3966	6046	6848	8491	9627	11293	13097
城市维护建设税	23220	28115	51691	70008	120910	155565	205850
房产税	24505	26537	31406	38490	49793	51697	78118
印花税	13282	15188	14998	22024	24290	28543	43469
城镇土地使用税	13320	45664	67276	68857	101001	73234	134349
土地增值税	11577	24645	31049	48749	61777	88970	104982
车船税	3867	6932	7606	9188	10462	11989	19169
耕地占用税	2224	2147	8904	6010	8756	8119	12905
契税	52197	62327	77562	105314	140264	266226	233361
非税收入	107985	135118	174226	261792	325449	466760	640968
#国有资源(资产)有偿使用收入	3176	9771	8566	28436	42631	37691	84473
行政事业性收费收入	38669	52073	68734	110644	131908	159721	231936
罚没收入	45899	37325	36574	48805	49437	61373	73137
专项收入	19517	26234	33975	43904	66558	78520	111707
其他收入	1017	3272	22696	28164	34234	115536	116259
二、财政支出	**860589**	**1062985**	**1347527**	**1854379**	**2272099**	**2740831**	**3282913**
一般公共服务	192235	228297	256219	287259	359289	389550	469619
国防	1694	1661	1988	2094	4020	2675	4464
公共安全	101038	123242	126698	163718	192735	210476	255884
教育	156265	197635	258872	323894	450302	626047	727857
科学技术	10308	16299	23766	35738	52944	51031	55635
文化体育和传媒	10777	14096	17309	41162	35549	38158	42886
社会保障和就业	68422	105252	137330	184779	189355	219605	267709
医疗卫生	50566	71057	81785	107259	180939	218197	262848
节能环保	12977	11947	32962	64952	67676	75020	285870
城乡社区事务	47843	52276	66035	80658	101684	214986	238355
农林水事务	90885	105937	132642	146094	191792	260628	264823
交通运输	20152	20990	43867	98181	71232	116742	118821
资源勘探电力信息等事务				73650	30271	31024	44092
商业服务业等事务				31076	31698	29525	21886
国土资源气象等事务				17396	21986	26906	28135
粮油物资储备管理等事务			28059	10125	7379	9419	9277
其他支出	71052	70086	101300	173022	252768	181360	147868

8-3 分县区地方公共财政预算收支基本情况

（2013 年） 单位：万元

项 目	合 计	市 直	惠城区	惠阳区	惠东县	博罗县	龙门县	大亚湾区	仲恺区
地方公共财政预算收入	2501721	939261	271589	279116	232642	273250	77215	298063	130585
增值税	470287	237334	22775	37514	22520	43772	9143	58608	38621
营业税	344835	93922	46198	46165	44679	43550	8553	52943	8825
企业所得税	163431	64933	12236	12121	13088	11926	2613	25542	20972
个人所得税	36900	14343	5258	3756	3005	3368	761	3920	2489
资源税	13097	1769	801	589	662	1382	6244	1412	238
城市维护建设税	205850	97681	15237	18135	9925	14074	2784	33219	14795
耕地占用税	12905			2295	3479	6084	1047		
契税	233361	66359	38943	31537	30214	27109	5291	28612	5296
其他各项收入	1021055	362920	130141	127004	105070	121985	40779	93807	39349
非税收入	640968	253464	84945	70546	66787	74265	34306	33181	23474
地方公共财政预算支出	3282913	1014002	391269	345810	414017	423490	180725	373571	140029
一般公共服务	469619	111440	80864	58178	59560	57101	26866	48412	27198
国防	4464	47	1145	949	954	534	590	78	167
公共安全	255884	105162	13586	34289	30526	26904	13011	27724	4682
教育	727857	104898	134499	94924	107191	129530	44845	69952	42018
科学技术	55635	18233	8280	4560	5693	5842	993	1587	10447
文化体育和传媒	42886	10648	6027	3387	5201	11188	2859	2700	876
社会保障和就业	267709	74207	37733	26752	47641	41400	20238	10034	9704
医疗卫生	262848	50480	39901	27779	45147	40749	19812	25457	13523
节能环保	285870	246852	6053	11229	3396	6248	2037	3969	6086
城乡社区事务	238355	91353	16159	15877	19972	14496	2006	72256	6236
农林水事务	264823	37464	29292	36220	57862	56263	26916	13715	7091
交通运输	118821	68124	1270	10238	10293	11894	4054	12522	426
粮油物资储备事务	9277	2396	1448	1402	1115	1293	548	561	514
其他支出	278865	92698	15012	20026	19466	20048	15950	84604	11061

8-4 金融机构人民币存贷款余额

单位：万元

指标名称	2006年	2007年	2008年	2009年	2010年	2011年	2012年	2013年
各项存款余额	9467087	11338239	13045903	17344007	20411875	23260486	25075498	29849362
1、单位存款						10668516	10525537	13015860
#活期存款						5697764	5676111	6366829
定期存款						1976408	1775907	2312030
通知存款						238963	221794	353246
保证金存款						1564221	1165783	1258130
2、个人存款						11867801	13675191	15747191
#储蓄存款	6072335	6476106	7716561	8674938	10317915	11743416	13514447	15339566
保证金存款						406	2331	6181
结构性存款						123980	158413	401443
3、财政性存款						667731	687112	875545
4、临时性存款						18756	27814	23712
5、委托存款						8196	9796	38962
6、其他存款						29485	150046	148093
各项贷款余额	4407589	5632461	6598939	9249371	10976616	12954779	15010215	18266246
(一)境内贷款						12869070	14909157	18146962
1、短期贷款						1943216	2525487	3354488
2、中长期贷款						10700741	12000960	14415128
个人贷款						4856702	5914537	7258524
#个人消费贷款						4044537	4963499	6112651
(二)境外贷款						85709	101058	119283

注：2011年起银行资金来源项目使用新的分类。

8-5　金融机构人民币贷款分行业情况

单位：万元

项　　目	2007 年	2008 年	2009 年	2010 年	2011 年	2012 年	2013 年
各项贷款余额	5632461	6598939	9249371	10976616	12954779	15010215	18266246
各行业贷款							
农、林、牧、渔业	226607	253951	215292	64524	77651	95099	107349
采矿业	739	2344	6792	17922	20957	16742	30700
制造业	1506174	1793410	1643452	1634732	1779756	1862404	1833771
电力、燃气及水的生产和供应业	294466	422802	397593	449492	530725	625485	573837
建筑业	141812	188112	244936	291466	438254	608889	956651
交通运输、仓储和邮政业	434335	479682	670842	771972	771772	1011213	1409654
信息传输、软件和信息技术服务业	2931	3596	3902	15610	18887	16432	17207
批发和零售业	296241	226159	275337	399426	650610	871088	1329696
住宿和餐饮业	92587	133271	258018	232792	233977	335267	411898
金融业	4233	4160	12	6320	3280	3519	55787
房地产业	670905	809900	1101306	1320862	1542535	1474641	1719693
租赁和商务服务业	76946	142568	671037	690464	724374	682920	772068
科学研究和技术服务业	2006	209	503	2100	4500	2131	1835
水利、环境和公共设施管理业	72326	57837	411159	363904	316067	234019	237896
居民服务、修理和其他服务业	52072	63048	47983	55786	65902	72774	53614
教育	21838	18577	43417	68518	73231	88220	103673
卫生和社会工作	36493	44740	59816	78744	93819	126581	144061
文化、体育和娱乐业	20132	22987	37890	29686	40396	63255	66567
公共管理、社会保障和社会组织	12271	25405	64187	48849	67577	81813	81441
个人贷款							
个人贷款及透支	1667347	1891181	2929127	4355839	5151786	6208244	7868999

8-6　金融机构个人消费贷款

单位：万元

项　目	2000年	2001年	2002年	2003年	2004年	2005年	2006年
个人消费贷款	8869	252237	393081	577929	692350	809997	828759
住房贷款		208422	327617	459673	595788	725208	769701
汽车贷款		23076	47085	46310	34538	26603	26591
助学贷款		61	329	385	880	1395	1551
其他贷款	8869	20506	18005	71535	58467	54793	30689

8-6　续表

单位：万元

项　目	2007年	2008年	2009年	2010年	2011年	2012年	2013年
个人消费贷款	1266236	1459673	2389486	3437410	4157346	5006768	6180159
住房贷款	1211978	1416930	2244027	3151631	3729321	4570709	5667369
汽车贷款	25803	21562	24390	26601	19178	6840	3888
助学贷款	965	503	313	197	182	132	129
其他贷款	27435	20587	120169	258981	408665	429087	508773

8-7　分县区金融机构各项存贷款

（2013年）

单位：万元

项　目	全市	惠城区	惠阳区	惠东县	博罗县	龙门县	大亚湾区
金融机构人民币存款余额	29849362	16481878	3651832	2696972	3860498	809450	2348733
城乡居民储蓄存款年末余额	15339566	6920522	2363222	2069300	2711816	583200	691507
城　镇	11783807	6033163	1872247	1333184	1567154	357246	620813
农　村	3555759	887358	490975	736116	1144662	225954	70694
金融机构人民币贷款余额	18266246	11514390	1755588	1446386	1629896	295621	1624365

注：惠城区含仲恺区数据。

8-8　保险公司主要指标

单位：个、万元

项　目	2007年	2008年	2009年	2010年	2011年	2012年	2013年
保险公司数（含分支机构）	23	32	33	34	36	43	50
保险中介机构数	4	6	8	13	15	17	20
全年保险保费年收入	228837	353214	363892	487064	505434	565382	645570
寿险	146225	256462	261138	363720	344637	372400	404253
健康险和意外伤害险	14393	15583	6704	7363	10228	11179	12231
财产险	68219	81169	96050	115981	150569	181803	229086
支付各类赔款	39701	56651	56701	158987	68531	83270	89913
寿险	377	493	513	108460	24602	22013	35124
健康险和意外伤害险	3278	3835	3967	1056	15586	25168	15371
财产险	36046	52323	5221	49471	28343	36089	39418

九、价格指数

9-1　历年价格指数

单位：%

年份	居民消费价格指数（上年 =100）	商品零售价格指数（上年 =100）	居民消费价格指数（以 2000 年为 100）	商品零售价格指数（以 2002 年为 100）
1985	115.3	115.0		
1986	102.3	102.0		
1987	113.2	113.3		
1988	125.8	126.9		
1989	127.6	127.3		
1990	97.7	96.2		
1991	102.6	101.5		
1992	109.5	108.6		
1993	122.8	122.8		
1994	117.3	114.6		
1995	109.9	108.8		
1996	105.3	103.6		
1997	100.8	99.2		
1998	97.4	96.9		
1999	99.4	98.5		
2000	102.5	100.2		
2001	100.3	99.6	98.8	
2002	98.2	96.8	97.3	
2003	100.5	101.7	100.1	102.6
2004	102.1	101.8	101.1	102.7
2005	102.0	101.6	103.0	104.9
2006	101.6	101.7	105.1	107.4
2007	103.9	104.1	109.3	111.2
2008	104.3	104.6	111.7	114.0
2009	98.5	98.5	112.3	115.1
2010	103.2	103.7	117.1	120.1
2011	104.9	104.4	120.9	122.9
2012	102.8	101.9	123.3	124.2
2013	102.1	101.0	129.1	129.3

9-2 居民消费价格指数（2013年）

上年=100　　单位：%

类 别	全省	惠州	类 别	全省	惠州
居民消费价格总指数	102.5	102.1	衣着	101.6	101.9
非食品价格指数	101.9	100.7	服装	101.8	101.5
服务项目价格指数	103.6	101.6	衣着材料	100.4	113.1
工业品价格指数	100.5	100.0	鞋袜帽	100.9	103.0
扣除食品和能源价格指数	102.0	100.9	衣着加工服务	104.0	100.0
扣除鲜菜鲜果总指数	102.1	101.3	家庭设备用品及维修服务	101.8	101.4
消费品价格指数	102.0	102.2	耐用消费品	99.7	95.2
食品	103.6	104.6	室内装饰品	100.1	101.7
粮食	101.9	100.7	床上用品	98.6	100.1
淀粉及制品	102.9	106.9	家庭日用杂品	100.7	101.1
干豆类及豆制品	103.4	99.5	家庭服务及加工维修服务	109.8	118.7
油脂	101.0	101.0	医疗保健和个人用品	101.3	100.5
肉禽及其制品	102.0	100.8	医疗保健	101.6	99.8
蛋	105.4	107.5	个人用品及服务	100.8	101.6
水产品	104.4	107.4	交通和通讯	99.5	99.9
菜	110.7	114.5	交通	100.0	100.4
调味品	101.6	100.8	通信	98.7	99.1
糖	100.2	97.5	娱乐教育文化用品及服务	101.9	97.5
茶及饮料	100.8	98.9	文娱用耐用消费品及服务	96.7	94.7
干鲜瓜果	105.5	109.0	教育	103.8	101.7
糕点饼干	101.6	102.5	文化娱乐类	101.0	100.1
液体乳及乳制品	105.5	104.0	旅游	102.3	89.8
在外用膳食品	102.7	105.4	居住	103.7	102.3
其它食品	101.4	97.5	建房及装修材料	101.6	102.3
烟酒	100.6	101.1	住房租金	106.9	105.2
烟草	101.0	99.3	自有住房	105.3	103.8
酒	99.9	103.8	水、电、燃料	101.7	99.8

9-3　商品零售价格指数（2013年）

上年=100　　单位：%

类　别	全省	惠州	类　别	全省	惠州
商品零售价格指数	101.0	101.0	专业音像器材类	98.5	101.0
食品类	103.8	104.8	文化办公用品	99.3	97.4
粮食	102.4	100.7	日用品	100.4	100.4
淀粉及制品	103.7	106.9	日用百货	100.2	100.2
干豆类及豆制品	103.8	99.5	日用杂品	100.2	100.6
油脂	100.9	101.0	洗涤用品	100.5	99.6
肉禽及其制品	102.0	100.6	其它日用品	100.7	101.0
蛋	105.1	107.5	体育娱乐用品	100.6	97.5
水产品	104.4	107.9	体育用品	101.0	95.3
菜	111.1	114.5	娱乐用品	100.4	99.7
调味品	101.9	100.8	交通、通信用品	97.3	98.0
糖	100.6	97.5	交通运输机械	98.9	100.2
干鲜瓜果	105.6	109.5	通讯器材类	93.5	94.7
糕点饼干面包	101.7	102.5	家具	101.6	90.4
液体乳及乳制品	105.7	104.0	化妆用品	101.4	101.3
在外用膳食品	102.4	105.4	金银珠宝类	90.6	97.0
其它食品	101.7	97.5	中西药品及医疗保健用品类	100.8	99.7
饮料、烟酒	100.4	100.1	医疗器具及用品	100.7	101.1
茶及饮料	100.8	98.9	中药材及中成药	103.5	98.9
烟草	100.7	99.3	西药	98.0	100.2
酒	99.4	103.9	保健器具及用品	101.8	100.4
服装、鞋帽类	101.7	101.7	书报杂志及电子出版物类	101.0	100.5
服装	102.2	101.3	教材及参考书	101.2	100.8
鞋袜帽	100.6	103.0	书报杂志	101.6	100.6
其它	100.0	100.5	电子音像制品	100.1	100.0
纺织品类	98.0	102.7	燃料类	99.2	98.3
衣着材料	99.4	113.1	煤炭及制品类	97.3	100.0
床上用品	97.5	100.0	石油及制品类	99.3	98.2
家用电器及音像器材	97.9	97.4	建筑材料及五金电料类	100.8	100.9
家用设备	98.5	97.9	建筑装璜材料	100.6	100.8
文娱用耐用消费品	96.7	95.2	五金电料类	101.3	101.0

9-4 居民消费价格分类指数

上年 =100　　单位：%

类 别	2005 年	2008 年	2009 年	2010 年	2011 年	2012 年	2013 年
居民消费价格总指数	102.0	104.3	98.5	103.2	104.9	102.8	102.1
非食品价格指数	101.0	100.8	99.5	101.7	101.8	102.0	100.7
服务项目价格指数	102.6	100.4	99.1	101.0	103.1	102.8	101.6
工业品价格指数		101.1	99.7	102.2	100.8	101.5	100.0
扣除食品和能源价格指数		99.9	100.8	100.7	101.2	101.9	100.9
扣除鲜菜鲜果总指数	101.6	103.7	98.7	102.5	104.8	102.4	101.3
消费品价格指数	101.9	105.7	98.3	104.0	105.7	102.9	102.2
食品	104.0	111.5	96.7	106.5	111.7	104.4	104.6
粮食	106.9	102.3	103.7	105.8	112.2	101.4	100.7
淀粉及制品	95.9	99.3	102.1	100.1	105.2	104.1	106.9
干豆类及豆制品	99.0	114.0	103.4	118.4	102.8	97.9	99.5
油脂	110.0	124.2	90.1	105.2	114.8	108.1	101.0
肉禽及其制品	101.3	114.7	89.1	102.6	122.0	103.3	100.8
蛋	100.8	109.2	99.4	107.6	116.4	95.3	107.5
水产品	116.0	118.0	97.9	111.6	118.0	103.2	107.4
菜	115.3	119.0	96.0	118.2	103.9	116.4	114.5
调味品	99.3	101.9	102.3	101.4	101.6	98.5	100.8
糖	102.7	103.0	105.8	103.8	109.2	100.5	97.5
茶及饮料	94.8	99.9	101.5	101.0	99.4	97.8	98.9
干鲜瓜果	101.6	111.4	97.5	116.7	112.3	98.2	109.0
糕点饼干	100.4	101.8	101.6	99.0	105.7	102.8	102.5
液体乳及乳制品	105.9	109.5	102.9	102.3	99.4	104.9	104.0
在外用膳食品	98.4	102.7	102.2	102.3	105.1	105.8	105.4
其它食品	97.6	108.1	106.6	96.6	101.0	100.4	97.5
烟酒	98.1	98.7	101.5	100.2	101.9	101.1	101.1
烟草	100.6	98.6	100.7	100.0	99.7	98.6	99.3
酒	98.9	99.5	102.9	100.3	105.5	105.1	103.8

9-4 续表 上年=100 单位：%

类 别	2005年	2008年	2009年	2010年	2011年	2012年	2013年
衣着	97.4	97.9	103.5	99.9	97.9	112.6	101.9
服装	97.4	97.9	103.0	99.8	98.9	110.6	101.5
衣着材料	101.1	100.0	100.4	100.0	102.1	107.2	113.1
鞋袜帽	97.3	97.6	105.6	100.1	94.2	120.4	103.0
衣着加工服务	100.0	100.0	101.7	100.2	100.0	100.0	100.0
家庭设备用品及维修服务	97.9	99.4	102.5	100.2	100.6	99.6	101.4
耐用消费品	97.9	98.9	101.3	100.2	99.1	95.3	95.2
室内装饰品	98.5	100.8	104.0	99.7	95.1	99.5	101.7
床上用品	100.0	96.2	105.4	99.9	98.5	96.6	100.1
家庭日用杂品	99.7	101.2	104.0	99.5	100.4	103.1	101.1
家庭服务及加工维修服务	93.2	98.5	101.1	101.5	109.9	107.4	118.7
医疗保健和个人用品	99.6	102.1	101.5	100.5	101.5	100.1	100.5
医疗保健	98.7	102.6	101.0	100.8	100.5	99.7	99.8
个人用品及服务	101.7	101.0	102.6	99.9	103.4	100.9	101.6
交通和通讯	100.9	100.1	99.6	101.4	101.0	99.7	99.9
交通	103.3	101.0	99.4	102.6	103.2	100.5	100.4
通信	98.5	99.0	99.9	99.9	97.7	98.5	99.1
娱乐教育文化用品及服务	103.6	99.5	97.9	101.1	102.2	99.0	97.5
文娱用耐用消费品及服务	95.1	92.8	96.3	96.5	90.8	90.1	94.7
教育	109.0	99.7	100.2	99.8	100.6	100.6	101.7
文化娱乐类	102.0	99.1	101.7	100.1	100.3	100.5	100.1
旅游	97.1	103.3	90.2	107.6	118.1	101.2	89.8
居住	103.0	104.2	96.2	105.4	103.6	104.0	102.3
建房及装修材料	100.6	103.3	102.7	102.3	100.1	100.0	102.3
住房租金	100.0	100.0	100.0	100.0	105.5	106.6	105.2
自有住房	101.5	101.7	96.3	102.3	102.8	106.0	103.8
水、电、燃料	104.8	105.7	92.7	108.3	105.7	102.6	99.8

9-5 商品零售价格分类指数

上年 =100 单位：%

类 别	2005 年	2008 年	2009 年	2010 年	2011 年	2012 年	2013 年
商品零售价格指数	101.6	104.6	98.5	103.7	104.4	101.9	101.0
食品类	104.6	111.8	96.7	106.8	112.2	104.4	104.8
粮食	106.9	102.3	103.7	105.8	112.6	101.4	100.7
淀粉及制品	95.9	99.3	102.1	100.1	105.2	104.1	106.9
干豆类及豆制品	99.0	114.0	103.4	118.4	102.8	97.9	99.5
油脂	109.8	124.2	90.1	105.2	114.8	108.1	101.0
肉禽及其制品	101.6	114.7	89.1	102.6	122.4	103.2	100.6
蛋	100.8	109.2	99.4	107.6	116.4	95.3	107.5
水产品	116.6	118.0	97.9	111.6	118.5	102.9	107.9
菜	115.3	119.0	96.0	118.2	103.9	116.4	114.5
调味品	99.8	101.7	102.2	101.4	101.6	98.5	100.8
糖	102.6	103.0	105.8	103.8	109.2	100.5	97.5
干鲜瓜果	101.6	111.4	97.5	116.7	112.6	98.5	109.5
糕点饼干面包	100.4	101.8	101.6	99.0	105.7	102.8	102.5
液体乳及乳制品	105.7	109.5	102.9	102.3	99.3	104.8	104.0
在外用膳食品	98.7	102.7	102.2	102.3	105.1	105.8	105.4
其它食品	96.9	108.1	106.6	96.6	101.0	100.4	97.5
饮料、烟酒	98.2	99.3	101.5	100.4	100.8	99.9	100.1
茶及饮料	95.2	99.9	101.5	101.0	99.4	97.9	98.9
烟草	100.6	98.6	100.7	100.0	99.7	98.6	99.3
酒	97.9	100.0	103.4	100.1	105.9	106.1	103.9
液体乳及乳制品	105.9	109.5	102.9	102.3	99.4	104.9	104.0
在外用膳食品	98.4	102.7	102.2	102.3	105.1	105.8	105.4
其它食品	97.6	108.1	106.6	96.6	101.0	100.4	97.5
烟酒	98.1	98.7	101.5	100.2	101.9	101.1	101.1
烟草	100.6	98.6	100.7	100.0	99.7	98.6	99.3
酒	98.9	99.5	102.9	100.3	105.5	105.1	103.8

上年 =100

单位：%

类 别	2005 年	2008 年	2009 年	2010 年	2011 年	2012 年	2013 年
服装、鞋帽类	98.2	97.9	103.9	99.9	97.5	112.5	101.7
服装	97.3	97.9	103.0	99.8	99.2	110.5	101.3
鞋袜帽	97.3	97.7	105.4	100.1	94.2	120.5	103.0
其它	108.3	98.2	108.5	99.6	90.8	100.0	100.5
纺织品类	100.3	96.8	104.6	99.9	98.6	97.4	102.7
衣着材料	101.5	100.0	100.4	100.0	102.1	107.2	113.1
床上用品	100.1	96.2	105.4	99.9	97.8	95.2	100.0
家用电器及音像器材	99.5	96.4	100.5	99.8	96.3	94.5	97.4
家用设备	99.8	99.0	101.8	100.5	98.0	93.7	97.9
文娱用耐用消费品	98.8	89.6	97.8	98.5	92.1	94.1	95.2
专业音像器材类	100.0	100.0	100.0	100.0	100.0	100.0	101.0
文化办公用品	96.6	96.1	96.9	98.2	95.6	94.2	97.4
日用品	100.1	101.6	102.3	99.7	99.9	101.0	100.4
日用百货	96.1	100.9	101.3	100.8	102.1	102.6	100.2
日用杂品	97.3	100.2	102.2	99.5	100.5	102.9	100.6
洗涤用品	99.2	103.4	104.8	98.5	97.1	99.5	99.6
其它日用品	107.1	102.3	101.8	99.4	99.1	98.8	101.0
体育娱乐用品	99.2	98.8	100.7	100.6	100.5	100.2	97.5
体育用品	99.9	100.1	100.2	98.7	101.1	100.3	95.3
娱乐用品	98.4	97.6	101.2	102.3	99.9	100.1	99.7
交通、通信用品	94.8	95.8	101.6	101.1	98.1	98.0	98.0
交通运输机械	99.3	97.1	101.6	101.8	100.9	100.2	100.2
通讯器材类	90.1	94.2	101.5	100.0	94.5	94.9	94.7
家具	94.4	98.9	100.6	99.8	100.0	98.2	90.4
化妆用品	98.7	101.3	102.4	99.7	101.8	100.3	101.3
金银珠宝类	102.4	115.7	94.1	116.8	118.6	102.8	97.0
中西药品及医疗保健用品类	98.3	104.3	101.3	101.4	101.1	100.2	99.7
医疗器具及用品	98.7	95.8	99.2	102.5	100.6	98.6	101.1
中药材及中成药	95.4	112.2	102.6	105.3	107.5	105.9	98.9
西药	99.8	99.4	100.2	99.6	98.7	97.7	100.2
保健器具及用品	100.0	97.1	101.4	97.9	93.7	93.3	100.4
书报杂志及电子出版物类	96.9	98.6	104.0	99.7	99.8	99.8	100.5
教材及参考书	94.8	98.1	102.5	98.2	100.0	100.0	100.8
书报杂志	100.0	100.0	107.3	100.0	100.9	100.0	100.6
电子音像制品	95.0	96.9	100.8	101.9	97.5	99.3	100.0
燃料类	113.3	114.6	83.1	117.5	110.5	103.3	98.3
煤炭及制品类	109.7	100.0	103.4	105.8	103.9	100.0	100.0
石油及制品类	113.5	115.3	82.0	118.3	110.8	103.5	98.2
建筑材料及五金电料类	100.6	104.0	102.0	102.1	102.6	99.9	100.9
建筑装璜材料	100.7	104.6	102.1	102.7	102.1	99.5	100.8
五金电料类	100.6	101.4	101.8	99.3	104.2	101.6	101.0

十、人民生活

10-1 农村住户抽样调查户数

单位：户

年份	惠州市	惠城区	惠阳区	惠东县	博罗县	龙门县	大亚湾区	仲恺区
1984年	320	50	60	60	70	30		
1985年	340	50	80	80	80	50		
1986年	320	50	80	80	80	30		
1987年	320	50	80	80	80	30		
1988年	320	50	80	80	80	30		
1989年	320	50	80	80	80	30		
1990年	320	50	80	80	80	30		
1991年	320	50	80	80	80	30		
1992年	320	50	80	80	80	30		
1993年	300	30	80	80	80	30		
1994年	300	30	80	80	80	30		
1995年	300	30	80	80	80	30		
1996年	300	30	80	80	80	30		
1997年	350	30	80	80	80	50	30	
1998年	350	30	80	80	80	50	30	
1999年	350	30	80	80	80	50	30	
2000年	350	30	80	80	80	50	30	
2001年	350	30	80	80	80	50	30	
2002年	350	30	80	80	80	50	30	
2003年	500	120	30	120	130	70	30	
2004年	500	120	30	120	130	70	30	
2005年	530	100	80	120	130	70	30	
2006年	530	100	80	120	130	70	30	
2007年	530	100	80	120	130	70	30	
2008年	530	100	80	120	130	70	30	
2009年	530	100	80	120	130	70	30	
2010年	610	100	80	100	100	100	50	80
2011年	610	100	80	100	100	100	50	80
2012年	610	100	80	100	100	100	50	80
2013年	610	100	80	100	100	100	50	80

注：1、2010年全省统一新的调查方法，重新换点，个别县区有不可比因素。
2、大亚湾从1997年开始建立网点，仲恺区从2010年开始建立网点。

10-2 农村住户抽样调查调查户家庭常住人口

单位：人

年份	惠州市	惠城区	惠阳区	惠东县	博罗县	龙门县	大亚湾区	仲恺区
1984年	1727	299	401	427	397	203		
1985年	2198	286	519	567	495	331		
1986年	2076	313	507	559	498	199		
1987年	2062	307	516	551	498	190		
1988年	2058	302	521	550	490	195		
1989年	1993	284	500	553	460	196		
1990年	1961	302	494	526	453	186		
1991年	1913	296	470	498	467	182		
1992年	1909	288	471	515	460	175		
1993年	1814	189	471	478	433	163		
1994年	1698	176	484	478	407	152		
1995年	1686	173	472	471	413	157		
1996年	1666	145	473	472	419	157		
1997年	1887	148	449	456	410	268	156	
1998年	1924	158	456	485	403	256	166	
1999年	1900	148	453	484	400	255	160	
2000年	1822	156	440	474	367	248	137	
2001年	1806	159	443	459	383	240	122	
2002年	1811	153	386	425	457	241	149	
2003年	2515	612	157	657	627	319	143	
2004年	2454	544	153	657	636	322	142	
2005年	2670	505	376	705	614	352	118	
2006年	2712	522	371	707	620	357	135	
2007年	2722	531	375	711	613	356	136	
2008年	2729	547	360	718	613	355	136	
2009年	2677	532	357	711	602	343	132	
2010年	3087	534	386	581	447	536	238	365
2011年	3076	513	387	573	458	527	237	381
2012年	3058	508	370	562	465	531	237	385
2013年	3002	449	371	562	464	530	240	386

10-3 农村居民人均总收入

单位：元 / 人

年份	惠州市	惠城区	惠阳区	惠东县	博罗县	龙门县	大亚湾区	仲恺区
1984 年	616	728	622	626	581	497		
1985 年	750	1059	748	599	690	576		
1986 年	627	834	811	658	706	555		
1987 年	876	1034	902	875	849	622		
1988 年	1137	1385	1238	988	1192	759		
1989 年	1564	1554	1799	1352	1562	838		
1990 年	1670	1811	1854	1532	1826	962		
1991 年	1704	1956	1937	1490	1744	1182		
1992 年	1984	2185	2155	1763	2030	1716		
1993 年	2432	2360	2741	2231	2409	2161		
1994 年	3007	2979	2960	2937	3032	2340		
1995 年	3489	3284	3521	3381	3812	3090		
1996 年	4137	4195	4251	3909	4420	3670		
1997 年	4252	4460	4449	4128	4746	3692	3511	
1998 年	4298	4730	4531	4225	4514	3926	3504	
1999 年	4423	4705	4547	4413	4459	4206	4101	
2000 年	4644	5075	4711	4598	4665	4098	5026	
2001 年	4783	5039	4948	4937	4716	4029	4959	
2002 年	4938	5340	4884	5107	5111	4058	5070	
2003 年	4859	4894	4955	5084	5034	3923	4894	
2004 年	5157	5335	5142	5307	5425	4062	5078	
2005 年	5693	6216	5766	5813	5876	4282	5765	
2006 年	6069	6518	6276	6081	6277	4655	6481	
2007 年	7049	8691	7027	6904	6981	4913	7360	
2008 年	8158	9938	8200	7930	8223	5900	7694	
2009 年	9256	11326	9367	9066	9133	6794	8587	
2010 年	10395	12034	11689	9935	10612	8506	9807	11481
2011 年	12604	15034	13893	12335	12572	10020	11798	13725
2012 年	14122	16289	15597	14037	13990	11591	13233	15451
2013 年	15776	18257	17610	15563	15626	13091	14718	17312

10-4 农村居民人均年内现金收入

单位：元 / 人

年份	惠州市	惠城区	惠阳区	惠东县	博罗县	龙门县	大亚湾区	仲恺区
1984年	494	554	467	521	429	383		
1985年	597	745	611	471	540	484		
1986年	589	611	537	578	580	508		
1987年	748	876	723	769	769	480		
1988年	1045	1124	1277	938	1053	580		
1989年	1366	1339	1786	1217	1469	722		
1990年	1356	1316	1505	1324	1542	657		
1991年	1492	1727	1815	1126	1336	860		
1992年	2235	2584	3615	1715	1749	1331		
1993年	2443	2404	3102	1961	2602	1495		
1994年	2466	2679	2045	2454	3275	1761		
1995年	3129	2919	2984	3045	3840	2178		
1996年	3542	3762	3473	3247	4161	2785		
1997年	3616	4167	3586	3378	4622	2549	3065	
1998年	3670	4463	3764	3562	3999	2986	3224	
1999年	3821	5756	3696	3619	4093	3248	3228	
2000年	3709	4291	3940	3649	4017	2792	3344	
2001年	3870	4149	4145	3754	3858	3388	4959	
2002年	3993	4666	4250	4357	3818	2925	3856	
2003年	4226	4566	4615	4087	4418	3093	4672	
2004年	4530	4886	4720	4548	4786	2916	5382	
2005年	5063	5649	5286	5727	5254	3163	6122	
2006年	5417	5649	5286	5727	5254	3163	6358	
2007年	6411	8011	6552	6160	6413	4043	7271	
2008年	7247	8902	7480	7154	7299	4425	7604	
2009年	8429	10883	8591	8207	8240	5217	8504	
2010年	10808	12250	12624	10735	10471	8899	10671	12257
2011年	12815	14990	13654	12744	12794	10139	12644	14202
2012年	14302	15975	15633	14218	14251	11770	16883	15931
2013年	16548	18466	17953	17006	16164	13663	17697	17346

10-5 农村居民人均纯收入

单位：元 / 人

年份	惠州市	惠城区	惠阳区	惠东县	博罗县	龙门县	大亚湾区	仲恺区
1978 年	159	161	200	181	134	102		
1979 年	165	129	276	152	163	114		
1980 年	209	248	302	204	175	130		
1981 年	327	312	376	237	371	320		
1982 年	402	454	455	319	444	383		
1983 年	392	458	477	325	392	359		
1984 年	468	547	481	493	397	369		
1985 年	505	767	558	454	440	348		
1986 年	520	554	590	501	461	386		
1987 年	639	734	653	681	598	434		
1988 年	785	977	834	715	796	500		
1989 年	943	1070	936	986	987	578		
1990 年	1131	1226	1232	1086	1184	710		
1991 年	1217	1311	1402	1160	1194	801		
1992 年	1393	1525	1568	1346	1289	1114		
1993 年	1700	1915	1877	1718	1645	1275		
1994 年	2230	2356	2341	2313	2187	1600		
1995 年	2641	2794	2705	2703	2639	2100		
1996 年	3112	3440	3250	3110	3070	2507		
1997 年	3305	3967	3433	3298	3381	2724	3127	
1998 年	3422	4003	3499	3426	3457	2996	3212	
1999 年	3531	4201	3557	3560	3497	3200	3358	
2000 年	3630	4308	3613	3673	3566	3360	3427	
2001 年	3751	4516	3787	3788	3679	3341	3514	
2002 年	3903	4792	3866	3975	3948	3282	3748	
2003 年	4054	4282	4371	4107	4067	3300	4113	
2004 年	4370	4559	4653	4327	4279	3453	4360	
2005 年	4698	4978	5120	4621	4610	3763	4720	
2006 年	5090	5389	5636	4933	5041	4120	5319	
2007 年	5695	6307	6365	5383	5755	4381	6255	
2008 年	6626	7425	7250	6332	6721	5118	6816	
2009 年	7583	8541	8323	7231	7682	5805	7791	
2010 年	9077	9976	10914	9005	8929	7034	9319	10961
2011 年	10938	12056	13001	10907	10671	8596	11257	13208
2012 年	12415	13636	14886	12151	12269	9911	13035	14980
2013 年	14029	15464	16747	13791	13864	11220	14635	16793

注：2010 年全省统一新的调查方法，重新换点，个别县区有不可比因素。

10-6 农村居民人均生产性纯收入

单位：元/人

年份	惠州市	惠城区	惠阳区	惠东县	博罗县	龙门县	大亚湾区	仲恺区
1984年	402	436	414	390	351	339		
1985年	434	625	475	403	440	378		
1986年	447	513	496	442	461	355		
1987年	550	682	558	541	549	398		
1988年	729	921	751	677	746	426		
1989年	868	989	837	910	932	550		
1990年	1050	1145	1102	1035	1103	678		
1991年	1064	1172	1241	964	1129	749		
1992年	1164	1327	1377	972	1140	1006		
1993年	1575	1745	1228	1693	1311	1164		
1994年	1999	1898	2118	2047	1869	1454		
1995年	2205	1709	2192	2441	2258	1927		
1996年	2179	2229	1942	2693	2229	1838		
1997年	2970	3158	3230	3094	2927	2538	2530	
1998年	3015	2674	3284	3168	3066	2805	2360	
1999年	3102	2747	3307	3228	3050	2948	2842	
2000年	3416	2749	3458	3411	3462	3297	4142	
2001年	3501	3043	3631	3619	3457	3311	3694	
2002年	4509	2549	3706	3743	3803	3248	4162	
2003年	3661	3398	3668	3891	3817	3188	3936	
2004年	3962	3627	4026	4110	3727	3350	3927	
2005年	4195	3968	4246	4328	4320	3649	4030	
2006年	4492	4163	4613	4506	4751	3974	4822	
2007年	4946	4805	5163	4917	5392	4171	5063	
2008年	5680	5647	5728	5778	6181	4984	4736	
2009年	6563	6723	6516	6666	7038	5669	5642	
2010年	7515	8433	7212	8005	7702	6347	4706	5995
2011年	8963	9891	9026	9661	8883	7788	6227	7038
2012年	10377	11009	10249	11169	10712	9034	6443	8439
2013年	11756	12574	10987	12616	12132	10191	7972	9784

10-7 农村居民人均总支出

单位：元 / 人

年份	惠州市	惠城区	惠阳区	惠东县	博罗县	龙门县	大亚湾区	仲恺区
1984 年	585	660	534	598	541	551		
1985 年	689	960	684	528	596	574		
1986 年	691	756	775	666	656	497		
1987 年	782	853	850	758	782	545		
1988 年	1083	1132	1359	970	1069	620		
1989 年	1651	1569	2169	1404	1429	794		
1990 年	1639	1949	1666	1672	1742	720		
1991 年	1660	2012	1834	1389	1745	1544		
1992 年	2151	2653	2571	1724	2115	1060		
1993 年	2583	2267	3071	2044	2827	2081		
1994 年	3037	2918	2953	2822	3296	2425		
1995 年	3450	2719	3734	3242	3991	2600		
1996 年	3839	3406	4280	3442	4195	3153		
1997 年	3687	3654	3742	3496	4509	2979	3170	
1998 年	3485	3763	3840	3329	3736	3107	2673	
1999 年	3683	3997	3969	3701	3537	3222	3624	
2000 年	3708	3755	4127	3723	3778	2828	3657	
2001 年	3747	3372	4213	4125	3467	2721	4016	
2002 年	3790	3753	3561	4408	4168	2772	3151	
2003 年	3865	3841	3869	4156	4078	2771	4137	
2004 年	4249	4908	4050	4232	4469	2856	4191	
2005 年	4880	5410	5404	4939	5075	2965	5294	
2006 年	5115	5514	5677	5080	5332	3218	6240	
2007 年	5738	6855	6191	5687	5707	3351	6781	
2008 年	6442	7458	7438	6326	6549	3876	6537	
2009 年	6973	8241	8218	7066	6668	4146	6727	
2010 年	7627	9670	8680	6250	7955	6890	11211	7730
2011 年	9264	11917	9140	8142	8805	9175	13377	9639
2012 年	10537	13220	11649	9385	9708	10930	13797	9986
2013 年	11814	15904	14792	10381	10361	12343	13068	11243

10-8　农村居民人均年内现金支出

单位：元 / 人

年份	惠州市	惠城区	惠阳区	惠东县	博罗县	龙门县	大亚湾区	仲恺区
1984 年	468	486	398	484	400	471		
1985 年	538	723	558	421	457	417		
1986 年	531	509	592	562	544	333		
1987 年	651	631	683	661	705	427		
1988 年	929	904	1133	867	954	534		
1989 年	1333	1213	1787	1158	1336	693		
1990 年	1219	1318	1344	1237	1233	644		
1991 年	1358	1278	1571	1113	1388	923		
1992 年	1761	2000	2339	1286	1769	1192		
1993 年	2257	2217	2790	1663	2495	1802		
1994 年	2498	2507	2034	2371	3149	1609		
1995 年	2900	2506	2897	2773	3560	1990		
1996 年	3359	4350	3306	2895	3927	2486		
1997 年	3155	4031	3059	2802	4147	2233	2609	
1998 年	3032	4140	3243	2730	3288	2464	2534	
1999 年	3296	6078	3379	3053	3228	2737	2280	
2000 年	3057	3057	3538	3098	3288	2222	2265	
2001 年	3124	2706	3533	3277	2951	2200	3973	
2002 年	3122	3257	3755	3095	3055	2211	2906	
2003 年	3329	3395	3635	3255	3516	2200	4137	
2004 年	3697	4396	3614	3560	3809	2414	4147	
2005 年	5063	4430	4995	4460	4465	2353	5217	
2006 年	4619	4951	5247	4642	4810	2557	6056	
2007 年	5254	6455	5782	5213	5205	2521	6697	
2008 年	5892	6875	6738	5885	5843	3409	6440	
2009 年	6411	7783	7445	6439	6064	3687	6599	
2010 年	7901	10342	9261	6636	7808	6960	11867	8144
2011 年	9206	11483	8811	8261	8762	9117	14154	9860
2012 年	14302	15720	15621	14190	14226	11768	16869	15931
2013 年	11793	15297	14470	10708	10288	12368	15143	10757

10-9 农村居民人均生活消费支出

单位：元/人

年份	惠州市	惠城区	惠阳区	惠东县	博罗县	龙门县	大亚湾区	仲恺区
1984年	399	460	368	422	315	358		
1985年	446	642	455	373	361	324		
1986年	471	467	536	481	433	357		
1987年	512	551	562	537	469	351		
1988年	678	701	814	674	646	367		
1989年	1018	1077	1217	991	794	512		
1990年	1062	1355	1021	1178	1029	447		
1991年	1108	1371	1174	1012	1150	664		
1992年	1335	1628	1495	1268	1280	976		
1993年	1884	1803	2289	1583	2039	1159		
1994年	1145	2288	2269	2249	2423	1630		
1995年	1563	2268	2824	2581	2738	1587		
1996年	2767	2592	3217	2615	2815	1904		
1997年	2690	3152	2747	2591	3002	1949	2824	
1998年	2579	3005	2838	2491	2612	2064	2429	
1999年	2738	3475	3010	2742	2507	2106	2866	
2000年	2737	3065	3019	2646	2710	2019	3149	
2001年	2725	2935	3039	2810	2442	2016	3267	
2002年	2805	3193	2569	3257	2999	2005	2422	
2003年	3005	3205	3320	3103	2974	2106	3492	
2004年	3301	4121	3573	3206	3150	2195	3484	
2005年	3783	4241	4647	3729	3600	2395	4473	
2006年	4022	4419	4976	3847	3874	2613	5190	
2007年	4320	4466	5524	4102	4285	2664	6067	
2008年	4863	5019	6325	4741	4917	2948	5760	
2009年	5249	5526	6939	5231	5078	3136	5931	
2010年	6029	7176	7612	5140	5892	5234	10307	7051
2011年	7187	8229	7870	6455	6424	7427	12247	8644
2012年	8286	9514	10209	7293	7371	8859	12673	8694
2013年	9465	11821	12445	8475	8081	9811	12062	10103

10-10 农村居民人均住房面积

单位：平方米 / 人

年份	惠州市	惠城区	惠阳区	惠东县	博罗县	龙门县	大亚湾区	仲恺区
1984 年	11.74	12.68	9.45	12.04	4.77	18.98		
1985 年	10.31	14.88	14.69	6.34	3.64	16.27		
1986 年	10.46	13.61	14.82	8.11	3.9	17.44		
1987 年	10.16	12.47	14.06	8.88	4.39	14.72		
1988 年	9.38	13.75	14.54	4.26	5.14	13.92		
1989 年	9.36	17	16.17	3.84	3.99	10.89		
1990 年	10.2	17.53	18.19	19.64	4.09	6.95		
1991 年	14.04	17.11	21.71	9.49	9.48	13.41		
1992 年	16.05	19.59	21.61	9.84	15.69	14.57		
1993 年	19.44	22.69	24.28	18.06	19.38	20.2		
1994 年	21.6	25.6	20.01	19.1	17.13	21.47		
1995 年	19.41	26.85	18.46	18.55	17.54	21.53		
1996 年	20.26	42.13	20.75	18.32	15.44	17.27		
1997 年	21.72	41.84	21.58	19.95	18.06	21.99	17.45	
1998 年	22.43	48.32	21.29	19.96	19.04	20.82	18.81	
1999 年	22.77	47.33	22.92	19.72	18.27	21.46	22.27	
2000 年	22.34	34.43	16.65	18.24	25.77	24.33	28.29	
2001 年	22.55	35.44	18.53	18.2	24.3	23.98	28.36	
2002 年	23.12	39.8	19.41	18.18	24.32	23.7	27.65	
2003 年	22.56	20.16	36.38	18.26	24.08	25.13	25.03	
2004 年	23.58	26.12	25.18	20.25	23.25	25.29	25.21	
2005 年	26.01	26.52	33.1	22.62	26.01	22.99	30.42	
2006 年	26.41	26.19	34.91	22.44	25.58	23.09	37.34	
2007 年	27.45	26.39	39.61	23.72	27.46	23.48	27.95	
2008 年	28.17	26.01	44.16	24.29	29.87	22.83	27.95	
2009 年	29.98	27.11	44.35	25.4	30.58	23.94	40.23	
2010 年	28.59	24.34	33.45	27.25	35.39	19.95	39.49	24.18
2011 年	31.24	24.50	34.99	28.58	41.16	22.78	41.31	23.79
2012 年	32.8	25.42	37.05	29.29	44.23	23.98	35.14	26.62
2013 年	35.57	28.28	40.9	29.03	47.79	27.49	44.47	33.63

10-11　农村居民人均纯收入及生活消费性支出

年份	人均纯收入	比上年增减 %		人均生活消费性支出	比上年增减 %		居民消费价格指数 %
		名义增长 ± %	实际增长 ± %		名义增长 ± %	实际增长 ± %	
1984 年	468			399			
1985 年	505	7.9	–6.4	446	11.8	–3.1	115.3
1986 年	520	3.0	0.7	471	5.6	3.2	102.3
1987 年	639	22.9	8.6	512	8.7	–4.0	113.2
1988 年	785	22.8	–2.3	678	32.4	5.3	125.8
1989 年	943	20.1	–5.9	1018	50.1	17.7	127.6
1990 年	1131	19.9	22.8	1062	4.3	6.8	97.7
1991 年	1217	7.6	4.9	1108	4.3	1.7	102.6
1992 年	1393	14.5	4.5	1335	20.5	10.0	109.5
1993 年	1700	22.0	–0.6	1884	41.1	14.9	122.8
1994 年	2230	31.2	11.8	1145	–39.2	–48.2	117.3
1995 年	2641	18.4	7.8	1563	36.5	24.2	109.9
1996 年	3112	17.8	11.9	2767	77.0	68.1	105.3
1997 年	3305	6.2	5.4	2690	–2.8	–3.6	100.8
1998 年	3422	3.5	6.3	2579	–4.1	–1.6	97.4
1999 年	3531	3.2	3.8	2738	6.2	6.8	99.4
2000 年	3630	2.8	0.3	2737	0.0	–2.5	102.5
2001 年	3751	3.3	3.0	2725	–0.4	–0.7	100.3
2002 年	3903	4.1	6.0	2805	2.9	4.8	98.2
2003 年	4054	3.9	3.4	3005	7.1	6.6	100.5
2004 年	4370	7.8	5.6	3301	9.9	7.6	102.1
2005 年	4698	7.5	5.4	3783	14.6	12.4	102.0
2006 年	5090	8.3	6.6	4022	6.3	4.6	101.6
2007 年	5695	11.9	7.7	4320	7.4	3.4	103.9
2008 年	6626	16.3	11.6	4863	12.6	7.9	104.3
2009 年	7583	14.4	16.2	5249	7.9	9.6	98.5
2010 年	9077	19.7	16.0	6029	14.9	9.6	103.2
2011 年	10938	20.5	14.9	7187	19.2	13.6	104.9
2012 年	12415	13.5	10.4	8286	15.3	12.2	102.8
2013 年	14029	13	10.7	9465	14.2	11.9	102.1

10-12　农村居民家庭概况

（2013年）

指标名称		惠州市	惠城区	惠阳区	惠东县	博罗县	龙门县	大亚湾区	仲恺区
农村住户家庭基本情况	--								
一、调查户数	（户）	610	100	80	100	100	100	50	80
二、家庭常住人口	（人）	3002	449	371	562	464	530	240	386
三、家庭劳动力人数	（人）	2146	321	261	398	338	385	170	273
四、期末生产性固定资产原值	（元/人）	2123.58	795.40	1917.25	1247.48	4528.08	1406.31	38.65	192.41
1. 农业	（元/人）	1088.62	500.43	1771.65	700.66	2016.98	732.79		36.22
2. 工业	（元/人）	155.42	83.35		36.94	402.30	126.27		18.79
五、居住情况	—								
（一）住房面积	（平方米/人）	35.57	28.28	40.90	29.03	47.79	27.49	44.47	33.63
（二）住房性质	—								
1、自有	（户）	598	100	77	100	100	96	47	78
2、租住	（户）	7		1			1	3	1
3、其他	（户）	6		2			3		1
（三）住房类型	—								
1. 楼房	（户）	499	63	69	82	93	73	49	70
2. 砖瓦平房	（户）	109	37	10	17	7	27	1	10
3. 其他	（户）	2		1	1				
（四）住房结构	—								
1. 钢筋混泥土结构	（平方米/人）	30.91	19.10	38.46	25.50	42.66	22.43	44.09	31.10
2. 砖木结构	（平方米/人）	4.56	9.03	2.40	3.38	5.13	4.92	0.39	2.27
3. 其他	（平方米/人）	0.10	0.16	0.04	0.16		0.15		0.26
六、居住条件	—								
（一）住房有卫生设备的住户	（户）	568	95	77	91	96	80	50	80
（二）饮用自来水的住户	（户）	499	96	59	72	73	69	50	80
（三）燃料使用情况	—								
1. 使用燃气的住户	（户）	465	68	63	78	71	63	45	77
2. 使用煤炭的住户	（户）	9	4			1	2		2
3. 使用柴草的住户	（户）	124	27	15	22	20	36	3	1
七、当年农村劳动力就业状况	—								
（一）就业劳动力人数	（人）	1812	302	204	328	321	389	82	186
（二）就业的产业分布	—								
1. 第一产业	（人）	581	110	51	105	109	162	16	28
2. 第二产业	（人）	450	64	91	26	83	110	2	74
3. 第三产业	（人）	781	128	62	197	129	117	64	84
八、农村劳动力外出情况	—								
（一）外出就业的劳动力人数	（人）	449	75	25	112	69	160	6	2
（二）外出劳动力就业的产业分布	（人）								
1. 第一产业	（人）	15	2	2	4	5		2	
2. 第二产业	（人）	152	12	17	23	16	84		
3. 第三产业	（人）	282	61	6	85	48	76	4	2

10-13 农村居民家庭收入与支出(人均)

（2013 年）　　单位：元 / 人

地区别	惠州市	惠城区	惠阳区	惠东县	博罗县	龙门县	大亚湾区	仲恺区
一、总收入	15776.19	18256.74	17609.92	15563.25	15626.12	13091.27	14718.29	17312.00
（一）工资性收入	8770.20	9549.31	8053.04	9426.74	8991.86	6961.82	7425.16	8580.39
其中：外出打工收入	3308.77	4429.36	1270.96	3752.77	3229.50	3795.42	234.92	1123.18
（二）家庭经营收入	4568.41	5661.12	3580.72	4784.91	4689.62	5029.00	591.41	1587.46
1. 第一产业收入	2665.32	4078.06	1769.71	3216.63	1728.87	3552.61	151.93	616.21
其中：自产自用	523.12	1148.39	501.26	355.38	267.74	953.05	29.49	277.13
2. 第二产业收入	666.22	972.53	301.56	215.86	1254.62	696.97	99.44	72.02
3. 第三产业收入	1236.87	610.54	1509.44	1352.42	1706.12	779.43	340.05	899.23
（三）财产性收入	1418.21	1839.97	4491.27	377.51	1073.68	90.51	6191.01	5893.95
（四）转移性收入	1019.38	1206.34	1484.90	974.09	870.97	1009.94	510.71	1250.21
二、总支出	11813.78	15904.45	14791.77	10380.81	10361.06	12342.56	13068.04	11242.82
（一）家庭经营支出	1482.27	2634.29	535.78	1551.42	1272.98	1827.98	48.56	331.12
1. 第一产业支出	1073.86	2053.03	476.57	1052.02	928.87	1311.52		213.95
2. 第二产业支出	104.51	259.43	33.78	11.81	71.06	299.39	32.17	1.87
3. 第三产业支出	303.90	321.82	25.44	487.60	273.05	217.07	16.38	115.30
（二）购置生产性固定固定资产支出	70.01	282.60	6.16	8.27	11.78	189.25		0.17
（三）税费支出	12.91	39.89	10.93	5.98	3.32	5.20	41.78	55.04
（四）生活消费支出	9465.10	11821.04	12444.83	8474.61	8081.28	9810.87	12062.15	10102.91
1、食品	4174.11	5165.80	5500.61	3813.57	3523.44	4344.25	4643.93	4552.37
2、衣着	491.92	541.49	523.97	473.40	524.04	312.37	738.84	647.77
3、居住	2010.55	3598.95	3596.44	1133.16	1432.51	2725.15	2933.73	1350.11
4、设备用品	587.65	534.31	631.96	621.00	534.23	546.24	945.71	721.65
5、医疗保健	488.43	589.46	403.19	510.12	439.37	430.38	514.73	675.97
6、交通通讯	960.99	860.02	1233.11	906.21	883.97	970.61	1067.30	1439.51
7、文教娱乐	466.51	234.65	385.40	560.38	525.81	343.00	859.29	469.72
8、其他	284.93	296.36	170.13	456.77	217.91	138.87	358.62	245.81
（五）财产性支出	64.82	61.82	636.28	1.41	31.78	12.28	0.34	0.34
（六）转移性支出	718.67	1064.80	1157.80	339.12	959.92	496.98	915.20	753.23
（七）恩格尔系数 %	44.10	43.70	44.20	45.00	43.60	44.28	38.50	45.06
（八）发展型消费占比 %	15.08	9.26	13.01	17.31	17.44	13.39	15.97	18.90
（九）文教卫生体育占比 %	4.93	1.99	3.10	6.61	6.51	3.50	7.12	4.65
二、人均纯收入	14028.57	15463.52	16747.11	13791.13	13863.75	11219.89	14635.06	16792.60
(一)工资性收入	8770.20	9549.31	8053.04	9426.74	8991.86	6961.82	7425.16	8580.39
其中：外出打工收入	3308.77	4429.36	1270.96	3752.77	3229.50	3795.42	234.92	1123.18
(二)家庭经营纯收入	2986.17	3024.20	2934.45	3189.65	3140.54	3229.51	546.77	1193.47
1. 第一产业纯收入	1566.54	2078.30	1202.90	2159.63	686.26	2315.11	157.99	404.72
2. 第二产业纯收入	549.55	695.29	267.79	201.83	1154.77	389.17	67.27	68.91
3. 第三产业纯收入	870.07	250.61	1463.76	828.19	1299.51	525.23	321.51	719.84
(三)财产性纯收入	1418.21	1839.97	4491.27	377.51	1073.68	90.51	6191.01	5893.95
1. 利息股息分红收入	459.26	158.75	1114.70	37.06	619.50	11.65	4739.39	1025.80
2. 租金收入	876.19	1440.88	3176.18	337.44	388.24	50.13	1451.61	4543.42
3. 其他财产性收入	82.76	240.34	200.39	3.01	65.95	28.73		324.72
(四)转移性纯收入	854.00	1050.04	1268.36	797.24	657.66	938.04	472.13	1124.79
1. 家庭非常住人口寄回和带回	368.61	426.85	318.55	362.11	277.60	598.02	129.12	237.03
2. 城市亲友赠送	101.13	156.01	208.48	123.09	57.82	70.95	0.87	56.10
3. 离退休金 . 养老金	152.32	179.02	254.15	171.79	133.29	26.59	280.70	243.55
4. 抚恤救济救灾金	12.15	21.41	3.61	15.08	1.65	4.54	59.72	41.18
5. 农业生产补贴	48.13	29.75	89.45	19.59	63.36	84.34		33.56
6. 其他	171.66	237.00	394.11	105.59	123.93	153.60	1.72	513.37
四、人均可支配收入	13409.22	14492.20	15169.57	13627.45	13085.35	10782.52	13716.32	16164.44

10-14 农村住户调查资料（户均）

（2013年）

指标名称		惠州市	惠城区	惠阳区	惠东县	博罗县	龙门县	大亚湾区	仲恺区
年末主要耐用消费品拥有情况	--								
1、洗衣机	（台）	0.73	0.57	0.82	0.78	0.71	0.62	1.13	0.85
2、电冰箱	（台）	0.91	0.92	1.04	0.99	0.82	0.85	1.11	0.94
3、空调机	（台）	1.14	0.83	1.83	1.16	0.99	0.69	2.94	1.86
4、微波炉	（台）	0.27	0.18	0.31	0.40	0.24	0.16	0.51	0.16
5、热水器	（台）	0.91	0.83	0.85	1.08	0.85	0.73	1.30	1.01
6、电动自行车	（辆）	0.29	0.68	0.42	0.13	0.19	0.24	0.40	0.50
7、摩托车	（台）	1.35	1.21	1.12	1.45	1.46	1.48	0.67	0.91
8、汽车（生活用）	（台）	0.21	0.13	0.31	0.12	0.29	0.13	0.26	0.41
9、固定电话机	（部）	0.72	0.89	0.72	0.85	0.61	0.49	0.88	0.87
10、移动电话	（部）	3.16	2.72	2.75	3.38	2.96	3.73	3.24	3.38
11、彩色电视机	（台）	1.41	1.22	1.55	1.46	1.39	1.38	1.67	1.46
12、影碟机	（台）	0.53	0.58	0.47	0.79	0.23	0.67	0.56	0.55
13、摄像机	（台）	0.03	0.02	0.13	0.01	0.01	0.02	0.11	0.10
14、照相机	（架）	0.19	0.11	0.31	0.18	0.18	0.11	0.34	0.38
15、计算机	（台）	0.61	0.59	0.77	0.61	0.51	0.61	0.90	0.88
16、中高档乐器	（件）	1.23		14.66			0.04	0.03	0.02

惠州统计年鉴－2014

HUIZHOU STATISTICAL YEARBOOK

十一、农 业

11-1 农村基本情况及农业生产条件

（2013 年）

项　目		惠州市	惠城区	惠阳区	惠东县	博罗县	龙门县	大亚湾区	仲恺区
农村基层组织情况									
乡镇个数（不含城关镇）	（个）	52	5	6	13	16	9		3
#镇个数（不含城关镇）	（个）	51	5	6	13	16	8		3
村委会个数	（个）	1041	142	102	245	331	156	28	37
农村基础设施									
自来水受益村委会数	（个）	846	124	93	208	230	128	26	37
通汽车村委会数	（个）	1039	142	102	245	331	156	26	37
通电话村委会数	（个）	1039	142	102	245	331	156	26	37
乡镇人口									
乡镇户数	（户）	828230	111708	87075	211853	218582	86185	59310	53517
乡镇人口数	（个）	3644847	481958	478337	926755	965669	301193	193248	297687

11-2 农村劳动力资源及构成

(2013年)

项　目		惠州市	惠城区	惠阳区	惠东县	博罗县	龙门县	大亚湾区	仲恺区
乡镇劳动力资源数	（人）	2285997	336353	333081	444454	600227	183069	164501	224312
其中：男	（人）	1180507	166327	173810	243960	290127	97602	95150	113531
女	（人）	1105490	170026	159271	200494	310100	85467	69351	110781
乡镇从业人员合计	（人）	2126785	312527	325838	406453	579128	160467	132225	210147
其中：男	（人）	1094144	153124	171218	218773	278520	83394	82557	106558
女	（人）	1032641	159403	154620	187680	300608	77073	49668	103589
其中：农林牧渔业	（人）	516160	64368	36205	136917	160094	92611	6413	19552

11-3 1949-2013年粮食亩产

（按高低顺序排列）　　单位：公斤

年份	亩产	年份	亩产	年份	亩产
1999	375	1990	265	1967	151
1998	372	1991	259	1968	148
2000	371	1989	256	1970	148
1997	354	1987	238	1965	136
2002	352	1988	238	1966	129
2001	349	1985	226	1964	104
2012	345	1984	220	1963	102
2011	339	1983	218	1958	99
2003	339	1982	216	1962	98
2004	335	1986	210	1956	93
2005	327	1981	189	1959	93
2010	326	1980	183	1954	89
2009	324	1977	170	1955	89
1996	324	1974	168	1960	89
2008	321	1971	166	1961	86
2007	321	1969	163	1953	84
2013	318	1976	162	1952	79
2006	305	1972	161	1951	74
1995	304	1975	161	1950	71
1994	297	1978	160	1957	70
1993	280	1973	157	1949	67
1992	278	1979	154		

11-4　1949-2013 年水稻亩产

（按高低顺序排列）　　单位：公斤

年 份	亩 产	年 份	亩 产	年 份	亩 产
1999	390	1990	282	1967	170
1998	389	1991	275	1968	162
2000	387	1989	272	1970	161
1997	370	1987	253	1965	154
2002	364	1988	252	1966	143
2001	359	1985	242	1963	118
2004	354	1983	237	1964	117
2012	351	1984	237	1958	112
2011	345	1982	233	1962	111
2005	345	1986	223	1959	107
1996	339	1980	205	1956	106
2003	339	1981	204	1960	104
2010	325	1977	195	1955	101
2007	324	1974	189	1961	101
2009	323	1971	184	1954	96
2008	321	1978	184	1957	94
1995	318	1972	181	1953	89
2013	310	1976	181	1952	81
1994	310	1969	180	1951	78
2006	302	1975	180	1950	74
1992	293	1973	175	1949	69
1993	292	1979	173		

11-5　1949-2013 年花生亩产

（按高低顺序排列）　　单位：公斤

年份	亩产	年份	亩产	年份	亩产
2013	175	1990	103	1970	62
2012	168	1982	100	1972	60
2011	168	1989	98	1978	60
2003	168	1988	94	1976	59
2010	167	1986	93	1977	53
2009	166	1991	93	1962	53
2007	160	1987	90	1971	52
2008	159	1981	89	1958	52
2004	159	1984	88	1975	52
2005	149	1985	87	1965	49
2002	149	1983	82	1966	49
2001	149	1980	80	1956	48
1999	149	1969	78	1968	46
2006	148	1967	74	1957	46
2000	146	1951	70	1973	44
1998	143	1979	70	1961	40
1997	136	1954	69	1959	33
1996	134	1952	68	1964	31
1995	131	1950	66	1955	30
1994	123	1953	66	1960	29
1993	117	1949	65	1963	14
1992	114	1974	63		

11-6 1949-2013年大豆亩产

（按高低顺序排列）　　单位：公斤

年份	亩产	年份	亩产	年份	亩产
2006	142	1992	70	1976	38
2007	138	1989	65	1973	37
2010	133	1982	61	1977	36
2013	132	1987	61	1965	35
2012	128	1986	60	1950	31
2011	127	1988	60	1953	31
2008	127	1985	57	1955	31
2009	124	1991	56	1952	30
2004	124	1984	54	1966	30
2003	118	1980	54	1951	28
2005	116	1981	52	1954	28
2000	116	1983	48	1962	28
2002	113	1979	48	1958	27
2001	112	1975	47	1956	27
1999	109	1974	46	1949	25
1998	103	1969	45	1957	21
1997	98	1970	44	1961	21
1996	91	1968	43	1959	20
1994	85	1967	42	1960	19
1995	85	1978	41	1964	18
1993	81	1971	40	1963	11
1990	70	1972	39		

11-7 1949-2013年糖蔗亩产

（按高低顺序排列） 单位：公斤

年份	亩产	年份	亩产	年份	亩产
2003	5066	1992	4232	1953	1949
2008	5058	1993	4052	1969	1945
2007	5019	1989	3911	1974	1924
2006	5009	1988	3805	1955	1914
2013	4992	1982	3581	1954	1890
2009	4957	1985	3569	1973	1879
2010	4950	1987	3451	1958	1720
1998	4946	1981	3326	1968	1691
2012	4933	1986	3270	1949	1636
2011	4927	1984	3187	1956	1592
2001	4923	1980	2934	1951	1565
1999	4911	1983	2854	1976	1551
1997	4867	1967	2598	1975	1542
2002	4861	1965	2382	1977	1537
2005	4843	1970	2227	1950	1531
1996	4730	1978	2174	1966	1459
2000	4713	1979	2122	1960	1402
1995	4711	1972	2117	1962	1302
1991	4706	1952	2093	1957	1277
2004	4637	1963	2065	1961	1057
1990	4545	1971	1978	1959	1024
1994	4274	1964	1963		

11-8 重点年份主要农产品人均占有量

（按总人口计）　　　　单位：公斤

年份	粮食	稻谷	花生	大豆	糖蔗	水果	肉类	水产品
1949	251.69	215.87	7.37	1.30	52.27	1.71		10.30
1952	317.11	284.57	9.64	2.35	83.70	1.55		11.89
1957	338.33	300.27	8.82	1.73	109.11	1.56		18.90
1962	328.35	299.42	6.19	1.62	53.94	1.83		11.95
1965	407.94	375.57	11.67	1.20	282.75	3.41		10.88
1970	387.81	360.42	12.95	1.88	323.07	8.04		19.89
1975	369.18	344.75	11.12	3.84	194.31	8.99		12.80
1980	372.00	350.70	19.09	5.99	186.00	7.16		9.29
1985	366.70	347.07	19.60	5.63	321.22	16.61		12.04
1987	370.88	346.68	22.85	5.58	163.80	36.51		15.92
1988	360.68	334.77	18.16	5.42	206.09	42.45		18.29
1989	388.34	358.50	18.51	5.84	238.40	50.54		18.76
1990	393.58	363.46	19.19	6.15	274.15	65.31	3.21	19.85
1991	353.30	324.66	16.36	4.51	309.84	75.36	34.98	22.28
1992	343.46	314.34	19.01	5.24	237.12	91.35	38.10	25.10
1993	309.70	278.65	19.66	5.62	104.22	82.79	40.08	26.44
1994	337.60	301.09	20.22	5.59	92.57	86.87	45.39	28.95
1995	349.08	307.86	20.88	4.97	110.28	78.99	46.46	31.94
1996	375.04	324.63	20.15	5.12	131.84	76.52	49.97	34.69
1997	397.51	343.71	20.22	5.03	142.01	68.72	54.53	42.24
1998	416.05	358.12	21.08	5.16	147.91	64.97	32.27	46.19
1999	414.46	352.06	21.73	5.22	126.06	74.79	41.44	48.16
2000	379.00	318.00	22.23	5.80	73.77	66.58	47.39	47.81
2001	331.16	271.82	24.57	5.66	65.67	70.72	47.96	49.85
2002	289.02	226.31	24.88	5.31	65.65	95.84	52.90	55.17
2003	237.50	190.23	20.30	4.66	55.40	100.76	52.10	54.80
2004	254.00	179.00	22.00	5.00	39.00	134.00	52.00	56.00
2005	249.37	170.13	20.58	4.35	36.26	163.86	59.70	54.96
2006	167.65	122.51	14.27	2.03	22.37	135.75	58.70	40.27
2007	176.27	130.44	15.14	1.67	21.92	149.51	57.19	43.82
2008	174.79	127.79	15.24	1.54	23.09	156.71	58.44	42.75
2009	180.78	127.55	16.27	1.53	18.52	159.76	59.54	43.34
2010	173.98	123.47	15.67	1.36	20.50	162.83	59.16	42.49
2011	177.77	127.45	15.92	1.31	19.56	171.65	55.21	42.77
2012	183.23	131.09	16.42	1.29	21.43	185.43	56.04	43.67
2013	162.21	110.46	17.24	1.32	19.51	194.93	55.69	45.64

11-9 重点年份主要农产品人均占有量

（按农业人口计）

单位：公斤

年份	粮食	稻谷	花生	大豆	糖蔗	水果	肉类	水产品
1949	302.41	259.37	8.85	1.56	62.81	2.05		12.38
1952	375.46	336.93	11.41	2.78	99.10	1.84		14.08
1957	405.24	359.65	10.56	2.07	130.69	1.86		22.64
1962	651.10	593.74	12.28	3.22	106.97	3.62		23.70
1965	491.86	452.82	14.07	1.45	340.92	4.12		13.12
1970	456.60	424.35	15.25	2.21	380.38	9.46		23.42
1975	436.61	407.72	13.15	4.54	229.79	10.63		15.14
1980	449.65	423.90	23.07	7.24	224.83	8.66		11.23
1985	465.88	440.94	24.89	7.15	408.10	21.10		15.30
1987	468.90	438.30	28.90	7.05	207.09	46.16		20.12
1988	461.15	428.02	23.22	6.93	263.50	54.28		23.39
1989	503.17	464.50	23.99	7.57	308.89	65.48		24.31
1990	515.20	475.78	25.12	8.05	358.86	85.50	4.20	25.99
1991	479.57	440.69	22.21	6.13	420.57	102.30	47.49	30.24
1992	472.52	432.45	26.16	7.22	326.22	125.68	52.41	34.53
1993	436.19	392.45	27.68	7.91	146.79	116.60	56.45	37.24
1994	482.30	430.14	28.88	7.99	132.25	124.11	64.84	41.37
1995	509.62	449.43	30.48	7.25	160.99	115.32	67.82	46.62
1996	557.83	482.86	29.97	7.62	196.11	113.81	74.33	51.60
1997	603.09	521.46	30.67	7.64	215.45	104.26	82.73	64.08
1998	630.86	543.01	31.98	7.83	224.30	98.52	48.93	70.04
1999	640.00	543.70	33.56	8.06	194.67	115.50	63.99	74.37
2000	597.35	501.79	35.03	9.15	116.24	104.91	74.67	75.33
2001	521.80	428.30	38.72	8.92	103.48	111.43	75.57	78.55
2002	457.27	358.06	39.36	8.39	103.85	151.62	83.70	87.28
2003	389.80	312.20	33.34	7.65	90.90	165.35	85.50	89.90
2004	412.00	290.00	36.00	8.00	63.00	217.00	85.00	90.00
2005	566.23	386.31	46.73	9.88	82.33	372.08	135.56	124.81
2006	378.98	276.93	32.26	4.59	50.56	306.86	132.69	91.04
2007	425.77	315.06	36.57	4.03	52.95	361.14	138.14	105.86
2008	420.07	307.11	36.62	3.70	55.50	376.61	140.44	102.74
2009	427.12	301.35	38.45	3.62	43.75	377.46	140.67	102.39
2010	424.40	301.19	38.23	3.32	50.02	397.22	144.31	103.64
2011	437.07	313.36	39.13	3.23	48.09	422.02	135.75	105.15
2012	454.07	324.86	40.68	3.18	53.12	459.52	138.87	108.23
2013	400.94	273.03	42.61	3.27	48.23	481.81	137.65	112.82

11-10 重点年份主要农产品产量

年份	粮食产量（万吨）	稻谷产量	花生总产量（吨）	大豆总产量（吨）	糖蔗总产量（万吨）
1949	26.00	22.30	7611	1342	5.40
1952	34.10	30.60	10362	2529	9.00
1957	40.00	35.50	10424	2047	12.90
1962	42.00	38.30	7921	2078	6.90
1965	56.70	52.20	16216	1672	39.30
1970	62.30	57.90	20809	3020	51.90
1975	66.50	62.10	20034	6910	35.00
1980	71.60	67.50	36735	11534	35.80
1985	76.60	72.50	40932	11760	67.10
1987	79.70	74.50	49114	11984	35.20
1988	78.65	73.00	39600	11819	44.94
1989	86.01	79.40	41000	12944	52.80
1990	89.01	82.20	43400	13906	62.00
1991	82.27	75.60	38100	10508	72.15
1992	82.20	75.23	45500	12552	56.75
1993	76.10	68.47	48300	13800	25.61
1994	84.79	75.62	50779	14045	23.25
1995	89.33	78.78	53427	12717	28.22
1996	97.54	84.43	52403	13322	34.29
1997	105.95	91.61	53889	13419	37.85
1998	111.61	96.07	56572	13850	39.68
1999	112.66	95.70	59063	14194	34.27
2000	105.31	88.47	61758	16133	20.49
2001	92.87	76.23	68910	15881	18.42
2002	81.80	64.05	70421	15017	18.58
2003	68.02	54.48	58189	13348	15.86
2004	74.44	52.30	63695	14182	11.29
2005	74.21	50.63	61241	12953	10.79
2006	51.37	37.54	43727	6225	6.85
2007	55.15	40.81	47376	5223	6.86
2008	55.73	40.74	48581	4909	7.36
2009	58.64	41.37	53866	4966	6.01
2010	58.68	41.64	52861	4597	6.92
2011	60.98	43.72	54573	4461	6.71
2012	62.66	44.83	56140	4395	7.33
2013	55.7	37.93	59194	4536	6.70

11-10 续表

年份	水果总产量（吨）	肉类总产量（吨）	水产品总产量（吨）	总人口（人）	
					农业人口
1949	1764		10640	1033033	859773
1952	1668		12790	1075324	908209
1957	1840		22344	1182267	987070
1962	2338		15290	1279139	645063
1965	4745		15123	1389900	1152773
1970	12908		31958	1606457	1364440
1975	16188		23061	1801290	1523098
1980	13788		17884	1924731	1592341
1985	34688		25159	2088900	1644204
1987	78454		34206	2148954	1699732
1988	92572		39888	2180595	1705532
1989	111926		41560	2214794	1709347
1990	147712	7263	44899	2261569	1727689
1991	175489	81463	51876	2328602	1715510
1992	218628	91175	60073	2393261	1739625
1993	203435	98490	64964	2457206	1744664
1994	218183	114000	72722	2511581	1758047
1995	202139	118880	81725	2558978	1752868
1996	199003	129972	90225	2600813	1748549
1997	183165	145342	112575	2665306	1756782
1998	174304	86565	123917	2699972	1769135
1999	203307	112641	130905	2718248	1760170
2000	184960	131649	132811	2778100	1763033
2001	198335	134502	139813	2804500	1779885
2002	271240	149729	156131	2830209	1788925
2003	288523	149244	156911	2863568	1744885
2004	391525	152542	162643	2932200	1808928
2005	487574	177660	163565	2975807	1310545
2006	415935	179850	123396	3064052	1355463
2007	467803	178939	137122	3128886	1295368
2008	499637	186320	136295	3188362	1326664
2009	518205	193123	140573	3243580	1372857
2010	549206	199519	143294	3372810	1382617
2011	588760	189378	146659	3430337	1395281
2012	634127	191631	149357	3419797	1379963
2013	669343	191228	156728	3433721	1389220

11-11 分县区农业机械年末拥有量

（2013年）

项　　目		惠州市	惠城区	惠阳区	惠东县	博罗县	龙门县	大亚湾区	仲恺区
农业机械总动力合计	（千瓦）	1353245	74606	93570	343308	540813	218016	17894	65038
柴油发动机动力	（千瓦）	1028352	49538	76922	254533	421406	172286	12093	41574
汽油发动机动力	（千瓦）	122456	12858	10516	44846	26102	11138	5795	11201
电动机动力	（千瓦）	200402	10175	6132	43929	93305	34592	6	12263
其他机械动力	（千瓦）	2035	2035						
主要农业机械与设备									
大中型拖拉机	（台）	900	49	76	247	431	87		10
小型拖拉机	（台）	20383	1817	787	4576	9706	2873	27	597
大中型拖拉机配套农具	（台）	846	23	82	190	438	111		2
小型拖拉机配套农具	（台）	16744	1373	825	3440	8489	2406		211
农用排灌电动机	（台）	6992	557	1166	1133	3461	485	1	189
农用排灌柴油机	（台）	28974	2986	3664	3725	12900	5347	10	342
联合收割机	（台）	1111	74	60	212	304	439		22
自走式机动割晒机	（台）	98	15		52		31		
机动脱粒机	（台）	24527	2125	598	1310	16303	4035		156
农用运输车	（辆）	6781	342		2557	2048	1342	5	487
养殖渔船	（艘）	1042			590			452	
捕捞渔船	（艘）	1252	52		1039			161	
机电井	（眼）	271	135		118				18
节水灌溉机械	（套）	3002	110		91	2570	113		118
农用水泵	（台）	36310	2464	5517	6527	15836	5818		148

11-12　农村电气化、化学化和农田水利建设情况

（2013 年）

项　目		惠州市	惠城区	惠阳区	惠东县	博罗县	龙门县	大亚湾区	仲恺区
农村电气化情况									
农村用电量	（万千瓦时）	354425	19234	141675	72612	62379	6790	2923	48812
乡镇、村办水电站个数	（个）	217	4		109	35	67		2
装机容量	（千瓦）	96738	2585		43032	17016	33855		250
发电量	（万千瓦时）	29173	86		15154	3766	10132		35
农用化肥施用量									
按实物量计算	（吨）	325926	32950	26375	83954	110107	50899	987	20654
氮肥	（吨）	107038	10835	7591	27431	33596	20726	197	6662
磷肥	（吨）	87224	9193	6170	24573	32722	10961	202	3403
钾肥	（吨）	50079	5067	4779	11960	17795	7275	178	3025
复合肥	（吨）	81585	7855	7835	19990	25994	11937	410	7564
按折纯量计算	（吨）	94340	11945	9514	20060	34048	12386	185	6202
氮肥	（吨）	39025	4930	3458	10147	13404	3971	73	3042
磷肥	（吨）	10340	1074	725	2925	3922	1268	19	407
钾肥	（吨）	23019	2343	2371	5403	8132	3207	57	1506
复合肥	（吨）	21956	3598	2960	1585	8590	3940	36	1247
农用塑料薄膜使用量	（吨）	2720	198	395	279	1033	92		723
地膜使用量	（吨）	2426	173	395	165	913	57		723
地膜覆盖面积	（亩）	161429	14765	27040	60932	34181	5390		19121
农药使用量	（吨）	5345	350	326	485	2887	1010	7	280
农用柴油使用量	（吨）	24022	2326	319	5570	11879	775	1389	1764
农田水利建设情况									
有效灌溉面积	（亩）	1157466	155181	108010	338988	347182	168409	250	39446
旱涝保收面积	（亩）	769952	104168	57193	206179	294274	82168		25970
机电排灌面积	（亩）	392679	110646	37038	94707	124638	4650		21000

11-13　蔬菜及特种作物生产情况

（2013 年）

项　目		惠州市	惠城区	惠阳区	惠东县	博罗县	龙门县	大亚湾区	仲恺区
蔬菜合计	（吨）	2430981	318031	358323	668830	729537	196501	8255	151504
叶菜类	（吨）	1033912	172510	114275	251336	315899	130093	2583	47216
白菜类	（吨）	610476	52157	82379	204046	196105	22328	1939	51522
甘蓝类	（吨）	23611	938	7404	6728	2821	2449	258	3013
根茎类	（吨）	107856	22042	20464	34169	18957	6312	839	5073
瓜菜类	（吨）	200752	15084	36372	35443	94908	9875	1094	7976
豆类（菜用）	（吨）	114617	9167	16245	27164	43669	7598	586	10188
茄果菜类	（吨）	162646	34253	52728	38681	20914	6496	487	9087
葱蒜类	（吨）	137529	11827	27656	41604	35390	3595	298	17159
水生菜类	（吨）	7897	53	17	4317	460	2760	20	270
其它蔬菜	（吨）	27307		527	24319		2310	151	
食用菌（干鲜混合）	（吨）	4378		256	1023	414	2685		
蔬菜大棚									
面积	（亩）	1548	850	698					
产量	（吨）	2805	1450	1355					
特种作物									
花卉种植面积	（亩）	8984		5496		3472		16	
鲜切花	（万枝）	468	169	128	6	71			94
盆栽观赏植物（包括盆景）	（盆）	2382861	1585071	184954	54243	336339			222254

11-14 分县区主要农作物播种面积和产量

（2013 年）

项 目		惠州市	惠城区	惠阳区	惠东县	博罗县	龙门县	大亚湾区	仲恺区
粮食播种面积	（亩）	1749876	231972	108926	578887	470030	300555	4034	55472
亩产	（公斤）	318	335	343	311	320	306	294	328
总产量	（吨）	557041	77770	37353	180170	150478	91901	1186	18183
水稻播种面积	（亩）	1224660	148608	74821	396908	316247	268764	3350	15962
亩产	（公斤）	310	315	317	304	312	312	280	284
总产量	（吨）	379318	46857	23690	120605	98706	83987	937	4536
旱粮播种面积	（亩）	330599	65300	25311	68839	123552	9881		37716
亩产	（公斤）	367	404	439	320	369	306		348
总产量	（吨）	121292	26367	11100	22031	45637	3027		13130
薯类播种面积	（亩）	160312	10033	6568	107636	18695	15034	684	1662
亩产	（公斤）	324	352	341	339	266	258	364	295
总产量	（吨）	51895	3528	2239	36541	4972	3876	249	490
# 马铃薯播种面积	（亩）	93969	1616	1573	83641	5736	609	345	449
亩产	（公斤）	361	324	373	364	328	292	377	356
总产量	（吨）	33888	524	587	30429	1880	178	130	160
大豆播种面积	（亩）	34305	8031	2226	5504	11536	6876		132
亩产	（公斤）	132	127	146	180	101	147		205
总产量	（吨）	4536	1018	324	993	1163	1011		27
甘蔗播种面积	（亩）	22466	360		2030	19223	823		30
亩产	（公斤）	5585	4367		5874	5636	4151		7000
总产量	（吨）	125471	1572		11925	108348	3416		210
油料播种面积	（亩）	339713	66474	30033	95177	101943	39698	4712	1676
亩产	（公斤）	174	183	165	182	165	164	201	317
总产量	（吨）	59240	12162	4961	17335	16779	6526	946	531
# 花生播种面积	（亩）	338992	66354	29790	95177	101585	39698	4712	1676
亩产	（公斤）	175	183	166	182	165	164	201	317
总产量	（吨）	59194	12156	4948	17335	16752	6526	946	531
蔬菜播种面积	（亩）	1657391	199365	236650	506051	478129	147063	6249	83884
亩产	（公斤）	1467	1595	1514	1322	1526	1336	1321	1806
总产量	（吨）	2430981	318031	358323	668830	729537	196501	8255	151504

11-15 分县区水果茶叶生产情况

（2013年）

项　目	惠州市	惠城区	惠阳区	惠东县	博罗县	龙门县	大亚湾区	仲恺区
年末水果面积(亩)	863554	47955	107524	139556	172151	357127	11126	28115
(1) 柑	40296	566	1546	5550	5342	27292		
(2) 桔	281895	2400	2106	11354	20983	245052		
(3) 橙	47485	125	382	3978	2788	40212		
(4) 香（大）蕉	74469	4078	6918	12929	28588	20141		1815
(5) 菠萝	5496	252	471	4008	263	22		480
(6) 荔枝	243218	18229	69987	61044	57195	8100	7663	21000
(7) 龙眼	104708	13949	18741	18381	36018	11231	3337	3051
(8) 梨	36	36						
(9) 柿子	3016	255	64	2068	175	449		5
(10) 李子	10580	529	1872	4227	2589	913	110	340
(11) 番石榴	7235	1013	625	966	4339	166		126
(12) 芒果	19650	3106	1257	6812	7346	129		1000
(13) 柚子	1437	270	469	223	36	439		
(14) 杨桃	3198	131	42	398	744	1865		18
(15) 其他杂果	20835	3016	3044	7618	5745	1116	16	280
全年水果产量(吨)	669343	27467	28743	79071	144047	382904	1472	5639
(1) 柑	52886	739	604	4951	6340	40252		
(2) 桔	293229	3274	1041	9023	18375	261516		
(3) 橙	47470	152	184	1596	2950	42588		
(4) 香（大）蕉	102753	5067	7577	9878	53940	24550		1741
(5) 菠萝	4327	190	273	3493	226	22		123
(6) 荔枝	76645	6443	8570	26174	28218	3691	1140	2409
(7) 龙眼	47055	5250	4758	14306	15794	5664	322	961
(8) 梨	12	12	0					
(9) 柿子	1871	115	26	1397	67	262		4
(10) 李子	5879	328	1508	1434	2108	410	7	84
(11) 番石榴	7709	1703	446	453	4992	106		9
(12) 芒果	16314	2150	1236	4283	8273	118		254
(13) 柚子	1119	390	199	222	35	273		
(14) 杨桃	3803	158	25	309	672	2630		9
(15) 其他杂果	8271	1496	2296	1552	2057	822	3	45
茶叶面积(亩)	6627		1200	724	3714	589		400
茶叶产量(吨)	285		3	34	145	15		88

11-16 分县区林业生产情况

（2013 年）

项 目		惠州市	惠城区	惠阳区	惠东县	博罗县	龙门县	大亚湾区	仲恺区
营林情况									
荒山荒（沙）地造林面积	（亩）	46680	195	3000	26490	2295	7935		6765
人工造林	（亩）	36690	195	3000	16500	2295	7935		6765
无林地和疏林地新封		9990			9990				
有林地造林面积	（亩）	42660	14280	4995		15495	2295		5595
有林地和灌木林地新封	（亩）	34635	6255	4995		15495	2295		5595
更新造林	（亩）	29760	1200	9000	4920	6990	3000	2505	2145
四旁（零星）植树	（株）	6680000	1000000	1100000	1660000	1800000	720000	150000	250000
年末实有封山（沙）育林	（亩）	144330	25755	10005	57690	36990	2295		11595
森林抚育									
低产低效林改造面积	（亩）	14445		12000		2445			
未成林抚育作业面积	（亩次）	82800	16995	49995	4995	9510	1305		
未成林抚育实际面积	（亩）								
成林抚育面积	（亩）	62790	10005		15000	20580	10005		7200
育苗面积	（亩）	705	240	120		165	105		75
主要林产品产量									
松脂	（吨）	275	195			80			
竹笋片	（吨）	129	40			35	54		
竹木采伐量									
木材	（立方米）	305421	59816	13754	33541	150534	43424		4352
竹材									
毛竹	（根）	3207103	146884		430760	2363399	266060		
小毛竹	（根）	2723787	137192		191180	1465415	930000		
篙竹	（根）	3005351	677158		148750	803643	1375800		
厘竹	（把）	1025074	541739		17550	75785	390000		
竹笏	（筒）	361902			98560	43342	220000		
杂竹	（吨）	90819	18032		58201	4723	9863		
其他	（吨）	9712	1453		411	4848	3000		

11-17 分县区畜牧业生产情况

（2013年）

项　　目		惠州市	惠城区	惠阳区	惠东县	博罗县	龙门县	大亚湾区	仲恺区
牲畜年末存栏情况									
大牲畜年末存栏	（头）	115322	20964	6683	44655	36865	4361	895	899
牛	（头）	115322	20964	6683	44655	36865	4361	895	899
山羊年末存栏	（只）	4964	175	575	2367	1153	342	169	183
生猪年末存栏	（头）	1139802	196469	20861	301374	513225	72726	23490	11657
家禽年末存栏	（只）	11878470	2001941	1013931	1995275	4614386	768787	74338	1409812
牲畜当年出栏情况									
出栏肉猪	（头）	1896960	399520	50864	405814	866742	87778	36602	49640
出售和自宰的肉用牛	（头）	20398	2657	1197	4073	10272	1843	136	220
出售和自宰的肉用羊	（只）	8687	267	574	2078	5098	262	150	258
出售和自宰的肉用狗	（只）	66419	10302	4528	5328	39109	5360	600	1192
出售和自宰的家禽	（只）	34798548	4404808	3913962	5632077	16684116	2388270	220642	1554673
鸡	（只）	24953533	2605968	3225682	4280264	12433741	1613063	165030	629785
鸭	（只）	6823418	1629213	457530	1252045	2221877	729331	55365	478057
鹅	（只）	2080924	169627	230750	93181	1324090	45511	247	217518
鸽	（只）	898561			6587	662296	365		229313
其他家禽	（只）	42112				42112			
畜牧业主要产品产量									
肉类总产量	（吨）	191228	37460	9125	38696	87098	10141	2918	5790
猪肉产量	（吨）	142164	30726	3799	30385	64223	6704	2611	3716
牛肉产量	（吨）	2149	317	146	440	982	225	17	22
羊肉产量	（吨）	156	6	12	30	96	5	3	4
家禽肉产量	（吨）	45586	6167	5088	7716	21215	3092	287	2021
其他肉产量	（吨）	1173	244	80	125	582	115		27
奶类产量	（吨）	8010	257			7257	496		
蜂蜜产量	（吨）	1304	295	24	160	618	207		
蜂蜡产量	（吨）	512	14	7	34	434	23		
禽蛋产量	（吨）	8933	2039	255	1300	2304	364	2	2669

11-18 分县区渔业生产情况

（2013年）

项 目		惠州市	惠城区	惠阳区	惠东县	博罗县	龙门县	大亚湾区	仲恺区
水产品总产量	（吨）	156728	19490	4353	60521	26627	5907	28627	11203
海水产品	（吨）	79453			51466			27987	
鱼类	（吨）	26823			18138			8685	
优质鱼	（吨）	18972			13355			5617	
大黄鱼	（吨）	878			878				
小黄鱼	（吨）	1255			1205			50	
马鲛	（吨）	677			662			15	
鲳鱼	（吨）	1656			1381			275	
海鳗	（吨）	1112			697			415	
石斑鱼	（吨）	2244			1571			673	
梭鱼	（吨）								
其他	（吨）	11150			6961			4189	
其他鱼类	（吨）	7851			4783			3068	
带鱼	（吨）	502			432			70	
鳓鱼	（吨）								
鲷鱼	（吨）	1555			1040			515	
鲐鱼	（吨）	587			197			390	
蓝园参	（吨）	1839			1379			460	
鲲鱼	（吨）	1066			461			605	
金线鱼	（吨）	271			241			30	
马面屯	（吨）	532			507			25	
沙丁鱼	（吨）	1458			508			950	
其他	（吨）	41			18			23	
甲壳类	（吨）	14188			13098			1090	
对虾	（吨）	10940			10710			230	
毛虾	（吨）	476			431			45	
鹰爪蟹	（吨）	97			85			12	
梭子蟹	（吨）	1188			688			500	
青蟹	（吨）	618			558			60	
其他	（吨）	869			626			243	
贝类	（吨）	34800			18968			15832	
鲍鱼	（吨）	116			115			1	
珍珠	（公斤）								
其他贝类	（吨）	34684			18853			15831	
藻类	（吨）	359			349			10	
其他类（包括鱿鱼）	（吨）	3283			913			2370	

11-18 续表 （2013 年）

项　目		惠州市	惠城区	惠阳区	惠东县	博罗县	龙门县	大亚湾区	仲恺区
淡水产品	（吨）	77275	19490	4353	9055	26627	5907	640	11203
鱼类	（吨）	74150	18702	4244	8870	24627	5864	640	11203
优质鱼	（吨）	33130	7782	1850	6466	10135	2798	425	3674
生鱼	（吨）	449	40	32	372				5
桂花鱼	（吨）	1308	15		193	1100			
加州鲈鱼	（吨）	556	23		233	299			1
淡水白鲳	（吨）	1731	24	76	389	580	652	10	
鳗鱼	（吨）	808	348		135	325			
青鱼	（吨）	614	8	17	112	340	5		132
罗非鱼	（吨）	17804	4695	1249	2156	4880	1742	400	2682
鲮鱼	（吨）	1689	537		450	702			
鲫鱼	（吨）	4726	1338	284	547	1348	364	15	830
鲂鱼	（吨）	36	11	11	6		8		
其他	（吨）	3409	743	181	1873	561	27		24
其他鱼类	（吨）	41020	10920	2394	2404	14492	3066	215	7529
鲩鱼	（吨）	18711	4819	915	945	6070	1170	62	4730
鳙鱼	（吨）	9504	2620	667	634	3605	595	68	1315
鲢鱼	（吨）	8190	2179	569	583	3220	745	32	862
鲤鱼	（吨）	4578	1278	243	231	1597	556	53	620
其他	（吨）	37	24		11				2
甲壳类	（吨）	76	4		19	38	15		
优质虾	（吨）	16			16				
其他虾	（吨）	60	4		3	38	15		
优质蟹	（吨）								
其他蟹	（吨）								
贝类	（吨）	276	16			232	28		
其他类	（吨）	2773	768	109	166	1730			

11-19 分县区农业总产值中间消耗及增加值

（2013 年）

单位：万元

项　　目	惠州市	惠城区	惠阳区	惠东县	博罗县	龙门县	大亚湾区	仲恺区
农林牧渔业总产值合计	2177724	286049	187163	610301	688789	275993	30743	98686
农业	1460079	172578	157620	389981	426015	239673	5205	69007
林业	46531	7815	2745	10097	18908	5938	140	889
牧业	449236	85075	22494	87919	207500	23907	6374	15968
渔业	183284	18192	3628	100469	28214	4625	18534	9622
农林牧渔服务业	38594	2390	676	21835	8153	1850	490	3200
农林牧渔业生产中间消耗	823089	112247	65895	229392	270313	95752	12705	36785
农业	474088	56036	51179	126627	138327	77822	1690	22407
林业	20339	3416	1200	4413	8265	2596	61	389
牧业	233243	44171	11679	45647	107734	12412	3309	8291
渔业	72745	7220	1440	39876	11198	1836	7356	3819
农林牧渔服务业	22674	1404	397	12828	4790	1087	288	1880
农业增加值	1354635	173802	121268	380909	418475	180241	18039	61901
农业	985991	116542	106441	263354	287688	161851	3515	46600
林业	26193	4399	1545	5683	10643	3343	79	500
牧业	215993	40904	10815	42271	99766	11494	3065	7677
渔业	110539	10971	2188	60593	17016	2790	11178	5803
农林牧渔服务业	15920	986	279	9007	3363	763	202	1320

11-20　分县区农业总产值

（2013 年，按生产价格计算）　　　　单位：万元

项　目	惠州市	惠城区	惠阳区	惠东县	博罗县	龙门县	大亚湾区	仲恺区
农林牧渔业总产值合计	2177724	286049	187163	610301	688789	275993	30743	98686
# 农业产值小计	1460079	172578	157620	389981	426015	239673	5205	69007
谷物及其他作物	275660	39494	18342	93418	77815	37301	1236	8055
谷物(原粮)	157068	23891	11235	43094	46797	25036	266	6748
薯类（折粮）	39786	2439	1555	29084	3636	2542	184	346
豆类	4614	1270	293	1181	1070	781		18
油料	45022	9243	3771	13173	12753	4959	719	404
甘蔗	8812	92		1147	7297	254		21
蔬菜、园艺作物	904411	117780	122464	248204	275391	80609	2796	57166
蔬菜	884390	114495	121345	245457	269948	73693	2796	56656
食用菌(干鲜混合)	11277		659	2635	1066	6916		
花卉（鲜切花）	330	119	90	4	50			66
盆景及园艺产品	8414	3165	369	108	4327			444
水果、坚果、饮料和香料	279864	15304	16814	48359	72665	121763	1173	3786
水果	279031	15304	16806	48223	72274	121722	1173	3528
茶及其他饮料(干品)	833		8	135	391	40		258
中药材	144				144			
林业产值小计	46531	7815	2745	10097	18908	5938	140	889
林木的培育和种植	8260	1054	1796	1973	1848	861	140	588
木材竹材采运（全社会）	29648	5549	949	4507	13466	4876		300
林产品	8623	1212		3616	3594	201		
牧业产值小计	449236	85075	22494	87919	207500	23907	6374	15968
牲畜的饲养	13256	1175	486	1440	8933	1078	63	81
牛的饲养(出栏)(毛重)	6453	951	438	1321	2949	676	51	67
羊的饲养(出栏)(毛重)	618	25	48	119	380	20	12	15
奶产品	6185	198			5603	383		
猪的饲养(出栏)(毛重)	303106	65510	8100	64783	136929	14294	5567	7923
家禽的饲养(出栏)(毛重)	126876	17143	13753	21005	58396	7904	744	7932
其他动物饲养(出栏)(毛重)	2445	561	93	288	1337	134		31
其他动物产品	3552	686	63	403	1904	497		
捕猎野禽、野畜	2				2			
渔业产值小计	183284	18192	3628	100469	28214	4625	18534	9622
海水产品	107148			89064			18083	
淡水产品	76136	18192	3628	11405	28214	4625	451	9622
农林牧渔服务业产值小计	38594	2390	676	21835	8153	1850	490	3200

11-21 建国以来农村经济主要指标

年份	农林牧渔业总产值（现价，万元）					
		种植业	林业	牧业	渔业	农林牧渔服务业
1949	12705	6968	693	2486	826	
1950	13432	7367	733	2629	873	
1951	14199	7810	766	2778	916	
1952	15364	8437	824	3007	1004	
1953	15942	8743	853	3119	1051	
1954	22899	12530	1245	4462	1520	
1955	25142	13759	1355	4924	1664	
1956	26352	14359	1431	5136	1789	
1957	26177	14392	1400	5110	1708	
1958	25866	14123	1398	5058	1734	
1959	22840	12436	1292	4392	1546	
1960	26573	14482	1462	5155	1800	
1961	25034	13821	1326	4859	1624	
1962	43669	24119	2290	8525	2817	
1963	31129	17412	1583	6095	1899	
1964	37872	21320	1902	7404	2247	
1965	43499	24218	2227	8514	2712	
1966	38315	21418	1962	7514	2326	
1967	42563	23634	2199	8370	2657	
1968	41459	23041	2110	8192	2580	
1969	46045	25484	2395	9074	2905	
1970	49463	27150	2601	9714	3261	
1971	52312	28755	2799	10212	3416	
1972	53530	29456	2804	10472	3512	
1973	51640	28401	2683	10111	3412	
1974	58208	32184	3009	11369	3761	
1975	57178	31816	2959	11155	3569	
1976	58193	32216	3015	11380	3723	
1977	57546	31959	3005	11204	3622	
1978	55841	31106	2899	10797	3506	
1979	52915	29691	2732	10207	3209	
1980	60279	33546	3127	11704	3782	
1981	72952	40730	3635	14369	4509	

11-21 续表

年份	农林牧渔业总产值（现价，万元）	种植业	林业	牧业	渔业	农林牧渔服务业
1982	77835	43094	4035	15411	4875	
1983	76150	41934	4006	15025	4896	
1984	82904	45806	4219	16625	5209	
1985	95278	52793	4795	19101	5933	
1986	107372	59022	5472	21398	7003	
1987	135703	74294	6984	27037	8998	
1988	196082	95186	15150	47794	20690	
1989	230843	110403	15657	55105	27764	
1990	268284	134302	15274	58856	33409	
1991	287542	139153	14231	63366	36836	
1992	331212	160860	18607	77703	41874	
1993	391338	167386	20371	98870	59602	
1994	525417	254602	21628	120224	80735	
1995	643321	316017	25894	150382	93909	
1996	759760	366205	30339	181365	120842	
1997	906714	417226	34755	211401	184878	
1998	925217	463751	38755	148648	209021	
1999	980799	469682	42111	179641	217202	
2000	1046334	504524	42387	200616	218164	
2001	1111067	533386	46308	215692	229664	
2002	1090562	619036	43993	230270	189237	
2003	1147530	637159	46944	254940	198619	
2004	1233420	676134	44608	285223	217930	
2005	1207354	625596	44895	301468	205330	30065
2006	1122642	691333	16290	280704	116426	17888
2007	1285506	765302	22309	350490	128026	19378
2008	1493311	883971	22567	428472	136156	22145
2009	1479131	900622	21389	393669	140629	22822
2010	1663043	1053896	34254	397941	149594	27358
2011	1898693	1185396	43630	472631	165385	31652
2012	2017964	1295721	46718	461438	179294	34793
2013	2177724	1460079	46531	449236	183284	38594

注：1、从2005年起使用现价，不使用不变价，产值指数使用缩减指数；2、2005年起增加农林牧渔服务业产值指数。

11-22 建国以来农村经济主要指标

年份	农林牧渔业总产值（不变价，万元）					
		种植业	林业	牧业	渔业	农林牧渔服务业
1949	31934	17772	1763	6115	1967	
1950	41539	22783	2267	8129	2699	
1951	44769	24624	2414	8759	2889	
1952	49709	27298	2664	9728	3247	
1953	52610	28854	2813	10294	3467	
1954	58674	32107	3189	11434	3896	
1955	61204	33495	3299	11986	4052	
1956	66222	36083	3596	12906	4496	
1957	63606	34971	3401	12417	4151	
1958	63189	34505	3414	12357	4237	
1959	54072	29440	3057	10397	3660	
1960	59304	32322	3264	11504	4018	
1961	55211	30480	2924	10715	3581	
1962	59561	32897	3123	11627	3842	
1963	59293	33164	3016	11609	3616	
1964	69144	38923	3472	13516	4101	
1965	83655	46575	4283	16375	5216	
1966	83299	46565	4265	16336	5056	
1967	88753	49283	4584	17454	5540	
1968	86565	48109	4406	17105	5387	
1969	93188	51576	4847	18363	5878	
1970	99269	54489	5221	19495	6544	
1971	106881	58750	5718	20864	6978	
1972	104433	57465	5470	20430	6852	
1973	99139	54523	5151	19411	6549	
1974	109119	60333	5640	21313	7051	
1975	105291	58587	5449	20542	6573	
1976	108904	60289	5642	21296	6967	
1977	115509	64151	6032	22489	7270	
1978	113175	62766	5958	22104	7108	
1979	107381	59985	5650	20863	6522	
1980	122226	67708	6445	23912	7694	
1981	130983	72445	6942	25557	8329	

11–22 续表

年份	农林牧渔业总产值（不变价，万元）	种植业	林业	牧业	渔业	农林牧渔服务业
1982	145606	80657	7731	28522	9108	
1983	141289	78081	7541	27706	8905	
1984	147819	81695	7749	29164	9339	
1985	156561	86455	8065	31051	9966	
1986	157284	86509	8161	31183	10194	
1987	170514	93879	8803	33888	10986	
1988	179391	98809	9262	35572	11571	
1989	199928	110005	10415	39438	12999	
1990	218205	126655	11095	43772	20021	
1991	231364	127553	11323	47590	23720	
1992	262393	141471	13055	56793	27463	
1993	282118	132078	13899	65786	37024	
1994	318113	155838	13795	71773	43449	
1995	350197	172237	14664	77515	49540	
1996	382992	190142	16038	77623	60333	
1997	430828	207320	18192	84529	81198	
1998	442564	224382	19881	60272	95744	
1999	479519	245274	19950	70983	102781	
2000	513774	259350	21312	78021	108229	
2001	547606	277528	23373	84209	113573	
2002	597257	374303	21243	90047	111663	
2003	575110	327597	22000	95929	109178	
2004	605830	359138	21381	109148	116163	
2005						
2006						
2007						
2008						
2009						
2010						
2011						
2012						
2013						

注：1、从 2005 年起使用现价，不使用不变价，产值指数使用缩减指数；2、2005 年起增加农林牧渔服务业产值指数。

11-23 建国以来农村经济主要指标

年份	农林牧渔业总产值指数（%）					
		种植业	林业	牧业	渔业	农林牧渔服务业
1949	100.00	100.00	100.00	100.00	100.00	
1950	130.08	128.20	128.66	132.96	137.21	
1951	107.78	108.08	106.48	107.75	107.04	
1952	111.03	110.86	110.36	111.06	112.39	
1953	105.84	105.70	105.63	105.81	106.77	
1954	111.53	111.27	113.37	111.07	112.37	
1955	104.31	104.32	103.45	104.83	103.98	
1956	108.19	107.73	109.00	107.68	110.98	
1957	96.05	96.92	94.58	96.21	92.33	
1958	99.34	98.67	100.38	99.52	102.05	
1959	85.57	85.32	89.54	84.14	86.38	
1960	109.68	109.79	106.77	110.65	109.81	
1961	93.09	94.30	89.58	93.13	89.12	
1962	107.88	107.93	106.81	108.52	107.26	
1963	99.55	100.81	96.57	99.84	94.14	
1964	116.61	117.37	115.16	116.44	113.41	
1965	120.98	119.66	123.36	121.15	127.16	
1966	99.58	99.98	99.58	99.77	96.95	
1967	106.55	105.83	107.48	106.84	109.57	
1968	97.53	97.62	96.12	98.00	97.24	
1969	107.65	107.21	109.98	107.35	109.11	
1970	106.53	105.65	107.72	106.16	111.31	
1971	107.67	107.82	109.52	107.02	106.65	
1972	97.71	97.81	95.65	97.92	98.18	
1973	94.93	94.88	94.19	95.02	95.58	
1974	110.07	110.65	109.49	109.79	107.67	
1975	96.49	97.11	96.61	96.38	93.21	
1976	103.43	102.91	103.54	103.67	106.01	
1977	106.06	106.40	106.91	105.60	104.35	
1978	97.98	97.84	96.47	98.29	96.82	
1979	94.88	95.56	94.83	94.39	91.77	
1980	113.82	112.87	114.07	114.62	117.96	
1981	107.16	107.00	107.70	106.88	108.26	

11-23 续表

年份	农林牧渔业总产值指数（%）	种植业	林业	牧业	渔业	农林牧渔服务业
1982	111.16	111.34	111.37	111.60	109.34	
1983	97.04	96.81	97.54	97.12	97.77	
1984	104.62	104.63	102.75	105.26	104.87	
1985	105.91	105.83	104.08	106.47	106.71	
1986	100.46	100.06	101.19	100.42	102.29	
1987	108.41	108.52	107.87	108.67	107.77	
1988	105.21	105.25	105.21	104.97	105.32	
1989	111.45	111.33	112.45	110.87	112.34	
1990	109.14	115.14	106.53	110.99	154.02	
1991	106.03	100.71	102.05	108.72	118.48	
1992	113.41	110.91	115.30	119.34	115.78	
1993	107.52	93.40	106.46	115.83	134.81	
1994	112.76	117.99	99.25	109.10	117.35	
1995	110.09	110.52	106.30	108.00	114.02	
1996	109.36	110.40	109.36	100.14	121.79	
1997	112.49	109.03	113.43	108.90	134.58	
1998	111.58	108.23	109.39	119.78	117.91	
1999	108.35	109.31	100.35	117.77	107.35	
2000	107.14	105.74	106.83	109.92	105.30	
2001	106.60	107.0	109.7	107.9	104.9	
2002	109.07	114.7	90.89	106.9	98.32	
2003	102.5	95.1	109.7	109.3	107.5	
2004	106.7	105.4	100	112.9	106.5	
2005	108.7	106.2	99.6	114.7	101.4	303.4
2006	103.2	102.3	99.3	105.0	104.6	103.3
2007	104.0	104.6	132.6	100.7	104.8	104.9
2008	103.5	104.7	98.8	103.6	96.2	107.0
2009	104.0	104.5	96.1	103.7	103.1	105.7
2010	104.0	104.5	106.7	102.7	101.6	116.4
2011	103.6	106.0	119.1	95.1	104.7	109.8
2012	102.9	103.4	103.7	101.1	103.2	106.9
2013	103.0	104.5	96.3	99.8	101.1	108.3

注：1、从2005年起使用现价，不使用不变价，产值指数使用缩减指数；2、2005年起增加农林牧渔服务业产值指数。

11-24 各乡镇基本情况

（2013 年）

乡镇名称	土地面积（平方公里）	居委会个数	村委会个数	乡镇生产总值（万元）
惠城区				
桥东办事处	13.6	9	2	252523
龙丰办事处	53	7	1	306735
江南办事处	28	6	2	124834
江北办事处	15	7	2	269992
河南岸办事处	35	8	6	356892
小金口办事处	66.7	2	7	397513
水口办事处	120	4	17	429928
三栋镇	67.8	1	10	93340
汝湖镇	153	3	23	177566
马安镇	76	1	13	107234
横沥镇	343	3	40	96671
芦洲镇	204.9	2	19	25305
惠阳区				
淡水镇	78	17	8	1061134
沙田镇	74	1	8	100477
秋长镇	110	1	10	510451
新圩镇	154	1	11	412710
镇隆镇	149	1	13	201276
永湖镇	115	1	13	77901
良井镇	72	1	17	58678
平潭镇	100	1	17	96360
惠东县				
大岭镇	160	2	12	329069
白花镇	204	2	26	306318
梁化镇	263	1	21	107532
稔山镇	192	2	17	208413
铁涌镇	117	1	19	78490
平海镇	139	1	10	322210
港口管委会	23	1	8	51160
巽寮经济开发区	77	0	4	90130
吉隆镇	128	1	7	348914
黄埠镇	84	7	11	396909
多祝镇	575	2	40	197117
安墩镇	479	1	22	31012
高潭镇	196	1	13	17747
宝口镇	329	2	12	16774
平山街道办	163	13	11	870794
白盆珠镇	398	1	12	38937

11-24 续表 1 （2013 年）

乡镇名称	土地面积（平方公里）	居委会个数	村委会个数	乡镇生产总值（万元）
博罗县				
石坝镇	178	2	22	110101
麻陂镇	57	1	12	71897
观音阁镇	104	1	14	60716
公庄镇	206	2	20	132783
杨村镇	125	2	20	109715
柏塘镇	238	2	33	136372
泰美镇	162	1	20	170308
罗阳镇	252	8	29	1211926
湖镇镇	236	2	35	328107
横河镇	234	1	18	85600
长宁镇	62	1	11	186857
福田镇	94	1	17	184001
龙华镇	60	1	10	123319
龙溪镇	116	3	20	363942
园洲镇	111	2	27	443160
石湾镇	81	2	12	615365
杨侨镇	89	2		85611
龙门县				
麻榨镇	240	1	18	48246
永汉镇	393	7	22	151654
龙华镇	375	2	20	129844
龙江镇	172	2	16	86456
平陵镇	137	1	14	224242
龙田镇	174	0	15	87638
龙城街道办	133	5	19	258492
蓝田乡	132	1	7	24485
龙潭镇	276	2	14	33106
地派镇	235	2	11	41430
大亚湾区				
霞涌街道办	79	2	5	
澳头街道办	97	3	13	
西区	90	2	10	
仲恺区				
惠环办事处	28	4	3	953426
陈江办事处	83	2	11	2661317
沥林镇	49	1	10	135793
潼湖镇	113	1	11	65925
潼侨镇	31	5	3	94179

11-24 续表 2　　　　（2013 年）

乡镇名称	工业总产值（万元）	农业总产值（万元）	税收收入（万元）	财政总收入（万元）	财政支出（万元）
惠城区					
桥东办事处	111895	601	78157	1675	1675
龙丰办事处	319942	2043	79602	1750	1750
江南办事处	421778	3401	66243	1209	1209
江北办事处	182345	119	112074	2014	2110
河南岸办事处	179636	1742	89727	3961	3963
小金口办事处	1057815	22501	88067	19209	18595
水口办事处	1228359	35518	69228	3010	3930
三栋镇	343083	18657	18397	9223	9207
汝湖镇	403604	56923	15447	8024	8024
马安镇	254310	29410	15585	6286	6283
横沥镇	46045	83026	9854	11692	11692
芦洲镇	6643	32108	1621	5782	5782
惠阳区					
淡水镇	545032	4841	53618	24653	6246
沙田镇	200068	10960	8586	4417	2623
秋长镇	1444644	12430	54230	22746	3767
新圩镇	1086663	10991	37904	16323	5911
镇隆镇	595700	23600	23441	10056	3107
永湖镇	140414	26172	6372	3928	2767
良井镇	64481	32725	2113	1152	2258
平潭镇	113597	62101	9952	3788	3160
惠东县					
大岭镇	1137336	40081	14861	2348	2233
白花镇	912085	65454	18294	1502	1655
梁化镇	85684	68938	5441	1756	1756
稔山镇	304410	51386	51303	3950	3940
铁涌镇	62509	40611	8718	2098	2098
平海镇	825511	32146	71737	3300	3300
港口管委会	49166	28393	5754	603	609
巽寮经济开发区	427	10106	29932	1923	1962
吉隆镇	782719	18346	18095	2379	2379
黄埠镇	965699	32036	15204	2214	2231
多祝镇	350223	81916	3750	2619	3619
安墩镇	7302	32836	598	1771	1771
高潭镇	8990	11594	768	1028	1045
宝口镇	8607	14045	764	1574	1574
平山街道办	974901	51953	87049	4607	4170
白盆珠镇	37621	30460	1438	1188	1188

11-24 续表 3　　　　（2013 年）

乡镇名称	工业总产值（万元）	农业总产值（万元）	税收收入（万元）	财政总收入（万元）	财政支出（万元）
博罗县					
石坝镇	6153	61083	1310	3177	3177
麻陂镇	51269	21299	1497	521	2501
观音阁镇	25123	15975	2171	3000	3000
公庄镇	189508	45518	2191	7890	7890
杨村镇	226371	34686	3471	246	1916
柏塘镇	303720	49549	3130	5012	5012
泰美镇	637228	32344	5037	146	3277
罗阳镇	2156779	54087	140788	43888	43881
湖镇镇	890000	63558	24665	3945	3945
横河镇	127721	28841	12258	4220	4220
长宁镇	480000	30772	12813	2877	2877
福田镇	598000	31369	7691	1315	4110
龙华镇	319573	18760	6229	2230	2118
龙溪镇	877935	55539	28266	3732	3732
园洲镇	1420380	51691	44341	12482	12524
石湾镇	1700000	60468	50706	9944	9940
杨侨镇	114054	26246	2878	7122	7122
龙门县					
麻榨镇	34198	32160	1327	485	2224
永汉镇	104950	39363	15217	12631	12300
龙华镇	372980	45548	9282	6898	6882
龙江镇	36924	32161	12507	4663	1933
平陵镇	312019	24203	18434	6756	13160
龙田镇	44430	32777	8496	4810	4227
龙城街道办	341516	16512	22385	3274	3015
蓝田乡	89182	15850	2507	1341	1334
龙潭镇	39381	19619	886	426	2043
地派镇	76362	15234	2596	1217	1705
大亚湾区					
霞涌街道办	28519	7339			
澳头街道办	65402	16532			
西区	3207180	6873			
仲恺区					
惠环办事处	3536383	6559	28086	6447	6605
陈江办事处	14020469	36619	362176	9300	9300
沥林镇	315879	16045	2351	5851	5851
潼湖镇	74430	22472	1092	2357	2357
潼侨镇	201546	13790	12663	5289	5289

11-25 各乡镇农作物播种面积及粮食、花生生产情况

（2013 年） 单位：亩、吨

乡镇名称	农作物播种面积	粮食		稻谷		花生	
		播种面积	总产量	播种面积	总产量	播种面积	总产量
惠城区							
桥东办事处	1080	420	152	420	152		
龙丰办事处	750						
江南办事处	2431	201	71	185	65	235	59
江北办事处	65						
河南岸办事处	1524						
小金口办事处	29120	7263	2338	5008	1644	2575	762
水口办事处	81417	34093	11678	20172	6355	7605	1206
三栋镇	21210	8822	3171	3390	1145	3011	587
汝湖镇	99580	58210	19377	28570	9028	9710	1651
马安镇	44950	20330	6807	11320	3562	5830	923
横沥镇	151574	69720	22959	60233	18882	21538	4284
芦洲镇	70833	32913	11217	19310	6024	15850	2684
惠阳区							
淡水镇	4635	568	170	55	22	528	109
沙田镇	25409	7093	2420	5680	1915	1935	309
秋长镇	13800	2440	1105	300	120	1150	166
新圩镇	18716	2491	810	100	38	436	74
镇隆镇	41466	12796	4400	8696	2877	1310	216
永湖镇	58210	17154	5932	14025	4437	5789	938
良井镇	80444	29598	9965	23497	7706	10738	1887
平潭镇	139337	35529	12151	21660	6310	7250	1149
惠东县							
大岭镇	110239	33211	10321	22551	6791	10087	1688
白花镇	112486	48267	12766	43420	11417	9305	1764
梁化镇	173770	55136	17507	33460	11594	10585	2093
稔山镇	90527	62655	21210	38165	12451	5684	1041
铁涌镇	98380	60709	19571	37387	11429	4749	997
平海镇	95779	44818	13659	27001	7567	6278	1197
港口办	2423	974	319	707	223		
巽寮经济开发区	12307	8033	2803	4904	1636	1518	350
吉隆镇	24861	12544	3345	8123	1944	1049	184
黄埠镇	17050	11072	3906	9292	3345	330	54
多祝镇	186407	103276	31727	70616	21212	13172	2290
安墩镇	74110	51951	13668	46618	12501	7392	1125
高潭镇	32231	18172	5904	11465	3767	2588	524
宝口镇	43690	22087	7430	13830	4863	3504	562
平山办	66127	26622	9493	16361	5742	13600	2210
白盆珠镇	33827	19360	6541	13008	4123	5336	1256

乡镇名称	农作物播种面积	粮食		稻谷		花生	
		播种面积	总产量	播种面积	总产量	播种面积	总产量
博罗县							
石坝镇	86621	33606	10379	26256	8084	12350	2155
麻陂镇	39431	16522	5019	12940	4068	6361	1212
观音阁镇	47680	25418	7610	19036	5624	7877	1197
公庄镇	83946	32128	9518	27846	8598	8165	1409
杨村镇	82192	33295	10349	23480	7507	14386	2230
柏塘镇	94279	41299	13084	29333	9255	6350	1184
泰美镇	64159	31360	9341	21197	6336	11639	1652
罗阳镇	66942	28131	8607	21042	6416	8279	1453
湖镇镇	75886	35365	11123	27401	8554	8278	1402
横河镇	44713	22633	6641	16903	4981	1800	319
长宁镇	53432	23202	8010	11900	3796	2899	459
福田镇	50385	24697	8659	13047	4209	351	60
龙华镇	25476	14249	5166	7696	2759	1180	301
龙溪镇	71652	28841	9584	13529	4081	2100	313
园洲镇	67582	26474	9421	12823	4087	1455	225
石湾镇	103446	30513	10984	14313	4753		
杨侨镇	30590	13690	4148	10223	3201	6740	998
龙门县							
麻榨镇	35114	18210	5729	15137	4894	3500	635
永汉镇	59145	36999	12112	32344	10811	8200	1332
龙华镇	48590	24982	7553	20085	6129	5990	990
龙江镇	59105	39790	12575	35853	11588	3830	741
平陵镇	76998	50874	15407	46243	14679	5250	748
龙田镇	65970	34921	10660	32926	10202	2299	430
龙城街道办	56053	32059	9919	29758	9281	2180	458
蓝田乡	22309	14285	4167	12126	3667	2880	408
龙潭镇	46620	32420	9196	29799	8549	3870	542
地派镇	23842	15559	4463	14037	4067	1660	238
其他	715	456	120	456	120	39	4
大亚湾区							
霞涌街道办	10321	4016	1179	3350	937	4712	946
澳头街道办	852	18	7				
西区	3885						
仲恺区							
惠环办事处	3630						
陈江办事处	61500	22580	9184	7350	2461	440	93
沥林镇	27437	10545	3967	1527	541	256	65
潼湖镇	45101	23644	9547	9078	3321	760	270
潼侨镇	11010	3470	1581	930	418	360	117

11-26　各乡镇蔬菜、水果及生猪生产情况

（2013 年）　　单位：亩、头、吨

乡镇名称	蔬菜（含菜用瓜）		水　　果		年末生猪存　　栏	当年出栏肉猪头数	当年肉猪产　　量
	播种面积	总产量	播种面积	总产量			
惠城区							
桥东办事处	660	990	20	30			
龙丰办事处	750	665	1780	430	3500	6200	490
江南办事处	1995	2992	1390	166	3950	7950	635
江北办事处	65	32			20	110	8
河南岸办事处	1524	2460	1124	334	980	1531	121
小金口办事处	19282	32076	1874	1462	5191	11061	883
水口办事处	38197	53461	2250	361	16201	39881	2970
三栋镇	9377	10988	6097	2149	12931	24460	1761
汝湖镇	30680	41807	7155	3584	68036	151790	11989
马安镇	18060	23205	1188	346	31380	58100	4612
横沥镇	59086	118129	18572	13272	40780	73642	5293
芦洲镇	19689	31226	6505	5333	13500	24795	1964
惠阳区							
淡水镇	3529	6433	4748	3408	64	257	19
沙田镇	16281	24145	6773	1459	84	228	18
秋长镇	10210	13273	8700	3660	200	800	64
新圩镇	15508	20770	17003	2776	272	658	50
镇隆镇	27360	45858	38755	5380	767	2037	162
永湖镇	34540	52739	16980	4293	571	956	79
良井镇	36867	58896	8004	3340	6310	9942	796
平潭镇	88558	130786	5943	3982	12578	35896	2604
惠东县							
大岭镇	62860	79532	11443	7099	31418	42152	3119
白花镇	53211	68348	9201	6469	90214	108517	8167
梁化镇	108049	175285	11078	4632	39414	56664	4245
稔山镇	22188	32460	11047	4954	16146	17689	1325
铁涌镇	32168	43161	6281	3880	8272	17038	1276
平海镇	44683	59908	3638	2068	3319	22620	1695
港口办	1449	1787	47	36	1720	2100	155
巽寮经济开发区	2602	4236	1566	749	468	1253	123
吉隆镇	11268	15184	6088	3095	4961	7935	594
黄埠镇	5600	6628	217	110	3226	5606	419
多祝镇	58576	79971	30080	14618	21747	36250	2716
安墩镇	14767	18269	9974	8347	19305	17584	1317
高潭镇	10868	15170	9099	4608	11286	17986	1291
宝口镇	16599	21597	6460	3360	11180	10177	816
平山办	25905	39738	13114	9991	26977	25107	1843
白盆珠镇	6709	7556	10223	5055	11721	17136	1284

乡镇名称	蔬菜（含菜用瓜）		水　果		年末生猪存　栏	当年出栏肉猪头数	当年肉猪产　量
	播种面积	总产量	播种面积	总产量			
博罗县							
石坝镇	34085	42010	7082	7606	48980	76169	5673
麻陂镇	10053	12453	6478	3629	26970	34053	2496
观音阁镇	6690	7881	6192	3031	11582	17479	1308
公庄镇	37490	48748	15362	13671	25800	44682	3373
杨村镇	30024	39942	4652	3271	10082	25894	1938
柏塘镇	44040	69119	10957	12170	24690	30049	2230
泰美镇	16218	24253	7919	8003	39968	47267	3463
罗阳镇	28997	45119	7045	8682	27779	120432	8670
湖镇镇	31604	78305	18725	20212	46366	82236	6159
横河镇	20180	29284	24338	15335	18210	24464	1821
长宁镇	26669	37182	9730	5556	20290	37654	2819
福田镇	24503	38898	4759	4737	15282	35311	2644
龙华镇	9547	15843	4771	3059	14693	27026	2007
龙溪镇	39411	80112	9706	13701	38034	36080	2650
园洲镇	39065	51860	6110	7152	40460	95864	7179
石湾镇	72933	99851	3610	5563	54867	54410	4075
杨侨镇	3749	5229	6508	6232	43367	67915	5019
龙门县							
麻榨镇	12754	14755	44132	54456	8400	9040	690
永汉镇	13186	15010	49125	64547	7712	10467	800
龙华镇	17618	21790	91517	102537	6510	7909	604
龙江镇	14285	29017	41057	37511	6480	9853	753
平陵镇	18374	23185	16269	12564	15850	7271	555
龙田镇	28325	40328	31258	32272	6461	8889	679
龙城街道办	21664	28007	24490	29644	8540	18245	1393
蓝田乡	4567	7145	16798	15314	4603	6495	496
龙潭镇	9477	10107	26267	20974	4892	5294	404
地派镇	6593	6948	14555	11803	3258	4303	328
其他	220	209	1659	1282	20	12	2
大亚湾区							
霞涌街道办	1580	1891	7186	1061	4372	9468	569
澳头街道办	834	1164	3220	159	1049	1314	99
西区	3835	5200	720	252	18069	25820	1943
仲恺区							
惠环办事处	3640	6024	2639	682	2320	2792	201
陈江办事处	36120	70750	12125	2273	2248	8013	593
沥林镇	16929	26870	5501	2248	1500	2623	209
潼湖镇	19725	34788	7850	436	2347	25260	1894
潼侨镇	7470	13072	912	133	3242	10952	816

11-27 各乡镇水产品产量、农业机械化、化学化和农村用电量情况

乡镇名称	水产品总产量（吨）	年末农业机械总动力（千瓦）	农用化肥施用量（折纯吨）	农村用电量（万千瓦）	有效灌溉面积（亩）
惠城区					
桥东办事处	100		19		
龙丰办事处	160		57	213	230
江南办事处	401	220	17	51	1028
江北办事处			1	892	
河南岸办事处	168	853	68	5591	
小金口办事处	5220	7785	184	735	6013
水口办事处	833	3584	1613	3993	30162
三栋镇	3146	6712	479	1445	5090
汝湖镇	2616	16470	3460	3576	46000
马安镇	2565	21930	1526	1014	10196
横沥镇	3125	12227	3042	855	47842
芦洲镇	936	4825	1479	869	8620
惠阳区					
淡水镇	30	10158	308	7302	1290
沙田镇	34	5132	630	11255	10180
秋长镇	177	10423	545	33000	13870
新圩镇	188	8669	246	79412	15216
镇隆镇	248	10209	1933	563	19380
永湖镇	760	10626	2180	7200	24000
良井镇	1223	15933	1509	3721	12134
平潭镇	1643	21485	2154	5924	10020
惠东县					
大岭镇	1943	15593	1535	12235	34992
白花镇	1016	17441	1726	4092	46520
梁化镇	750	19527	2675	2188	39610
稔山镇	7655	69157	2454	5630	30240
铁涌镇	6927	40789	1545	1806	29128
平海镇	6045	27353	1467	6210	12617
港口办	17277	21593	28	1947	500
巽寮经济开发区	3668	11228	333	1962	3260
吉隆镇	746	6541	672	8754	7565
黄埠镇	10440	6000	910	8875	5580
多祝镇	987	28855	3263	3379	48635
安墩镇	240	15212	911	886	27840
高潭镇	199	8182	429	278	10257
宝口镇	329	8203	382	273	11885
平山办	1276	39252	1236	13625	21043
白盆珠镇	1023	8352	494	472	9316

11-27 续表

乡镇名称	水产品总产量（吨）	年末农业机械总动力（千瓦）	农用化肥施用量（折纯吨）	农村用电量（万千瓦）	有效灌溉面积（亩）
博罗县					
石坝镇	529	28024	2641	4158	23810
麻陂镇	320	18344	1533	4099	15262
观音阁镇	1535	18930	1829	301	3268
公庄镇	1450	39506	2417	1440	27160
杨村镇	1752	28014	1804	1024	15420
柏塘镇	1350	23244	3156	2010	33870
泰美镇	932	19756	2211	554	17081
罗阳镇	2030	45770	2738	4685	25026
湖镇镇	2385	27316	1929	4677	35667
横河镇	1158	16871	1518	4156	12388
长宁镇	1049	22384	1047	2320	23153
福田镇	605	24950	1397	1741	16875
龙华镇	1347	25086	1881	1850	6999
龙溪镇	2292	51789	1116	8226	29517
园洲镇	4128	72167	2046	5284	18500
石湾镇	2554	49156	2149	9890	28600
杨侨镇	812	29506	1628	5509	7246
龙门县					
麻榨镇	796	22638	973	1845	17810
永汉镇	1014	29592	1190	342	29300
龙华镇	690	30960	1640	305	28000
龙江镇	674	24865	962	418	13600
平陵镇	892	27882	992	1590	22500
龙田镇	517	17033	2942	654	17900
龙城街道办	772	26436	1392	620	9798
蓝田乡	134	7172	196	69	4921
龙潭镇	244	16582	1372	641	17000
地派镇	154	14856	694	167	7580
其他	20		33	139	
大亚湾区					
霞涌街道办	9250	2168	500	320	
澳头街道办	9157	15726	187	2073	250
西区	220		300	530	
仲恺区					
惠环办事处	420	670	86	814	645
陈江办事处	2770	15509	551	1356	13800
沥林镇	2665	13064	1165	25930	7800
潼湖镇	2037	31398	3719	1823	14921
潼侨镇	3321	4397	681	18879	2280

惠州统计年鉴－2014

HUIZHOU STATISTICAL YEARBOOK

十二、工业

12-1 历年惠州市规模以上工业总产值

单位：万元

年 份	工业总产值		
		轻工业	重工业
1998	4885886	3339717	1546169
1999	5472134	3808879	1663255
2000	6578284	4266276	2312008
2001	7081192	4091342	2989850
2002	8623884	4496104	4127780
2003	10204438	5617521	4586917
2004	11197762	5799651	5398111
2005	14286640	7271690	7014950
2006	18339670	7809492	10530178
2007	22179612	9346141	12833471
2008	26002646	8606742	17395904
2009	30051367	8768955	21282412
2010	39051731	10098752	28952979
2011	47650331	11351655	36298676
2012	54772792	11467154	43305639
2013	66052943	14489985	51562958

说明 :2011 年起规模以上工业企业统计口径为年主营业务收入 2000 万元及以上工业企业。

12-2 历年惠州市规模以上工业增加值

单位：万元

年 份	工业增加值		
		轻工业	重工业
1998	905916	615638	290278
1999	1003314	728694	274620
2000	1321892	841699	480193
2001	1327701	718635	609066
2002	1909451	929650	979801
2003	2333741	1238458	1095283
2004	2554325	1265256	1289069
2005	3153193	1595132	1558061
2006	4041627	1587091	2454536
2007	5025237	1869344	3155893
2008	5455569	1655942	3799627
2009	5765886	1636427	4129459
2010	7863875	1963440	5900435
2011	10135400	2420222	7715178
2012	11739666	2614901	9124765
2013	14232012	3236406	10995606

说明 :2011 年起规模以上工业企业统计口径为年主营业务收入 2000 万元及以上工业企业。2008 年起采用收入法计算工业增加值

12-3 分县区规模以上工业企业主要经济指标

（2013年）　　　　单位：万元

项目	惠州市	惠城区	惠阳区	惠东县	博罗县	龙门县	大亚湾区	仲恺区
企业单位数（个）	1702	201	350	213	415	59	102	362
亏损企业（个）	363	50	72	31	81	9	26	94
工业总产值（当年价格）	66052943	4215848	5487191	3797435	8290636	1157383	17379536	25724914
工业销售产值（当年价格）	64992232	4144914	5229922	3718988	8148084	1126536	17146868	25476921
出口交货值	23852098	1647426	2724909	782227	3175373	67394	1311803	14142966
年初存货	4709429	472964	526601	147594	562993	80561	1328341	1590376
产成品	1374183	184805	147130	52609	176891	29121	320863	462764
资产总计	37977019	3494633	4479910	1919833	4080545	707502	10965090	12329507
流动资产合计	21466743	2050885	2313157	717010	2189982	260739	4280830	9654141
应收账款	8204805	727831	825836	243420	696233	24767	1124281	4562437
存货	5400469	554270	621442	171187	587781	85708	1425020	1955061
产成品	1625830	198029	157030	67341	176605	19511	383952	623363
在产品	540011	91552	65187	13726	66268	2550	157849	142879
固定资产合计	13487938	1098924	1738288	1072059	1445981	402617	5764796	1965273
固定资产原价	22696377	1942776	2452576	1429039	3896537	641061	8771232	3563157
累计折旧	9766078	885793	778307	486744	2515569	259523	3144610	1695532
本年折旧	1781587	135177	186492	141019	364783	61405	572766	319946
在建工程	1075002	150800	159874	44718	86089	10360	469876	153286
负债合计	22383937	1971333	2677084	1206315	2358650	367253	6264946	7538356
流动负债合计	19150621	1676056	2158748	710238	1878495	347568	5312858	7066659
应付账款	8380426	712272	1181914	264531	769022	71514	1426161	3955012
非流动负债合计	2682526	282830	349272	468917	335000	8613	867700	370194
所有者权益合计	15535058	1518398	1806510	712632	1707803	337065	4690596	4762054
实收资本	10247605	1074132	1541604	499711	1276113	248471	3589552	2018023
国家资本	1922746	80012	63226	152658	68519	55381	1438080	64871
集体资本	34878	6000	8593	1370	1418	346	3235	13915
法人资本	1932232	160609	148193	58219	230121	109633	562776	662681
个人资本	496693	65026	78241	104627	93780	7006	14973	133041
港澳台资本	3253520	443677	1122799	166118	603328	71349	295578	550673
外商资本	2607536	318809	120552	16719	278947	4757	1274911	592843
营业收入	66405046	4202075	5183776	3765979	8193377	955276	17132874	26971690
主营业务收入	64771978	4162965	5162892	3759179	8149978	954711	16798683	25783570
营业成本	59008224	3613834	4711589	3230679	7286715	763829	15298296	24103283
主营业务成本	57486495	3589334	4704316	3228442	7246270	760886	14988998	22968250
营业税金及附加	924845	23921	15208	16930	18456	8867	781483	59981

12-3 续表 （2013 年）

项目	惠州市	惠城区	惠阳区	惠东县	博罗县	龙门县	大亚湾区	仲恺区
主营业务税金及附加	917811	23586	14837	16854	17677	8751	776237	59869
其他业务收入	1633067	39110	20883	6800	43399	565	334191	1188119
其他业务利润	166802	12683	5858	425	7140	57	36380	104260
销售费用	1444146	152926	82256	69301	124777	71152	140850	802884
管理费用	2267232	256149	236575	117533	230215	164427	284783	977553
税金	84723	8635	10709	3885	15970	7652	15846	22027
财务费用	237412	18101	41162	47302	38093	11501	71731	9521
利息收入	62064	6723	2768	1961	7323	229	8096	34964
利息支出	293310	23134	33848	44566	34770	9985	95271	51736
营业利润	2742507	146954	108789	289142	494834	68726	589805	1044258
资产减值损失	77015	1948	699	2289	1762	10606	42340	17373
公允价值变动收益	2952				-19		6917	-3946
投资收益	69233	11620	2663	323	3312		17126	34190
营业外收入	145901	18136	15151	4338	13896	1620	16052	76708
补贴收入	50671	5762	2314	911	2050	39	2599	36996
营业外支出	88994	20932	6313	3813	14367	9383	6584	27603
利润总额	2799262	144007	117623	289678	494355	60964	599273	1093362
应交所得税	538767	35233	28260	46285	31153	10837	130930	256070
亏损企业亏损总额	250122	37530	25568	12057	34500	2860	89831	47776
利税总额	6415642	255749	187896	417124	639716	124270	2610595	2180292
应交税金及附加	4239870	155610	109241	177616	192483	81796	2158097	1365026
本年应付职工薪酬	3671494	475414	609787	309659	599157	41835	598161	1037483
本年应交增值税	2691534	87822	55065	110517	126904	54439	1229839	1026949
全部从业人员年平均人数（人）	724092	97725	140128	51700	129857	9417	100245	195020
收入法增加值	14232012	976713	1325859	1121896	1966508	394293	3991446	4455297

12-4 分县区规模以上现代产业工业增加值及比重

（2013 年）　　　　　　　　单位：万元、%

地　区	高技术制造业		先进制造业		优势传统产业	
	增加值	占比	增加值	占比	增加值	占比
惠州市	5947114	41.8	9436736	66.3	1859416	13.1
惠城区	265334	27.2	487190	49.9	176588	18.1
惠阳区	592000	44.7	725556	54.7	261056	19.7
惠东县	104421	9.3	202029	18.0	324315	28.9
博罗县	558208	28.4	948658	48.2	515693	26.2
龙门县	36193	9.2	43883	11.1	282278	71.6
大亚湾区	580491	14.5	3636172	91.1	114952	2.9
仲恺区	3810467	85.5	3393248	76.2	184533	4.1

12-5 分县区规模以上国有及国有控股工业企业主要经济指标

（2013 年） 单位：万元

项 目	惠州市	惠城区	惠阳区	惠东县	博罗县	龙门县	大亚湾区	仲恺区
企业单位数（个）	47	6	3	3	3	6	9	17
亏损企业（个）	15	1	2	1	1		2	8
工业总产值（当年价格）	16552075	481950	396654	672530	405800	162510	12944452	1488179
工业销售产值(当年价格)	16254493	479892	391612	650610	405737	158155	12692822	1475665
出口交货值	497096		233					496863
年初存货	876119	4510	23251	10320	4540	1424	730922	101152
产成品	205369	1910	12366	9844	1549	600	121109	57991
资产总计	10295067	536597	393326	1018928	346311	91513	6517120	1391272
流动资产合计	2992689	101364	61923	176629	25097	30597	1729820	867259
应收账款	746884	8448	20318	56213	6976	1396	269657	383875
存货	990695	5342	19290	15167	4914	1547	779665	164772
产成品	286468	596	13033	14695	1880	600	146069	109597
在产品	111205		2067		225		101518	7395
固定资产合计	6280402	347715	273298	780793	275074	55355	4171569	376599
固定资产原价	9575782	591086	491795	915495	494376	106044	6351628	625357
累计折旧	3441537	251203	218490	245477	222186	58393	2180249	265539
本年折旧	574531	37028	30190	56123	32542	6223	372107	40319
在建工程	563325	51877	38046	32385	33638	4093	377257	26029
负债合计	6352645	332226	249606	652138	200499	10649	3837344	1070184
流动负债合计	4600433	140403	130064	212371	95682	6341	3078733	936839
应付账款	1320558	34637	37920	32776	35380	1518	776273	402055
非流动负债合计	1751497	191823	119542	439767	104818	4093	758611	132845
所有者权益合计	3930712	204371	143720	366790	145811	80865	2679777	309378
实收资本	3169598	87904	79376	205420	64319	59919	2486622	186037
国家资本	1905250	73404	59376	150620	64319	55381	1438080	64071
集体资本	3200							3200
法人资本	511212	14500	20000			4359	382504	89849
个人资本	54980			54800		180		
港澳台资本	18484						1038	17446
外商资本	676472						665000	11472
营业收入	16308510	485645	390224	658794	410145	157339	12738284	1468079
主营业务收入	16122114	476235	388751	653488	409276	157314	12572107	1464943
营业成本	14445869	434343	350135	472671	391932	100528	11379527	1316733
主营业务成本	14269039	429166	349609	472089	391320	100527	11211801	1314527
营业税金及附加	776148	2859	1753	4549	1685	1450	759457	4395

12-5 续表 （2013 年） 单位：万元

项　目	惠州市	惠城区	惠阳区	惠东县	博罗县	龙门县	大亚湾区	仲恺区
主营业务税金及附加	775961	2830	1727	4513	1655	1443	759433	4362
其他业务收入	186396	9411	1473	5306	869	24	166177	3136
其他业务利润	16144	4234	372	454	257	22	9998	807
销售费用	109487	11550	1135	840	7	5855	58683	31418
管理费用	218209	10820	23616	10848	995	42980	62671	66279
税金	13843	474	1613	973	47	1321	8133	1283
财务费用	125120	8817	7959	31426	6656	322	48896	21044
利息收入	6278	335	260	925	286	116	2405	1951
利息支出	149239	8755	7958	32178	6776	156	72999	20417
营业利润	686930	17182	5638	138423	7954	6282	470409	41042
资产减值损失	13943	175	159	86	163	71	11891	1398
公允价值变动收益	6874						6877	-4
投资收益	16703	89	81	50	94		2175	14213
营业外收入	37112	790	2087	594	854	205	5368	27215
补贴收入	21312	102	143	57	108	4	86	20811
营业外支出	7285	1660	901	572	944	406	1405	1397
利润总额	716757	16312	6824	138445	7863	6081	474372	66859
应交所得税	154608	5192	2920	35103	2910	808	94069	13605
亏损企业亏损总额	29250	768	1733	617	171		11065	14897
利税总额	2798470	36420	23050	187683	25328	20927	2375676	129384
应交税金及附加	2250163	25774	20758	85314	20422	16975	2003507	77414
本年应付职工薪酬	367541	37862	32460	29432	29158	7471	114970	116188
本年应交增值税	1305565	17249	14473	44689	15780	13396	1141847	58131
全部从业人员年平均人数(人)	33336	3139	2689	1857	2145	1024	5028	17454
收入法增加值	3834049	123188	88861	276856	88480	58118	2863988	334558

12-6 分县区规模以上民营工业企业主要经济指标

（2013 年） 单位：万元

项 目	惠州市	惠城区	惠阳区	惠东县	博罗县	龙门县	大亚湾区	仲恺区
企业单位数（个）	756	78	149	151	168	37	34	139
亏损企业（个）	116	13	24	11	27	4	8	29
工业总产值（当年价格）	11850706	799567	1266985	2266410	3384158	753253	631767	2748566
工业销售产值（当年价格）	11591286	778132	1228623	2262143	3312593	747478	622475	2639844
出口交货值	1442617	79939	149630	161584	284053		70903	696508
年初存货	800098	115229	121724	54110	168065	57452	64161	219357
产成品	328586	39140	39025	21019	68359	25211	42359	93473
资产总计	6706730	659363	889522	476649	1374997	465822	454813	2385566
流动资产合计	4402380	455848	618013	310578	846565	180795	249149	1741432
应收账款	1414937	144692	194428	111035	234310	12743	82374	635357
存货	1014285	135023	154832	75684	179168	63272	81576	324729
产成品	393103	42976	39772	25993	68757	14738	48363	152505
在产品	102425	18376	15733	8113	12153	961	3977	43111
固定资产合计	1638569	104844	166840	128407	335040	260374	164165	478899
固定资产原价	2989554	175306	192547	235212	1106182	406020	205741	668546
累计折旧	1470525	76151	62236	114538	789602	155134	45025	227839
本年折旧	304909	13756	15459	23979	119152	45703	14201	72660
在建工程	119201	33993	15261	5016	22534	1110	3304	37985
负债合计	4524674	424116	725124	288877	919938	290188	312464	1563969
流动负债合计	3869709	393784	559878	246055	695627	275284	301285	1397796
应付账款	1400468	140618	192438	84891	174287	40526	88164	679545
非流动负债合计	278381	19256	33618	19017	119826	4490	6794	75381
所有者权益合计	2170013	234873	172509	187099	442750	172698	142349	817735
实收资本	1173351	151746	115933	92062	208283	101119	88284	415925
国家资本	7650		3850		3000			800
集体资本	23342	6000	7320	1370	1413	346	3168	3725
法人资本	653482	68244	41295	45333	93372	93893	70033	241312
个人资本	371125	56707	59741	45358	88645	6826	14973	98875
港澳台资本	93383	8431	2484		11913	55	10	70490
外商资本	24369	12364	1242		9940		100	723
营业收入	11478677	772236	1224039	2263321	3292752	590324	628454	2707551
主营业务收入	11386236	768445	1220234	2262041	3284156	590299	622586	2638476
营业成本	10107172	673392	1110208	2004528	2890534	475358	573431	2379722
主营业务成本	10012858	670136	1109086	2004431	2870222	472752	566691	2319540
营业税金及附加	41861	3709	3727	10907	6123	6561	3260	7575

12–6 续表 （2013 年） 单位：万元

项目	惠州市	惠城区	惠阳区	惠东县	博罗县	龙门县	大亚湾区	仲恺区
主营业务税金及附加	39871	3696	3438	10893	6069	6473	1759	7542
其他业务收入	92441	3792	3805	1280	8596	25	5868	69076
其他业务利润	9507	787	862	7	612		–11	7250
销售费用	307641	21188	30024	39692	66058	63860	12560	74259
管理费用	512728	54239	54101	57162	77965	94463	23598	151201
税金	19105	1965	1457	937	4807	5648	1183	3107
财务费用	79487	4601	11305	12212	24103	9184	3170	14912
利息收入	6143	1768	274	272	875	19	337	2600
利息支出	61899	4475	8592	9962	16066	8159	2721	11925
营业利润	558079	18655	14651	135924	239644	55882	17852	75471
资产减值损失	16289	614	–80	2191	–71	9496	351	3789
公允价值变动收益	130				155			–25
投资收益	7537	3154	4	200	506		–1078	4753
营业外收入	37722	9716	4739	1183	4745	1322	1805	14210
补贴收入	10236	5200	427	197	1833		189	2390
营业外支出	31075	13890	1400	2557	3115	8063	581	1468
利润总额	564751	14503	17990	134562	241266	49141	19076	88214
应交所得税	51210	3759	3137	9269	10046	8879	986	15134
亏损企业亏损总额	34056	11582	1914	1274	3976	882	6947	7482
利税总额	859240	39269	43676	200517	306011	84394	32750	152623
应交税金及附加	364804	30490	30279	76161	79598	49781	15844	82651
本年应付职工薪酬	807277	88446	82959	180983	138393	20876	44142	251478
本年应交增值税	252628	21058	21958	55048	58622	28693	10415	56835
全部从业人员年平均人数（人）	169953	21163	21781	29095	30231	4412	9864	53407
收入法增加值	2717275	180482	270350	614134	781793	258444	108781	503291

12-7 分县区规模以上“三资”工业企业主要经济指标

（2013 年） 单位：万元

项 目	惠州市	惠城区	惠阳区	惠东县	博罗县	龙门县	大亚湾区	仲恺区
企业单位数（个）	941	119	207	57	253	16	60	229
亏损企业（个）	243	37	49	18	54	5	16	64
工业总产值（当年价格）	42093462	2982604	4013292	847699	4852659	241620	6576739	22578850
工业销售产值（当年价格）	41585861	2934114	3794016	795205	4773086	220903	6632864	22435674
出口交货值	22417466	1584154	2589082	612601	3000542	67394	1229627	13334067
年初存货	3434765	363819	397811	81056	404685	21686	779557	1386151
产成品	1034194	145518	100701	21745	116109	3310	257463	389349
资产总计	25111297	2336286	3409128	417559	2510436	150167	6764667	9523054
流动资产合计	15792041	1518303	1788074	226879	1422429	49347	2970363	7816647
应收账款	6513574	579712	649159	75951	473565	10629	885108	3839452
存货	3847933	423760	469479	78509	419216	20889	808537	1627544
产成品	1157786	156317	110965	26654	111394	4174	283944	464339
在产品	339807	73681	49596	5613	53996	1589	52372	102959
固定资产合计	7823440	656932	1317862	159979	871126	86888	3421969	1308685
固定资产原价	13817950	1203815	1813008	273867	2435658	128997	5372644	2589961
累计折旧	6302426	575357	522642	125103	1611797	45996	2080441	1341090
本年折旧	1102154	86745	143728	60639	227278	9479	345516	228769
在建工程	386944	64926	106896	7076	33757	5157	94886	74246
负债合计	13888828	1228672	1904004	262184	1311160	66417	3463374	5653018
流动负债合计	12320759	1157301	1594281	249145	1139572	65943	2701585	5412931
应付账款	6190657	543018	998793	146568	569531	29470	712681	3190597
非流动负债合计	1275677	70000	198064	9684	113223	30	692385	192292
所有者权益合计	11203799	1103086	1516254	155207	1197494	83502	3291746	3856510
实收资本	7433319	853173	1363136	198215	1029458	87432	2322269	1579637
国家资本	683584	3901			1200		665000	13483
集体资本	10006		2943		5		67	6990
法人资本	887693	84157	96717	12886	151203	11381	86823	444526
个人资本	77419	8319	20124	4469	6091			38416
港澳台资本	3177324	438136	1122799	166118	598376	71294	295568	485034
外商资本	2597294	318661	120552	14742	272584	4757	1274811	591187
营业收入	43034187	2981499	3754003	832198	4833712	207614	6580017	23845143
主营业务收入	41672960	2955602	3738269	831984	4798246	207098	6403081	22738679
营业成本	38426773	2541590	3417089	742968	4267532	187943	5930138	21339514
主营业务成本	37165596	2525526	3411451	741410	4246696	187607	5777643	20275264
营业税金及附加	118441	17421	10461	1449	11594	856	24611	52049

12-7 续表　　（2013 年）　　单位：万元

项目	惠州市	惠城区	惠阳区	惠东县	博罗县	龙门县	大亚湾区	仲恺区
主营业务税金及附加	113581	17128	10406	1423	10900	835	20889	52001
其他业务收入	1361226	25897	15734	214	35466	516	176936	1106464
其他业务利润	138253	7655	4642	–36	6488	35	23522	95948
销售费用	1128532	121479	56364	28617	84616	1437	104477	731543
管理费用	1606195	191956	166587	49051	159355	26983	213647	798616
税金	56969	6363	7711	1916	11558	684	9997	18740
财务费用	81754	5194	24130	3417	10395	1996	41297	–4675
利息收入	48594	4607	2347	742	6334	94	5430	29039
利息支出	143192	10285	19509	2252	12935	1670	63632	32910
营业利润	1698193	110261	91186	14543	286631	6563	248964	940046
资产减值损失	60217	1105	554	12	1670	1039	41859	13980
公允价值变动收益	4329				–174		6917	–2414
投资收益	44064	8477	2579	73	2727		16895	13313
营业外收入	104483	11337	8544	2533	8895	93	9441	63640
补贴收入	40919	1581	1765	656	111	35	2324	34447
营业外支出	63625	16798	4362	685	10757	914	5017	25092
利润总额	1738874	104626	95364	16392	284769	5742	253388	978593
应交所得税	386114	26263	22854	1913	23452	1150	73210	237274
亏损企业亏损总额	209548	33907	22036	10039	30371	1979	71819	39397
利税总额	3198255	172008	128625	28539	358611	18949	523295	1968229
应交税金及附加	1902464	100009	63826	15976	108851	15040	353113	1245649
本年应付职工薪酬	2667547	350044	505343	98402	449129	13488	474448	776693
本年应交增值税	1340940	49961	22800	10698	62248	12351	245296	937586
全部从业人员年平均人数（人）	546842	74233	117793	20510	101284	3981	86259	142782
收入法增加值	8571381	682164	1003370	227875	1181949	77731	1539189	3859103

12-8 分县区规模以上大中型工业企业主要经济指标

（2013年）　　单位：万元

项目	惠州市	惠城区	惠阳区	惠东县	博罗县	龙门县	大亚湾区	仲恺区
企业单位数（个）	523	89	84	47	100	9	49	145
亏损企业（个）	103	18	20	5	16		13	31
工业总产值（当年价格）	53335056	3432281	3892214	2126112	4418299	746287	14572142	24147722
工业销售产值（当年价格）	52478573	3363665	3683240	2062582	4333373	731937	14373628	23930149
出口交货值	20976094	1451296	2210674	496545	1851610	25988	1168259	13771722
年初存货	3683652	347059	336756	74786	308588	55675	1176890	1383899
产成品	1092038	149908	103028	35397	109110	23263	261006	410327
资产总计	30760131	2748221	3326242	1379177	2499540	528646	9465202	10813103
流动资产合计	17182502	1561441	1494248	396964	1240398	194573	3623471	8671407
应收账款	6869392	560719	547441	139532	428146	8195	934305	4251054
存货	4237353	444194	391028	77101	328477	57767	1231638	1707148
产成品	1281395	165494	104229	42564	108417	10171	300051	550470
在产品	429371	75608	38800	7204	46265	1422	139139	120933
固定资产合计	11297190	948160	1500332	903238	979777	304120	5050593	1610971
固定资产原价	18065059	1626507	2120957	1129737	2097830	506577	7585848	2997603
累计折旧	7160502	706664	642910	341674	1144853	207763	2653140	1463498
本年折旧	1386044	116095	159960	110809	181558	53262	478162	286198
在建工程	963687	137515	152117	34008	59255	7408	438540	134844
负债合计	17967296	1546543	1877373	904414	1377527	279420	5480900	6501119
流动负债合计	15484676	1302215	1553339	448793	1111903	277138	4633233	6158054
应付账款	7130391	592079	890369	173670	520539	45187	1290633	3617914
非流动负债合计	2296374	244216	311212	445474	198111	1828	800361	295172
所有者权益合计	12758506	1201589	1448849	474657	1122013	249226	3974754	4287419
实收资本	8007835	830514	1219481	314279	802465	189401	3035172	1616524
国家资本	1744391	74305	61126	120073	58828	39450	1339780	50829
集体资本	13461	0.1	4673	50	581		67	8090
法人资本	1406502	115594	81391	23343	150934	91742	373786	569712
个人资本	234840	26760	37999	68655	24177	2000	10250	64999
港澳台资本	2557188	335450	973531	98779	421208	56209	245821	426190
外商资本	2051454	278405	60761	3379	146738		1065467	496704
营业收入	53926949	3433391	3648238	2111012	4361837	566829	14358252	25447390
主营业务收入	52351737	3400845	3634172	2105641	4333081	566686	14042720	24268592
营业成本	47831955	2937128	3315698	1798753	3832264	452829	12773104	22722179
主营业务成本	46376147	2919168	3310576	1796583	3803610	452774	12499322	21594114
营业税金及附加	830579	19390	10244	7933	10525	2960	724659	54870

12-8 续表　（2013 年）　单位：万元

项　目	惠州市	惠城区	惠阳区	惠东县	博罗县	龙门县	大亚湾区	仲恺区
主营业务税金及附加	826055	19061	10162	7897	10220	2952	720932	54831
其他业务收入	1575212	32546	14066	5371	28756	142	315532	1178798
其他业务利润	161183	12356	3877	241	6460	22	35954	102274
销售费用	1211737	135891	47983	25437	78652	60673	93636	769466
管理费用	1793340	200771	165730	58178	136952	120332	228213	883164
税金	64203	6329	7688	2752	10623	5657	12272	18883
财务费用	147443	12812	29933	36782	15731	9355	55459	-12629
利息收入	55830	5148	2342	1710	5720	176	6812	33924
利息支出	216879	17997	27227	36321	17278	8749	75202	34105
营业利润	2310688	134841	92282	182449	297796	49985	516406	1036931
资产减值损失	44247	1778	342	98	1639	10606	12489	17294
公允价值变动收益	2769				-174		6889	-3946
投资收益	37162	11462	2650	311	486		6922	15331
营业外收入	87481	10079	9489	1822	7119	1563	10768	46641
补贴收入	21518	1909	1972	523	258		2595	14261
营业外支出	58910	7502	4546	1140	7414	7105	5587	25617
利润总额	2339259	137419	97224	183131	297501	44442	521587	1057955
应交所得税	478659	29997	24767	40717	25004	10172	98821	249180
亏损企业亏损总额	131818	17560	18974	7423	23114		36758	27990
利税总额	5599000	228764	140283	260754	386070	84038	2404087	2095004
应交税金及附加	3802602	127671	75515	121092	124195	55424	1993593	1305112
本年应付职工薪酬	3021827	405513	490662	207864	429637	27047	553040	908065
本年应交增值税	2429161	71955	32816	69691	78044	36636	1157842	982179
全部从业人员年平均人数（人）	573015	81665	109029	27988	91277	4689	93120	165247
收入法增加值	11464681	797385	960713	688248	1060424	261188	3570570	4126153

12-9 分县区分行业规模以上工业企业单位数

（2013 年）　　　　单位：个

项　目	惠州市	惠城区	惠阳区	惠东县	博罗县	龙门县	大亚湾区	仲恺区
总计	1702	201	350	213	415	59	102	362
采矿业	12	1			1	10		
黑色金属矿采选业	2				1	1		
有色金属矿采选业	2					2		
非金属矿采选业	8	1				7		
制造业	1663	196	348	209	408	45	96	361
农副食品加工业	30	4	3	4	12	2	2	3
食品制造业	9	2		1	2	3		1
酒、饮料和精制茶制造业	6	2			1	2		1
纺织业	39	3	5	1	23	3	2	2
纺织服装、服饰业	86	24	9	11	29	2		11
皮革、毛皮、羽毛及其制品和制鞋业	147	8	14	94	27	1		3
木材加工和木、竹、藤、棕、草制品业	23	1	5	2	7	8		
家具制造业	67	1	39	3	13	1	2	8
造纸和纸制品业	34	2	13	9	7	1		2
印刷和记录媒介复制业	28	3	8	3	7		1	6
文教、工美、体育和娱乐用品制造业	73	1	34	8	19	2	5	4
石油加工、炼焦和核燃料加工业	3						3	
化学原料和化学制品制造业	111	8	28	3	31	1	18	22
医药制造业	10	3		1	5		1	
化学纤维制造业	1				1			
橡胶和塑料制品业	160	15	40	23	37	2	8	35
非金属矿物制品业	58	2	12	10	12	9	5	8
黑色金属冶炼和压延加工业	12	1	2	2	3		1	3
有色金属冶炼和压延加工业	16	1	4		6	1	1	3
金属制品业	86	10	18	5	29		5	19
通用设备制造业	44	10	9	2	10		1	12
专用设备制造业	35	3	5	2	9	1	1	14
汽车制造业	24	8	1		3	1	8	3
铁路、船舶、航空航天和其他运输设备制造业	15	3	7	2	1			2
电气机械和器材制造业	145	23	27	7	28	1	4	55
计算机、通信和其他电子设备制造业	357	52	52	13	73	2	28	137
仪器仪表制造业	16	3	1	3	5	1		3
其他制造业	15	2	12					1
废弃资源综合利用业	13	1			8	1		3
电力、燃气及水的生产和供应业	27	4	2	4	6	4	6	1
电力、热力生产和供应业	14	1		2	3	4	3	1
燃气生产和供应业	2	1					1	
水的生产和供应业	11	2	2	2	3		2	

12-10　分县区分经济类型规模以上工业企业单位数

（2013年）　　　　单位：个

项　目	惠州市	惠城区	惠阳区	惠东县	博罗县	龙门县	大亚湾区	仲恺区
总　计	1702	201	350	213	415	59	102	362
按登记注册类型分								
内资企业	761	82	143	156	162	43	42	133
国有企业	14	2	1	1	3	5	2	
中央企业	1						1	
地方企业	13	2	1	1	3	5	1	
集体企业	13	2		1	5		1	4
联营企业	1					1		
集体联营企业	1					1		
有限责任公司	293	37	27	47	71	26	17	68
国有独资公司	4	2					2	
其他有限责任公司	289	35	27	47	71	26	15	68
股份有限公司	20	6	1	3	2	1	1	6
私营企业	412	35	114	100	77	10	21	55
私营独资企业	31		2	22	5		1	1
私营合伙企业	2	1			1			
私营有限责任公司	368	33	110	77	68	9	19	52
私营股份有限公司	11	1	2	1	3	1	1	2
其他企业	8			4	4			
港、澳、台商投资企业	700	78	167	51	200	16	37	151
合资经营企业（港或澳、台资）	95	13	14	4	19	2	7	36
合作经营企业（港或澳、台资）	22	4	3	4	7	1	1	2
港澳台商独资经营企业	572	59	149	41	172	12	29	110
港澳台商投资股份有限公司	10	2	1	2	1	1		3
其他港澳台商投资企业	1				1			
外商投资企业	241	41	40	6	53		23	78
中外合资经营企业	51	10	9		9		6	17
中外合作经营企业	5	2		1	1			1
外资企业	182	29	29	5	43		17	59
外商投资股份有限公司	3		2					1

（2013 年）　　单位：万元

项目	惠州市	惠城区	惠阳区	惠东县	博罗县	龙门县	大亚湾区	仲恺区
按经济组织类型分								
独资企业	812	92	181	70	228	17	50	174
国有企业	14	2	1	1	3	5	2	
集体企业	13	2		1	5		1	4
私营独资企业	31		2	22	5		1	1
港澳台商独资经营企业	572	59	149	41	172	12	29	110
外资企业	182	29	29	5	43		17	59
合作、合伙企业	39	7	3	9	14	2	1	3
集体联营企业	1					1		
私营合伙企业	2	1			1			
合作经营企业（港或澳、台资）	22	4	3	4	7	1	1	2
中外合作经营企业	5	2		1	1			1
其他企业（内资）	8			4	4			
其他港澳台商投资企业	1				1			
股份有限公司	44	9	6	6	6	3	2	12
股份有限公司（内资）	20	6	1	3	2	1	1	6
私营股份有限公司	11	1	2	1	3	1	1	2
港澳台商投资股份有限公司	10	2	1	2	1	1		3
外商投资股份有限公司	3		2					1
有限责任公司	807	93	160	128	167	37	49	173
国有独资公司	4	2					2	
私营有限责任公司	368	33	110	77	68	9	19	52
合资经营企业（港或澳、台资）	95	13	14	4	19	2	7	36
中外合资经营企业	51	10	9		9		6	17
其他有限责任公司	289	35	27	47	71	26	15	68
按轻重工业分								
在总计中：轻工业	857	86	222	158	208	27	26	130
重工业	845	115	128	55	207	32	76	232
按企业规模分								
在总计中：大型企业	91	17	12	3	12		12	35
中型企业	432	72	72	44	88	9	37	110
小型企业	1179	112	266	166	315	50	53	217

12-11　分县区分行业规模以上工业总产值

（2013 年）　　　　单位：万元

项　目	惠州市	惠城区	惠阳区	惠东县	博罗县	龙门县	大亚湾区	仲恺区
总计	66052943	4215848	5487191	3797435	8290636	1157383	17379536	25724914
采矿业	169794	31437			29807	108550		
黑色金属矿采选业	31999				29807	2192		
有色金属矿采选业	5824					5824		
非金属矿采选业	131971	31437				100534		
制造业	62888186	3741716	5133202	3121783	7816874	960922	16693757	25419932
农副食品加工业	554159	35523	69201	50435	321831	12742	48634	15792
食品制造业	164915	18180		5297	13300	22697		105441
酒、饮料和精制茶制造业	304006	110782			124264	15051		53909
纺织业	462619	26403	37922	3548	340547	25748	11455	16997
纺织服装、服饰业	959153	256911	104064	95576	410337	12611		79654
皮革、毛皮、羽毛及其制品和制鞋业	1291611	165755	148896	509721	458786	2001		6452
木材加工和木、竹、藤、棕、草制品业	367794	30184	39868	36137	188416	73190		
家具制造业	1312657	27318	265194	513196	201058	2526	260799	42567
造纸和纸制品业	278315	26360	83601	65493	77545	3952		21365
印刷和记录媒介复制业	372966	12550	185371	6438	118781		2670	47156
文教、工美、体育和娱乐用品制造业	581349	4911	184552	71660	211393	6795	57763	44275
石油加工、炼焦和核燃料加工业	9488223						9488223	
化学原料和化学制品制造业	4835592	90880	255510	46845	394219	13204	3888278	146657
医药制造业	125157	37285		8830	67897		11145	
化学纤维制造业	14776				14776			
橡胶和塑料制品业	1782592	235130	193282	184844	455149	8090	75615	630482
非金属矿物制品业	1313908	12445	145187	195657	226506	600976	65891	67246
黑色金属冶炼和压延加工业	714551	6241	59513	431349	177490		8335	31622
有色金属冶炼和压延加工业	[illegible]	[illegible]	[illegible]		[illegible]	[illegible]	[illegible]	[illegible]
金属制品业	1402879	126797	340194	72378	466675		197819	199015
通用设备制造业	601102	56814	52158	101650	131567		4336	254576
专用设备制造业	297248	12174	49484	61002	91596	2040	4838	76115
汽车制造业	1415241	586590	2733		16957	5589	776733	26639
铁路、船舶、航空航天和其他运输设备制造业	116488	27405	62599	12324	3110			11051
电气机械和器材制造业	3318144	461780	244816	430956	913478	2845	57820	1206449
计算机、通信和其他电子设备制造业	30255592	1283068	2514259	208435	2154670	110021	1711249	22273890
仪器仪表制造业	125897	27210	2533	10014	66233	3067		16840
其他制造业	82710	5680	72070					4960
废弃资源综合利用业	176597	29627			107786	9971		29214
电力、燃气及水的生产和供应业	2994963	442695	353989	675652	443956	87911	685779	304982
电力、热力生产和供应业	2861374	374710	339887	666729	428378	87911	658777	304982
燃气生产和供应业	40928	34154					6774	
水的生产和供应业	92662	33831	14102	8923	15578		20229	

12-12　分县区分经济类型规模以上工业总产值

（2013 年）　　　　单位：万元

项　目	惠州市	惠城区	惠阳区	惠东县	博罗县	龙门县	大亚湾区	仲恺区
总　计	**66052943**	**4215848**	**5487191**	**3797435**	**8290636**	**1157383**	**17379536**	**25724914**
按登记注册类型分								
内资企业	23959480	1233245	1473899	2949736	3437977	915763	10802797	3146064
国有企业	542637	32758	10903	4972	10870	158485	324648	
中央企业	167801						167801	
地方企业	374836	32758	10903	4972	10870	158485	156847	
集体企业	114964	5198		3650	90024		2334	13758
联营企业	6600					6600		
集体联营企业	6600					6600		
有限责任公司	16952183	772167	688447	1196834	2016622	479793	9302536	2495785
国有独资公司	9336088	406147	339887	209405	394930		7733607	252113
其他有限责任公司	7616095	366020	348561	987429	1621693	479793	1568929	2243672
股份有限公司	1272948	132841	12102	7783	48630	182718	669819	219055
私营企业	4965715	290281	762446	1703821	1200075	88166	503460	417466
私营独资企业	585755		19902	506911	48429		8304	2209
私营合伙企业	10671	4292			6379			
私营有限责任公司	4241344	268841	731625	1187822	1074787	85640	490318	402311
私营股份有限公司	127945	17148	10919	9088	70479	2526	4838	12946
其他企业	104433			32677	71756			
港、澳、台商投资企业	16179073	1551552	3551413	805241	3876794	241620	1488530	4663924
合资经营企业（港或澳、台资）	3708384	383697	431437	34418	604575	13290	519537	1721431
合作经营企业（港或澳、台资）	282038	19329	38333	25668	140698	4500	23708	29803
港澳台商独资经营企业	12037848	1105371	3054629	735537	3093248	221790	945285	2881988
港澳台商投资股份有限公司	147081	43155	27015	9618	34551	2040		30703
其他港澳台商投资企业	3722				3722			
外商投资企业	25914389	1431052	461879	42458	975866		5088209	17914926
中外合资经营企业	19202114	752803	90429		252018		4320320	13786544
中外合作经营企业	33006	10878		15846	2313			3970
外资企业	6646710	667371	361968	26612	721535		767889	4101334
外商投资股份有限公司	32559		9481					23078

12-12 续表 （2013 年） 单位：万元

项　目	惠州市	惠城区	惠阳区	惠东县	博罗县	龙门县	大亚湾区	仲恺区
按经济组织类型分								
独资企业	19927913	1810697	3447402	1277682	3964107	380276	2048460	6999290
国有企业	542637	32758	10903	4972	10870	158485	324648	
集体企业	114964	5198		3650	90024		2334	13758
私营独资企业	585755		19902	506911	48429		8304	2209
港澳台商独资经营企业	12037848	1105371	3054629	735537	3093248	221790	945285	2881988
外资企业	6646710	667371	361968	26612	721535		767889	4101334
合作、合伙企业	440470	34499	38333	74190	224867	11101	23708	33773
集体联营企业	6600					6600		
私营合伙企业	10671	4292			6379			
合作经营企业（港或澳、台资）	282038	19329	38333	25668	140698	4500	23708	29803
中外合作经营企业	33006	10878		15846	2313			3970
其他企业（内资）	104433			32677	71756			
其他港澳台商投资企业	3722				3722			
股份有限公司	1580533	193144	59518	26489	153660	187284	674657	285782
股份有限公司（内资）	1272948	132841	12102	7783	48630	182718	669819	219055
私营股份有限公司	127945	17148	10919	9088	70479	2526	4838	12946
港澳台商投资股份有限公司	147081	43155	27015	9618	34551	2040		30703
外商投资股份有限公司	32559		9481					23078
有限责任公司	44104026	2177508	1941938	2419073	3948003	578724	14632711	18406070
国有独资公司	9336088	406147	339887	209405	394930		7733607	252113
私营有限责任公司	4241344	268841	731625	1187822	1074787	85640	490318	402311
合资经营企业（港或澳、台资）	3708384	383697	431437	34418	604575	13290	519537	1721431
中外合资经营企业	19202114	752803	90429		252018		4320320	13786544
其他有限责任公司	7616095	366020	348561	987429	1621693	479793	1568929	2243672
按轻重工业分								
在总计中：轻工业	14489985	1234851	2093756	2019615	3149826	191179	547140	5253618
重工业	51562958	2980997	3393435	1777819	5140811	966204	16832396	20471296
按企业规模分								
在总计中：大型企业	41020224	1919233	2194278	987921	1516517		13392081	21010194
中型企业	12314832	1513047	1697936	1138191	2901782	746287	1180061	3137528
小型企业	12717887	783568	1594977	1671323	3872338	411097	2807394	1577192

12-13 分县区分行业规模以上“三资”工业企业单位数

（2013 年） 单位：个

项目	惠州市	惠城区	惠阳区	惠东县	博罗县	龙门县	大亚湾区	仲恺区
总计	941	119	207	57	253	16	60	229
采矿业	1					1		
非金属矿采选业	1					1		
制造业	937	119	207	57	253	15	58	228
农副食品加工业	6	1		2	2			1
食品制造业	2	2						
酒、饮料和精制茶制造业	4	1			1	1		1
纺织业	30	2	4	1	18	3	1	1
纺织服装、服饰业	57	12	8	8	21	1		7
皮革、毛皮、羽毛及其制品和制鞋业	51	7	11	8	23	1		1
木材加工和木、竹、藤、棕、草制品业	6	1	3		2			
家具制造业	37	1	17		12		1	6
造纸和纸制品业	10		3	3	4			
印刷和记录媒介复制业	12		6		6			
文教、工美、体育和娱乐用品制造业	53	1	25	4	15	1	4	3
化学原料和化学制品制造业	50	4	7	1	18	1	11	8
医药制造业	1				1			
化学纤维制造业	1				1			
橡胶和塑料制品业	99	9	23	5	28	2	6	26
非金属矿物制品业	15	1	4	3	3	1	1	2
黑色金属冶炼和压延加工业	7		2		1		1	3
有色金属冶炼和压延加工业	11	1	1		6		1	2
金属制品业	51	7	13	3	12		2	14
通用设备制造业	25	6	3		6		1	9
专用设备制造业	23	1	3	1	7	1		10
汽车制造业	21	8			3		8	2
铁路、船舶、航空航天和其他运输设备制造业	12	3	6	1				2
电气机械和器材制造业	91	14	17	5	14		2	39
计算机、通信和其他电子设备制造业	238	34	40	9	45	2	19	89
仪器仪表制造业	10	1	1	3	4	1		
其他制造业	13	2	10					1
废弃资源综合利用业	1							1
电力、燃气及水的生产和供应业	3						2	1
电力、热力生产和供应业	1							1
燃气生产和供应业	1						1	
水的生产和供应业	1						1	

12-14 分县区分行业规模以上“三资”工业企业总产值

（2013 年）　　单位：万元

项　目	惠州市	惠城区	惠阳区	惠东县	博罗县	龙门县	大亚湾区	仲恺区
总计	42093462	2982604	4013292	847699	4852659	241620	6576739	22578850
采矿业	2000					2000		
非金属矿采选业	2000					2000		
制造业	42023054	2982604	4013292	847699	4852659	239620	6561200	22525980
农副食品加工业	55715	2361		5453	44000			3900
食品制造业	18180	18180						
酒、饮料和精制茶制造业	298085	107628			124264	12285		53909
纺织业	398251	21337	35319	3548	298643	25748	7796	5859
纺织服装、服饰业	747565	193296	100032	60677	344097	2606		46857
皮革、毛皮、羽毛及其制品和制鞋业	742882	145755	121778	47908	423627	2001		1812
木材加工和木、竹、藤、棕、草制品业	117241	30184	29424		57633			
家具制造业	646586	27318	133188		193447		258299	34334
造纸和纸制品业	124294		11530	43654	69109			
印刷和记录媒介复制业	282745		170342		112402			
文教、工美、体育和娱乐用品制造业	482136	4911	140046	57027	180093	4500	54631	40927
化学原料和化学制品制造业	4095862	65098	113841	24261	243093	13204	3545241	91124
医药制造业	2295				2295			
化学纤维制造业	14776				14776			
橡胶和塑料制品业	1390682	204694	121169	32375	383148	8090	56850	584357
非金属矿物制品业	380943	9465	40363	167971	76810	56059	7101	23173
黑色金属冶炼和压延加工业	135315		59513		35845		8335	31622
有色金属冶炼和压延加工业	125156	27714	4584		62509		22153	8196
金属制品业	1002694	103725	284970	6004	278844		159731	169420
通用设备制造业	363517	39567	19500		53631		4336	246483
专用设备制造业	188643	6300	36661	2587	85540	2040		55515
汽车制造业	1403848	586590			16957		776733	23568
铁路、船舶、航空航天和其他运输设备制造业	103171	27405	60434	4282				11051
电气机械和器材制造业	1951374	316584	153284	252881	195876		40365	992384
计算机、通信和其他电子设备制造业	26777365	1031879	2308699	129056	1494584	110021	1619629	20083498
仪器仪表制造业	83984	6934	2533	10014	61436	3067		
其他制造业	76720	5680	66080					4960
废弃资源综合利用业	13030							13030
电力、燃气及水的生产和供应业	68409						15539	52870
电力、热力生产和供应业	52870							52870
燃气生产和供应业	6774						6774	
水的生产和供应业	8765						8765	

12-15 规模以上工业企业主要经济指标

（2013 年） 单位：万元

项目	企业单位数（个）	亏损企业	工业总产值（当年价格）	工业销售产值（当年价格）	出口交货值
总计	1702	363	66052943	64992232	23852098
按登记注册类型分组：					
内资企业	761	120	23959480	23406371	1434632
国有企业	14	3	542637	536013	
中央企业	1		167801	167801	
地方企业	13	3	374836	368212	
集体企业	13	4	114964	110958	13129
联营企业	1		6600	6600	
集体联营企业	1		6600	6600	
有限责任公司	293	53	16952183	16602708	921664
国有独资公司	4	1	9336088	9165954	
其他有限责任公司	289	52	7616095	7436754	921664
股份有限公司	20	2	1272948	1163888	52073
私营企业	412	56	4965715	4881851	431344
私营独资企业	31	3	585755	583915	9303
私营合伙企业	2		10671	10671	
私营有限责任公司	368	51	4241344	4166556	420190
私营股份有限公司	11	2	127945	120709	1852
其他企业	8	2	104433	104353	16422
港、澳、台商投资企业	700	179	16179073	15676292	8749135
合资经营企业(港或澳、台资)	95	14	3708384	3688908	1595360
合作经营企业(港或澳、台资)	22	6	282038	276013	217482
港澳台商独资经营企业	572	154	12037848	11573023	6877290
港澳台商投资股份有限公司	10	4	147081	134627	58492
其他港澳台商投资企业	1	1	3722	3722	511
外商投资企业	241	64	25914389	25909569	13668331
中外合资经营企业	51	11	19202114	19302309	9894324
中外合作经营企业	5	2	33006	32732	26590
外资企业	182	49	6646710	6543573	3716796
外商投资股份有限公司	3	2	32559	30955	30621
按经济组织类型分组					
独资企业	812	213	19927913	19347481	10616518

12-15 续表 1　　　　（2013 年）　　　　单位：万元

项　目	企业单位数（个）	亏损企业	工业总产值（当年价格）	工业销售产值（当年价格）	出口交货值
国有企业	14	3	542637	536013	
集体企业	13	4	114964	110958	13129
私营独资企业	31	3	585755	583915	9303
港澳台商独资经营企业	572	154	12037848	11573023	6877290
外资企业	182	49	6646710	6543573	3716796
合作、合伙企业	39	11	440470	434091	261004
集体联营企业	1		6600	6600	
私营合伙企业	2		10671	10671	
合作经营企业（港或澳、台资）	22	6	282038	276013	217482
中外合作经营企业	5	2	33006	32732	26590
其他企业（内资）	8	2	104433	104353	16422
其他港澳台商投资企业	1	1	3722	3722	511
股份有限公司	44	10	1580533	1450179	143038
股份有限公司（内资）	20	2	1272948	1163888	52073
私营股份有限公司	11	2	127945	120709	1852
港澳台商投资股份有限公司	10	4	147081	134627	58492
外商投资股份有限公司	3	2	32559	30955	30621
有限责任公司	807	129	44104026	43760481	12831537
国有独资公司	4	1	9336088	9165954	
私营有限责任公司	368	51	4241344	4166556	420190
合资经营企业（港或澳、台资）	95	14	3708384	3688908	1595360
中外合资经营企业	51	11	19202114	19302309	9894324
其他有限责任公司	289	52	7616095	7436754	921664
在总计中：亏损企业	363	363	5239559	5007801	1816520
在总计中：国有控股企业	47	15	16552075	16254492	497096
在总计中：轻工业	857	172	14489985	14107293	6726815
重工业	845	191	51562958	50884939	17125283
在总计中：大型企业	91	8	41020224	40500335	16528377
中型企业	432	95	12314832	11978238	4447718
小型企业	1179	260	12717887	12513660	2876004

项目	年初存货	产成品	资产总计	流动资产合计
总计	4709429	1374183	37977019	21466743
按登记注册类型分组：				
内资企业	1274664	339989	12865722	5674702
国有企业	26084	2724	896722	236368
中央企业	11215		325294	88562
地方企业	14869	2724	571428	147806
集体企业	1046	756	47387	23349
联营企业	50		1490	463
集体联营企业	50		1490	463
有限责任公司	791416	165438	8429968	3389977
国有独资公司	391068	12010	3767229	847835
其他有限责任公司	400347	153428	4662739	2542142
股份有限公司	127450	43270	1156169	501528
私营企业	324250	127013	2305720	1504826
私营独资企业	12147	4629	76633	52485
私营合伙企业	356		1672	967
私营有限责任公司	293301	110935	2114863	1378219
私营股份有限公司	18447	11449	112552	73155
其他企业	4369	789	28267	18190
港、澳、台商投资企业	1803158	534627	12769970	8008532
合资经营企业（港或澳、台资）	520735	163556	3142129	2078757
合作经营企业（港或澳、台资）	23952	7733	151134	87738
港澳台商独资经营企业	1240749	361488	9331410	5794153
港澳台商投资股份有限公司	17257	1840	143236	47507
其他港澳台商投资企业	464	10	2062	378
外商投资企业	1631607	499567	12341326	7783509
中外合资经营企业	1004342	298969	7971188	4838254
中外合作经营企业	3604	367	17812	14923
外资企业	616627	195861	4324389	2912490
外商投资股份有限公司	7034	4371	27937	17842
按经济组织类型分组				
独资企业	1896652	565457	14676540	9018845

12-15 续表3　　（2013年）　　单位：万元

项　目	年初存货	产成品	资产总计	流动资产合计
国有企业	26084	2724	896722	236368
集体企业	1046	756	47387	23349
私营独资企业	12147	4629	76633	52485
港澳台商独资经营企业	1240749	361488	9331410	5794153
外资企业	616627	195861	4324389	2912490
合作、合伙企业	32795	8898	202437	122659
集体联营企业	50		1490	463
私营合伙企业	356		1672	967
合作经营企业（港或澳、台资）	23952	7733	151134	87738
中外合作经营企业	3604	367	17812	14923
其他企业（内资）	4369	789	28267	18190
其他港澳台商投资企业	464	10	2062	378
股份有限公司	170188	60929	1439894	640033
股份有限公司（内资）	127450	43270	1156169	501528
私营股份有限公司	18447	11449	112552	73155
港澳台商投资股份有限公司	17257	1840	143236	47507
外商投资股份有限公司	7034	4371	27937	17842
有限责任公司	2609794	738898	21658148	11685207
国有独资公司	391068	12010	3767229	847835
私营有限责任公司	293301	110935	2114863	1378219
合资经营企业（港或澳、台资）	520735	163556	3142129	2078757
中外合资经营企业	1004342	298969	7971188	4838254
其他有限责任公司	400347	153428	4662739	2542142
在总计中：亏损企业	726236	229587	4959129	2708596
在总计中：国有控股企业	876119	205369	10295067	2992689
在总计中：轻工业	1357844	417484	9165181	6392864
重工业	3351584	956699	28811838	15073879
在总计中：大型企业	2435522	611635	21159700	11525430
中型企业	1248129	480403	9600431	5657071
小型企业	1025777	282145	7216888	4284242

项 目	流动资产合计				固定资产合计
	应收账款	存货			
			产成品	在产品	
总 计	**8204805**	**5400469**	**1625831**	**540011**	**13487938**
一、按登记注册类型分组：					
内资企业	1691231	1552535	468045	200204	5664498
国有企业	25102	38897	3073	225	602383
中央企业	14883	10024			218822
地方企业	10219	28873	3073	225	383561
集体企业	8086	2525	930	123	19761
联营企业	77	64			1027
集体联营企业	77	64			1027
有限责任公司	1012755	986269	279940	134830	3934326
国有独资公司	103820	446062	23238	79541	2338506
其他有限责任公司	908934	540206	256702	55289	1595820
股份有限公司	154906	117234	34267	31448	511981
私营企业	484871	402711	146858	32894	586925
私营独资企业	12225	12999	4787	846	20212
私营合伙企业	284	423			519
私营有限责任公司	440824	376080	138363	31767	539431
私营股份有限公司	31539	13210	3708	281	26763
其他企业	5434	4836	2976	684	8095
港、澳、台商投资企业	2913212	2040253	710103	223119	3786531
合资经营企业（港或澳、台资）	779560	534643	186214	51228	744763
合作经营企业（港或澳、台资）	27594	40908	12915	8490	55358
港澳台商独资经营企业	2093843	1443965	507883	155247	2954062
港澳台商投资股份有限公司	12216	20493	3050	8154	30663
其他港澳台商投资企业		244	41		1684
外商投资企业	3600363	1807681	447683	116689	4036910
中外合资经营企业	2316627	1074206	241688	26043	2857871
中外合作经营企业	8597	2281	602	238	2481
外资企业	1271078	721411	200325	90352	1168462
外商投资股份有限公司	4061	9782	5068	56	8096
二、按经济组织类型分组					
独资企业	3410333	2219797	716998	246793	4764881

12-15 续表 5　　（2013 年）　　单位：万元

项　目	流动资产合计				固定资产合计
	应收账款	存货			
			产成品	在产品	
国有企业	25102	38897	3073	225	602383
集体企业	8086	2525	930	123	19761
私营独资企业	12225	12999	4787	846	20212
港澳台商独资经营企业	2093843	1443965	507883	155247	2954062
外资企业	1271078	721411	200325	90352	1168462
合作、合伙企业	41985	48755	16534	9412	69164
集体联营企业	77	64			1027
私营合伙企业	284	423			519
合作经营企业（港或澳、台资）	27594	40908	12915	8490	55358
中外合作经营企业	8597	2281	602	238	2481
其他企业（内资）	5434	4836	2976	684	8095
其他港澳台商投资企业		244	41		1684
股份有限公司	202722	160720	46093	39939	577503
股份有限公司（内资）	154906	117234	34267	31448	511981
私营股份有限公司	31539	13210	3708	281	26763
港澳台商投资股份有限公司	12216	20493	3050	8154	30663
外商投资股份有限公司	4061	9782	5068	56	8096
有限责任公司	4549765	2971197	846205	243867	8076391
国有独资公司	103820	116062	23238	79541	2338506
私营有限责任公司	440824	376080	138363	31767	539431
合资经营企业（港或澳、台资）	779560	534643	186214	51228	744763
中外合资经营企业	2316627	1074206	241688	26043	2857871
其他有限责任公司	908934	540206	256702	55289	1595820
在总计中：亏损企业	902786	796261	293826	99291	1827557
在总计中：国有控股企业	746884	990695	286468	111205	6280402
在总计中：轻工业	2326061	1646380	631381	191180	2045461
重工业	5878744	3754089	994450	348831	11442477
在总计中：大型企业	4993755	2822101	753456	233664	8111306
中型企业	1875637	1415252	527939	195707	3185884
小型企业	1335413	1163116	344436	110640	2190748

项　目	固定资产原价	累计折旧		在建工程	负债合计
			本年折旧		
总　计	22696377	9766078	1781587	1075002	22383937
按登记注册类型分组：					
内资企业	8878428	3463652	679433	688059	8495110
国有企业	919321	335415	50979	38859	323282
中央企业	269044	50222	12143	2544	21345
地方企业	650277	285192	38836	36314	301936
集体企业	68530	49314	5583	1687	31922
联营企业	1104	77	16		708
集体联营企业	1104	77	16		708
有限责任公司	6189694	2423129	480463	530567	5676508
国有独资公司	3848936	1510341	253796	453285	2559535
其他有限责任公司	2340758	912788	226667	77282	3116974
股份有限公司	685281	189418	55000	68033	805063
私营企业	959878	419774	81770	48913	1642049
私营独资企业	64562	45440	9825		36459
私营合伙企业	960	441	47		527
私营有限责任公司	838450	342647	67356	48223	1535593
私营股份有限公司	55906	31246	4542	690	69470
其他企业	54620	46525	5623		15579
港、澳、台商投资企业	6779936	3216801	594228	273032	7649000
合资经营企业（港或澳、台资）	1398783	719552	117797	45852	2133449
合作经营企业（港或澳、台资）	147300	92189	9780	527	65654
港澳台商独资经营企业	5186408	2387621	464414	189421	5380797
港澳台商投资股份有限公司	45760	17173	1972	37233	67942
其他港澳台商投资企业	1684	265	265		1158
外商投资企业	7038014	3085626	507927	113912	6239828
中外合资经营企业	4836777	2019548	314523	60595	3671970
中外合作经营企业	12558	10077	587		4316
外资企业	2178947	1050982	191909	52925	2542612
外商投资股份有限公司	9732	5019	908	392	20929
按经济组织类型分组					
独资企业	8417768	3868771	722709	282892	8315071

项　目	固定资产原价	累计折旧	本年折旧	在建工程	负债合计
国有企业	919321	335415	50979	38859	323282
集体企业	68530	49314	5583	1687	31922
私营独资企业	64562	45440	9825		36459
港澳台商独资经营企业	5186408	2387621	464414	189421	5380797
外资企业	2178947	1050982	191909	52925	2542612
合作、合伙企业	218226	149574	16317	527	87942
集体联营企业	1104	77	16		708
私营合伙企业	960	441	47		527
合作经营企业(港或澳、台资)	147300	92189	9780	527	65654
中外合作经营企业	12558	10077	587		4316
其他企业（内资）	54620	46525	5623		15579
其他港澳台商投资企业	1684	265	265		1158
股份有限公司	796679	242856	62422	106348	963404
股份有限公司(内资)	685281	189418	55000	68033	805063
私营股份有限公司	55906	31246	4542	690	69470
港澳台商投资股份有限公司	45760	17173	1972	37233	67942
外商投资股份有限公司	9732	5019	908	392	20929
有限责任公司	13263704	5504876	980139	685236	13017520
国有独资公司	3848936	1510341	253796	453285	2559535
私营有限责任公司	838450	342647	67356	48223	1535593
合资经营企业(港或澳、台资)	1398783	719552	117797	45852	2133449
中外合资经营企业	4836777	2019548	314523	60595	3671970
其他有限责任公司	2340758	912788	226667	77282	3116974
在总计中:亏损企业	2991508	1262905	282240	123047	3769534
在总计中:国有控股企业	9575782	3441537	574531	563325	6352645
在总计中:轻工业	3944055	2040454	367577	155084	6040558
重工业	18752323	7725624	1414010	919919	16343379
在总计中:大型企业	12896695	4944435	960036	774649	12464100
中型企业	5168363	2216068	426007	189038	5503197
小型企业	4631319	2605576	395543	111315	4416641

项　目	流动负债合计	应付账款	非流动负债合计	所有者权益合计	实收资本
总　计	**19150621**	**8380425**	**2682526**	**15535058**	**10247605**
按登记注册类型分组：					
内资企业	6829862	2189768	1406849	4331259	2814286
国有企业	213588	30344	109478	573440	501559
中央企业	21345	19552		303949	289067
地方企业	192243	10792	109478	269492	212492
集体企业	27431	5080	4490	15420	7635
联营企业	708			782	253
集体联营企业	708			782	253
有限责任公司	4410363	1572604	1125958	2730259	1647697
国有独资公司	2026013	679054	533522	1207694	811800
其他有限责任公司	2384351	893550	592436	1522565	835897
股份有限公司	777802	123179	26645	351105	268656
私营企业	1386497	453073	138171	647565	385567
私营独资企业	31364	12444	2053	39878	8364
私营合伙企业	456	456		359	1200
私营有限责任公司	1287488	423789	134118	564294	351794
私营股份有限公司	67189	16383	2000	43034	24209
其他企业	13472	5489	2107	12688	2919
港、澳、台商投资企业	7014182	3380988	450374	5100293	3967524
合资经营企业(港或澳、台资)	2047870	733505	25799	1008678	652912
合作经营企业(港或澳、台资)	56431	23953	3524	85186	88076
港澳台商独资经营企业	4842069	2583264	419970	3930258	3193433
港澳台商投资股份有限公司	67461	40023	276	75294	31835
其他港澳台商投资企业	352	244	806	878	1268
外商投资企业	5306578	2809670	825304	6103506	3465795
中外合资经营企业	2918759	1477141	677508	4314773	1914004
中外合作经营企业	4316	618		13496	15619
外资企业	2371475	1323075	138894	1768229	1504452
外商投资股份有限公司	12028	8836	8902	7008	31720
按经济组织类型分组					
独资企业	7485927	3954206	674885	6327224	5215443

项　目	流动负债合计	应付账款	非流动负债合计	所有者权益合计	实收资本
国有企业	213588	30344	109478	573440	501559
集体企业	27431	5080	4490	15420	7635
私营独资企业	31364	12444	2053	39878	8364
港澳台商独资经营企业	4842069	2583264	419970	3930258	3193433
外资企业	2371475	1323075	138894	1768229	1504452
合作、合伙企业	75736	30760	6437	113389	109336
集体联营企业	708			782	253
私营合伙企业	456	456		359	1200
合作经营企业（港或澳、台资）	56431	23953	3524	85186	88076
中外合作经营企业	4316	618		13496	15619
其他企业（内资）	13472	5489	2107	12688	2919
其他港澳台商投资企业	352	244	806	878	1268
股份有限公司	924480	188420	37822	476441	356419
股份有限公司（内资）	777802	123179	26645	351105	268656
私营股份有限公司	67189	16383	2000	43034	24209
港澳台商投资股份有限公司	67461	40023	276	75294	31835
外商投资股份有限公司	12028	8836	8902	7008	31720
有限责任公司	10664480	4207039	1963382	8618005	4566407
国有独资公司	2026013	679054	533522	1207694	811800
私营有限责任公司	1287488	423789	134118	564294	351794
合资经营企业（港或澳、台资）	2047870	733505	25799	1008678	652912
中外合资经营企业	2918759	1477141	677508	4314773	1914004
其他有限责任公司	2384351	893550	592436	1522565	835897
在总计中：亏损企业	3249087	1287302	327755	1187398	1886486
在总计中：国有控股企业	4600433	1320557	1751497	3930712	3169598
在总计中：轻工业	5363437	2615867	414884	3123841	2360220
重工业	13787184	5764559	2267642	12411218	7887385
在总计中：大型企业	10843073	5205045	1563440	8687151	4992052
中型企业	4641603	1925346	732934	4071354	3015783
小型企业	3665946	1250034	386152	2776553	2239770

项 目	国家资本	集体资本	法人资本	个人资本	港澳台资本
总 计	**1922746**	**34878**	**1932232**	**496693**	**3253520**
按登记注册类型分组：					
内资企业	1239163	24872	1044539	419274	76196
国有企业	210954		290426	180	
中央企业			289067		
地方企业	210954		1359	180	
集体企业		4053		250	80
联营企业			253		
集体联营企业			253		
有限责任公司	924359	7494	453634	188697	66624
国有独资公司	811800				
其他有限责任公司	112559	7494	453634	188697	66624
股份有限公司	100000	1000	128263	33752	5541
私营企业	3850	12325	170495	195888	3009
私营独资企业			1234	6148	983
私营合伙企业			1200		
私营有限责任公司	3850	12325	158494	175099	2026
私营股份有限公司			9568	14642	
其他企业			1469	507	944
港、澳、台商投资企业	7401	4145	385772	58123	3053380
合资经营企业（港或澳、台资）	7401	2872	171226	15337	215454
合作经营企业（港或澳、台资）			21737		65693
港澳台商独资经营企业		1273	179952	42786	2751987
港澳台商投资股份有限公司			12858		18977
其他港澳台商投资企业					1268
外商投资企业	676183	5860	501921	19296	123944
中外合资经营企业	676183	5860	178103	2183	25518
中外合作经营企业			487		13255
外资企业			323331	17113	85171
外商投资股份有限公司					
按经济组织类型分组					
独资企业	210954	5326	794942	66476	2838221

项　目	国家资本	集体资本	法人资本	个人资本	港澳台资本
国有企业	210954		290426	180	
集体企业		4053		250	80
私营独资企业			1234	6148	983
港澳台商独资经营企业		1273	179952	42786	2751987
外资企业			323331	17113	85171
合作、合伙企业			25145	507	81160
集体联营企业			253		
私营合伙企业			1200		
合作经营企业（港或澳、台资）			21737		65693
中外合作经营企业			487		13255
其他企业（内资）			1469	507	944
其他港澳台商投资企业					1268
股份有限公司	100000	1000	150688	48394	24517
股份有限公司（内资）	100000	1000	128263	33752	5541
私营股份有限公司			9568	14642	
港澳台商投资股份有限公司			12858		18977
外商投资股份有限公司					
有限责任公司	1611793	28552	961456	381316	309622
国有独资公司	811800				
私营有限责任公司	3850	12325	158494	175099	2026
合资经营企业（港或澳、台资）	7401	2872	171226	15337	215454
中外合资经营企业	676183	5860	178103	2183	25518
其他有限责任公司	112559	7494	453634	188697	66624
在总计中：亏损企业	154295	13873	356469	84953	782728
在总计中：国有控股企业	1905250	3200	511212	54980	18484
在总计中：轻工业	37116	17282	309100	198579	1166241
重工业	1885631	17596	1623132	298114	2087279
在总计中：大型企业	1577350	123	379022	37079	1442447
中型企业	167041	13338	1027480	197761	1114740
小型企业	178356	21417	525730	261853	696332

项　目	外商资本	营业收入	主营业务收入	营业成本	主营业务成本
总　计	**2607536**	**66405046**	**64771978**	**59008224**	**57486495**
按登记注册类型分组：					
内资企业	10242	23370859	23099018	20581451	20320899
国有企业		540674	537088	394913	381195
中央企业		169047	168038	118738	118719
地方企业		371627	369050	276175	262476
集体企业	3252	108769	108490	92698	92698
联营企业		6516	6516	5941	5941
集体联营企业		6516	6516	5941	5941
有限责任公司	6890	16760373	16506882	14734182	14496192
国有独资公司		9331299	9183410	8309387	8174842
其他有限责任公司	6890	7429074	7323472	6424795	6321350
股份有限公司	100	968710	958978	866724	861770
私营企业		4887715	4882962	4397697	4393808
私营独资企业		582612	581408	480167	479107
私营合伙企业		10692	10692	10094	10094
私营有限责任公司		4173247	4169738	3810129	3807300
私营股份有限公司		121165	121124	97307	97307
其他企业		98102	98102	89296	89296
港、澳、台商投资企业	458704	17175722	16041669	15442988	14380690
合资经营企业（港或澳、台资）	240622	3764373	3623103	3257323	3135674
合作经营企业（港或澳、台资）	646	286856	286442	260594	260568
港澳台商独资经营企业	217435	12994028	12003184	11815817	10876678
港澳台商投资股份有限公司		126744	125219	105631	104146
其他港澳台商投资企业		3722	3722	3624	3624
外商投资企业	2138591	25858464	25631291	22983785	22784906
中外合资经营企业	1026156	19203381	19064805	16916459	16808253
中外合作经营企业	1877	32386	32266	29909	29909
外资企业	1078837	6591180	6502702	6008621	5917947
外商投资股份有限公司	31720	31518	31518	28797	28797
按经济组织类型分组					
独资企业	1299524	20817263	19732871	18792216	17747625

12-15 续表 13　　（2013 年）　　单位：万元

项　目	外商资本	营业收入	主营业务收入	营业成本	主营业务成本
国有企业		540674	537088	394913	381195
集体企业	3252	108769	108490	92698	92698
私营独资企业		582612	581408	480167	479107
港澳台商独资经营企业	217435	12994028	12003184	11815817	10876678
外资企业	1078837	6591180	6502702	6008621	5917947
合作、合伙企业	2524	438274	437740	399457	399432
集体联营企业		6516	6516	5941	5941
私营合伙企业		10692	10692	10094	10094
合作经营企业（港或澳、台资）	646	286856	286442	260594	260568
中外合作经营企业	1877	32386	32266	29909	29909
其他企业（内资）		98102	98102	89296	89296
其他港澳台商投资企业		3722	3722	3624	3624
股份有限公司	31820	1248136	1236839	1098459	1092020
股份有限公司（内资）	100	968710	958978	866724	861770
私营股份有限公司		121165	121124	97307	97307
港澳台商投资股份有限公司		126744	125219	105631	104146
外商投资股份有限公司	31720	31518	31518	28797	28797
有限责任公司	1273669	43901373	43364528	38718092	38247418
国有独资公司		9331299	9183410	8309387	8174842
私营有限责任公司		4173247	4169738	3810129	3807300
合资经营企业（港或澳、台资）	240622	3764373	3623103	3257323	3135674
中外合资经营企业	1026156	19203381	19064805	16916459	16808253
其他有限责任公司	6890	7429074	7323472	6424795	6321350
在总计中：亏损企业	494169	4996886	4915311	4711755	4635835
在总计中：国有控股企业	676472	16308510	16122114	14445869	14269039
在总计中：轻工业	631903	15655716	14530810	14069038	12985171
重工业	1975634	50749330	50241169	44939186	44501324
在总计中：大型企业	1556031	41907962	40484018	37526460	36199362
中型企业	495423	12018987	11867719	10305495	10176785
小型企业	556083	12478097	12420241	11176269	11110348

项 目	营业税金及附加	主营业务税金及附加	其他业务收入	其他业务利润	销售费用
总　计	**924845**	**917811**	**1633067**	**166802**	**1444146**
按登记注册类型分组：					
内资企业	806404	804230	271841	28549	315613
国有企业	4977	4969	3586	1420	11635
中央企业	1510	1510	1009		
地方企业	3467	3459	2577	1420	11635
集体企业	667	667	279	47	1218
联营企业	107	107			162
集体联营企业	107	107			162
有限责任公司	768942	768565	253491	22759	146321
国有独资公司	700018	699872	147889	13343	4412
其他有限责任公司	68924	68693	105602	9416	141909
股份有限公司	10569	10558	9731	3795	59183
私营企业	20693	18914	4754	529	95991
私营独资企业	2368	2354	1204	6	19854
私营合伙企业	21	21			114
私营有限责任公司	17147	15480	3509	482	70454
私营股份有限公司	1157	1059	41	41	5569
其他企业	450	450			1103
港、澳、台商投资企业	51666	47671	1134053	47274	367941
合资经营企业（港或澳、台资）	18488	14751	141269	19246	144992
合作经营企业（港或澳、台资）	758	731	414	388	3539
港澳台商独资经营企业	32024	31793	990844	27849	218069
港澳台商投资股份有限公司	396	396	1525	-209	1336
其他港澳台商投资企业					6
外商投资企业	66775	65910	227174	90979	760591
中外合资经营企业	48883	48491	138575	91802	590031
中外合作经营企业	33	33	120		310
外资企业	17824	17350	88479	-823	169939
外商投资股份有限公司	36	36			311
按经济组织类型分组					
独资企业	57859	57134	1084392	28498	420715

12-15 续表 15　　（2013 年）　　单位：万元

项 目	营业税金及附加	主营业务税金及附加	其他业务收入	其他业务利润	销售费用
国有企业	4977	4969	3586	1420	11635
集体企业	667	667	279	47	1218
私营独资企业	2368	2354	1204	6	19854
港澳台商独资经营企业	32024	31793	990844	27849	218069
外资企业	17824	17350	88479	-823	169939
合作、合伙企业	1369	1341	534	388	5234
集体联营企业	107	107			162
私营合伙企业	21	21			114
合作经营企业（港或澳、台资）	758	731	414	388	3539
中外合作经营企业	33	33	120		310
其他企业（内资）	450	450			1103
其他港澳台商投资企业					6
股份有限公司	12159	12049	11297	3627	66399
股份有限公司（内资）	10569	10558	9731	3795	59183
私营股份有限公司	1157	1059	41	41	5569
港澳台商投资股份有限公司	396	396	1525	-209	1336
外商投资股份有限公司	36	36			311
有限责任公司	853459	847287	536844	134289	951797
国有独资公司	700018	699872	147889	13343	4412
私营有限责任公司	17147	15480	3509	482	70454
合资经营企业（港或澳、台资）	18488	14751	141269	19246	144992
中外合资经营企业	48883	48491	138575	91802	590031
其他有限责任公司	68924	68693	105602	9416	141909
在总计中：亏损企业	23758	23573	81575	8918	178508
在总计中：国有控股企业	776148	775961	186396	16144	109487
在总计中：轻工业	50913	49779	1124906	105373	407508
重工业	873932	868032	508161	61429	1036638
在总计中：大型企业	780687	776444	1423944	68050	841909
中型企业	49893	49611	151268	93133	369828
小型企业	94266	91756	57856	5619	232408

12-15 续表 16 （2013 年） 单位：万元

项 目	管理费用	税金	财务费用	利息收入	利息支出
总 计	**2267232**	**84723**	**237412**	**62064**	**293310**
按登记注册类型分组：					
内资企业	661038	27754	155658	13470	150118
国有企业	66772	2418	9617	210	9367
中央企业	8098				
地方企业	58674	2418	9617	210	9367
集体企业	8048	16	1627	11	1543
联营企业	68		8		
集体联营企业	68		8		
有限责任公司	345692	13996	98086	10214	101710
国有独资公司	19126	2827	38567	2859	40180
其他有限责任公司	326566	11170	59519	7355	61530
股份有限公司	62245	5017	8651	1600	8820
私营企业	176027	6266	37351	1433	28519
私营独资企业	19562	154	4550	106	4395
私营合伙企业	291		18		
私营有限责任公司	148555	5847	29649	1284	21916
私营股份有限公司	7620	265	3136	43	2208
其他企业	2186	41	318	1	159
港、澳、台商投资企业	764072	29614	55606	17563	62292
合资经营企业（港或澳、台资）	178129	6100	16622	6112	18136
合作经营企业（港或澳、台资）	10591	331	509	34	869
港澳台商独资经营企业	565747	22967	38163	11382	42967
港澳台商投资股份有限公司	9535	211	313	36	320
其他港澳台商投资企业	71	5			
外商投资企业	842123	27355	26148	31031	80900
中外合资经营企业	517954	14287	22038	16611	60103
中外合作经营企业	1907	7	94	3	
外资企业	319874	12979	4093	14396	20744
外商投资股份有限公司	2387	82	−78	22	53
按经济组织类型分组					
独资企业	980004	38534	58050	26105	79016

项 目	管理费用		财务费用		
		税金		利息收入	利息支出
国有企业	66772	2418	9617	210	9367
集体企业	8048	16	1627	11	1543
私营独资企业	19562	154	4550	106	4395
港澳台商独资经营企业	565747	22967	38163	11382	42967
外资企业	319874	12979	4093	14396	20744
合作、合伙企业	15113	384	947	37	1028
集体联营企业	68		8		
私营合伙企业	291		18		
合作经营企业（港或澳、台资）	10591	331	509	34	869
中外合作经营企业	1907	7	94	3	
其他企业（内资）	2186	41	318	1	159
其他港澳台商投资企业	71	5			
股份有限公司	81787	5576	12022	1701	11401
股份有限公司（内资）	62245	5017	8651	1600	8820
私营股份有限公司	7620	265	3136	43	2208
港澳台商投资股份有限公司	9535	211	313	36	320
外商投资股份有限公司	2387	82	-78	22	53
有限责任公司	1190330	40230	166394	34221	201865
国有独资公司	10126	2827	38567	2850	40180
私营有限责任公司	148555	5847	29649	1284	21916
合资经营企业（港或澳、台资）	178129	6100	16622	6112	18136
中外合资经营企业	517954	14287	22038	16611	60103
其他有限责任公司	326566	11170	59519	7355	61530
在总计中：亏损企业	313289	12270	56247	5842	50177
在总计中：国有控股企业	218209	13843	125120	6278	149239
在总计中：轻工业	681870	25716	50753	15209	49507
重工业	1585363	59007	186659	46855	243803
在总计中：大型企业	1110965	34111	56570	43874	133343
中型企业	682375	30091	90873	11956	83535
小型企业	473892	20520	89969	6234	76432

项 目	营业利润	资产减值损失	公允价值变动收益	投资收益	营业外收入	补贴收入
总 计	2742507	77015	2952	69233	145901	50671
按登记注册类型分组：						
内资企业	1044314	16798	-1377	25169	41418	9752
国有企业	64414	71			2334	4
中央企业	40703				23	
地方企业	23711	71			2312	4
集体企业	3553			10	946	914
联营企业	231					
集体联营企业	231					
有限责任公司	772523	16228	-1532	18259	17540	3763
国有独资公司	260694	779		1684	3776	515
其他有限责任公司	511829	15449	-1532	16575	13764	3248
股份有限公司	40630	315		6859	7409	130
私营企业	154898	185	155	41	13170	4941
私营独资企业	54797				394	65
私营合伙企业	154				15	
私营有限责任公司	93671	185	155	29	11979	4864
私营股份有限公司	6276			12	783	12
其他企业	8066				19	
港、澳、台商投资企业	509412	10281	139	24779	46660	15282
合资经营企业（港或澳、台资）	141316	1789	-93	4461	11392	3241
合作经营企业（港或澳、台资）	11793		155		343	3
港澳台商独资经营企业	341783	8426	78	15108	33575	11735
港澳台商投资股份有限公司	14620	67		5211	1349	303
其他港澳台商投资企业	-100				1	
外商投资企业	1188781	49936	4190	19285	57823	25637
中外合资经营企业	1137353	11274	8813	6619	40398	21354
中外合作经营企业	134			10	10	
外资企业	52559	38662	-4624	12656	16731	4234
外商投资股份有限公司	-1264				685	50
按经济组织类型分组						
独资企业	517104	47159	-4546	27774	53981	16952

12-15 续表 19　　（2013 年）　　单位：万元

项 目	营业利润	资产减值损失	公允价值变动收益	投资收益	营业外收入	补贴收入
国有企业	64414	71			2334	4
集体企业	3553			10	946	914
私营独资企业	54797				394	65
港澳台商独资经营企业	341783	8426	78	15108	33575	11735
外资企业	52559	38662	-4624	12656	16731	4234
合作、合伙企业	20277		155	10	388	3
集体联营企业	231					
私营合伙企业	154				15	
合作经营企业（港或澳、台资）	11793		155		343	3
中外合作经营企业	134			10	10	
其他企业（内资）	8066				19	
其他港澳台商投资企业	-100				1	
股份有限公司	60263	381		12081	10225	495
股份有限公司（内资）	40630	315		6859	7409	130
私营股份有限公司	6276			12	783	12
港澳台商投资股份有限公司	14620	67		5211	1349	303
外商投资股份有限公司	-1264				685	50
有限责任公司	2144863	29475	7343	29368	81308	33222
[illegible]	[illegible]	[illegible]		[illegible]	[illegible]	[illegible]
私营有限责任公司	93671	185	155	29	11979	4864
合资经营企业（港或澳、台资）	141316	1789	-93	4461	11392	3241
中外合资经营企业	1137353	11274	8813	6619	40398	21354
其他有限责任公司	511829	15449	-1532	16575	13764	3248
在总计中：亏损企业	-274216	32532	-65	147	46615	23640
在总计中：国有控股企业	686930	13943	6874	16703	37112	21312
在总计中：轻工业	400457	10924	-1516	12341	48853	14036
重工业	2342050	66092	4467	56893	97049	36635
在总计中：大型企业	1641131	31154	2960	23172	46755	16952
中型企业	669557	13093	-191	13990	40725	4565
小型企业	431819	32769	182	32072	58421	29154

12-15 续表 20　　　　（2013 年）　　　　单位：万元

项 目	营业外支出	利润总额	应交所得税	亏损企业亏损总额	利税总额
总　计	**88994**	**2799262**	**538768**	**250122**	**6415642**
按登记注册类型分组：					
内资企业	25369	1060388	152653	40575	3217387
国有企业	711	66037	19248	2356	112309
中央企业		40725	10181		53994
地方企业	711	25312	9066	2356	58315
集体企业	18	4481	34	121	7092
联营企业	199	32			138
集体联营企业	199	32			138
有限责任公司	18331	771738	108566	17136	2705627
国有独资公司	5277	259193	35663	296	1910511
其他有限责任公司	13054	512546	72903	16840	795116
股份有限公司	904	47134	11448	10954	104794
私营企业	5073	163014	13124	9936	277382
私营独资企业	145	55046	95	122	74075
私营合伙企业	21	149			335
私营有限责任公司	4660	101008	11981	9638	191559
私营股份有限公司	247	6812	1047	176	11412
其他企业	133	7952	234	72	10044
港、澳、台商投资企业	31170	524725	82155	99824	805544
合资经营企业（港或澳、台资）	3575	149133	22745	8371	235358
合作经营企业（港或澳、台资）	600	11536	207	2455	17456
港澳台商独资经营企业	26978	348203	57935	88732	536001
港澳台商投资股份有限公司	16	15953	1268	166	16830
其他港澳台商投资企业	2	-101		101	-101
外商投资企业	32455	1214150	303959	109723	2392711
中外合资经营企业	19503	1158248	280588	17939	2034994
中外合作经营企业		143	17	32	348
外资企业	12746	56544	23351	90953	358109
外商投资股份有限公司	207	-785	3	798	-739
按经济组织类型分组					
独资企业	40597	530310	100663	182285	1087586

12-15 续表 21　　　　（2013 年）　　　　单位：万元

项 目	营业外支出	利润总额	应交所得税	亏损企业亏损总额	利税总额
国有企业	711	66037	19248	2356	112309
集体企业	18	4481	34	121	7092
私营独资企业	145	55046	95	122	74075
港澳台商独资经营企业	26978	348203	57935	88732	536001
外资企业	12746	56544	23351	90953	358109
合作、合伙企业	954	19711	458	2660	28221
集体联营企业	199	32			138
私营合伙企业	21	149			335
合作经营企业（港或澳、台资）	600	11536	207	2455	17456
中外合作经营企业		143	17	32	348
其他企业（内资）	133	7952	234	72	10044
其他港澳台商投资企业	2	−101		101	−101
股份有限公司	1374	69114	13766	12094	132297
股份有限公司（内资）	904	47134	11448	10954	104794
私营股份有限公司	247	6812	1047	176	11412
港澳台商投资股份有限公司	16	15953	1268	166	16830
外商投资股份有限公司	207	−785	3	798	−739
有限责任公司	46068	2180127	423881	53084	5167538
国有独资公司	5277	259193	35663	296	1910511
私营有限责任公司	4660	101008	11981	9638	191559
合资经营企业（港或澳、台资）	3575	149133	22745	8371	235358
中外合资经营企业	19503	1158248	280588	17939	2034994
其他有限责任公司	13054	512546	72903	16840	795116
在总计中：亏损企业	22512	−250122	3367	250122	−119964
在总计中：国有控股企业	7285	716757	154608	29250	2798470
在总计中：轻工业	27696	421610	48721	69429	724501
重工业	61298	2377653	490046	180693	5691141
在总计中：大型企业	39045	1648841	363512	32995	4558474
中型企业	19865	690418	115147	98822	1040526
小型企业	30084	460003	60109	118305	816642

项　目	应交税金及附　加	本年应付职工薪酬	本年应交增 值 税	从业人员平均人数（人）	收入法增加值
总　计	**4239870**	**3671494**	**2691534**	**724092**	**14232012**
按登记注册类型分组：					
内资企业	2337406	1003948	1350595	177250	5660631
国有企业	67939	36459	41296	3560	215831
中央企业	23451	11117	11759	303	64138
地方企业	44488	25342	29536	3257	151693
集体企业	2662	13193	1945	3466	32222
联营企业	107	129		52	2758
集体联营企业	107	129		52	2758
有限责任公司	2056451	541176	1164947	84924	3956530
国有独资公司	1689808	163571	951300	9127	2335432
其他有限责任公司	366643	377605	213647	75797	1621098
股份有限公司	74125	69282	47090	11142	245424
私营企业	133757	337468	93675	72740	1182093
私营独资企业	19278	17618	16662	3891	134043
私营合伙企业	187	318	166	75	2959
私营有限责任公司	108379	310352	73404	66706	1009614
私营股份有限公司	5913	9180	3444	2068	35477
其他企业	2367	6241	1642	1366	25773
港、澳、台商投资企业	392588	1683147	229153	357397	3758264
合资经营企业（港或澳、台资）	115070	324706	67738	64209	821867
合作经营企业（港或澳、台资）	6458	28321	5162	6896	65097
港澳台商独资经营企业	268699	1313960	155774	282799	2821405
港澳台商投资股份有限公司	2356	16043	480	3432	48677
其他港澳台商投资企业	5	117		61	1218
外商投资企业	1509876	984399	1111786	189445	4813117
中外合资经营企业	1171621	440212	827864	75192	3551272
中外合作经营企业	228	7874	172	1816	12207
外资企业	337894	532415	283741	111415	1244401
外商投资股份有限公司	132	3900	10	1022	5238
按经济组织类型分组					
独资企业	696472	1913644	499417	405131	4447901

12-15 续表 23 （2013 年） 单位：万元

项 目	应交税金及附加	本年应付职工薪酬	本年应交增值税	从业人员平均人数（人）	收入法增加值
国有企业	67939	36459	41296	3560	215831
集体企业	2662	13193	1945	3466	32222
私营独资企业	19278	17618	16662	3891	134043
港澳台商独资经营企业	268699	1313960	155774	282799	2821405
外资企业	337894	532415	283741	111415	1244401
合作、合伙企业	9352	43000	7141	10266	110012
集体联营企业	107	129		52	2758
私营合伙企业	187	318	166	75	2959
合作经营企业（港或澳、台资）	6458	28321	5162	6896	65097
中外合作经营企业	228	7874	172	1816	12207
其他企业（内资）	2367	6241	1642	1366	25773
其他港澳台商投资企业	5	117		61	1218
股份有限公司	82525	98404	51025	17664	334816
股份有限公司（内资）	74125	69282	47090	11142	245424
私营股份有限公司	5913	9180	3444	2068	35477
港澳台商投资股份有限公司	2356	16043	480	3432	48677
外商投资股份有限公司	132	3900	10	1022	5238
有限责任公司	3451521	1616446	2133952	291031	9339284
国有独资公司	1689808	163571	951300	9127	2335433
私营有限责任公司	108379	310352	73404	66706	1009614
合资经营企业（港或澳、台资）	115070	324706	67738	64209	821867
中外合资经营企业	1171621	440212	827864	75192	3551272
其他有限责任公司	366643	377605	213647	75797	1621098
在总计中：亏损企业	145796	547158	106400	117634	948078
在总计中：国有控股企业	2250164	367541	1305565	33336	3834049
在总计中：轻工业	377329	1412168	251978	301716	3236406
重工业	3862542	2259327	2439557	422376	10995606
在总计中：大型企业	3307256	1786314	2128946	305732	8444744
中型企业	495346	1235513	300216	267283	3019938
小型企业	437268	649667	262373	151077	2767331

12-16 规模以上分行业工业企业主要经济指标

（2013 年）　　　　单位：万元

项目	企业单位数（个）	亏损企业（个）	工业总产值（当年价格）	工业销售产值（当年价格）	出口交货值
总计	**1702**	**363**	**66052943**	**64992232**	**23852098**
采矿业	**12**	**2**	**169794**	**156243**	
黑色金属矿采选业	2		31999	24502	
有色金属矿采选业	2	1	5824	6212	
非金属矿采选业	8	1	131971	125529	
制造业	**1663**	**354**	**62888186**	**61866368**	**23840825**
农副食品加工业	30	7	554159	543998	79951
食品制造业	9	1	164915	163688	17236
酒、饮料和精制茶制造业	6	3	304006	304155	7529
纺织业	39	8	462619	457059	132212
纺织服装、服饰业	86	15	959153	944991	549890
皮革、毛皮、羽毛及其制品和制鞋业	147	17	1291611	1288494	681810
木材加工和木、竹、藤、棕、草制品业	23	4	367794	365813	77331
家具制造业	67	10	1312657	1294710	543516
造纸和纸制品业	34	3	278315	274873	49189
印刷和记录媒介复制业	28	8	372966	369071	126746
文教、工美、体育和娱乐用品制造业	73	21	581349	567501	391553
石油加工、炼焦和核燃料加工业	3	1	9488223	9208913	
化学原料和化学制品制造业	111	18	4835592	4820584	242890
医药制造业	10	2	125157	114208	9537
化学纤维制造业	1		14776	14725	4072
橡胶和塑料制品业	160	33	1782592	1761138	687734
非金属矿物制品业	58	15	1313908	1271116	164422
黑色金属冶炼和压延加工业	12	1	714551	708101	17059
有色金属冶炼和压延加工业	16	1	171949	166022	35877
金属制品业	86	19	1402879	1371915	675150
通用设备制造业	44	8	601102	566360	164642
专用设备制造业	35	11	297248	296038	84898
汽车制造业	24	5	1415241	1412563	406704
铁路、船舶、航空航天和其他运输设备制造业	15	6	116488	112224	95610
电气机械和器材制造业	145	36	3318144	3193220	1423218
计算机、通信和其他电子设备制造业	357	87	30255592	29898969	17048984
仪器仪表制造业	16	4	125897	125153	70534
其他制造业	15	7	82710	82336	49532
废弃资源综合利用业	13	3	176597	168431	3000
电力、燃气及水的生产和供应业	**27**	**7**	**2994963**	**2969621**	**11274**
电力、热力生产和供应业	14	2	2861374	2838408	
燃气生产和供应业	2		40928	40928	
水的生产和供应业	11	5	92662	90286	11274

项　目	年初存货		资产总计	
		产成品		流动资产合计
总计	**4709429**	**1374183**	**37977019**	**21466743**
采矿业	**16023**	**11492**	**58095**	**34953**
黑色金属矿采选业	9338	9300	12939	5663
有色金属矿采选业	4519	485	9284	6985
非金属矿采选业	2166	1707	35873	22305
制造业	**4650154**	**1349003**	**34150627**	**20766957**
农副食品加工业	41319	18478	257836	161788
食品制造业	3445	1818	96200	22263
酒、饮料和精制茶制造业	13814	4670	183861	93360
纺织业	41500	16570	250275	146054
纺织服装、服饰业	131941	51648	571282	382085
皮革、毛皮、羽毛及其制品和制鞋业	137809	31972	615057	445544
木材加工和木、竹、藤、棕、草制品业	27473	8130	170955	102418
家具制造业	92786	50534	611092	379065
造纸和纸制品业	31180	7961	202411	113905
印刷和记录媒介复制业	26330	8527	309181	193673
文教、工美、体育和娱乐用品制造业	93353	28089	362066	230857
石油加工、炼焦和核燃料加工业	460497	17589	2828854	886240
化学原料和化学制品制造业	411165	168251	4437998	1781001
医药制造业	27439	12412	116418	66205
化学纤维制造业	1125	787	3002	2412
橡胶和塑料制品业	192297	60361	1357154	790224
非金属矿物制品业	110945	40844	942510	402228
黑色金属冶炼和压延加工业	64026	22205	191704	119875
有色金属冶炼和压延加工业	17160	[illegible]	[illegible]	[illegible]
金属制品业	178332	61265	948495	610872
通用设备制造业	44267	12523	459583	316261
专用设备制造业	38048	11771	213210	139947
汽车制造业	169298	54733	1403505	721778
铁路、船舶、航空航天和其他运输设备制造业	38393	5683	174315	102315
电气机械和器材制造业	270003	90923	1844693	1269092
计算机、通信和其他电子设备制造业	1946465	549956	15269200	11060423
仪器仪表制造业	9817	2050	103792	68008
其他制造业	13751	2022	54018	36019
废弃资源综合利用业	15869	3930	87152	56091
电力、燃气及水的生产和供应业	**43252**	**13688**	**3768296**	**664834**
电力、热力生产和供应业	37151	9710	3323522	539556
燃气生产和供应业	1331	1331	72922	24741
水的生产和供应业	4769	2647	371853	100536

（2013 年）

单位：万元

项　目	流动资产合计				固定资产合计
	应收账款	存货	产成品	在产品	
总计	**8204805**	**5400469**	**1625831**	**540011**	**13487938**
采矿业	**4483**	**10668**	**5330**	**583**	**15591**
黑色金属矿采选业	826	1461	930		2850
有色金属矿采选业		4198	195		174
非金属矿采选业	3658	5009	4205	583	12567
制造业	**8083857**	**5326662**	**1601724**	**539428**	**10780134**
农副食品加工业	27398	48287	22092	6860	60879
食品制造业	9817	8045	1917	251	67707
酒、饮料和精制茶制造业	9763	20856	4880		71438
纺织业	26226	50725	20937	6602	75803
纺织服装、服饰业	79693	170202	51825	16674	158516
皮革、毛皮、羽毛及其制品和制鞋业	132410	169716	34916	28168	125025
木材加工和木、竹、藤、棕、草制品业	27496	38161	13193	2807	47144
家具制造业	87946	105597	55161	11935	182551
造纸和纸制品业	38252	31645	9429	1612	71014
印刷和记录媒介复制业	47639	32076	8743	8664	83074
文教、工美、体育和娱乐用品制造业	67019	104380	25488	22727	110767
石油加工、炼焦和核燃料加工业	123428	499232	48628	100380	1512914
化学原料和化学制品制造业	422818	433366	164699	23726	2439910
医药制造业	11797	25540	12569	4517	33497
化学纤维制造业	122	1703	753		492
橡胶和塑料制品业	274236	218149	77798	17750	473540
非金属矿物制品业	78205	120585	33412	7613	478088
黑色金属冶炼和压延加工业	25273	60892	21328	84	56354
有色金属冶炼和压延加工业	23842	15006	2358	1037	15390
金属制品业	232638	181457	65058	22242	261774
通用设备制造业	134877	56342	13346	11569	97766
专用设备制造业	46147	39778	9050	9886	62348
汽车制造业	274632	218702	79410	11790	536176
铁路、船舶、航空航天和其他运输设备制造业	23604	43319	5317	7891	27820
电气机械和器材制造业	571047	340165	120272	44581	410594
计算机、通信和其他电子设备制造业	5242566	2245947	687395	165157	3257547
仪器仪表制造业	19264	15335	3670	2061	28561
其他制造业	9969	15979	4010	2677	13558
废弃资源综合利用业	15733	15478	4069	169	19888
电力、燃气及水的生产和供应业	**116465**	**63140**	**18777**		**2692212**
电力、热力生产和供应业	109925	54345	14559		2485435
燃气生产和供应业	1655	3176	1541		25897
水的生产和供应业	4885	5619	2676		180881

项　目	资产总计				负债合计
	固定资产原价	累计折旧		在建工程	
			本年折旧		
总计	**22696377**	**9766078**	**1781587**	**1075002**	**22383937**
采矿业	**20629**	**14886**	**1652**	**85**	**31278**
黑色金属矿采选业	2674	1827	208	20	9940
有色金属矿采选业	2453	2279	5		6292
非金属矿采选业	15503	10780	1440	65	15046
制造业	**18532712**	**8168128**	**1524747**	**838491**	**20187770**
农副食品加工业	114207	54403	9447	1825	173619
食品制造业	84425	17213	5315	1265	85516
酒、饮料和精制茶制造业	117251	48434	8363	6762	119788
纺织业	195808	123974	14802	9891	160072
纺织服装、服饰业	372998	224836	31672	3425	325174
皮革、毛皮、羽毛及其制品和制鞋业	298973	180018	22372	602	361689
木材加工和木、竹、藤、棕、草制品业	184572	143474	19185	5506	112859
家具制造业	261691	92976	17387	3433	310084
造纸和纸制品业	88944	26336	9720	7097	161892
印刷和记录媒介复制业	157091	79981	14203	1598	227824
文教、工美、体育和娱乐用品制造业	190747	91870	21628	1889	193984
石油加工、炼焦和核燃料加工业	2149112	636198	147849	325548	2145169
化学原料和化学制品制造业	3962564	1543765	225774	35123	2257333
医药制造业	53238	23064	8197	6483	83412
化学纤维制造业	1496	1004	95		1229
橡胶和塑料制品业	873308	438263	70149	26457	775100
非金属矿物制品业	811755	377282	90593	8318	611620
黑色金属冶炼和压延加工业	229802	174318	24633	871	74304
有色金属冶炼和压延加工业	29113	17261	4043	44	43548
金属制品业	567475	318748	43995	13074	556247
通用设备制造业	241253	150622	26508	3781	231220
专用设备制造业	156797	96641	12733	1588	126517
汽车制造业	855117	359380	76051	43414	765526
铁路、船舶、航空航天和其他运输设备制造业	46264	20218	4792	9125	130003
电气机械和器材制造业	723203	357136	96171	10577	1155319
计算机、通信和其他电子设备制造业	5638085	2500011	506954	300701	8847931
仪器仪表制造业	68667	40233	6757	470	68254
其他制造业	21860	9107	3164	1750	27894
废弃资源综合利用业	36893	21364	2197	7878	54646
电力、燃气及水的生产和供应业	**4143036**	**1583063**	**255187**	**236426**	**2164890**
电力、热力生产和供应业	3842990	1469160	242662	186007	1847609
燃气生产和供应业	30953	10398	1272	14126	48948
水的生产和供应业	269093	103505	11253	36293	268332

项目	流动负债合计	应付账款	非流动负债合计	所有者权益合计
总计	**19150621**	**8380425**	**2682526**	**15535058**
采矿业	**18241**	**6110**	**6159**	**26013**
黑色金属矿采选业	9928	1803	12	2999
有色金属矿采选业	431			2992
非金属矿采选业	7883	4307	6147	20022
制造业	**18095838**	**8144026**	**1560009**	**13907080**
农副食品加工业	119753	37147	14305	84142
食品制造业	84084	13269	496	10683
酒、饮料和精制茶制造业	119718	23216	70	64074
纺织业	145511	42637	13283	89931
纺织服装、服饰业	281599	112685	22831	245898
皮革、毛皮、羽毛及其制品和制鞋业	310684	147901	29648	251026
木材加工和木、竹、藤、棕、草制品业	99401	19677	12591	57172
家具制造业	255601	96583	44233	300531
造纸和纸制品业	156485	83674	3131	39705
印刷和记录媒介复制业	170573	77139	34582	78371
文教、工美、体育和娱乐用品制造业	170595	86678	13194	164494
石油加工、炼焦和核燃料加工业	2073745	562279	71424	683684
化学原料和化学制品制造业	1564264	382165	649060	2179806
医药制造业	61419	16094	18888	33005
化学纤维制造业	1229	1183		1773
橡胶和塑料制品业	697170	284861	50672	577225
非金属矿物制品业	552328	124866	23847	327992
黑色金属冶炼和压延加工业	71712	13989	1634	117400
有色金属冶炼和压延加工业	42711	21812	813	41258
金属制品业	507311	183353	32179	388802
通用设备制造业	219024	114630	9425	226423
专用设备制造业	105127	33902	16067	86692
汽车制造业	744010	198467	20153	636204
铁路、船舶、航空航天和其他运输设备制造业	55124	25447	191	59823
电气机械和器材制造业	1121378	588100	26876	688256
计算机、通信和其他电子设备制造业	8228034	4803995	444081	6382569
仪器仪表制造业	65300	17325	1926	34550
其他制造业	27697	15396		25891
废弃资源综合利用业	44253	15557	4408	29702
电力、燃气及水的生产和供应业	**1036542**	**230290**	**1116359**	**1601966**
电力、热力生产和供应业	895218	226060	952176	1474472
燃气生产和供应业	45948	1257	3000	23974
水的生产和供应业	95376	2972	161183	103521

项　目	实收资本	国家资本	集体资本	法人资本	个人资本	港澳台资本
总计	10247605	1922746	34878	1932232	496693	3253520
采矿业	15001	1000		5692	6571	1738
黑色金属矿采选业	5129				5129	
有色金属矿采选业	2939			2939		
非金属矿采选业	6932	1000		2752	1442	1738
制造业	9207747	1347588	34226	1560461	427419	3244782
农副食品加工业	46463		3488	18952	18298	2117
食品制造业	18440			9383	1168	1023
酒、饮料和精制茶制造业	48427	351	6000	200		38876
纺织业	84850			21683	5994	51156
纺织服装、服饰业	219949			16250	8567	97828
皮革、毛皮、羽毛及其制品和制鞋业	209241	1200	50	15563	20052	83452
木材加工和木、竹、藤、棕、草制品业	43335		927	10663	1750	16562
家具制造业	216690			29728	11482	149601
造纸和纸制品业	47643		2000	7678	3015	34170
印刷和记录媒介复制业	68129			13457	3086	18449
文教、工美、体育和娱乐用品制造业	178275		1340	6916	4355	126289
石油加工、炼焦和核燃料加工业	717776	627784		89992		
化学原料和化学制品制造业	1727054	669000	3525	61143	38659	104716
医药制造业	21594	900		12520	7840	234
化学纤维制造业	1986					1986
橡胶和塑料制品业	554016	2038	505	184620	26791	254363
非金属矿物制品业	275276	6791	1000	128782	26593	102695
黑色金属冶炼和压延加工业	57868			1861	8137	34539
有色金属冶炼和压延加工业	26216			2768	600	20604
金属制品业	360568		180	141316	27689	155868
通用设备制造业	177650			101766	27790	16069
专用设备制造业	78374			13052	8183	19107
汽车制造业	271527	16791		26893	100	13162
铁路、船舶、航空航天和其他运输设备制造业	59523	2100		6866	12503	15295
电气机械和器材制造业	511073	3850	5050	82743	50567	250748
计算机、通信和其他电子设备制造业	3108629	16782	10161	530218	109440	1605725
仪器仪表制造业	27853			12063	3091	6784
其他制造业	27400			1294	160	15050
废弃资源综合利用业	21923			12093	1512	8318
电力、燃气及水的生产和供应业	1024857	574159	652	366079	62703	7000
电力、热力生产和供应业	932024	545444		313403	61913	
燃气生产和供应业	14932			14932		
水的生产和供应业	77902	28715	652	37745	791	7000

项目		营业收入		营业成本	
	外商资本		主营业务收入		主营业务成本
总计	**2607536**	**66405046**	**64771978**	**59008224**	**57486495**
采矿业		**152234**	**152201**	**102068**	**102055**
黑色金属矿采选业		19222	19222	14148	14136
有色金属矿采选业		6252	6252	5014	5014
非金属矿采选业		126760	126727	82906	82906
制造业	**2593272**	**63279392**	**61669280**	**56325434**	**54825765**
农副食品加工业	3608	552747	550428	508563	493251
食品制造业	6866	163580	163092	142548	142276
酒、饮料和精制茶制造业	3000	329891	326280	199176	197610
纺织业	6017	468134	463158	412372	409142
纺织服装、服饰业	97305	957210	956748	861202	860591
皮革、毛皮、羽毛及其制品和制鞋业	88925	1292422	1291688	1165160	1164428
木材加工和木、竹、藤、棕、草制品业	13434	358640	357385	310361	310358
家具制造业	25879	1305495	1302109	1206460	1205554
造纸和纸制品业	780	273221	273194	251906	251620
印刷和记录媒介复制业	33136	372490	368197	337896	337667
文教、工美、体育和娱乐用品制造业	39375	571090	570502	516332	515683
石油加工、炼焦和核燃料加工业		9234734	9085358	8194538	8057550
化学原料和化学制品制造业	850012	4833809	4813271	4362247	4332600
医药制造业	100	109002	107177	90931	89503
化学纤维制造业		15340	15340	13829	13829
橡胶和塑料制品业	85700	1775621	1760928	1542152	1528186
非金属矿物制品业	9415	1086977	1085473	945294	940901
黑色金属冶炼和压延加工业	13331	703974	703956	600399	600399
有色金属冶炼和压延加工业	2244	165456	165413	153241	153200
金属制品业	35516	1361002	1344995	1199693	1191695
通用设备制造业	32025	619746	619180	540464	539900
专用设备制造业	38033	294868	294704	258593	257620
汽车制造业	214580	1376392	1340240	1161555	1137306
铁路、船舶、航空航天和其他运输设备制造业	22759	113081	112307	94251	94219
电气机械和器材制造业	118116	3255153	3243246	2867430	2859658
计算机、通信和其他电子设备制造业	836303	31302891	29970846	28052847	26806029
仪器仪表制造业	5916	127211	126115	101399	100405
其他制造业	10897	82675	82344	77221	77213
废弃资源综合利用业		176542	175608	157374	157369
电力、燃气及水的生产和供应业	**14264**	**2973420**	**2950498**	**2580723**	**2558674**
电力、热力生产和供应业	11264	2836753	2827145	2490797	2475287
燃气生产和供应业		44421	33864	31204	26054
水的生产和供应业	3000	92246	89489	58722	57333

项目	营业税金及附加	主营业务税金及附加	其他业务收　入	其他业务利　润	销售费用	管理费用
总计	**924845**	**917811**	**1633067**	**166802**	**1444146**	**2267232**
采矿业	**3179**	**3179**	**33**		**6826**	**27444**
黑色金属矿采选业	702	702			984	1940
有色金属矿采选业	330	330			25	1290
非金属矿采选业	2146	2146	33		5817	24214
制造业	**905003**	**898142**	**1610112**	**160809**	**1422315**	**2169954**
农副食品加工业	840	838	2319	-88	10783	11454
食品制造业	486	486	489	107	10326	6257
酒、饮料和精制茶制造业	4747	4660	3611	2045	90837	11949
纺织业	796	771	4975	48	8781	12220
纺织服装、服饰业	3831	3545	463	55	13572	43771
皮革、毛皮、羽毛及其制品和制鞋业	4915	4562	734	322	15951	51049
木材加工和木、竹、藤、棕、草制品业	2916	2916	1256	-623	4338	11502
家具制造业	2567	2533	3387	1749	26374	40064
造纸和纸制品业	566	554	27	10	6034	14320
印刷和记录媒介复制业	1361	1361	4293	1861	11410	18661
文教、工美、体育和娱乐用品制造业	2007	1905	588	45	5548	33789
石油加工、炼焦和核燃料加工业	748924	748924	149376	12381	23476	32101
化学原料和化学制品制造业	12451	12400	20538	-2693	104302	98991
医药制造业	467	458	1825	387	3890	7075
化学纤维制造业	17	17			17	198
橡胶和塑料制品业	7538	7432	14692	1230	44672	108307
非金属矿物制品业	6123	4622	1505	76	79933	114723
黑色金属冶炼和压延加工业	1937	1538	18	18	21368	20441
有色金属冶炼和压延加工业	563	563	44	23	1807	4370
金属制品业	4541	4528	16007	3999	28353	79199
通用设备制造业	5731	5731	566	151	9704	29024
专用设备制造业	1194	1174	164	14	5211	19293
汽车制造业	5975	5975	36152	9522	22874	97022
铁路、船舶、航空航天和其他运输设备制造业	707	664	774	26	2442	9055
电气机械和器材制造业	8212	8203	11907	2153	59922	147062
计算机、通信和其他电子设备制造业	74167	70359	1332045	126623	802415	1126281
仪器仪表制造业	442	442	1096	1043	2497	10443
其他制造业	217	217	331	265	1335	3840
废弃资源综合利用业	766	766	934	59	4142	7497
电力、燃气及水的生产和供应业	**16664**	**16491**	**22922**	**5993**	**15004**	**69835**
电力、热力生产和供应业	15144	14990	9608	1399	455	51130
燃气生产和供应业	616	616	10557	3247	7248	2994
水的生产和供应业	904	884	2757	1347	7301	15711

项目	税金	财务费用	利息收入	利息支出	营业利润
总计	84723	237412	62064	293310	2742507
采矿业	577	1016	13	450	11571
黑色金属矿采选业	1	881		382	451
有色金属矿采选业	73	1			-421
非金属矿采选业	504	134	13	68	11541
制造业	80818	149714	59522	206887	2512736
农副食品加工业	415	3965	137	2256	29064
食品制造业	797	275	7	85	4766
酒、饮料和精制茶制造业	1108	1174	289	849	23669
纺织业	581	3281	54	2261	30520
纺织服装、服饰业	2370	6073	343	3812	28550
皮革、毛皮、羽毛及其制品和制鞋业	2043	7448	878	4698	50049
木材加工和木、竹、藤、棕、草制品业	659	2232	42	1496	27918
家具制造业	2533	2654	202	1940	24477
造纸和纸制品业	1024	769	810	1098	-111
印刷和记录媒介复制业	1578	4454	509	3417	1247
文教、工美、体育和娱乐用品制造业	1664	2469	229	1292	11408
石油加工、炼焦和核燃料加工业	3945	15323	2007	16805	252389
化学原料和化学制品制造业	7703	33242	1021	58271	199391
医药制造业	535	1578	153	1404	4109
化学纤维制造业		-58			1337
橡胶和塑料制品业	5130	10233	1486	9455	64149
非金属矿物制品业	6962	14559	116	13177	54709
黑色金属冶炼和压延加工业	614	4792	109	4198	55118
有色金属冶炼和压延加工业	105	1062	64	138	3951
金属制品业	3890	11684	2211	8051	42236
通用设备制造业	708	1951	1220	2294	39240
专用设备制造业	637	2772	102	2128	7396
汽车制造业	3230	1231	2624	4920	91892
铁路、船舶、航空航天和其他运输设备制造业	294	1791	91	980	5071
电气机械和器材制造业	4548	8041	2382	5643	165840
计算机、通信和其他电子设备制造业	27006	3004	41893	54021	1279967
仪器仪表制造业	285	2482	512	1794	9078
其他制造业	187	379	4	178	-625
废弃资源综合利用业	268	852	27	227	5934
电力、燃气及水的生产和供应业	3328	86683	2528	85973	218200
电力、热力生产和供应业	2793	78082	2458	78460	214361
燃气生产和供应业	59	-189	41	56	2668
水的生产和供应业	476	8790	29	7457	1171

12-16 续表 9　　（2013 年）　　单位：万元

项　目	资产减值损失	公允价值变动收益	投资收益	营业外收入	补贴收入
总计	**77015**	**2952**	**69233**	**145901**	**50671**
采矿业				**270**	
黑色金属矿采选业				266	
有色金属矿采选业					
非金属矿采选业				4	
制造业	**76146**	**2952**	**60923**	**116310**	**29958**
农副食品加工业	93		–945	5754	2710
食品制造业			1	567	17
酒、饮料和精制茶制造业	84			90	
纺织业	–30		28	286	18
纺织服装、服饰业			44	504	55
皮革、毛皮、羽毛及其制品和制鞋业	19		3236	1438	474
木材加工和木、竹、藤、棕、草制品业	2130		438	4322	1074
家具制造业	53		1619	1271	283
造纸和纸制品业	103			159	
印刷和记录媒介复制业	–36		16	362	10
文教、工美、体育和娱乐用品制造业			41	836	53
石油加工、炼焦和核燃料加工业			1234	2930	
化学原料和化学制品制造业	41771	6905	8220	8537	2246
医药制造业	263		17	294	60
化学纤维制造业				1	
橡胶和塑料制品业	–137	–616	280	3207	803
非金属矿物制品业	10976		–105	4604	1768
黑色金属冶炼和压延加工业	15		6	388	
有色金属冶炼和压延加工业				282	6
金属制品业	–248	310	970	3190	269
通用设备制造业	6		679	3818	131
专用设备制造业	153		3	967	8
汽车制造业	–103		3536	3537	1994
铁路、船舶、航空航天和其他运输设备制造业	116		68	1335	307
电气机械和器材制造业	2235	–25	2722	8552	214
计算机、通信和其他电子设备制造业	18672	–3622	38815	57835	16627
仪器仪表制造业	10			832	815
其他制造业				163	
废弃资源综合利用业				251	16
电力、燃气及水的生产和供应业	**870**		**8310**	**29322**	**20713**
电力、热力生产和供应业	850		450	28071	20572
燃气生产和供应业	20		7860	13	
水的生产和供应业				1238	142

12-16 续表 10　　(2013 年)　　单位：万元

项　目	营业外支出	利润总额	应交所得税	亏损企业亏损总额	利税总额
总计	**88994**	**2799262**	**538768**	**250122**	**6415642**
采矿业	**1541**	**10299**	**1986**	**581**	**23875**
黑色金属矿采选业	100	617			1578
有色金属矿采选业	66	–487		581	112
非金属矿采选业	1376	10169	1986	0.1	22186
制造业	**82493**	**2546401**	**467038**	**239375**	**5988057**
农副食品加工业	609	34209	984	1315	41869
食品制造业	217	5116	678	498	9498
酒、饮料和精制茶制造业	1184	22574	6910	2671	45843
纺织业	537	30269	522	1913	37534
纺织服装、服饰业	710	28345	1704	2556	47143
皮革、毛皮、羽毛及其制品和制鞋业	1260	50227	2854	5169	74982
木材加工和木、竹、藤、棕、草制品业	11697	20543	261	9631	34023
家具制造业	494	25254	1648	966	33967
造纸和纸制品业	450	–401	122	5334	4345
印刷和记录媒介复制业	391	1218	430	8444	8945
文教、工美、体育和娱乐用品制造业	570	11674	1749	6363	16393
石油加工、炼焦和核燃料加工业	210	255109	35489	10770	1939277
化学原料和化学制品制造业	3603	204325	53265	49390	430739
医药制造业	302	4101	12	1514	10036
化学纤维制造业	3	1335	102		1499
橡胶和塑料制品业	6988	60374	8175	12659	94557
非金属矿物制品业	7903	51409	10468	6480	99668
黑色金属冶炼和压延加工业	684	54822	254	2287	73039
有色金属冶炼和压延加工业	26	4033	948	10	6437
金属制品业	613	44814	7953	12687	72451
通用设备制造业	954	42123	3333	3445	59910
专用设备制造业	1936	6427	2029	7677	16356
汽车制造业	2161	93267	19725	1521	133719
铁路、船舶、航空航天和其他运输设备制造业	578	5827	796	2000	7051
电气机械和器材制造业	4418	169975	14678	17923	234891
计算机、通信和其他电子设备制造业	33322	1304475	290937	64093	2432939
仪器仪表制造业	422	9488	506	855	11599
其他制造业	25	–487	100	996	265
废弃资源综合利用业	227	5958	405	211	9085
电力、燃气及水的生产和供应业	**4960**	**242562**	**69744**	**10165**	**403710**
电力、热力生产和供应业	4672	237761	67588	7156	393779
燃气生产和供应业	6	2675	1303		3385
水的生产和供应业	283	2126	853	3009	6545

12-16 续表 10　　（2013 年）　　单位：万元

项　目	应交税金及附加	本年应付职工薪酬	本年应交增值税	从业人员平均人数（人）	收入法增加值
总计	**4239870**	**3671494**	**2691534**	**724092**	**14232012**
采矿业	**16138**	**5452**	**10397**	**800**	**76620**
黑色金属矿采选业	962	724	259	139	11344
有色金属矿采选业	671	576	268	144	3658
非金属矿采选业	14505	4153	9870	517	61618
制造业	**3989512**	**3476079**	**2536653**	**709826**	**13273913**
农副食品加工业	9059	19935	6820	3900	109642
食品制造业	5857	8503	3896	1928	31441
酒、饮料和精制茶制造业	31288	16003	18522	1733	76060
纺织业	8368	35475	6469	8130	106170
纺织服装、服饰业	22872	133600	14967	33428	256716
皮革、毛皮、羽毛及其制品和制鞋业	29651	186541	19840	51079	382743
木材加工和木、竹、藤、棕、草制品业	14399	15214	10564	3603	92392
家具制造业	12893	174841	6146	22189	327508
造纸和纸制品业	5892	22118	4180	5611	53870
印刷和记录媒介复制业	9734	38094	6365	8999	82958
文教、工美、体育和娱乐用品制造业	8133	83243	2713	25513	174420
石油加工、炼焦和核燃料加工业	1723602	37881	935244	2008	2134675
化学原料和化学制品制造业	287383	111788	213964	14052	880433
医药制造业	6482	12728	5468	3492	42074
化学纤维制造业	265	326	147	112	3211
橡胶和塑料制品业	47488	195532	26645	42259	466821
非金属矿物制品业	65689	52866	42136	10162	401882
黑色金属冶炼和压延加工业	19085	12108	16280	1523	149365
有色金属冶炼和压延加工业	3457	6024	1841	1471	33702
金属制品业	39481	123300	23097	24968	335066
通用设备制造业	21828	48735	12056	9326	137983
专用设备制造业	12595	34352	8735	8441	73165
汽车制造业	63406	157434	34477	26284	385760
铁路、船舶、航空航天和其他运输设备制造业	2314	17542	518	4402	42646
电气机械和器材制造业	84143	288640	56705	62393	671807
计算机、通信和其他电子设备制造业	1446407	1606863	1054297	324124	5727334
仪器仪表制造业	2901	16376	1669	4435	34828
其他制造业	1039	9831	536	2638	21923
废弃资源综合利用业	3800	10187	2360	1623	37318
电力、燃气及水的生产和供应业	**234220**	**189963**	**144484**	**13466**	**881483**
电力、热力生产和供应业	226400	173137	140874	10522	830277
燃气生产和供应业	2072	3583	94	520	8261
水的生产和供应业	5748	13243	3515	2424	42945

12-17 规模以上国有及国有控股工业企业主要经济指标

（2013年） 单位：万元

项目	企业单位数（个）	亏损企业（个）	工业总产值（当年价格）	工业销售产值（当年价格）	出口交货值
总计	**47**	**15**	**16552075**	**16254492**	**497096**
在总计中：亏损企业	15	15	912726	820598	27664
在总计中：轻工业	11	6	581109	573025	249288
重工业	36	9	15970965	15681467	247808
在总计中：大型企业	6	1	13237255	13001002	249288
中型企业	17	5	1466573	1430671	241017
小型企业	24	9	1848246	1822819	6791
按行业分					
采矿业	**2**		**98298**	**93943**	
非金属矿采选业	2		98298	93943	
制造业	**29**	**10**	**13542565**	**13274361**	**497096**
农副食品加工业	2	1	9827	9827	
石油加工、炼焦和核燃料加工业	3	1	9488223	9208913	
化学原料和化学制品制造业	3	1	2800068	2826766	
医药制造业	1		6177	6044	
橡胶和塑料制品业	1		7535	7535	2194
非金属矿物制品业	2		6255	6324	
金属制品业	1		43699	38657	233
汽车制造业	3	2	14125	15205	
铁路、船舶、航空航天和其他运输设备制造业	1	1	2165	2165	
电气机械和器材制造业	2		339359	335510	214800
计算机、通信和其他电子设备制造业	10	4	825133	817415	279869
电力、燃气及水的生产和供应业	**16**	**5**	**2911211**	**2886189**	
电力、热力生产和供应业	10	1	2824058	2801092	
燃气生产和供应业	1		34154	34154	
水的生产和供应业	5	4	52999	50943	

12-17 续表 1　　（2013 年）　　单位：万元

项目	年初存货	产成品	资产总计	流动资产合计
总计	**876119**	**205369**	**10295067**	**2992689**
在总计中：亏损企业	103909	36910	953887	297070
在总计中：轻工业	40736	21624	647414	416320
重工业	835383	183745	9647653	2576369
在总计中：大型企业	723772	136480	7407702	1914559
中型企业	105374	61161	1968118	762627
小型企业	46974	7728	919247	315503
按行业分				
采矿业	**600**	**600**	**22338**	**14075**
非金属矿采选业	600	600	22338	14075
制造业	**835639**	**193586**	**6812719**	**2446725**
农副食品加工业	152		10929	6172
石油加工、炼焦和核燃料加工业	460497	17589	2828854	886240
化学原料和化学制品制造业	250774	103533	2832600	689311
医药制造业	3446	1478	7034	4805
橡胶和塑料制品业	273	126	7023	4180
非金属矿物制品业	539	69	11029	2386
金属制品业	20521	12365	52573	35273
汽车制造业	5496	2880	27776	15021
铁路、船舶、航空航天和其他运输设备制造业	2004		2963	1963
电气机械和器材制造业	8252	3219	266858	236538
计算机、通信和其他电子设备制造业	83682	52327	765081	564828
电力、燃气及水的生产和供应业	**39880**	**11182**	**3460011**	**531889**
电力、热力生产和供应业	36982	9710	3166530	452106
燃气生产和供应业	1331	1331	46030	8282
水的生产和供应业	1567	141	247452	71501

12-17 续表 2　　（2013 年）　　单位：万元

项　目	流动资产合计				固定资产合计
	应收账款	存货	产成品	在产品	
总计	**746884**	**990695**	**286468**	**111205**	**6280402**
在总计中：亏损企业	72508	88495	45211	20589	557397
在总计中：轻工业	188448	84603	60759	1079	173753
重工业	558436	906092	225710	110127	6106649
在总计中：大型企业	428733	798335	183182	93028	4724840
中型企业	264685	127125	78474	8596	1079351
小型企业	53467	65236	24812	9581	476211
按行业分					
采矿业	**154**	**600**	**600**		**8173**
非金属矿采选业	154	600	600		8173
制造业	**636068**	**932372**	**271169**	**111205**	**3697096**
农副食品加工业	417	152			3572
石油加工、炼焦和核燃料加工业	123428	499232	48628	100380	1512914
化学原料和化学制品制造业	117917	249452	97849	1119	2031176
医药制造业	358	3782	1835	225	1974
橡胶和塑料制品业	2029	275	126	83	2666
非金属矿物制品业	639	346	44		5936
金属制品业	14646	17452	12800	2067	10631
汽车制造业	3849	3742	1974	19	10463
铁路、船舶、航空航天和其他运输设备制造业	209	1119	232		916
电气机械和器材制造业	148764	40887	32461		21715
计算机、通信和其他电子设备制造业	223812	115933	75221	7312	95135
电力、燃气及水的生产和供应业	**110662**	**57724**	**14700**		**2575133**
电力、热力生产和供应业	107929	53745	14559		2429009
燃气生产和供应业	1290	1634			20555
水的生产和供应业	1443	2344	140		125569

（2013 年）

单位：万元

项　　目	固定资产原价	累计折旧		在建工程
			本年折旧	
总计	**9575782**	**3441537**	**574531**	**563325**
在总计中：亏损企业	754214	207968	40512	56325
在总计中：轻工业	267525	118325	13843	31982
重工业	9308257	3323212	560688	531343
在总计中：大型企业	7480739	2769102	442908	491827
中型企业	1292623	333399	74923	54184
小型企业	802419	339036	56700	17314
按行业分				
采矿业	**9346**	**8173**	**1083**	
非金属矿采选业	9346	8173	1083	
制造业	**5595553**	**1917035**	**327981**	**343271**
农副食品加工业	5671	3043	173	945
石油加工、炼焦和核燃料加工业	2149112	636198	147849	325548
化学原料和化学制品制造业	3209944	1178768	161269	10343
医药制造业	3425	1451	201	255
橡胶和塑料制品业	6393	3727	592	
非金属矿物制品业	6565	2407	446	1786
金属制品业	12756	2125	640	
汽车制造业	16255	6959	528	
铁路、船舶、航空航天和其他运输设备制造业	1860	953		9
电气机械和器材制造业	15020	7931	836	144
计算机、通信和其他电子设备制造业	168552	73473	15448	4241
电力、燃气及水的生产和供应业	**3970883**	**1516330**	**245467**	**220054**
电力、热力生产和供应业	3742804	1425400	235400	179349
燃气生产和供应业	30953	10398	1272	11780
水的生产和供应业	197126	80532	8795	28926

12-17 续表4　　（2013年）　　单位：万元

项目	负债合计	流动负债合计	应付账款	非流动负债合计	所有者权益合计
总计	**6352645**	**4600433**	**1320557**	**1751497**	**3930712**
在总计中：亏损企业	924184	765077	103770	159107	29702
在总计中：轻工业	531755	407447	205356	123808	115659
重工业	5820890	4192986	1115202	1627689	3815053
在总计中：大型企业	4691163	3555326	1069699	1135837	2716539
中型企业	1166148	656978	204169	508454	790261
小型企业	495334	388129	46689	107206	423913
按行业分					
采矿业	**9565**	**3418**	**1441**	**6147**	**12773**
非金属矿采选业	9565	3418	1441	6147	12773
制造业	**4364631**	**3655800**	**1093111**	**708331**	**2436379**
农副食品加工业	6133	6092	281	41	4797
石油加工、炼焦和核燃料加工业	2145169	2073745	562279	71424	683684
化学原料和化学制品制造业	1385484	781304	157151	604180	1447116
医药制造业	7150	7141	323	9	-117
橡胶和塑料制品业	9119	9119	1017		-2096
非金属矿物制品业	3676	771	615	2905	7352
金属制品业	25265	25265	6818		27308
汽车制造业	7685	7685	2259		20091
铁路、船舶、航空航天和其他运输设备制造业	3073	3073	1169		-109
电气机械和器材制造业	246467	245967	163886		20391
计算机、通信和其他电子设备制造业	525410	495639	197313	29770	227961
电力、燃气及水的生产和供应业	**1978450**	**941215**	**226005**	**1037020**	**1481561**
电力、热力生产和供应业	1747401	849049	225359	898137	1419129
燃气生产和供应业	34395	31395		3000	11635
水的生产和供应业	196654	60771	647	135883	50797

项目					
	实收资本	国家资本	集体资本	法人资本	个人资本
总计	**3169598**	**1905250**	**3200**	**511212**	**54980**
在总计中：亏损企业	203102	151906	3200	29555	
在总计中：轻工业	55035	31715		20990	180
重工业	3114564	1873536	3200	490222	54800
在总计中：大型企业	2251180	1573800		11630	
中型企业	600684	162840		366873	54800
小型企业	317734	168610	3200	132709	180
按行业分					
采矿业	**2359**	**1000**		**1359**	
非金属矿采选业	2359	1000		1359	
制造业	**2207113**	**1330091**	**3200**	**189950**	**180**
农副食品加工业	3940			3760	180
石油加工、炼焦和核燃料加工业	717776	627784		89992	
化学原料和化学制品制造业	1334000	669000			
医药制造业	900	900			
橡胶和塑料制品业	6430			4386	
非金属矿物制品业	6791	3791		3000	
金属制品业	20000			20000	
汽车制造业	15933	13241		1445	
铁路、船舶、航空航天和其他运输设备制造业	2100	2100			
电气机械和器材制造业	10000			7850	
计算机、通信和其他电子设备制造业	89224	13275	3200	59517	
电力、燃气及水的生产和供应业	**960126**	**574159**		**319903**	**54800**
电力、热力生产和供应业	916911	545444		305403	54800
燃气生产和供应业	8000			8000	
水的生产和供应业	35215	28715		6500	

项目	港澳台资本	外商资本	营业收入	主营业务收入	营业成本	主营业务成本
总计	**18484**	**676472**	**16308510**	**16122114**	**14445869**	**14269039**
在总计中：亏损企业	6970	11472	672339	667421	679359	676836
在总计中：轻工业	2150		585174	581928	493130	491642
重工业	16334	676472	15723336	15540186	13952739	13777397
在总计中：大型企业	750	665000	13057905	12895662	11760721	11608800
中型企业	16171		1445601	1429431	1059430	1053717
小型企业	1563	11472	1805004	1797020	1625718	1606522
按行业分						
采矿业			**93943**	**93943**	**57411**	**57411**
非金属矿采选业			93943	93943	57411	57411
制造业	**18484**	**665208**	**13325892**	**13158336**	**11867758**	**11711293**
农副食品加工业			9827	9827	9142	9042
石油加工、炼焦和核燃料加工业			9234734	9085358	8194538	8057550
化学原料和化学制品制造业		665000	2841234	2826887	2609119	2591743
医药制造业			6044	6044	5291	5291
橡胶和塑料制品业	2064		7672	7672	6689	6689
非金属矿物制品业			5656	5656	4455	4455
金属制品业			33159	32963	10797	10797
汽车制造业	1038	208	14996	14398	13263	12938
铁路、船舶、航空航天和其他运输设备制造业			2743	2166	2431	2431
电气机械和器材制造业	2150		342114	342095	313973	313973
计算机、通信和其他电子设备制造业	13232		827713	825271	698062	696385
电力、燃气及水的生产和供应业		**11264**	**2888675**	**2869834**	**2520700**	**2500335**
电力、热力生产和供应业		11264	2802232	2792624	2466132	2450622
燃气生产和供应业			33673	27091	24129	20663
水的生产和供应业			52770	50120	30439	29051

项目	营业税金及附　　加	主营业务税金及附加	其他业务收　　入	其他业务利　　润	销售费用
总计	**776148**	**775961**	**186396**	**16144**	**109487**
在总计中：亏损企业	7941	7921	4919	1777	20369
在总计中：轻工业	1757	1737	3246	1158	23922
重工业	774392	774224	183150	14985	85566
在总计中：大型企业	713269	713123	162243	10228	59555
中型企业	8814	8773	16170	5177	31432
小型企业	54066	54066	7983	739	18501
按行业分					
采矿业	**1236**	**1236**			**5159**
非金属矿采选业	1236	1236			5159
制造业	**759077**	**759063**	**167555**	**10386**	**90889**
农副食品加工业	379	379			100
石油加工、炼焦和核燃料加工业	748924	748924	149376	12381	23476
化学原料和化学制品制造业	6081	6081	14347	-3029	35128
医药制造业	20	20			
橡胶和塑料制品业	82	82			88
非金属矿物制品业	48	48			395
金属制品业	233	233	196	196	246
汽车制造业	106	106	598	157	388
铁路、船舶、航空航天和其他运输设备制造业	7	7	577	2	56
电气机械和器材制造业	471	471	19		6855
计算机、通信和其他电子设备制造业	2725	2712	2442	679	24158
电力、燃气及水的生产和供应业	**15836**	**15662**	**18841**	**5758**	**13439**
电力、热力生产和供应业	15010	14856	9608	1399	293
燃气生产和供应业	493	493	6583	3116	6195
水的生产和供应业	333	314	2650	1243	6951

项 目	管理费用	税金	财务费用	利息收入	利息支出
总计	**218209**	**13843**	**125120**	**6278**	**149239**
在总计中：亏损企业	30475	1719	20929	164	19645
在总计中：轻工业	40590	631	7312	199	6359
重工业	177619	13212	117809	6079	142879
在总计中：大型企业	72346	7404	67460	3073	90884
中型企业	99314	4035	36263	1970	36801
小型企业	46550	2404	21398	1235	21553
按行业分					
采矿业	**21151**	**503**	**95**		**68**
非金属矿采选业	21151	503	95		68
制造业	**134806**	**10118**	**46700**	**3833**	**70356**
农副食品加工业	342		187		173
石油加工、炼焦和核燃料加工业	32101	3945	15323	2007	16805
化学原料和化学制品制造业	17378	3607	22143	82	44591
医药制造业					
橡胶和塑料制品业	495	10	130	116	
非金属矿物制品业	416	20	80	2	73
金属制品业	19900	1577	442	14	423
汽车制造业	1698	136	177	2	262
铁路、船舶、航空航天和其他运输设备制造业	457		765		675
电气机械和器材制造业	9592	189	1368	175	401
计算机、通信和其他电子设备制造业	52427	633	6086	1435	6953
电力、燃气及水的生产和供应业	**62252**	**3223**	**78326**	**2445**	**78815**
电力、热力生产和供应业	49616	2784	72837	2379	73598
燃气生产和供应业	2089	59	65	41	56
水的生产和供应业	10548	380	5424	25	5161

项 目	营业利润	资产减值损 失	公允价值变动收益	投资收益	营业外收入	补贴收入
总计	**686930**	**13943**	**6874**	**16703**	**37112**	**21312**
在总计中：亏损企业	-56449	660	-65	206	27601	20215
在总计中：轻工业	16783	463		-800	3233	8
重工业	670147	13480	6874	17503	33879	21303
在总计中：大型企业	411235	12829	6877	1751	7190	515
中型企业	209967	906	-4	494	3340	262
小型企业	65728	207		14459	26582	20535
按行业分						
采矿业	**8891**				**2**	
非金属矿采选业	8891				2	
制造业	**466797**	**13073**	**6874**	**16253**	**7952**	**740**
农副食品加工业	-322				8	8
石油加工、炼焦和核燃料加工业	252389			1234	2930	
化学原料和化学制品制造业	147378	11760	6877	866	589	
医药制造业	23					
橡胶和塑料制品业	189				51	
非金属矿物制品业	69				4	
金属制品业	1613	-72			50	50
汽车制造业	-753	117			40	
铁路、船舶、航空航天和其他运输设备制造业	-890	90			577	
电气机械和器材制造业	9929	107		34	419	
计算机、通信和其他电子设备制造业	57174	1070	-4	14119	3284	682
电力、燃气及水的生产和供应业	**211242**	**870**		**450**	**29158**	**20572**
电力、热力生产和供应业	211509	850		450	28067	20572
燃气生产和供应业	683	20			3	
水的生产和供应业	-951				1089	

12-17 续表 10 （2013 年） 单位：万元

项目	营业外支出	利润总额	应交所得税	亏损企业 亏损总额	利税总额
总计	**7285**	**716757**	**154608**	**29250**	**2798470**
在总计中：亏损企业	403	−29250	2691	29250	10147
在总计中：轻工业	412	19604	4398	3906	39151
重工业	6873	697153	150210	25344	2759319
在总计中：大型企业	5187	413238	78518	10770	2286660
中型企业	572	212736	52362	9090	310064
小型企业	1526	90784	23728	9391	201745
按行业分					
采矿业	**1050**	**7843**	**1422**		**17792**
非金属矿采选业	1050	7843	1422		17792
制造业	**1453**	**473296**	**85154**	**19214**	**2386743**
农副食品加工业	1	−315		618	85
石油加工、炼焦和核燃料加工业	210	255109	35489	10770	1939277
化学原料和化学制品制造业	420	147546	37476	296	323053
医药制造业	10	13			234
橡胶和塑料制品业	176	65			575
非金属矿物制品业	6	67			337
金属制品业		1663	416		2598
汽车制造业	5	−718	25	819	191
铁路、船舶、航空航天和其他运输设备制造业	2	−315		315	−273
电气机械和器材制造业	2	10346	2447		13645
计算机、通信和其他电子设备制造业	622	59835	9301	6397	107021
电力、燃气及水的生产和供应业	**4782**	**235619**	**68032**	**10036**	**393936**
电力、热力生产和供应业	4506	235070	67091	7064	389811
燃气生产和供应业	5	681	210		1268
水的生产和供应业	271	−132	731	2973	2857

12-17 续表 11 （2013 年） 单位：万元

项　目	应交税金及附加	本年应付职工薪酬	本年应交增值税	从业人员平均人数（人）	收入法增加值
总计	**2250164**	**367541**	**1305565**	**33336**	**3834049**
在总计中：亏损企业	43807	32361	31457	50550	125700
在总计中：轻工业	24575	43580	17790	73160	117078
重工业	2225588	323961	1287774	260200	3716970
在总计中：大型企业	1959344	235100	1160153	156930	2988196
中型企业	153726	107452	88515	144000	518165
小型企业	137094	24989	56896	32430	327688
按行业分					
采矿业	**11873**	**2241**	**8713**	**187**	**45910**
非金属矿采选业	11873	2241	8713	187	45910
制造业	**2008718**	**179464**	**1154370**	**20693**	**2938327**
农副食品加工业	400	300	21	68	2182
石油加工、炼焦和核燃料加工业	1723602	37881	935244	2008	2134675
化学原料和化学制品制造业	216591	37378	169426	1287	527828
医药制造业	221	608	201	174	1990
橡胶和塑料制品业	520	1860	428	200	1002
非金属矿物制品业	290	842	222	153	1787
金属制品业	2928	5937	702	708	11057
汽车制造业	1071	2327	803	383	4060
铁路、船舶、航空航天和其他运输设备制造业	43	132	36	65	653
电气机械和器材制造业	5935	17378	2828	3254	37607
计算机、通信和其他电子设备制造业	57120	74821	44461	12294	214496
电力、燃气及水的生产和供应业	**229572**	**185837**	**142482**	**12456**	**849812**
电力、热力生产和供应业	224615	171736	139731	10212	816641
燃气生产和供应业	856	3515	94	430	6785
水的生产和供应业	4101	10585	2656	1814	26386

12-18 规模以上民营企业分行业主要经济指标

（2013年）　　单位：万元

项　目	企业单位数（个）	亏损企业（个）	工业总产值（当年价格）	工业销售产值（当年价格）	出口交货值
总计	756	116	11850706	11591286	1442617
采矿业	9	2	69496	60300	
黑色金属矿采选业	2		31999	24502	
有色金属矿采选业	2	1	5824	6212	
非金属矿采选业	5	1	31673	29585	
制造业	739	112	11724461	11474367	1442617
农副食品加工业	23	4	527633	517695	71587
食品制造业	7		146735	145767	541
酒、饮料和精制茶制造业	3	1	130184	129651	
纺织业	10	2	71445	74446	3621
纺织服装、服饰业	30	3	237507	230093	36813
皮革、毛皮、羽毛及其制品和制鞋业	98	5	553590	552786	129383
木材加工和木、竹、藤、棕、草制品业	18	3	280737	281208	4934
家具制造业	30	4	666071	658774	20365
造纸和纸制品业	24		154022	151538	3070
印刷和记录媒介复制业	17	2	225280	222458	1962
文教、工美、体育和娱乐用品制造业	21	4	104551	104959	23814
化学原料和化学制品制造业	61	11	765916	772845	97637
医药制造业	8	2	116686	105869	7242
橡胶和塑料制品业	64	7	456849	445767	73083
非金属矿物制品业	42	10	975898	956534	2526
黑色金属冶炼和压延加工业	5		579236	577967	97
有色金属冶炼和压延加工业	6		49393	49242	
金属制品业	36	4	387901	381915	53200
通用设备制造业	22	3	291707	283537	42126
专用设备制造业	12	4	108605	107465	6612
汽车制造业	3		26039	25570	8191
铁路、船舶、航空航天和其他运输设备制造业	2	1	13575	11622	6139
电气机械和器材制造业	54	14	1366770	1326587	102530
计算机、通信和其他电子设备制造业	123	21	3276664	3153841	735337
仪器仪表制造业	6	3	41913	41861	6893
其他制造业	2	1	5990	5969	4915
废弃资源综合利用业	12	3	163567	158400	
电力、燃气及水的生产和供应业	8	2	56749	56620	
电力、热力生产和供应业	4	1	37316	37316	
水的生产和供应业	4	1	19434	19304	

12-18 续表 1 （2013 年） 单位：万元

项　目	年初存货	产成品	资产总计	流动资产合计
总计	**800098**	**328586**	**6706730**	**4402380**
采矿业	**15423**	**10892**	**33340**	**20201**
黑色金属矿采选业	9338	9300	12939	5663
有色金属矿采选业	4519	485	9284	6985
非金属矿采选业	1566	1107	11118	7553
制造业	**783809**	**317695**	**6472039**	**4283582**
农副食品加工业	39627	18306	240947	151136
食品制造业	1882	808	82945	11096
酒、饮料和精制茶制造业	3613	442	90983	50255
纺织业	9872	4250	48837	30587
纺织服装、服饰业	34718	10483	143929	112319
皮革、毛皮、羽毛及其制品和制鞋业	30824	11738	206109	166347
木材加工和木、竹、藤、棕、草制品业	17631	6170	128820	75524
家具制造业	18091	9644	126254	68651
造纸和纸制品业	14462	3656	89866	61222
印刷和记录媒介复制业	7925	3149	179534	132697
文教、工美、体育和娱乐用品制造业	15805	3373	60820	45204
化学原料和化学制品制造业	40754	16893	459547	315176
医药制造业	23781	10934	108909	61086
橡胶和塑料制品业	39564	10594	251901	168256
非金属矿物制品业	76765	31432	715641	317591
黑色金属冶炼和压延加工业	24172	11889	90439	51904
有色金属冶炼和压延加工业	1054	609	12740	7673
金属制品业	35276	16007	198508	138256
通用设备制造业	23111	8187	180276	115225
专用设备制造业	6391	1185	69216	46910
汽车制造业	3178	1429	21943	12151
铁路、船舶、航空航天和其他运输设备制造业	3479	150	59616	39064
电气机械和器材制造业	64076	27770	542568	331191
计算机、通信和其他电子设备制造业	227318	103520	2218685	1671988
仪器仪表制造业	5198	1414	65391	50405
其他制造业	419	16	2560	2414
废弃资源综合利用业	14825	3646	75056	49254
电力、燃气及水的生产和供应业	**865**		**201351**	**98597**
电力、热力生产和供应业	169		156992	87451
水的生产和供应业	697		44359	11146

项目	资产总计			
	流动资产合计			
	应收账款	存货	产成品	在产品
总计	1414937	1014285	393103	102425
采矿业	3770	9950	4730	583
黑色金属矿采选业	826	1461	930	
有色金属矿采选业		4198	195	
非金属矿采选业	2944	4291	3605	583
制造业	1407049	1002996	388373	101842
农副食品加工业	26095	46502	21907	6720
食品制造业	2945	6615	962	223
酒、饮料和精制茶制造业	2049	7588	280	
纺织业	6266	13491	6788	1351
纺织服装、服饰业	17584	45433	17431	3755
皮革、毛皮、羽毛及其制品和制鞋业	55867	45197	11425	3509
木材加工和木、竹、藤、棕、草制品业	20730	27052	7687	1767
家具制造业	12392	25634	11620	3281
造纸和纸制品业	23409	16651	4681	959
印刷和记录媒介复制业	34532	10068	3727	1398
文教、工美、体育和娱乐用品制造业	8636	20520	2355	3509
化学原料和化学制品制造业	133584	55206	18200	1639
医药制造业	11289	21758	10734	4293
橡胶和塑料制品业	62609	43362	12486	3064
非金属矿物制品业	60023	80955	20022	3596
黑色金属冶炼和压延加工业	6486	26138	12290	84
有色金属冶炼和压延加工业	4593	879	795	
金属制品业	46674	45712	17776	5788
通用设备制造业	44018	25860	7435	2652
专用设备制造业	12704	10560	2092	1826
汽车制造业	5060	4198	2230	550
铁路、船舶、航空航天和其他运输设备制造业	7133	9922	1652	96
电气机械和器材制造业	127012	85646	26902	22212
计算机、通信和其他电子设备制造业	650992	302717	160286	27255
仪器仪表制造业	10538	10711	2689	1719
其他制造业	576	618	21	597
废弃资源综合利用业	13255	14005	3900	
电力、燃气及水的生产和供应业	4118	1339		
电力、热力生产和供应业	1996	600		
水的生产和供应业	2122	739		

12-18 续表 3　　（2013 年）　　单位：万元

项　目	资产总计				
	固定资产合计	固定资产原价	累计折旧	本年折旧	在建工程
总计	**1638569**	**2989554**	**1470525**	**304909**	**119201**
采矿业	**6488**	**8938**	**5298**	**457**	**20**
黑色金属矿采选业	2850	2674	1827	208	20
有色金属矿采选业	174	2453	2279	5	
非金属矿采选业	3464	3812	1192	245	
制造业	**1558297**	**2851730**	**1408577**	**296071**	**109928**
农副食品加工业	56260	106415	50285	9167	880
食品制造业	65804	72795	7485	5039	1265
酒、饮料和精制茶制造业	23931	36311	12380	3708	4127
纺织业	10923	29427	19470	1663	5789
纺织服装、服饰业	20524	65039	45561	5152	1241
皮革、毛皮、羽毛及其制品和制鞋业	26045	40878	18160	2669	275
木材加工和木、竹、藤、棕、草制品业	34841	96380	67584	9817	3248
家具制造业	48035	55922	8259	2697	162
造纸和纸制品业	21008	20248	6462	2354	2151
印刷和记录媒介复制业	22312	42667	20667	3295	735
文教、工美、体育和娱乐用品制造业	9300	11158	1934	507	973
化学原料和化学制品制造业	86865	197567	115553	18318	12305
医药制造业	31508	49529	21342	7973	6216
橡胶和塑料制品业	59040	117430	63658	11747	4227
非金属矿物制品业	360547	638273	311542	73427	1908
黑色金属冶炼和压延加工业	32108	150244	[illegible]	[illegible]	[illegible]
有色金属冶炼和压延加工业	4556	6603	2106	1107	
金属制品业	48970	115327	68598	12467	1236
通用设备制造业	48838	134185	90933	14962	2193
专用设备制造业	18528	23745	6509	2149	548
汽车制造业	8168	12148	4261	1029	86
铁路、船舶、航空航天和其他运输设备制造业	368	440	72	41	
电气机械和器材制造业	100817	147552	62568	15685	5631
计算机、通信和其他电子设备制造业	395198	634315	256554	68766	45653
仪器仪表制造业	8632	12018	3386	735	387
其他制造业	144	218	74	22	
废弃资源综合利用业	15029	28897	18226	2197	7878
电力、燃气及水的生产和供应业	**73783**	**128886**	**56649**	**8381**	**9254**
电力、热力生产和供应业	56426	100186	43760	7262	6658
水的生产和供应业	17358	28700	12889	1119	2595

项　目	负债合计	流动负债合　计	应付账款	非流动负债合　计	所有者权益合　计
总计	**4524674**	**3869709**	**1400468**	**278381**	**2170013**
采矿业	**21603**	**14713**	**4664**	**12**	**10933**
黑色金属矿采选业	9940	9928	1803	12	2999
有色金属矿采选业	6292	431			2992
非金属矿采选业	5372	4355	2861		4942
制造业	**4375558**	**3793905**	**1393774**	**213121**	**2086682**
农副食品加工业	165346	111521	35698	14264	75601
食品制造业	66423	64991	11370	496	16522
酒、饮料和精制茶制造业	45664	45582	4848	83	45319
纺织业	35270	28092	7430	7160	13566
纺织服装、服饰业	110625	87548	20684	15105	33108
皮革、毛皮、羽毛及其制品和制鞋业	136641	106397	25438	13781	67406
木材加工和木、竹、藤、棕、草制品业	76879	63421	12462	12591	51017
家具制造业	86305	81388	25349	1655	39899
造纸和纸制品业	77904	74883	30084	746	11149
印刷和记录媒介复制业	158791	123585	47816	18513	17757
文教、工美、体育和娱乐用品制造业	50154	41097	15908	1804	7126
化学原料和化学制品制造业	252332	227241	71443	9676	206378
医药制造业	76102	54119	15747	18879	32806
橡胶和塑料制品业	192788	161308	47329	10353	58225
非金属矿物制品业	492104	446283	93532	10375	220691
黑色金属冶炼和压延加工业	23321	20729	1153	1634	67118
有色金属冶炼和压延加工业	7377	7263	1816	90	5359
金属制品业	146273	134505	35375	1559	49668
通用设备制造业	88364	78209	25300	7442	89973
专用设备制造业	55899	50829	8170	5070	13317
汽车制造业	9538	8032	2549	1506	12061
铁路、船舶、航空航天和其他运输设备制造业	74776	967	280		396
电气机械和器材制造业	325893	309568	101070	10566	216238
计算机、通信和其他电子设备制造业	1517963	1375443	725930	43839	699596
仪器仪表制造业	48932	47405	12761	1527	15470
其他制造业	2348	2348	640		212
废弃资源综合利用业	51546	41154	13593	4408	20704
电力、燃气及水的生产和供应业	**127513**	**61091**	**2030**	**65248**	**72397**
电力、热力生产和供应业	100208	46169	702	54039	55343
水的生产和供应业	27304	14922	1328	11209	17054

12-18 续表 5　　　　（2013 年）　　　　单位：万元

项目	实收资本	国家资本	集体资本	法人资本	个人资本	港澳台资本
总计	**1173351**	**7650**	**23342**	**653482**	**371125**	**93383**
采矿业	**10904**			**4333**	**6571**	
黑色金属矿采选业	5129				5129	
有色金属矿采选业	2939			2939		
非金属矿采选业	2836			1394	1442	
制造业	**1139509**	**7650**	**22690**	**634765**	**356651**	**93383**
农副食品加工业	38911		3488	14471	18118	
食品制造业	10551			9383	1168	
酒、饮料和精制茶制造业	6200		6000	200		
纺织业	11093			4790	5000	1303
纺织服装、服饰业	12237			4391	7467	379
皮革、毛皮、羽毛及其制品和制鞋业	32577		50	15260	16522	
木材加工和木、竹、藤、棕、草制品业	25555		927	10663	1750	
家具制造业	21912			10666	11246	
造纸和纸制品业	9400		2000	4385	3015	
印刷和记录媒介复制业	11153			6825	3086	
文教、工美、体育和娱乐用品制造业	7384			2810	3961	614
化学原料和化学制品制造业	79181		3525	36597	33048	6011
医药制造业	20460			12520	7840	
橡胶和塑料制品业	59787		500	27441	21575	6241
非金属矿物制品业	148805	3000	1000	117942	26593	270
黑色金属冶炼和压延加工业	8137				8137	
有色金属冶炼和压延加工业	1530			930	600	
金属制品业	34965		180	22303	11144	1339
通用设备制造业	72593			46716	24896	981
专用设备制造业	12908			4725	8183	
汽车制造业	9185			6871	100	2214
铁路、船舶、航空航天和其他运输设备制造业	500			500		
电气机械和器材制造业	112789	3850	2250	52952	50267	1090
计算机、通信和其他电子设备制造业	363042	800	2770	199562	88172	70916
仪器仪表制造业	12771			9681	3091	
其他制造业	250			90	160	
废弃资源综合利用业	15631			12093	1512	2026
电力、燃气及水的生产和供应业	**22939**		**652**	**14384**	**7903**	
电力、热力生产和供应业	15113			8000	7113	
水的生产和供应业	7826		652	6384	791	

12-18 续表 6 （2013 年） 单位：万元

项目	外商资本	营业收入	主营业务收入	营业成本	主营业务成本
总计	24369	11478677	11386236	10107172	10012858
采矿业		56257	56257	43439	43427
黑色金属矿采选业		19222	19222	14148	14136
有色金属矿采选业		6252	6252	5014	5014
非金属矿采选业		30783	30783	24277	24277
制造业	24369	11369583	11277141	10026901	9932600
农副食品加工业	2833	527288	524969	485019	469807
食品制造业		146233	145855	126093	125822
酒、饮料和精制茶制造业		127575	126056	80296	78982
纺织业		75446	70747	62306	59322
纺织服装、服饰业		223794	223639	201906	201550
皮革、毛皮、羽毛及其制品和制鞋业	745	550993	550977	494708	494707
木材加工和木、竹、藤、棕、草制品业	12216	270879	269647	227488	227485
家具制造业		653241	653227	631746	631716
造纸和纸制品业		151994	151969	139750	139466
印刷和记录媒介复制业	1242	223257	223219	202083	201866
文教、工美、体育和娱乐用品制造业		106177	106177	93259	93214
化学原料和化学制品制造业		777574	773361	672762	669456
医药制造业	100	100663	98838	83592	82163
橡胶和塑料制品业	4030	442590	440658	396137	394830
非金属矿物制品业		774222	773971	662795	660692
黑色金属冶炼和压延加工业		577967	577967	482339	482339
有色金属冶炼和压延加工业		49242	49231	47142	47142
金属制品业		382009	381880	337227	337130
通用设备制造业		296507	296361	250744	250711
专用设备制造业		106326	106283	89494	89494
汽车制造业		25570	25570	20317	20317
铁路、船舶、航空航天和其他运输设备制造业		11163	11055	10401	10391
电气机械和器材制造业	2381	1332794	1330581	1137171	1135072
计算机、通信和其他电子设备制造业	823	3224621	3154479	2908447	2845252
仪器仪表制造业		41977	41878	32326	32326
其他制造业		5969	5969	5337	5337
废弃资源综合利用业		163511	162577	146017	146013
电力、燃气及水的生产和供应业		52837	52837	36832	36832
电力、热力生产和供应业		34522	34522	24665	24665
水的生产和供应业		18316	18316	12167	12167

12-18 续表 7 （2013 年） 单位：万元

项　目	营业税金及附加	主营业务税金及附加	其他业务收入	其他业务利润	销售费用
总计	**41861**	**39871**	**92441**	**9507**	**307641**
采矿业	**1920**	**1920**			**1667**
黑色金属矿采选业	702	702			984
有色金属矿采选业	330	330			25
非金属矿采选业	887	887			658
制造业	**39318**	**37327**	**92441**	**9510**	**305793**
农副食品加工业	425	423	2319	-88	10394
食品制造业	392	392	379	107	9919
酒、饮料和精制茶制造业	680	593	1519	205	22566
纺织业	126	126	4699	18	5623
纺织服装、服饰业	754	754	155	9	5322
皮革、毛皮、羽毛及其制品和制鞋业	2515	2484	17	16	9974
木材加工和木、竹、藤、棕、草制品业	2746	2746	1233		3790
家具制造业	637	603	14	14	2821
造纸和纸制品业	388	376	25	9	2315
印刷和记录媒介复制业	902	902	38	29	7856
文教、工美、体育和娱乐用品制造业	331	230			584
化学原料和化学制品制造业	2271	2220	4212	410	25114
医药制造业	447	438	1825	387	3848
橡胶和塑料制品业	1845	1745	1933	44	8981
非金属矿物制品业	5317	3817	251	27	70385
黑色金属冶炼和压延加工业	1461	1461			19330
有色金属冶炼和压延加工业	136	136	11	11	127
金属制品业	1031	1024	129	51	8116
通用设备制造业	3815	3815	146	7	6183
专用设备制造业	614	614	42	42	1932
汽车制造业	348	348			595
铁路、船舶、航空航天和其他运输设备制造业	177	177	108		170
电气机械和器材制造业	3146	3138	2213	1287	14860
计算机、通信和其他电子设备制造业	7889	7843	70143	6820	59309
仪器仪表制造业	197	197	99	49	1341
其他制造业	22	22			234
废弃资源综合利用业	705	705	934	59	4106
电力、燃气及水的生产和供应业	**624**	**624**		**-3**	**181**
电力、热力生产和供应业	135	135			162
水的生产和供应业	489	489		-3	19

12-18 续表 8　　　　（2013 年）　　　　单位：万元

项　目	管理费用	税金	财务费用	利息收入	利息支出
总计	**512728**	**19105**	**79487**	**6143**	**61899**
采矿业	**6059**	**74**	**934**		**382**
黑色金属矿采选业	1940	1	881		382
有色金属矿采选业	1290	73	1		
非金属矿采选业	2830		52		
制造业	**502377**	**19019**	**71009**	**6063**	**55041**
农副食品加工业	10439	409	3734	136	2082
食品制造业	5061	764	165	4	12
酒、饮料和精制茶制造业	3376	399	260	11	186
纺织业	2695	88	1360	12	1066
纺织服装、服饰业	9102	198	2055	8	1825
皮革、毛皮、羽毛及其制品和制鞋业	13842	366	4618	675	2524
木材加工和木、竹、藤、棕、草制品业	9977	601	2112	23	1475
家具制造业	11913	508	1702	27	1270
造纸和纸制品业	6718	197	1343	14	964
印刷和记录媒介复制业	10111	211	3042	420	2553
文教、工美、体育和娱乐用品制造业	6760	207	686	3	436
化学原料和化学制品制造业	29739	1181	4728	171	4258
医药制造业	7072	535	1578	153	1404
橡胶和塑料制品业	20422	843	4231	85	3161
非金属矿物制品业	94238	6286	11492	55	10331
黑色金属冶炼和压延加工业	15617	462	4220	12	3932
有色金属冶炼和压延加工业	613	2	441		32
金属制品业	12433	227	1786	45	1333
通用设备制造业	14425	362	1828	703	1677
专用设备制造业	5301	118	1327	63	1202
汽车制造业	2263	85	214	7	45
铁路、船舶、航空航天和其他运输设备制造业	354	1	27	1	
电气机械和器材制造业	41907	1070	3429	282	2448
计算机、通信和其他电子设备制造业	154717	3592	11959	3111	8961
仪器仪表制造业	5950	27	1852	15	1638
其他制造业	330	12	107		
废弃资源综合利用业	7005	268	714	27	227
电力、燃气及水的生产和供应业	**4292**	**12**	**7544**	**80**	**6476**
电力、热力生产和供应业	1515	10	5244	80	4862
水的生产和供应业	2777	3	2300	1	1614

项　目	营业利润	资产减值损　失	公允价值变动收益	投资收益	营业外收　入	补贴收入
总计	**558079**	**16289**	**130**	**7537**	**37722**	**10236**
采矿业	**2110**				**266**	
黑色金属矿采选业	451				266	
有色金属矿采选业	–421					
非金属矿采选业	2080					
制造业	**552339**	**16289**	**130**	**7537**	**37304**	**10095**
农副食品加工业	29141	93		–945	5739	2702
食品制造业	5560				13	
酒、饮料和精制茶制造业	20332				15	
纺织业	3510	–30			128	15
纺织服装、服饰业	4781			44	136	
皮革、毛皮、羽毛及其制品和制鞋业	28220	9		3188	666	
木材加工和木、竹、藤、棕、草制品业	25403	2130		438	4290	1074
家具制造业	2279	4		1	47	35
造纸和纸制品业	1563	103			159	
印刷和记录媒介复制业	1770			16	180	2
文教、工美、体育和娱乐用品制造业	4341				141	9
化学原料和化学制品制造业	46810	–5		4035	3505	218
医药制造业	3879	263		17	294	60
橡胶和塑料制品业	10427	61		11	1106	494
非金属矿物制品业	46745	9596		–105	3453	1742
黑色金属冶炼和压延加工业	33001	15			385	
有色金属冶炼和压延加工业	192					
金属制品业	21448	–46	155		105	1
通用设备制造业	18588	5			2491	116
专用设备制造业	7324	153		3	52	1
汽车制造业	1853				32	
铁路、船舶、航空航天和其他运输设备制造业	–5					
电气机械和器材制造业	131997	1425	–25	160	3060	109
计算机、通信和其他电子设备制造业	76130	2503		674	10239	2686
仪器仪表制造业	123	10			818	815
其他制造业	–61					
废弃资源综合利用业	4987				251	16
电力、燃气及水的生产和供应业	**3630**				**152**	**141**
电力、热力生产和供应业	2852				5	
水的生产和供应业	778				148	141

12-18 续表 10 （2013 年） 单位：万元

项 目	营业外支出	利润总额	应交所得税	亏损企业亏损总额	利税总额
总计	**31075**	**564751**	**51210**	**34056**	**859240**
采矿业	**491**	**1885**	**420**	**581**	**5489**
黑色金属矿采选业	100	617			1578
有色金属矿采选业	66	-487		581	112
非金属矿采选业	325	1755	420		3800
制造业	**30409**	**559258**	**50171**	**33346**	**848197**
农副食品加工业	589	34290	974	580	41373
食品制造业	210	5362	678		9585
酒、饮料和精制茶制造业	20	20327	5202	488	26989
纺织业	92	3546	45	259	5048
纺织服装、服饰业	37	4880	413	310	10024
皮革、毛皮、羽毛及其制品和制鞋业	703	28183	1940	76	40596
木材加工和木、竹、藤、棕、草制品业	11691	18003	220	9414	30726
家具制造业	17	2309	180	248	5760
造纸和纸制品业	59	1663	120		4431
印刷和记录媒介复制业	229	1721	571	271	7906
文教、工美、体育和娱乐用品制造业	28	4454	338	279	5527
化学原料和化学制品制造业	1482	48834	5147	540	65728
医药制造业	292	3881	12	1514	9405
橡胶和塑料制品业	2455	9090	572	2541	21264
非金属矿物制品业	7491	42707	9630	2970	81447
黑色金属冶炼和压延加工业	645	54742	72		70601
有色金属冶炼和压延加工业	1	191	23		737
金属制品业	75	21479	1428	286	33424
通用设备制造业	430	20668	1638	486	32981
专用设备制造业	22	7354	1437	834	12670
汽车制造业	1	1884	98		2569
铁路、船舶、航空航天和其他运输设备制造业	8	-13		61	325
电气机械和器材制造业	2216	132841	7727	4982	172152
计算机、通信和其他电子设备制造业	1394	84970	11274	6105	146242
仪器仪表制造业	3	939	288	815	2647
其他制造业		-61		75	-39
废弃资源综合利用业	223	5015	145	211	8080
电力、燃气及水的生产和供应业	**175**	**3608**	**619**	**129**	**5553**
电力、热力生产和供应业	166	2690	497	92	3968
水的生产和供应业	9	917	122	37	1585

12-18 续表 11　　（2013 年）　　单位：万元

项　目	应交税金及附　　加	本年应付职工薪酬	本年应交增 值 税	从业人员平均人数（人）	收入法增加值
总计	**364804**	**807277**	**252628**	**169953**	**2717275**
采矿业	**4098**	**2933**	**1684**	**553**	**29777**
黑色金属矿采选业	962	724	259	139	11344
有色金属矿采选业	671	576	268	144	3658
非金属矿采选业	2465	1633	1157	270	14775
制造业	**358129**	**801827**	**249622**	**168749**	**2665430**
农副食品加工业	8465	18818	6657	3577	103908
食品制造业	5665	6357	3831	1368	29562
酒、饮料和精制茶制造业	12263	3976	5982	554	35697
纺织业	1635	7749	1376	1481	16722
纺织服装、服饰业	5754	23814	4389	6774	59811
皮革、毛皮、羽毛及其制品和制鞋业	14719	80804	9899	21370	190223
木材加工和木、竹、藤、棕、草制品业	13543	10747	9977	2445	72304
家具制造业	4139	63980	2814	5448	183457
造纸和纸制品业	3085	9458	2380	2928	26970
印刷和记录媒介复制业	6966	13428	5282	2796	44042
文教、工美、体育和娱乐用品制造业	1619	9539	743	3529	31495
化学原料和化学制品制造业	23223	30235	14624	5635	142158
医药制造业	6071	11860	5077	3238	39458
橡胶和塑料制品业	13589	44318	10329	8571	112984
非金属矿物制品业	54656	33207	33423	6430	308922
黑色金属冶炼和压延加工业	[illegible]	[illegible]	[illegible]	[illegible]	117541
有色金属冶炼和压延加工业	570	1040	410	282	9616
金属制品业	13599	25317	10913	5799	92732
通用设备制造业	14313	19666	8498	3795	68423
专用设备制造业	6872	9493	4702	2445	28785
汽车制造业	869	5468	337	1013	10070
铁路、船舶、航空航天和其他运输设备制造业	339	729	161	150	3012
电气机械和器材制造业	48108	83761	36166	17863	303851
计算机、通信和其他电子设备制造业	76138	263789	53383	57070	587493
仪器仪表制造业	2023	7551	1511	1895	10708
其他制造业	34	608		192	1452
废弃资源综合利用业	3479	8422	2360	1347	34034
电力、燃气及水的生产和供应业	**2577**	**2517**	**1322**	**651**	**22070**
电力、热力生产和供应业	1785	1401	1143	310	13636
水的生产和供应业	792	1116	179	341	8434

12-19 规模以上“三资”工业企业主要经济指标

（2013年） 单位：万元

项目	企业单位数（个）	亏损企业（个）	工业总产值（当年价格）	工业销售产值（当年价格）	出口交货值
总计	941	243	42093462	41585861	22417466
在总计中：亏损企业	243	243	2943494	2865987	1543428
在总计中：轻工业	463	117	9130336	8855873	5790613
重工业	478	126	32963126	32729989	16626853
在总计中：大型企业	75	6	28665466	28471636	15859095
中型企业	299	66	7841305	7632529	4107374
小型企业	567	171	5586691	5481697	2450998
按行业分					
采矿业	1		2000	2000	
非金属矿采选业	1		2000	2000	
制造业	937	242	42023054	41516499	22417466
农副食品加工业	6	2	55715	49421	36544
食品制造业	2	1	18180	17921	16695
酒、饮料和精制茶制造业	4	2	298085	298003	7529
纺织业	30	6	398251	389673	129335
纺织服装、服饰业	57	12	747565	739912	538092
皮革、毛皮、羽毛及其制品和制鞋业	51	13	742882	740604	554820
木材加工和木、竹、藤、棕、草制品业	6	2	117241	114915	72397
家具制造业	37	6	646586	635936	523151
造纸和纸制品业	10	3	124294	123336	46119
印刷和记录媒介复制业	12	6	282745	279722	124785
文教、工美、体育和娱乐用品制造业	53	17	482136	468282	373479
化学原料和化学制品制造业	50	7	4095862	4073874	177345
医药制造业	1		2295	2295	2295
化学纤维制造业	1		14776	14725	4072
橡胶和塑料制品业	99	26	1390682	1380194	671252
非金属矿物制品业	15	5	380943	357418	161895
黑色金属冶炼和压延加工业	7	1	135315	130134	16962
有色金属冶炼和压延加工业	11	1	125156	119180	35877
金属制品业	51	15	1002694	981843	642079
通用设备制造业	25	6	363517	327013	124715
专用设备制造业	23	7	188643	188573	78286
汽车制造业	21	4	1403848	1402065	406704
铁路、船舶、航空航天和其他运输设备制造业	12	5	103171	99165	85037
电气机械和器材制造业	91	22	1951374	1866632	1320689
计算机、通信和其他电子设备制造业	238	66	26777365	26545976	16156055
仪器仪表制造业	10	1	83984	83291	63641
其他制造业	13	6	76720	76366	44617
废弃资源综合利用业	1		13030	10030	3000
电力、燃气及水的生产和供应业	3	1	68409	67362	
电力、热力生产和供应业	1	1	52870	51824	
燃气生产和供应业	1		6774	6774	
水的生产和供应业	1		8765	8765	

12-19 续表 1　　（2013 年）　　单位：万元

项目	年初存货	产成品	资产总计	流动资产合计
总计	3434765	1034194	25111297	15792041
在总计中：亏损企业	554457	185229	3002916	1699156
在总计中：轻工业	1003932	288063	6172859	4400499
重工业	2430833	746131	18938438	11391542
在总计中：大型企业	1876364	541314	15624777	9658020
中型企业	918822	332677	5841267	3907395
小型企业	639579	160204	3645253	2226626
按行业分				
采矿业			2417	677
非金属矿采选业			2417	677
制造业	3431029	1034194	24941843	15739478
农副食品加工业	5390	4022	22218	19466
食品制造业	1563	1009	13255	11168
酒、饮料和精制茶制造业	13365	4537	158427	88332
纺织业	32369	12570	208749	119679
纺织服装、服饰业	97651	41533	441048	274698
皮革、毛皮、羽毛及其制品和制鞋业	108340	20250	411149	280441
木材加工和木、竹、藤、棕、草制品业	15383	3112	66483	38910
家具制造业	74695	40890	484838	310414
造纸和纸制品业	16718	4305	112544	52684
印刷和记录媒介复制业	20355	7328	230346	138109
文教、工美、体育和娱乐用品制造业	79042	24845	305351	189384
化学原料和化学制品制造业	372143	153708	3989044	1477526
医药制造业	212		475	314
化学纤维制造业	1125	787	3002	2412
橡胶和塑料制品业	167429	52284	1150758	655327
非金属矿物制品业	33809	9512	234899	96846
黑色金属冶炼和压延加工业	39854	10316	101265	67969
有色金属冶炼和压延加工业	16654	2933	73162	60070
金属制品业	126772	35995	720406	449524
通用设备制造业	31687	7825	358178	249064
专用设备制造业	31657	10586	143994	93037
汽车制造业	168605	54638	1388055	714271
铁路、船舶、航空航天和其他运输设备制造业	33907	5533	167524	97976
电气机械和器材制造业	205927	63153	1302125	937901
计算机、通信和其他电子设备制造业	1717382	459597	12752593	9255914
仪器仪表制造业	4619	635	38401	17603
其他制造业	13332	2006	51458	33604
废弃资源综合利用业	1044	284	12097	6837
电力、燃气及水的生产和供应业	3736		167037	51886
电力、热力生产和供应业	3736		110451	30192
燃气生产和供应业			26892	16459
水的生产和供应业			29694	5235

（2013 年）

单位：万元

项目	资产总计			
	流动资产合计			
	应收账款	存货	产成品	在产品
总计	**6513574**	**3847933**	**1157786**	**339807**
在总计中：亏损企业	552251	578229	195198	74430
在总计中：轻工业	1617403	1142520	415550	136604
重工业	4896172	2705413	742235	203204
在总计中：大型企业	4465318	2142824	610397	117241
中型企业	1322936	1026832	362764	167052
小型企业	725321	678278	184625	55514
按行业分				
采矿业	**559**	**118**		
非金属矿采选业	559	118		
制造业	**6510743**	**3842509**	**1156245**	**339807**
农副食品加工业	2084	4735	3287	140
食品制造业	6872	1430	955	29
酒、饮料和精制茶制造业	9217	20236	4764	
纺织业	20735	37840	14492	5252
纺织服装、服饰业	62875	125181	34605	12944
皮革、毛皮、羽毛及其制品和制鞋业	77221	124804	23527	24685
木材加工和木、竹、藤、棕、草制品业	8925	16598	6721	1040
家具制造业	75553	79963	43541	8654
造纸和纸制品业	14844	14995	4748	653
印刷和记录媒介复制业	30475	24748	7009	8011
文教、工美、体育和娱乐用品制造业	60646	84904	23214	19614
化学原料和化学制品制造业	298158	379464	145997	20970
医药制造业	149			
化学纤维制造业	122	1703	753	
橡胶和塑料制品业	218965	187478	67781	16857
非金属矿物制品业	17543	39517	13579	4017
黑色金属冶炼和压延加工业	18787	34755	9038	
有色金属冶炼和压延加工业	19650	14421	1858	1037
金属制品业	174148	123154	34684	14441
通用设备制造业	116170	40111	8514	9847
专用设备制造业	33443	29218	6958	8060
汽车制造业	272947	217901	79218	11770
铁路、船舶、航空航天和其他运输设备制造业	22868	41106	4924	7795
电气机械和器材制造业	444035	254519	93371	22369
计算机、通信和其他电子设备制造业	4483713	1922275	517568	139033
仪器仪表制造业	8726	4623	981	342
其他制造业	9393	15361	3989	2079
废弃资源综合利用业	2479	1473	169	169
电力、燃气及水的生产和供应业	**2273**	**5307**	**1541**	
电力、热力生产和供应业	1762	3766		
燃气生产和供应业	366	1541	1541	
水的生产和供应业	145			

项　目	资产总计				
	固定资产合　计	固定资产原　价	累计折旧	本年折旧	在建工程
总计	**7823440**	**13817950**	**6302426**	**1102154**	**386944**
在总计中：亏损企业	1092292	1976207	960849	196411	38547
在总计中：轻工业	1350636	2812052	1546177	276704	58992
重工业	6472804	11005897	4756249	825450	327952
在总计中：大型企业	5197275	8323141	3261647	652513	240863
中型企业	1524327	2943297	1512960	241330	101287
小型企业	1101838	2551511	1527819	208311	44794
按行业分					
采矿业	**930**	**2345**	**1415**	**113**	**65**
非金属矿采选业	930	2345	1415	113	65
制造业	**7737769**	**13700434**	**6265239**	**1099187**	**384426**
农副食品加工业	2320	14413	12093	1491	
食品制造业	1903	11630	9727	277	
酒、饮料和精制茶制造业	66365	111470	47725	8179	6102
纺织业	67419	175814	111398	13411	4431
纺织服装、服饰业	141379	311871	179904	26645	2184
皮革、毛皮、羽毛及其制品和制鞋业	99464	259764	163043	19736	326
木材加工和木、竹、藤、棕、草制品业	22599	113557	91014	11393	2258
家具制造业	134516	205769	84717	14690	3271
造纸和纸制品业	50007	68696	19874	7367	4947
印刷和记录媒介复制业	69301	134636	70988	12344	863
文教、工美、体育和娱乐用品制造业	101841	180405	90379	21172	916
化学原料和化学制品制造业	2353063	3779204	1445693	209105	22617
医药制造业	15	285	270	23	11
化学纤维制造业	492	1496	1004	95	
橡胶和塑料制品业	422181	769467	380471	59661	25118
非金属矿物制品业	115856	214504	106670	20737	4953
黑色金属冶炼和压延加工业	24246	73558	49368	5252	57
有色金属冶炼和压延加工业	11140	23167	15506	3287	44
金属制品业	208762	449494	251538	31851	11928
通用设备制造业	79238	158407	81090	16249	1960
专用设备制造业	43820	133051	90132	10584	1040
汽车制造业	529720	845170	355609	76026	43414
铁路、船舶、航空航天和其他运输设备制造业	25674	43093	19183	4743	9116
电气机械和器材制造业	309778	575651	294568	80486	4947
计算机、通信和其他电子设备制造业	2818472	4959575	2244257	435222	232092
仪器仪表制造业	19929	56649	36847	6022	83
其他制造业	13415	21643	9033	3143	1750
废弃资源综合利用业	4858	7996	3138		
电力、燃气及水的生产和供应业	**84741**	**115170**	**35772**	**2854**	**2453**
电力、热力生产和供应业	78775	114287	35512	2854	107
燃气生产和供应业	5342				2346
水的生产和供应业	623	883	260		

项目	负债合计	流动负债合计	应付账款	非流动负债合计	所有者权益合计
总计	**13888828**	**12320759**	**6190657**	**1275677**	**11203799**
在总计中：亏损企业	2085074	1792541	803891	142730	917837
在总计中：轻工业	3852057	3565840	1842467	139048	2331192
重工业	10036770	8754920	4348191	1136630	8872607
在总计中：大型企业	8485290	7464169	3967742	990573	7131037
中型企业	3259797	3012297	1466869	145203	2567581
小型企业	2143740	1844294	756047	139901	1505181
按行业分					
采矿业	**110**	**110**	**5**		**2307**
非金属矿采选业	110	110	5		2307
制造业	**13697084**	**12167016**	**6173313**	**1237677**	**11226089**
农副食品加工业	15565	2140	1167		6577
食品制造业	19093	19093	1898		-5838
酒、饮料和精制茶制造业	99982	99912	22413	70	58444
纺织业	127366	119984	35281	6123	81111
纺织服装、服饰业	224664	198807	94767	10263	216369
皮革、毛皮、羽毛及其制品和制鞋业	226764	206004	122811	15867	184104
木材加工和木、竹、藤、棕、草制品业	41667	41667	9774		24816
家具制造业	223778	174213	71234	42579	260632
造纸和纸制品业	83988	81602	53590	2385	28557
印刷和记录媒介复制业	162470	140341	68996	16154	67876
文教、工美、体育和娱乐用品制造业	147034	131899	73030	12194	158269
化学原料和化学制品制造业	1994348	1325883	305937	639871	1994675
医药制造业	160	160	23		316
化学纤维制造业	1229	1229	1183		1773
橡胶和塑料制品业	612739	555869	241594	41739	534079
非金属矿物制品业	126576	116010	31815	10566	108271
黑色金属冶炼和压延加工业	50983	50983	12837		50282
有色金属冶炼和压延加工业	36827	36104	20000	723	36335
金属制品业	403492	365813	143915	30866	316033
通用设备制造业	177201	174170	100967	2560	180976
专用设备制造业	70619	54298	25732	10997	73375
汽车制造业	762966	741450	197864	20153	623657
铁路、船舶、航空航天和其他运输设备制造业	125433	50553	23934	191	57647
电气机械和器材制造业	829427	811811	487030	16311	472019
计算机、通信和其他电子设备制造业	7084748	6620679	4004237	357668	5641980
仪器仪表制造业	19322	17895	4565	399	19079
其他制造业	25546	25349	14756		25678
废弃资源综合利用业	3099	3099	1964		8997
电力、燃气及水的生产和供应业	**191634**	**153634**	**17339**	**38000**	**-24597**
电力、热力生产和供应业	158594	120594	15273	38000	-48142
燃气生产和供应业	14553	14553	1257		12339
水的生产和供应业	18487	18487	810		11207

12-19 续表 5　　（2013 年）　　单位：万元

项　目	实收资本	国家资本	集体资本	法人资本	个人资本	港澳台资本
总计	**7433319**	**683584**	**10006**	**887693**	**77419**	**3177324**
在总计中：亏损企业	1479357	6409		232513	26200	724048
在总计中：轻工业	1910614	1551	1345	147557	38765	1099635
重工业	5522705	682033	8660	740136	38653	2077689
在总计中：大型企业	3925344	668550	123	313433	15500	1371707
中型企业	2052173	13626	8207	391907	32066	1111667
小型企业	1455802	1408	1675	182353	29853	693950
按行业分						
采矿业	**1738**					**1738**
非金属矿采选业	1738					1738
制造业	**7389049**	**683584**	**10006**	**866426**	**77419**	**3168585**
农副食品加工业	6446			721		2117
食品制造业	7889					1023
酒、饮料和精制茶制造业	42227	351				38876
纺织业	78100			19933	994	51156
纺织服装、服饰业	209048			11860	2056	97828
皮革、毛皮、羽毛及其制品和制鞋业	177921	1200		815	3530	83452
木材加工和木、竹、藤、棕、草制品业	29996					16562
家具制造业	194778			19062	235	149601
造纸和纸制品业	38243			3294		34170
印刷和记录媒介复制业	61983			10397		18449
文教、工美、体育和娱乐用品制造业	171291		1340	4306	394	125875
化学原料和化学制品制造业	1650786	665000		25961	6030	104716
医药制造业	234					234
化学纤维制造业	1986					1986
橡胶和塑料制品业	504199		5	163927	5216	253380
非金属矿物制品业	120680			8570		102695
黑色金属冶炼和压延加工业	49732			1861		34539
有色金属冶炼和压延加工业	25186			2338		20604
金属制品业	310195			102945	16545	155189
通用设备制造业	141585			88972	4519	16069
专用设备制造业	65466			8326		19107
汽车制造业	258165	3758		26664		13162
铁路、船舶、航空航天和其他运输设备制造业	54947			6366	12503	15295
电气机械和器材制造业	398283		2800	29791	300	249657
计算机、通信和其他电子设备制造业	2741164	13275	5860	326731	25098	1534720
仪器仪表制造业	15082			2382		6784
其他制造业	27150			1204		15050
废弃资源综合利用业	6292					6292
电力、燃气及水的生产和供应业	**42532**			**21268**		**7000**
电力、热力生产和供应业	25600			14336		
燃气生产和供应业	6932			6932		
水的生产和供应业	10000					7000

项目	外商资本	营业收入	主营业务收入	营业成本	主营业务成本
总计	2597294	43034187	41672960	38426773	37165596
在总计中：亏损企业	490188	2931319	2909696	2735111	2714904
在总计中：轻工业	621761	10332495	9296961	9290150	8297212
重工业	1975534	32701692	32375999	29136623	28868384
在总计中：大型企业	1556031	29762524	28563399	26580796	25456991
中型企业	494700	7829413	7702391	6915486	6814765
小型企业	546563	5442250	5407170	4930490	4893840
按行业分					
采矿业		2033	2000	1218	1218
非金属矿采选业		2033	2000	1218	1218
制造业	2583030	42988700	41631588	38369647	37110154
农副食品加工业	3608	48797	48797	38257	38257
食品制造业	6866	17347	17237	16455	16455
酒、饮料和精制茶制造业	3000	323513	319902	194042	192476
纺织业	6017	399765	399471	356478	356232
纺织服装、服饰业	97305	758431	758123	679971	679717
皮革、毛皮、羽毛及其制品和制鞋业	88925	748363	747632	677267	676536
木材加工和木、竹、藤、棕、草制品业	13434	113146	113123	106049	106049
家具制造业	25879	652254	648882	574714	573839
造纸和纸制品业	780	121226	121225	112156	112155
印刷和记录媒介复制业	33136	282342	278086	256742	256730
文教、工美、体育和娱乐用品制造业	39375	470653	470065	428218	427614
化学原料和化学制品制造业	849079	4081499	4065168	3704478	3678135
医药制造业		2295	2295	2049	2049
化学纤维制造业		15340	15340	13829	13829
橡胶和塑料制品业	81670	1392248	1379240	1199050	1186348
非金属矿物制品业	9415	356259	355005	323974	321684
黑色金属冶炼和压延加工业	13331	126007	125989	118061	118061
有色金属冶炼和压延加工业	2244	118614	118570	108439	108398
金属制品业	35516	976333	960651	877187	869286
通用设备制造业	32025	377071	376652	338726	338195
专用设备制造业	38033	188542	188420	169100	168126
汽车制造业	214580	1365705	1329709	1152976	1128766
铁路、船舶、航空航天和其他运输设备制造业	20783	99444	99247	81986	81953
电气机械和器材制造业	115735	1922359	1912665	1730259	1724587
计算机、通信和其他电子设备制造业	835481	27856179	26606453	24956873	23783368
仪器仪表制造业	5916	85233	84237	69074	68080
其他制造业	10897	76706	76375	71884	71876
废弃资源综合利用业		13030	13030	11356	11356
电力、燃气及水的生产和供应业	14264	43453	39372	55908	54224
电力、热力生产和供应业	11264	24576	24576	43274	43274
燃气生产和供应业		10748	6774	7075	5391
水的生产和供应业	3000	8129	8022	5559	5559

12-19 续表 7　　（2013 年）　　单位：万元

项目	营业税金及附加	主营业务税金及附加	其他业务收入	其他业务利润	销售费用
总计	**118441**	**113581**	**1361226**	**138253**	**1128532**
在总计中：亏损企业	13733	13571	21623	4832	141037
在总计中：轻工业	35201	34488	1035534	96035	284613
重工业	83240	79093	325692	42219	843919
在总计中：大型企业	71267	67173	1199125	47727	789341
中型企业	32597	32369	127022	87001	237997
小型企业	14577	14039	35080	3526	101195
按行业分					
采矿业	**23**	**23**	**33**		
非金属矿采选业	23	23	33		
制造业	**118295**	**113435**	**1357112**	**138015**	**1127479**
农副食品加工业	94	94			1399
食品制造业	94	94	110		407
酒、饮料和精制茶制造业	4638	4638	3611	2045	90545
纺织业	695	669	294	48	3324
纺织服装、服饰业	3077	2791	308	46	8649
皮革、毛皮、羽毛及其制品和制鞋业	2440	2117	731	318	6010
木材加工和木、竹、藤、棕、草制品业	359	359	23	-623	1526
家具制造业	1930	1930	3373	1735	23553
造纸和纸制品业	178	178	2	2	3719
印刷和记录媒介复制业	900	900	4255	1832	7610
文教、工美、体育和娱乐用品制造业	1715	1715	588	45	5109
化学原料和化学制品制造业	10174	10174	16331	-3099	80919
医药制造业					41
化学纤维制造业	17	17			17
橡胶和塑料制品业	5714	5707	13008	1190	36911
非金属矿物制品业	792	792	1253	48	9189
黑色金属冶炼和压延加工业	476	77	18	18	2038
有色金属冶炼和压延加工业	429	429	44	25	1680
金属制品业	3328	3323	15682	3752	21022
通用设备制造业	2130	2130	420	145	4016
专用设备制造业	580	560	122	-28	3279
汽车制造业	5733	5733	35996	9522	22663
铁路、船舶、航空航天和其他运输设备制造业	661	619	197	24	2263
电气机械和器材制造业	5066	5065	9694	866	45063
计算机、通信和其他电子设备制造业	66576	62826	1249726	118845	744235
仪器仪表制造业	245	245	997	994	1157
其他制造业	195	195	331	265	1101
废弃资源综合利用业	61	61			36
电力、燃气及水的生产和供应业	**123**	**123**	**4082**	**238**	**1054**
电力、热力生产和供应业					
燃气生产和供应业	123	123	3974	131	1054
水的生产和供应业			107	107	

项目	管理费用	税金	财务费用	利息收入	利息支出
总计	**1606195**	**56969**	**81754**	**48594**	**143192**
在总计中：亏损企业	220877	8858	33593	4944	30656
在总计中：轻工业	447991	18923	22757	10843	22613
重工业	1158204	38045	58997	37751	120579
在总计中：大型企业	975624	28404	14268	37358	84228
中型企业	398660	17494	36209	7868	28794
小型企业	231911	11071	31277	3368	30170
按行业分					
采矿业	**233**	**1**	**-13**	**13**	
非金属矿采选业	233	1	-13	13	
制造业	**1602080**	**56615**	**72382**	**48539**	**134496**
农副食品加工业	2327	49	259	66	268
食品制造业	1196	34	111	3	73
酒、饮料和精制茶制造业	10769	974	1095	287	849
纺织业	9915	528	1952	44	1210
纺织服装、服饰业	36302	2172	4022	335	1987
皮革、毛皮、羽毛及其制品和制鞋业	37714	1677	4517	302	2173
木材加工和木、竹、藤、棕、草制品业	3723	182	119	25	22
家具制造业	28151	2025	952	175	670
造纸和纸制品业	7601	827	-574	796	134
印刷和记录媒介复制业	13454	1366	2969	175	2507
文教、工美、体育和娱乐用品制造业	27358	1471	1783	226	856
化学原料和化学制品制造业	70186	6456	28505	847	54006
医药制造业	3				
化学纤维制造业	198		-58		
橡胶和塑料制品业	91639	4418	6685	1384	7028
非金属矿物制品业	20453	671	3393	60	3163
黑色金属冶炼和压延加工业	4825	152	573	97	266
有色金属冶炼和压延加工业	3816	105	621	64	106
金属制品业	48448	2118	9888	2155	6616
通用设备制造业	16749	376	354	606	1011
专用设备制造业	13991	519	1446	39	926
汽车制造业	96059	3091	1278	2624	4875
铁路、船舶、航空航天和其他运输设备制造业	8214	293	949	90	305
电气机械和器材制造业	105155	3478	4612	2100	3195
计算机、通信和其他电子设备制造业	935339	23201	-4107	35538	41914
仪器仪表制造业	4494	258	630	497	157
其他制造业	3510	175	272	4	178
废弃资源综合利用业	492		138		
电力、燃气及水的生产和供应业	**3881**	**353**	**9384**	**42**	**8697**
电力、热力生产和供应业	2023	353	9257	42	8697
燃气生产和供应业	905		-254		
水的生产和供应业	954		381		

12-19 续表 9　　　　（2013 年）　　　　单位：万元

项目	营业利润	资　　产 减值损失	公允价值 变动收益	投资收益	营业外 收　入	补贴收入
总计	**1698193**	**60217**	**4329**	**44064**	**104483**	**40919**
在总计中：亏损企业	-229403	31194	-65	-192	39228	21644
在总计中：轻工业	239156	7857	78	8354	27581	9040
重工业	1459037	52360	4251	35710	76902	31879
在总计中：大型企业	1351710	27453	4528	19452	37326	15196
中型企业	229443	2692	-227	10328	28321	2111
小型企业	117041	30073	27	14285	38836	23612
按行业分						
采矿业	**570**				**2**	
非金属矿采选业	570				2	
制造业	**1724382**	**60217**	**4329**	**36204**	**81555**	**20867**
农副食品加工业	1736				7	
食品制造业	-794			1	554	17
酒、饮料和精制茶制造业	24150	84			89	
纺织业	27101	-36		28	175	18
纺织服装、服饰业	26073				369	55
皮革、毛皮、羽毛及其制品和制鞋业	21860	10		48	805	474
木材加工和木、竹、藤、棕、草制品业	1587	-60		101	3684	1074
家具制造业	22198	49		1618	1224	248
造纸和纸制品业	-1673					
印刷和记录媒介复制业	701	-36			345	8
文教、工美、体育和娱乐用品制造业	7149			41	695	44
化学原料和化学制品制造业	160419	41796	6905	4383	5421	2029
医药制造业	207					
化学纤维制造业	1337				1	
橡胶和塑料制品业	54225	-190	-616	268	2174	355
非金属矿物制品业	10278	1380		16	1388	26
黑色金属冶炼和压延加工业	117			6	3	
有色金属冶炼和压延加工业	3768				282	6
金属制品业	21088	-131	155	970	3053	218
通用设备制造业	22388	1		679	2937	21
专用设备制造业	72				915	8
汽车制造业	91132	-103		3536	3526	1994
铁路、船舶、航空航天和其他运输设备制造业	5500	26		68	758	307
电气机械和器材制造业	33843	810		2562	5492	105
计算机、通信和其他电子设备制造业	1180585	16617	-2115	21879	47481	13860
仪器仪表制造业	8954				14	
其他制造业	-565				163	
废弃资源综合利用业	947					
电力、燃气及水的生产和供应业	**-26758**			**7860**	**22926**	**20052**
电力、热力生产和供应业	-29978				22915	20052
燃气生产和供应业	1984			7860	10	
水的生产和供应业	1236				1	

12-19 续表 10　　（2013 年）　　单位：万元

项　目	营业外支出	利润总额	应交所得税	亏损企业亏损总额	利税总额
总计	**63625**	**1738874**	**386114**	**209548**	**3198255**
在总计中：亏损企业	19369	−209548	677	209548	−153502
在总计中：轻工业	21180	245554	30368	54635	422522
重工业	42445	1493321	355747	154912	2775734
在总计中：大型企业	33408	1355628	320026	21716	2540885
中型企业	8897	248868	44693	85158	409140
小型企业	21320	134379	21395	102674	248230
按行业分					
采矿业		**572**	**143**		**595**
非金属矿采选业		572	143		595
制造业	**63620**	**1742139**	**384878**	**202484**	**3201374**
农副食品加工业	19	1724	10	117	2495
食品制造业	7	−246		498	−87
酒、饮料和精制茶制造业	1184	23056	6910	2183	45943
纺织业	449	26827	501	1654	32712
纺织服装、服饰业	673	25768	1291	2246	40060
皮革、毛皮、羽毛及其制品和制鞋业	575	22090	914	5110	34521
木材加工和木、竹、藤、棕、草制品业	11458	−6187	41	8944	−3588
家具制造业	477	22945	1468	719	28207
造纸和纸制品业	391	−2064	2	5334	−86
印刷和记录媒介复制业	364	682	280	8173	6332
文教、工美、体育和娱乐用品制造业	552	7292	1429	6084	10977
化学原料和化学制品制造业	2432	163407	48541	48574	373053
医药制造业		207			397
化学纤维制造业	3	1335	102		1499
橡胶和塑料制品业	4551	51844	7693	10173	73886
非金属矿物制品业	517	11149	881	3509	22091
黑色金属冶炼和压延加工业	39	80	181	2287	2437
有色金属冶炼和压延加工业	25	3851	925	10	5725
金属制品业	542	23599	6110	12401	39601
通用设备制造业	575	24750	1753	2993	32152
专用设备制造业	1915	−928	592	6843	3685
汽车制造业	2161	92498	19722	1043	132521
铁路、船舶、航空航天和其他运输设备制造业	569	5689	796	1684	6830
电气机械和器材制造业	2202	37134	6952	12941	62739
计算机、通信和其他电子设备制造业	31494	1196572	277205	58005	2237011
仪器仪表制造业	420	8549	218	40	8951
其他制造业	25	−427	100	921	304
废弃资源综合利用业	4	943	261		1004
电力、燃气及水的生产和供应业	**4**	**−3836**	**1093**	**7064**	**−3713**
电力、热力生产和供应业	1	−7064		7064	−7064
燃气生产和供应业	1	1994	1093		2117
水的生产和供应业	3	1233			1233

项目	应交税金及附加	本年应付职工薪酬	本年应交增值税	从业人员平均人数（人）	收入法增加值
总计	**1902464**	**2667547**	**1340940**	**546842**	**8571381**
在总计中：亏损企业	65581	408434	42313	89237	616895
在总计中：轻工业	226259	1000012	141767	215995	2042499
重工业	1676205	1667535	1199173	330847	6528882
在总计中：大型企业	1533688	1454797	1113990	274061	5660910
中型企业	222460	863006	127676	191875	1714845
小型企业	146317	349743	99274	80906	1195626
按行业分					
采矿业	**168**	**279**		**60**	**933**
非金属矿采选业	168	279		60	933
制造业	**1900728**	**2664442**	**1340940**	**546423**	**8541492**
农副食品加工业	831	4763	677	940	11509
食品制造业	192	2146	65	560	1879
酒、饮料和精制茶制造业	30772	15123	18250	1574	74408
纺织业	6913	28413	5190	6757	91182
纺织服装、服饰业	17755	113173	11215	27958	203694
皮革、毛皮、羽毛及其制品和制鞋业	15022	106999	9991	30077	193636
木材加工和木、竹、藤、棕、草制品业	2822	6358	2240	1393	24701
家具制造业	8754	110861	3332	16741	144051
造纸和纸制品业	2808	12661	1801	2683	26900
印刷和记录媒介复制业	7296	29257	4750	7013	62191
文教、工美、体育和娱乐用品制造业	6585	74531	1971	22235	144020
化学原料和化学制品制造业	264644	83531	199472	8579	750794
医药制造业	191	261	191	80	626
化学纤维制造业	265	326	147	112	3211
橡胶和塑料制品业	34153	156330	16228	21870	[illegible]
非金属矿物制品业	12494	19715	10150	3737	101548
黑色金属冶炼和压延加工业	2690	4413	1881	769	31824
有色金属冶炼和压延加工业	2904	5019	1445	1199	24601
金属制品业	24230	94567	12674	19335	239608
通用设备制造业	9531	35975	5272	6984	84682
专用设备制造业	5724	24859	4033	5996	44380
汽车制造业	62837	156542	34290	26087	382486
铁路、船舶、航空航天和其他运输设备制造业	2230	16152	481	3988	38629
电气机械和器材制造业	36035	204879	20539	44530	367956
计算机、通信和其他电子设备制造业	1340845	1337777	973863	266964	5080861
仪器仪表制造业	878	8825	157	2540	24120
其他制造业	1006	9223	536	2446	20471
废弃资源综合利用业	321	1765		276	3285
电力、燃气及水的生产和供应业	**1569**	**2825**		**359**	**28956**
电力、热力生产和供应业	353	2688		188	23390
燃气生产和供应业	1216	68		90	1475
水的生产和供应业		69		81	4091

12-20 全市大中型工业企业主要经济指标

（2013 年）　　单位：万元

项　目	企业单位数（个）	亏损企业（个）	工业总产值（当年价格）	工业销售产值（当年价格）	出口交货值
总　计	**523**	**103**	**53335056**	**52478573**	**20976094**
按登记注册类型分组：					
内资企业	149	31	16828285	16374408	1009626
国有企业	5	2	284122	282065	
中央企业	1		167801	167801	
地方企业	4	2	116321	114264	
集体企业	4	1	60163	57716	9266
有限责任公司	65	14	13660633	13350206	796683
国有独资公司	2		9292084	9121950	
其他有限责任公司	63	14	4368549	4228256	796683
股份有限公司	10	1	1189996	1082412	42239
私营企业	64	13	1606877	1575379	161439
私营独资企业	2		26349	25361	
私营有限责任公司	60	11	1570459	1538925	161439
私营股份有限公司	2	2	10069	11094	
其他企业	1		26495	26630	
港、澳、台商投资企业	260	50	12361868	11937211	6749216
合资经营企业（港或澳、台资）	48	5	3077922	3063478	1269895
合作经营企业（港或澳、台资）	8	2	151632	145588	115859
港澳台商独资经营企业	199	43	9020793	8621468	5310136
港澳台商投资股份有限公司	5		111521	106676	53327
外商投资企业	114	22	24144903	24166954	13217252
中外合资经营企业	31	1	18848856	18953075	9845842
中外合作经营企业	1		15846	15846	15846
外资企业	80	19	5250488	5169327	3327192
外商投资股份有限公司	2	2	29713	28707	28373
按经济组织类型分组					
独资企业	290	65	14641915	14155937	8646594
国有企业	5	2	284122	282065	
集体企业	4	1	60163	57716	9266
私营独资企业	2		26349	25361	
港澳台商独资经营企业	199	43	9020793	8621468	5310136
外资企业	80	19	5250488	5169327	3327192
合作、合伙企业	10	2	193973	188064	131705
合作经营企业（港或澳、台资）	8	2	151632	145588	115859
中外合作经营企业	1		15846	15846	15846
其他企业（内资）	1		26495	26630	
股份有限公司	19	5	1341299	1228889	123938
股份有限公司（内资）	10	1	1189996	1082412	42239
私营股份有限公司	2	2	10069	11094	
港澳台商投资股份有限公司	5		111521	106676	53327
外商投资股份有限公司	2	2	29713	28707	28373

项　目	企业单位数（个）	亏损企业（个）	工业总产值（当年价格）	工业销售产值（当年价格）	出口交货值
有限责任公司	204	31	37157870	36905684	12073858
国有独资公司	2		9292084	9121950	
私营有限责任公司	60	11	1570459	1538925	161439
合资经营企业（港或澳、台资）	48	5	3077922	3063478	1269895
中外合资经营企业	31	1	18848856	18953075	9845842
其他有限责任公司	63	14	4368549	4228256	796683
在总计中：亏损企业	103	103	3594515	3388872	1313189
在总计中：国有控股企业	23	6	14703828	14431674	490304
在总计中：轻工业	255	49	10115988	9800950	5240161
重工业	268	54	43219068	42677622	15735934
在总计中：大型企业	91	8	41020224	40500335	16528377
中型企业	432	95	12314832	11978238	4447718
按行业分					
制造业	**514**	**100**	**50672085**	**49839430**	**20976094**
农副食品加工业	3		158381	153410	69457
食品制造业	1		105441	105240	
酒、饮料和精制茶制造业	2	1	231892	231809	7529
纺织业	8	2	129358	123077	40762
纺织服装、服饰业	31	6	569025	561379	380073
皮革、毛皮、羽毛及其制品和制鞋业	47	3	779381	777781	519712
木材加工和木、竹、藤、棕、草制品业	2		58168	55078	8537
家具制造业	14	1	985490	974545	392340
造纸和纸制品业	3	2	76713	75529	34557
印刷和记录媒介复制业	11	5	301850	298799	124785
文教、工美、体育和娱乐用品制造业	25	8	316435	309957	213871
石油加工、炼焦和核燃料加工业	2	1	8075361	7816407	
化学原料和化学制品制造业	12	1	3237102	3239930	48703
医药制造业	3		83927	77934	
橡胶和塑料制品业	37	6	1008454	998415	428117
非金属矿物制品业	9	2	626342	617065	19548
黑色金属冶炼和压延加工业	1		133041	131819	
有色金属冶炼和压延加工业	1		22153	21562	19510
金属制品业	24	6	824595	804780	485456
通用设备制造业	8	3	278488	243069	84322
专用设备制造业	7	2	85674	85631	37943
汽车制造业	12	1	1303367	1299945	387639
铁路、船舶、航空航天和其他运输设备制造业	4	1	53468	51717	51717
电气机械和器材制造业	53	11	2674339	2562169	1179728
计算机、通信和其他电子设备制造业	184	37	28417699	28094324	16390919
仪器仪表制造业	5		46131	45439	23960
其他制造业	3	1	31614	31614	26910
废弃资源综合利用业	2		58199	51008	
电力、燃气及水的生产和供应业	**9**	**3**	**2662971**	**2639143**	
电力、热力生产和供应业	5		2587172	2565401	
燃气生产和供应业	1		34154	34154	
水的生产和供应业	3	3	41645	39588	

项　目	年初存货	产成品	资产总计	流动资产合计
总　计	**3683652**	**1092038**	**30760131**	**17182502**
按登记注册类型分组：				
内资企业	888466	218048	9294087	3617087
国有企业	13074		564468	169524
中央企业	11215		325294	88562
地方企业	1860		239174	80962
集体企业	270	268	13316	10218
有限责任公司	635797	117318	6888653	2518474
国有独资公司	389071	11065	3740157	827333
其他有限责任公司	246726	106253	3148496	1691142
股份有限公司	116434	39314	1057195	430379
私营企业	119475	60384	760839	482282
私营独资企业	470	269	5075	3025
私营有限责任公司	117862	60116	739047	473452
私营股份有限公司	1143		16718	5805
其他企业	3416	764	9616	6211
港、澳、台商投资企业	1379446	433642	10542902	6544598
合资经营企业（港或澳、台资）	467703	145754	2757941	1799305
合作经营企业（港或澳、台资）	17175	6217	93963	61738
港澳台商独资经营企业	881637	279831	7567331	4645340
港澳台商投资股份有限公司	12930	1840	123667	38215
外商投资企业	1415740	440349	10923142	7020817
中外合资经营企业	947042	291253	7537686	4640087
中外合作经营企业	1625		6661	6325
外资企业	460355	144725	3352991	2357725
外商投资股份有限公司	6718	4371	25805	16681
按经济组织类型分组				
独资企业	1355807	425093	11503180	7185832
国有企业	13074		564468	169524
集体企业	270	268	13316	10218
私营独资企业	470	269	5075	3025
港澳台商独资经营企业	881637	279831	7567331	4645340
外资企业	460355	144725	3352991	2357725
合作、合伙企业	22216	6981	110240	74273
合作经营企业（港或澳、台资）	17175	6217	93963	61738
中外合作经营企业	1625		6661	6325
其他企业（内资）	3416	764	9616	6211
股份有限公司	137225	45525	1223384	491079
股份有限公司（内资）	116434	39314	1057195	430379
私营股份有限公司	1143		16718	5805
港澳台商投资股份有限公司	12930	1840	123667	38215
外商投资股份有限公司	6718	4371	25805	16681

项　目	年初存货	产成品	资产总计	流动资产合计
有限责任公司	2168403	614440	17923327	9431318
国有独资公司	389071	11065	3740157	827333
私营有限责任公司	117862	60116	739047	473452
合资经营企业（港或澳、台资）	467703	145754	2757941	1799305
中外合资经营企业	947042	291253	7537686	4640087
其他有限责任公司	246726	106253	3148496	1691142
在总计中：亏损企业	419848	161037	3207252	1688432
在总计中：国有控股企业	829146	197640	9375820	2677186
在总计中：轻工业	931282	315708	6774486	4914474
重工业	2752369	776331	23985645	12268028
在总计中：大型企业	2435522	611635	21159700	11525430
中型企业	1248129	480403	9600431	5657071
按行业分				
制造业	**3655370**	**1080856**	**27760477**	**16752643**
农副食品加工业	7623	5966	56748	47671
食品制造业	33		71121	6707
酒、饮料和精制茶制造业	9641	4537	109311	75171
纺织业	16904	8548	113060	72308
纺织服装、服饰业	94881	44455	383914	255820
皮革、毛皮、羽毛及其制品和制鞋业	93579	19787	421593	296434
木材加工和木、竹、藤、棕、草制品业	3313	1141	13709	8029
家具制造业	62007	42152	450146	262615
造纸和纸制品业	12985	3067	77512	40026
印刷和记录媒介复制业	17562	4920	243421	146917
文教、工美、体育和娱乐用品制造业	56956	22133	232536	139781
石油加工、炼焦和核燃料加工业	441158	16636	2631786	815603
化学原料和化学制品制造业	299411	122577	3408437	1151151
医药制造业	12381	4012	75891	44004
橡胶和塑料制品业	113135	40538	877957	483505
非金属矿物制品业	61037	25892	517696	187182
黑色金属冶炼和压延加工业	16984	10962	51014	32247
有色金属冶炼和压延加工业	2004	596	19931	18378
金属制品业	120870	46608	627886	387243
通用设备制造业	23144	5534	278488	189053
专用设备制造业	16786	6110	93925	57388
汽车制造业	150631	48921	1287467	655453
铁路、船舶、航空航天和其他运输设备制造业	13153	3739	59551	28503
电气机械和器材制造业	191312	72429	1403899	946017
计算机、通信和其他电子设备制造业	1805026	512759	14156847	10348322
仪器仪表制造业	3509	1803	36924	20076
其他制造业	4896	1739	25443	16845
废弃资源综合利用业	4442	2697	34265	20197
电力、燃气及水的生产和供应业	**28282**	**11182**	**2999654**	**429858**
电力、热力生产和供应业	25485	9710	2745744	361674
燃气生产和供应业	1331	1331	46030	8282
水的生产和供应业	1466	141	207880	59902

12-20 续表 4　　（2013 年）　　单位：万元

项　目	资产总计				
	流动资产合计				固定资产合计
	应收账款	存货			
			产成品	在产品	
总　计	**6869392**	**4237353**	**1281395**	**429371**	**11297190**
按登记注册类型分组：					
内资企业	1081138	1067697	308234	145079	4575587
国有企业	14979	12699			357307
中央企业	14883	10024			218822
地方企业	96	2675			138485
集体企业	3900	618	90		2916
有限责任公司	772424	793661	208147	103046	3499064
国有独资公司	99202	444246	22758	78422	2333796
其他有限责任公司	673222	349415	185389	24625	1165268
股份有限公司	145614	104193	29941	29637	504706
私营企业	142485	152468	67139	11813	208189
私营独资企业	1036	522	376	32	1377
私营有限责任公司	139370	150662	66349	11780	197332
私营股份有限公司	2079	1283	414		9480
其他企业	1735	4058	2917	583	3406
港、澳、台商投资企业	2411136	1591866	591669	190518	3208627
合资经营企业（港或澳、台资）	664127	474409	166318	49166	682616
合作经营企业（港或澳、台资）	21301	32270	10563	7447	27384
港澳台商独资经营企业	1716943	1069214	414223	126226	2474719
港澳台商投资股份有限公司	8765	15973	566	7678	23908
外商投资企业	3377117	1577790	381491	93775	3512975
中外合资经营企业	2262570	1027783	232019	23038	2703551
中外合作经营企业	4697				336
外资企业	1106079	540858	144796	70737	801880
外商投资股份有限公司	3772	9148	4677		7208
按经济组织类型分组					
独资企业	2842938	1623912	559485	196995	3638198
国有企业	14979	12699			357307
集体企业	3900	618	90		2916
私营独资企业	1036	522	376	32	1377
港澳台商独资经营企业	1716943	1069214	414223	126226	2474719
外资企业	1106079	540858	144796	70737	801880
合作、合伙企业	27733	36328	13480	8030	31126
合作经营企业（港或澳、台资）	21301	32270	10563	7447	27384
中外合作经营企业	4697				336
其他企业（内资）	1735	4058	2917	583	3406
股份有限公司	160229	130599	35598	37315	545302
股份有限公司（内资）	145614	104193	29941	29637	504706
私营股份有限公司	2079	1283	414		9480
港澳台商投资股份有限公司	8765	15973	566	7678	23908
外商投资股份有限公司	3772	9148	4677		7208

项　目	资产总计				
	流动资产合计				固定资产合　计
	应收账款	存货			
			产成品	在产品	
有限责任公司	3838492	2446515	672833	187031	7082563
国有独资公司	99202	444246	22758	78422	2333796
私营有限责任公司	139370	150662	66349	11780	197332
合资经营企业（港或澳、台资）	664127	474409	166318	49166	682616
中外合资经营企业	2262570	1027783	232019	23038	2703551
其他有限责任公司	673222	349415	185389	24625	1165268
在总计中：亏损企业	636509	487897	214297	74021	1275728
在总计中：国有控股企业	693417	925460	261656	101624	5804191
在总计中：轻工业	1890461	1155002	508116	140444	1394977
重工业	4978931	3082351	773279	288927	9902213
在总计中：大型企业	4993755	2822101	753456	233664	8111306
中型企业	1875637	1415252	527939	195707	3185884
按行业分					
制造业	**6770575**	**4204330**	**1266695**	**429371**	**9037463**
农副食品加工业	12472	8812	5173		6396
食品制造业	1854	4826	205		59315
酒、饮料和精制茶制造业	8747	13905	4764		31405
纺织业	11477	23088	12051	4701	24689
纺织服装、服饰业	45619	119310	40247	14610	112438
皮革、毛皮、羽毛及其制品和制鞋业	88952	108674	27025	20452	92849
木材加工和木、竹、藤、棕、草制品业	3641	3104	341	585	4442
家具制造业	59455	73416	45189	5612	145233
造纸和纸制品业	10816	10667	3725	815	34045
印刷和记录媒介复制业	31481	22576	5133	8011	71467
文教、工美、体育和娱乐用品制造业	48161	63043	21051	11079	82119
石油加工、炼焦和核燃料加工业	100415	473086	30688	92174	1394780
化学原料和化学制品制造业	197370	299270	114081	16046	2121614
医药制造业	11236	10641	4493	3980	19788
橡胶和塑料制品业	169729	138482	57752	14255	334122
非金属矿物制品业	15073	66594	14139	3448	296919
黑色金属冶炼和压延加工业	4969	17451	11285		12721
有色金属冶炼和压延加工业	2909	1762	577	1037	926
金属制品业	162226	110848	42314	14063	193043
通用设备制造业	91304	25545	5626	7155	62701
专用设备制造业	22584	15804	1518	5464	29777
汽车制造业	248526	201404	74528	9488	493460
铁路、船舶、航空航天和其他运输设备制造业	4930	15783	2050	7323	12477
电气机械和器材制造业	429286	252200	100623	35608	329856
计算机、通信和其他电子设备制造业	4969965	2108517	634660	153098	3043302
仪器仪表制造业	7452	4492	2027	368	15602
其他制造业	7530	6269	3306		7693
废弃资源综合利用业	2397	4761	2122		4284
电力、燃气及水的生产和供应业	**98817**	**33023**	**14700**		**2259727**
电力、热力生产和供应业	96904	29319	14559		2119790
燃气生产和供应业	1290	1634			20555
水的生产和供应业	623	2070	140		119381

项　目	资产总计			
	固定资产原价	累计折旧		在建工程
			本年折旧	
总　计	**18065059**	**7160502**	**1386044**	**963687**
按登记注册类型分组：				
内资企业	6798620	2385896	492201	621538
国有企业	503028	153749	23605	24612
中央企业	269044	50222	12143	2544
地方企业	233984	103527	11462	22068
集体企业	22872	19994	2361	138
有限责任公司	5329508	1954193	391602	503817
国有独资公司	3836758	1502873	252667	453285
其他有限责任公司	1492751	451320	138935	50532
股份有限公司	672670	183642	54117	64364
私营企业	265105	72286	20396	28606
私营独资企业	1575	769	683	
私营有限责任公司	251789	69257	18956	28106
私营股份有限公司	11741	2260	756	500
其他企业	5438	2032	120	
港、澳、台商投资企业	5228996	2177512	458851	243203
合资经营企业（港或澳、台资）	1145567	519931	97548	41618
合作经营企业（港或澳、台资）	86460	59290	4866	219
港澳台商独资经营企业	3960250	1583782	354619	164152
港澳台商投资股份有限公司	36720	14509	1818	37215
外商投资企业	6037442	2597095	434992	98946
中外合资经营企业	4552403	1887227	297408	55442
中外合作经营企业	1496	1160	131	
外资企业	1475319	704310	136697	43113
外商投资股份有限公司	8224	4399	756	392
按经济组织类型分组				
独资企业	5963044	2462604	517965	232014
国有企业	503028	153749	23605	24612
集体企业	22872	19994	2361	138
私营独资企业	1575	769	683	
港澳台商独资经营企业	3960250	1583782	354619	164152
外资企业	1475319	704310	136697	43113
合作、合伙企业	93394	62482	5117	219
合作经营企业（港或澳、台资）	86460	59290	4866	219
中外合作经营企业	1496	1160	131	
其他企业（内资）	5438	2032	120	
股份有限公司	729354	204810	57447	102471
股份有限公司（内资）	672670	183642	54117	64364
私营股份有限公司	11741	2260	756	500
港澳台商投资股份有限公司	36720	14509	1818	37215
外商投资股份有限公司	8224	4399	756	392

12-20 续表 7　　　　　　　　　　（2013 年）　　　　　　　　　　单位：万元

项　目	资产总计			
	固定资产原价	累计折旧		在建工程
			本年折旧	
有限责任公司	11279267	4430608	805514	628983
国有独资公司	3836758	1502873	252667	453285
私营有限责任公司	251789	69257	18956	28106
合资经营企业（港或澳、台资）	1145567	519931	97548	41618
中外合资经营企业	4552403	1887227	297408	55442
其他有限责任公司	1492751	451320	138935	50532
在总计中：亏损企业	1991720	789398	208503	100335
在总计中：国有控股企业	8773363	3102501	517832	546011
在总计中：轻工业	2455294	1156056	244163	118512
重工业	15609765	6004447	1141880	845175
在总计中：大型企业	12896695	4944435	960036	774649
中型企业	5168363	2216068	426007	189038
按行业分				
制造业	**14614442**	**5850909**	**1170162**	**757941**
农副食品加工业	25609	19214	2980	75
食品制造业	63886	4571	4550	1012
酒、饮料和精制茶制造业	57210	28426	4438	6088
纺织业	52876	29713	2595	9490
纺织服装、服饰业	190948	84596	14966	136
皮革、毛皮、羽毛及其制品和制鞋业	187889	96892	12602	144
木材加工和木、竹、藤、棕、草制品业	22978	18536	2291	
家具制造业	190120	57703	12282	3183
造纸和纸制品业	50257	16312	5950	2632
印刷和记录媒介复制业	137535	71721	12684	863
文教、工美、体育和娱乐用品制造业	138901	66855	17395	1076
石油加工、炼焦和核燃料加工业	1938785	544005	126220	325538
化学原料和化学制品制造业	3364546	1248955	174262	22256
医药制造业	33230	16592	6989	3462
橡胶和塑料制品业	592796	289506	46351	23169
非金属矿物制品业	466156	173804	50593	1065
黑色金属冶炼和压延加工业	94426	81706	10531	
有色金属冶炼和压延加工业	1445	537	159	18
金属制品业	334815	148414	24967	4224
通用设备制造业	120939	59066	13536	908
专用设备制造业	59112	30615	4542	766
汽车制造业	776569	322102	69995	43391
铁路、船舶、航空航天和其他运输设备制造业	18793	6316	3143	9116
电气机械和器材制造业	535862	239433	79663	8153
计算机、通信和其他电子设备制造业	5118781	2180755	461301	285450
仪器仪表制造业	20090	4488	1661	
其他制造业	12504	5615	2738	
废弃资源综合利用业	7384	4463	779	5726
电力、燃气及水的生产和供应业	**3450617**	**1309594**	**215882**	**205745**
电力、热力生产和供应业	3233402	1224466	206291	166171
燃气生产和供应业	30953	10398	1272	11780
水的生产和供应业	186262	74730	8318	27794

12-20 续表 8　　（2013 年）　　单位：万元

项　目	负债合计	流动负债合计	应付账款	非流动负债合计	所有者权益合计
总　计	**17967296**	**15484676**	**7130391**	**2296374**	**12758506**
按登记注册类型分组：					
内资企业	6222209	5008211	1695780	1160598	3059888
国有企业	178074	74187	20728	103672	386394
中央企业	21345	21345	19552		303949
地方企业	156729	52842	1175	103672	82446
集体企业	12683	12072	1544	611	633
有限责任公司	4726772	3707008	1394788	996720	2149955
国有独资公司	2537243	2008721	671711	528522	1202913
其他有限责任公司	2189529	1698287	723077	468198	947042
股份有限公司	748424	725907	115067	22278	308770
私营企业	552254	486794	161849	35559	208519
私营独资企业	2476	1715	964	204	2599
私营有限责任公司	535854	472421	159079	34088	203128
私营股份有限公司	13925	12658	1805	1267	2793
其他企业	4001	2243	1805	1758	5616
港、澳、台商投资企业	6368914	5862687	2850902	382157	4163695
合资经营企业（港或澳、台资）	1905358	1828216	631630	21932	852583
合作经营企业（港或澳、台资）	45079	45079	18031		48883
港澳台商独资经营企业	4355418	3926608	2164912	359949	3201621
港澳台商投资股份有限公司	63059	62783	36330	276	60608
外商投资企业	5376174	4613779	2583709	753619	5534923
中外合资经营企业	3316243	2679349	1431156	635000	4221443
中外合作经营企业	1603	1603			5058
外资企业	2037415	1920815	1143718	109718	1303531
外商投资股份有限公司	20913	12012	8835	8902	4891
按经济组织类型分组					
独资企业	6586065	5935398	3331865	574153	4894779
国有企业	178074	74187	20728	103672	386394
集体企业	12683	12072	1544	611	633
私营独资企业	2476	1715	964	204	2599
港澳台商独资经营企业	4355418	3926608	2164912	359949	3201621
外资企业	2037415	1920815	1143718	109718	1303531
合作、合伙企业	50683	48925	19836	1758	59557
合作经营企业（港或澳、台资）	45079	45079	18031		48883
中外合作经营企业	1603	1603			5058
其他企业（内资）	4001	2243	1805	1758	5616
股份有限公司	846322	813360	162036	32722	377062
股份有限公司（内资）	748424	725907	115067	22278	308770
私营股份有限公司	13925	12658	1805	1267	2793
港澳台商投资股份有限公司	63059	62783	36330	276	60608
外商投资股份有限公司	20913	12012	8835	8902	4891

项　目	负债合计	流动负债合　计	应付账款	非流动负债合　计	所有者权益合　计
有限责任公司	10484227	8686993	3616654	1687740	7427109
国有独资公司	2537243	2008721	671711	528522	1202913
私营有限责任公司	535854	472421	159079	34088	203128
合资经营企业（港或澳、台资）	1905358	1828216	631630	21932	852583
中外合资经营企业	3316243	2679349	1431156	635000	4221443
其他有限责任公司	2189529	1698287	723077	468198	947042
在总计中：亏损企业	2379116	2120433	977004	195449	818284
在总计中：国有控股企业	5857311	4212305	1273868	1644292	3506800
在总计中：轻工业	4452100	4083595	2123870	310478	2321285
重工业	13515197	11401081	5006521	1985896	10437221
在总计中：大型企业	12464100	10843073	5205045	1563440	8687151
中型企业	5503197	4641603	1925346	732934	4071354
按行业分					
制造业	**16305615**	**14800808**	**6929186**	**1318774**	**11420534**
农副食品加工业	36982	23557	16416		19765
食品制造业	61861	61861	11013		9260
酒、饮料和精制茶制造业	59613	59530	15545	83	49699
纺织业	79560	75300	16976	4260	33500
纺织服装、服饰业	214724	183762	64734	18888	169190
皮革、毛皮、羽毛及其制品和制鞋业	230254	207502	119545	12612	191231
木材加工和木、竹、藤、棕、草制品业	8764	8382	2613	382	4945
家具制造业	215835	166244	52419	43811	234311
造纸和纸制品业	57522	57522	50307		19990
印刷和记录媒介复制业	179450	147203	66551	26272	63971
文教、工美、体育和娱乐用品制造业	107683	97777	40712	9905	124853
石油加工、炼焦和核燃料加工业	2104002	2062412	560400	41589	527784
化学原料和化学制品制造业	1669520	1040264	232259	629256	1738916
医药制造业	49938	27975	8468	18858	25953
橡胶和塑料制品业	478928	439898	172909	28638	398121
非金属矿物制品业	316848	314823	52521	1786	200848
黑色金属冶炼和压延加工业	8877	8858			42137
有色金属冶炼和压延加工业	10605	10605	9340		9326
金属制品业	377136	352662	126268	24208	250750
通用设备制造业	142879	140265	83711	2201	135609
专用设备制造业	57633	43273	19138	9143	36291
汽车制造业	706768	690658	179377	16110	580699
铁路、船舶、航空航天和其他运输设备制造业	25969	25778	9655	191	33582
电气机械和器材制造业	869814	855747	468054	12985	533999
计算机、通信和其他电子设备制造业	8176607	7645991	4530689	412713	5947013
仪器仪表制造业	23428	22952	8279	476	13496
其他制造业	14147	14147	7440		11296
废弃资源综合利用业	20269	15861	3851	4408	13996
电力、燃气及水的生产和供应业	**1661682**	**683868**	**201205**	**977599**	**1337972**
电力、热力生产和供应业	1453528	596486	200602	856827	1292216
燃气生产和供应业	34395	31395		3000	11635
水的生产和供应业	173759	55987	603	117772	34122

项　目	所有者权益合计					
	国家资本	集体资本	法人资本	个人资本	港澳台资本	外商资本
总　计	**1744391**	**13461**	**1406502**	**234840**	**2557188**	**2051454**
按登记注册类型分组：						
内资企业	1062215	5131	701162	187274	73814	723
国有企业	60685		289067			
中央企业			289067			
地方企业	60685					
集体企业		1081				723
有限责任公司	897680	600	237538	100774	65265	
国有独资公司	808800					
其他有限责任公司	88880	600	237538	100774	65265	
股份有限公司	100000		122074	20954	5541	
私营企业	3850	3450	51483	65546	3009	
私营独资企业				10	983	
私营有限责任公司	3850	3450	50983	63536	2026	
私营股份有限公司			500	2000		
其他企业			1000			
港、澳、台商投资企业	6201	4140	284501	41441	2400277	342265
合资经营企业（港或澳、台资）	6201	2867	147366	11365	146267	235603
合作经营企业（港或澳、台资）			20737		31609	
港澳台商独资经营企业		1273	108894	30076	2208420	106662
港澳台商投资股份有限公司			7504		13981	
外商投资企业	675975	4190	420840	6125	83096	1708467
中外合资经营企业	675975	4190	136156	1625	21143	945816
中外合作经营企业					5058	
外资企业			284684	4500	56896	733048
外商投资股份有限公司						29602
按经济组织类型分组						
独资企业	60685	2354	682645	34586	2266299	840433
国有企业	60685		289067			
集体企业		1081				723
私营独资企业				10	983	
港澳台商独资经营企业		1273	108894	30076	2208420	106662
外资企业			284684	4500	56896	733048
合作、合伙企业			21737		36667	
合作经营企业（港或澳、台资）			20737		31609	
中外合作经营企业					5058	
其他企业（内资）			1000			
股份有限公司	100000		130078	22954	19522	29602
股份有限公司（内资）	100000		122074	20954	5541	
私营股份有限公司			500	2000		
港澳台商投资股份有限公司			7504		13981	
外商投资股份有限公司						29602

项　目	所有者权益合计					
	国家资本	集体资本	法人资本	个人资本	港澳台资本	外商资本
有限责任公司	1583706	11107	572042	177300	234701	1181419
国有独资公司	808800					
私营有限责任公司	3850	3450	50983	63536	2026	
合资经营企业（港或澳、台资）	6201	2867	147366	11365	146267	235603
中外合资经营企业	675975	4190	136156	1625	21143	945816
其他有限责任公司	88880	600	237538	100774	65265	
在总计中：亏损企业	134116	4000	263190	31791	514519	262923
在总计中：国有控股企业	1736640		378503	54800	16921	665000
在总计中：轻工业	32116	4790	177103	88524	848094	477018
重工业	1712275	8671	1229399	146316	1709094	1574436
在总计中：大型企业	1577350	123	379022	37079	1442447	1556031
中型企业	167041	13338	1027480	197761	1114740	495423
按行业分						
制造业	**1313810**	**13461**	**1109435**	**180040**	**2557188**	**2051454**
农副食品加工业			2800	4950		2833
食品制造业			8000			
酒、饮料和精制茶制造业	351				34738	
纺织业			10207	3000	19209	706
纺织服装、服饰业			8999	1656	65115	79581
皮革、毛皮、羽毛及其制品和制鞋业		50	11662	7315	63794	83402
木材加工和木、竹、藤、棕、草制品业		581			4691	
家具制造业			27961	8831	129989	6190
造纸和纸制品业			1000		27520	
印刷和记录媒介复制业			11136	1000	12536	32259
文教、工美、体育和娱乐用品制造业		1340	500	3000	96458	31591
石油加工、炼焦和核燃料加工业	627784					
化学原料和化学制品制造业	665000	3400	11513	6463	66678	666067
医药制造业			2500	5360		
橡胶和塑料制品业		500	155007	5900	154069	42029
非金属矿物制品业			83193	3200	72182	
黑色金属冶炼和压延加工业				1910		
有色金属冶炼和压延加工业					1760	
金属制品业			121703	16894	102684	18322
通用设备制造业			83430	3043	4839	16693
专用设备制造业			1000	4300	6477	20690
汽车制造业	3550		23854		7734	189486
铁路、船舶、航空航天和其他运输设备制造业			6366		9254	11008
电气机械和器材制造业	3850	2800	73819	23249	181368	90325
计算机、通信和其他电子设备制造业	13275	4790	453690	78896	1492310	744814
仪器仪表制造业			95	1071	1385	5392
其他制造业					373	10069
废弃资源综合利用业			11000		2026	
电力、燃气及水的生产和供应业	**430581**		**297067**	**54800**		
电力、热力生产和供应业	402666		289067	54800		
燃气生产和供应业			8000			
水的生产和供应业	27915					

项　目	营业收入	主营业务收　入	营业成本	主营业务成　本	营业税金及附加	主营业务税金及附加
总　计	**53926948**	**52351737**	**47831955**	**46376147**	**830579**	**826055**
按登记注册类型分组：						
内资企业	16335012	16085947	14335673	14104391	726715	726513
国有企业	285107	282017	196556	195405	2114	2106
中央企业	169047	168038	118738	118719	1510	1510
地方企业	116060	113979	77817	76687	604	597
集体企业	56415	56415	49094	49094	109	109
有限责任公司	13492634	13257741	11816409	11592256	709637	709454
国有独资公司	9287143	9139255	8273378	8138833	699339	699192
其他有限责任公司	4205491	4118486	3543031	3453423	10298	10262
股份有限公司	892657	882926	802305	797351	10345	10334
私营企业	1581569	1580219	1448020	1446997	4230	4230
私营独资企业	25366	25366	19494	19494	76	76
私营有限责任公司	1543744	1542394	1417848	1416825	4108	4108
私营股份有限公司	12460	12460	10678	10678	46	46
其他企业	26630	26630	23289	23289	280	280
港、澳、台商投资企业	13440987	12329266	12078095	11033506	42508	38660
合资经营企业（港或澳、台资）	3142070	3007633	2700049	2584664	17239	13533
合作经营企业（港或澳、台资）	146040	145650	131306	131306	365	337
港澳台商独资经营企业	10046762	9071394	9158853	8231134	24574	24458
港澳台商投资股份有限公司	106115	104590	87887	86402	331	331
外商投资企业	24150950	23936524	21418188	21238250	61356	60882
中外合资经营企业	18880380	18748365	16605428	16503340	47524	47524
中外合作经营企业	15261	15261	14486	14486		
外资企业	5226039	5143628	4771492	4693642	13827	13353
外商投资股份有限公司	29270	29270	26782	26782	5	5
按经济组织类型分组						
独资企业	15639689	14578819	14195488	13188769	40700	40103
国有企业	285107	282017	196556	195405	2114	2106
集体企业	56415	56415	49094	49094	109	109
私营独资企业	25366	25366	19494	19494	76	76
港澳台商独资经营企业	10046762	9071394	9158853	8231134	24574	24458
外资企业	5226039	5143628	4771492	4693642	13827	13353
合作、合伙企业	187931	187541	169081	169081	645	617
合作经营企业（港或澳、台资）	146040	145650	131306	131306	365	337
中外合作经营企业	15261	15261	14486	14486		
其他企业（内资）	26630	26630	23289	23289	280	280
股份有限公司	1040501	1029245	927652	921214	10727	10716
股份有限公司（内资）	892657	882926	802305	797351	10345	10334
私营股份有限公司	12460	12460	10678	10678	46	46
港澳台商投资股份有限公司	106115	104590	87887	86402	331	331
外商投资股份有限公司	29270	29270	26782	26782	5	5

项　目	营业收入	主营业务收入	营业成本	主营业务成本	营业税金及附加	主营业务税金及附加
有限责任公司	37058828	36556133	32539734	32097084	778508	774619
国有独资公司	9287143	9139255	8273378	8138833	699339	699192
私营有限责任公司	1543744	1542394	1417848	1416825	4108	4108
合资经营企业（港或澳、台资）	3142070	3007633	2700049	2584664	17239	13533
中外合资经营企业	18880380	18748365	16605428	16503340	47524	47524
其他有限责任公司	4205491	4118486	3543031	3453423	10298	10262
在总计中：亏损企业	3419650	3347507	3195813	3134156	19068	18944
在总计中：国有控股企业	14503506	14325093	12820151	12662517	722083	721896
在总计中：轻工业	11315199	10210374	10172117	9100902	36839	36202
重工业	42611750	42141363	37659839	37275245	793740	789853
在总计中：大型企业	41907962	40484018	37526460	36199362	780687	776444
中型企业	12018987	11867719	10305495	10176785	49893	49611
按行业分						
制造业	**51259806**	**49702939**	**45516405**	**44068394**	**816520**	**812169**
农副食品加工业	161012	161012	146068	131259	58	58
食品制造业	105618	105239	90162	89891	106	106
酒、饮料和精制茶制造业	256827	253708	135574	134260	4397	4397
纺织业	126861	126713	105391	105285	256	256
纺织服装、服饰业	566531	566347	503600	503528	3136	2876
皮革、毛皮、羽毛及其制品和制鞋业	772723	772219	689652	688979	3314	3012
木材加工和木、竹、藤、棕、草制品业	54440	54435	48369	48369	122	122
家具制造业	981519	979521	916367	916076	1657	1657
造纸和纸制品业	75413	75413	71538	71538	130	130
印刷和记录媒介复制业	300896	297393	272458	272446	973	973
文教、工美、体育和娱乐用品制造业	310894	310392	278347	277747	1338	1338
石油加工、炼焦和核燃料加工业	7836865	7692853	6914707	6783083	698761	698761
化学原料和化学制品制造业	3269627	3251710	2974296	2953713	7865	7865
医药制造业	73398	71573	57858	56429	368	350
橡胶和塑料制品业	1021287	1010336	871219	860667	4273	4273
非金属矿物制品业	459264	458039	366884	364716	2599	2599
黑色金属冶炼和压延加工业	131819	131819	117979	117979	40	40
有色金属冶炼和压延加工业	21543	21528	18539	18537	125	125
金属制品业	811830	801338	711639	708700	3172	3171
通用设备制造业	291969	291906	266315	266315	1608	1608
专用设备制造业	78927	78835	73520	72599	291	291
汽车制造业	1261044	1228286	1057177	1036050	5262	5262
铁路、船舶、航空航天和其他运输设备制造业	52377	52377	40369	40369	354	312
电气机械和器材制造业	2619926	2609477	2290183	2284699	6319	6317
计算机、通信和其他电子设备制造业	29486324	28169717	26386657	25153624	69478	65743
仪器仪表制造业	45503	45439	36910	36910	227	227
其他制造业	31630	31614	28665	28665	77	77
废弃资源综合利用业	53738	53699	45965	45960	217	217
电力、燃气及水的生产和供应业	**2667143**	**2648798**	**2315550**	**2307753**	**14059**	**13886**
电力、热力生产和供应业	2592110	2582942	2266263	2263321	13248	13094
燃气生产和供应业	33673	27091	24129	20663	493	493
水的生产和供应业	41360	38766	25158	23770	319	300

项　目	其他业务收　入	其他业务利　润	销售费用	管理费用	税金
总　计	**1575212**	**161183**	**1211737**	**1793340**	**64203**
按登记注册类型分组：					
内资企业	249065	26456	184399	419057	18305
国有企业	3090	948	6114	36303	924
中央企业	1009			8098	
地方企业	2081	948	6114	28206	924
集体企业			209	3381	3
有限责任公司	234894	21437	96558	258997	10503
国有独资公司	147889	13343	4412	17707	2812
其他有限责任公司	87005	8094	92146	241290	7691
股份有限公司	9731	3795	56095	57283	4888
私营企业	1350	275	24659	62270	1987
私营独资企业			1720	1723	74
私营有限责任公司	1350	275	22768	59078	1858
私营股份有限公司			172	1469	55
其他企业			763	823	
港、澳、台商投资企业	1111721	44094	310004	609552	22833
合资经营企业（港或澳、台资）	134437	18008	138183	154626	4884
合作经营企业（港或澳、台资）	391	386	2528	7785	215
港澳台商独资经营企业	975369	25818	168318	439258	17523
港澳台商投资股份有限公司	1525	-119	975	7883	211
外商投资企业	214426	90634	717334	764731	23065
中外合资经营企业	132015	91458	584127	504863	13132
中外合作经营企业			77	637	
外资企业	82411	-824	132892	256941	9851
外商投资股份有限公司			238	2291	82
按经济组织类型分组					
独资企业	1060870	25943	309254	737606	28374
国有企业	3090	948	6114	36303	924
集体企业			209	3381	3
私营独资企业			1720	1723	74
港澳台商独资经营企业	975369	25818	168318	439258	17523
外资企业	82411	-824	132892	256941	9851
合作、合伙企业	391	386	3367	9245	215
合作经营企业（港或澳、台资）	391	386	2528	7785	215
中外合作经营企业			77	637	
其他企业（内资）			763	823	
股份有限公司	11256	3677	57481	68926	5237
股份有限公司（内资）	9731	3795	56095	57283	4888
私营股份有限公司			172	1469	55
港澳台商投资股份有限公司	1525	-119	975	7883	211
外商投资股份有限公司			238	2291	82

12-20 续表 15　　（2013 年）　　单位：万元

项　目	其他业务收　入	其他业务利　润	销售费用	管理费用	
					税金
有限责任公司	502695	131178	841636	977563	30376
国有独资公司	147889	13343	4412	17707	2812
私营有限责任公司	1350	275	22768	59078	1858
合资经营企业(港或澳、台资)	134437	18008	138183	154626	4884
中外合资经营企业	132015	91458	584127	504863	13132
其他有限责任公司	87005	8094	92146	241290	7691
在总计中：亏损企业	72142	8424	141321	212751	8264
在总计中：国有控股企业	178413	15405	90986	171659	11439
在总计中：轻工业	1104825	102399	330299	511056	18124
重工业	470387	58785	881439	1282285	46079
在总计中：大型企业	1423944	68050	841909	1110965	34111
中型企业	151268	93133	369828	682375	30091
按行业分					
制造业	**1556867**	**155896**	**1198558**	**1744861**	**62248**
农副食品加工业			4254	3651	68
食品制造业	379	107	8607	3103	382
酒、饮料和精制茶制造业	3119	1805	89746	7861	382
纺织业	148	8	6010	4929	60
纺织服装、服饰业	184	22	9902	31009	1404
皮革、毛皮、羽毛及其制品和制鞋业	505	298	7041	37337	1668
木材加工和木、竹、藤、棕、草制品业	5	4	499	819	46
家具制造业	1998	1707	19584	27065	2016
造纸和纸制品业			2582	6527	708
印刷和记录媒介复制业	3503	1080	7274	15020	1390
文教、工美、体育和娱乐用品制造业	502	6	3114	22700	1282
石油加工、炼焦和核燃料加工业	144012	12381	12145	26925	3647
化学原料和化学制品制造业	17918	2708	54001	42471	4832
医药制造业	1825	387	2904	3009	511
橡胶和塑料制品业	10951	607	30042	72818	3448
非金属矿物制品业	1225		61202	88394	5189
黑色金属冶炼和压延加工业			3295	3163	314
有色金属冶炼和压延加工业	15	14	21	594	19
金属制品业	10493	3975	18305	59017	3306
通用设备制造业	64	64	1559	8996	142
专用设备制造业	92	-11	1146	7116	165
汽车制造业	32758	9367	20430	90665	2898
铁路、船舶、航空航天和其他运输设备制造业			1095	4705	179
电气机械和器材制造业	10448	1113	49678	112964	3563
计算机、通信和其他电子设备制造业	1316607	125584	779545	1052081	24146
仪器仪表制造业	63	49	556	4262	254
其他制造业	16		846	1665	82
废弃资源综合利用业	39	38	3174	3394	146
电力、燃气及水的生产和供应业	**18345**	**5287**	**13179**	**48480**	**1955**
电力、热力生产和供应业	9168	984	34	37996	1555
燃气生产和供应业	6583	3116	6195	2089	59
水的生产和供应业	2594	1187	6951	8395	341

12-20 续表 16　　（2013 年）　　单位：万元

项　目	财务费用			营业利润	资产减值损　失
		利息收入	利息支出		
总　计	**147443**	**55830**	**216878**	**2310688**	**44247**
按登记注册类型分组：					
内资企业	96966	10604	103857	729536	14102
国有企业	2856	131	2792	41077	71
中央企业				40703	
地方企业	2856	131	2792	375	71
集体企业	91	1		3222	
有限责任公司	77402	8384	86086	615984	13847
国有独资公司	38539	2859	40179	254674	779
其他有限责任公司	38863	5525	45907	361310	13068
股份有限公司	7957	1531	8159	34200	301
私营企业	8550	557	6718	33688	−117
私营独资企业	6	3		2352	
私营有限责任公司	8283	551	6495	31494	−117
私营股份有限公司	261	3	223	−158	
其他企业	110		101	1365	
港、澳、台商投资企业	40436	15164	51579	377767	9774
合资经营企业（港或澳、台资）	14591	4415	15965	109586	1529
合作经营企业（港或澳、台资）	69	26	811	4322	
港澳台商独资经营企业	25800	10707	34503	249687	8178
港澳台商投资股份有限公司	−24	16	301	14172	67
外商投资企业	10041	30061	61443	1203386	20371
中外合资经营企业	10712	16430	49605	1154025	11335
中外合作经营企业				62	
外资企业	−574	13610	11785	50576	9036
外商投资股份有限公司	−97	21	53	−1277	
按经济组织类型分组					
独资企业	28178	24451	49080	346914	17286
国有企业	2856	131	2792	41077	71
集体企业	91	1		3222	
私营独资企业	6	3		2352	
港澳台商独资经营企业	25800	10707	34503	249687	8178
外资企业	−574	13610	11785	50576	9036
合作、合伙企业	179	26	912	5749	
合作经营企业（港或澳、台资）	69	26	811	4322	
中外合作经营企业				62	
其他企业（内资）	110		101	1365	
股份有限公司	8097	1572	8736	46937	368
股份有限公司（内资）	7957	1531	8159	34200	301
私营股份有限公司	261	3	223	−158	
港澳台商投资股份有限公司	−24	16	301	14172	67
外商投资股份有限公司	−97	21	53	−1277	

项　目	财务费用			营业利润	资产减值损　失
		利息收入	利息支出		
有限责任公司	110989	29781	158152	1911088	26593
国有独资公司	38539	2859	40179	254674	779
私营有限责任公司	8283	551	6495	31494	-117
合资经营企业（港或澳、台资）	14591	4415	15965	109586	1529
中外合资经营企业	10712	16430	49605	1154025	11335
其他有限责任公司	38863	5525	45907	361310	13068
在总计中：亏损企业	23597	5033	21601	-138976	3045
在总计中：国有控股企业	103722	5043	127685	621202	13735
在总计中：轻工业	22789	13661	30528	249912	10527
重工业	124654	42169	186351	2060776	33720
在总计中：大型企业	56570	43874	133343	1641131	31154
中型企业	90873	11956	83535	669557	13093
按行业分					
制造业	**86221**	**53518**	**154448**	**2096470**	**43377**
农副食品加工业	858	102	667	16150	
食品制造业	2	1	3	3638	
酒、饮料和精制茶制造业	424	285	186	20500	
纺织业	1640	25	1256	8689	
纺织服装、服饰业	4853	312	2825	13969	
皮革、毛皮、羽毛及其制品和制鞋业	5172	847	3228	35540	9
木材加工和木、竹、藤、棕、草制品业	110	1		4161	
家具制造业	1918	-20	1670	16250	4
造纸和纸制品业	-536	788	118	-4809	
印刷和记录媒介复制业	3544	489	2754	1632	50
文教、工美、体育和娱乐用品制造业	1469	156	572	4693	
石油加工、炼焦和核燃料加工业	13069	1494	14038	203274	
化学原料和化学制品制造业	23049	655	45397	166467	11748
医药制造业	1232	10	1218	5183	263
橡胶和塑料制品业	6077	1280	6008	43346	-198
非金属矿物制品业	10209	43	9442	42723	10576
黑色金属冶炼和压延加工业	564		363	6779	15
有色金属冶炼和压延加工业	185	16		1922	
金属制品业	10603	989	6516	13574	-130
通用设备制造业	-100	542	800	20377	
专用设备制造业	1101	14	736	-4412	153
汽车制造业	1120	2501	4003	90272	139
铁路、船舶、航空航天和其他运输设备制造业	352	26	305	5681	26
电气机械和器材制造业	3975	2336	2838	156095	2209
计算机、通信和其他电子设备制造业	-5172	40582	49139	1220537	18513
仪器仪表制造业	359	15	251	3008	
其他制造业	152	3	113	208	
废弃资源综合利用业	-8	27	4	1026	
电力、燃气及水的生产和供应业	**61222**	**2312**	**62430**	**214218**	**870**
电力、热力生产和供应业	57147	2247	58627	217090	850
燃气生产和供应业	65	41	56	683	20
水的生产和供应业	4010	24	3747	-3555	

12-20 续表 18　　（2013 年）　　单位：万元

项　目	公允价值变动收益	投资收益	营业外收入	补贴收入	营业外支出
总　计	**2769**	**37162**	**87481**	**21518**	**58910**
按登记注册类型分组：					
内资企业	-1532	7383	21833	4210	16605
国有企业			1049		221
中央企业			23		
地方企业			1026		221
集体企业			923	914	12
有限责任公司	-1532	3770	11936	2877	13302
国有独资公司		1684	3749	515	4623
其他有限责任公司	-1532	2086	8187	2362	8680
股份有限公司		3017	6925	60	896
私营企业		595	1002	359	2174
私营独资企业					
私营有限责任公司		586	1002	359	2157
私营股份有限公司		9			17
其他企业					
港、澳、台商投资企业	139	16700	39063	12820	23420
合资经营企业（港或澳、台资）	-93	4442	9847	3154	2344
合作经营企业（港或澳、台资）	155		184	3	498
港澳台商独资经营企业	78	7078	27685	9360	20562
港澳台商投资股份有限公司		5179	1348	303	15
外商投资企业	4162	13079	26584	4488	18885
中外合资经营企业	8813	4077	13658	216	7922
中外合作经营企业					
外资企业	-4651	9003	12241	4223	10757
外商投资股份有限公司			685	50	207
按经济组织类型分组					
独资企业	-4574	16081	41897	14497	31552
国有企业			1049		221
集体企业			923	914	12
私营独资企业					
港澳台商独资经营企业	78	7078	27685	9360	20562
外资企业	-4651	9003	12241	4223	10757
合作、合伙企业	155		184	3	498
合作经营企业（港或澳、台资）	155		184	3	498
中外合作经营企业					
其他企业（内资）					
股份有限公司		8205	8958	413	1135
股份有限公司（内资）		3017	6925	60	896
私营股份有限公司		9			17
港澳台商投资股份有限公司		5179	1348	303	15
外商投资股份有限公司			685	50	207

项　目	公允价值变动收益	投资收益	营业外收入	补贴收入	营业外支出
有限责任公司	7188	12875	36442	6605	25725
国有独资公司		1684	3749	515	4623
私营有限责任公司		586	1002	359	2157
合资经营企业（港或澳、台资）	-93	4442	9847	3154	2344
中外合资经营企业	8813	4077	13658	216	7922
其他有限责任公司	-1532	2086	8187	2362	8680
在总计中：亏损企业	-65	-350	15008	2074	7849
在总计中：国有控股企业	6874	2244	10531	777	5759
在总计中：轻工业	-1516	13222	36132	10993	20786
重工业	4285	23939	51348	10524	38124
在总计中：大型企业	2960	23172	46755	16952	39045
中型企业	-191	13990	40725	4565	19865
按行业分					
制造业	**2769**	**36711**	**82527**	**21003**	**54219**
农副食品加工业			67	48	22
食品制造业			6		
酒、饮料和精制茶制造业			79		318
纺织业		21	143		180
纺织服装、服饰业			230	45	278
皮革、毛皮、羽毛及其制品和制鞋业		3236	994	473	874
木材加工和木、竹、藤、棕、草制品业			31		4
家具制造业		1618	686	277	104
造纸和纸制品业					385
印刷和记录媒介复制业		16	360	10	390
文教、工美、体育和娱乐用品制造业		34	600	23	353
石油加工、炼焦和核燃料加工业		1234	1701		210
化学原料和化学制品制造业	6877	1073	1580	110	1215
医药制造业		17	225	60	260
橡胶和塑料制品业	-616	120	2044	674	4354
非金属矿物制品业		-138	1455	26	7142
黑色金属冶炼和压延加工业			18		286
有色金属冶炼和压延加工业			1		5
金属制品业	155	970	3120	267	178
通用设备制造业		679	2230	6	543
专用设备制造业			929		948
汽车制造业		3524	3445	1993	1990
铁路、船舶、航空航天和其他运输设备制造业		68	336	307	72
电气机械和器材制造业	-25	2700	7196	69	3504
计算机、通信和其他电子设备制造业	-3622	21540	53961	15804	30382
仪器仪表制造业			816	810	36
其他制造业			45		7
废弃资源综合利用业			228		182
电力、燃气及水的生产和供应业		**450**	**4954**	**515**	**4691**
电力、热力生产和供应业		450	3942	515	4428
燃气生产和供应业			3		5
水的生产和供应业			1010		257

12-21 规模以上工业主要产品销售、库存实物量

产品名称		年初库存量	本年生产量	本年销售量	企业自用及其他	年末库存量
铁矿石原矿	吨	21412	268931	230820		59523
铁矿石成品矿	吨		13419	13419		
铅金属含量	吨	106	1843	1930		20
锌金属含量	吨	543	3734	4023		255
石灰石	吨		12094778	12094778		
水泥用石灰石	吨		12094778	12094778		
高岭土（瓷土）	吨	230400	8425290	7850357		805333
大米	吨	1424	42461	42652		1233
饲料	吨	8096	870505	867710		10892
配合饲料	吨	4540	557547	554986		7102
混合饲料	吨	1357	83905	83912		1350
食用植物油	吨	12072	62657	51971		22758
精制食用植物油	吨	3520	40470	35000		8990
成品糖	吨	2360	8375	8545		2190
鲜、冷藏肉	吨	2505	44211	44777		1939
熟肉制品	吨	1	42568	42563		6
面包	吨		200	200		
饼干	吨	760	55000	55200	50	510
方便面	吨	1000	24221	24989		232
乳制品	吨	20	32912	32908	9	15
液体乳	吨	20	32912	32908	9	15
灭菌乳	吨	20	6630	6626	9	15
酸牛乳	吨		26282	26282		
罐头	吨	607	8144	7441		1310
饮料酒	千升	137	1382	1382	3	134
果酒及配制酒	千升	91	553	553	2	89
软饮料	吨	8373	1433981	1433723		8632
包装饮用水	吨	1213	920538	920816		935
果汁和蔬菜汁类饮料	吨	7160	10484	10310		7334
蛋白饮料	吨		239095	238733		362
含乳饮料	吨		239095	238733		362
纱	吨	447	1345	1358	434	
棉混纺纱	吨	447	1345	1358	434	
布	万米	136	1210	1196		150
其中：棉布	万米	136	1210	1196		150
印染布	万米		6828	6828		
染色布	万米		6828	6828		
化纤长丝机织物	万米	90	5939	5881		147
服装	万件	338	12675	12587	53	373
梭织服装	万件	266	4776	4798	53	191
西服套装	万件	12	56	67		1
衬衫	万件	15	198	204		9
运动服类服装	万件	2	21	22		1

12-21 续表 1　　　　　　　　　　　　　　（2013 年）

产品名称		年　初 库存量	本　年 生产量	本　年 销售量	企业自用 及其他	年　末 库存量
针织服装	万件	72	7985	7873		183
手提包（袋）、背包	万个	55	903	910	1	47
毛皮服装	万件		3	3		
天然毛皮服装	万件		3	3		
鞋	万双	144	9454	9455		143
皮革鞋靴	万双	70	11879	11871		78
塑料鞋	万双	74	843	848		69
人造板	立方米	14558	215836	217241		13153
刨花板	立方米	14558	215836	217241		13153
家具	件	306309	11037972	11001515	16527	326239
木质家具	件	47855	1529380	1540881	16527	19827
金属家具	件	208888	2854745	2837642		225991
软体家具	件	7379	637342	633126		11595
机制纸及纸板(外购原纸加工除外)	吨	1048	167539	160333		8254
包装用纸及纸板	吨		35528	29042		6486
包装纸	吨		35528	29042		6486
纸制品	吨	5643	201127	201577		5193
瓦楞纸箱	吨	1342	83010	83308		1044
单色印刷品	令	9355	3334	3332		9357
多色印刷品	对开色令	1010	359628	359445		1193
盐酸（氯化氢，含量 31%）	吨	796	25352	26040		107
稀土化合物	千克	11183	101615	112798		
钾肥（折氯化钾 100%）	吨	349	36573	36741		182
涂料	吨	9395	152500	140480	6328	15087
颜料	吨		4	4		
初级形态塑料	吨	3054	36372	32085		7341
合成橡胶	吨	9675	206313	203130		12858
化学试剂	吨	450	31916	29084	400	2882
合成洗涤剂	吨	34	2021	2031		24
液体洗涤剂	吨	34	2021	2031		24
中成药	吨	826	2999	2764		1061
化学纤维	吨	1080	19518	19562		1036
合成纤维	吨	1080	19518	19562		1036
涤纶纤维	吨	853	15605	15549		909
丙纶纤维	吨	227	3913	4013		127
橡胶轮胎外胎	条	28152	1163132	1151065		40219
其中：子午线轮胎外胎	条	28152	1163132	1151065		40219
塑料制品	吨	19760	301633	301282	2	20109
塑料薄膜	吨		262	262		
泡沫塑料	吨	1167	33255	33199	2	1222
塑料人造革、合成革	吨	5	4979	4979		5
日用塑料制品	吨	1560	43026	43214		1372
硅酸盐水泥熟料	吨	79342	7330125		7289589	119878

12-21 续表 2　　　　　　　　　　　（2013 年）

产品名称		年初 库存量	本年 生产量	本年 销售量	企业自用 及其他	年末 库存量
窑外分解窑水泥熟料	**吨**	76142	7185695		7144109	117728
水泥	吨	160591	18200605	18094282		266913
商品混凝土	立方米	31448	2320530	2312447	38562	969
预应力混凝土桩	米	79557	2286905	2183616	479	182367
钢化玻璃	平方米	151131	2263032	2212548	60000	141615
石墨及炭素制品	吨	394	1941	1932		403
生铁	吨		5400	5400		
铸铁件	吨	773	5012	5012		773
铸钢件	吨	304	9005	9051		259
钢材	吨	30785	732088	665473	1	97400
钢筋	吨	30785	732088	665473	1	97400
十种有色金属	吨	9	341	341		10
锡	吨	9	341	341		10
铝合金	吨	12	410	395		27
锌合金	吨	126	3250	3313		63
铜材	吨	90	6061	5586		565
铝材	吨	554	3135	3143		546
钢结构	吨	27684	105109	113813	320	18660
金属切削工具	万件		6	6		
金属集装箱	立方米	235105	8205764	8401265		39604
不锈钢日用制品	吨	3967	24287	19703	50	8501
锻件	吨	23	2521	2524		20
金属切削机床	台		108	108		
数控金属切削机床	台		108	108		
电梯、自动扶梯及升降机	台	180	4558	4524		214
电梯	台	180	4558	4524		214
泵	台	59075	6002683	5972559		89199
真空泵	台	42	1610	1609		43
气体压缩机	台	152164	5666180	5292673		525671
制冷设备用压缩机	台	152164	5666180	5292673		525671
包装专用设备	台		236	236		
复印和胶版印制设备	台	101053	205100	285300		20853
金属紧固件	万件	68	747	745		70
弹簧	吨	20	1037	1017		39
模具	套	1176	27911	27726		1361
金属、硬质合金用模具	套		86	86		
两轮脚踏自行车	辆		70230	70230		
变压器	千伏安	86802	656347	709033		34116
变压器	千伏安	3330	340400	343445		285
电力电容器	千乏	60517	134928	159550		35895
通信及电子网络用电缆	对千米	2104423	21327213	21178255	150000	2103381
电力电缆	千米	141983	628654	562048		208589
蓄电池	千伏安时	3001308	182206704	180748682	21485	4437846

12-21 续表 3 （2013 年）

产品名称		年　初 库存量	本　年 生产量	本　年 销售量	企业自用 及 其 他	年　末 库存量
蓄电池	千伏安时	4087605	271222315	259316828	5134621	10858471
锂原电池（组）	只（自然只）	117	20954	20326	372	373
锂离子电池	只（自然只）	3934771	268442001	256613446	5112611	10650715
锂离子电池	只（自然只）	2948561	181497849	180014104	20464	4411842
铅酸蓄电池	千伏安时	2818	68753	62244	1021	8307
铅酸蓄电池	千伏安时	81261	1283790	1167245	22010	175796
原电池及原电池组（非扣式）	万只	67793	615636	601163	372	81894
家用电风扇	台	547796	6577711	6475654	66	649787
家用电热烘烤器具	个		5873000	5873000		
电光源	万只	157	1612	1633		136
灯具及照明装置	套（台、个）	1328398	50757606	49411790	100	2674114
室内照明灯具	套（台、个）	61000	27042447	27016447		87000
电子计算机整机	台		849443	849443		
微型计算机设备	台		849443	849443		
台式微型计算机	台		849443	849443		
显示器	台	192000	183000	226600		148400
硬盘存储器	台		49214397	48073543	22093	1118761
卫星导航定位接收机	部	760000	2110000	2870000		
微波通信设备	部	76349	1031932	1085448		22833
地面通信导航定向设备	部	42745	467223	411668		98300
电话单机	部	274395	23015535	23057384	2568	229978
移动通信基站设备	信道	2242	117451	117145		2548
移动通信手持机（手机）	台	1473110	269792690	270012637	12000	1241163
彩色电视机	台	154975	14488250	13773189		870036
显像管彩色（CRT）电视机	台	8834	552473	561307		
液晶（LCD）电视机	台	141389	13769385	13045490		865284
组合音响	台	646372	17384452	16931516		1099308
半导体存储器播放器（含 MP3、MP4）	个		652238	652238		
数字激光音、视盘机	台	3498066	154846383	154993795		3350654
电视接收机顶盒	台	99467	13725040	13613091		211416
集成电路	万块	817	23858	23511		1164
光电子器件	万只（片、套）	412887	1817207	2024001	28369	177724
发光二极管（LED 管）	万只	23103	112967	92597	28369	15104
液晶显示屏	万片	10	115	106		19
液晶显示模组	万套	95	6832	6713		213
电子元件	万只	38864	1373703	1334585	208	77774
印制电路板	平方米	689596	14681833	14510368	95341	765720
电工仪器仪表	台	23019	1029752	1029628		23143
表	只		5787550	5787550		
光学仪器	台（个）	63800	2556000	2362000		257800
眼镜成镜	副		294878	294878		
自来水生产量	万立方米		18982	16667	2315	
自来水供应量	万立方米		15196	12906	187	
发电量	万千瓦小时		1945452	1945452		

12-22　先进制造业主要经济指标

（2013 年）　　　　单位：万元

主要行业	收入法增加值	主营业务收入	利润总额
合计	**9436736**	**45168547**	**2038536**
一、装备制造业	**6191015**	**30220232**	**1516005**
其中：汽车制造	385760	1340240	93267
其中：船舶制造及修理			
#金属船舶制造			
飞机制造及修理业			
环境保护专用设备制造	1030	3347	-11
二、钢铁冶炼及加工	**148529**	**700165**	**54803**
其中：炼铁			
炼钢			
钢压延加工	148529	700165	54803
铁合金冶炼			
三、石油及化学	**3097192**	**14248151**	**467728**
石油和天然气开采业			
石油加工、炼焦及核燃料加工业	2134675	9085358	255109
化学原料和化学制品制造业	880433	4813271	204325
橡胶制品业	82084	349521	8294

12-23 高技术制造业主要经济指标

（2013 年） 单位：万元

主要行业	收入法增加值	主营业务收入	利润总额
高技术产业合计	**5947114**	**30972899**	**1366828**
一、医药制造业	**42074**	**107177**	**4101**
（一）化学药品制造	3771	12250	-1
（二）中药饮片加工	626	2295	207
（三）中成药生产	33054	85437	5401
（四）兽用药品制造			
（五）生物药品制造	4622	7196	-1506
（六）卫生材料及医药用品制造			
二、航空、航天器及设备制造业			
（一）飞机制造			
（二）航天器制造			
（三）航空、航天相关设备制造			
（四）其他航空航天器制造			
（五）航空航天器修理			
三、电子及通信设备制造业	**5710763**	**29663983**	**1327088**
（一）电子工业专用设备制造	927	3242	13
（二）光纤、光缆制造			
（三）锂离子电池制造	135497	721805	46560
（四）通信设备制造	2936761	16719351	849404
通信系统设备制造	9726	61625	-662
通信终端设备制造	2927035	16657725	850066
（五）广播电视设备制造	26199	153344	5872
（六）雷达及配套设备制造	763	3691	7
（七）视听设备制造	631839	4188190	57844
（八）电子器件制造	678217	2273778	120459
电子真空器件制造			
半导体分立器件制造	25518	67868	5147
集成电路制造	124636	351826	30822
光电子器件及其他电子器件制造	528063	1854085	84491
（九）电子元件制造	1115950	4867578	220708
（十）其他电子设备制造	184610	733004	26222
四、计算机及办公设备制造业	**184540**	**1158970**	**35746**
（一）计算机整机制造	69551	484583	16028
（二）计算机零部件制造	26412	181923	3435
（三）计算机外围设备制造	57032	365405	4497
（四）其他计算机制造			
（五）办公设备制造	31546	127060	11786
五、医疗仪器设备及仪器仪表制造业	**9737**	**42769**	**-106**
（一）医疗仪器设备及器械制造	5154	22654	81
（二）仪器仪表制造	4583	20115	-188
六、信息化学品制造业			
（一）信息化学品制造			

12-24 分县区规模以上电子工业主要经济指标

（2013年） 单位：万元

项　目	惠州市	惠城区	惠阳区	惠东县	博罗县	龙门县	大亚湾区	仲恺区
企业单位数（个）	357	52	52	13	73	2	28	137
亏损企业（个）	87	14	6	4	15	1	8	39
工业总产值（当年价格）	30255592	1283068	2514259	208435	2154670	110021	1711249	22273890
工业销售产值（当年价格）	29898969	1256376	2342977	205118	2123916	104117	1756340	22110126
出口交货值	17048984	551343	1675826	114695	1048787	29715	642905	12985712
年初存货	1946465	147956	133508	16503	158547	3054	262987	1223909
产成品	549956	34990	35945	5724	66977	513	53793	352015
资产总计	15269200	994142	2064615	92102	1219274	22057	1600664	9276347
流动资产合计	11060423	629664	903590	54211	701706	14746	934955	7821551
应收账款	5242566	268779	400777	25594	289474	4033	417009	3836901
存货	2245947	164060	188395	19823	153266	4786	249196	1466422
产成品	687395	53368	39327	7256	62304	2296	66643	456200
在产品	165157	26580	16151	1243	19630	443	16813	84298
固定资产合计	3257547	247729	973448	33381	397870	6243	611161	987715
固定资产原价	5638085	453533	1260803	73121	995053	3647	953774	1898154
累计折旧	2500011	211284	290584	41121	611785	728	401673	942836
本年折旧	506954	29852	94866	4931	87668	282	83769	205587
在建工程	300701	55535	94311	483	22553	1034	34251	92534
负债合计	8847931	574588	1135166	33934	709910	11707	805848	5576778
流动负债合计	8228034	547083	952282	31797	596940	11700	747797	5340436
应付账款	4803995	287189	693123	20228	279883	11687	311149	3200736
非流动负债合计	444081	25157	158696	1397	55816	7	10049	192959
所有者权益合计	6382569	415613	928796	58168	509279	10340	785269	3675105
实收资本	3108629	326500	805567	45769	405702	11822	396718	1116551
国家资本	16782	2707						14075
集体资本	10161	0.1	1670					8490
法人资本	530218	83280	13234	5040	94844	6384	30015	297422
个人资本	109440	18519	17750	2242	13938		11200	45792
港澳台资本	1605725	191267	746484	31665	224714	5438	118612	287546
外商资本	836303	30727	26430	6822	72207		236891	463226
营业收入	31302891	1275552	2292531	204745	2132984	95726	1726256	23575097
主营业务收入	29970846	1266689	2285557	204665	2108070	95726	1603091	22407049
营业成本	28052847	1147043	2124761	176564	1916835	93225	1541249	21053172
主营业务成本	26806029	1140516	2122418	176559	1903617	93225	1438811	19930883
营业税金及附加	74167	4490	4439	807	3480	376	11711	48865

12-24 续表　　　　　　　　　　（2013 年）　　　　　　　　　　单位：万元

项　目	惠州市	惠城区	惠阳区	惠东县	博罗县	龙门县	大亚湾区	仲恺区
主营业务税金及附加	70359	4486	4418	807	3466	376	7989	48817
其他业务收入	1332045	8863	6975	80	24914		123165	1168048
其他业务利润	126623	1207	2686	75	3222		20214	99219
销售费用	802415	14050	16478	4851	24439	83	12299	730215
管理费用	1126281	71131	79411	9440	57677	14259	92927	801437
税金	27006	2346	3671	145	3729	28	1609	15477
财务费用	3004	1338	13921	816	3740	322	8585	-25718
利息收入	41893	1876	964	8	3459	25	2706	32856
利息支出	54021	5112	13278	225	6981		5097	23328
营业利润	1279967	38418	69538	12286	123164	1035	58860	976667
资产减值损失	18672	268	549		1627		348	15881
公允价值变动收益	-3622				-329		12	-3305
投资收益	38815	5075	2502	25	2676		468	28070
营业外收入	57835	2850	2149	296	6076	32	4717	41714
补贴收入	16627	791	1015	257	44	11	431	14077
营业外支出	33322	1130	2710	89	4925	14	2463	21991
利润总额	1304475	40141	68977	12492	124307	1053	61115	996390
应交所得税	290937	7601	17034	1183	14002	323	14171	236623
亏损企业亏损总额	64093	10814	11235	439	2246	205	21033	18121
利税总额	2432939	61055	80421	15322	147888	11046	104695	2012511
应交税金及附加	1446407	30861	32148	4159	41312	10344	59360	1268222
本年应付职工薪酬	1606863	141321	305497	21157	182167	3801	249754	703166
本年应交增值税	1054297	16425	7005	2024	20101	9617	31870	967256
全部从业人员年平均人数（人）	324124	32641	69609	4045	36251	1111	57547	122920
收入法增加值	5727334	249616	582035	52094	520050	36193	575869	3711477

12-25　分县区规模以上石化工业主要经济指标

（2013 年）　　单位：万元

项　目	惠州市	惠城区	惠阳区	惠东县	博罗县	龙门县	大亚湾区	仲恺区
企业单位数（个）	144	8	31	22	33	2	23	25
亏损企业（个）	24		7	4	4		5	4
工业总产值（当年价格）	14673018	90880	267645	150510	427944	16878	13387877	331285
工业销售产值（当年价格）	14376215	91596	260536	150421	421175	7759	13119668	325060
出口交货值	307267	19327	23122	23329	134400	5979	88978	12131
年初存货	912853	9219	20350	17139	40939	3167	789692	32347
产成品	194689	6505	4080	3100	11566	2132	158711	8594
资产总计	7542228	70508	185749	86074	215275	9444	6633764	341415
流动资产合计	2769620	53463	132576	68396	138371	5545	2202253	169017
应收账款	584523	15611	71138	29323	63130	432	349579	55309
存货	965214	8656	23951	10907	39433	2510	841369	38388
产成品	226381	3437	6892	4456	11116	879	185403	14199
在产品	127525	582	2177	221	104	101	119713	4626
固定资产合计	4110376	12387	30147	13105	58546	3675	3848859	143657
固定资产原价	6388283	24313	46156	25115	185395	4509	5845141	257653
累计折旧	2304593	11926	17005	12569	134830	1396	2009953	116914
本年折旧	396841	1925	2862	2509	17692	420	350088	21345
在建工程	370154	1235	10310	242	121	3347	347507	7392
负债合计	4545979	23689	122126	58097	97804	1704	4057248	185311
流动负债合计	3769377	22513	106750	52372	81056	1669	3333448	171569
应付账款	992896	11703	32130	29788	39432	684	831518	47641
非流动负债合计	728923	1176	14555	2276	1731	35	701161	7989
所有者权益合计	2995383	46819	62786	27971	117450	7740	2576515	156103
实收资本	2617756	26074	39977	18211	76878	6590	2292161	157865
国家资本	1298822	2000		2038			1294784	
集体资本	3525		3400					125
法人资本	283063	1005	6120	9517	3484	4290	126505	132141
个人资本	43355	3930	11933	4692	11444		1380	9975
港澳台资本	138333	19139	18524	1317	54166	2300	32590	10297
外商资本	850658			646	7784		836902	5326
营业收入	14423108	91577	258412	152884	433015	7789	13158103	321327
主营业务收入	14248151	91547	257283	152884	431882	7765	12989161	317630
营业成本	12873124	69110	219403	130811	375506	6467	11798641	273187
主营业务成本	12702429	69100	219077	130811	374925	6467	11632192	269858
营业税金及附加	763414	743	1003	1021	1592	28	757376	1651

（2013 年）　　　　单位：万元

项　目	惠州市	惠城区	惠阳区	惠东县	博罗县	龙门县	大亚湾区	仲恺区
主营业务税金及附加	763362	743	962	1020	1581	28	757376	1651
其他业务收入	174957	31	1130		1133	24	168942	3698
其他业务利润	9690	18	429		74		9094	75
销售费用	134776	6091	12699	3414	17542	1018	86768	7244
管理费用	150158	8082	19924	6717	14936	1256	79093	20151
税金	12738	449	340	414	541	66	9987	942
财务费用	51736	94	2138	1571	2170	39	42883	2841
利息收入	3249	394	38	82	133	1	2560	41
利息支出	78822	252	1720	1170	2044		69962	3674
营业利润	462673	7456	3073	9337	20742	107	402269	19688
资产减值损失	41762		-121				41867	16
公允价值变动收益	6288						6905	-616
投资收益	9598	9		11			5387	4191
营业外收入	12011	403	1710	570	1348	24	5647	2309
补贴收入	2342	16	150	111	1	24	4	2037
营业外支出	6968	254	1078	1918	1054		1506	1158
利润总额	467728	7605	3706	8000	21036	131	406410	20840
应交所得税	89028	1849	660	945	1200	30	82472	1873
亏损企业亏损总额	63130		547	309	2795		59428	50
利税总额	2389476	11852	10951	12810	30066	518	2288794	34486
应交税金及附加	2023515	6546	8245	6168	10770	482	1974843	16461
本年应付职工薪酬	176177	8024	19981	13144	19109	1345	94896	19678
本年应交增值税	1158335	3505	6242	3789	7438	358	1125007	11996
全部从业人员年平均人数（人）	21253	2172	3551	2855	3755	503	5411	3006
收入法增加值	3097192	25138	62293	38061	91795	4519	2794891	80494

12-26　全市大中型工业企业名单

（2013 年）

序号	单位详细名称	主要业务活动或产品	登记注册类型	规模
1	先进科技（惠州）有限公司	生产精密部件（半导体零部件）	港澳台商独资	大型
2	安品达精密工业（惠州）有限公司	电子计算机整机制造	与港澳台商合资经营	大型
3	广东伊利乳业有限责任公司	伊利优酸乳	其他有限责任公司	大型
4	ＴＣＬ王牌电器（惠州）有限公司	生产彩色电视机	港澳台商独资	大型
5	惠州志顺电子实业有限公司	生产充电器	与港澳台商合资经营	大型
6	雅美工业（惠阳）有限公司	生产手提电动搅拌器	港澳台商独资	大型
7	信华精机有限公司	生产 DVD 机芯	与港澳台商合资经营	大型
8	惠州市德赛西威汽车电子有限公司	生产汽车音响产品	其他有限责任公司	大型
9	惠州三星电子有限公司	生产手机	中外合资经营	大型
10	惠阳源高电器有限公司	生产吊扇	港澳台商独资	大型
11	东风本田汽车零部件有限公司	生产汽车零部件	中外合资经营	大型
12	广东省电力集团有限公司惠州供电分公司		国有	大型
13	惠州大亚湾光弘科技电子有限公司	生产集成电路	港澳台商独资	大型
14	乐金电子部品（惠州）有限公司	生产微型马达	外资企业	大型
15	惠州古河汽配有限公司	生产汽车配线	外资企业	大型
16	惠阳兆吉鞋业有限公司	生产鞋、销售鞋	外资企业	大型
17	索尼精密部件（惠州）有限公司	生产光学拾音器	外资企业	大型
18	惠州住润电装有限公司	生产汽车电线组合	中外合资经营	大型
19	惠阳东亚电子制品有限公司	音箱	港澳台商独资	大型
20	惠州海格电气有限公司	生产微型断路器、漏电断路器等	外资企业	大型
21	ＴＣＬ罗格朗国际电工（惠州）有限公司	生产开关	外资企业	大型
22	华通电脑（惠州）有限公司	印制电路板制造	港澳台商独资	大型
23	东阳（博罗）电子有限公司	印制电路板制造	港澳台商独资	大型
24	科时电子（惠州）有限公司	电子元件及组件制造	港澳台商独资	大型
25	立隆电子（惠州）有限公司	电子元件制造	港澳台商独资	大型
26	惠阳东威电子制品有限公司	生产 DVD 组合音响	港澳台商独资	大型
27	惠州市恒信亿丰金属制品有限公司	充电器插口、五金表带	港澳台商独资	大型
28	惠州比亚迪电池有限公司	汽车锂电池生产	与港澳台商合资经营	大型
29	惠州华源轩家具有限公司	木质家私制造	私营有限责任公司	大型
30	ＴＣＬ光电科技（惠州）有限公司	液晶电视机	其他有限责任公司	大型
31	世一电子科技（惠州）有限公司	生产 FPC 软式皮线	港澳台商独资	大型
32	伯恩光学（惠州）有限公司	光电子器件及其他电子器件制造	港澳台商独资	大型
33	惠州市裕元华阳精密部件有限公司	手机支架	中外合资经营	大型
34	惠州市凯越电子有限公司	车载语音导航	其他有限责任公司	大型
35	惠州科锐半导体照明有限公司	生产发光二极管	港澳台商独资	大型

12–26 续表 1　　　　（2013 年）

序号	单位详细名称	主要业务活动或产品	登记注册类型	规模
36	龙旗电子（惠州）有限公司	手机生产	外资企业	大型
37	惠州市创仕实业有限公司	液晶显示屏	私营有限责任公司	大型
38	惠州市升华工业有限公司	生产电子连接线	与港澳台商合资经营	大型
39	惠州市和宏电线电缆有限公司	生产音频电线	其他有限责任公司	大型
40	惠州 TCL 移动通信有限公司	生产移动通讯手机	外资企业	大型
41	惠阳中建电讯制品有限公司	无绳电话机	港澳台商独资	大型
42	惠州 TCL 王牌高频电子有限公司	生产电子调谐器	其他有限责任公司	大型
43	中海壳牌石油化工有限公司	生产苯乙烯单体	中外合资经营	大型
44	讯强电子惠州有限公司	散热器	外资企业	大型
45	普利司通（惠州）轮胎有限公司	生产轮胎	外资企业	大型
46	建业科技电子(惠州)有限公司	多層印制電路板	港澳台商独资	大型
47	T C L通力电子(惠州)有限公司	生产 DVD	其他有限责任公司	大型
48	惠州美锐电子科技有限公司	生产印制线路板	中外合资经营	大型
49	天宝电子(惠州)有限公司	生产充电器	港澳台商独资	大型
50	惠州中京电子科技股份有限公司	生产线路板	股份有限公司	大型
51	惠州南旋毛织厂有限公司	各种毛衣、毛衫片的加工制造	外资企业	大型
52	惠阳科惠工业科技有限公司	各种高级多层及单双层线路板	港澳台商独资	大型
53	惠州市璇瑰精密技术工业有限公司	精密模具	外资企业	大型
54	惠州市华阳多媒体电子有限公司	生产光头	与港澳台商合资经营	大型
55	惠州市金山电子有限公司	生产电器件	中外合资经营	大型
56	晶惠工业（惠州）有限公司	生产针织毛衫	港澳台商独资	大型
57	惠州亿纬锂能股份有限公司	生产、销售锂一次电池	股份有限公司	大型
58	格林精密部件(惠州)有限公司	生产塑胶制品	港澳台商独资	大型
59	惠州华阳通用电子有限公司	生产汽车音响	与港澳台商合资经营	大型
60	惠州市德赛电池有限公司	生产锂离子电池制造	与港澳台商合资经营	大型
61	T C L海外电子(惠州)有限公司	生产彩色电视机	港澳台商独资	大型
62	威世电子(惠州)有限公司	钽电容	港澳台商独资	大型
63	惠州住润汽车部品有限公司	生产连接器	中外合资经营	大型
64	骏达制衣厂（惠州）有限公司	机织服装制造	港澳台商独资	大型
65	大统营(惠州)科技有限公司	日用家庭电器制造	港澳台商独资	大型
66	奇胜工业(惠州)有限公司	生产电气开关	港澳台商独资	大型
67	华通精密线路板（惠州）有限公司	印制电路板制造	港澳台商独资	大型
68	惠州市华阳数码特电子有限公司	生产软性线路板	与港澳台商合资经营	大型
69	惠州市德邦实业有限公司	SMT 线路板自动贴片加工	私营有限责任公司	大型
70	惠州建邦精密塑胶有限公司	生产模具	外资企业	大型

12-26 续表 2 （2013 年）

序号	单位详细名称	主要业务活动或产品	登记注册类型	规模
71	惠州住润电子装备有限公司	生产电线组合	中外合资经营	大型
72	惠州信兴荣电业塑胶有限公司	生产电源线连插头	外资企业	大型
73	惠州住电电装有限公司	生产汽车电子装置	外资企业	大型
74	敏华家具制造（惠州）有限公司	生产沙发	港澳台商独资	大型
75	中海油能源发展股份有限公司惠州石化分公司	生产粗甲苯、混合二甲苯	股份有限公司	大型
76	惠州大亚湾永昶科技电子有限公司	生产 DVD 激光头	港澳台商独资	大型
77	惠州太平货柜有限公司	生产经营 20 — 40 英尺标准集装箱	与港澳台商合资经营	大型
78	骏亚（惠州）电子科技有限公司	生产 PCB 线路板、加工 SMT 贴片	港澳台商独资	大型
79	隆发鞋业（惠州）有限公司	皮鞋制造	外资企业	大型
80	中海石油炼化有限责任公司惠州炼化分公司	原油加工及石油制品制造	国有独资公司	大型
81	喜斯达电器（惠州）有限公司	电光源制造	港澳台商独资	大型
82	惠州市诚业家具有限公司	金属家具	港澳台商独资	大型
83	惠州雷士光电科技有限公司	生产 LED 节能灯	外资企业	大型
84	盛威尔（惠州）电缆科技有限公司	电子元器件	港澳台商独资	大型
85	惠州比亚迪实业有限公司	生产电池材料	与港澳台商合资经营	大型
86	广东新美锐科技有限公司	电脑机箱	私营有限责任公司	大型
87	胜宏科技（惠州）股份有限公司	高精密度线路板	港澳台商独资	大型
88	基准精密工业（惠州）有限公司	工业生产配套用搪瓷制品制造	外资企业	大型
89	惠州比亚迪电子有限公司	生产新型电子原器件	中外合资经营	大型
90	日立乐金光科技（惠州）有限公司	光盘驱动器生产	外资企业	大型
91	友威光电（惠州）有限公司	生产触摸屏	外资企业	大型
92	广东电网公司惠州龙门供电局	电力供应	国有	中型
93	广东省三丰鞋业有限公司	生产鞋类	其他有限责任公司	中型
94	惠州塔牌水泥有限公司	水泥生产	股份有限公司	中型
95	惠州市华阳光电技术有限公司	生产 LED 灯具、生产 LED 封装、生产通讯模块	其他有限责任公司	中型
96	惠州市自来水总公司	自来水生产与供应	国有	中型
97	惠州市九惠制药股份有限公司	中成药胶囊剂生产	股份有限公司	中型
98	惠州市惠阳区自来水发展总公司	自来水的生产和供应	国有	中型
99	广东新峰药业股份有限公司	消炎利胆片	股份有限公司	中型
100	龙门县小水电公司	水力发电	国有	中型
101	龙门立艺珠宝首饰有限公司	饰品来料加工	其他有限责任公司	中型
102	惠州市华阳光学技术有限公司	生产特种颜料	与港澳台商合资经营	中型
103	泰洋光电（惠州）有限公司	液晶电视背板	中外合资经营	中型
104	惠州市华明达电器有限公司	手电筒	私营有限责任公司	中型
105	惠州市宝明精工有限公司	新型平板显示器件	其他有限责任公司	中型

12-26 续表 3　　　　（2013 年）

序号	单位详细名称	主要业务活动或产品	登记注册类型	规模
106	惠州丰采贵金属制造有限公司	手机五金配件生产	港澳台商独资	中型
107	惠州雷曼光电科技有限公司	高品级发光二极管	私营有限责任公司	中型
108	凯赫威（惠州）精密制造有限公司	生产镁合金铸件	外资企业	中型
109	慧怡织造（惠州）有限公司	针织衫	港澳台商独资	中型
110	广东瑞捷光电股份有限公司	五金塑胶	股份有限公司	中型
111	惠东县吉隆吉美鞋厂	制鞋	私营独资	中型
112	惠州智翔光电有限公司	液晶显示屏	中外合资经营	中型
113	惠州市山伊克斯新能源有限公司	生产锂离子电池	其他有限责任公司	中型
114	惠州艺都影像科技有限公司	广告绘图文化用纸制造	私营有限责任公司	中型
115	美律电子（惠州）有限公司	Pad 电子元件设备制造	港澳台商独资	中型
116	惠州市特创电子科技有限公司	生产集成电路	其他有限责任公司	中型
117	惠州建华管桩有限公司	水泥制品制造	港澳台商独资	中型
118	惠州极帝电子有限公司	手机按健	外资企业	中型
119	惠州鼎智通讯有限公司	生产手机主板	港澳台商独资	中型
120	惠州市万利高精密有限公司	生产加工金属制品手表	港澳台商独资	中型
121	美高精密部品（惠州）有限公司	生产塑胶产品	港澳台商独资	中型
122	惠州市汇星印刷有限公司	包装装潢印刷品印刷	港澳台商独资	中型
123	博罗县长宁喜运来印刷制品有限公司	包装装潢及其他印刷	港澳台商独资	中型
124	肯发科技（惠州）有限公司	电脑硬盘驱动器	外资企业	中型
125	广东京兰汽车有限公司	生产电池	私营有限责任公司	中型
126	惠州市欧雅兴实业有限公司	生产塑胶玩具	私营有限股份公司	中型
127	惠东县嘉兴隆塑胶厂有限公司	塑胶制品制造	中外合作经营	中型
128	惠东县威达机铸制品有限公司	玩具制造	港澳台商独资	中型
129	惠州市汉派电池科技有限公司	电池制造	私营有限责任公司	中型
130	国恒电子（惠州）有限公司	音箱	港澳台商独资	中型
131	惠州市清洋实业有限公司	生产玻璃减薄	其他有限责任公司	中型
132	惠州真华美服装有限公司	服装制造	港澳台商独资	中型
133	惠东县港惠针织有限公司	毛衫、毛衫片来料加工	港澳台商独资	中型
134	惠州市沃生照明有限公司	装饰灯制造	其他有限责任公司	中型
135	新强印刷(惠州)有限公司	生产包装装潢印刷品	港澳台商独资	中型
136	声电电子科技(惠州)有限公司	汽车免提、喇叭	港澳台商独资	中型
137	惠州市讯和数码科技有限公司	电子元件生产	私营有限责任公司	中型
138	惠州长城开发科技有限公司	生产智能手机、智能手表	其他有限责任公司	中型
139	惠州市银宝山新实业有限公司	模具生产、塑胶生产、电子产品生产	其他有限责任公司	中型
140	惠州信邦表面处理有限公司	电镀塑胶件	私营有限责任公司	中型

序号	单位详细名称	主要业务活动或产品	登记注册类型	规模
141	惠州达成绿川薄膜开关有限公司	生产塑料薄膜	港澳台商独资	中型
142	惠州祝贺礼品有限公司	纸和纸板容器制造	港澳台商独资	中型
143	惠州市永裕五金塑料制品有限公司	工艺品电镀	港澳台商独资	中型
144	惠州鸿通电子有限公司	LED 灯生产	私营有限责任公司	中型
145	惠州市康冠技术有限公司	背光模组代工、液晶电视组件（不含屏及板材）	其他有限责任公司	中型
146	惠州 TCL 通讯电子有限公司	生产固定电话	其他有限责任公司	中型
147	惠州市庆腾电子科技有限公司	相机生产、充电器、手电筒	港澳台商独资	中型
148	惠州大亚湾汇利日用制品有限公司	生产高级塑胶日用品	与港澳台商合作经营	中型
149	广东恒大新材料科技有限公司	生产 AB 胶	私营有限责任公司	中型
150	惠东伟盛制衣有限公司	纺织服装制造	港澳台商独资	中型
151	锦多（惠州）国际企业有限公司	玩具	港澳台商独资	中型
152	金山电化工业（惠州）有限公司	生产九伏锌锰干电池	港澳台商独资	中型
153	华锋微线电子（惠州）工业有限公司	生产多层线路板	港澳台商独资	中型
154	利佳电讯（惠州）有限公司	生产电话机	港澳台商独资	中型
155	惠信精密部件有限公司	生产 CD 机芯	中外合资经营	中型
156	康惠（惠州）半导体有限公司	生产液晶显示板	与港澳台商合资经营	中型
157	惠阳亚伦塑胶电器实业有限公司	生产家用电动器具	港澳台商独资	中型
158	惠州侨兴电讯工业有限公司	生产电话机	与港澳台商合资经营	中型
159	德赛电子（惠州）有限公司	生产电活单机	与港澳台商合资经营	中型
160	荣光精密部件（惠州）有限公司	生产精密轴	外资企业	中型
161	惠阳国威运动器材有限公司	生产健身单车	港澳台商独资	中型
162	博罗县永联手套有限公司	皮制劳保手套生产	港澳台商独资	中型
163	旭辉磁石制造（惠州）有限公司	磁石生产	港澳台商独资	中型
164	东山电池工业（中国）有限公司	生产锌锰电池	中外合资经营	中型
165	志麟艺品实业（惠阳）有限公司	生产树脂波丽工艺品	港澳台商独资	中型
166	鸿丰五金（惠州）有限公司	精冲模加工	与港澳台商合资经营	中型
167	志源塑胶制品（惠州）有限公司	生产塑胶制品（复印机外壳、电视机外壳）	与港澳台商合资经营	中型
168	乐金电子（惠州）有限公司	生产音响设备	中外合资经营	中型
169	惠阳大欣电器工业有限公司	生产台灯	港澳台商独资	中型
170	乐庭电线工业（惠州）有限公司	生产电话配线	与港澳台商合作经营	中型
171	安特（惠州）工业有限公司	生产精密金属冲压零配件	中外合资经营	中型
172	惠州市志发五金制品塑料电镀有限公司	电镀加工	与港澳台商合资经营	中型
173	至远彩色印刷工业（惠州）有限公司	彩印纸品、包装系列产品	与港澳台商合资经营	中型
174	惠州市佳迪玩具制品厂有限公司	生产锌合金车仔模型摆饰品	与港澳台商合资经营	中型
175	惠州联合皮革制品有限公司	牛皮革制造	与港澳台商合作经营	中型

12-26 续表 5　（2013 年）

序号	单位详细名称	主要业务活动或产品	登记注册类型	规模
176	惠州速力特工业有限公司	生产 MP3 外壳	外资企业	中型
177	惠州东洋电子有限公司	生产小变压器	外资企业	中型
178	惠州硕立精密科技有限公司	五金模生产	外资企业	中型
179	惠州市旭辉电子有限公司	生产接插件	港澳台商独资	中型
180	宝星磁电工业（惠州）有限公司	生产塑胶盒	港澳台商独资	中型
181	惠阳锦诚电子有限公司	生产吊扇控制器	港澳台商独资	中型
182	兴茂（惠阳）电器有限公司	变压器	外资企业	中型
183	和幸技研（惠州）有限公司	生产手提电脑外壳（联想）	港澳台商独资	中型
184	惠州三富服装有限公司	化纤针织品及编织品制造	与港澳台商合作经营	中型
185	惠阳荣双制伞工业有限公司	生产洋伞、加工伞骨及零配件	港澳台商独资	中型
186	鸿骅制衣（惠州）有限公司	生产服装	港澳台商独资	中型
187	惠州宝柏包装有限公司	生产薄膜软包装	与港澳台商合资经营	中型
188	大进制衣厂（惠州）有限公司	生产高中档裤子	外资企业	中型
189	惠州市宏利五金塑胶制品厂有限公司	生产不锈钢餐厨具	港澳台商独资	中型
190	嘉士伯啤酒（广东）有限公司	啤酒生产	与港澳台商合资经营	中型
191	广东菲安妮皮具股份有限公司	牛皮手袋生产	股份有限公司	中型
192	惠州市力信电子有限公司	变压器	外资企业	中型
193	惠州市宝丰信息科技有限公司	智能无线通信终端设备系列	其他有限责任公司	中型
194	惠州市德赛精密部件有限公司	生产注塑件	与港澳台商合资经营	中型
195	东渡电子（惠阳）有限公司	遥控器生产	外资企业	中型
196	德联覆铜板（惠州）有限公司	印制电路板制造	港澳台商独资	中型
197	广东省博罗县园洲勤达印务有限公司	印刷	外资企业	中型
198	博罗县利达手套有限公司	皮制劳保手套生产	港澳台商独资	中型
199	惠州信立工业有限公司	皮鞋制造	外资企业	中型
200	博罗立峰开关实业有限公司	电子元件及组件制造	与港澳台商合作经营	中型
201	惠州麒华五金制品有限公司	家具用金属配件制造	与港澳台商合作经营	中型
202	惠州福和纸业有限公司	机制纸及纸板制造	港澳台商独资	中型
203	惠东县金山陶瓷有限公司	陶瓷制造	外资企业	中型
204	惠东县黄埠镇华江鞋业有限公司	制鞋	港澳台商独资	中型
205	惠东县泓源供水有限公司	自来水供应	其他有限责任公司	中型
206	惠东登龙针织制衣有限公司	毛衫制造	港澳台商独资	中型
207	惠州三美音响技术有限公司	电子元件及组件制造	港澳台商独资	中型
208	惠阳欧力电子有限公司	装饰感应灯制造	港澳台商独资	中型
209	美昌（龙门）表业有限公司	生产经营表壳成品、生产经营表壳半成品	港澳台商独资	中型
210	千石家电（惠州）有限公司	生产家用电器	与港澳台商合作经营	中型

序号	单位详细名称	主要业务活动或产品	登记注册类型	规模
211	惠州时代电池有限公司	生产镍氢充电式电池	港澳台商独资	中型
212	博罗县鸿信金属（表业）制品厂有限公司	钢表带	港澳台商独资	中型
213	惠州市新发鞋业有限公司	制鞋	私营有限责任公司	中型
214	惠州市远东鞋业有限公司	制鞋	其他有限责任公司	中型
215	惠东县黄埠万达利鞋业有限公司	制鞋	私营有限责任公司	中型
216	广东得胜电子有限公司	麦克风	其他有限责任公司	中型
217	惠州市金百泽电路科技有限公司	印刷电路板生产	其他有限责任公司	中型
218	惠州中记家具制造有限公司	生产沙发	港澳台商独资	中型
219	惠州市港盈鞋业有限公司	生产鞋和鞋材	其他有限责任公司	中型
220	惠州市宝岛箱包制品有限公司	尼龙水袋	港澳台商独资	中型
221	奔辉欧式艺品（惠州）有限公司	工艺品相框、镜框	港澳台商独资	中型
222	惠州市桑莱士光电有限公司	手机摄像头	私营有限责任公司	中型
223	冠惠工业技研(惠州)有限公司	照相机及器材制造	港澳台商独资	中型
224	惠州伟利登光电科技有限公司	生产液晶显示片	港澳台商独资	中型
225	惠州镇安制衣有限公司	生产各类服装	港澳台商独资	中型
226	惠州市颂誉玻璃有限公司	钢化玻璃	私营有限责任公司	中型
227	惠州喜运来印刷制品有限公司	包装装潢及其他印刷	港澳台商独资	中型
228	成功工业（惠州）有限公司	生产陶瓷电容器	外资企业	中型
229	惠州市宏商电气有限公司	热缩管材料	私营有限责任公司	中型
230	惠州市宙邦化工有限公司	铝电解容器生产	其他有限责任公司	中型
231	隆裕鞋业（惠州）有限公司	生产销售各款鞋类、半成品	外资企业	中型
232	惠州市健和光电有限公司	生产发光二极管（LED）显示屏及其应用	私营有限责任公司	中型
233	惠州市美达鞋业有限公司	皮鞋制造	私营有限责任公司	中型
234	普视达(惠州)电子科技有限公司	生产卫星电视降频器	港澳台商独资	中型
235	杰成工业（惠州）有限公司	生产数字放声设备塑胶制品	港澳台商独资	中型
236	路霹雳电子（惠州）有限公司	塑胶电子玩具	港澳台商独资	中型
237	惠州大亚湾鸿通电子有限公司	生产监护器	其他有限责任公司	中型
238	惠州市创荣发实业有限公司	生产遥控器	私营有限责任公司	中型
239	三鑫(惠州)幕墙产品有限公司	生产建筑幕墙	与港澳台商合资经营	中型
240	中国神华能源股份有限公司国华惠州热电分公司	热电联产	国有	中型
241	惠州海格科技有限公司	生产数字音频解码设备	其他有限责任公司	中型
242	佳都（惠州）制衣有限公司	生产各类服装	港澳台商独资	中型
243	惠州中慧电子有限公司	生产数字仪表设备	港澳台商独资	中型
244	苏宝电子（惠州）有限公司	加工组装手机、销售手机	港澳台商独资	中型
245	深圳市三鑫精美特玻璃有限公司惠州大亚湾分公司	生产电子玻璃	私营有限责任公司	中型

序号	单位详细名称	主要业务活动或产品	登记注册类型	规模
246	科罗拉多户外用品（惠州）有限公司	箱包生产	中外合资经营	中型
247	东翔制衣（惠州）有限公司	生产全棉男长裤	外资企业	中型
248	高锋科技(惠州)有限公司	平板显示屏	港澳台商独资	中型
249	富电电子(惠州)有限公司	加工电感线圈	中外合资经营	中型
250	惠州市其正科技有限公司	生产模具	私营有限责任公司	中型
251	凯丰机电五金制品（惠州）有限公司	生产机电制品	港澳台商独资	中型
252	惠州市国朋印刷有限公司	印制贴纸	其他有限责任公司	中型
253	惠州市大鼎电子有限公司	手机按键膜	其他有限责任公司	中型
254	阿富特电子（惠州）有限公司	生产手机充电器	外资企业	中型
255	嘉宜科技（惠州）有限公司	五金压铸	港澳台商独资	中型
256	惠州市西文思电子科技股份有限公司	生产电子产品及配件	私营有限股份公司	中型
257	惠州市永盈鞋业有限公司	生产鞋	私营有限责任公司	中型
258	博罗达鑫电子有限公司	电子产品	其他有限责任公司	中型
259	星华科技（惠州）有限公司	生产印制线路板	港澳台商独资	中型
260	惠州奥尔提精密部品有限公司	金属制品	外资企业	中型
261	惠州市美盈鞋业有限公司	其他制鞋业	私营有限责任公司	中型
262	广东罗浮山国药股份有限公司	中成药生产	其他有限责任公司	中型
263	惠州市联韵电子科技有限公司	生产耳机	其他有限责任公司	中型
264	惠州市来裕鞋业有限公司	生产鞋	私营有限责任公司	中型
265	嘉丰工业科技（惠州）有限公司	通信类塑胶零部件制品生产	港澳台商独资	中型
266	中建钢构阳光惠州有限公司	钢结构的加工制作、销售、安装	其他有限责任公司	中型
267	创维液晶器件（深圳）有限公司惠州分公司	生产手机平板显示器	与港澳台商合资经营	中型
268	惠州市利元亨精密自动化有限公司	生产精密自动化设备	私营有限责任公司	中型
269	惠州市奥美针织有限公司	设计生产加工销售服装	私营有限责任公司	中型
270	惠州市三强线路有限公司	生产印刷线路板	私营有限责任公司	中型
271	博罗县常美印刷有限公司	包装装潢及其他印刷	港澳台商独资	中型
272	惠州市博艺黄金珠宝有限公司	加工销售黄金珠宝首饰工艺品	私营有限责任公司	中型
273	广东睿立宝莱科技股份有限公司	生产光学立方体眼镜	私营有限责任公司	中型
274	新星家庭用品（惠州）有限公司	挤炼枪	港澳台商独资	中型
275	利安五金塑胶制品(惠州)有限公司	模具制造	港澳台商独资	中型
276	有利华建材(惠州)有限公司	混凝土及石膏预制件	港澳台商独资	中型
277	剂吉泰光电科技(惠州)有限公司	生产控制面板	外资企业	中型
278	惠州天宇手袋有限公司	生产手袋	港澳台商投资股份有限公司	中型
279	惠州优爱特电子有限公司	软性线路板	外资企业	中型
280	惠州艾特娜家具有限公司	其他家具制造	外资企业	中型

序号	单位详细名称	主要业务活动或产品	登记注册类型	规模
281	泰和电路科技（惠州）有限公司	电路板	与港澳台商合资经营	中型
282	金时发工业(惠州)有限公司	塑胶玩具	港澳台商独资	中型
283	惠州市银宝山新科技有限公司	生产塑胶、生产电子产品	其他有限责任公司	中型
284	惠州市粤泰翔科技有限公司	生产 TV 模组、生产 LED 模组、生产光学类新材	与港澳台商合资经营	中型
285	惠州市吉瑞科技有限公司	生产电子烟	其他有限责任公司	中型
286	惠州大建毛织实业有限公司	毛织	外资企业	中型
287	惠州市泰格威电池有限公司	锂电池生产	私营有限责任公司	中型
288	惠阳联想电子工业有限公司	lenovo 系列台式电脑	港澳台商独资	中型
289	惠州三华工业有限公司	生产电子元器件	与港澳台商合资经营	中型
290	协顺灯饰(惠州)有限公司	生产圣诞树连灯串和彩灯	外资企业	中型
291	广龙电子部件（惠州）有限公司	生产电子开关元件	外资企业	中型
292	盛龙纺织（惠州）有限公司	尼龙布	港澳台商独资	中型
293	惠州合正电子科技有限公司	生产多层压合线路板	港澳台商独资	中型
294	惠东县富成鞋业有限公司	皮鞋制造	港澳台商独资	中型
295	惠阳中建塑胶产品有限公司	塑胶配件	港澳台商独资	中型
296	惠州 TCL 金能电池有限公司	生产锂离子系列电池产品	其他有限责任公司	中型
297	惠州市德赛集团视听科技有限公司	生产 GSM 手机	与港澳台商合资经营	中型
298	惠州市光大水泥企业有限公司	生产销售水泥	其他有限责任公司	中型
299	惠州市城市燃气发展有限公司	液化石油气销售	股份有限公司	中型
300	多泰工业有限公司	生产及销售合成橡胶制品、新型电子元器件	港澳台商独资	中型
301	惠东县黄埠镇福华鞋业有限公司	制鞋	私营有限责任公司	中型
302	惠州市锦湖实业发展有限公司	生产充电器	私营有限责任公司	中型
303	创乐电子实业(惠州)有限公司	生产电子开关	港澳台商独资	中型
304	智恩电子(大亚湾)有限公司	生产印刷线路板	外资企业	中型
305	惠州安特科技工业有限公司	五金冲压零配件	中外合资经营	中型
306	惠州侨兴电子科技有限公司	生产手机	其他有限责任公司	中型
307	惠东县裕顺鞋业有限公司	皮鞋制造	私营有限责任公司	中型
308	新生港源鞋厂(惠阳)有限公司	生产鞋类制品	港澳台商独资	中型
309	惠州金山线束科技有限公司	生产汽车线束	外资企业	中型
310	惠州艺都文化用品有限公司	生产护卡膜（过塑纸）	与港澳台商合资经营	中型
311	惠州 TCL 照明电器有限公司	生产节能灯	与港澳台商合资经营	中型
312	先驱塑胶电子（惠州）有限公司	其他橡胶制品制造	港澳台商独资	中型
313	东嵘电子科技(惠州)有限公司	枝形吊灯	外资企业	中型
314	惠州市恒升实业有限公司	生产高频电子变压器	私营有限责任公司	中型
315	博罗县园洲嘉和塑胶电子有限公司	塑料零件制造	港澳台商独资	中型

序号	单位详细名称	主要业务活动或产品	登记注册类型	规模
316	广东天鹅星鞋业有限公司	皮鞋制造	私营有限责任公司	中型
317	惠州世通皮具制品有限公司	皮包	港澳台商独资	中型
318	博罗县全成电子有限公司	电子元件及组件制造	其他有限责任公司	中型
319	南亚塑胶工业（惠州）有限公司	塑胶粒	港澳台商独资	中型
320	惠州三盛电子有限公司	生产电感线圈	其他有限责任公司	中型
321	惠州东风易进工业有限公司	生产汽车空调、水箱、排气管等	与港澳台商合资经营	中型
322	TCL 瑞智（惠州）制冷设备有限公司	生产空调压缩机	中外合资经营	中型
323	惠州市兆光光电科技有限公司	生产 LED 大屏幕显示屏	与港澳台商合资经营	中型
324	惠州市世纪海洋制衣有限公司	生产服装	其他有限责任公司	中型
325	鼎富电子（惠州）有限公司	印刷线路板制造	外资企业	中型
326	威达机铸玩具制品（惠东）有限公司	玩具制造	港澳台商独资	中型
327	渤海电子（惠州）有限公司	生产喇叭	外资企业	中型
328	同健（惠阳）电子有限公司	生产印刷电路板	港澳台商独资	中型
329	金峰电路（惠州）有限公司	生产高精密多层线路板	与港澳台商合资经营	中型
330	惠州港泰塑胶电子制品有限公司	玩具产品	港澳台商独资	中型
331	惠州顺兴食品有限公司	冰鲜家禽	与港澳台商合资经营	中型
332	惠州市大亚湾科翔科技电路板有限公司	印刷电路板制造	港澳台商独资	中型
333	惠州住润汽车线业有限公司	生产汽车专用电线	中外合资经营	中型
334	惠州市金顺来服饰有限公司	生产服饰（衣服）	与港澳台商合资经营	中型
335	博罗县长宁强沥日常用品制造厂	生产销售吸水拖把	私营独资	中型
336	惠州强沥日常用品制造有限公司	日用塑料制品制造	港澳台商独资	中型
337	广东睡冬宝家用纺织品有限公司	套件	私营有限责任公司	中型
338	超美精密工业（惠州）有限公司	切削工具制造	外资企业	中型
339	惠阳维信纺织工业有限公司	塑胶编织布	外资企业	中型
340	恒胜制衣（惠州）有限公司	男女内衣生产	港澳台商独资	中型
341	惠州安东五金塑胶电子有限公司	工器官及植（介）入器械制造	外资企业	中型
342	惠州市三协精密有限公司	生产五金冲压件模具	与港澳台商合资经营	中型
343	惠州市大亚湾凤翔塑胶五金制品有限公司	生产塑胶盒、纸盒、木盒、铁盒	港澳台商独资	中型
344	广东九联科技股份有限公司	生产电视机顶盒	股份有限公司	中型
345	惠州东广精密五金制品厂	加工生产 MP3	集体	中型
346	新天伦服装配料（惠州）有限公司	唛头生产	港澳台商独资	中型
347	惠州钧成手袋有限公司	皮箱、包（袋）制造	港澳台商独资	中型
348	奔迈颂怡塑胶钢制品（惠州）有限公司	生产销售塑胶杯壶	港澳台商独资	中型
349	惠州市彩煌科技有限公司	电子产品加工 DVD	私营有限责任公司	中型
350	椿升木业（惠阳）有限公司	木柜	港澳台商独资	中型

序号	单位详细名称	主要业务活动或产品	登记注册类型	规模
351	惠州汇聚电线制品有限公司	各类电线电缆制品	港澳台商独资	中型
352	柏承电子（惠阳）有限公司	生产各种多层电路板	与港澳台商合资经营	中型
353	恒昌涂料（惠阳）有限公司	油漆、溶剂	港澳台商独资	中型
354	惠州力豪服装有限公司	生产毛针织服装	港澳台商独资	中型
355	新丰家俱（惠阳）有限公司	家具	港澳台商独资	中型
356	南泰印整（惠州）有限公司	各种布料印花加工	港澳台商投资股份有限公司	中型
357	惠东县振达鞋业有限公司	制鞋	私营有限责任公司	中型
358	高铭电子（惠州）有限公司	从事电子元件的生产	港澳台商独资	中型
359	惠东县东进保鲜肉类有限公司	肉类冻品	其他有限责任公司	中型
360	惠阳瑞炫工业有限公司	生产装饰灯	外资企业	中型
361	惠州市棉王纺织有限公司	生产针织 T 恤衫	私营有限责任公司	中型
362	惠阳东美音响制品有限公司	电子音响及其零部件	港澳台商独资	中型
363	佳丽化工（惠州）有限公司	油漆色膏	港澳台商独资	中型
364	惠阳万利塑胶制品有限公司	塑胶玩具	港澳台商独资	中型
365	惠州黄埠镇广信鞋业有限公司	制鞋	港澳台商独资	中型
366	惠阳钰原工业有限公司	生产装饰吊扇	港澳台商独资	中型
367	惠阳谊信灯饰有限公司	生产装饰灯	港澳台商独资	中型
368	惠州力运织造厂有限公司	各类服装的加工、制造	外资企业	中型
369	桦耀木业（惠阳）有限公司	各类家具的加工制品	港澳台商独资	中型
370	惠东县时艺鞋业有限公司	皮鞋制造	其他有限责任公司	中型
371	惠州市蓝微电子有限公司	生产锂电池保护线路板	其他有限责任公司	中型
372	惠州宝岛箱包皮革综合制品有限公司	皮手套及皮装饰制品制造	外资企业	中型
373	南亚电子材料（惠州）有限公司	印制电路板制造	港澳台商独资	中型
374	双叶电子器件（惠州）有限公司	无线电遥控器	外商投资股份有限公司	中型
375	高意（惠州）家具有限公司	家具	港澳台商独资	中型
376	立嘉五金塑胶制品（惠州）有限公司	其他塑料制品制造	港澳台商独资	中型
377	田村电子（惠州）有限公司	电子元件及组件制造	港澳台商独资	中型
378	大隆饰品玩具（惠州）有限公司	墙画工艺品	港澳台商独资	中型
379	胜华电子（惠阳）有限公司	生产空白印刷电路板	其他有限责任公司	中型
380	广东富绅服饰有限公司	生产服装	其他有限责任公司	中型
381	惠州圣莲毛织实业有限公司	毛衫加工	港澳台商独资	中型
382	中潜股份有限公司	运动防护用具制造	港澳台商投资股份有限公司	中型
383	美盛隆制罐（惠州）有限公司	金属制品	港澳台商独资	中型
384	惠州市亚成电子制品厂	生产塑胶注塑件模具	集体	中型
385	仕达利恩（惠州）电子有限公司	微动开关生产	中外合资经营	中型

序号	单位详细名称	主要业务活动或产品	登记注册类型	规模
386	兴升精密部件（惠州）有限公司	生产喇叭密件	与港澳台商合资经营	中型
387	惠州 TCL 环境科技有限公司	提炼硫酸铜	其他有限责任公司	中型
388	华润水泥（惠州）有限公司	水泥制造	港澳台商独资	中型
389	丰兴精密产业（惠州）有限公司	主要生产精密零部件	中外合资经营	中型
390	宏发手袋（惠州）有限公司	箱包	港澳台商独资	中型
391	兴昂制革（惠州）有限公司	皮类加工	外资企业	中型
392	惠州市惠阳华丽鞋业有限公司	制造加工鞋及鞋类产品	港澳台商独资	中型
393	惠州市长润发涂料有限公司	涂料	私营有限责任公司	中型
394	惠州市金烽鞋业有限公司	皮鞋制造	私营有限责任公司	中型
395	惠州市佳雅实业有限公司	加工不干胶	其他有限责任公司	中型
396	宏凯鞋业（惠州）有限公司	生产皮鞋	港澳台商独资	中型
397	海志电池（惠州）有限公司	生产铅酸蓄电池	港澳台商独资	中型
398	惠州市丰源钢结构有限公司	生产加工、销售：钢结构制品、冷热扎带钢	其他有限责任公司	中型
399	惠州市惠阳区美思奇实业发展有限公司	生产销售电话机	港澳台商独资	中型
400	博罗县泰美镇淇虹和泰电子有限公司	电子元件及组件制造	私营有限责任公司	中型
401	华盛文具（惠州）有限公司	记事本	港澳台商独资	中型
402	三洋光部品（惠州）有限公司	生产超精密光学镜片	外资企业	中型
403	惠州硕贝德无线科技股份有限公司	生产手机天线	其他有限责任公司	中型
404	国统电器科技（惠州）有限公司	加湿器	外资企业	中型
405	荣晖电子（惠州）有限公司	电路板	港澳台商独资	中型
406	双鸿电子（惠州）有限公司	制造柔性线路板	港澳台商独资	中型
407	广东友钢钢铁有限公司博罗分公司	钢压延加工	其他有限责任公司	中型
408	力研时装（惠州）有限公司	男装	港澳台商独资	中型
409	惠州市万兆电子有限公司	电子产品	私营有限责任公司	中型
410	金大福五金制品（惠州）有限公司	其他金属制日用品制造	港澳台商独资	中型
411	惠州市恒利通精密部件有限公司	生产塑胶制品（音箱壳）	私营有限责任公司	中型
412	惠州市三力实业有限公司	生产金属制品	其他有限责任公司	中型
413	新信利实业（惠州）有限公司	自行车及零配件	港澳台商独资	中型
414	惠州市正牌科电有限公司	电子元器件生产	与港澳台商合资经营	中型
415	惠州市德立电子有限公司	电子元件及组件制造	其他有限责任公司	中型
416	惠州住成电装有限公司	生产汽车零配件	中外合资经营	中型
417	惠州威尔高电子有限公司	线路板	其他有限责任公司	中型
418	惠州荣信电器有限公司	电风扇	港澳台商独资	中型
419	龙亿科技（惠州）有限公司	生产碳纤维网球拍	外资企业	中型
420	宏礼织造厂（惠州）有限公司	毛衣、针织衫	港澳台商独资	中型

序号	单位详细名称	主要业务活动或产品	登记注册类型	规模
421	申泰电子（惠州）有限公司	连接器	外资企业	中型
422	惠州五和实业有限公司	塑胶餐具	私营有限责任公司	中型
423	惠州快捷五金制品有限公司	其他未列明金属制品制造	港澳台商独资	中型
424	瑞智精密机械(惠州)有限公司	生产泵	中外合资经营	中型
425	惠州超声音响有限公司	音箱	港澳台商独资	中型
426	TCL 显示科技（惠州）有限公司	生产液晶显示模组	中外合资经营	中型
427	建邦服装(惠州)有限公司	生产服装	外资企业	中型
428	惠州市泓淋科技有限公司	生产通信电缆	其他有限责任公司	中型
429	惠达机电（惠州）有限公司	生产电子电器	港澳台商独资	中型
430	惠州市西顿工业发展有限公司	生产销售照明灯具	私营有限责任公司	中型
431	惠东县吉隆瑞星鞋业有限公司	皮鞋制造	私营有限责任公司	中型
432	惠州市大亚湾飞达针织有限公司	生产针织毛衣	港澳台商独资	中型
433	惠州裕泰五金塑胶制品有限公司	加工钮扣	外资企业	中型
434	爱利生文教用品（惠州）有限公司	教学用模型及教具制造	外资企业	中型
435	惠州市超智鞋业有限公司	皮鞋制造	外资企业	中型
436	山阳精密部件(惠州)有限公司	生产数字摄录机新型机电元件	外资企业	中型
437	惠州兆骐礼品有限公司	生产肥皂	港澳台商独资	中型
438	志升企业(惠东)有限公司	不锈钢制造	港澳台商投资股份有限公司	中型
439	广东中旭服饰有限公司	牛仔服装	中外合资经营	中型
440	惠州忠信化工有限公司	生产苯酚、丙酮、双酚 A 等化工原料	港澳台商独资	中型
441	多向玩具（惠州）有限公司	生产塑胶玩具	港澳台商独资	中型
442	惠州市安得利服装有限公司	生产各种服装	港澳台商独资	中型
443	惠州市老铭人服饰有限公司	服装制造	其他内资	中型
444	惠州新华昌运输设备有限公司	集装箱制造	中外合资经营	中型
445	艾迪克复材科技（惠州）有限公司	生产自行车配件	港澳台商独资	中型
446	奥士康精密电路(惠州)有限公司	印刷电路板制造	港澳台商独资	中型
447	来百利(惠州)手套有限公司	丁腈手套	港澳台商独资	中型
448	惠州益伸电子有限公司	生产精密电子元件配件	外资企业	中型
449	惠州金叶电子有限公司	生产电子元器件	港澳台商独资	中型
450	惠州九鼎饲料科技有限公司	饲料加工	其他有限责任公司	中型
451	深圳市景田食品饮料有限公司罗浮百岁山分公司	瓶（罐）装饮用水制造	中外合资经营	中型
452	惠州天阳精密部品有限公司	模具设计制造	外资企业	中型
453	惠州天赏金属木业制品有限公司	烤炉	外资企业	中型
454	惠州新联业纺织有限公司	棉、化纤纺织加工	与港澳台商合作经营	中型
455	惠州市金龙羽电缆实业发展有限公司	生产电线电缆	其他有限责任公司	中型
456	惠州震浩塑胶制品有限公司	发泡胶片 、玩具、鞋类	外商投资股份有限公司	中型

序号	单位详细名称	主要业务活动或产品	登记注册类型	规模
457	惠州龙源鞋业有限公司	制鞋	港澳台商独资	中型
458	惠州欧亚家具有限公司	木质家具制造	外资企业	中型
459	惠州周银泰克电子有限公司	生产数码音响	外资企业	中型
460	盛宏光电（惠州）有限公司	生产光学模片	外资企业	中型
461	惠州市宝骏塑料五金制品有限公司	生产塑料储物盒	港澳台商独资	中型
462	惠州莱茵厨卫制品有限公司	生产销售不锈钢水槽	中外合资经营	中型
463	惠州君超电子有限公司	电子元件及组件制造	港澳台商独资	中型
464	贝卡尔特（惠州）钢帘线有限公司	生产汽车轮胎用钢丝帘线	港澳台商独资	中型
465	万利玩具（惠州）有限公司	布料填充玩具	港澳台商独资	中型
466	惠州市海韵电子有限公司	生产音圈	其他有限责任公司	中型
467	惠州市永隆电路有限公司	线路板	港澳台商独资	中型
468	惠州市星河洲实业发展有限公司	钣金结构件加工	私营有限责任公司	中型
469	惠州国展电子有限公司	生产柔性线路板	其他有限责任公司	中型
470	大中塑胶电子礼品（惠州）有限公司	塑料零件制造	外资企业	中型
471	海德运动器材（惠州）有限公司	制造网球、壁球	外资企业	中型
472	伟志精密五金塑胶（惠州）有限公司	生产胶片、胶壳	与港澳台商合资经营	中型
473	讯达康通讯（惠州）有限公司	光纤收发器	港澳台商独资	中型
474	东保利电业（惠州）有限公司	生产蒸汽电熨斗	外资企业	中型
475	东保达电子（惠州）有限公司	生产电熨斗	外资企业	中型
476	惠州市一电电池技术有限公司	密封型免维护蓄电池制造	私营有限责任公司	中型
477	惠州万盛兴五金制品有限公司	生产五金制品	与港澳台商合资经营	中型
478	惠州迪威信家庭用品有限公司	相框	港澳台商独资	中型
479	宝嘉耀华（惠州）制衣有限公司	服装	外资企业	中型
480	东方化成（惠州）精密制品有限公司	汽车制造	港澳台商独资	中型
481	力硕电子（惠州）有限公司	生产电源供应器	港澳台商独资	中型
482	嘉科运动器材（惠州）有限公司	网球拍	外资企业	中型
483	亚伦工业科技（惠州）有限公司	电热水壶	港澳台商独资	中型
484	惠州群富精密组件有限公司	塑料制造	港澳台商独资	中型
485	惠东县源利通鞋业有限公司	制鞋	私营有限责任公司	中型
486	广东惠州平海发电厂有限公司	火力发电	其他有限责任公司	中型
487	丽影电器（惠州）有限公司	电子节能灯制造	港澳台商独资	中型
488	广东比帆制衣有限公司	机织服装制造	与港澳台商合资经营	中型
489	博罗承创精密工业有限公司	电子元件及组件制造	外资企业	中型
490	启丰实业（惠州）有限公司	玩具制造	港澳台商独资	中型
491	雅芳婷家纺（惠州）有限公司	生产床垫	与港澳台商合资经营	中型
492	惠州伟志电子有限公司	印制电路板制造	私营有限责任公司	中型

序号	单位详细名称	主要业务活动或产品	登记注册类型	规模
493	祐明塑胶电子（惠州）有限公司	生产电脑电子塑胶产品	港澳台商独资	中型
494	惠州卡美欧通讯有限公司	生产移动手机、生产数字电视机、生产平板电	港澳台商独资	中型
495	惠州市恒都电子有限公司	DVD 车载导航	港澳台商独资	中型
496	安全电具（惠州）有限公司	其他未列明电气机械及器材制造	港澳台商独资	中型
497	英特卡机电（惠州）有限公司	洗手液樽	港澳台商独资	中型
498	惠州市合升电子有限公司	生产汽车音响	中外合资经营	中型
499	广东科士达工业科技有限公司	生产 UPS 不间断电源	与港澳台商合资经营	中型
500	澳达树熊涂料（惠州）有限公司	涂料制造	与港澳台商合资经营	中型
501	鼎鹏碳纤科技（惠州）有限公司	生产自行车配件	外资企业	中型
502	惠州市宝雅家居用品有限公司	生产经营床垫、床具、床上用品	私营有限责任公司	中型
503	惠州市秋叶原实业有限公司	电线、电缆制造	私营有限责任公司	中型
504	惠州市德康兴家居用品有限公司	家居用品	私营有限责任公司	中型
505	扬尚电子（惠州）有限公司	电感器	港澳台商独资	中型
506	澳宝化妆品（惠州）有限公司	生产沐浴露	港澳台商独资	中型
507	惠州市星之光科技有限公司	生产线路板	私营有限责任公司	中型
508	宝凯皮件（惠州）有限公司	生产鞋、靴	港澳台商独资	中型
509	惠州市华阳精机有限公司	汽车配件	与港澳台商合资经营	中型
510	惠州元晖光电股份有限公司	生产发光 LED 发光灯	港澳台商投资股份有限公司	中型
511	惠州市荣峰实业有限公司	表带加工	其他有限责任公司	中型
512	惠州市嘉培工艺制品有限公司	手袋	港澳台商独资	中型
513	博罗康佳精密科技有限公司	印制电路板制造	与港澳台商合资经营	中型
514	惠州华力包装有限公司	瓦塄纸板及纸箱及其他印刷	港澳台商独资	中型
515	惠州市海韵电器有限公司	生产音圈	港澳台商独资	中型
516	惠州市金泰制衣有限公司	各类服装制造	港澳台商独资	中型
517	博罗县罗浮山林场木器工艺卡板厂	材加工	集体	中型
518	博罗县龙华镇金峰塑胶原料加工厂	非金属废料和碎屑加工处理	私营有限责任公司	中型
519	惠州市忠盛鞋业有限公司	皮鞋制造	私营有限责任公司	中型
520	惠州世一软式线路板厂	生产 FPC	集体	中型
521	惠州市伟明鞋业有限公司	皮鞋制造	私营有限责任公司	中型
522	惠阳区秋长塑胶厂	塑胶电动玩具	港澳台商独资	中型
523	广东信利达鞋业有限公司	皮鞋制造	其他有限责任公司	中型

12-27　全市重点工业企业名单

（2013 年）

序号	单位详细名称	序号	单位详细名称
1	惠州三星电子有限公司	37	信华精机有限公司
2	中海石油炼化有限责任公司惠州炼化分公司	38	TCL 显示科技（惠州）有限公司
3	中海壳牌石油化工有限公司	39	惠州市华阳多媒体电子有限公司
4	广东省电力集团有限公司惠州供电分公司	40	惠州忠信化工有限公司
5	中海石油开氏石化有限责任公司	41	惠州兴达石化工业有限公司
6	惠州 TCL 移动通信有限公司	42	惠州塔牌水泥有限公司
7	惠州比亚迪电子有限公司	43	惠州市德赛西威汽车电子有限公司
8	伯恩光学（惠州）有限公司	44	普利司通（惠州）轮胎有限公司
9	ＴＣＬ王牌电器（惠州）有限公司	45	TCL 瑞智（惠州）制冷设备有限公司
10	ＴＣＬ光电科技（惠州）有限公司	46	索尼精密部件（惠州）有限公司
11	中海油能源发展股份有限公司惠州石化分公司	47	安品达精密工业（惠州）有限公司
12	惠州市金龙羽电缆实业发展有限公司	48	中国神华能源股份有限公司国华惠州热电分公司
13	惠州华源轩家具有限公司	49	东风本田汽车零部件有限公司
14	龙旗电子（惠州）有限公司	50	ＴＣＬ罗格朗国际电工（惠州）有限公司
15	乐金电子部品（惠州）有限公司	51	广东惠州天然气发电有限公司
16	广东惠州平海发电厂有限公司	52	广东京兰汽车有限公司
17	惠州科锐半导体照明有限公司	53	惠州太平货柜有限公司
18	乐金电子（惠州）有限公司	54	惠州新华昌运输设备有限公司
19	日立乐金光科技（惠州）有限公司	55	华通精密线路板（惠州）有限公司
20	ＴＣＬ通力电子（惠州）有限公司	56	惠东美新塑木型材制品有限公司
21	惠州住润电装有限公司	57	至远彩色印刷工业（惠州）有限公司
22	ＴＣＬ海外电子（惠州）有限公司	58	广东友钢钢铁有限公司博罗分公司
23	惠州比亚迪电池有限公司	59	惠州雷士光电科技有限公司
24	惠州市光大水泥企业有限公司	60	惠州比亚迪实业有限公司
25	惠州市德赛电池有限公司	61	深圳市景田食品饮料有限公司罗浮百岁山分公司
26	惠阳联想电子工业有限公司	62	惠州住成电装有限公司
27	博罗县聚缘五金有限公司	63	天宝电子（惠州）有限公司
28	敏华家具制造（惠州）有限公司	64	惠州亿纬锂能股份有限公司
29	华通电脑（惠州）有限公司	65	惠州惠菱化成有限公司
30	惠州市蓝微电子有限公司	66	嘉士伯啤酒（广东）有限公司
31	大统营（惠州）科技有限公司	67	广东伊利乳业有限责任公司
32	惠东县华业铸造厂	68	惠州中创化工有限责任公司
33	惠州华阳通用电子有限公司	69	美律电子（惠州）有限公司
34	世一电子科技（惠州）有限公司	70	胜宏科技（惠州）股份有限公司
35	惠东县晓亨铸造厂	71	富来电子（惠州）有限公司
36	惠州李长荣橡胶有限公司	72	惠州大亚湾光弘科技电子有限公司

注：本表为现价工业总产值 5000 万元及以上的工业企业。

12-27 续表 1　　（2013 年）

序号	单位详细名称	序号	单位详细名称
73	惠州市大鼎电子有限公司	109	先进科技（惠州）有限公司
74	记忆科技电子（惠州）有限公司	110	威世电子（惠州）有限公司
75	隆发鞋业（惠州）有限公司	111	惠州市创仕实业有限公司
76	惠阳中建电讯制品有限公司	112	惠州市中航科技工业有限公司
77	惠州侨兴电讯工业有限公司	113	惠阳源高电器有限公司
78	凯赫威（惠州）精密制造有限公司	114	惠州市华阳数码特电子有限公司
79	惠阳东亚电子制品有限公司	115	伊连特电子（惠州）有限公司
80	德赛电子（惠州）有限公司	116	惠州卡美欧通讯有限公司
81	惠州古河汽配有限公司	117	科时电子（惠州）有限公司
82	惠州美锐电子科技有限公司	118	惠州市捷壳工贸有限公司
83	惠州住润电子装备有限公司	119	惠州市恒信亿丰金属制品有限公司
84	惠州市裕元华阳精密部件有限公司	120	惠州市升华工业有限公司
85	格林精密部件（惠州）有限公司	121	盛威尔（惠州）电缆科技有限公司
86	惠州超声音响有限公司	122	骏达制衣厂（惠州）有限公司
87	惠州九鼎饲料科技有限公司	123	惠州皇冠制罐有限公司
88	惠州市金山电子有限公司	124	惠州市德邦实业有限公司
89	惠州海格电气有限公司	125	惠阳科惠工业科技有限公司
90	广东电网公司惠州龙门供电局	126	晶惠工业（惠州）有限公司
91	智盛（惠州）石油化工有限公司	127	惠州市广恒钢五金制品有限公司
92	德联覆铜板（惠州）有限公司	128	惠州天赏金属木业制品有限公司
93	惠州宝柏包装有限公司	129	惠州大亚湾永昶科技电子有限公司
94	基准精密工业（惠州）有限公司	130	广东新美锐科技有限公司
95	惠阳东威电子制品有限公司	131	惠州优爱特电子有限公司
96	惠州市港盈鞋业有限公司	132	华润水泥（惠州）有限公司
97	盛宏光电（惠州）有限公司	133	东阳（博罗）电子有限公司
98	奇胜工业（惠州）有限公司	134	惠阳兆吉鞋业有限公司
99	南亚电子材料（惠州）有限公司	135	惠州住润汽车部品有限公司
100	广东九联科技股份有限公司	136	广东湘大骆驼饲料有限公司
101	讯强电子惠州有限公司	137	惠州市和宏电线电缆有限公司
102	惠州硕贝德无线科技股份有限公司	138	骏亚（惠州）电子科技有限公司
103	普利司通（惠州）合成橡胶有限公司	139	博罗康佳精密科技有限公司
104	恒昌涂料（惠阳）有限公司	140	广东太古可口可乐（惠州）有限公司
105	惠州住润汽车线业有限公司	141	惠州深能源丰达电力有限公司
106	惠州住电电装有限公司	142	阿富特电子（惠州）有限公司
107	雅美工业（惠阳）有限公司	143	惠州合正电子科技有限公司
108	龙门县密溪林场	144	兴昂制革（惠州）有限公司

12-27 续表 2　　（2013 年）

序号	单位详细名称	序号	单位详细名称
145	惠州市恒都电子有限公司	181	惠州杰出皮革制品有限公司
146	立隆电子（惠州）有限公司	182	光宝钢铁（惠州）有限公司
147	惠州市璇瑰精密技术工业有限公司	183	博罗县园洲罗浮山水泥有限公司
148	惠州信兴荣电业塑胶有限公司	184	博罗县温氏畜牧有限公司（饲料厂）
149	惠州市鹏星电力器材有限公司	185	奥士康精密电路（惠州）有限公司
150	建业科技电子（惠州）有限公司	186	惠州市力信电子有限公司
151	惠州鼎智通讯有限公司	187	惠州市德赛集团视听科技有限公司
152	惠州罗浮山旋窑水泥有限公司	188	慧怡织造（惠州）有限公司
153	富电电子（惠州）有限公司	189	惠州顺兴食品有限公司
154	博罗县罗浮山林场木器工艺卡板厂	190	澳宝化妆品（惠州）有限公司
155	南亚塑胶工业（惠州）有限公司	191	旭辉磁石制造（惠州）有限公司
156	惠州市健和光电有限公司	192	惠阳亚伦塑胶电器实业有限公司
157	惠州市博美化妆品有限公司	193	惠州君超电子有限公司
158	友威光电（惠州）有限公司	194	鑫双利（惠州）树脂有限公司
159	喜斯达电器（惠州）有限公司	195	惠州爱而泰可塑料包装有限公司
160	惠州住金锻造有限公司	196	博罗县石湾镇群力电子文具有限公司
161	惠州震雄铜导体有限公司	197	惠州市红墙化学建材有限公司
162	惠州市凯越电子有限公司	198	广东富康电梯有限公司
163	惠州铂科磁材有限公司	199	惠州市源森木业有限公司
164	惠州市诚业家具有限公司	200	启兴（博罗）金属制品厂有限公司
165	惠州志顺电子实业有限公司	201	惠州海格科技有限公司
166	惠州建邦精密塑胶有限公司	202	惠州市粤泰翔科技有限公司
167	志源塑胶制品（惠州）有限公司	203	金大福五金制品（惠州）有限公司
168	惠州艺都文化用品有限公司	204	通威股份有限公司惠州分公司
169	中建钢构阳光惠州有限公司	205	惠州侨兴电子科技有限公司
170	惠州福和纸业有限公司	206	多向玩具（惠州）有限公司
171	博罗县泰美镇淇虹和泰电子有限公司	207	惠州市兆光光电科技有限公司
172	广东科士达工业科技有限公司	208	惠州东风易进工业有限公司
173	惠州 TCL 王牌高频电子有限公司	209	惠州大成精密科技有限公司
174	广东罗浮山国药股份有限公司	210	盛龙纺织（惠州）有限公司
175	惠州中京电子科技股份有限公司	211	惠州锦胜包装有限公司
176	博罗县永联手套有限公司	212	惠州富士电梯有限公司
177	惠州南旋毛织厂有限公司	213	惠州市华晟电子线材有限公司
178	立森（博罗）木器有限公司	214	惠州国强水泥有限公司
179	惠东县东进保鲜肉类有限公司	215	博罗县利达手套有限公司
180	瑞智精密机械（惠州）有限公司	216	宏凯鞋业（惠州）有限公司

序号	单位详细名称	序号	单位详细名称
217	海志电池（惠州）有限公司	253	田村电子（惠州）有限公司
218	惠州市海龙模具塑料制品有限公司	254	惠州市盛达化工有限公司
219	南泰印整（惠州）有限公司	255	惠州三美音响技术有限公司
220	惠州市城市燃气发展有限公司	256	伟全化纤（惠州）有限公司
221	惠阳国威运动器材有限公司	257	安特（惠州）工业有限公司
222	宝凯皮件（惠州）有限公司	258	惠州市九惠制药股份有限公司
223	博罗县石湾镇景鸿毛织制衣厂	259	三洋光部品（惠州）有限公司
224	惠州市惠阳双新水泥有限公司	260	博罗县龙华镇金峰塑胶原料加工厂
225	惠州亚华胶粘带有限公司	261	博罗县长宁喜运来印刷制品有限公司
226	惠州市汇星印刷有限公司	262	惠州市冠峰建材有限公司
227	惠州市好的板科技有限公司	263	渤海电子（惠州）有限公司
228	凯丰机电五金制品（惠州）有限公司	264	博罗县固力建材有限公司
229	申泰电子（惠州）有限公司	265	惠州建亿织造有限公司
230	立敦电子科技（惠州）有限公司	266	仕达利恩（惠州）电子有限公司
231	惠州三华工业有限公司	267	惠州市航鑫不锈钢制品有限公司
232	博罗县石湾铁场皇积精机电子厂	268	海德运动器材（惠州）有限公司
233	惠州元晖光电股份有限公司	269	千住金属（惠州）有限公司
234	惠州市年年丰粮油有限公司	270	惠州市宙邦化工有限公司
235	惠州市西顿工业发展有限公司	271	广东华联兴业电子有限公司
236	博罗承创精密工业有限公司	272	雅芳婷家纺（惠州）有限公司
237	联合铜箔（惠州）有限公司	273	惠州威尔高电子有限公司
238	惠州市东江河砂经营有限公司	274	康惠（惠州）半导体有限公司
239	惠州三富服装有限公司	275	中潜股份有限公司
240	东山电池工业（中国）有限公司	276	贝卡尔特（惠州）钢帘线有限公司
241	惠州市华宝饲料有限公司	277	惠州美明塑胶有限公司
242	大昌树脂（惠州）有限公司	278	普莱克斯（惠州）工业气体有限公司
243	惠州汇聚电线制品有限公司	279	广东中旭服饰有限公司
244	惠州市纳伟仕视听科技有限公司	280	惠州雷曼光电科技有限公司
245	先驱塑胶电子（惠州）有限公司	281	惠州时代电池有限公司
246	亚洲创建（惠州）木业有限公司	282	诚信漆包线（惠州）有限公司
247	惠州市国朋印刷有限公司	283	惠州市宝岛箱包制品有限公司
248	惠州市惠阳区淡水鸿通电子厂	284	惠州市老铭人服饰有限公司
249	利山矿业股份有限公司	285	惠州市大亚湾科翔科技电路板有限公司
250	东嵘电子科技（惠州）有限公司	286	乐庭电线工业（惠州）有限公司
251	惠州 TCL 环境科技有限公司	287	惠州 TCL 金能电池有限公司
252	惠州力运织造厂有限公司	288	力硕电子（惠州）有限公司

序号	单位详细名称	序号	单位详细名称
289	惠州硕立精密科技有限公司	325	博罗县杨村镇雅斯丽人造首饰有限公司
290	科莱恩化工（惠州）有限公司	326	惠州市米琦通信设备有限公司
291	广东比帆制衣有限公司	327	惠州荣信电器有限公司
292	南益热转印花（惠州）有限公司	328	韩城精密（惠州）有限公司
293	胜华电子（惠阳）有限公司	329	惠州 TCL 照明电器有限公司
294	立嘉五金塑胶制品（惠州）有限公司	330	美合源家具（惠州）有限公司
295	惠州安特科技工业有限公司	331	双叶电子器件（惠州）有限公司
296	伟全电子（惠州）有限公司	332	惠州奥尔提精密部品有限公司
297	东保利电业（惠州）有限公司	333	惠州强雳日常用品制造有限公司
298	惠州市长润发涂料有限公司	334	惠州市宏利五金塑胶制品厂有限公司
299	博罗龙华宾华皮革有限公司	335	来百利（惠州）手套有限公司
300	长银（博罗）电子五金制品有限公司	336	惠州真华美服装有限公司
301	惠州市泰格威电池有限公司	337	惠州安东五金塑胶电子有限公司
302	博罗县港泰印染厂	338	惠州信立工业有限公司
303	惠州大亚湾市政广兴混凝土有限公司	339	惠州极帝电子有限公司
304	惠州市自来水总公司	340	嘉宜科技（惠州）有限公司
305	惠州鸿通电子有限公司	341	伟明树脂制品（博罗）有限公司
306	博罗县嘉盛源电子有限公司	342	惠州建华管桩有限公司
307	惠州市永隆电路有限公司	343	惠州欧亚家具有限公司
308	惠达机电（惠州）有限公司	344	惠州市华聚塑化科技有限公司
309	惠州乐庭电子线缆有限公司	345	博罗县仁和织造制衣有限公司
310	惠州市宝湖建材制造有限公司	346	博罗县长宁强沥日常用品制造厂
311	惠州亚珠钢铁加工有限公司	347	杰希智能居家用品科技（惠州）有限公司
312	和幸技研（惠州）有限公司	348	惠州伟志电子有限公司
313	青上化工（惠州）有限公司	349	柏林（惠州）科技化工有限公司
314	惠州市广田人造板有限公司	350	惠州市科力磁元有限公司
315	澳达树熊涂料（惠州）有限公司	351	惠州市一电电池技术有限公司
316	奔迈颂怡塑胶钢制品（惠州）有限公司	352	博罗伟业皮革制品有限公司
317	巴斯夫造纸化学品（惠州）有限公司	353	博罗县石湾百盛利五金货架有限公司
318	博罗县惠湖五金制品厂	354	惠州市德康兴家居用品有限公司
319	高意（惠州）家具有限公司	355	欧美时（惠州）表业有限公司
320	超美精密工业（惠州）有限公司	356	建盛荣电子（惠州）有限公司
321	惠州大亚湾汇利日用制品有限公司	357	惠州莱茵厨卫制品有限公司
322	泰山石膏（广东）有限公司	358	惠州周银泰克电子有限公司
323	博罗县添丰织染实业有限公司	359	惠州市汉派电池科技有限公司
324	大中塑胶电子礼品（惠州）有限公司	360	声电电子科技（惠州）有限公司

序号	单位详细名称	序号	单位详细名称
361	博罗石湾致丰织染有限公司	397	博罗县凯隆工艺饰品有限公司
362	惠州市星之光科技有限公司	398	华锋微线电子（惠州）工业有限公司
363	惠州东和数码科技有限公司	399	惠州大亚湾石化动力热力有限公司
364	惠州市惠宝佳牧饲料有限公司	400	龙亿科技（惠州）有限公司
365	惠州市贝特瑞新材料科技有限公司	401	惠州兆骐礼品有限公司
366	惠州市澳华饲料有限公司	402	钜弘不锈钢（惠州）有限公司
367	龙门县塔山竹木制品有限公司	403	广东省博罗县园洲勤达印务有限公司
368	明丰五金制品（惠州）有限公司	404	大隆饰品玩具（惠州）有限公司
369	博罗璟太元服饰有限公司	405	惠州艺都影像科技有限公司
370	创乐电子实业（惠州）有限公司	406	华业工业织造（惠州）有限公司
371	华盛文具（惠州）有限公司	407	惠州华尔锋电器有限公司
372	惠州市星河洲实业发展有限公司	408	百朗楼宇电气用品（惠州）有限公司
373	亚伦工业科技（惠州）有限公司	409	广东惠州粤华电力有限公司
374	惠州麒华五金制品有限公司	410	惠州市康冠技术有限公司
375	高铭电子（惠州）有限公司	411	博罗县裕升染织有限公司
376	惠州市健活木器制品有限公司	412	惠州长龙化工有限公司
377	惠州新丰音响有限公司	413	远东陶瓷制品（博罗）有限公司
378	惠州市容大油墨有限公司	414	高业制衣（惠州）有限公司
379	惠州市博艺黄金珠宝有限公司	415	广东信利达鞋业有限公司
380	广东菲安妮皮具股份有限公司	416	惠州市宝雅家居用品有限公司
381	博罗合义电化有限公司	417	惠州皇威制衣有限公司
382	礼恩派工业（惠州）有限公司	418	中泰（惠州）金属制品有限公司
383	泰和电路科技（惠州）有限公司	419	扬尚电子（惠州）有限公司
384	惠州佳扬电子科技有限公司	420	惠州市华阳精机有限公司
385	博罗时特首饰制品有限公司	421	广东千叶松化工有限公司
386	博罗县园洲嘉和塑胶电子有限公司	422	博罗县信隆电工材料有限公司
387	惠州春昶五金塑料有限公司	423	巴川影像科技（惠州）有限公司
388	广东中航特种玻璃技术有限公司	424	博罗县园洲镇鑫骏塑料金属有限公司
389	金科五金塑胶（惠州）有限公司	425	利佳电讯（惠州）有限公司
390	博罗县石湾致玮精机电子厂	426	宝嘉耀华（惠州）制衣有限公司
391	椿升木业（惠阳）有限公司	427	惠州市煌粮实业有限公司
392	联毅电子（惠州）有限公司	428	柏承电子（惠阳）有限公司
393	博罗县石湾明钧源电子有限公司	429	协顺灯饰（惠州）有限公司
394	博罗县力群纺织化工有限公司	430	佳都（惠州）制衣有限公司
395	惠州市金顺来服饰有限公司	431	千石家电（惠州）有限公司
396	惠州市荟宝饲料有限公司	432	创维液晶器件（深圳）有限公司惠州分公司

序号	单位详细名称	序号	单位详细名称
433	博罗县雍圣电脑刺绣商标制造有限公司	469	惠东伟康橡塑制品有限公司
434	惠州市爱华仕运动用品有限公司	470	启丰实业（惠州）有限公司
435	惠州市长溢模具有限公司	471	惠东县威达机铸制品有限公司
436	博罗石湾帝克电子有限公司	472	惠州元太实业有限公司
437	博罗新洲皮业有限公司	473	新生港源鞋厂（惠阳）有限公司
438	博罗县石湾伟仕塑胶五金厂	474	隆裕鞋业（惠州）有限公司
439	惠州市惠阳环球数码科技设备有限公司	475	博罗县园洲金利五金有限公司
440	惠州伸勇电子材料有限公司	476	惠州市恒利通精密部件有限公司
441	惠州市惠华实业有限公司	477	博罗县鸿信金属（表业）制品厂有限公司
442	博罗县石湾镇湖山鸿达毛织制衣厂	478	惠东县嘉兴隆塑胶厂有限公司
443	博罗县九潭班信线路板厂	479	惠州市建科实业有限公司
444	惠州超霸电化产品有限公司	480	惠州智科实业有限公司
445	国统电器科技（惠州）有限公司	481	惠州速力特工业有限公司
446	久田伞业（惠阳）有限公司	482	高新锡业（惠州）有限公司
447	惠州市特创电子科技有限公司	483	惠州市银宝山新科技有限公司
448	惠州迪威信家庭用品有限公司	484	广东瑞捷光电股份有限公司
449	惠州盛晨金属有限公司	485	钧星精密部件（惠州）有限公司
450	惠州市宝丰信息科技有限公司	486	欧蒙特电子（惠州）有限公司
451	佳丽化工（惠州）有限公司	487	惠州市盛世龙实业有限公司
452	惠州国展电子有限公司	488	博罗县石湾聚龙化工有限公司
453	博罗县德荣制衣有限公司	489	惠州市华阳光电技术有限公司
454	美雅（惠州）化妆品有限公司	490	统森（博罗）塑胶有限公司
455	惠州市远东鞋业有限公司	491	铠利五金机械（惠州）有限公司
456	惠州圣莲毛织实业有限公司	492	崇基五金塑胶（惠州）有限公司
457	博罗县九潭弘亿电子制造厂	493	惠州新联业纺织有限公司
458	惠州长城开发科技有限公司	494	荣晖电子（惠州）有限公司
459	广东金新农饲料有限公司	495	博罗县园洲水围五金塑料有限公司
460	惠州市沃特新材料有限公司	496	阪超手袋（惠州）有限公司
461	惠州市惠阳华丽鞋业有限公司	497	鼎富电子（惠州）有限公司
462	博罗县立泰塑胶五金制品有限公司	498	惠东县金山陶瓷有限公司
463	博罗县杨村镇得杨灯饰厂	499	惠州市太基电子实业有限公司
464	兴宇电子（惠州）有限公司	500	惠州市颂誉玻璃有限公司
465	惠州鸿兴建筑五金制造有限公司	501	惠州聆韵科技有限公司
466	金利兴（惠州）制衣有限公司	502	泰洋光电（惠州）有限公司
467	广东睿立宝莱科技股份有限公司	503	惠州祝贺礼品有限公司
468	台森（博罗）轻工有限公司	504	三龙（惠州）化纤有限公司

12-27 续表 7　　（2013 年）

序号	单位详细名称	序号	单位详细名称
505	星华科技（惠州）有限公司	541	惠州华力包装有限公司
506	广东富绅服饰有限公司	542	丽影电器(惠州)有限公司
507	博罗县创联实业有限公司	543	惠州太胜预拌混凝土有限公司
508	南亚塑胶胶膜(惠州)有限公司	544	壮钢金属(惠州)有限公司
509	惠东伟盛制衣有限公司	545	惠兰灯饰（惠东）有限公司
510	惠州利宝粘剂有限公司	546	惠州市金百泽电路科技有限公司
511	惠州市德赛工业发展有限公司	547	惠州金山线束科技有限公司
512	惠州市胜源纸品有限公司	548	惠州辉煌涂料有限公司
513	利安五金塑胶制品(惠州)有限公司	549	惠州市超智鞋业有限公司
514	有利华建材(惠州)有限公司	550	中海油能源发展股份有限公司采油技术服务惠州分公司
515	大金空调（上海）有限公司惠州分公司	551	惠州市道科包装材料有限公司
516	国纳合成革（惠州）有限公司	552	新信利实业（惠州）有限公司
517	惠阳中建塑胶产品有限公司	553	龙门县永合竹制品有限公司
518	惠州朝富家具实业有限公司	554	华励包装（惠州）有限公司
519	名豪木业（惠州）有限公司	555	比奥德(惠州)食品有限公司
520	惠州 TCL 通讯电子有限公司	556	博罗县园洲镇成丰五金厂
521	国恒电子（惠州）有限公司	557	惠州华润建材有限公司
522	惠州上曜塑胶开发科技有限公司	558	龙门县绿科竹木加工有限公司
523	惠阳钰原工业有限公司	559	博罗县东阳糖业食品有限公司
524	惠州市骏洋塑胶有限公司	560	达能益力(惠州)饮品有限公司
525	美盛隆制罐（惠州）有限公司	561	惠州市斯瑞尔环境化工有限公司
526	精密金属成形(惠州)有限公司	562	惠州市科信达电子有限公司
527	锦多（惠州）国际企业有限公司	563	联宏灯饰（惠州）有限公司
528	华庆健身科技（惠州）有限公司	564	惠州市丰源钢结构有限公司
529	博罗县石湾三和制衣有限公司	565	精塑汽配科技（惠州）有限公司
530	惠州市金泰制衣有限公司	566	广东新峰药业股份有限公司
531	龙门协成新材料有限公司	567	惠州市精鑫铝业科技有限公司
532	惠东县港惠针织有限公司	568	惠州市翔汉家具有限公司
533	博罗柏塘同生实业有限公司	569	惠州大亚湾鸿通工业有限公司
534	宝华塑胶玩具厂（惠州）有限公司	570	惠阳区淡水港泰塑胶玩具厂
535	大进制衣厂(惠州)有限公司	571	惠州市宝骏塑料五金制品有限公司
536	惠州港泰塑胶电子制品有限公司	572	惠州新泰美纺织有限公司
537	惠州典展五金制品有限公司	573	广东得胜电子有限公司
538	惠州中记家具制造有限公司	574	雍华国际(惠州)电子有限公司
539	惠州艾特娜家具有限公司	575	中海科技(惠州)有限公司
540	惠州市三协精密有限公司	576	惠州市溢民塑胶有限公司

12-27 续表 8 （2013 年）

序号	单位详细名称	序号	单位详细名称
577	博罗县新宏兴纤维板有限公司	613	惠阳东美音响制品有限公司
578	惠州群富精密组件有限公司	614	宝星磁电工业（惠州）有限公司
579	广东浦光电线电缆有限公司	615	长泰化学工业（惠州）有限公司
580	广龙电子部件（惠州）有限公司	616	杰森石膏板（惠州）有限公司
581	博罗县园洲华达制衣厂	617	普视达（惠州）电子科技有限公司
582	惠州市泰兴织染制衣有限公司	618	惠州市飞泰科数字装备有限公司
583	惠州市泓淋科技有限公司	619	惠州市信牌电缆有限公司
584	惠州大亚湾溢源净水有限公司	620	惠州玛骐摩托车有限公司
585	中城电子科技（惠州）有限公司	621	惠州市宏商电气有限公司
586	惠州蒙特莉皮具加工有限公司	622	博罗养之源饲料科技有限公司
587	惠州市海能天地通通信设备有限公司	623	惠州市惠强塑料包装有限公司
588	龙门县裕泰漂染业有限公司	624	惠东县黄埠镇华江鞋业有限公司
589	博罗县泰美利达皮革厂	625	惠州市锦湖实业发展有限公司
590	惠州市华保化工有限公司	626	桦耀木业（惠阳）有限公司
591	惠州市惠阳区美思奇实业发展有限公司	627	博罗县泰美长达皮革厂
592	惠州市住润汽车回路技术有限公司	628	威达机铸玩具制品（惠东）有限公司
593	惠州市晟荣生物科技有限公司	629	惠州万盛兴五金制品有限公司
594	广东睡冬宝家用纺织品有限公司	630	惠州市惠阳区金亿达铝制品有限公司
595	惠州五和实业有限公司	631	惠州世通皮具制品有限公司
596	惠州三盛电子有限公司	632	惠州市昌晖金属制品有限公司
597	惠州力豪服装有限公司	633	龙门县鸿业纺织制衣漂染有限公司
598	来士达劳保（惠州）有限公司	634	博罗立峰川大实业有限公司
599	丰兴精密产业（惠州）有限公司	635	龙门县景龙生物能源有限公司
600	汉辉照相器材（惠东）有限公司	636	惠信精密部件有限公司
601	惠州市三强线路有限公司	637	龙门县良好农特产品有限公司
602	惠州市华明达电器有限公司	638	惠阳荣双制伞工业有限公司
603	东渡电子（惠阳）有限公司	639	惠州市瑞钢钢构有限公司
604	惠州信邦表面处理有限公司	640	吉悠电子（惠州）有限公司
605	惠州市惠阳区自来水发展总公司	641	同健（惠阳）电子有限公司
606	惠州市海韵电器有限公司	642	惠州市港利印刷有限公司
607	惠州天宇手袋有限公司	643	惠州市俊达美电子科技有限公司
608	力信科技（惠州）有限公司	644	惠州东洋电子有限公司
609	博罗县全成电子有限公司	645	杰成工业（惠州）有限公司
610	惠州市坤洋实业有限公司	646	惠州快捷五金制品有限公司
611	惠州市银宝山新实业有限公司	647	惠州市荣康顺建筑材料制品有限公司
612	大洋塑胶（惠州）有限公司	648	惠阳维信纺织工业有限公司

12–27 续表 9　　（2013 年）

序号	单位详细名称	序号	单位详细名称
649	惠州市永兴达蓄电池有限公司	685	格瑞夫（惠州）包装有限公司
650	广东雪榕生物科技有限公司	686	惠州市大展家具有限公司
651	惠州宏丰电器有限公司	687	惠州市南方水务有限公司
652	惠州市恒兴达再生资源有限公司	688	道生汽车空调（惠州）有限公司
653	乾瑞化工（惠州）有限公司	689	爱利生文教用品（惠州）有限公司
654	惠州市伟乐科技有限公司	690	广东省艾希德药业有限公司
655	汉精益服装（惠州）有限公司	691	胜伟新织造制衣（惠州）有限公司
656	建邦服装（惠州）有限公司	692	惠东县铁涌镇源塑橡胶鞋底加工厂
657	博罗县园洲镇达泰制衣有限公司	693	惠州中水水务发展有限公司
658	金山电化工业（惠州）有限公司	694	惠州中慧电子有限公司
659	华润混凝土（惠州）有限公司	695	惠州佑业精密机电有限公司
660	惠州市汇能热力有限公司	696	惠州市肌缘日用化工有限公司
661	惠州精玖旺硬质合金有限公司	697	惠州市永展家具有限公司
662	惠州市合升电子有限公司	698	惠州威俊塑胶制品有限公司
663	剂吉泰光电科技（惠州）有限公司	699	惠州龙源鞋业有限公司
664	惠州市海韵电子有限公司	700	惠州市南钢金属压延有限公司
665	讯达康通讯（惠州）有限公司	701	惠州新明生皮革制品有限公司
666	冠明电器（惠州）有限公司	702	博罗县创丰木业有限公司
667	惠东县金华盛家私有限公司	703	惠州纳诺泰克合金科技有限公司
668	广东海纳农业有限公司	704	惠州泰富织造有限公司
669	惠州市新天健服装有限公司	705	惠州市德赛智能科技有限公司
670	博罗冠业电子有限公司	706	惠州市恒升实业有限公司
671	惠州市龙德科技有限公司	707	惠州市华阳光学技术有限公司
672	惠州市富昌矿业有限公司	708	美家化工（惠州）有限公司
673	兴茂（惠阳）电器有限公司	709	龙门县汉兴织染有限公司
674	惠东县振达鞋业有限公司	710	联顺电子（惠阳）有限公司
675	惠州市泰信彩印包装有限公司	711	惠阳冠荣家俱有限公司
676	美华电子（惠州）有限公司	712	惠州市佳雅实业有限公司
677	惠州市惠阳皇磁陶瓷有限公司	713	博罗县嘉盛帐蓬有限公司
678	奔辉欧式艺品（惠州）有限公司	714	惠州市惠浦电子有限公司
679	惠州市德立电子有限公司	715	惠州市创易纺织有限公司
680	惠州黄埠镇广信鞋业有限公司	716	山阳精密部件（惠州）有限公司
681	惠州市麦卡电工材料有限公司	717	大亚湾宝兴钢铁厂有限公司
682	惠州市智华合成革有限公司	718	惠州市中茂橡胶制品有限公司
683	惠州市舒士光电科技有限公司	719	惠州市联顺包装制品有限公司
684	新丰家俱（惠阳）有限公司	720	龙门县地派镇大英矿场有限公司

12-27 续表 10 （2013 年）

序号	单位详细名称	序号	单位详细名称
721	惠州市三力实业有限公司	762	广东富利时实业有限公司
722	新天伦服装配料 (惠州) 有限公司	763	永信电子（惠州）有限公司
723	惠东县恒盛纸品厂	764	龙门县食品公司永汉分公司
724	喜比斯运动器材（惠州）有限公司	765	萨瓦瑞亚（惠州）机械设备制造有限公司
725	惠州市桑莱士光电有限公司	766	惠州市金喜源实业有限公司
726	惠阳天丽实业有限公司	767	惠州市德赛精密部件有限公司
727	惠州宝达电线制品有限公司	768	惠州友星电子有限公司
728	惠东县翀兴鞋业有限公司	769	成功工业（惠州）有限公司
729	惠州市元胜自行车配件有限公司	770	深圳市三鑫精美特玻璃有限公司惠州大亚湾分公司
730	嘉丰工业科技（惠州）有限公司	771	惠州益伸电子有限公司
731	惠州奥华电子有限公司	772	惠东县嘉诚鞋业有限公司
732	兑元工业科技 (惠州) 有限公司	773	惠州市美盈鞋业有限公司
733	惠州市福业电子科技有限公司	774	长鸿电子科技（惠州）有限公司
734	力研时装（惠州）有限公司	775	博罗县园洲自来水厂
735	惠州市天铭精密部件有限公司	776	鸿通电子（惠阳）企业有限公司
736	博罗县柏塘光华食品有限公司	777	惠阳富京电器有限公司
737	博罗县长文文具礼品厂	778	万合纺织染整 (惠州) 有限公司
738	惠州金丰远东家具有限公司	779	惠州联合皮革制品有限公司
739	惠州市联韵电子科技有限公司	780	龙门县裕华竹制品实业有限公司
740	惠州市国营东江化工厂	781	鼎鹏碳纤科技（惠州）有限公司
741	博罗达鑫电子有限公司	782	双鸿电子 (惠州) 有限公司
742	惠州市浩明科技发展有限公司	783	惠州市新科华实业有限公司
743	惠州市大亚湾飞达针织有限公司	784	惠阳帝宇工业有限公司
744	惠州市臻宝电器制造有限公司	785	美高精密部品（惠州）有限公司
745	宏发手袋 (惠州) 有限公司	786	惠州市志友五金制品塑料电镀有限公司
746	惠州市泰信精密部件有限公司	787	万利玩具（惠州）有限公司
747	惠州市金烽鞋业有限公司	788	惠阳金达伟工业有限公司
748	惠州市康力电子有限公司	789	惠州市美好精机工业有限公司
749	惠州市登高达电业有限公司	790	博罗县利亨钮扣制品厂
750	瑞胜 (惠州) 家居用品有限公司	791	惠州市彩煌科技有限公司
751	惠州市华立能源材料有限公司	792	惠东县源利通鞋业有限公司
752	惠东县时艺鞋业有限公司	793	惠州喜运来印刷制品有限公司
753	高锋科技 (惠州) 有限公司	794	新生赞记塑胶原料 (惠州) 有限公司
754	惠州市伟明鞋业有限公司	795	惠州市华丽盛混凝土有限公司
755	惠州久大塑料有限公司	796	广东恒大新材料科技有限公司
756	惠州市惠裕实业有限公司	797	惠州 TCL 璨宇光电有限公司
757	惠州市大宝百兴纸品包装印刷有限公司	798	惠东县吉隆瑞星鞋业有限公司
758	惠州市恒泰酒店家具制造有限公司	799	惠州市恒利富包装材料有限公司
759	恒胜制衣 (惠州) 有限公司	800	惠州市忠邦电子有限公司
760	溢丰工业（惠州）有限公司	801	惠州市盈力纸品有限公司
761	博罗县园洲镇明兴五金有限公司	802	惠州市兴大生工艺品有限公司

12-27 续表 11　　　　　　　　　　（2013 年）

序号	单位详细名称	序号	单位详细名称
803	惠阳新百吉工业有限公司	847	亚思特种薄膜（惠州）有限公司
804	惠州市永鑫有色金属有限公司	848	惠州震浩塑胶制品有限公司
805	惠州市维敏特实业有限公司	849	广东奥蜜联合开发公司
806	惠东县集丰鞋业有限公司	850	祐明塑胶电子（惠州）有限公司
807	惠州市奥美针织有限公司	851	惠州市松洋电子有限公司
808	惠州市高联制衣有限公司	852	惠阳锦诚电子有限公司
809	三鑫（惠州）幕墙产品有限公司	853	龙门县家业矿业有限公司
810	肯发科技（惠州）有限公司	854	艾迪克复材科技（惠州）有限公司
811	惠阳中核辉新化纤有限公司	855	惠东县黄埠镇福华鞋业有限公司
812	惠州市普来德电子有限公司	856	惠州市正牌科电有限公司
813	惠州市铁兄弟五金制品有限公司	857	惠州市东江环保技术有限公司
814	惠州市久策工业气体有限公司	858	博罗县韵达服饰有限公司
815	惠州市广美精细化工有限公司	859	惠州长亿工业有限公司
816	惠州市源成精密部件有限公司	860	惠州市惠阳伟建家庭用品制品厂
817	惠州联威电子科技有限公司	861	惠州市百佳制衣手套有限公司
818	荣光精密部件（惠州）有限公司	862	惠东县富成鞋业有限公司
819	惠州市万利高精密有限公司	863	惠州市上丰鞋业有限公司
820	惠州市赛瓦特动力科技有限公司	864	惠州建发科技电子有限公司
821	惠州圣邦环保新材料有限公司	865	惠州市三丰纸品有限公司
822	嘉睦科技电子（惠州）有限公司	866	惠州市美林电线电缆有限公司
823	惠东县雅士达鞋业皮具有限公司	867	惠州爱邦沙发有限公司
824	惠东县东华鞋业有限公司	868	玛泰克精密工业（惠州）有限公司
825	惠州市辰奕科技有限公司	869	惠州金叶电子有限公司
826	惠州市标顶空压技术有限公司	870	金峰电路（惠州）有限公司
827	惠州市维尔康涂料有限公司	871	博罗县石湾镇彩源印刷厂
828	龙门县宇建木业有限公司	872	雅梦娜家具实业（惠州）有限公司
829	惠州市美源鞋业有限公司	873	锦升塑胶五金制品（惠州）有限公司
830	广东天鹅星鞋业有限公司	874	鸿丰五金（惠州）有限公司
831	志升企业（惠东）有限公司	875	海神工艺（惠州）有限公司
832	科罗贝电子（惠州）有限公司	876	博罗县稳乐运动器材有限公司
833	惠州凯美特气体有限公司	877	利蒙塔运动（惠州）有限公司
834	惠州大亚湾华润燃气有限公司	878	惠州市宏润家具有限公司
835	惠州市永裕五金塑料制品有限公司	879	惠州市棉王纺织有限公司
836	惠东县裕顺鞋业有限公司	880	惠州市惠供钢业有限公司
837	惠东县信南鞋业有限公司	881	龙门县华美竹木制品有限公司
838	惠州市昌亿科技股份有限公司	882	惠州大亚湾华悦机械有限公司
839	祥立精密工业（惠州）有限公司	883	博罗县富士精工五金制品有限公司
840	惠州市振华工业发展有限公司	884	广东南昆山乳业有限公司
841	新星家庭用品（惠州）有限公司	885	全宇五金制品（惠州）有限公司
842	惠阳区秋长塑胶厂	886	光胜光电科技（惠州）有限公司
843	惠州市博美电源科技有限公司	887	广东省罗浮山白鹤制药厂
844	惠州钧成手袋有限公司	888	联铭橡胶（惠东）工业有限公司
845	惠州市唐群电子有限公司	889	伟志精密五金塑胶（惠州）有限公司
846	惠州市万兆电子有限公司	890	惠阳瑞炫工业有限公司

序号	单位详细名称	序号	单位详细名称
891	惠州市粤秀鞋业有限公司	926	惠东和兴泰实业有限公司
892	惠州市飞鸿精密五金塑胶制品有限公司	927	惠州市骏腾鞋业有限公司
893	惠州固力水泥集团有限公司	928	惠州阜东五金有限公司
894	惠州市亿恒饲料有限公司	929	博罗县石湾自来水公司
895	惠州安吉尔制冷设备有限公司	930	凯通卫浴（惠州）有限公司
896	惠州天阳精密部品有限公司	931	惠东县昌华鞋材有限公司
897	惠州市新赛达实业有限公司	932	TCL 新技术(惠州)有限公司
898	广东嘉寓门窗幕墙有限公司	933	惠东县黄埠镇强生鞋业有限公司
899	惠州市良丰服饰发展有限公司	934	惠东县泰丰鞋业有限公司
900	惠州泰伟电子配件有限公司	935	惠州太阳神化工有限公司
901	惠州市凯雅服饰有限公司	936	德益金属制品（惠州）有限公司
902	龙门县益泰漂染业有限公司	937	隆科电子（惠阳）有限公司
903	广东恒达胶管制品有限公司	938	首迩合金（惠州）有限公司
904	惠州市鑫晖源科技有限公司	939	惠州市闽航机械有限公司
905	惠州大亚湾鸿通电子有限公司	940	惠州建邦电子有限公司
906	惠州景华包装制品有限公司	941	广东中迅农科股份有限公司
907	惠州市莱斯特鞋业有限公司	942	翱泰温控器（惠州）有限公司
908	惠阳富顺色料有限公司	943	英特卡机电(惠州)有限公司
909	惠州市臻晖电子有限公司	944	惠州市世纪海洋制衣有限公司
910	惠州市西文思电子科技股份有限公司	945	惠州市岳鑫人造板有限公司
911	博罗县东骏水泥有限公司	946	龙门县来华建材有限公司
912	惠阳万利塑胶制品有限公司	947	龙门县密溪林场芹菜塘瓷土场有限公司
913	卡撒天娇家居（惠州）有限公司	948	惠州市新豪源发展有限公司
914	永龙织造(惠州)有限公司	949	惠州黄埠得利高鞋业有限公司
915	惠州市津惠汽车线束有限公司	950	惠州镇安制衣有限公司
916	惠州市瑞能热力有限公司	951	奇华（惠州）塑胶五金制品有限公司
917	惠州市恒泰科技有限公司	952	树研塑胶科技(惠州)有限公司
918	惠东县天悦鞋材有限公司	953	惠州市华泰彩印有限公司
919	惠州市亚银镜业有限公司	954	金丰制衣(惠州)有限公司
920	惠州市纵横包装印刷有限公司	955	乐信光电五金(惠州)有限公司
921	惠东县泓源供水有限公司	956	惠州市祥浩实业有限公司
922	骏发(惠州)饼干厂有限公司	957	惠东县天顺鞋材有限公司
923	惠州市华大远东洗染有限公司	958	东方化成（惠州）精密制品有限公司
924	博罗县园洲港日实业发展有限公司	959	惠州圣源恒工艺品有限公司
925	惠阳镇隆达全塑胶制品制模厂	960	博罗县力诚五金塑胶制品表面处理有限公司

序号	单位详细名称	序号	单位详细名称
961	嘉莹纸品（惠州）有限公司	989	惠州市德胜电线有限公司
962	惠州泰美纸业有限公司	990	惠阳东丽木业有限公司
963	茂一电子(惠州)有限公司	991	惠州市秋叶原实业有限公司
964	惠阳市朝鹏运动器材有限公司	992	惠州市惠信实业有限公司
965	惠州市协昌电子有限公司	993	惠东县吉邦五金制品有限公司
966	博罗县东骏塑胶制品有限公司	994	惠东县吉隆金冠鞋业有限公司
967	惠东县鼎鸿鞋业有限公司	995	惠州市威德盛科技有限公司
968	惠州市旭辉电子有限公司	996	惠州威健电路板实业有限公司
969	惠州市威林办公设备有限公司	997	博罗县东成塑胶有限公司
970	惠东县华宝食品厂	998	博罗崧岱五金塑料制品有限公司
971	惠州大和居饰有限公司	999	龙门县储备军粮供应公司龙门粮油加工厂
972	美锐龙柏电路(惠州)有限公司	1000	泰速力先电子（惠州）有限公司
973	惠州永进电子有限公司	1001	惠州光旭塑料有限公司
974	惠州腾辉制衣有限公司	1002	惠东县吉隆金豪鞋厂
975	昱庆塑胶五金制品（惠州）有限公司	1003	惠州市建达实业有限公司
976	惠州市万里彩色印刷有限公司	1004	惠州市宏枫实业有限公司
977	惠州市爱华多媒体有限公司	1005	惠州市东方地毯生产有限公司
978	惠州丰采贵金属制造有限公司	1006	惠州升信电子有限公司
979	惠州市来裕鞋业有限公司	1007	惠州市帝盟纺织有限公司
980	惠州市康洁洗涤用品有限公司	1008	精鑫电子科技(惠州)有限公司
981	嘉科运动器材(惠州)有限公司	1009	联合导达精密元器件(惠州)有限公司
982	惠州建发混凝土有限公司	1010	惠东县黄埠万达利鞋业有限公司
983	惠州永姿电脑针织有限公司	1011	惠东县正利丰鞋业有限公司
984	惠州市瑞丰研磨材料有限公司	1012	机灵(惠州)工业发展有限公司
985	美恩特精密模具（惠州）有限公司	1013	广东华盈钢构有限公司
986	广东达一农林生态科技有限公司	1014	东翔制衣（惠州）有限公司
987	惠州东风汽车零部件有限公司	1015	科施传感科技（惠州）有限公司
988	惠阳区施美克化工有限公司	1016	惠州圣帕新材料有限公司

12-28 全市主营业务收入最大的100家企业

（2013年）

序号	单位详细名称	序号	单位详细名称
1	惠州三星电子有限公司	26	惠州比亚迪电池有限公司
2	中海石油炼化有限责任公司惠州炼化分公司	27	敏华家具制造(惠州)有限公司
3	中海壳牌石油化工有限公司	28	华通电脑(惠州)有限公司
4	广东省电力集团有限公司惠州供电分公司	29	惠州市蓝微电子有限公司
5	中海石油开氏石化有限责任公司	30	大统营(惠州)科技有限公司
6	惠州TCL移动通信有限公司	31	惠东县华业铸造厂
7	ＴＣＬ王牌电器（惠州）有限公司	32	惠州华阳通用电子有限公司
8	惠州比亚迪电子有限公司	33	惠州市光大水泥企业有限公司
9	伯恩光学（惠州）有限公司	34	世一电子科技(惠州)有限公司
10	ＴＣＬ光电科技(惠州)有限公司	35	惠东县晓亨铸造厂
11	惠州市金龙羽电缆实业发展有限公司	36	TCL显示科技（惠州）有限公司
12	惠州华源轩家具有限公司	37	惠州忠信化工有限公司
13	龙旗电子（惠州）有限公司	38	惠州兴达石化工业有限公司
14	中海油能源发展股份有限公司惠州石化分公司	39	惠州李长荣橡胶有限公司
15	惠州科锐半导体照明有限公司	40	信华精机有限公司
16	广东惠州平海发电厂有限公司	41	惠州市德赛西威汽车电子有限公司
17	乐金电子部品（惠州）有限公司	42	TCL瑞智(惠州)制冷设备有限公司
18	ＴＣＬ海外电子(惠州)有限公司	43	惠州市华阳多媒体电子有限公司
19	日立乐金光科技(惠州)有限公司	44	普利司通（惠州）轮胎有限公司
20	ＴＣＬ通力电子(惠州)有限公司	45	安品达精密工业(惠州)有限公司
21	惠州住润电装有限公司	46	索尼精密部件(惠州)有限公司
22	惠州市德赛电池有限公司	47	中国神华能源股份有限公司国华惠州热电分公司
23	惠阳联想电子工业有限公司	48	东风本田汽车零部件有限公司
24	乐金电子(惠州)有限公司	49	广东惠州天然气发电有限公司
25	博罗县聚缘五金有限公司	50	广东京兰汽车有限公司

12-28 续表 （2013 年）

序号	单位详细名称	序号	单位详细名称
51	惠州新华昌运输设备有限公司	76	胜宏科技（惠州）股份有限公司
52	惠州太平货柜有限公司	77	凯赫威（惠州）精密制造有限公司
53	华通精密线路板（惠州）有限公司	78	格林精密部件（惠州）有限公司
54	嘉士伯啤酒（广东）有限公司	79	惠州大亚湾光弘科技电子有限公司
55	至远彩色印刷工业（惠州）有限公司	80	惠阳东亚电子制品有限公司
56	广东友钢钢铁有限公司博罗分公司	81	惠州古河汽配有限公司
57	惠州比亚迪实业有限公司	82	惠州美锐电子科技有限公司
58	惠州塔牌水泥有限公司	83	惠州合正电子科技有限公司
59	惠东美新塑木型材制品有限公司	84	惠州市裕元华阳精密部件有限公司
60	ＴＣＬ罗格朗国际电工（惠州）有限公司	85	德赛电子（惠州）有限公司
61	深圳市景田食品饮料有限公司罗浮百岁山分公司	86	惠州住润电子装备有限公司
62	天宝电子（惠州）有限公司	87	惠州九鼎饲料科技有限公司
63	惠州雷士光电科技有限公司	88	广东电网公司惠州龙门供电局
64	惠州中创化工有限责任公司	89	惠州海格电气有限公司
65	惠州惠菱化成有限公司	90	惠州超声音响有限公司
66	广东伊利乳业有限责任公司	91	惠州宝柏包装有限公司
67	惠州亿纬锂能股份有限公司	92	基准精密工业（惠州）有限公司
68	惠州住成电装有限公司	93	惠阳东威电子制品有限公司
69	富来电子（惠州）有限公司	94	南亚电子材料（惠州）有限公司
70	惠州市大鼎电子有限公司	95	盛宏光电（惠州）有限公司
71	隆发鞋业（惠州）有限公司	96	德联覆铜板（惠州）有限公司
72	惠阳中建电讯制品有限公司	97	普利司通（惠州）合成橡胶有限公司
73	美律电子（惠州）有限公司	98	奇胜工业（惠州）有限公司
74	记忆科技电子（惠州）有限公司	99	讯强电子惠州有限公司
75	惠州侨兴电讯工业有限公司	100	惠州市港盈鞋业有限公司

12-29 全市工业增加值最大的100家企业

（2013年）

序号	单位详细名称	序号	单位详细名称
1	惠州三星电子有限公司	26	惠东县晓亨铸造厂
2	中海石油炼化有限责任公司惠州炼化分公司	27	惠州比亚迪实业有限公司
3	中海壳牌石油化工有限公司	28	乐金电子部品（惠州）有限公司
4	广东省电力集团有限公司惠州供电分公司	29	日立乐金光科技(惠州)有限公司
5	惠州比亚迪电子有限公司	30	敏华家具制造(惠州)有限公司
6	伯恩光学（惠州）有限公司	31	惠州华阳通用电子有限公司
7	广东惠州平海发电厂有限公司	32	惠州市德赛西威汽车电子有限公司
8	ＴＣＬ王牌电器（惠州）有限公司	33	ＴＣＬ罗格朗国际电工(惠州)有限公司
9	惠州TCL移动通信有限公司	34	惠州太平货柜有限公司
10	中海石油开氏石化有限责任公司	35	ＴＣＬ光电科技(惠州)有限公司
11	惠州华源轩家具有限公司	36	普利司通（惠州）轮胎有限公司
12	惠州市金龙羽电缆实业发展有限公司	37	信华精机有限公司
13	惠州市光大水泥企业有限公司	38	索尼精密部件(惠州)有限公司
14	惠州比亚迪电池有限公司	39	惠州大亚湾光弘科技电子有限公司
15	惠州市蓝微电子有限公司	40	惠州亿纬锂能股份有限公司
16	华通电脑(惠州)有限公司	41	格林精密部件(惠州)有限公司
17	惠州科锐半导体照明有限公司	42	惠东美新塑木型材制品有限公司
18	博罗县聚缘五金有限公司	43	安品达精密工业(惠州)有限公司
19	惠州住润电装有限公司	44	惠州市华阳多媒体电子有限公司
20	惠州塔牌水泥有限公司	45	惠东县华业铸造厂
21	东风本田汽车零部件有限公司	46	深圳市景田食品饮料有限公司罗浮百岁山分公司
22	广东惠州天然气发电有限公司	47	美律电子（惠州）有限公司
23	中国神华能源股份有限公司国华惠州热电分公司	48	广东京兰汽车有限公司
24	中海油能源发展股份有限公司惠州石化分公司	49	惠州市德赛电池有限公司
25	大统营(惠州)科技有限公司	50	惠阳联想电子工业有限公司

12-29 续表 （2013 年）

序号	单位详细名称	序号	单位详细名称
51	惠州住成电装有限公司	76	胜宏科技（惠州）股份有限公司
52	龙门县密溪林场	77	惠州惠菱化成有限公司
53	TCL 显示科技（惠州）有限公司	78	天宝电子(惠州)有限公司
54	隆发鞋业（惠州）有限公司	79	世一电子科技(惠州)有限公司
55	ＴＣＬ通力电子(惠州)有限公司	80	广东友钢钢铁有限公司博罗分公司
56	ＴＣＬ海外电子(惠州)有限公司	81	先进科技(惠州)有限公司
57	惠州海格科技有限公司	82	广东电网公司惠州龙门供电局
58	基准精密工业（惠州）有限公司	83	惠州住润电子装备有限公司
59	龙旗电子（惠州）有限公司	84	华润水泥（惠州）有限公司
60	华通精密线路板（惠州）有限公司	85	惠州住电电装有限公司
61	惠州住润汽车部品有限公司	86	惠州市德邦实业有限公司
62	惠州市裕元华阳精密部件有限公司	87	惠州新华昌运输设备有限公司
63	惠州市港盈鞋业有限公司	88	惠州市宏利五金塑胶制品厂有限公司
64	惠阳兆吉鞋业有限公司	89	富来电子（惠州）有限公司
65	惠州海格电气有限公司	90	惠阳东亚电子制品有限公司
66	惠州雷士光电科技有限公司	91	恒昌涂料(惠阳)有限公司
67	嘉士伯啤酒(广东)有限公司	92	惠州忠信化工有限公司
68	乐金电子(惠州)有限公司	93	凯赫威（惠州）精密制造有限公司
69	惠州美锐电子科技有限公司	94	惠州超声音响有限公司
70	惠州李长荣橡胶有限公司	95	中潜股份有限公司
71	德联覆铜板（惠州）有限公司	96	惠州市华阳数码特电子有限公司
72	惠州深能源丰达电力有限公司	97	记忆科技电子（惠州）有限公司
73	至远彩色印刷工业(惠州)有限公司	98	奇胜工业(惠州)有限公司
74	惠阳中建电讯制品有限公司	99	惠州九鼎饲料科技有限公司
75	TCL 瑞智(惠州)制冷设备有限公司	100	广东伊利乳业有限责任公司

12-30　全市利税总额最大的100家企业

（2013年）

序号	单位详细名称	序号	单位详细名称
1	惠州三星电子有限公司	26	惠州比亚迪电池有限公司
2	中海石油炼化有限责任公司惠州炼化分公司	27	惠州市蓝微电子有限公司
3	中海壳牌石油化工有限公司	28	敏华家具制造（惠州）有限公司
4	广东省电力集团有限公司惠州供电分公司	29	华通电脑（惠州）有限公司
5	惠州TCL移动通信有限公司	30	惠东县晓亨铸造厂
6	中海石油开氏石化有限责任公司	31	惠州华阳通用电子有限公司
7	ＴＣＬ王牌电器（惠州）有限公司	32	惠州市光大水泥企业有限公司
8	惠州比亚迪电子有限公司	33	惠东县华业铸造厂
9	伯恩光学（惠州）有限公司	34	世一电子科技（惠州）有限公司
10	ＴＣＬ光电科技（惠州）有限公司	35	大统营（惠州）科技有限公司
11	惠州市金龙羽电缆实业发展有限公司	36	中国神华能源股份有限公司国华惠州热电分公司
12	广东惠州平海发电厂有限公司	37	TCL显示科技（惠州）有限公司
13	惠州华源轩家具有限公司	38	惠州李长荣橡胶有限公司
14	龙旗电子（惠州）有限公司	39	惠州市德赛西威汽车电子有限公司
15	中海油能源发展股份有限公司惠州石化分公司	40	惠州兴达石化工业有限公司
16	惠州科锐半导体照明有限公司	41	信华精机有限公司
17	乐金电子部品（惠州）有限公司	42	惠州忠信化工有限公司
18	ＴＣＬ海外电子（惠州）有限公司	43	TCL瑞智（惠州）制冷设备有限公司
19	惠州住润电装有限公司	44	东风本田汽车零部件有限公司
20	ＴＣＬ通力电子（惠州）有限公司	45	广东惠州天然气发电有限公司
21	日立乐金光科技（惠州）有限公司	46	安品达精密工业（惠州）有限公司
22	惠州市德赛电池有限公司	47	普利司通（惠州）轮胎有限公司
23	惠阳联想电子工业有限公司	48	惠州市华阳多媒体电子有限公司
24	乐金电子（惠州）有限公司	49	广东京兰汽车有限公司
25	博罗县聚缘五金有限公司	50	索尼精密部件（惠州）有限公司

12-30 续表 （2013 年）

序号	单位详细名称	序号	单位详细名称
51	惠州太平货柜有限公司	76	惠州大亚湾光弘科技电子有限公司
52	惠州新华昌运输设备有限公司	77	记忆科技电子（惠州）有限公司
53	惠州塔牌水泥有限公司	78	惠阳中建电讯制品有限公司
54	华通精密线路板（惠州）有限公司	79	惠州美锐电子科技有限公司
55	深圳市景田食品饮料有限公司罗浮百岁山分公司	80	惠州侨兴电讯工业有限公司
56	嘉士伯啤酒(广东)有限公司	81	惠州市裕元华阳精密部件有限公司
57	ＴＣＬ罗格朗国际电工(惠州)有限公司	82	惠州九鼎饲料科技有限公司
58	广东友钢钢铁有限公司博罗分公司	83	德联覆铜板（惠州）有限公司
59	至远彩色印刷工业(惠州)有限公司	84	惠阳东亚电子制品有限公司
60	惠州比亚迪实业有限公司	85	惠州海格电气有限公司
61	惠东美新塑木型材制品有限公司	86	惠州古河汽配有限公司
62	惠州住成电装有限公司	87	广东电网公司惠州龙门供电局
63	惠州亿纬锂能股份有限公司	88	惠州住润电子装备有限公司
64	惠州雷士光电科技有限公司	89	惠州市港盈鞋业有限公司
65	惠州中创化工有限责任公司	90	惠州宝柏包装有限公司
66	惠州惠菱化成有限公司	91	惠州超声音响有限公司
67	天宝电子(惠州)有限公司	92	奇胜工业(惠州)有限公司
68	富来电子（惠州）有限公司	93	惠阳东威电子制品有限公司
69	广东伊利乳业有限责任公司	94	惠州住电电装有限公司
70	美律电子（惠州）有限公司	95	惠州住润汽车线业有限公司
71	惠州市大鼎电子有限公司	96	盛宏光电(惠州)有限公司
72	凯赫威（惠州）精密制造有限公司	97	德赛电子(惠州)有限公司
73	格林精密部件(惠州)有限公司	98	惠州市中航科技工业有限公司
74	胜宏科技（惠州）股份有限公司	99	基准精密工业（惠州）有限公司
75	隆发鞋业（惠州）有限公司	100	龙门县密溪林场

12-31　全市资产总额最大的 100 家企业

（2013 年）

序号	单位详细名称	序号	单位详细名称
1	中海壳牌石油化工有限公司	26	ＴＣＬ通力电子（惠州）有限公司
2	惠州三星电子有限公司	27	龙旗电子（惠州）有限公司
3	中海石油炼化有限责任公司惠州炼化分公司	28	惠州华阳通用电子有限公司
4	广东省电力集团有限公司惠州供电分公司	29	惠州雷士光电科技有限公司
5	伯恩光学（惠州）有限公司	30	普利司通（惠州）轮胎有限公司
6	ＴＣＬ王牌电器（惠州）有限公司	31	TCL 瑞智（惠州）制冷设备有限公司
7	广东惠州平海发电厂有限公司	32	惠州塔牌水泥有限公司
8	惠州 TCL 移动通信有限公司	33	惠州市蓝微电子有限公司
9	惠州比亚迪电池有限公司	34	惠州市德赛工业发展有限公司
10	惠州比亚迪电子有限公司	35	惠州合正电子科技有限公司
11	中海油能源发展股份有限公司惠州石化分公司	36	惠州市德赛西威汽车电子有限公司
12	ＴＣＬ光电科技（惠州）有限公司	37	惠州住润电装有限公司
13	惠州科锐半导体照明有限公司	38	惠州市恒信亿丰金属制品有限公司
14	ＴＣＬ海外电子（惠州）有限公司	39	惠州市自来水总公司
15	惠州忠信化工有限公司	40	惠州李长荣橡胶有限公司
16	中国神华能源股份有限公司国华惠州热电分公司	41	惠州亿纬锂能股份有限公司
17	惠州比亚迪实业有限公司	42	惠州惠菱化成有限公司
18	华通电脑（惠州）有限公司	43	格林精密部件（惠州）有限公司
19	广东惠州天然气发电有限公司	44	广东惠州粤华电力有限公司
20	惠州市德赛电池有限公司	45	ＴＣＬ罗格朗国际电工（惠州）有限公司
21	乐金电子部品（惠州）有限公司	46	惠州深能源丰达电力有限公司
22	惠州市光大水泥企业有限公司	47	TCL 显示科技（惠州）有限公司
23	敏华家具制造（惠州）有限公司	48	南亚电子材料（惠州）有限公司
24	中海石油开氏石化有限责任公司	49	日立乐金光科技（惠州）有限公司
25	东风本田汽车零部件有限公司	50	惠州市华阳多媒体电子有限公司

序号	单位详细名称	序号	单位详细名称
51	乐金电子（惠州）有限公司	76	广东伊利乳业有限责任公司
52	惠州市金龙羽电缆实业发展有限公司	77	惠州市纳伟仕视听科技有限公司
53	索尼精密部件（惠州）有限公司	78	惠州兴达石化工业有限公司
54	惠州大亚湾永昶科技电子有限公司	79	惠州皇冠制罐有限公司
55	安品达精密工业（惠州）有限公司	80	惠州市德邦实业有限公司
56	至远彩色印刷工业（惠州）有限公司	81	惠州市创仕实业有限公司
57	广东九联科技股份有限公司	82	惠州福和纸业有限公司
58	基准精密工业（惠州）有限公司	83	深圳市景田食品饮料有限公司罗浮百岁山分公司
59	胜宏科技（惠州）股份有限公司	84	惠州海格科技有限公司
60	华通精密线路板（惠州）有限公司	85	恒昌涂料（惠阳）有限公司
61	惠阳联想电子工业有限公司	86	惠州大亚湾光弘科技电子有限公司
62	惠州新华昌运输设备有限公司	87	奇胜工业（惠州）有限公司
63	德赛电子（惠州）有限公司	88	惠州美锐电子科技有限公司
64	惠州住成电装有限公司	89	大统营（惠州）科技有限公司
65	惠州元晖光电股份有限公司	90	信华精机有限公司
66	惠州长城开发科技有限公司	91	惠州市升华工业有限公司
67	惠州太平货柜有限公司	92	惠州玛骐摩托车有限公司
68	惠州中京电子科技股份有限公司	93	惠州侨兴电讯工业有限公司
69	惠州硕贝德无线科技股份有限公司	94	隆发鞋业（惠州）有限公司
70	凯赫威（惠州）精密制造有限公司	95	惠州海格电气有限公司
71	南亚塑胶工业（惠州）有限公司	96	惠州住金锻造有限公司
72	先进科技（惠州）有限公司	97	惠阳东威电子制品有限公司
73	惠州市裕元华阳精密部件有限公司	98	兴昂制革（惠州）有限公司
74	华润水泥（惠州）有限公司	99	惠州市惠阳区自来水发展总公司
75	联合铜箔（惠州）有限公司	100	广东中迅农科股份有限公司

惠州统计年鉴－2014

HUIZHOU STATISTICAL YEARBOOK

十三、运输和邮电

13-1 运输邮电主要指标

（2013 年）

指标名称		2005 年	2011 年	2012 年	2013 年	2013 年比 2012 年增减 (%)
公路通车里程	（公里）	7538	10892	10933	11234	2.7
港口码头泊位	（个）	27	76	71	71	0.0
#万吨级泊位	（个）	11	15	18	18	0.0
码头泊位长度	（米）		9090	10765	10765	0.0
民用汽车辆拥有量	（万辆）	11.31	30.64	35.77	41.40	15.7
#载客汽车	（万辆）	6.86	24.72	29.43	34.88	18.5
载货汽车	（万辆）	4.11	5.61	6.01	6.18	2.8
机动船艘数	（艘）	945	760	757	768	1.5
净载重量	（万吨）	18.73	63.65	36.74	43.94	19.6
本地电话用户	（万户）	160.31	135.2	130.1	131.47	1.1
移动电话用户	（万户）	249.51	419.9	501.2	597.79	19.3
客运量	（万人）	5535	13600	16597	17301	4.2
旅客周转量	（万人公里）	458819	878770	1307341	1401594	7.2
货运量	（万吨）	5694	14477	17344	19314	11.4
货物周转量	（万吨公里）	582021	2244349	2945509	3434875	16.6
港口货物吞吐量	（万吨）	1515	5169	5257	8045	53.0
邮电业务总量	（万元）	810066.4	670051.8	800493.1	864440.9	8.0
邮政	（万元）	15889.8	49010.1	62730.1	98582.0	57.2
通信	（万元）	794176.6	621041.7	737763.1	765859.0	3.8

注：邮电业务总量从 2011 年起按 2010 年不变价格计算，之前年份按 2000 年不变价格计算。增长速度按可比价格计算。

13-2 全社会客货运输(吞吐)量

(2013年)

指标名称		合计	公路运输		水上运输			
			合计	个体及联营	合计	内河	沿海	远洋
客运量	(万人)	17301	16661		12		12	
旅客周转量	(万人公里)	1401594	1244139		1754		1754	
货运量	(万吨)	19314	9534	4056	9529	8432	262	835
货运周转量	(万吨公里)	3434875	1151818	546311	2211159	1995762	90416	124981
旅客吞吐量	(万人)							
#旅客离港量	(万人)							
货物吞吐量	(万吨)	9214						
#集装箱	(万吨)	207						

13-2 续表

(2013年)

指标名称		港口			铁路运输			管道合计
		合计	内河港口	沿海港口	合计	国家	地方	
客运量	(万人)				628	628		
旅客周转量	(万人公里)				155701	155701		
货运量	(万吨)				251	251		
货运周转量	(万吨公里)				71898	71898		
旅客吞吐量	(万人)							
#旅客离港量	(万人)							
货物吞吐量	(万吨)	8045	3261	4784				1169
#集装箱	(万吨)	207	95	112				

13-3 全社会公路分货类运输量

（2013 年）

指标名称	货运量（万吨）	货物周转量（万吨公里）
合　计	9534	1151818
煤炭及制品	538	46731
石油天然气及制品	1960	390540
其中：原油		
金属矿石	181	19439
钢　铁		
矿建材料	1665	140294
水　泥	1450	252703
木　材	106	8078
非金属矿石	516	39551
其中：磷矿		
化肥及农药	302	29930
盐		
粮　食	160	20011
机械、设备、电器	296	28779
化工原料及制品	171	14353
有色金属	66	5520
轻工、医药制品	445	38625
其中：日用工业品		
农林牧渔业产品	615	40841
其中：棉花		
其　他	1063	76423

13-4 全社会水路分货类运输量

（2013 年）

指标名称	货运量（万吨）	货物周转量（万吨公里）
合　计	9529	2211159
煤炭及制品	298	52045
石油天然气及制品	95	12590
其中：原油		
金属矿石	278	41881
钢　铁	290	37218
矿建材料	3052	568182
水　泥	1760	392430
木　材	115	11331
非金属矿石	480	45600
其中：磷矿		
化肥及农药	296	48840
盐		
粮　食	212	35145
机械、设备、电器	280	42458
化工原料及制品	165	21780
有色金属	75	10125
轻工、医药制品	496	83095
其中：日用工业品		
农林牧渔业产品	565	57195
其中：棉花		
其　他	1072	751244

13-5 分县区全社会客货运输(吞吐)量

(2013年)

指标名称		惠州市	惠城区	惠阳区	惠东县	博罗县	龙门县	大亚湾区
客运量	(万人)	17301	6664	2331	3126	3000	815	1365
# 铁路运输	(万人)	628	628					
国家铁路	(万人)	628	628					
地方铁路	(万人)							
公路运输	(万人)	16661	6024	2331	3126	3000	815	1365
个体及联户	(万人)							
水上运输	(万人)	12	12					
内河	(万人)							
沿海	(万人)	12	12					
远洋	(万人)							
民航运输	(万人)							
旅客周转量	(万人公里)	1401594	641805	163905	219767	210890	61479	103748
# 铁路运输	(万人公里)	155701	155701					
国家铁路	(万人公里)	155701	155701					
地方铁路	(万人公里)							
公路运输	(万人公里)	1244139	484350	163905	219767	210890	61479	103748
个体用联户	(万人公里)							
水上运输	(万人公里)	1754	1754					
内河	(万人公里)							
沿海	(万人公里)	1754	1754					
远洋	(万人公里)							
民航运输	(万人公里)							
货运量	(万吨)	19314	8277	843	763	6318	1241	1872
# 铁路运输	(万吨)	251	251					
国家铁路	(万吨)	251	251					
地方铁路	(万吨)							

13-5 续表

指标名称		惠州市	惠城区	惠阳区	惠东县	博罗县	龙门县	大亚湾区
公路运输	(万吨)	9534	4038	843	758	1911	448	1535
个体及联户	(万吨)	4056	1874	401	728	1024	448	702
水上运输	(万吨)	9529	3988		5	4407	793	337
内河	(万吨)	8432	3655			3984	793	
沿海	(万吨)	262			5			257
远洋	(万吨)	835	333			423		79
民航运输	(万吨)							
货物周转量	(万吨公里)	3434875	1504453	91101	95622	1205011	253082	285605.5
# 铁路运输	(万吨公里)	71898	71898					
国家铁路	(万吨公里)	71898	71898					
地方铁路	(万吨公里)							
公路运输	(万吨公里)	1151818	510082	91101	94216	209826	60731	185862
个体及联户	(万吨公里)	546311	191946	42785	73876	108013	51901	77789
水上运输	(万吨公里)	2211159	922473		1406	995185	192351	99744
内河	(万吨公里)	1995762	873014			930397	192351	
沿海	(万吨公里)	90416			1406			89010
远洋	(万吨公里)	124981	49459			64788		10734
民航运输	(万吨公里)							
货物吞吐量	(万吨)	9214			75	3261		5878
港口	(万吨)	8045			75	3261		4709
沿海港口	(万吨)	4784			75			4709
内河港口	(万吨)	3261				3261		
其中:集装箱	(万吨)	207				95		112
沿海港口	(万吨)	112						112
内河港口	(万吨)	95				95		
管道运输	(万吨)	1169						1169

13-6 民用车辆拥有量

（2013年）

指标名称	总计			总计中		
		营运	非营运	进口	个人	新注册
合　计	818168	52721	763944	25604	755397	82117
一、汽车	414021	49133	363385	25481	360883	64387
1. 载客汽车	348794	7972	339319	25297	315224	57671
其中：大型	6521	3802	1625	29	396	836
中型	4713	96	4211	287	2636	231
小型	333359	4072	329284	24864	308076	56292
微型	4201	2	4199	117	4116	312
其中：轿车	250200	3857	246343	13502	236495	41341
2. 载货汽车	61838	40180	21658	121	44788	6530
其中：重型	7034	5495	1539	107	2572	1312
中型	5651	4579	1072	3	3811	297
轻型	48669	29796	18873	11	37962	4910
微型	484	310	174		443	11
其中：普通载贷	19617	8082	11535	9	14480	2044
3. 其他汽车	3389	981	2408	63	871	186
其中：三轮汽车	1	1			1	
低速货车	165	103	62		141	7
二、电车						
1. 无轨						
2. 有轨						
三、摩托车	400628	1298	399330	123	392333	17606
1. 普通	400399	1298	399101	118	392108	17605
2. 轻便	229		229	5	225	1
四、拖拉机	2028				2020	
1. 大中型	180				179	
2. 小型方向盘式	1766				1759	
3. 手扶式	82				82	
五、挂车	1491	1432	59		161	124
六、其他类型车						

13-6 续表

指标名称	报废				
		载客汽车客位（人）	营运	载货汽车吨位（吨）	营运
合　计	4830	2105814	210208	165719	121724
一、汽车	1378	2105814	210208	130318	88502
1. 载客汽车	874	2105814	210208		
其中 : 大型	218	176266	142435		
中型	189	61138	8511		
轻型	454	1845559	59111		
微型	13	22851	151		
其中 : 轿车	263				
2. 载货汽车	442			130318	88502
其中 : 重型	27			59483	44850
中型	59			19635	13638
轻型	344			50828	29865
微型	12			372	149
其中 : 普通载货	226				
3. 其他汽车	62				
其中：三轮汽车					
低速货车	4			177	125
二、电车					
1. 无轨					
2. 有轨					
三、摩托车	3445				
1. 普通	3432				
2. 轻便	13				
四、拖拉机				773	
1. 大中型					
2. 小型方向盘式					
3. 手扶式					
五、挂车	7			34628	33222
六、其他类型车					

注：机动车驾驶员 : 937724 人，其中汽车驾驶员 :783343 人

13-7 民用车辆、运输船舶拥有量

指标名称		2001年	2002年	2003年	2004年	2005年	2006年	2007年
民用车辆	（辆）	366392	447256	470756	554689	615794	623571	658524
#摩托车	（辆）	298143	344638	397452	438741	477330	465052	475678
机动船	（艘）	653	649	739	776	945	1067	1090
载客量	（客位）	848	848	240	240	240	427	331
净载重量	（吨位）	48113	47993	101942	116601	187287	585691	635713
总功率	（千瓦）	91355	91119	139684	155507	232453	290096	300170
#客船	（艘）	1	1	1	1	1	2	1
载客量	（客位）	368	368	240	240	240	427	331
#货船	（艘）	650	646	738	776	944	1065	1089
净载重量	（吨位）	47934	47639	101942	116601	187287	585691	635713

13-7 续表

指标名称		2008年	2009年	2010年	2011年	2012年	2013年
民用车辆	（辆）	688109	696964	738368	778129	800162	818168
#摩托车	（辆）	482709	482966	478686	468365	439098	400628
机动船	（艘）	1070	795	784	760	757	768
载客量	（客位）	217	697	553	757	761	857
净载重量	（吨位）	258777	251845	295738	636518	367357	439441
总功率	（千瓦）	294115	263329	292147	314113	344578	390455
#客船	（艘）	13	20	19	23	17	18
载客量	（客位）	217	697	553	757	761	857
#货船	（艘）	1057	775	765	737	740	750
净载重量	（吨位）	258673	251407	295378	636071	366913	438920

13-8 全市邮电业务量

指标名称		2013年	2012年	2013年比2012年增减(%)
邮电业务总量	(万元)	864440.9	800493.1	8.0
#邮政业务总量	(万元)	98582.0	62730.1	57.2
电信业务总量	(万元)	765859.0	737763.1	3.8
固定电话用户	(万户)	131.5	130.1	1.1
#城市电话用户	(万户)	92.9	90.5	2.6
乡村电话用户	(万户)	38.6	39.6	-2.5
移动电话年末用户	(万户)	597.8	501.2	19.3
互联网用户数	(万户)	110.0	104.2	5.6
邮政局所	(处)	164	158	3.8
邮路总长度	(公里)	3982	4085	-2.5
农村投递线路总长度	(公里)	12874.5	11972.5	7.5
城市段道总长度	(公里)	5425.3	6048.3	-10.3
函件	(万件)	791	742	6.6
快递	(万件)	3457.4	1825.4	89.4
订销报刊累计数	(万份)	4250.9	4584.1	-7.3
集邮业务	(万枚)	274.0	264.4	3.6
本地电话普及率	(户/百人)	28.0	27.8	0.7
移动电话普及率	(户/百人)	127.2	107.2	18.7

13-9 全市公路情况

指标名称		2005年	2006年	2007年	2008年	2009年	2010年	2011年	2012年	2013年
公路线路长度	（公里）	7537.9	10436.1	10436.1	10467.7	10682.3	10825.8	10892.4	10933.4	11234.0
#等级公路	（公里）	7092.5	8831.1	8831.1	9348	9825.8	10074	10234.7	10340.8	10702.6
#高速公路	（公里）	277.9	277.9	277.9	277.1	374.5	378.5	453.8	492.4	492.4
等外公路	（公里）	167.5	1327.2	1327.2	1119.7	790.0	751.8	656.7	592.7	531.4
公路密度	（公里/每百平方公里）	67.56	93.53	93.53	94.0	95.7	95.4	96.0	96.4	99.0

13-10 分县区公路情况

（2013年）

指标 名称		合计	惠城区	惠阳区	惠东县	博罗县	龙门县	大亚湾区	仲恺区
公路线路长度	（公里）	11234.0	1431.4	1396.7	2831.9	2897.5	2030.9	229.3	416.3
#等级公路	（公里）	10702.6	1413.1	1360.1	2536.9	2734.3	2012.6	229.3	416.3
#高速公路	（公里）	492.4	98.1	103.2	76.8	130.1	50.8	33.3	
等外公路	（公里）	531.4	18.3	36.6	294.9	163.3	18.3		
公路密度	（公里/每百平方公里）	99.0	123.7	152.5	80.3	101.5	89.6	79.1	125.8

十四、国内贸易

14-1 国内贸易主要指标

指 标	2000年	2005年	2008年	2009年	2010年	2011年	2012年	2013年	2013年比2012年(%)
社会消费品零售总额(亿元)	126.48	252.00	426.75	491.10	582.53	684.72	754.15	857.91	13.5
按行业分									
批发零售业	109.97	218.19	373.03	438.95	530.02	619.42	683.32	781.88	14.5
限额以上	16.51	51.05	100.57	117.27	178.38	207.34	246.85	298.26	18.7
限额以下	93.46	167.14	272.46	321.68	351.64	412.08	436.47	483.61	12.0
住宿餐饮业	16.51	33.81	53.72	52.15	52.51	65.30	70.83	76.03	7.0
限额以上	2.86	6.83	10.78	12.60	15.49	19.29	23.63	24.34	-2.3
限额以下	13.65	26.98	42.94	39.55	37.02	46.01	47.20	51.70	12.0
按城乡分									
城镇	102.00	190.65	330.96	394.00	484.00	569.72	628.15	707.47	15.4
乡村	24.48	61.35	95.79	97.10	98.53	115.00	126.00	150.44	6.4
批发零售业商品销售总额(亿元)	250.32	393.94	551.58	716.44	961.34	1159.09	1251.78	1484.39	19.1
批发额	157.06	177.09	183.96	279.71	436.02	542.92	571.44	704.29	24.2
零售额	93.26	216.85	367.62	436.73	525.32	616.17	680.34	780.10	14.8
按行业分									
批发业销售额	158.35	186.30	172.17	256.26	388.05	483.82	517.29	676.12	27.1
批发额	132.97	157.32	133.36	208.28	348.11	413.28	433.89	579.54	29.3
零售额	25.38	28.98	38.81	47.98	39.94	70.54	83.40	96.58	15.8
零售业销售额	91.97	207.64	379.41	460.18	573.29	675.27	734.49	808.27	13.1
批发额	24.09	19.77	50.60	71.44	87.91	129.64	137.55	124.75	5.2
零售额	67.88	187.87	328.81	388.74	485.38	545.63	596.94	683.52	14.7
按规模分									
限额以上销售额	120.13	173.00	196.33	281.06	489.71	575.73	683.03	884.22	24.5
批发额	110.41	131.88	97.63	171.88	175.95	207.34	246.85	590.08	19.9
零售额	9.71	41.13	98.70	109.18	313.76	368.39	436.18	294.14	26.9
限额以下销售额	130.19	220.94	355.25	435.38	471.63	583.36	568.75	600.17	12.0
批发额	46.65	45.22	86.33	107.83	260.07	335.57	324.60	114.21	12.0
零售额	83.55	175.72	268.92	327.55	211.56	247.79	244.16	485.96	12.0
限额以上住宿餐饮业营业额(亿元)		8.00	15.51	19.24	23.29	30.83	36.26	38.26	3.1
#客房收入		1.92	4.49	5.53	7.33	9.63	10.86	11.83	6.6
餐费收入		5.62	9.82	12.14	13.79	18.27	21.62	21.82	-1.3
商品销售收入		0.06	0.28	0.36	0.59	0.80	0.86	1.25	43.0
亿元以上商品交易市场成交额(亿元)	18.00	37.35	108.94	119.21	154.65	169.26	136.18	146.75	7.8
限额以上连锁总店数 (个)			8	7	7	9	13	15	15.4
限额以上连锁门店数 (个)			229	222	339	425	424	424	0.0
限额以上连锁店销售总额(亿元)			65	66	78	114	130	145	11.3
#零售额			59	57	58	85	99	112	13.2

14-2 分县区社会消费品零售总额

单位：亿元

县 区	2000 年	2005 年	2006 年	2007 年	2008 年	2009 年	2010 年	2011 年	2012 年	2013 年
惠城区	50.71	116.82	138.71	166.71	199.71	203.06	237.61	273.28	311.88	360.38
惠阳区	16.91	31.59	37.89	45.09	54.70	62.94	73.63	87.18	92.27	103.71
惠东县	31.27	51.09	59.28	69.67	83.46	95.76	113.64	134.64	146.91	165.79
博罗县	19.16	37.01	44.02	52.55	62.94	72.89	90.99	106.78	112.04	124.28
龙门县	6.00	10.25	12.23	14.41	17.20	19.68	22.10	30.36	34.61	39.69
大亚湾区	2.44	5.25	6.29	7.61	8.74	8.82	13.07	14.99	16.81	18.86
仲恺区						27.95	31.49	37.50	39.63	45.20

14-3 分县区批发零售业商品销售总额

单位：亿元

县 区	2000 年	2005 年	2006 年	2007 年	2008 年	2009 年	2010 年	2011 年	2012 年	2013 年
惠城区	140.68	227.24	203.36	244.37	279.25	265.63	419.45	381.49	429.28	500.79
惠阳区	30.33	34.18	42.70	49.93	60.30	63.43	67.90	99.31	102.79	114.36
惠东县	41.54	59.68	70.26	86.54	105.46	125.73	154.46	233.23	250.59	289.82
博罗县	23.94	43.76	50.39	58.53	68.03	77.44	80.66	125.51	119.88	137.59
龙门县	8.79	14.46	15.77	17.41	22.75	27.70	35.28	53.72	49.31	57.79
大亚湾区	5.03	14.62	14.75	17.05	15.80	23.67	25.57	58.70	67.63	90.34
仲恺区						132.83	178.00	207.13	232.31	293.72

14-4　批发零售业商品销售总额

单位：万元

项　目	2000 年	2005 年	2008 年	2009 年	2010 年	2011 年	2012 年	2013 年
合 计	**2503158**	**3939434**	**5515808**	**7164384**	**9613373**	**11590873**	**12517826**	**14843903**
按行业分组								
批发业	1583475	1863050	1721741	2562568	3880550	4838188	5172920	6761173
零售业	919683	2076385	3794067	4601816	5732823	6752685	7344906	8082730
按规模分组								
限额以上企业和个体户类值	**1201280**	**1730040**	**1963288**	**2810577**	**4897055**	**5757310**	**6830275**	**8809628**
1、粮油、食品、饮料、烟酒类	97534	195673	550520	488768	591128	720857	945417	1180357
(1) 粮油、食品类	15836		96875	129074	211570	278908	427022	604590
其中：粮油类		16932	22975	42826	80110	102953	144362	198344
肉禽蛋类	6192	12861	13216	15162	35634	41117	68665	115760
水产品类				1739	961	8857	61694	101550
蔬菜类				6476	39375	49761	65510	69164
干鲜果品类				5763	4837	12220	15493	19462
(2) 饮料类	1441	1480	38985	41446	26167	26791	60268	58231
(3) 烟酒类	80256	131008	414660	318249	353391	415158	458127	517535
2、服装、鞋帽、针纺织品类	27348	225605	163480	184147	323695	387853	602013	661475
(1) 服装类	18026	209451	119142	139311	234755	305621	363498	349722
(2) 鞋帽类	437	15600	11441	29912	71299	63130	183555	241654
(3) 针、纺织品类	8885	554	32897	14924	17641	19102	54960	70099
3、化妆品类	1040	421	12776	11568	13271	13772	16547	17467
4、金银珠宝类	284	119	4506	4116	7974	13435	19685	28397
5、日用品类	31880	1476	37286	42623	47677	48580	79490	89222
其中：洗涤用品类	1275	854	10150	11307	13376	13848	28453	29012
儿童玩具类	1048	297	1480	2005	1927	2376	5297	4498
6、五金、电料类	948	12582	5594	5869	6860	17567	13098	12417
7、体育、娱乐用品类	225	77	589	1171	4706	4372	3671	3798
8、书报杂志类	3512	1652	4228	3710	3211	3222	4522	5086
9、电子出版物及音像制品类	101	62	2038	766	776	750	844	1756
10、家用电器和音像器材类	879216	473261	152437	846371	1632978	1705608	1963071	2442599
11、中西药品类	8913	3265	90988	111894	122012	153408	177900	235071
其中：西药类	2602	1920	68557	68671	86116	119963	143214	154658
中草药及中成药类	6311	1346	6740	15747	6515	5645	5734	14300
12、文化办公用品类	962	129	2906	31761	44403	101573	93454	405272
13、家具类	17		2618	1809	5058	4746	21984	17549
14、通讯器材类	67	12775	13220	14486	11033	69090	76043	230165
15、煤炭及制品类	244			154		5	15	18
16、木材及制品类	2365		162	121	18269	1871	7577	
17、石油及制品类	98615	394271	684212	723796	1443320	1552118	1669082	2025591
18、化工材料及制品类	9650	3437	4892	6446	13036	31637	38672	228373
其中：化肥类	9643	3363	4108			13368	23221	27803
19、金属材料类	2885	1925	2800	2244	3808	100500	72843	32361
20、建筑及装潢材料类	13	3469	181	8818	7641	51235	98899	110670
21、机电产品及设备类	22479	10876	64350	80095	97455	44998	57492	58532
其中：农机类	4462	1729	7489	7499		1420		
22、汽车类	7717	19736	146176	182534	447157	592067	656205	871268
23、种子饲料类				4882	7083	2983	2723	5297
24、棉麻类		18						
25、其他类	12982	369211	17331	52429	44504	135062	209026	146888
限额以下企业和个体户	**1301878**	**2209395**	**3552520**	**4353807**	**4716318**	**5833563**	**5687552**	**6034275**

14-5 批发零售业商品批发额

单位：万元

项 目	2000 年	2005 年	2008 年	2009 年	2010 年	2011 年	2012 年	2013 年
合 计	**1570589**	**1770930**	**1839560**	**2797134**	**4360181**	**5429170**	**5714433**	**7042864**
按行业分组								
批发业	1329727	1573209	1333602	2082754	3481115	4132780	4338859	5795390
零售业	240862	197721	505958	714380	879066	1296389	1375574	1247474
按规模分组								
限额以上企业和个体户类值	**1104133**	**1318754**	**976295**	**1718788**	**3137570**	**3683874**	**4361797**	**5831315**
1、粮油、食品、饮料、烟酒类	72607	157066	458290	367556	480077	581347	720163	909215
(1) 粮油、食品类	9585		35653	46317	149266	206623	310236	447487
其中：粮油类		807	10989	22234	66368	83842	112365	152879
肉禽蛋类	5654	11846	3236	2477	26684	31720	53833	93854
水产品类						7838	46549	87151
蔬菜类				1270	37401	47651	61155	58666
干鲜果品类						7131	7771	10454
(2) 饮料类	20		26429	30264	14216	13011	18430	22184
(3) 烟酒类	63002	129217	396208	290975	316595	361714	391496	439544
2、服装、鞋帽、针纺织品类	25147	211367	93887	102701	228693	256908	394037	399100
(1) 服装类	17242	196117	65593	85249	164329	205849	242321	210105
(2) 鞋帽类	7	14918	303	8572	54959	41913	117479	144170
(3) 针、纺织品类	7898	332	27991	8880	9406	9147	34237	44825
3、化妆品类			4904	470	79		1	
4、金银珠宝类			1542	193	1339	1433	1514	1717
5、日用品类	28260		19264	16398	17751	19644	24705	22932
其中：洗涤用品类			1234			91	1	
儿童玩具类	877		121					
6、五金、电料类	688	12210	3908	4147	3665	14584	10275	8170
7、体育、娱乐用品类	12				704	904	462	309
8、书报杂志类	1519	995	1327	1159	860	810	834	551
9、电子出版物及音像制品类	22		458	1				757
10、家用电器和音像器材类	864982	435855	74996	761050	1529153	1598788	1866357	2329657
11、中西药品类	5744	2180	83435	107084	119208	149726	172193	224824
其中：西药类	1097	1301	63611	66249	84716	118284	139812	148337
中草药及中成药类	4647	879	4359	13534	5170	3726	3557	10503
12、文化办公用品类	205		1247	358	2041	43027	27795	361615
13、家具类	17		1492	1507	1633	1306	10717	10152
14、通讯器材类			6293	7217	2576	55518	62646	209564
15、煤炭及制品类				92				
16、木材及制品类	2365		162	121	18269	1871	7577	
17、石油及制品类	67959	172704	148259	214126	569279	634058	666076	871665
18、化工材料及制品类	9650		4892	6446	13036	31637	38672	228373
其中：化肥类	9643		4108			13368	23221	27803
19、金属材料类	2741		2800	2244	3808	100500	72843	32361
20、建筑及装潢材料类	13			8818	7641	33257	57033	67827
21、机电产品及设备类	14762	10574	59825	74594	90967	37589	50352	49615
其中：农机类	4462	1729	7489	7499		1420		
22、汽车类			3702	6262	9510	13884	6513	6133
23、种子饲料类				4882	7083	2983	2723	5297
24、棉麻类								
25、其他类	7443	306955	5612	31363	30198	104099	168311	91481
限额以下企业和个体户	**466456**	**452176**	**863265**	**1078346**	**1222611**	**1745296**	**1352635**	**1211549**

14-6 批发零售业商品零售额

单位：万元

项 目	2000 年	2005 年	2008 年	2009 年	2010 年	2011 年	2012 年	2013 年
合 计	**932569**	**2168504**	**3676248**	**4367250**	**5253193**	**6161704**	**6803394**	**7801039**
按行业分组								
批发业	253748	289841	388138	479814	399435	705408	834062	965783
零售业	678821	1878663	3288110	3887436	4853758	5456296	5969332	6835256
按规模分组								
限额以上企业和个体户类值	**97146**	**411285**	**986993**	**1091789**	**1759486**	**2073436**	**2468477**	**2978313**
1、粮油、食品、饮料、烟酒类	24927	38608	92230	121212	111051	139510	225255	271142
(1) 粮油、食品类	6252		61222	82757	62304	72285	116786	157103
其中：粮油类		16125	11986	20592	13742	19111	31997	45465
肉禽蛋类	538	1015	9980	12685	8950	9397	14832	21906
水产品类				1739	961	1019	15146	14398
蔬菜类				5207	1974	2110	4355	10498
干鲜果品类				5763	4837	5089	7723	9008
(2) 饮料类	1421	1480	12556	11182	11951	13781	41837	36047
(3) 烟酒类	17255	1791	18452	27274	36796	53444	66631	77992
2、服装、鞋帽、针纺织品类	2202	14238	69593	81446	95002	130944	207976	262375
(1) 服装类	783	13335	53549	54062	70427	99772	121178	139617
(2) 鞋帽类	430	682	11138	21340	16341	21217	66076	97484
(3) 针、纺织品类	988	222	4905	6044	8235	9955	20722	25274
3、化妆品类	1040	421	7872	11098	13191	13772	16546	17467
4、金银珠宝类	284	119	2964	3923	6635	12001	18171	26681
5、日用品类	3621	1476	18022	26226	29926	28936	54786	66290
其中：洗涤用品类	1275	854	8917	11307	13376	13756	28451	29012
儿童玩具类	171	297	1360	2005	1927	2376	5297	4498
6、五金、电料类	260	372	1685	1722	3194	2982	2823	4248
7、体育、娱乐用品类	214	77	589	1171	4002	3469	3209	3489
8、书报杂志类	1994	656	2901	2551	2351	2412	3688	4536
9、电子出版物及音像制品类	79	62	1579	766	776	750	844	999
10、家用电器和音像器材类	14235	37406	77441	85321	103826	106820	96714	112942
11、中西药品类	3170	1086	7553	4810	2804	3683	5707	10247
其中：西药类	1505	619	4947	2422	1400	1679	3402	6320
中草药及中成药类	1665	467	2381	2213	1345	1919	2177	3797
12、文化办公用品类	757	129	1660	31403	42363	58546	65659	43657
13、家具类			1126	302	3426	3440	11267	7396
14、通讯器材类	67	12775	6927	7269	8456	13573	13398	20600
15、煤炭及制品类	244			62		5	15	18
16、木材及制品类								
17、石油及制品类	30656	221567	535953	509670	874041	918060	1003006	1153926
18、化工材料及制品类								
其中：化肥类								
19、金属材料类	144							
20、建筑及装潢材料类			181			17978	41866	42843
21、机电产品及设备类	7717	302	4525	5500	6488	7409	7140	8917
其中：农机类								
22、汽车类	7717	19736	142475	176272	437648	578183	649692	865135
23、种子饲料类								
24、棉麻类								
25、其他类	5540	62255	11719	21066	14306	30964	40715	55407
限额以下企业和个体户	**835422**	**1757219**	**2689255**	**3275461**	**3493707**	**4088268**	**4334916**	**4822726**

14-7 限额以上批发业商品购、销、存总额

（2013 年）　　单位：万元

项　目	企业单位数（个）	购进总额	进　口	商品销售总　额
批发业	220	5178918	43090	6150819
按国民经济行业分				
农、林、牧产品批发	17	195216		224978
谷物、豆及薯类批发	13	138583		154857
饲料批发	2	4745		5292
牲畜批发	2	51888		64829
食品、饮料及烟草制品批发	34	560499	868	747520
米、面制品及食用油批发	4	47752		51295
糕点、糖果及糖批发	1	21343		21722
果品、蔬菜批发	13	52121		83824
肉、禽、蛋及水产品批发	10	91643		132731
盐及调味品批发	1	6312		8751
酒、饮料及茶叶批发	3	26439		27620
烟草制品批发	1	312627	868	419328
其他食品批发	1	2263		2250
纺织、服装及家庭用品批发	42	2432408	3853	3116160
纺织品、针织品及原料批发	6	184034	2225	190647
服装批发	6	90796	27	93296
鞋帽批发	17	288113		337486
化妆品及卫生用品批发	1	4609		5544
厨房、卫生间用具及日用杂货批发	1	2594	1601	3857
家用电器批发	10	1858489		2480753
其他家庭用品批发	1	3773		4577
文化、体育用品及器材批发	6	69885		65787
文具用品批发	1	15716		16016
音像制品及电子出版物批发	2	39667		34655
首饰、工艺品及收藏品批发	1	456		350
其他文化用品批发	2	14046		14767
医药及医疗器材批发	31	297930	6141	322099
西药批发	15	157221	5862	169239
中药批发	14	133873	109	143400
医疗用品及器材批发	2	6835	169	9460
矿产品、建材及化工产品批发	60	1274665	7954	1311920
煤炭及制品批发	1	2632		2658
石油及制品批发	20	911555		922358
金属及金属矿批发	2	18422		14740
建材批发	10	46934		52686
化肥批发	4	28557		30557
农药批发	4	21644		27241
其他化工产品批发	19	244920	7954	261680

14-7 续表 1 （2013 年） 单位：万元

项 目	企业单位数（个）	购进总额	进 口	商品销售总 额
机械设备、五金交电及电子产品批发	25	307354	24180	319101
汽车批发	1	5906		6180
五金产品批发	6	17979	764	21683
计算机、软件及辅助设备批发	4	25473	4092	23093
通讯及广播电视设备批发	4	129712	763	136307
其他机械设备及电子产品批发	10	128283	18561	131838
贸易经纪与代理	4	37858	94	40043
贸易代理	4	37858	94	40043
其他批发业	1	3105		3211
再生物资回收与批发	1	3105		3211
按登记注册类型分				
内资企业	201	3291909	41390	3587167
国有企业	5	162944		172512
集体企业	3	15423		15541
股份合作企业				
联营企业				
有限责任公司	84	1686605	22818	1886699
国有独资公司	2	45606		40391
其他有限责任公司	82	1640999	22818	1846308
股份有限公司	6	368856	180	353487
私营企业	92	1003512	18391	1064164
私营独资企业	1	9903		9851
私营有限责任公司	88	975349	13281	1035239
私营股份有限公司	3	18260	5111	19074
其他企业	11	54569		94763
港、澳、台商投资企业	12	236353	1701	515763
港、澳、台商合资经营企业	5	157070	1701	422919
港、澳、台商独资经营企业	6	74564		87782
港、澳、台商投资股份有限公司	1	4719		5062
外商投资企业	7	1650657		2047890
中外合资经营企业	4	1629715		2026435
外资企业	3	20942		21454
按企业控股情况分				
国有控股	11	2408790	868	2882629
集体控股	7	70477	1701	71743
私人控股	155	1699319	18654	1875192
港澳台商控股	13	227634	3992	509643
外商控股	5	187869		219853
其他	29	584829	17875	591759
按经营形式分				
独立门店	136	3504648	25774	4374744
连锁总店	1	12110		11380
连锁门店	1	3811		4236
其他	82	1658350	17316	1760460

项　目	批　发	出　口	零　售	年末库存总　额
批发业	**5907960**	**347688**	**242859**	**233561**
按国民经济行业分				
农、林、牧产品批发	222895		2084	12719
谷物、豆及薯类批发	152866		1991	12103
饲料批发	5199		93	616
牲畜批发	64829			
食品、饮料及烟草制品批发	733157	13141	14362	17479
米、面制品及食用油批发	51285		10	2071
糕点、糖果及糖批发	21722			937
果品、蔬菜批发	78966		4858	2243
肉、禽、蛋及水产品批发	128020	13141	4711	638
盐及调味品批发	8751			965
酒、饮料及茶叶批发	23067		4553	934
烟草制品批发	419328			9652
其他食品批发	2020		230	40
纺织、服装及家庭用品批发	3010687	228053	105473	99887
纺织品、针织品及原料批发	190647	140432		205
服装批发	91704	55347	1592	4232
鞋帽批发	235385	27697	102101	3468
化妆品及卫生用品批发	5544			605
厨房、卫生间用具及日用杂货批发	3857			936
家用电器批发	2478973		1780	89555
其他家庭用品批发	4577	4577		887
文化、体育用品及器材批发	65787	31643		12368
文具用品批发	16016			324
音像制品及电子出版物批发	34655	31643		11557
首饰、工艺品及收藏品批发	350			83
其他文化用品批发	14767			405
医药及医疗器材批发	320693		1406	20979
西药批发	167833		1406	12294
中药批发	143400			7794
医疗用品及器材批发	9460			891
矿产品、建材及化工产品批发	1194854	1276	117066	59961
煤炭及制品批发	2658			7
石油及制品批发	813291		109067	40424
金属及金属矿批发	14740			3821
建材批发	52686			3383
化肥批发	29587		970	2028
农药批发	27015		227	1721
其他化工产品批发	254877	1276	6803	8578

项　目	批　发	出　口	零　售	年末库存总　额
机械设备、五金交电及电子产品批发	316674	33688	2428	9884
汽车批发	6180			296
五金产品批发	21645		39	2223
计算机、软件及辅助设备批发	21185	10395	1909	2239
通讯及广播电视设备批发	136307	13162		4311
其他机械设备及电子产品批发	131358	10130	481	816
贸易经纪与代理	40002	39888	41	209
贸易代理	40002	39888	41	209
其他批发业	3211			76
再生物资回收与批发	3211			76
按登记注册类型分				
内资企业	3350096	332715	237071	179038
国有企业	66461		106051	5335
集体企业	14572		970	209
股份合作企业				
联营企业				
有限责任公司	1786108	149049	100591	86885
国有独资公司	40391	31643		12315
其他有限责任公司	1745717	117406	100591	74570
股份有限公司	353034	55365	453	37864
私营企业	1036812	128301	27353	46386
私营独资企业	5575		4275	52
私营有限责任公司	1012162	128301	23077	44621
私营股份有限公司	19074			1713
其他企业	93109		1654	2359
港、澳、台商投资企业	513841	10395	1922	25405
港、澳、台商合资经营企业	422919	10395		21740
港、澳、台商独资经营企业	85860		1922	3664
港、澳、台商投资股份有限公司	5062			1
外商投资企业	2044024	4577	3866	29118
中外合资经营企业	2022569		3866	27912
外资企业	21454	4577		1206
按企业控股情况分				
国有控股	2776578	94949	106051	56430
集体控股	70739	10395	1004	2148
私人控股	1747393	168740	127799	79190
港澳台商控股	507721		1922	26319
外商控股	219853			21688
其他	585676	73604	6083	47788
按经营形式分				
独立门店	4203475	231379	171268	142138
连锁总店	11380			730
连锁门店	2829		1406	2595
其他	1690275	116309	70185	88098

14-8 限额以上零售业商品购、销、存总额

（2013 年） 单位：万元

项 目	企业单位数（个）	购进总额	进 口	商品销售总 额
零售业	223	2108569	100057	3134047
按国民经济行业分				
综合零售	36	330139		439123
百货零售	25	254999		355112
超级市场零售	9	67473		75838
其他综合零售	2	7667		8173
食品、饮料及烟草制品专门零售	13	71540	1056	77081
粮油零售	1	3008		2999
糕点、面包零售	1	745		656
肉、禽、蛋及水产品零售	3	13408		14517
酒、饮料及茶叶零售	5	52024	1056	56271
烟草制品零售	3	2355		2639
纺织、服装及日用品专门零售	5	36165		50907
纺织品及针织品零售	1	774		725
服装零售	1	24986		34260
鞋帽零售	2	9003		14104
化妆品及卫生用品零售	1	1402		1818
文化、体育用品及器材专门零售	2	7372		6086
图书、报刊零售	2	7372		6086
医药及医疗器材专门零售	4	10610		13257
药品零售	4	10610		13257
汽车、摩托车、燃料及零配件专门零售	120	1419163	99001	2163178
汽车零售	80	907571	99001	937243
汽车零配件零售	2	1317		9397
摩托车及零配件零售	6	7906		8559
机动车燃料零售	32	502369		1207979
家用电器及电子产品专门零售	22	125158		162904
家用视听设备零售	2	6040		5620
日用家电设备零售	10	95445		132189
计算机、软件及辅助设备零售	5	7654		8882
通信设备零售	3	13797		13772
其他电子产品零售	2	2221		2441

（2013 年） 单位：万元

项 目	企业单位数（个）	购进总额	进 口	商品销售总 额
五金、家具及室内装修材料专门零售	6	10733		13057
五金零售	2	3588		4650
家具零售	2	2164		2854
陶瓷、石材装饰材料零售	2	4981		5552
货摊、无店铺及其他零售业	15	97689		208455
互联网零售	1	68913		178560
生活用燃料零售	12	23666		25160
其他未列明的零售	2	5110		4735
按登记注册类型分				
内资企业	210	1695229	56522	2666081
国有企业	4	6324		7013
集体企业	1	3008		2999
股份合作企业				
联营企业				
有限责任公司	97	998068	35578	1145135
国有独资公司	2	5300		6061
其他有限责任公司	95	992768		1139074
股份有限公司	7	62273		731618
私营企业	96	607500	20944	761031
私营独资企业	3	11326		11984
私营有限责任公司	90	516863	20944	560255
私营股份有限公司	3	79310		188792
其他企业	5	18057		18285
港、澳、台商投资企业	6	143884	43535	175523
港、澳、台商合资经营企业	3	46794		52019
港、澳、台商合作经营企业	1	28569		40579
港、澳、台商独资经营企业	2	68521	43535	82924
外商投资企业	7	269456		292444
中外合资经营企业	5	237769		246741
外资企业	2	31687		45703
按企业控股情况分				
国有控股	14	436016		1123830
集体控股	3	8850		9064
私人控股	168	1255139	56522	1509230
港澳台商控股	4	135910	43535	167033
外商控股	2	50423		56363
其他	32	222231		268528

14-8 续表2 （2013年） 单位：万元

项 目	批 发	出 口	零 售	年末库存总 额
零售业	398419		2735628	240721
按国民经济行业分				
综合零售	101		439021	36731
百货零售			355112	27294
超级市场零售	101		75737	9147
其他综合零售			8173	290
食品、饮料及烟草制品专门零售	2165		74916	10357
粮油零售			2999	27
糕点、面包零售	394		262	89
肉、禽、蛋及水产品零售	1000		13517	162
酒、饮料及茶叶零售	572		55699	9479
烟草制品零售	200		2440	601
纺织、服装及日用品专门零售	15677		35230	2446
纺织品及针织品零售			725	79
服装零售	14665		19595	
鞋帽零售	1012		13091	2229
化妆品及卫生用品零售			1818	138
文化、体育用品及器材专门零售	742		5344	1866
图书、报刊零售	742		5344	1866
医药及医疗器材专门零售			13257	2114
药品零售			13257	2114
汽车、摩托车、燃料及零配件专门零售	238626		1924552	155035
汽车零售	1781		935462	135915
汽车零配件零售			9397	3694
摩托车及零配件零售	1368		7191	2552
机动车燃料零售	235477		972503	12874
家用电器及电子产品专门零售	17256		145649	18734
家用视听设备零售	1515		4106	894
日用家电设备零售	15585		116604	14963
计算机、软件及辅助设备零售	157		8725	1648
通信设备零售			13772	1098
其他电子产品零售			2441	131

项目	批发	出口	零售	年末库存总额
五金、家具及室内装修材料专门零售	457		12600	2186
五金零售	457		4194	350
家具零售			2854	1314
陶瓷、石材装饰材料零售			5552	523
货摊、无店铺及其他零售业	123395		85060	11251
互联网零售	118368		60192	9928
生活用燃料零售	5027		20133	537
其他未列明的零售			4735	786
按登记注册类型分				
内资企业	381400		2284681	184622
国有企业	3677		3336	623
集体企业			2999	27
股份合作企业				
联营企业				
有限责任公司	181366		963769	96574
国有独资公司	191		5870	290
其他有限责任公司	181175		957899	96284
股份有限公司	71783		659835	7995
私营企业	124180		636852	74233
私营独资企业			11984	76
私营有限责任公司	5812		554444	63986
私营股份有限公司	118368		70424	10172
其他企业	394		17891	5171
港、澳、台商投资企业	17020		158503	35987
港、澳、台商合资经营企业			52019	30600
港、澳、台商合作经营企业	2355		38225	651
港、澳、台商独资经营企业	14665		68259	4736
外商投资企业			292444	20112
中外合资经营企业			246741	18105
外资企业			45703	2007
按企业控股情况分				
国有控股	237541		886288	18839
集体控股			9064	171
私人控股	140049		1369181	156452
港澳台商控股	17020		150013	34453
外商控股			56363	3714
其他	3809		264718	27092

14-9 分县区限额以上批发零售业商品购、销、存总额

（2013 年）　　　　单位：万元

县区	商品购进总额	进口	商品销售总额	批发	出口	零售	年末库存总额
合计	7287487	143147	9284866	6306379	347688	2978487	474283
批发业	5178918	43090	6150819	5907960	347688	242859	233561
惠城区	1514331	31854	1961343	1844269	295014	117074	114131
惠阳区	211530	2874	212810	204003		8807	7016
惠东县	649388	309	804376	689485	38297	114891	22763
博罗县	117018		123217	122190	4577	1027	4512
龙门县	24773		25843	25843			666
大亚湾区	654036		651034	650974		60	28110
仲恺区	2007843	8053	2372196	2371196	9800	1000	56364
零售业	2108569	100057	3134047	398419		2735628	240721
惠城区	1775687	100057	2778312	391337		2386975	192321
惠阳区	132028		136850	2559		134291	12984
惠东县	80288		96854	1406		95448	17769
博罗县	39059		39847	2918		36929	6771
龙门县	23167		22435	200		22235	2410
大亚湾区	31175		31939			31939	5708
仲恺区	27165		27811			27811	2758

14-10 限额以上住宿业经营情况

（2013年） 单位：万元

项　目	企业数（个）	营业额合计	客房收入	餐费收入	商品销售收入
住宿业	93	212369	101620	72292	9941
按住宿行业小类分					
旅游饭店	73	201351	95402	69343	9422
一般旅馆	17	10151	5816	2756	463
其他住宿服务	3	867	402	193	57
按登记注册类型分					
内资企业	71	152254	72755	48333	5833
国有企业					
集体企业					
股份合作企业					
联营企业					
有限责任公司	20	63092	27104	18717	2374
国有独资公司	1	2188	1425	727	
其他有限责任公司	19	60903	25679	17991	2374
股份有限公司	2	5379	2782	1675	106
私营企业	47	83008	42171	27895	3328
私营独资企业	5	5620	3033	1143	92
私营合伙企业	1	2195	1377	574	244
私营有限责任公司	38	73717	36688	25878	2985
私营股份有限公司	3	1476	1072	300	7
其他企业	2	775	699	47	25
港澳台商投资企业	16	33973	19410	8906	3354
与港澳台商合资经营企业	10	24407	13292	6223	3259
与港澳台商合作经营企业	1	1516	897	619	
港澳台商独资企业	5	8050	5221	2064	95
外商投资企业	6	26143	9454	15053	755
中外合资经营企业	1	1806	716	275	288
中外合作经营企业	5	24337	8738	14778	467
按控股情况分					
国有控股	3	7141	2885	4099	
集体控股					
私人控股	64	130877	65205	39821	6888
港澳台商控股	13	28518	12599	9452	2273
外商控股	1	1806	716	275	288
其他	12	44027	20214	18645	492
按星级分					
五星	5	37237	16436	14436	1613
四星	7	17986	7340	8852	789
三星	23	18047	8842	7395	130
二星	2	8920	2261	6208	26
一星					
其他	56	130179	66740	35401	7384

14-11 限额以上餐饮业经营情况

（2013 年）　　单位：万元

项目	企业数（个）	营业额合计	客房收入	餐费收入	商品销售收入
餐饮业	93	98457	9794	83398	2101
按餐饮行业小类分					
正餐服务	85	76524	9794	61469	2101
快餐服务	3	17017		17013	
饮料及冷饮服务					
其他餐饮服务	5	4916		4916	
按登记注册类型分					
内资企业	85	74611	9122	60401	1938
国有企业					
集体企业					
股份合作企业					
联营企业					
有限责任公司	18	16581	1527	13847	829
国有独资公司					
其他有限责任公司	18	16581	1527	13847	829
股份有限公司					
私营企业	65	57162	7594	45685	1108
私营独资企业	21	16693	1537	13802	1028
私营有限责任公司	41	38787	5548	30832	81
私营股份有限公司	3	1682	509	1051	
其他企业	2	869		869	
港澳台商投资企业	7	9814	672	8966	164
与港澳台商合资经营企业	2	1878	619	1200	59
与港澳台商合作经营企业	1	280	22	145	104
港澳台商独资企业	4	7657	32	7620	
外商投资企业	1	14031		14031	
中外合资经营企业					
中外合作经营企业					
外资企业	1	14031		14031	
按控股情况分					
国有控股					
集体控股					
私人控股	79	70421	8725	56689	1901
港澳台商控股	6	9535	650	8821	59
外商控股	1	14031		14031	
其他	7	4470	419	3857	141

14-12 分县区限额以上住宿餐饮业经营情况

（2013 年） 单位：万元

县 区	企业数（个）	营业额	客房收入	餐费收入	商品销售收入
合 计	186	310826	111414	155690	12042
住宿业	93	212369	101620	72292	9941
惠城区	28	71920	29587	32956	1850
惠阳区	12	12621	5050	3852	
惠东县	18	37365	18970	12676	3638
博罗县	9	12424	5939	3177	395
龙门县	19	70961	38549	16629	4059
大亚湾区	3	2972	1358	1401	
仲恺区	4	4107	2167	1602	
餐饮业	93	98457	9794	83398	2101
惠城区	32	47271	2221	44894	
惠阳区	13	18324	3355	12939	
惠东县	25	18641	2122	14531	1679
博罗县	4	1715	457	1118	95
龙门县	10	5395	990	3719	102
大亚湾区	3	2804	275	2516	
仲恺区	6	4308	374	3682	226

14-13 限额以上连锁批发零售业、住宿餐饮业经营情况

（2013 年）　　　　单位：万元

项目	连锁总店数（个）	销售总额（营业总收入）（万元）	零售额（万元）	营业面积（平方米）	从业人数（人）	连锁门店数（个）	直营店（个）	加盟店（个）
总计	15	1447806	1124844	1072877	6279	424	419	5
批发零售业合计	13	1432235	1109273	1065373	5383	395	394	1
按登记注册类型分组								
内资企业	11	1268229	959932	944474	4179	358	357	1
国有企业								
集体企业								
股份合作企业								
联营企业								
有限责任公司	10	599700	362174	395045	3023	202	201	1
其他有限责任公司	10	599700	362174	395045	3023	202	201	1
股份有限公司	1	668529	597758	549429	1156	156	156	
私营企业								
其他企业								
港、澳、台商投资企业	1	34260	19595	1183	739	3	3	
港、澳、台商独资经营	1	34260	19595	1183	739	3	3	
外商投资企业	1	129746	129746	119716	465	34	34	
中外合资经营企业	1	129746	129746	119716	465	34	34	
按批发零售连锁业态分组								
百货商店	1	42423	42423	40000	860	3	3	
专业店	11	1355552	1047255	1024190	3784	389	388	1
其中：加油站	4	991101	870374	811810	2071	234	234	
专卖店	1	34260	19595	1183	739	3	3	
住宿餐饮业合计	2	15571	15571	7504	896	29	25	4
按行业分组								
快餐服务	2	15571	15571	7504	896	29	25	4
按登记注册类型分组								
内资企业								
国有企业								
集体企业								
股份合作企业								
联营企业								
有限责任公司								
股份有限公司								
私营企业								
其他企业								
港、澳、台商投资企业	1	1540	1540	1704	70	4		4
港澳台商独资	1	1540	1540	1704	70	4		4
外商投资企业	1	14031	14031	5800	826	25	25	
外资企业	1	14031	14031	5800	826	25	25	

14-14　限额以上批发零售、住宿餐饮业财务状况

（2013 年）　　　　单位：万元

项　目	批发业	零售业	住宿业	餐饮业
法人企业数（个）	220	223	92	91
年初存货	490370	162374	18080	2559
流动资产合计	1609676	933416	240423	54760
#应收帐款	605765	128227	16353	4627
存货	260969	198246	16031	2779
固定资产合计	179753	172933	236237	35685
固定资产原价	220946	270516	364744	57404
累计折旧	60345	99096	139274	22095
#本年折旧	13378	16643	33530	5033
资产总计	2036146	1300029	639618	114214
流动负债合计	1499422	1022623	290710	75744
应付帐款	561061	175196	33880	13558
非流动负债合计	168074	157049	184530	12752
负债合计	1680077	1179366	482175	89562
所有者权益合计	356070	120662	158179	24651
实收资本	225197	169485	165072	38590
#国家资本	11401	13404	10769	
集体资本	4516	1043	3544	
法人资本	105336	108588	29222	23524
个人资本	59131	34144	48903	10582
港澳台资本	27896	11057	62793	1994
外商资本	16919	1249	9841	2490
营业收入	5526497	2727181	211570	98610
#主营业务收入	5427906	2665859	209520	98467
营业成本	5031317	2460961	80401	50200
#主营业务成本	4944966	2415230	78536	50096
营业税金及附加	32128	8551	11056	5733
#主营业务税金及附加	32108	8231	11008	5593
其他业务利润	14635	28806	1890	1317
销售费用	236089	172333	54790	29424
管理费用	87038	55522	42877	12483
#税金	2841	3897	2062	243
财务费用	19380	20760	12526	2665
#利息收入	7498	1379	46	150
利息支出	15399	13528	6554	1308
营业利润	113097	22587	10775	-693
营业外收入	9683	3209	667	355
补贴收入	2186	409	22	
利润总额	82380	28672	9844	1356
应交所得税	16228	4743	3309	941
应付职工薪酬	109741	74266	46381	19829
应交增值税	71217	48102		

14-15 限额以上批发企业财务状况

（2013 年） 单位：万元

项 目	企业数（个）	年初存货	流动资产合计	固定资产原价	累计折	本年折旧
批发业	220	490370	1609676	220946	60345	13378
按国民经济行业分						
农、林、牧产品批发	17	9762	50625	35497	6761	1566
谷物、豆及薯类批发	13	9061	24271	10039	1540	331
饲料批发	2	702	2926	1178	174	12
牲畜批发	2		23428	24280	5048	1222
食品、饮料及烟草制品批发	34	22774	223523	87197	19410	4774
米、面制品及食用油批发	4	1902	48565	2125	849	78
糕点、糖果及糖批发	1	343	3024	225	147	29
果品、蔬菜批发	13	1813	43837	20135	5511	1809
肉、禽、蛋及水产品批发	10	6624	38485	50341	4790	1669
盐及调味品批发	1	1190	3874	4397	2340	408
酒、饮料及茶叶批发	3	464	25018	25	13	3
烟草制品批发	1	10303	60369	9632	5740	769
其他食品批发	1	135	351	316	20	10
纺织、服装及家庭用品批发	42	367410	673021	15355	6156	1310
纺织品、针织品及原料批发	6	1942	56783	3589	2072	176
服装批发	6	5927	19461	227	163	20
鞋帽批发	17	41945	71359	3933	279	142
化妆品及卫生用品批发	1	1665	1773	79	47	7
厨房、卫生间用具及日用杂货批发	1	858	2297	86	38	17
家用电器批发	10	314293	519208	7389	3544	935
其他家庭用品批发	1	780	2141	52	13	13
文化、体育用品及器材批发	6	4398	80657	2477	962	142
文具用品批发	1	16	4868	44	4	
音像制品及电子出版物批发	2	4091	66469	755	341	41
首饰、工艺品及收藏品批发	1		527	7	2	2
其他文化用品批发	2	291	8793	1671	616	98
医药及医疗器材批发	31	16304	132023	11582	3874	1215
西药批发	15	9296	71447	4686	2057	284
中药批发	14	6489	55788	6878	1808	930
医疗用品及器材批发	2	519	4787	18	10	2
矿产品、建材及化工产品批发	60	52140	268500	57654	20133	3675
煤炭及制品批发	1		527			
石油及制品批发	20	34294	171019	47673	16141	2579
金属及金属矿批发	2	2691	8431	295	131	3
建材批发	10	5562	25898	3024	677	293
化肥批发	4	2409	4120	1721	843	114
农药批发	4	1937	5955	1325	341	59
其他化工产品批发	19	5247	52549	3616	2001	627
机械设备、五金交电及电子产品批发	25	17152	170978	10974	2905	675
汽车批发	1	254	2084	35	21	4
五金产品批发	6	2047	12592	596	259	177

项　目	资产合计	负债合计	所有者权益合计	实收资本	营业收入	主营业务收入	营业成本
批发业	**2036146**	**1680077**	**356070**	**225197**	**5526497**	**5427906**	**5031317**
按国民经济行业分							
农、林、牧产品批发	123545	69489	54056	16385	224626	224626	192599
谷物、豆及薯类批发	67286	41078	26207	9215	154857	154857	132745
饲料批发	4629	4224	405	510	4940	4940	4403
牲畜批发	51630	24188	27443	6660	64829	64829	55451
食品、饮料及烟草制品批发	324398	165040	159358	33408	680788	680095	541741
米、面制品及食用油批发	51708	46797	4912	2395	48516	48508	45229
糕点、糖果及糖批发	3103	1435	1667	100	21722	21722	20725
果品、蔬菜批发	72916	37293	35624	14069	83786	83786	68116
肉、禽、蛋及水产品批发	89110	44231	44879	11700	132731	132234	108433
盐及调味品批发	7457	3567	3890	1695	8936	8751	4290
酒、饮料及茶叶批发	25031	25447		150	24445	24445	23738
烟草制品批发	74416	6071	68345	3200	358401	358400	269254
其他食品批发	657	200	457	100	2250	2250	1957
纺织、服装及家庭用品批发	732952	718274	14678	48791	2781837	2712138	2555428
纺织品、针织品及原料批发	60196	53776	6419	2281	183633	183633	176836
服装批发	37481	36478	1003	3526	87621	87621	83025
鞋帽批发	87179	62829	24350	17261	337387	337382	302512
化妆品及卫生用品批发	1805	1266	539	500	5767	5767	5354
厨房、卫生间用具及日用杂货批发	2371	763	1609	373	3297	3297	2276
家用电器批发	541740	560694		24800	2159320	2089862	1981720
其他家庭用品批发	2181	2468		50	4813	4577	3704
文化、体育用品及器材批发	120554	123946		6318	63689	63687	61415
文具用品批发	4909	3919	990	1000	16016	16016	15434
音像制品及电子出版物批发	103454	110057		3200	34751	34751	33774
首饰、工艺品及收藏品批发	536		553	600	299	299	307
其他文化用品批发	11655	9988	1667	1518	12623	12621	11900
医药及医疗器材批发	146002	129518	16484	12314	286778	286708	263306
西药批发	79525	72229	7296	4896	150510	150440	137391
中药批发	61679	54987	6692	6318	128183	128183	120314
医疗用品及器材批发	4798	2302	2496	1100	8085	8085	5600
矿产品、建材及化工产品批发	394676	321964	72712	60933	1159900	1133234	1106018
煤炭及制品批发	541	7	534	500	2658	2658	2632
石油及制品批发	270550	233923	36626	35120	807025	780370	779695
金属及金属矿批发	8595	8018	577	700	12969	12969	12146
建材批发	42280	23984	18297	7981	50844	50844	46903
化肥批发	5766	4122	1643	1127	30563	30557	28187
农药批发	6983	4993	1991	1471	27241	27241	21188
其他化工产品批发	59962	46917	13044	14035	228600	228596	215267
机械设备、五金交电及电子产品批发	183284	140678	42607	46814	287953	286490	271730
汽车批发	2111	1587	524	500	5289	5289	5035
五金产品批发	12963	11690	1273	966	19714	19714	18004

项 目	企业数（个）	年初存货	流动资产合计	固定资产原价	累计折旧	本年折旧
计算机、软件及辅助设备批发	4	1165	9658	158	89	19
通讯及广播电视设备批发	4	10016	101498	963	762	97
其他机械设备及电子产品批发	10	3670	45146	9223	1774	378
贸易经纪与代理	4	330	10058	210	144	21
贸易代理	4	330	10058	210	144	21
其他批发业	1	100	292			
再生物资回收与批发	1	100	292			
按登记注册类型分						
内资企业	201	198019	1028146	153297	40927	8319
国有企业	5	8356		17882	9418	1393
集体企业	3	40	1336	888	320	58
股份合作企业						
联营企业						
有限责任公司	84	101695	450719	47584	18837	2991
国有独资公司	2	4989	68314	772	340	41
其他有限责任公司	82	96706	382405	46812	18497	2950
股份有限公司	6	38510	136373	3495	207	83
私营企业	92	49397	443636	81824	11972	3722
私营独资企业	1	3150	9028	38150	920	920
私营有限责任公司	88	44736	427075	43631	11018	2798
私营股份有限公司	3	1511	7533	44	34	4
其他企业	11	21	10312	1624	173	73
港、澳、台商投资企业	12	23953	182937	48604	11174	3351
港、澳、台商合资经营企业	5	18642	120074	23463	4869	1386
港、澳、台商独资经营企业	6	5312	61429	25140	6305	1964
港、澳、台商投资股份有限公司	1		1435	1	1	1
外商投资企业	7	268398	398592	19045	8244	1709
中外合资经营企业	4	264368	387361	13129	5879	1203
外资企业	3	4031	11232	5917	2365	506
按企业控股情况分						
国有控股	11	275393	428382	41075	22883	3391
集体控股	7	2713	9898	2000	975	147
私人控股	155	118197	653045	105563	17566	4885
港澳台商控股	13	24576	185333	48640	11154	3368
外商控股	5	26259	122654	6572	2966	557
其他	29	43233	210365	17097	4802	1030
按经营形式分						
独立门店	136	382090	1071260	106754	38482	8295
连锁总店	1	721	2132	114	105	4
连锁门店	1	2595	2638	893	362	
其他	82	104964	533646	113185	21396	5080

14-15　续表 3　　（2013 年）　　单位：万元

项　目	资产合计	负债合计	所有者权益合计	实收资本	营业收入	主营业务收　入	营业成本
计算机、软件及辅助设备批发	10995	7097	3899	2118	22512	22512	21115
通讯及广播电视设备批发	102329	92417	9912	22479	119311	119311	111554
其他机械设备及电子产品批发	54886	27888	26998	20752	121127	119664	116022
贸易经纪与代理	10443	10270	173	210	38183	38183	36391
贸易代理	10443	10270	173	210	38183	38183	36391
其他批发业	292	897		23	2744	2744	2690
再生物资回收与批发	292	897		23	2744	2744	2690
按登记注册类型分							
内资企业	1376218	1095100	281118	141587	3307326	3247294	2989204
国有企业	38847	20109	18738	3155	149033	148848	133770
集体企业	2590	2283	307	427	15541	15541	14765
股份合作企业							
联营企业							
有限责任公司	575608	416934	158674	52615	1722358	1695766	1546249
国有独资公司	105313	111935		3268	39216	39216	37419
其他有限责任公司	470295	304999	165296	49347	1683141	1656550	1508830
股份有限公司	169551	153168	16383	13262	344519	312418	301562
私营企业	577496	493947	83549	70680	980274	979556	923347
私营独资企业	46510	18460	28050	50	9851	9851	8369
私营有限责任公司	523413	468512	54901	70180	952403	951685	897824
私营股份有限公司	7573	6975	598	450	18020	18020	17155
其他企业	12127	8659	3468	1448	95601	95165	69511
港、澳、台商投资企业	230396	155669	74727	39236	457475	456032	377906
港、澳、台商合资经营企业	143134	107865	35269	14024	373706	373687	310810
港、澳、台商独资经营企业	85825	46616	39210	25140	78707	77283	62306
港、澳、台商投资股份有限公司	1437	1188	249	72	5062	5062	4791
外商投资企业	429533	429308	225	44375	1761696	1724580	1664208
中外合资经营企业	414162	420707		34360	1740006	1703126	1646152
外资企业	15371	8601	6770	10016	21690	21454	18056
按企业控股情况分							
国有控股	554475	490083	64392	15918	2483555	2422831	2307501
集体控股	12246	8960	3286	2372	67393	67387	64016
私人控股	840905	685981	154924	104081	1757745	1756481	1620496
港澳台商控股	232871	157006	75866	38718	451365	449921	371102
外商控股	126849	107264	19585	35907	192716	190361	162124
其他	268800	230783	38018	28201	573724	540925	506079
按经营形式分							
独立门店	1325092	1093685	231407	127936	3868135	3829819	3507991
连锁总店	2224	2097	127	127	10156	10156	9878
连锁门店	6472	7473		334	4236	4236	3277
其他	702358	576822	125537	96801	1643970	1583695	1510171

14-15 续表4　（2013年）　单位：万元

项　目	主营业务成　本	营业税金及附加	主营业务税金及附加	其它业务利润	销售费用	管理费用
批发业	4944966	32128	32108	14635	236089	87038
按国民经济行业分						
农、林、牧产品批发	192599	1053	1053	11	7698	3682
谷物、豆及薯类批发	132745	1044	1044	11	2416	1091
饲料批发	4403	3	3		224	193
牲畜批发	55451	6	6		5058	2398
食品、饮料及烟草制品批发	541741	22475	22456	613	14537	21658
米、面制品及食用油批发	45229	65	65	243	1789	913
糕点、糖果及糖批发	20725	46	46	177	842	77
果品、蔬菜批发	68116	17	16		4300	1918
肉、禽、蛋及水产品批发	108433	486	486		1620	1687
盐及调味品批发	4290	91	71	166	1150	2213
酒、饮料及茶叶批发	23738	61	61	27	303	30
烟草制品批发	269254	21566	21566	1	4533	14791
其他食品批发	1957	146	146			30
纺织、服装及家庭用品批发	2494777	6986	6986	10555	173420	33717
纺织品、针织品及原料批发	176836	89	89	350	3051	3123
服装批发	83025	105	105	1007	2777	962
鞋帽批发	302507	1572	1572	485	3966	5162
化妆品及卫生用品批发	5354	15	15	5	108	281
厨房、卫生间用具及日用杂货批发	2276	20	20		218	285
家用电器批发	1921074	5174	5174	8708	163116	22780
其他家庭用品批发	3704	12	12		183	1125
文化、体育用品及器材批发	61415	43	43	2	599	1447
文具用品批发	15434	6	6		133	464
音像制品及电子出版物批发	33774	26	26		63	771
首饰、工艺品及收藏品批发	307				1	30
其他文化用品批发	11900	11	11	2	403	182
医药及医疗器材批发	263295	535	534	163	10008	9029
西药批发	137381	302	302	67	5275	5304
中药批发	120314	190	190	96	3823	2851
医疗用品及器材批发	5600	43	43		910	874
矿产品、建材及化工产品批发	1081077	599	598	2334	23339	11587
煤炭及制品批发	2632					7
石油及制品批发	754767	167	167	1977	8538	4638
金属及金属矿批发	12135	15	15		488	353
建材批发	46903	115	115	217	1294	720
化肥批发	28185	2	2	23	978	501
农药批发	21188	3	3		4028	863
其他化工产品批发	215267	296	296	117	8014	4505
机械设备、五金交电及电子产品批发	270982	432	432	957	5447	5030
汽车批发	5035	5	5	3	149	90
五金产品批发	18004	29	29	16	702	688

项　目	财务费用	营业利润	利润总额	应交所得税	本年应付职工薪酬	本年应交增 值 税
批发业	**19380**	**113097**	**82380**	**16228**	**109741**	**71217**
按国民经济行业分						
农、林、牧产品批发	2550	16901	13856	87	7836	1
谷物、豆及薯类批发	1228	16344	12554		1954	
饲料批发	196	−79			126	1
牲畜批发	1126	636	1302	87	5756	
食品、饮料及烟草制品批发	1716	78389	77303	12788	21862	16905
米、面制品及食用油批发	85	436	1050	82	1007	355
糕点、糖果及糖批发	60	150	150	37	528	220
果品、蔬菜批发	283	9154	7116		3580	
肉、禽、蛋及水产品批发	1297	18766	19039		1519	
盐及调味品批发	−28	1217	1289	345	1816	597
酒、饮料及茶叶批发	232	81	80	20	194	335
烟草制品批发	−213	48470	48316	12304	13189	15398
其他食品批发		118	264		29	
纺织、服装及家庭用品批发	800	2432	−24049	374	57316	43026
纺织品、针织品及原料批发	893	−35	190	136	1500	788
服装批发	764	−11	130	7	432	473
鞋帽批发	548	24070	8657	90	3989	1300
化妆品及卫生用品批发	1	8	13	4	166	46
厨房、卫生间用具及日用杂货批发	−3	501	500	126	77	165
家用电器批发	−1538	−21754	−33216	11	50976	40255
其他家庭用品批发	135	−347	−322		176	
文化、体育用品及器材批发	2232	−2029	−2030	5	402	2267
文具用品批发	−4	2	2		104	
音像制品及电子出版物批发	2127	−2010	−2010		117	5
首饰、工艺品及收藏品批发		−39	−39		13	2168
其他文化用品批发	109	18	17	4	168	94
医药及医疗器材批发	1556	2419	2202	382	5277	3660
西药批发	828	1395	1221	175	2977	2163
中药批发	732	360	385	127	2110	1258
医疗用品及器材批发	−4	663	595	80	190	239
矿产品、建材及化工产品批发	8985	11020	10350	2159	12635	2608
煤炭及制品批发	−1	19	19	5	11	
石油及制品批发	6587	9066	8626	1760	4931	824
金属及金属矿批发	81	−102	−64		106	28
建材批发	865	947	953	13	922	688
化肥批发	71	840	529	10	513	
农药批发	177	938	973	174	1936	6
其他化工产品批发	1205	−688	−688	196	4217	1061
机械设备、五金交电及电子产品批发	1423	4171	4944	421	3800	2728
汽车批发		10	10	1	48	19
五金产品批发	35	258	990	44	446	271

项 目	主营业务成本	营业税金及附加	主营业务税金及附加	其它业务利润	销售费用	管理费用
计算机、软件及辅助设备批发	21115	27	27	7	611	270
通讯及广播电视设备批发	111554	174	174	237	3012	1957
其他机械设备及电子产品批发	115274	197	197	694	974	2025
贸易经纪与代理	36391	3	3		1041	773
贸易代理	36391	3	3		1041	773
其他批发业	2690	2	2			115
再生物资回收与批发	2690	2	2			115
按登记注册类型分						
内资企业	2934935	27146	27125	8452	83564	66520
国有企业	133770	167	148	166	7393	3715
集体企业	14765	36	36	19	133	266
股份合作企业						
联营企业						
有限责任公司	1521114	23818	23817	2421	24926	32828
国有独资公司	37419	63	63		771	756
其他有限责任公司	1483696	23755	23755	2421	24155	32072
股份有限公司	272726	727	727	4272	26912	12935
私营企业	923049	2393	2393	1575	23120	16535
私营独资企业	8369	306	306		51	39
私营有限责任公司	897525	2063	2063	1338	22744	15803
私营股份有限公司	17155	24	24	237	326	693
其他企业	69511	4	4		1081	242
港、澳、台商投资企业	377159	1160	1160	717	59801	11134
港、澳、台商合资经营企业	310810	977	977	4	54460	6958
港、澳、台商独资经营企业	61559	171	171	713	5281	4085
港、澳、台商投资股份有限公司	4791	12	12		60	91
外商投资企业	1632872	3823	3823	5467	92724	9384
中外合资经营企业	1614816	3723	3723	5467	91452	6890
外资企业	18056	100	100		1272	2493
按企业控股情况分						
国有控股	2253788	24820	24800	6997	89581	21085
集体控股	64014	59	59	27	1312	942
私人控股	1620186	4316	4315	2627	39750	27739
港澳台商控股	370356	1184	1184	713	59675	11329
外商控股	159854	745	745		14779	5790
其他	476769	1005	1005	4273	30992	20154
按经营形式分						
独立门店	3476356	29409	29390	8186	181938	53000
连锁总店	9870	8	8		29	240
连锁门店	3277	10	10		451	537
其他	1455463	2701	2700	6449	53671	33261

项　目	财务费用	营业利润	利润总额	应交所得税	本年应付职工薪酬	本年应交增值税
计算机、软件及辅助设备批发	166	324	330	122	308	273
通讯及广播电视设备批发	1589	1220	1219	3	1751	1298
其他机械设备及电子产品批发	-366	2359	2395	251	1247	866
贸易经纪与代理	119	-142	-133	13	565	5
贸易代理	119	-142	-133	13	565	5
其他批发业		-63	-62		49	18
再生物资回收与批发		-63	-62		49	18
按登记注册类型分						
内资企业	19729	123534	95775	15606	50833	33535
国有企业	104	3881	3643	372	4751	1124
集体企业	6	354	15	1	173	
股份合作企业						
联营企业						
有限责任公司	7282	88090	73282	14881	29582	23063
国有独资公司	2122	-1984	-1984		235	292
其他有限责任公司	5160	90074	75266	14881	29346	22771
股份有限公司	1946	464	393	4	3828	5694
私营企业	10305	6483	-6107	349	11511	3654
私营独资企业	13	1074	1074		73	
私营有限责任公司	10276	5366	-7156	342	10899	3465
私营股份有限公司	16	43	-24	7	540	189
其他企业	87	24261	24549		989	
港、澳、台商投资企业	-2813	9295	7658	321	22466	9327
港、澳、台商合资经营企业	-2651	2158	3037	195	19027	8031
港、澳、台商独资经营企业	-163	7028	4513	105	3340	1198
港、澳、台商投资股份有限公司		109	109	21	99	98
外商投资企业	2465	-19732	-21053	301	36442	28355
中外合资经营企业	2321	-19356	-21009	232	35552	28307
外资企业	144	-375	-44	69	890	48
按企业控股情况分						
国有控股	2330	29450	29432	14203	43070	39465
集体控股	189	903	599	27	944	151
私人控股	15274	52254	24490	795	23806	9161
港澳台商控股	-3008	10089	8445	524	22358	9475
外商控股	2378	6993	6257	93	11419	5510
其他	2218	13408	13157	585	8144	7455
按经营形式分						
独立门店	8336	79730	72585	13683	83954	61080
连锁总店	10	-9		1	157	67
连锁门店	86	-126	-128		532	
其他	10947	33502	9923	2544	25098	10070

14-16 限额以上零售企业财务状况

（2013年）　　单位：万元

项　目	企业数（个）	年初存货	流动资产合计	固定资产原价	累计折旧	本年折旧
零售业	**223**	**162374**	**933416**	**270516**	**99096**	**16643**
按国民经济行业分						
综合零售	36	29461	237797	38735	19360	2158
百货零售	25	20273	217268	29263	14397	1197
超级市场零售	9	8825	19796	7777	4670	805
其他综合零售	2	363	734	1694	293	156
食品、饮料及烟草制品专门零售	13	4698	139108	5360	1501	329
粮油零售	1	18	183	77	4	1
糕点、面包零售	1		259	52	17	4
肉、禽、蛋及水产品零售	3	355	16136	706	291	124
酒、饮料及茶叶零售	5	3738	105483	2032	176	101
烟草制品零售	3	586	17046	2494	1013	100
纺织、服装及日用品专门零售	5	2049	9163	658	365	76
纺织品及针织品零售	1		328			
服装零售	1	71	2549	490	306	57
鞋帽零售	2	1848	5917	61	7	
化妆品及卫生用品零售	1	129	370	107	52	19
文化、体育用品及器材专门零售	2	1231	3143	3500	720	134
图书、报刊零售	2	1231	3143	3500	720	134
医药及医疗器材专门零售	4	986	3276	243	103	24
药品零售	4	986	3276	243	103	24
汽车、摩托车、燃料及零配件专门零售	120	103895	378850	216437	74812	13209
汽车零售	80	81915	332115	58712	16995	4884
汽车零配件零售	2	3121	7528	297	185	50
摩托车及零配件零售	6	2820	4082	843	291	63
机动车燃料零售	32	16038	35125	156585	57341	8212
家用电器及电子产品专门零售	22	10851	123317	2458	984	523
家用视听设备零售	2	407	4173	181	58	49
日用家电设备零售	10	7468	105095	1981	795	437
计算机、软件及辅助设备零售	5	1193	3961	215	100	18
通信设备零售	3	1642	8609	78	30	19
其他电子产品零售	2	142	1479	2	2	
五金、家具及室内装修材料专门零售	6	4274	6411	1156	563	75
五金零售	2	368	876	380	61	49
家具零售	2	1264	2195	569	434	11
陶瓷、石材装饰材料零售	2	2643	3340	207	68	15
货摊、无店铺及其他零售业	15	4931	32351	1969	688	116
互联网零售	1	4422	28782	252	25	25
生活用燃料零售	12	383	2333	1677	647	91
其他未列明的零售	2	125	1236	41	16	
按登记注册类型分						
内资企业	210	139902	869251	237987	85210	14906
国有企业	4	590	17238	2645	1154	104
集体企业	1	18	183	77	4	1
股份合作企业						
联营企业						

14-16 续表 1 （2013 年） 单位：万元

项 目	资产合计	负债合计	所有者权益合计	实收资本	营业收入	主营业务收入	营业成本
零售业	**1300029**	**1179366**	**120662**	**169485**	**2727181**	**2665859**	**2460961**
按国民经济行业分							
综合零售	344005	315187	28818	63029	345198	336951	272356
百货零售	316451	289505	26947	62051	267212	260229	209850
超级市场零售	25419	24229	1190	628	69915	68651	55979
其他综合零售	2135	1454	681	350	8071	8071	6527
食品、饮料及烟草制品专门零售	147757	127031	20726	2972	67408	67165	61499
粮油零售	421	299	122	79	2999	2999	2803
糕点、面包零售	294	203	91	80	656	656	562
肉、禽、蛋及水产品零售	16639	16359	280	145	13083	13083	10717
酒、饮料及茶叶零售	107375	106226	1150	1328	48095	48095	45205
烟草制品零售	23028	3944	19084	1340	2576	2333	2211
纺织、服装及日用品专门零售	12860	11643	1217	2350	45954	45954	32373
纺织品及针织品零售	328	273	55	50	620	620	589
服装零售	4144	5216	–1072	1000	29282	29282	21356
鞋帽零售	7962	5904	2058	1200	14498	14498	9069
化妆品及卫生用品零售	426	251	176	100	1554	1554	1359
文化、体育用品及器材专门零售	7409	3358	4052	2938	4325	4177	2632
图书、报刊零售	7409	3358	4052	2938	4325	4177	2632
医药及医疗器材专门零售	3530	1904	1626	1300	11651	11563	7934
药品零售	3530	1904	1626	1300	11651	11563	7934
汽车、摩托车、燃料及零配件专门零售	615218	580526	34692	82039	1917022	1866763	1777501
汽车零售	402458	338686	63772	65842	828438	823182	771263
汽车零配件零售	7652	8192	–541	250	7613	7613	6564
摩托车及零配件零售	4697	4221	476	389	7881	7874	7104
机动车燃料零售	200412	229427	–29015	15557	1073090	1028095	992570
家用电器及电子产品专门零售	126235	105410	20825	6402	142340	141380	124253
家用视听设备零售	4332	1239	3093	3010	5365	5365	4691
日用家电设备零售	107636	93237	14399	1387	113793	112971	99074
计算机、软件及辅助设备零售	4083	2940	1142	1105	7930	7793	6674
通信设备零售	8705	6622	2083	800	13165	13165	11856
其他电子产品零售	1480	1372	108	100	2087	2087	1958
五金、家具及室内装修材料专门零售	7181	6450	732	600	12422	12287	10529
五金零售	1349	1382	–33	150	4207	4081	3593
家具零售	2353	2042	312	150	2663	2654	2037
陶瓷、石材装饰材料零售	3480	3027	453	300	5552	5552	4899
货摊、无店铺及其他零售业	35833	27857	7976	7855	180861	179619	171885
互联网零售	29670	25261	4409	5000	153858	152616	146945
生活用燃料零售	4903	1428	3474	2760	22512	22512	20613
其他未列明的零售	1261	1168	93	95	4492	4492	4327
按登记注册类型分							
内资企业	1206408	1093913	112495	152427	2318926	2262121	2108039
国有企业	23479	4102	19377	1538	6443	6200	5722
集体企业	421	299	122	79	2999	2999	2803
股份合作企业							
联营企业							

14-16　续表 2　　（2013 年）　　单位：万元

项　目	企业数（个）	年初存货	流动资产合计	固定资产原价	累计折旧	
						本年折旧
有限责任公司	97	71860	425343	63716	22405	4738
国有独资公司	2	284	1250	2699	382	108
其他有限责任公司	95	71576	424093	61017	22022	4631
股份有限公司	7	10802	24922	131197	50146	6252
私营企业	96	55885	399833	39534	11167	3676
私营独资企业	3	105	947	751	320	60
私营有限责任公司	90	51287	367380	38308	10659	3428
私营股份有限公司	3	4492	31505	476	188	188
其他企业	5	748	1732	819	335	135
港、澳、台商投资企业	6	7180	27646	12420	3787	787
港、澳、台商合资经营企业	3	1436	9383	5511	1234	342
港、澳、台商合作经营企业	1	287	6455	1804	1201	69
港、澳、台商独资经营企业	2	5457	11808	5106	1352	376
外商投资企业	7	15292	36519	20108	10099	951
中外合资经营企业	5	13939	30657	6935	4356	874
外资企业	2	1353	5862	13173	5743	77
按企业控股情况分						
国有控股	14	20925	50142	157262	56549	7921
集体控股	3	360	991	1709	338	146
私人控股	168	114675	806664	70774	25188	6545
港澳台商控股	4	6524	26784	11465	3224	737
外商控股	2	3584	8622	10737	7013	314
其他	32	16306	40213	18569	6785	981
按经营形式分						
独立门店	185	128527	671003	231119	84448	13538
连锁总店	9	16287	98003	24324	7322	1391
连锁门店	12	11952	131777	8095	4111	832
其他	17	5608	32634	6978	3216	883
按零售业态分						
有店铺零售	222	157952	904634	270264	99071	16618
便利店	3	1763	3903	850	520	314
超市	13	4531	21980	4446	1720	353
大型超市	13	12083	30052	22934	11882	948
仓储会员店	1	1347	1849	622	198	31
百货店	13	13931	182802	11847	5801	958
专业店	71	38917	302010	38362	10496	2231
专卖店	104	82260	337283	190134	67869	11749
家居建材商店	3	2993	3991	718	465	22
购物中心	1	127	20762	352	121	11
无店铺零售	1	4422	28782	252	25	25
网上商店	1	4422	28782	252	25	25

14-16 续表 3　　（2013 年）　　单位：万元

项　目	资产合计	负债合计	所有者权益合计	实收资本	营业收入	主营业务收入	营业成本
有限责任公司	579784	486399	93385	92454	958482	948049	854345
国有独资公司	3665	1710	1955	2000	6085	6061	5166
其他有限责任公司	576119	484689	91430	90454	952397	941987	849179
股份有限公司	155794	207198	–51404	1300	661479	619274	604718
私营企业	444530	394402	50128	56837	673462	669539	626162
私营独资企业	1440	745	695	431	10529	10470	9750
私营有限责任公司	410427	366341	44086	50406	499994	497372	460901
私营股份有限公司	32663	27316	5347	6000	162940	161697	155511
其他企业	2401	1514	887	220	16061	16061	14290
港、澳、台商投资企业	41691	27692	13999	13457	155353	153996	132551
港、澳、台商合资经营企业	15692	12141	3550	6750	48661	48201	44708
港、澳、台商合作经营企业	7940	1225	6715	3110	34921	34920	28832
港、澳、台商独资经营企业	18059	14326	3733	3597	71771	70875	59012
外商投资企业	51930	57761	–5831	3600	252902	249741	220371
中外合资经营企业	38637	34303	4333	3600	215150	211989	194289
外资企业	13293	23458	–10165		37753	37753	26083
按企业控股情况分							
国有控股	223979	244761	–20782	14647	997956	952554	921944
集体控股	2720	2241	479	329	8862	8862	7192
私人控股	958560	824039	134521	130277	1288235	1276822	1163967
港澳台商控股	39379	25927	13452	12707	147598	146257	125604
外商控股	12875	19770	–6895		44658	44658	32335
其他	62516	62629	–113	11524	239872	236708	209919
按经营形式分							
独立门店	984174	904004	80170	145838	2057470	2001130	1863312
连锁总店	132115	114275	17839	14529	297984	294926	273871
连锁门店	142824	126536	16288	4352	287916	283266	247393
其他	40916	34551	6364	4765	83811	83537	76385
按零售业态分							
有店铺零售	1270359	1154105	116254	164485	2573323	2513243	2314016
便利店	4362	3251	1111	200	121352	119564	115228
超市	26039	23525	2514	2869	39716	39464	33249
大型超市	45556	62218	–16662	2470	157999	155176	127041
仓储会员店	2281	2080	201	200	3672	3672	3374
百货店	267067	228117	38949	52979	152087	146789	116181
专业店	354304	294111	60193	38232	628561	624567	572904
专卖店	542354	517656	24698	62085	1447676	1401752	1326633
家居建材商店	4259	3414	844	450	7027	7027	6029
购物中心	24138	19732	4405	5000	15232	15232	13377
无店铺零售	29670	25261	4409	5000	153858	152616	146945
网上商店	29670	25261	4409	5000	153858	152616	146945

项　目	主营业务成　本	营业税金及附加	主营业务税金及附　加	其它业务利润	营业费用	管理费用
零售业	**2415230**	**8551**	**8231**	**28806**	**172333**	**55522**
按国民经济行业分						
综合零售	272172	3058	3021	19759	66174	11142
百货零售	209671	2447	2411	18578	55563	8903
超级市场零售	55974	362	362	1181	10107	2161
其他综合零售	6527	249	249		505	78
食品、饮料及烟草制品专门零售	61248	148	135	–360	3197	3146
粮油零售	2803	6	6		98	77
糕点、面包零售	562	5	5		15	56
肉、禽、蛋及水产品零售	10717	4	4		1806	735
酒、饮料及茶叶零售	45205	113	113	4	803	481
烟草制品零售	1960	21	8	–364	477	1797
纺织、服装及日用品专门零售	32373	241	241	1	10591	2918
纺织品及针织品零售	589	1	1		4	21
服装零售	21356	144	144	1	6902	2153
鞋帽零售	9069	91	91		3607	646
化妆品及卫生用品零售	1359	5	5		79	97
文化、体育用品及器材专门零售	2591	46	25	105	803	643
图书、报刊零售	2591	46	25	105	803	643
医药及医疗器材专门零售	7934	69	64	76	2665	672
药品零售	7934	69	64	76	2665	672
汽车、摩托车、燃料及零配件专门零售	1733171	3893	3687	7997	69381	30873
汽车零售	770808	1666	1468	6173	28087	20563
汽车零配件零售	6564	6	6			989
摩托车及零配件零售	7104	21	21	72	520	234
机动车燃料零售	948695	2201	2192	1752	40775	9087
家用电器及电子产品专门零售	124153	758	721	1146	11902	3668
家用视听设备零售	4691	9	9		264	228
日用家电设备零售	99071	328	293	726	10362	2243
计算机、软件及辅助设备零售	6577	317	315		84	845
通信设备零售	11856	101	101	421	1120	306
其他电子产品零售	1958	3	3		73	46
五金、家具及室内装修材料专门零售	10529	57	57	81	1140	537
五金零售	3593	17	17	5	620	75
家具零售	2037	5	5	77	489	163
陶瓷、石材装饰材料零售	4899	35	35		31	300
货摊、无店铺及其他零售业	171060	281	281		6481	1924
互联网零售	146119	241	241		5524	1296
生活用燃料零售	20613	34	34		838	597
其他未列明的零售	4327	7	7		118	30
按登记注册类型分						
内资企业	2064333	7290	6972	20798	134350	45738
国有企业	5471	29	16	–364	477	2126
集体企业	2803	6	6		98	77
股份合作企业						
联营企业						

14-16 续表 5　　（2013 年）　　单位：万元

项　目	财务费用	营业利润	利润总额	应交所得税	本年应付职工薪酬	本年应交增值税
零售业	**20760**	**22587**	**28672**	**4743**	**74266**	**48102**
按国民经济行业分						
综合零售	7141	−6678	−4921	881	20600	5797
百货零售	6788	−8396	−6796	859	17031	4198
超级市场零售	290	1069	1226	15	3493	1596
其他综合零售	62	650	650	7	76	4
食品、饮料及烟草制品专门零售	2371	1467	3365	27	3434	3286
粮油零售	2	13	10	3	24	90
糕点、面包零售		18	18	5	67	8
肉、禽、蛋及水产品零售	50	−239	148		1375	242
酒、饮料及茶叶零售	2537	−1040	−1041	19	504	2905
烟草制品零售	−218	2714	4230		1463	41
纺织、服装及日用品专门零售	116	−284	−291	264	4344	2133
纺织品及针织品零售		6	6	1	14	
服装零售	70	−1341	−1349		2127	1203
鞋帽零售	47	1038	1038	260	2097	905
化妆品及卫生用品零售		14	14	4	106	25
文化、体育用品及器材专门零售	−2	186	180		564	155
图书、报刊零售	−2	186	180		564	155
医药及医疗器材专门零售	75	211	115	87	1815	287
药品零售	75	211	115	87	1815	287
汽车、摩托车、燃料及零配件专门零售	10546	26124	27781	3290	34901	33432
汽车零售	8249	−143	1561	1137	21174	22452
汽车零配件零售	134	−80	−129		551	9
摩托车及零配件零售	17	51	54	15	465	183
机动车燃料零售	2146	26296	26294	2137	12711	10788
家用电器及电子产品专门零售	515	1253	2001	91	5624	1677
家用视听设备零售	10	163	150	2	337	55
日用家电设备零售	394	1401	1760	60	3985	1351
计算机、软件及辅助设备零售	13	−2	−2	8	522	60
通信设备零售	94	−312	92	22	711	191
其他电子产品零售	4	3	2		69	20
五金、家具及室内装修材料专门零售	13	175	253	72	539	115
五金零售	5	−102	−62		215	44
家具零售	3	−5	33	2	188	55
陶瓷、石材装饰材料零售	5	283	283	71	136	17
货摊、无店铺及其他零售业	−15	133	189	31	2446	1221
互联网零售	−21	−300	−249		1547	997
生活用燃料零售	6	424	427	28	816	170
其他未列明的零售		9	12	3	83	53
按登记注册类型分						
内资企业	18990	18026	22925	3351	59904	41560
国有企业	−213	2729	4245	4	1573	77
集体企业	2	13	10	3	24	90
股份合作企业						
联营企业						

14-16 续表 6 （2013 年） 单位：万元

项　目	主营业务成　本	营业税金及附加	主营业务税金及附加	其它业务利润	营业费用	管理费用
有限责任公司	853232	3987	3699	9021	67378	20378
国有独资公司	5164	22	21	21	433	327
其他有限责任公司	848068	3965	3678	9000	66945	20051
股份有限公司	563562	1141	1141	1058	32592	6583
私营企业	624975	2109	2092	11074	33257	15945
私营独资企业	9723	16	16	32	552	137
私营有限责任公司	460567	1843	1826	11043	26912	14356
私营股份有限公司	154685	250	250		5792	1452
其他企业	14290	19	19	8	549	628
港、澳、台商投资企业	131813	455	455	1250	12290	5222
港、澳、台商合资经营企业	44623	68	68	375	2424	1648
港、澳、台商合作经营企业	28201	105	105		1866	516
港、澳、台商独资经营企业	58989	281	281	875	8000	3058
外商投资企业	219083	807	804	6758	25694	4563
中外合资经营企业	193001	435	433	2378	15281	2600
外资企业	26083	371	371	4380	10413	1963
按企业控股情况分						
国有控股	878436	1547	1505	2042	45173	9921
集体控股	7192	254	254		429	283
私人控股	1162499	4613	4386	18080	79922	32839
港澳台商控股	124866	438	438	1235	11297	5220
外商控股	32335	355	355	4380	9051	2587
其他	209901	1345	1295	3069	26463	4674
按经营形式分						
独立门店	1819851	6632	6533	22923	123361	44756
连锁总店	272978	724	516	2218	15667	3574
连锁门店	246017	1017	1003	3319	28911	5463
其他	76384	178	178	347	4395	1729
按零售业态分						
有店铺零售	2269110	8310	7991	28806	166809	54226
便利店	113913	112	105	474	3277	105
超市	33249	320	308	78	5473	620
大型超市	127036	890	890	7418	26688	5750
仓储会员店	3374	14	14	66	184	150
百货店	116001	1440	1416	4360	30018	2868
专业店	571326	2171	2145	3506	28431	11199
专卖店	1284805	2891	2641	4999	66159	30720
家居建材商店	6029	37	37		223	463
购物中心	13377	435	435	7908	6357	2352
无店铺零售	146119	241	241		5524	1296
网上商店	146119	241	241		5524	1296

项 目	财务费用	营业利润	利润总额	应交所得税	本年应付职工薪酬	本年应交增值税
有限责任公司	10699	2712	4758	2466	31734	23181
国有独资公司	−3	140	137	29	324	109
其他有限责任公司	10702	2572	4621	2438	31411	23072
股份有限公司	1098	15350	15414	257	8476	6929
私营企业	7370	−3328	−1849	575	17278	11178
私营独资企业	14	44	58	8	221	119
私营有限责任公司	7364	−3143	−1728	566	15312	10008
私营股份有限公司	−8	−229	−178	1	1746	1052
其他企业	33	550	347	46	818	105
港、澳、台商投资企业	1334	3503	3516	1360	4938	3171
港、澳、台商合资经营企业	376	−564	−557		1269	329
港、澳、台商合作经营企业	−22	3625	3647	914	588	877
港、澳、台商独资经营企业	980	442	426	446	3081	1965
外商投资企业	437	1059	2231	33	9424	3371
中外合资经营企业	437	2137	2454	33	6801	2581
外资企业		−1078	−222		2623	790
按企业控股情况分						
国有控股	1229	22532	24434	1190	15658	9749
集体控股	66	639	632	9	87	112
私人控股	16542	−580	1748	2058	41789	31850
港澳台商控股	1334	3708	3720	1360	4427	3043
外商控股	30	324	327		2328	1052
其他	1560	−4036	−2188	126	9977	2297
按经营形式分						
独立门店	18979	13806	19188	2635	52060	39538
连锁总店	876	3299	3625	966	8327	3143
连锁门店	324	4856	4942	920	10783	4781
其他	582	627	917	221	3095	640
按零售业态分						
有店铺零售	20780	22887	28922	4743	72719	47104
便利店	14	2617	2606	40	1655	920
超市	141	−96	308	33	2776	594
大型超市	93	−2360	−1018	43	8045	2729
仓储会员店	5	11	11	3	160	55
百货店	6016	−4449	−4018	820	9511	2622
专业店	5169	8670	9465	2251	16707	19879
专卖店	8394	18518	21618	1483	32335	20019
家居建材商店	6	299	310	71	199	45
购物中心	942	−324	−359		1332	241
无店铺零售	−21	−300	−249		1547	997
网上商店	−21	−300	−249		1547	997

14-17 各县（区）限额以上批发零售企业财务状况

（2013年）　　　　单位：万元

县（区）	企业数（个）	年初存货	流动资产合计	固定资产原价	累计折旧	本年折旧
批发零售业合计	443	652744	2543092	491462	159441	30021
批发业	220	490370	1609676	220946	60345	13378
惠城区	86	115002	651477	41293	22468	3152
惠阳区	19	6725	90086	11381	3563	803
惠东县	66	65471	210652	113146	18284	5552
博罗县	14	4440	37009	4557	2118	271
龙门县	5	583	4426	5894	1294	1063
大亚湾区	14	14091	148657	33382	7509	1528
仲恺区	16	284058	467367	11293	5110	1010
零售业	223	162374	933416	270516	99096	16643
惠城区	129	133067	787822	231922	87434	13635
惠阳区	22	8837	85425	14301	5149	1418
惠东县	27	9544	26340	10049	1425	243
博罗县	17	4294	13368	3914	1235	227
龙门县	15	1230	4300	6943	1876	873
大亚湾区	4	2751	11780	1770	926	147
仲恺区	9	2651	4381	1617	1051	99

县（区）	资产合计	负债合计	所有者权益合计	实收资本	营业收入	主营业务收入	营业成本
批发零售业合计	3336175	2859443	476732	394682	8253678	8093764	7492278
批发业	2036146	1680077	356070	225197	5526497	5427906	5031317
惠城区	798464	653273	145191	83390	1747110	1743813	1518294
惠阳区	116449	92909	23540	22852	195636	195636	184102
惠东县	390219	215248	174971	63619	804239	803737	693210
博罗县	40951	34088	6864	3396	115278	115042	109308
龙门县	9330	7869	1461	1036	24767	24767	22408
大亚湾区	184255	168559	15696	31863	568501	541030	555929
仲恺区	496479	508132	-11653	19042	2070966	2003881	1948067
零售业	1300029	1179366	120662	169485	2727181	2665859	2460961
惠城区	1113722	1021107	92615	142340	2389366	2329052	2165910
惠阳区	96404	90449	5954	10075	132125	131595	119177
惠东县	39439	30362	9077	8667	94082	93862	76563
博罗县	17609	13275	4334	3641	34909	34894	32136
龙门县	10271	7744	2527	1555	22407	22296	18920
大亚湾区	16703	12395	4308	1900	27336	27242	24789
仲恺区	5881	4034	1847	1307	26955	26918	23468

14-17 续表 2 （2013 年） 单位：万元

县（区）	主营业务成 本	营业税金及附加	主营业务税金及附加	其它业务利润	营业费用	管理费用
批发零售业合计	7360195	40679	40339	43441	408423	142560
批发业	4944966	32128	32108	14635	236089	87038
惠城区	1515732	24054	24034	2754	96150	44862
惠阳区	184090	280	280	401	5035	4189
惠东县	693205	3461	3461	673	19399	13420
博罗县	109308	71	71	46	2684	2295
龙门县	22408	34	34		1371	388
大亚湾区	530533	71	71	2053	1597	2011
仲恺区	1889691	4158	4158	8709	109855	19873
零售业	2415230	8551	8231	28806	172333	55522
惠城区	2120185	6721	6430	27843	146410	45366
惠阳区	119170	350	346	454	9841	2893
惠东县	76563	974	956	45	10508	2762
博罗县	32136	64	64	73	1481	1635
龙门县	18920	299	299	32	1380	694
大亚湾区	24789	55	50		621	875
仲恺区	23468	88	87	360	2093	1297

14-17 续表 3 （2013 年） 单位：万元

县（区）	财务费用	营业利润	利润总额	应交所得税	本年应付职工薪酬	本年应交增值税
批发零售业合计	40140	135684	111052	20970	184007	119319
批发业	19380	113097	82380	16228	109741	71217
惠城区	5951	58902	58302	13421	51703	36089
惠阳区	2008	176	130	363	4828	1045
惠东县	4450	70332	49676	248	18456	2229
博罗县	701	223	792	21	1287	317
龙门县	–1	568	585	68	359	96
大亚湾区	4524	4753	4755	1508	1508	279
仲恺区	1747	–21858	–31859	600	31600	31163
零售业	20760	22587	28672	4743	74266	48102
惠城区	18109	20034	23452	4011	58443	44099
惠阳区	836	–784	–553	91	4820	1213
惠东县	837	2470	3425	376	6045	1752
博罗县	134	–475	784	28	1727	358
龙门县	316	798	934	34	852	213
大亚湾区	464	533	485	150	539	236
仲恺区	65	10	146	54	1841	231

14-18　限额以上住宿企业财务状况

（2013 年）　　　　　　　　　　　　　　　　　　单位：万元

项　　目	企业数（个）	年初库存	流动资产合计	固定资产原价	累计折旧	
						本年折旧
住宿业合计	92	18080	240423	364744	139274	33530
按住宿行业小类分						
旅游饭店	72	17939	203112	339692	133928	32615
一般旅馆	17	133	35501	24583	5148	834
其他住宿服务	3	7	1810	469	198	82
按登记注册类型分						
内资企业	70	16200	172544	272467	101644	26244
国有企业						
有限责任公司	19	11084	67526	145929	50316	14306
国有独资公司	1	147	151	10213	3442	
其他有限责任公司	18	10937	67375	135716	46874	14306
股份有限公司	2	242	969	12	7	7
私营企业	47	4874	104803	125797	51049	11787
私营独资企业	5	178	1367	13424	1948	1776
私营合伙企业	1		210	11650	1492	1239
私营有限责任公司	38	4388	101822	94718	45871	8474
私营股份有限公司	3	308	1404	6005	1738	297
其他企业	2		-755	729	273	145
港澳台商投资企业	16	788	55429	78272	27731	6901
与港澳台商合资经营企业	10	606	40903	53846	21017	4852
与港澳台商合作经营企业	1		40	3995	787	704
港澳台商独资企业	5	183	14486	20431	5927	1344
外商投资企业	6	1092	12451	14005	9899	386
中外合资经营企业	1	40	704	3791	1824	255
中外合作经营企业	5	1052	11747	10214	8075	131
按控股情况分						
国有控股	3	332	1445	17770	6980	274
私人控股	64	14916	139604	239964	84413	22034
港澳台商控股	13	654	35086	60977	27546	2676
外商控股	1	40	704	3791	1824	255
其他	11	2138	63585	42242	18511	8291
按经营形式分						
独立门店	82	17456	213933	353299	134078	32741
其他	10	624	26490	11445	5196	789
按星级分						
五星	5	2553	63888	34873	19891	1478
四星	7	2052	32187	22482	11743	1216
三星	22	635	41352	47576	22894	1203
二星	2	848	1568	2670	1527	43
其他	56	11992	101429	257143	83219	29589

14-18 续表 1 （2013 年） 单位：万元

项　　目	资产合计	负债合计	所有者权益合计	实收资本	营业收入	主营业务收入	营业成本
住宿业合计	639618	482175	158179	165072	211570	209520	80401
按住宿行业小类分							
旅游饭店	567250	450993	116257	127713	200553	198652	74283
一般旅馆	67811	28207	40340	35061	10154	10005	5398
其他住宿服务	4557	2975	1583	2299	864	864	721
按登记注册类型分							
内资企业	447855	350054	98537	81989	149899	148485	60083
国有企业							
有限责任公司	225072	190370	34702	53902	63158	62898	25386
国有独资公司	7788	9895	–2107	6000	2188	2188	1705
其他有限责任公司	217284	180475	36809	47902	60970	60710	23681
股份有限公司	980	3724	–2744	10	5381	5381	620
私营企业	221858	155817	66041	27877	80586	79431	33960
私营独资企业	16077	1867	14210	2827	5620	4637	2330
私营合伙企业	11761	10219	1542	1000	2195	2195	1733
私营有限责任公司	188021	142457	45564	20661	71400	71233	29234
私营股份有限公司	5999	1274	4725	3389	1371	1366	663
其他企业	–56	143	538	201	776	776	117
港澳台商投资企业	170698	110813	59885	73965	35635	35000	8678
与港澳台商合资经营企业	127419	69893	57526	64496	26069	26069	4911
与港澳台商合作经营企业	3608	2991	617	440	1516	1516	880
港澳台商独资企业	39671	37930	1741	9029	8049	7415	2887
外商投资企业	21065	21307	–242	9118	26036	26036	11640
中外合资经营企业	3639	207	3432	1800	1699	1699	1218
中外合作经营企业	17426	21100	–3673	7318	24337	24337	10422
按控股情况分							
国有控股	15023	14372	651	8114	7141	7021	5136
私人控股	383644	271848	112532	78472	130339	129046	48687
港澳台商控股	102869	91424	11445	40854	28338	27703	6906
外商控股	3639	207	3432	1800	1699	1699	1218
其他	134443	104324	30119	35832	44053	44053	18454
按经营形式分							
独立门店	568279	420095	148920	153605	201868	199818	78159
其他	71338	62079	9259	11468	9703	9703	2242
按星级分							
五星	109832	99351	10481	9300	35881	35881	11779
四星	50815	43906	6909	6714	16907	16907	8307
三星	80328	51456	28872	51566	17419	16663	6867
二星	3256	9162	–5906	297	8920	8806	2511
其他	395387	278300	117824	97196	132443	131263	50937

项 目	主营业务成本	营业税金及附加	主营业务税金及附加	其它业务利润	营业费用
住宿业合计	**78536**	**11056**	**11008**	**1890**	**54790**
按住宿行业小类分					
旅游饭店	72534	10347	10306	1303	50614
一般旅馆	5281	664	656	587	3928
其他住宿服务	721	46	46		248
按登记注册类型分					
内资企业	58218	7929	7889	1288	38422
国有企业					
有限责任公司	25056	2887	2887	312	13833
国有独资公司	1705	125	125		57
其他有限责任公司	23351	2762	2762	312	13776
股份有限公司	620	310	310		2353
私营企业	32425	4690	4651	538	21677
私营独资企业	2069	328	295	30	860
私营合伙企业	1733	110	110		95
私营有限责任公司	27966	4209	4201	460	20470
私营股份有限公司	656	44	44	48	252
其他企业	117	42	42	438	560
港澳台商投资企业	8678	1694	1686	546	9221
与港澳台商合资经营企业	4911	1276	1276	27	6712
与港澳台商合作经营企业	880	80	80		200
港澳台商独资企业	2887	338	330	519	2309
外商投资企业	11640	1433	1433	55	7147
中外合资经营企业	1218	145	145	55	
中外合作经营企业	10422	1288	1288		7147
按控股情况分					
国有控股	5136	406	406		700
私人控股	46822	6818	6779	1124	29823
港澳台商控股	6906	1660	1651	707	13396
外商控股	1218	145	145	55	
其他	18454	2027	2027	4	10871
按经营形式分					
独立门店	76397	10422	10374	1885	49159
其他	2139	633	633	4	5631
按星级分					
五星	11779	2208	2208	4	12695
四星	8307	1141	1141	159	3806
三星	6571	1159	1159	658	7825
二星	2511	417	411	30	3199
其他	49368	6131	6090	1038	27265

14-18 续表 3 （2013 年） 单位：万元

项 目	管理费用	财务费用	营业利润	利润总额	应交所得税	本年应付职工薪酬
住宿业合计	**42877**	**12526**	**10775**	**9844**	**3309**	**46381**
按住宿行业小类分						
旅游饭店	39935	12110	14122	12501	3273	42017
一般旅馆	2623	402	–2864	–2627	36	3993
其他住宿服务	319	14	–483	–30		372
按登记注册类型分						
内资企业	29805	8442	5754	4411	3196	33141
国有企业						
有限责任公司	13520	2754	4948	3071	504	13746
国有独资公司	822	5	–524	–534	133	762
其他有限责任公司	12699	2749	5472	3605	370	12984
股份有限公司	2114	3	–20	–20	12	1367
私营企业	14060	5664	900	1432	2670	17884
私营独资企业	953	33	566	315	102	1039
私营合伙企业	73	42	142	142		174
私营有限责任公司	12824	5583	–3	770	2553	16234
私营股份有限公司	210	6	196	206	14	437
其他企业	110	22	–74	–72	10	144
港澳台商投资企业	7868	3887	4607	5044	113	6723
与港澳台商合资经营企业	7022	3033	3434	4106	109	5230
与港澳台商合作经营企业	20	1	335	100		63
港澳台商独资企业	826	853	838	837	5	1430
外商投资企业	5205	197	414	389		6518
中外合资经营企业	468		–132	–73		509
中外合作经营企业	4737	197	546	462		6009
按控股情况分						
国有控股	1763	42	–905	–914	132	2120
私人控股	25099	8964	11317	9094	3163	27111
港澳台商控股	5302	2186	–631	–625	14	6364
外商控股	468		–132	–73		509
其他	10246	1334	1127	2362		10277
按经营形式分						
独立门店	40523	11876	12575	10354	3293	43297
其他	2354	651	–1800	–510	16	3085
按星级分						
五星	7216	3291	–1300	–68	2284	9658
四星	3656	940	–593	–464	18	4279
三星	3545	1348	–3325	–3098	27	4928
二星	2970	92	–237	–322		2321
其他	25490	6855	16230	13796	980	25195

14-19 限额以上餐饮企业财务状况

（2013 年） 单位：万元

项　　目	企业数（个）	年初库存	流动资产合计	固定资产原价	累计折旧	本年折旧
餐饮业合计	91	2559	54760	57404	22095	5033
按餐饮行业小类分						
正餐服务	83	2284	50060	49680	18176	4657
快餐服务	3	244	3082	7463	3852	353
其他餐饮业	5	31	1618	261	68	24
按登记注册类型分						
内资企业	83	2160	47433	38569	13005	3835
有限责任公司	18	585	8821	9117	1974	733
其他有限责任公司	18	585	8821	9117	1974	733
私营企业	63	1569	38571	29414	11005	3097
私营独资企业	21	451	3244	6878	2703	570
私营有限责任公司	39	1105	35007	22401	8255	2520
私营股份有限公司	3	14	320	136	47	7
其他企业	2	6	41	38	25	6
港澳台商投资企业	7	208	5291	13183	6451	1029
与港澳台商合资经营企业	2	9	501	7684	3259	211
与港澳台商合作经营企业	1	9	524	517	484	
港澳台商独资企业	4	190	4265	4982	2708	818
外商投资企业	1	191	2036	5652	2640	169
外资企业	1	191	2036	5652	2640	169
按控股情况分						
私人控股	77	1949	46049	37398	12252	3764
港澳台商控股	6	199	4767	12666	5967	1029
外商控股	1	191	2036	5652	2640	169
其他	7	221	1908	1689	1236	72
按经营形式分						
独立门店	82	2251	48787	48176	17491	4389
连锁门店	3	225	5053	7247	3392	454
其他	6	83	920	1981	1212	190

14–19 续表 1 （2013 年） 单位：万元

项目	资产合计	负债合计	所有者权益合计	实收资本	营业收入	主营业务收入	营业成本
餐饮业合计	**114214**	**89562**	**24651**	**38590**	**98610**	**98467**	**50200**
按餐饮行业小类分							
正餐服务	101485	86091	15394	34000	76677	76538	39981
快餐服务	9957	2076	7882	2878	17017	17013	6396
其他餐饮业	2772	1396	1376	1711	4916	4916	3822
按登记注册类型分							
内资企业	92655	81388	11266	20581	74561	74423	40946
有限责任公司	21895	23039	–1144	6839	18112	18112	9909
其他有限责任公司	21895	23039	–1144	6839	18112	18112	9909
私营企业	70681	58286	12395	13727	55581	55442	30487
私营独资企业	8701	2709	5991	4231	16500	16500	10639
私营有限责任公司	61424	55188	6236	9221	37373	37261	19364
私营股份有限公司	557	389	168	275	1708	1681	484
其他企业	79	64	15	15	869	869	550
港澳台商投资企业	13405	6248	7157	15518	10017	10013	4176
与港澳台商合资经营企业	5146	1814	3332	12695	2115	2115	848
与港澳台商合作经营企业	586	8	578	829	245	245	128
港澳台商独资企业	7673	4426	3247	1994	7657	7652	3200
外商投资企业	8154	1926	6228	2490	14031	14031	5078
外资企业	8154	1926	6228	2490	14031	14031	5078
按控股情况分							
私人控股	89920	72133	17788	18764	67917	67778	37308
港澳台商控股	12819	6240	6579	14689	9772	9768	4048
外商控股	8154	1926	6228	2490	14031	14031	5078
其他	3320	9264	–5944	2647	6890	6890	3766
按经营形式分							
独立门店	99231	83412	15818	35654	75347	75204	40675
连锁门店	12487	4893	7594	2540	18605	18605	6920
其他	2496	1257	1239	395	4658	4658	2606

14-19　续表 2　　（2013 年）　　单位：万元

项　目	主营业务成本	营业税金及附加	主营业务税金及附加	其它业务利润	营业费用
餐饮业合计	**50096**	**5733**	**5593**	**1317**	**29424**
按餐饮行业小类分					
正餐服务	39878	4596	4456	272	20400
快餐服务	6396	903	903	1042	8991
其他餐饮业	3822.2	234	234	4	34
按登记注册类型分					
内资企业	40842	4385	4245	275	17485
有限责任公司	9909	1048	999	194	3352
其他有限责任公司	9909	1048	999	194	3352
私营企业	30383	3318	3238	81	14133
私营独资企业	10615	894	894		1737
私营有限责任公司	19285	2311	2231	54	11687
私营股份有限公司	484	114	114	27	710
其他企业	550	18	8		
港澳台商投资企业	4176	614	614	5	4240
与港澳台商合资经营企业	848	154	154		1005
与港澳台商合作经营企业	128	16	16		48
港澳台商独资企业	3200	444	444	5	3187
外商投资企业	5078	734	734	1037	7699
外资企业	5078	734	734	1037	7699
按控股情况分					
私人控股	37205	3919	3779	275	17059
港澳台商控股	4048	599	599	5	4192
外商控股	5078	734	734	1037	7699
其他	3766	482	482		474
按经营形式分					
独立门店	40571	4443	4303	280	18132
连锁门店	6920	979	979	1037	9780
其他	2606	311	311		1511

14-19 续表 3 （2013 年） 单位：万元

项 目	管理费用	财务费用	营业利润	利润总额	应交所得税	本年应付职工薪酬
餐饮业合计	12483	2665	-693	1356	941	19829
按餐饮行业小类分						
正餐服务	11191	2747	-2038	109	559	17080
快餐服务	405	-84	1443	1341	381	2008
其他餐饮业	887	1	-98	-94	1	741
按登记注册类型分						
内资企业	11329	2736	-2155	-4	558	16548
有限责任公司	4618	888	-1509	-762	120	4052
其他有限责任公司	4618	888	-1509	-762	120	4052
私营企业	6349	1847	-593	812	438	12276
私营独资企业	1223	171	1838	1629	115	3098
私营有限责任公司	4959	1670	-2658	-856	300	8795
私营股份有限公司	167	7	227	38	23	383
其他企业	363	1	-53	-53		220
港澳台商投资企业	774	10	204	202	45	1708
与港澳台商合资经营企业	362	9	-262	-263	1	316
与港澳台商合作经营企业	49		4	4	1	140
港澳台商独资企业	364	1	462	461	43	1252
外商投资企业	380	-81	1259	1158	338	1573
外资企业	380	-81	1259	1158	338	1573
按控股情况分						
私人控股	8436	2325	-966	1177	493	14956
港澳台商控股	725	10	199	198	44	1568
外商控股	380	-81	1259	1158	338	1573
其他	2942	411	-1185	-1177	66	1733
按经营形式分						
独立门店	11771	2713	-2186	-87	578	16501
连锁门店	467	-83	1579	1496	356	2316
其他	245	34	-85	-53	7	1012

14-20 各县（区）限额以上住宿和餐饮企业财务状况

（2013年）

单位：万元

县（区）	企业数（个）	年初库存	流动资产合计	固定资产原价	累计折旧	本年折旧
住宿餐饮业合计	183	20639	295183	422148	161369	38563
住宿业	92	18080	240423	364744	139274	33530
惠城区	27	5855	54746	71976	42628	2748
惠阳区	12	473	34676	27816	10929	537
惠东县	18	2061	48324	42517	10590	2686
博罗县	9	724	33028	10181	5880	854
龙门县	19	8202	44373	156067	51056	25311
大亚湾区	3	623	21244	49417	15534	1187
仲恺区	4	142	4034	6771	2657	208
餐饮业	91	2559	54760	57404	22095	5033
惠城区	30	900	30393	20776	8824	1088
惠阳区	13	695	12005	15381	5774	1434
惠东县	25	513	5174	8975	3085	636
博罗县	4	148	889	1248	820	57
龙门县	10	260	3983	9636	2889	1750
大亚湾区	3	24	1075	1170	674	64
仲恺区	6	20	1242	217	28	4

14-20 续表 1 （2013 年） 单位：万元

县（区）	资产合计	负债合计	所有者权益合计	实收资本	营业收入	主营业务收入	营业成本
住宿餐饮业合计	753831	571737	182830	203662	310180	307987	130601
住宿业	639618	482175	158179	165072	211570	209520	80401
惠城区	103316	108498	-4445	36355	71047	71021	22750
惠阳区	57132	56285	847	8350	11351	11227	5352
惠东县	111977	71844	40133	25130	37347	36695	18969
博罗县	74628	53014	21615	11326	12012	11897	5141
龙门县	221211	156349	64862	31425	72536	71663	25390
大亚湾区	59860	31392	28467	48678	3174	2914	1474
仲恺区	11495	4794	6700	3810	4103	4103	1325
餐饮业	114214	89562	24651	38590	98610	98467	50200
惠城区	50606	42737	7869	20260	45546	45514	20594
惠阳区	30953	26036	4917	2643	18008	17897	8101
惠东县	12517	4258	8259	7848	18611	18611	12138
博罗县	3196	5576	-2380	2575	4142	4142	2076
龙门县	12832	7174	5658	3880	5398	5398	2322
大亚湾区	1976	2668	-692	350	2800	2800	1776
仲恺区	2134	1115	1020	1034	4106	4106	3194

14-20 续表 2 （2013 年） 单位：万元

县（区）	主营业务成本	营业税金及附加	主营业务税金及附加	其它业务利润	营业费用
住宿餐饮业合计	128632	16789	16601	3207	84213
住宿业	78536	11056	11008	1890	54790
惠城区	22526	4379	4379	869	26342
惠阳区	5193	920	913	196	3457
惠东县	18054	2123	2123	537	8175
博罗县	5141	753	746	90	4601
龙门县	24822	2445	2410	59	9680
大亚湾区	1474	175	175	139	836
仲恺区	1325	262	262		1698
餐饮业	50096	5733	5593	1317	29424
惠城区	20594	2759	2709	1073	18874
惠阳区	8021	1174	1094	50	5903
惠东县	12114	881	871		2203
博罗县	2076	261	261		512
龙门县	2322	340	340	194	1280
大亚湾区	1776	129	129		506
仲恺区	3194	189	189		147

14-20 续表 3　　（2013 年）　　单位：万元

县（区）	管理费用	财务费用	营业利润	利润总额	应交所得税	本年应付职工薪酬
住宿餐饮业合计	55360	15191	10083	11200	4249	66211
住宿业	42877	12526	10775	9844	3309	46381
惠城区	17574	2571	−2359	−2456	372	17825
惠阳区	2031	2150	−2559	−2219	2241	3467
惠东县	7007	1917	340	400	60	10405
博罗县	3643	757	−2843	−946	12	4014
龙门县	9005	4866	20571	17221	580	8519
大亚湾区	2859	42	−2212	−1964	−2	1380
仲恺区	757	223	−162	−192	46	770
餐饮业	12483	2665	−693	1356	941	19829
惠城区	4942	931	−1521	167	530	8073
惠阳区	2196	953	−317	312	217	4081
惠东县	1508	420	1471	1419	113	3536
博罗县	1707	63	−476	−470	28	951
龙门县	1229	244	177	106	35	1559
大亚湾区	555	50	−217	−177	17	984
仲恺区	346	3	190	−1	1	644

14-21　亿元以上商品交易市场成交额

单位：亿元

项　目	2005年	2007年	2008年	2009年	2010年	2011年	2012年	2013年
总　　计	**37.35**	**103.04**	**108.94**	**119.21**	**154.65**	**169.26**	**136.18**	**146.75**
食品、饮料、烟酒类	10.57	25.66	32.17	29.92	50.50	58.87	10.95	9.15
#粮油类	1.29	1.22	15.22	16.37	11.43	26.71	1.23	1.58
服装鞋帽、针、纺织品类	6.94	31.32	28.60	27.95	36.25	39.97	40.22	39.74
化妆品类	0.11	1.03	1.09	2.09	1.60	1.18	1.19	1.36
金银珠宝类		0.54	0.55	0.54	0.97	2.61	2.61	2.62
日用品类	0.32	1.62	1.58	1.71	2.75	3.02	3.07	3.26
五金、电料类		0.36	0.36	0.35	0.62	1.16	1.17	1.17
体育、娱乐用品类		0.60	0.60	0.55	0.97	0.44	0.50	0.49
书报杂志类		0.03	0.02	0.01	0.01	0.01	0.01	0.01
电子出版物及音像制品类		0.05	0.08	0.07	0.17	0.34	0.34	0.27
家用电器和音像器材类	0.07	0.43	0.44	0.47	0.70	1.63	1.61	1.27
中西药品类	0.05	0.08	0.11	0.11	0.13	0.10	0.13	0.14
文化办公用品类			2.96	2.71	4.90	1.62	1.62	1.51
家具类		2.92						
通讯器材类			0.02	0.04	0.14	0.94	0.93	0.81
煤炭及制品类								
木材及制品类								
石油及制品类								
化工材料及制品类								
金属材料类								
建筑及装潢材料类								
机电产品及设备类								
汽车类	18.51	37.73	39.60	52.05	53.84	54.84	69.11	82.48
种子饲料类								
棉麻类		0.01	0.01	0.01				
其它类	0.78	0.67	0.76	0.62	1.10	2.53	2.75	2.46
市场数	**9**	**12**	**11**	**11**	**11**	**10**	**10**	**10**

十五、对外经济及旅游

15-1 历年对外贸易及旅游

年份	外贸进口总额(万美元)	外贸出口总额(万美元)	利用外资签订协议合同数(个)	外商直接投资签订协议合同数(个)	实际利用外资(万美元)	外商直接投资额	接待旅游总人数(人次)
1978		1278	3				
1979		1171	53		13		
1980		1663	173		60		
1981		1511	151		138	3	
1982		1672	173		198	80	
1983		1356	232		344	29	
1984		1759	382		1258	253	
1985		2931	425		1600	1070	
1986		5791	470		1802	1254	326440
1987		11314	744	63	1503	1084	513894
1988		19751	805	96	8178	4577	727998
1989		21971	669	78	9205	7703	706582
1990		28703	747	127	19136	15662	757916
1991		42497	841	211	20754	15207	779440
1992		55552	1077	556	35376	29831	957773
1993		78992	1271	916	61774	58576	1004310
1994		172693	1002	531	78877	72789	1903500
1995		233211	984	431	88834	79802	2121500
1996		277364	589	221	90990	83672	2398048
1997	228703	346591	613	195	96855	85273	2482315
1998	243798	335269	475	247	97026	83643	3292600
1999	327468	367612	484	182	98383	78526	4432400
2000	371384	449746	477	238	105016	83319	4460600
2001	391989	490928	446	262	118015	96015	4584200
2002	533589	588957	578	405	132648	108208	6050100
2003	598521	714614	581	388	169035	140703	5215800
2004	789613	873927	721	549	93134	63228	7500300
2005	836630	1065535	659	539	128390	104187	10002000
2006	895372	1227718	602	489	129541	104518	12170700
2007	950722	1460586	506	444	148801	122815	15669100
2008	1175594	1798881	362	293	155848	135249	18050000
2009	1209154	1714867	323	279	150528	139484	21150000
2010	1400157	2023305	368	362	145887	143761	25010300
2011	1569148	2312180	434	425	157307	156803	28209400
2012	2029557	2920456	337	327	173267	172782	31529900
2013	2407220	3332146	298	284	183895	183417	35514200

15-2 分县区外商直接投资情况

单位：个、万美元

项　目	2005年	2006年	2007年	2008年	2009年	2010年	2011年	2012年	2013年
惠城区	222	195	156	130	131	32	58	45	43
惠阳区	100	122	97	42	40	58	79	64	38
惠东县	69	50	26	29	38	29	38	22	22
博罗县	111	87	134	69	40	52	68	39	46
龙门县	4	10	8	11	20	22	16	19	13
大亚湾区	33	25	23	12	10	7	13	7	8
仲恺区	–	–	–	–	–	28	35	42	31
合同外资金额	195463	151376	157144	158459	140423	148014	216751	265477	289230
惠城区	84355	62173	66205	59580	60606	23845	33479	44689	50409
惠阳区	30245	25673	21626	19130	20066	25091	44448	57246	67185
惠东县	16220	16076	19612	13725	13738	14653	20987	25983	27963
博罗县	29270	24986	30075	33464	17147	19011	29227	40879	46178
龙门县	4964	2746	412	1251	2036	3860	6202	8369	8926
大亚湾区	30409	19722	19214	31308	26830	7630	30046	36744	39053
仲恺区	–	–	–	–	–	22058	31093	38155	42932
实际使用外资金额	104187	104518	122815	135249	139484	143761	156803	172782	183417
惠城区	37831	51521	56113	59284	59543	17382	19200	22378	24317
惠阳区	9471	13334	16262	19900	21000	24811	28000	33000	36863
惠东县	9624	6112	7946	9785	10900	11683	13088	15198	16737
博罗县	9561	11933	15864	17400	18146	22597	25000	29200	31635
龙门县	2663	1667	2342	3180	3295	3400	3900	4300	4606
大亚湾区	35037	19951	24288	25700	26600	27400	29900	32900	34968
仲恺区	–	–	–	–	–	21696	23790	26200	27800

注：表中“–”表示仲恺区数据包含在惠城区内；2010年起县（区）数据不含市直部分。

15-3 分地区（国别）、行业外商直接投资情况

单位：万美元

项 目	2005年	2006年	2007年	2008年	2009年	2010年	2011年	2012年	2013年
实际使用外资金额	104145	104518	122815	135249	139484	143761	156803	172782	183417
按地区（国别）分									
香港	37664	41463	65332	80878	93751	96178	116151	108663	97443
日本	15495	15130	9984	841	1404	6498	157	706	10311
台湾	1934	3503	4517	2777	2102	1241	2215	787	521
美国	1070	2262	2231	763	894	3159	774	1423	473
英属维尔京群岛	9745	22188	24380	31876	29171	16711	17285	23471	19739
按行业分									
制造业	93299	84573	94190	103537	103830	106271	122923	129763	143946
交通运输、仓储和邮政业	151	3229	2287	205	1640	8434	4572	2886	351
批发和零售业	2348	5104	2297	5445	4365	8631	7613	18460	25518
房地产业	3150	6164	16026	11209	18738	9121	9618	6901	3064

15-4 外商投资情况表

（2013 年）　　单位：个、万美元

项　目	项目（企业）个数	合同外资金额	实际使用外资金额
合计	284	289230	183417
按地区（国别）分			
香港	237	199196	97443
台湾	10	11773	521
日本	2	8360	10311
泰国	1	24	
新加坡	2	686	810
英属维尔京群岛	3	22924	19739
加拿大	1	15	5
澳大利亚	1	516	
按行业分			
农、林、牧、渔业	13	13190	445
制造业	136	232056	143946
电力、煤气及水的生产和供应业	1	1106	1610
建筑业	3	148	66
交通运输、仓储及邮政业	3	5500	351
批发和零售业	117	20507	25518
住宿和餐饮业	2	1033	1268
房地产业	1	4739	3064
租赁和商务服务	6	1287	3478
居民服务和其他服务业	2	8129	1222

15-5 分县区外贸进出口总值情况

单位：万美元

项 目	2005年	2006年	2007年	2008年	2009年	2010年	2011年	2012年	2013年
外贸出口总额	1065535	1227718	1460586	1798881	1714867	2023305	2312180	2920456	3332146
惠城区	775123	861173	967174	1252813	1179090	115632	132197	154218	182793
惠阳区	114382	136943	172204	176232	167849	206750	248454	289431	325451
惠东县	58096	67416	92325	111928	98295	79139	87955	102483	116916
博罗县	74783	92043	104443	118606	130171	163964	217073	270010	297308
龙门县	3693	3355	3790	3945	4183	4776	5725	7103	8535
大亚湾区	39458	66788	120650	135357	135279	184177	202771	221027	243616
仲恺区	–	–	–	–	–	571536	631302	688210	716324
外贸进口总额	836630	895372	950722	1175594	1209154	1400157	1569148	2029557	2407220
惠城区	603970	598073	639405	822206	901192	83120	90323	105730	114888
惠阳区	80325	84908	96144	86723	72224	97657	119341	143674	187337
惠东县	35206	28484	39064	52619	40013	25586	29165	33871	39969
博罗县	68326	76658	82354	81312	81845	110226	119598	132214	138333
龙门县	2541	2928	2245	2305	2891	2209	2551	2901	3077
大亚湾区	46262	104321	91510	130429	110989	131209	142362	156960	166350
仲恺区	–	–	–	–	–	383409	432350	480017	441237

注：表中“–”表示仲恺区数据包含在惠城区内；2010年起县（区）数据不含市直部分。

15-6　分地区（国别）、产品外贸进出口情况

单位：万美元

项　目	2005年	2006年	2007年	2008年	2009年	2010年	2011年	2012年	2013年
外贸出口总额	**1065535**	**1227718**	**1460586**	**1798881**	**1714867**	**2023305**	**2312180**	**2920456**	**3332146**
按地区（国别）分									
香港	300582	436334	545138	534569	477318	613620	695393	782863	869969
日本	69686	56067	73155	84940	66803	81216	80281	79956	84288
美国	206364	233342	252624	258272	276653	324159	348263	391132	391278
欧盟	146424	165909	203767	245911	214608	230736	259472	245921	237678
台湾	24728	30229	35023	39789	27167	32582	38742	35317	47785
韩国	184026	127002	109441	327652	360903	363866	423066	954082	1289745
俄罗斯	6896	10407	16288	23126	10792	13987	19214	26452	20506
按主要产品分									
机电产品	854107	982885	1175650	1464457	1379562	1619941	1834052	2435511	2845793
高新技术产品	441118	526722	526290	877315	906723	1030128	1196339	1788737	2163667
鞋类	22773	27287	30122	34958	38041	57907	67115	75545	79628
服装	63612	71802	78597	120261	92887	110254	135653	128941	112219
外贸进口总额	**836630**	**895372**	**950722**	**1175594**	**1209154**	**1400157**	**1569148**	**2029557**	**2407220**
按地区（国别）分									
香港	29046	23173	25768	25279	9695	12733	12193	8651	9430
日本	183904	180920	211074	224487	200710	236166	232830	214462	186235
美国	28834	26067	34546	40829	46725	76162	95802	107601	94016
欧盟	47837	30874	33302	41454	38821	59706	44331	53910	53815
韩国	100374	118923	123117	277810	318460	249426	315423	546919	641505
台湾	141645	139180	157180	154274	152739	208779	229008	243470	369402

15-7　外商投资企业登记主要情况（一）

（2013 年）

项　目	年末实有企业数（户）	年末实有投资总额（万美元）	年末实有注册资本（万美元）	
				外方
总　计	**6627**	**3634872**	**2174338**	**1885060**
按投资方式分				
中外合资	813	1262062	652965	385378
中外合作（法人）	415	227800	131362	117574
中外合作（非法人）	13	7893	4391	4296
外资企业	4644	2120886	1371274	1371274
外商投资股份	7	11990	11990	5314
其他企业	9	4242	2357	1224
按主要行业分				
农、林、牧、渔业	236	49895	32598	27684
采矿业	8	8803	5673	4810
制造业	4556	2768918	1634827	1430402
电力、燃气及水的生产和供应业	25	37463	19814	14321
建筑业	101	48623	36294	31237
交通运输、仓储和邮政业	50	106960	50895	39959
信息传输、计算机服务和软件业	134	3166	3039	2721
批发和零售业	661	48458	43485	42017
住宿和餐饮业	164	78801	49712	43960
金融业	37	6	6	6
房地产业	278	346353	208774	178445
租赁和商务服务业	171	46088	34764	25123
科学研究、技术服务和地质勘查业	54	20525	11983	9796
水利、环境和公共设施管理业	16	15234	6634	5983
居民服务和其他服务业	107	37068	26738	21699
教育	1	2500	1008	493
卫生、社会保障和社会福利业	2	3409	1869	863
文化、体育和娱乐业	15	6131	3295	2952
其他	11	6473	2928	2588

15-8 外商投资企业登记主要情况（二）

（2013年）

项　目	年末实有企业数（户）	年末实有投资总额（万美元）	年末实有注册资本（万美元）	外方
按主要国别（地区）分				
亚洲	**5185**	**2510311**	**1612092**	**1447323**
日本	66	146084	79820	75117
韩国	163	107775	54873	44443
香港	4271	2079791	1364596	1221721
澳门	12	3924	3270	2359
台湾	485	61775	49859	47795
非洲	**43**	**14310**	**9087**	**8947**
毛里求斯	23	11877	7202	7202
塞舌尔	19	2383	1835	1695
欧洲	**34**	**450156**	**183020**	**97177**
英国	7	512	466	388
德国	6	9159	3904	3360
法国	5	7862	4128	4033
拉丁美洲	**300**	**471802**	**254888**	**228365**
巴西	1	39	39	39
开曼群岛	10	30630	13710	13701
英属维尔京群岛	276	434045	235535	209021
北美洲	**116**	**69695**	**42988**	**39527**
加拿大	13	6175	4548	4366
美国	103	63520	38441	35161
大洋洲	**134**	**76284**	**48114**	**40886**
澳大利亚	14	5719	3489	3422
新西兰	1	103	103	26
萨摩亚	110	67896	42684	35919

15-9 外商投资企业登记主要情况（三）

（2013年）

项　目	本年登记企业数（户）	本年登记投资总额（万美元）	本年登记注册资本（万美元）	
				外方
总　计	339	86617	60300	54933
按投资方式分				
中外合资	12	6757	5742	3293
中外合作（法人）	5	4785	4785	1867
外资企业	245	75075	49773	49773
按主要行业分				
农、林、牧、渔业	1			
制造业	4	126	126	126
批发和零售业	36	1458	1458	1458
交通运输、仓储和邮政业	4	15500	5500	5500
住宿和餐饮业	2			
金融业	1			
租赁和商务服务业	2	186	186	186
按主要国别分				
韩国	2	25	25	25
香港	38	17221	7221	7221
英属维尔京群岛	1	18	18	18
澳大利亚	1	6	6	6

15-10 旅游情况

项　目		2005年	2006年	2007年	2008年	2009年	2010年	2011年	2012年	2013年
住宿游客人数	（万人）	470.73	562.26	707.19	807.66	943.11	1073.56	1188.63	1312.84	1501.63
1、国内游客	（万人）	39.35	461.35	585.91	674.87	798.86	913.4	1013.95	1122.25	1294.62
2、国际旅游者	（万人）	78.61	100.91	121.27	132.79	144.25	160.16	174.68	190.59	207.01
港澳台	（万人）	55.11	78.35	91.42	100.46	110.39	122.11	133.51	145.97	162.28
旅游总收入	（亿元）	49.94	61.23	84.26	96.55	115.12	140.82	161.19	184.16	212.65

十六、教育、科技和文化

16-1 各类学校基本情况

项 目		2000年	2001年	2002年	2003年	2004年	2005年	2006年
高等学校								
学校数	(所)	1	1	1	1	1	1	1
毕业生数	(人)	1336	1590	1646	1460	1460	1421	1622
招生数	(人)	2201	2529	1452	2419	2924	1513	1972
在校学生数	(人)	4911	5841	5449	6586	8046	8106	8423
教职工数	(人)	641	616	647	777	797	807	755
#专任教师	(人)	281	296	364	460	496	506	511
中等职业技术学校								
学校数	(所)	9	11	8	9	27	34	34
毕业生数	(人)	3121	3843	3420	4126	5829	8325	11864
招生数	(人)	3830	4290	5442	7212	12463	15108	21348
在校学生数	(人)	10818	11026	13622	17466	32037	35694	50665
教职工数	(人)	850	1043	856	987	2007	2046	2432
#专任教师	(人)	492	582	471	560	1128	1278	1600
普通中学								
学校数	(所)	154	153	163	167	171	174	194
毕业生数	(人)	52931	53199	59579	58996	60248	62343	68243
招生数	(人)	63624	64608	65603	72202	78501	85872	97533
在校学生数	(人)	174526	182123	188425	198004	212095	232301	257051
教职工数	(人)	10498	10877	11689	12350	12972	14046	15569
#专任教师	(人)	8635	8856	9633	10242	10943	11969	13315
小学								
学校数	(所)	1231	1174	1167	1154	1170	1118	1031
毕业生数	(人)	55889	54926	57208	57435	59661	64271	72225
招生数	(人)	55562	60229	64396	67095	67728	66305	64111
在校学生数	(人)	335551	345222	360649	391082	418989	442092	451551
教职工数	(人)	19090	19811	20105	20827	21251	21601	22370
#专任教师	(人)	16675	17319	17777	18861	18986	19217	19749
小学毕业生升学率	(%)	96.60	96.86	97.41	100.00	100.00	100.00	100.00
学龄儿童								
学龄儿童总数	(人)	330118	342381	351340	383748	409497	435971	448694
学龄儿童入学率	(%)	99.8	99.7	99.8	100.5	100.0	99.9	100.0
幼儿园								
幼儿园数	(所)	239	229	221	227	243	253	273
在园幼儿数	(人)	68641	71803	69078	69699	69867	70685	75267
教职工数	(人)	3772	2410	4040	4300	4615	5284	5957
#专任教师	(人)	2502	2124	2354	2509	2697	3073	3499

16-1 续表

项目		2007年	2008年	2009年	2010年	2011年	2012年	2013年
高等学校								
学校数	(所)	1	1	1	2	2	3	3
毕业生数	(人)	2706	2244	1479	4005	4358	5631	6070
招生数	(人)	2386	3467	4265	6199	6353	8032	8942
在校学生数	(人)	8079	9286	12038	20041	22007	24300	27012
教职工数	(人)	753	773	881	1490	1545	1907	2095
# 专任教师	(人)	503	522	629	990	1290	1329	1497
中等职业技术学校								
学校数	(所)	40	45	40	43	39	39	33
毕业生数	(人)	13006	14380	16745	19503	22032	24441	27156
招生数	(人)	23176	27818	31308	37893	37203	34167	31607
在校学生数	(人)	57180	65460	76596	89908	97131	97852	95812
教职工数	(人)	2869	3230	3886	4160	4295	4473	4268
# 专任教师	(人)	1944	2220	3160	3429	3355	3366	3209
普通中学								
学校数	(所)	203	209	210	209	211	214	221
毕业生数	(人)	73144	79839	87064	91248	95870	99934	98685
招生数	(人)	102373	108741	109635	107112	102649	98045	95644
在校学生数	(人)	277215	295346	305888	308667	307746	296561	287317
教职工数	**(人)**	**16675**	**17643**	**18995**	**19605**	**20383**	**20235**	**–**
# 专任教师	(人)	14330	15232	16735	17211	17759	18444	19076
小学								
学校数	(所)	982	945	785	689	518	472	460
毕业生数	(人)	79066	80890	80973	76715	70940	64366	62148
招生数	(人)	63353	61952	62344	72570	78119	87160	89068
在校学生数	(人)	445221	426443	401270	397983	403950	421074	445608
教职工数	(人)	22961	23054	22759	23194	23194	24342	–
# 专任教师	(人)	20188	20240	20137	20652	20947	21243	22497
小学毕业生升学率	(%)	100	100	100	100	100	100	100
学龄儿童								
学龄儿童总数	(人)	442082	423240	397204	392431	399720	409732	441726
学龄儿童入学率	(%)	100	100	100	100	100	100	100
幼儿园								
幼儿园数	(所)	278	300	326	351	384	436	480
在园幼儿数	(人)	79722	87378	100617	114440	128324	144664	163139
教职工数	(人)	6467	7442	8398	10448	12061	14593	17341
# 专任教师	(人)	3907	4453	5043	6044	6819	8216	9507

16-2 分县区教育事业发展情况

（2013年）

项　目		合计	惠城区	惠阳区	惠东县	博罗县	龙门县	大亚湾区	仲恺区
大学录取人数	（人）	27845	8707	5951	4906	5404	1648	650	579
各类学校数									
#高等学校	（所）	3	3						
普通中学	（所）	221	50	31	49	51	20	4	16
小学	（所）	460	93	95	106	96	23	12	35
幼儿园	（所）	480	160	95	60	88	22	17	38
成人高等教育学校	（所）	5	1	1	1	1	1		
各类学校招生人数									
#高等学校	（人）	8942	8942						
普通中学	（人）	95644	24442	18916	20593	19191	5278	2153	5071
小学	（人）	89068	20575	16012	18269	19319	4675	2534	7684
幼儿园	（人）	88817	16790	11911	18303	26711	6535	2677	5890
成人高等教育学校	（人）	4811	1849	789	960	933	280		
专任教师人数	（人）								
#高等学校	（人）	1497	1497						
普通中学	（人）	19076	4942	3148	3948	4295	1455	449	839
小学	（人）	22497	5204	3268	5315	5191	1581	583	1535
幼儿园	（人）	9507	3028	1824	1273	1940	394	305	743
成人高等教育学校	（人）	152	70	29	19	17	17		
各类学校在校生人数									
#高等学校	（人）	27012	27012						
普通中学	（人）	287317	72696	56445	63673	57750	16650	6302	13801
小学	（人）	445608	107028	75845	94869	96649	22772	12430	36015
幼儿园	（人）	163139	44197	26317	28898	37055	10576	5141	10955
成人高等教育学校	（人）	16467	7020	3523	2753	2241	930		
普及小学教育									
学龄儿童	（人）	441726	107028	74014	94869	94598	22772	12430	36015
入学儿童	（人）	441726	107028	74014	94869	94598	22772	12430	36015
入学率	（%）	100.0	100.0	100.0	100.0	100.0	100.0	100.0	100.0
小学毕业生人数	（人）	62148	15899	9975	14477	12778	3084	1505	4430
小学毕业生升学率	（%）	100.76	91.76	127.88	95.79	102.32	98.67	90.37	88.71
小学学生辍学率（流动率）	（%）	0.58	−0.95	0.19	2.68	0.99	1.72	−3.89	−0.29
普通初中毕业生升学率	（%）	98.69	99.55	99.48	98.01	98.14	98.19	98.87	98.53
普通初中生辍学率（流动率）	（%）	2.91	1.10	1.53	4.46	4.14	1.60	2.63	4.46

16-3 教育事业其他指标

项 目		2000年	2001年	2002年	2003年	2004年	2005年	2006年
在园幼儿数	(万人)	6.86	7.18	6.91	6.96	6.98	7.06	7.5
#男 童	(万人)	3.44			3.85	3.86	3.54	3.8
女 童	(万人)	3.42			3.11	3.12	3.52	3.7
3-6岁儿童入园率	(%)	70.2	70.5	70.8	71.2	72.3	75.6	76
#女 童	(%)	70.14	70.4	70.6	70.6	71.7	74.6	75
小学适龄儿童净入学率	(%)	99.83	99.66	99.82	99.91	99.99	99.94	99.96
#女 生	(%)	99.84	99.66	99.82	99.9	99.99	99.93	99.96
小学学生辍学率	(%)	0.47	0.21	0.21	0.06	0.02	0.03	0.02
#女 生	(%)	0.52	0.14	0.23	0.06	0.01	0.02	0.01
初中学生毛入学率	(%)	100.29	103.3	100.62	101.76	102.12	102.62	98.91
#女 生	(%)	100.16	101.75	100.53	101.48	102.11	102.3	98.87
初中三年巩固率	(%)	97.2	98.72	98.72	97.6	97.8	92.55	93.4
初中毕业生升学率	(%)	51.0	55.01	63.5	63.43	64.36	70.46	77.22
#女 生	(%)	48.3	51.69	60.3	61.27	60.94	70.44	77.8
高中学生毛入学率	(%)	61.2	63.3	66.2	70.4	73.2	79.8	84.87
#女 生	(%)	61.1	63.2	66.1	70.3	73.1	79.7	83.81
高中毕业生升学率	(%)	71.1	71.3	69.7	87.7	86	87.2	81.4

16-3 续表

项 目		2008 年	2009 年	2010 年	2011 年	2012 年	2013 年
在园幼儿数	(万人)	8.74	10.06	11.44	12.83	14.47	16.31
#男 童	(万人)	4.86	5.54	6.25	7.11	8.05	9.04
女 童	(万人)	3.88	4.52	5.19	5.72	6.42	7.27
3–6 岁儿童入园率	(%)	80.2	81.2	87.73	88.09	94.20	96.10
#女 童	(%)	80.1	74.8	85.17	86.12	93.80	95.60
小学适龄儿童净入学率	(%)	100	100	100	100	100.00	100.00
#女 生	(%)	100	100	100	100	100.00	100.00
小学学生辍学率	(%)	0.02	0.01	0.01	0.31	1.41	0.58
#女 生	(%)	0.02	0.00	0.01	0.53	1.24	0.22
初中学生毛入学率	(%)	100.4	100.9	101.54	101.78	103.34	101.98
#女 生	(%)	100.6	100.73	101.46	101.77	102.94	101.72
初中三年巩固率	(%)	87.48	86.9	86.18	89.84	90.15	90.58
初中毕业生升学率	(%)	85.71	93.12	97.66	98.34	98.51	98.69
#女 生	(%)	85.62	93.11	96.53	97.95	98.44	98.70
高中学生毛入学率	(%)	83.3	88.1	90.6	92.11	92.56	96.00
#女 生	(%)	80.8	85.68	90.2	92.44	92.41	95.88
高中毕业生升学率	(%)	83.3	84.51	86.72	87.57	89.65	92.85

16-4　工业企业 R&D 经费情况

单位：万元

项　　目	2009年	2010年	2011年	2012年	2013年
总计	89529	176044	314606	435405	518729
一、按企业规模分组					
大型	23040	105087	190029	230822	323519
中型	57284	52046	70131	129148	117403
小型	9205	18912	53869	75390	77807
微型			578	45	
二、按隶属关系分组					
中央	805	1379	3005	2068	5831
地方	88723	174665	311601	433338	512898
三、按登记注册类型分组					
内资企业	13251	20813	67468	122889	133192
国有企业	2233	3618	1236	13238	4220
集体企业	455			110	118
股份合作企业	274			3192	
有限责任公司	4404	7285	29530	48475	73791
股份有限公司	518	2070	10145	18867	18116
私营企业	4802	7301	21897	29741	35005
私营独资企业	991		929	1786	
私营合伙企业	368	130	591	717	185
私营有限责任公司	3018	5999	20252	26213	33183
私营股份有限公司	425	1172	125	1026	1638
其他企业	566	540	4660	9267	1942
港、澳、台商投资企业	42035	92914	141962	208803	243558
与港澳台商合资经营企业	19844	39501	75084	79841	67396
与港澳台商合作经营企业	296	2506		2482	2612
港澳台商独资经营企业	21895	50907	66878	122403	170106
港澳台商投资股份有限公司				4077	3443
外商投资企业	34243	62317	105176	103713	141980
中外合资经营企业	20627	35921	35642	42488	57407
中外合作经营企业		751			
外资企业	13616	25646	69534	61226	84573
四、按国民经济行业大类分组					
制造业	88101	173785	313728	434029	513621
农副食品加工业		411	5099	3297	3503
食品制造业	40	339	493	863	775
纺织服装、服饰业	820	160		94	3556
皮革、毛皮、羽毛及其制品和制鞋业				2163	4612

单位：万元

项　　目	2009年	2010年	2011年	2012年	2013年
木材加工和木、竹、藤、棕、草制品业				1110	5130
家具制造业			1000	1659	11230
造纸和纸制品业	155	1207		628	10
文教、工美、体育和娱乐用品制造业		294	1966	320	773
石油加工、炼焦和核燃料加工业	805	1359	3005	2068	4789
化学原料和化学制品制造业	2972	8074	16004	17036	15069
医药制造业	966	1884	4982	10601	8064
橡胶和塑料制品业	2270	3636	4360	24642	19992
非金属矿物制品业		1227	8918	4079	7632
有色金属冶炼和压延加工业	337	1514	4239	8756	3106
金属制品业		477	3447	9251	8529
通用设备制造业	872	1890	2135	7882	11319
专用设备制造业	1103	1107	3707	3776	1396
汽车制造业			17018	28675	32856
铁路、船舶、航空航天和其他运输设备制造业	2835	1271	1419	1270	3365
电气机械和器材制造业	4781	16609	25041	24041	30770
计算机、通信和其他电子设备制造业	68950	129180	208813	277780	330011
仪器仪表制造业	751	1079	987	2354	4475
废弃资源综合利用业	444	2067	1096	1685	2658
电力、热力、燃气及水生产和供应业	1428	2259	878	1377	5108
电力、热力生产和供应业	1428	2259	878	1377	5108
五、按企业控股情况分组					
国有控股	7356	13402	26950	29594	30871
集体控股	924		979	1415	557
私人控股	7999	16241	51589	77088	97540
港澳台商控股	32216	75441	124299	186504	216089
外商控股	37009	64793	103371	110469	151330
其他	4025	6169	7420	30335	22342
六、按地区分组					
惠城区	14484	33667	66435	76349	77947
惠阳区	4640	12493	31297	45520	58340
惠东县	88	2227	18196	32917	38613
博罗县	2365	6680	23859	40333	46662
龙门县		210	2340	3196	4010
大亚湾区	8220	34334	50134	76924	91594
仲恺区	59732	86434	122344	160165	201563

16-5　工业企业 R&D 人员情况

单位：人

项　　目	2009 年	2010 年	2011 年	2012 年	2013 年
总计	8601	9460	13885	19055	18678
一、按企业规模分组					
大型	2502	3497	7559	8828	10002
中型	5218	4717	4118	7137	5707
小型	881	1246	2194	3081	2969
微型			14	9	
二、按隶属关系分组					
1. 中央	74	69	121	99	347
2. 地方	8527	9391	13764	18956	18331
三、按登记注册类型分组					
内资企业	1592	1789	3764	5934	5758
国有企业	126	92	69	592	44
集体企业	82			10	10
股份合作企业	23			101	
有限责任公司	477	681	1496	2233	3394
股份有限公司	199	118	566	928	865
私营企业	667	659	1373	1709	1388
私营独资企业	49		89	59	
私营合伙企业	27	37	23	64	18
私营有限责任公司	493	452	1246	1535	1314
私营股份有限公司	98	170	15	51	56
其他企业	18	239	260	361	57
港、澳、台商投资企业	3674	5160	6279	8683	8547
与港澳台商合资经营企业	1705	2258	3321	3756	3116
与港澳台商合作经营企业	22	74		84	86
港澳台商独资经营企业	1947	2828	2958	4305	5002
港澳台商投资股份有限公司				538	343
外商投资企业	3335	2511	3842	4438	4373
中外合资经营企业	2212	1725	1302	1478	1623
中外合作经营企业		113			
外资企业	1123	673	2540	2960	2750
四、按国民经济行业大类分组					
制造业	8549	9424	13863	19008	18601
农副食品加工业		46	121	63	71
食品制造业	4	40	49	68	70
纺织业	40	10		7	102
皮革、毛皮、羽毛及其制品和制鞋业				137	90

16-5 续表 单位：人

项目	2009年	2010年	2011年	2012年	2013年
木材加工和木、竹、藤、棕、草制品业				11	29
家具制造业			35	22	231
造纸和纸制品业	11	33		17	4
文教、工美、体育和娱乐用品制造业		76	153	14	46
石油加工、炼焦和核燃料加工业	74	56	121	99	251
化学原料和化学制品制造业	307	440	683	808	708
医药制造业	313	293	396	550	569
橡胶和塑料制品业	115	142	581	1372	1008
非金属矿物制品业		72	157	141	198
有色金属冶炼和压延加工业	24	47	119	142	113
金属制品业		174	271	809	833
通用设备制造业	41	378	192	301	468
专用设备制造业	80	90	180	223	167
汽车制造业			380	698	1082
铁路、船舶、航空航天和其他运输设备制造业	184	90	100	194	441
电气机械和器材制造业	734	1047	1256	1649	1399
计算机、通信和其他电子设备制造业	6477	6137	9000	11467	10391
仪器仪表制造业	90	134	36	123	205
废弃资源综合利用业	55	119	33	93	125
电力、热力、燃气及水生产和供应业	52	36	22	47	77
电力、热力生产和供应业	52	36	22	47	77
五、按企业控股情况分组					
国有控股	470	598	1292	1286	1266
集体控股	124		36	66	62
私人控股	1223	1538	2868	4022	4111
港澳台商控股	2986	4004	4963	7182	6695
外商控股	3493	2685	4384	5372	5196
其他	305	635	342	1127	1348
六、按地区分组					
惠城区	1166	1362	2532	3160	3255
惠阳区	602	850	1465	2206	2191
惠东县	29	193	919	1144	1007
博罗县	345	388	927	1749	1864
龙门县		28	95	177	173
大亚湾区	451	1048	1309	1733	1835
仲恺区	6008	5591	6639	8886	8353

16-6　惠州市历年专利申请授权情况统计表

年度	申请量				授权量			
	合计	发明	实用新型	外观设计	合计	发明	实用新型	外观设计
1985	1	1						
1986	2	1	1					
1987	5	2	3		2		2	
1988	8	3	5		2		2	
1989	11	4	6	1	2		2	
1990	11	3	6	2	3	2	1	
1991	14	4	2	8	4	1	3	
1992	33	5	17	11	12	1	9	2
1993	56	9	33	14	22	4	12	6
1994	101	12	33	56	19	2	12	5
1995	109	7	37	65	62	3	22	37
1996	157	10	34	113	70	2	16	52
1997	213	12	35	166	93	3	20	70
1998	194	7	47	140	169	3	17	149
1999	206	13	63	130	148	1	39	108
2000	378	34	96	248	207	5	62	140
2001	331	17	115	199	283	4	61	218
2002	708	39	174	495	443	2	99	342
2003	854	73	280	501	532	9	156	367
2004	1109	168	335	606	680	17	211	452
2005	1041	250	339	452	651	17	258	376
2006	877	75	377	425	641	21	301	319
2007	1235	84	436	715	726	33	353	340
2008	1160	252	510	398	1011	66	426	519
2009	1761	359	801	601	985	73	488	424
2010	2889	823	1352	714	1628	44	992	592
2011	6029	1296	2236	2497	2917	117	1577	1223
2012	9894	1676	2614	5604	4093	313	2227	1553
2013	15168	2466	3830	8872	5976	467	2577	2932

16-7　主要年份科技活动指标

项　　目		2000 年	2005 年	2009 年	2010 年	2011 年	2012 年	2013 年
专利申请受理量	（件）	378	1041	1761	2889	6029	9894	15168
专利申请批准量	（件）	207	651	985	1628	2917	4093	5976
高技术产品产值	（亿元）	142.63	661	1318	1797.6	2281.5	2908.6	
高技术产品产值占工业总产值比重	（%）	19.0	36.9	43.9	46.0	47.9	53.1	
研究与实验发展 (R&D) 人员全时当量	（人年）	1277.5	1710.6	8176	11062	12739	15946	
研究与实验发展 (R&D) 经费	（亿元）	1.3	1.71	10.55	19.26	33.12	45.31	
占本市生产总值比例	（%）	0.3	0.21	0.75	1.11	1.58	1.91	

注：2013 年部分数据暂未最终确定。

16-8　分县区文化事业情况

（2013 年）

项目		全市	惠城区	惠阳区	惠东县	博罗县	龙门县	大亚湾区	仲恺区
文化馆	（个）	6	2	1	1	1	1		
文化站	（个）	73	13	9	16	17	10	3	5
文化广场	（个）	34	19	5	2	1	2	3	2
博物馆	（个）	6	2	1	1	1	1		
公共图书馆	（个）	5	1	1	1	1	1		
#总藏量	（千册、件）	1455.5	690.6	213.2	156.7	287.9	107.1		
#图书	（千册）	1173.5	498.8	176.8	156.2	280.4	61.4		
电影放映单位	（个）	14	4	4	2	1	1		2
其中：剧场、影剧院	（个）	5	1	1	2		1		
歌舞厅	（个）	299	71	43	65	61	20	4	35
网吧	（个）	589	124	113	91	98	25	34	104

16-9 分县区广播电视业情况

（2013 年）

项　　目		全市	惠城区	惠阳区	惠东县	博罗县	龙门县	大亚湾区	仲恺区
广播电台	（套）	7	3	1	1	1	1		
调频广播发射台和转播台	（座）	6	2	1	1	1	1		
电视台	（套）	6	2	1	1	1	1		
电视发射台和转播台	（座）	6	2	1	1	1	1		
一千瓦以上电视发射台和转播台	（座）	3	1		1		1		
有线电视台	（座）	5	1	1	1	1	1		
有线电视用户	（万户）	74.21	31.15	12.63	18.29	6.74	2.60	2.80	
卫星电视地面接收站	（个）	23		13	10				
广播人口覆盖率	（%）	100	100	100	100	100	100	100	100
电视人口覆盖率	（%）	100	100	100	100	100	100	100	100
微波传送线路站数	（站）	22	4	3	11	4			
微波传送线路长度	（公里）	349	75	25	219	30			

惠州统计年鉴－2014

HUIZHOU STATISTICAL YEARBOOK

十七、体育、卫生、社会福利、环保和其他

17-1 体育、卫生、社会福利、环保和其他主要指标

项　目		2007年	2008年	2009年	2010年	2011年	2012年	2013年
举办全民健身活动次数	（次）	47	37	100	150	167	179	238
卫生事业机构数	（个）	270	285	2214	2258	2366	2558	2604
医院、卫生院	（个）	123	119	124	128	131	137	139
卫生事业机构床位数	（张）	9538	10207	11122	12206	13092	17231	19155
医院、卫生院床位	（张）	9015	9477	10199	10877	11662	14485	16258
卫生技术人员数	（人）	14964	14818	16728	18218	19978	23787	26991
医生、助理医生	（人）	5854	5431	6246	6778	7386	9009	9735
平均每千户籍人口医院、卫生院床位数	（张）	3.05	3.20	3.43	3.62	3.82	4.24	4.73
平均每千户籍人口有卫生技术人员数	（人）	4.78	4.65	5.16	5.40	5.82	6.96	7.86
医生	（人）	1.87	1.70	1.93	2.01	2.15	2.63	2.84
优抚收养性单位收养人数	（人）	159	174	512	512	2063	2224	2188
社会救济总人数	（人）	69538	75761	76681	79569	90248	98046	96867
准予登记结婚对数	（对）	33791	33384	33932	35251	35384	31621	31236
涉外婚姻	（对）	325	253	268	214	260	260	241
离婚总数	（对）	3179	3753	4098	4773	5568	5892	6367
执业律师人数	（人）	388	390	404	513	562	605	635
公证人员数	（人）	29	30	27	28	30	26	27
人民调解委员会调解人员数	（人）	10483	10775	11716	9963	8012	9606	9927
亿元地区生产总值生产安全事故死亡人数	（人）	0.50	0.38	0.26	0.20	0.16	0.135	0.115
交通事故发生数	（起）	1297	917	739	636	569	551	546
交通事故损失折款	（万元）	625	445	285	341	260	285	278
火灾事故发生数	（起）	695	519	285	517	864	706	192
火灾事故损失折款	（万元）	234	305	620	1004	994	923	345

注：2009年起卫生数据含村级卫生数据。

17-2　分县区体育事业情况

（2013 年）

项　目		合计	惠城区	惠阳区	惠东县	博罗县	龙门县	大亚湾区	仲恺区
体育馆数	（个）	20	5	2	2	8	2	1	
运动员人数	（人）	1767	1332	108	11	172	24	120	
体委系统年末职工人数	（人）	365	141	21	48	112	31	8	4
# 专职教练员	（人）	56	37	1	8	5	5		
专职文化教师	（人）	32	32						
管理人员	（人）	145	36		16	72	14	7	
公务员	（人）	91	29	8	8	35	8	1	2
其他人员	（人）	41	7	12	16		4		2
举办全民健身活动情况	（次）	238	185	13	9	16	4	8	3
参加人数	（人次）	352510	320000	5510	10200	9000	1300	2000	4500
举办综合运动会	（次）	6	6						
举办单项比赛	（次）	108	54	12	8	9	12	5	8

17-3 体育事业发展情况

单位:（奖牌）块、（记录）项

年份	获世界			获亚洲赛			获全国赛			获省赛		
	金牌	银牌	铜牌	金牌	银牌	铜牌	金牌	银牌	铜牌	金牌	银牌	铜牌
1991	7	2	2				3	2	1	21	16	16
1992	2	1	1	2	1	5				19	20	28
1993	4						4	2		6	14	20
1994	2	4					6	4	1	13	12	13
1995	1						6			12	12	13
1996	1						11	4	9	8	11	39
1997	6				1	3	4.5	1.5	5	6	17	15
1998				2	2		12	12	3	37.5	25.5	18.5
1999		1		1	1		11	5	3	13	29	34
2000			2				10	12	7	17	10	22
2001							9	1	4	8	7.5	13
2002	4	2		1	3	3	9	8	8	25.5	17.5	18
2003				1			3	1	2	18.5	21	26
2004	1						2	2	4	9	20	18
2005				3	2		4	4	4	7	12	26
2006	1	3		2			3	2	2	6	6	14
2007	2			2	1		2	2		50	41	43
2008	2	1		3	1		5	2		55	52	58
2009	3			1			15	8	5	49	48	64
2010	4			12	2	2	17	3	2	20	20	32
2011	1	2		9			24	10	16	8	9	12
2012	3		1				17	2	6	14	12	22
2013	1						7	2		12	15	18

17-4 分县区卫生事业发展情况

（2013 年）

项目		合计	惠城区	惠阳区	惠东县	博罗县	龙门县	大亚湾区	仲恺区
卫生机构数	（个）	2604	641	354	540	605	241	83	140
医院	（个）	63	24	15	11	6	4	1	2
卫生院	（个）	76	9	7	20	22	15		3
疾病预防控制中心	（个）	6	1	1	1	1	1	1	
妇幼保健院（所\站）	（个）	6	2	1	1	1	1		
诊所、卫生所、医务室	（个）	628	320	97	80	39	49	21	22
卫生机构床位数	（张）	19155	8920	2286	2773	3202	917	696	361
医院	（张）	12714	6687	1703	1740	1471	393	538	182
卫生院	（张）	3544	241	347	819	1545	445		147
总诊疗人次数	（万人次）	3837.51	1455.50	604.25	658.82	618.85	227.64	61.52	210.94
医院、卫生院	**（万人次）**								
卫生工作人员数	（人）	32281	13077	4630	5147	5445	1890	800	1292
卫生技术人员	（人）	26991	11004	3686	4213	4517	1613	879	1079
执业医师、执业助理医师	（人）	9735	3983	1439	1474	1519	518	397	405
注册护士	（人）	10266	4598	1513	1366	1632	512	324	321
每千户籍人口卫生机构床位数	（张）	5.58	10.85	6.24	3.30	3.75	2.60	8.43	3.07
每千户籍人口卫生技术人员	（人）	7.86	13.39	10.07	5.02	5.29	4.57	10.64	9.18
医生	（人）	2.84	4.85	3.93	1.76	1.78	1.47	4.81	3.44
每千户籍人口注册护士数	（人）	2.99	5.59	4.13	1.63	1.91	1.45	3.92	2.73
政府办									
机构	（个）	571	218	65	136	37	36	5	74
床位	（张）	16353	7707	1505	2195	3032	857	696	361
卫生人员	（人）	23629	9468	2790	3825	4202	1561	792	991
社会办									
机构	（个）	1254	55	164	302	434	191	79	29
床位	（张）	933	150	703		20	60		
卫生人员	（人）	3849	864	873	504	817	304	399	88
个人办									
机构	（个）	779	368	113	102	134	14	11	37
床位	（张）	1869	1023	78	578	150			40
卫生人员	（人）	4601	2531	558	791	424	25		272

注：表中人均数按当年户籍人口计算；政府办、社会办、个人办均不含卫生室数据，其它均含村卫生室数据。

17-5 卫生事业其他指标

项 目		2006年	2007年	2008年	2009年	2010年	2011年	2012年	2013年
婴儿死亡率	(‰)	3.46	3.11	2.6	2.58	2.84	2.50	2.03	1.68
5岁以下儿童死亡率	(‰)	3.69	3.55	2.95	2.96	3.45	2.82	2.36	1.96
孕产妇死亡率	(1/10万)	25.39	21.81	4.4	10.1	4.24	6.20	2.88	1.47
5岁以下儿童中、重度营养不良患病率	(%)	0.47	0.7	0.27	0.47	0.30	0.25		
儿童计划免疫接种率									
#卡介苗接种率	(%)	99.52	99.52	99.71	99.71	99.80	99.86	99.88	99.89
脊灰疫苗接种率	(%)	99.27	99.32	99.28	99.44	99.54	99.55	99.63	99.70
百白破三联制剂接种率	(%)	99.06	99.27	99.21	99.35	99.52	99.50	99.64	99.69
麻疹疫苗接种率	(%)	98.91	98.97	98.86	98.91	99.28	99.53	99.62	99.74
乙肝疫苗接种率	(%)	99.41	99.55	99.52	99.52	99.72	99.78	99.81	99.66
住院分娩率	(%)	98.92	99.37	99.68	99.73	99.83	99.91	99.94	99.96
农村孕产妇住院分娩率	(%)	98.85	99.41	99.66	99.69	99.85	99.90	99.99	99.99
7岁以下儿童保健管理率	(%)	73.82	81.67	78.29	85.5	97.05	95.97	97.10	96.78
婚前医学检查率	(%)	0.69	0.92	0.77	24.9	62.25	76.07	84.29	86.61
低出生体重发生率	(%)	4.69	4.38	4.19	4.79	2.79	2.77	3.14	3.75
0—4个月婴儿母乳喂养率	(%)	90.65	90.22	90.45	90.85	64.91	81.73	68.55	76.36

注：2012年的0-4个月婴儿母乳喂养率为0-6个婴儿母乳喂养率。

17-6　农村村级卫生组织情况

项　　目		2005年	2006年	2007年	2008年	2009年	2010年	2011年	2012年	2013年	2013年比2012年增长（%）
机构数	（个）	1283	1532	1512	1539	1534	1539	1557	1574	1508	-4.2
执业（助理）医师	（人）	225	384	435	513	394	555	562	604	581	-3.8
乡村医生和卫生员	（人）	1208	1632	1437	1444	1539	1545	1629	1528	1391	-9.0
乡村医生数	（人）	1139	1488	1364	1366	1417	1413	1504	1385	1287	-7.1
卫生员	（人）	69	144	73	78	122	132	125	143	104	-27.3
诊疗人次	（万人次）	397.58	505.88	485.21	520.29	493.83	506.99	547.42	767.64	958.27	24.8

17-7　分县区农村村级卫生组织情况

（2013年）

项　　目		合 计	惠城区	惠阳区	惠东县	博罗县	龙门县	大亚湾区	仲恺区
机构数	（个）	1508	174	178	392	476	154	58	76
执业（助理）医师	（人）	581	82	120	101	161	16	39	62
注册护士	（人）	216	36	30	39	39	50	10	12
乡村医生和卫生员	（人）	1391	144	94	484	389	158	36	86
乡村医生数	（人）	1287	133	88	420	380	156	35	75
卫生员	（人）	104	11	6	64	9	2	1	11

17-8　分县区参加社会保险基本情况

（2013 年）

项　　目		合 计	惠城区	惠阳区	惠东县	博罗县	龙门县	大亚湾区	仲恺区
养老保险参保人数	（人）	1976065	1032769	261044	148472	308077	50906	174797	—
#国有企业	（人）	199000	72544	18839	37875	44824	19301	5617	—
城镇集体企业	（人）	50668	15950	542	6211	19922	7912	131	—
其他企业	（人）	1612888	907049	224056	81382	223444	14415	162542	—
机关事业单位	（人）	113509	37226	17607	23004	19887	9278	6507	—
参加社会养老保险离退休人员	（人）	91952	35558	9255	13638	24673	8041	787	—
养老金社会化发放	（人）	91952	35558	9255	13638	24673	8041	787	—
社会化发放率	（%）	100	100	100	100	100	100	100	—
基本医疗保险参保人数	（人）	1593023	801718	254652	99584	236519	32627	167923	—
参加医疗费用统筹离退休人数	（人）	11563	46792	12860	16552	29174	8683	1570	—
失业保险参保人数	（人）	1273804	695830	147580	59316	194334	18433	158311	—
年末领取失业救济金人数	（人）	2815	1422	241	397	526	22	207	—
工伤保险参保人数	（人）	1424805	726244	226534	71082	217289	22737	160919	—
#农民工	（人）	1019001	465147	193266	41687	169168	10046	139687	—
生育保险参保人数	（人）	1593023	801718	254652	99584	236519	32627	167923	—
基本养老保险应收额	（万元）	410796	212032	38452	22198	63996	6630	67488	—
#企业	（万元）	386856	203014	35254	16331	61722	5924	64611	—
机关单位	（万元）	23940	9018	3198	5867	2274	706	2877	—
基本养老保险实收额	（万元）	410796	212032	38452	22198	63996	6630	67488	—
#企业	（万元）	386856	203014	35254	16331	61722	5924	64611	—
机关单位	（万元）	23940	9018	3198	5867	2274	706	2877	—
补缴历年基本养老保险基金	（万元）	518				518			
#企业	（万元）	480				480			
机关单位	（万元）	38				38			
基本养老保险历年欠费总额	（万元）	40934	12199	9697	6262	6472	4588	1716	—
#企业	（万元）	35209	12093	7336	5512	4949	3618	1701	—
机关单位	（万元）	5725	106	2361	750	1523	970	15	—
年末离休、退休、退职人数	（人）	91952	35558	9255	13638	24673	8041	787	—
年末离休人数	（人）	626	324	96	79	82	42	3	—
年末退休人数	（人）	91326	35234	9159	13559	24591	7999	784	—
城镇登记失业人员数	（人）	16869	7628	1733	2811	2800	839	290	768
下岗后再就业人员	（人）	20950	6633	2000	4339	4356	1085	1000	1537
年末城镇人口登记失业率	（%）	2.35	2.15	2.1	2.14	2.53	2.51	1.98	2.1
转移农村劳动力	（人）	15474	2229	1566	4055	5235	1510	374	505
就业困难人员再就业	（人）	3278	1060	350	552	587	215	200	314

注：“—”表仲恺区数据包含在惠城区内。

17-9 历年社会保险征收情况

项目		1995年	1996年	1997年	1998年	1999年	2000年	2001年	2002年	2003年
基本养老保险应收额	（万元）	13041	15968	18095	21239	22634	32546	43845	47525	55175
# 企业	（万元）	12099	14615	16609	19513	18670	26737	36537	40558	45894
机关单位	（万元）	942	1353	1486	1726	3964	5809	7308	6967	9281
基本养老保险实收额	（万元）	11416	13318	12442	14659	19396	27135	37705	43027	48856
# 企业	（万元）	10521	12047	11308	13202	15800	22057	31198	36419	39935
机关单位	（万元）	895	1271	1134	1457	3596	5078	6507	6608	8921
基本养老平均收缴率	(%)	88	82	69	69	86	83	86	91	89
# 企业	(%)	87	81	66	65	85	82	85	90	85
机关单位	(%)	95	94	73	84	91	87	89	95	96
补缴历年基本养老保险基金	（万元）			2147	3431	3439	3298	3821	2935	3003
# 企业	（万元）			2047	3251	2101	2753	3454	2497	2624
机关单位	（万元）			100	180	1338	545	367	438	379
基本养老保险历年欠费总额	（万元）	2232	4866	8373	11632	16896	19010	21328	23722	26109
# 企业	（万元）	2165	4715	7970	11129	14542	16137	18386	20682	23088
机关单位	（万元）	67	151	403	503	2354	2873	2942	3040	3021
参加基本养老保险人数	（人）	189825	194017	196694	190197	194499	348140	396092	413085	442028
参加工伤保险人数	（人）	261396	262170	274470	254992	268043	322167	347402	376958	419459
参加失业保险人数	（人）	28281	81846	96846	121351	137351	316643	359021	368329	374013

17-9 续表

项　　目		2004年	2005年	2006年	2007年	2008年	2009年	2010年	2011年	2012年	2013年
基本养老保险应收额	(万元)	69960	81832	101606	127133	168825	178434	212877	219169	234510	410796
企业	(万元)	61265	73085	91707	117574	158303	161484	193848	198913	211382	386856
机关单位	(万元)	8695	8747	9899	9559	10522	16950	19029	20256	23128	23940
基本养老保险实收额	(万元)	63088	74594	91336	118366	163425	167531	205200	219169	234510	410796
企业	(万元)	54969	66477	82529	109468	153417	151056	186621	198913	211382	386856
机关单位	(万元)	8119	8117	8807	8898	10008	16475	18579	20256	23128	23940
基本养老平均收缴率	(%)	90.0	91.0	89.9	93.1	96.8	93.9	96.4	100.0	100.0	100
企业	(%)	89.0	91.0	88.0	93.1	96.9	93.5	96.3	100.0	100.0	100
机关单位	(%)	93.0	93.0	88.9	93.1	95.1	97.2	97.6	100.0	100.0	100
补缴历年基本养老保险基金	(万元)	7257	3901	5296	5713	3716	5396	6618	3383	504	518
企业	(万元)	6570	3374	5221	5547	3699	5379	6541	3333	464	480
机关单位	(万元)	687	527	75	166	17	17	77	50	40	38
基本养老保险历年欠费总额	(万元)	25724	29061	34035	37089	38773	44280	45339	41956	41452	40934
企业	(万元)	22814	26048	30005	32564	33751	38800	39486	36153	35689	35209
机关单位	(万元)	2910	3013	4030	4525	5022	5480	5853	5803	5763	5725
参加基本养老保险人数	(人)	474357	526702	600538	886354	1051682	1200259	1488576	1899796	2021518	1976065
参加工伤保险人数	(人)	466645	513229	583449	559059	633197	641302	585535	1119446	1131063	1424805
参加失业保险人数	(人)	407201	451294	516202	504421	449319	327711	300280	910052	925282	1273804

17-10 分县区社会福利、最低生活保障

（2013年）

项　目		全　市	惠城区	惠阳区	惠东县	博罗县	龙门县	大亚湾区	仲恺区
社会福利									
收养性社会福利单位数	（个）	86	12	11	21	18	17	3	4
收养性社会福利单位床位数	（张）	6296	1195	960	1262	1472	876	255	276
收养性社会福利单位收养人数	（人）	1587	361	141	233	649	117	45	41
社会救济									
城乡居民最低生活保障标准									
城镇	（元）	385	385	385	385	385	385	385	385
农村	（元）	385	385	385	385	385	385	385	385
城乡居民最低生活保障人数	（人）	88181	14088	4556	29177	14133	21627	2713	1887
城镇	（人）	9028	2089	692	1745	712	1812	1679	299
农村	（人）	79153	11999	3864	27432	13421	19815	1034	1588
城乡居民最低生活保障家庭户数	（户）	31882	5095	2173	10031	5469	7261	1120	733
城镇	（户）	3579	947	385	617	287	499	710	134
农村	（户）	28303	4148	1788	9414	5182	6762	410	599
城乡居民最低生活保障金支出	（万元）	23054.22	2435.94	1549.70	8190.20	43332.13	5183.54	931.50	431.19
城镇	（万元）	2978.46	540.93	251.50	6297.00	267.82	607.51	599.00	82.05
农村	（万元）	20075.86	1895.01	1289.30	7560.60	4064.31	4576.03	332.50	349.14
城乡基层社会保障									
城镇社区服务设施数	（个）	6090	1113	562	1312	1790	755	276	282
社区服务中心数	（个）	766	3	123	367	154	24	59	36

17-11 环境保护基本情况

项 目		2000年	2001年	2002年	2003年	2004年	2005年	2006年
市区空气污染综合指数(API 指数)	(%)	19–81	19–90	13–85	23–99	14–97	21–74	27–73
废水								
废水排放总量	(万吨)	10046	10958	12983	12642	13585	13774	21616
#生活污水	(万吨)	8213	8979	10189	9210	9546	9415	15412
工业废水	(万吨)	1833	1979	2794	3432	4039	4359	6204
工业废水中 COD 排放量	(万吨)	2.2	3	2	1.7	1.8	1.7	2.3
废气尘								
废气排放总量	(亿标立米)	104.05	126.11	192.32	186.79	302.47	271.36	400.91
#工业废气量	(亿标立米)	104.05	126.11	192.32	186.79	302.47	271.36	400.91
二氧化硫排放总量	(万吨)	0.58	0.79	0.91	0.79	1.04	1.07	1.22
#工业二氧化硫	(万吨)	0.56	0.71	0.81	0.79	0.75	0.74	1.22
工业烟尘排放量	(万吨)	0.48	0.09	0.07	0.07	0.1	0.09	0.19
工业固体废物								
一般工业固体废物产生量	(万吨)	16.01	12.2	12.91	15.77	15.53	17.13	19.26
危险废物产生量	(万吨)							
一般工业固体废物综合利用量	(万吨)							
危险废物综合利用量	(万吨)							
一般工业固体废物处置量	(万吨)							
危险废物处置量	(万吨)							
工业三废治理								
工业废水治理设施运行费用	(万元)	10141	8996	10127	13472	15117	14548	21888
工业废气治理设施运行费用	(万元)	1484	1623	2491	2934	4397	4571	7480
环境管理								
环境影响评价制度执行率	(%)	100	100	100	100	100	100	100
当年“三同时”制度执行率	(%)	100	100	100	100	100	100	100
建成烟尘控制区总数	(个)	2	3	5	8	8	8	8
建成烟尘控制区面积	(平方公里)	107.17	118.64	60.1	144.5	144.5	147.8	147.8
建成噪声控制区面积	(平方公里)	33.04	38.5	40.7	55.7	55.7	71.3	71.5

17-11 续表

项　目		2007年	2008年	2009年	2010年	2011年	2012年	2013年
市区空气污染综合指数(API指数)	(%)	30-67	30-68	18-72	19-101	19-86	19-94	
废水								
废水排放总量	(万吨)	26974	28074	28188	31126	30400	33789	39562
#生活污水	(万吨)	18247	20884	22406	25097	22937	25489	31242
工业废水	(万吨)	8727	7189	5782	6029	7462	8300	8320
工业废水中COD排放量	(万吨)	4.5	0.56	0.49	0.61	0.85	0.90	0.88
废气尘								
废气排放总量	(亿标立米)	1024.41	965.36	1319.13	1163.31	1907.11	1487.80	1509.51
#工业废气量	(亿标立米)	1024.41	965.36	1319.13	1163.31	1907.11	1487.80	1509.51
二氧化硫排放总量	(万吨)	1.65	3.27	3.57	3.31	3.90	3.61	3.03
#工业二氧化硫	(万吨)	1.64	3.26	3.56	3.31	3.89	3.55	3.00
工业烟尘排放量	(万吨)	0.32	0.26	0.32	0.32	2.19	2.13	2.30
工业固体废物								
一般工业固体废物产生量	(万吨)						123.23	119.62
危险废物产生量	(万吨)				10.66	11.88	11.77	12.98
一般工业固体废物综合利用量	(万吨)						177.6	118.73
危险废物综合利用量	(万吨)				8.23	8.16	9.21	10.45
一般工业固体废物处置量	(万吨)						0.78	0.89
危险废物处置量	(万吨)				2.41	3.73	2.57	2.55
工业三废治理								
工业废水治理设施运行费用	(万元)	36576	30960	27714	38736	41155	41488	36952
工业废气治理设施运行费用	(万元)	10062	13110	14561	13774	43531	42961	46886.8
环境管理								
环境影响评价制度执行率	(%)	100	100	100	100	100	100	100
当年“三同时”制度执行率	(%)	100	100	100	100	100	100	100
建成烟尘控制区总数	(个)	8	8	8	8	8	8	8
建成烟尘控制区面积	(平方公里)	147.8	147.8	147.8	147.8	147.8	147.8	147.8
建成噪声控制区面积	(平方公里)	71.5	71.5	71.5	71.5	209.7	209.7	209.7

17-12 惠州市律师、公证、基层司法基本情况

项 目		2006年	2007年	2008年	2009年	2010年	2011年	2012年	2013年
律师工作									
律师事务所	（个）	34	42	41	52	54	62	55	57
执业律师	（人）	429	388	390	404	513	562	605	635
担任常年法律顾问	（家）	647	728	1020	1058	1266	1372	1473	1589
民事代理	（件）	1475	2144	3397	3629	4244	4152	6143	6835
非诉讼事件	（件）	1806	4967	4925	6352	8247	5649	4293	6994
刑事辩护	（件）	365	1284	1311	985	1180	1134	1714	858
解答法律询问	（件）	3675	10285	11716	7592	15771	15083	17808	14506
公证工作									
公证处	（个）	7	7	7	7	7	7	7	7
公证人员	（人）	49	65	30	27	28	30	26	27
办结公证总数	（件）	14564	18522	12544	12232	18105	21571	30296	45333
#国内民事公证	（件）	6696	9843	6486	10384	13385	16706	23807	37529
国内经济公证	（件）	3357	3149	1431	1848	1258	1629	1252	2858
涉外民事经济公证	（件）	3509	4151	3489	3437	3462	3236	2867	4946
基层司法工作									
法律服务所	（个）	76	76	81	84	83	83	81	79
法律服务所人员	（人）	170	168	219	207	221	206	201	195
担任法律顾问	（家）		978	829	1281	732	799	790	790
民事诉讼代理	（件）	233	327	231	339	531	242	208	211
非诉讼代理	（件）	414	560	389	252	192	225	67	70
帮助挽回经济损失	（万元）	3929	4207	3692	3591	2957	2646	1080	872
人民调解委员会	（个）	1356	1391	1477	1468	1494	1493	1567	1600
调解人员	（人）	9536	10483	10775	11716	9963	8012	9606	9927
调解纠纷总数	（件）	3953	4568	5408	5671	6016	5932	6186	6660

17-13　交通、火灾事故发生及案件情况

（2013年）

项　目		合　计	惠城区	惠阳区	惠东县	博罗县	龙门县	大亚湾区	仲恺区
交通事故									
发生件数	（件）	546	180	54	76	137	38	27	34
受伤人数	（人）	499	159	34	91	107	49	25	34
死亡人数	（人）	297	96	46	38	78	12	12	15
损失金额	（万元）	277.76	219.11	23.45	4.79	20.69	0.85	4.63	4.25
火灾事故									
发生件数	（件）	192	70	25	45	16	10	1	25
受伤人数	（人）								
死亡人数	（人）								
损失金额	（万元）	345.26	8.10	103.67	45.68	62.13	14.90	2.00	108.78
刑事案件立案数年	（起）	62135	14579	10532	12396	11926	1664	4530	6508
捉获刑事案件犯罪人数	（人）	9673	2045	1511	2696	1621	287	449	1064
25周岁以下	（人）	4473	719	1083	1247	563	76	222	563
治安案件查处数	（起）	67839	8750	17664	17392	16853	2135	3324	1721

17-14 城市公用事业情况

项目		2006年	2007年	2008年	2009年	2010年	2011年	2012年	2013年
一、城市（市区）供水									
供水管道总长度	（千米）	2987.50	1682.46	1711.91	1842.18	1982.50	2190.63	2262.32	2781.42
自来水综合生产能力	（万吨/日）	107.00	97.19	129.19	133.50	134.00	136.53	138.00	146.00
全年供水量	（万吨/日）	21401.29	22485.25	23505.90	25308.89	28889.33	28976.82	30521.96	32530.57
居民家庭用水量	（万吨/日）	7158.28	7118.72	8193.26	9521.50	9222.77	10536.22	11508.59	12486.20
生活用水人口	（万人）	121.61	105.50	113.87	136.43	145.45	143.45	151.63	132.33
二、城市供气									
液化气供气量	（吨）	172574.7	196507	178073	117430	90496	103506	99148	104647
家庭使用	（吨）	122052.7	226262	30012	51222	74362	77595	73572	80471
三、城市公共设施									
铺装道路总长度	（公里）	696.80	988.00	1312.60	1648.80	1823.30	1843.41	1876.24	1971.90
年末实有城市道路面积	（万平方米）	1151.00	1558.00	1798.00	1891.00	2319.60	2407.65	2509.69	2623.25
排水道总长度	（公里）		765	1168	1567	1816	2332	2527	2663
路灯	（盏）	75278	80620	43499	57849	121558	104412	106482	115840
四、城市园林									
建成区面积	（平方公里）	136.60	145.77	180.49	210.77	266.34	280.39	292.21	302.84
城市园林绿地面积	（公顷）	4419	4675	5107	6961	7411	8313	9076	9685
公园面积	（公顷）				1061	1260	1459	1958	2271
建成区绿化覆盖面积	（公顷）	5102	5130	5555	7586	8049	8908	9748	10384
建成区绿化覆盖率	(%)	37.35	33.09	30.78	35.99	30.22	31.77	33.36	34.38
五、城市环境卫生									
城市维护建设资金支出	（万元）	69349	142528	212451	188545	250586	368439	607377	618136
实际清扫保洁面积	（平方公里）	35.47	47.05	20.9	24.23	29.94	35.22	37.61	96.36
环卫职工人数	（人）	4470	4854	3461	3866	5257	5744	5857	5777
生活垃圾	（万吨）	51.95	57.12	69.05	67.96	71.37	132.42	143.60	146.34
清洁卫生机械拥有量	（辆）	155	171	178	234	269	294	298	297
公共厕所	（座）	138	140	145	147	158	164	171	208

17-15　分县区城市市政公用事业情况

（2013 年）

项　目		合　计	惠城区	惠阳区	惠东县	博罗县	龙门县	大亚湾区	仲恺区
一、城市（市区）供水									
供水管道总长度	（千米）	2781.42	1183.00	565.55	384.00	139.67	76.20	250.00	183.00
自来水综合生产能力	（万吨 / 日）	146	70	24	12	9	10	21	
全年供水量	（万吨）	32530.57	15196.00	4755.07	3206.50	1631.00	1159.00	3765.00	2818.00
居民家庭用水量	（万吨）	12486.20	6282.00	1821.20	1382.00	797.00	415.00	859.00	930.00
二、城市供气									
液化气供气量	（吨）	104647	45843	19585	12195	7568	430	12040	6987
三、城市公共设施									
铺装道路总长度	（公里）	1971.89	425.20	591.83	441.40	56.93	42.00	282.41	131.12
年末实有城市道路面积	（万平方米）	2623.25	711.00	422.06	298.84	141.90	66.40	648.23	334.82
排水道总长度	（公里）	2662.90	831.70	374.60	201.00	104.00	18.20	534.60	598.80
路灯	（千盏）	115840	37189	19471	14881	17767	3968	17770	4794
四、城市园林									
建成区面积	（平方公里）	302.84	101.60	49.74	36.18	19.36	10.30	43.80	41.80
城市园林绿地面积	（公顷）	9685	3966	1740	883	676	420	1652	348
公园绿地面积	（公顷）	3021	1476	343	463	170	220	262	87
建成区绿化覆盖面积	（公顷）	10384	4432	1935	867	718	268	1783	381
建成区绿化覆盖率	(%)	34.38	43.62	38.86	23.96	37.09	28.64	40.71	9.11
公园个数	（个）	75	31	19	4	9	2	9	1
公园面积	（公顷）	2271	1095	195	278	178	88	328	46
五、城市环境卫生									
城市维护建设资金支出	（万元）	618136	51189	54729	2960	73183	2450	416585	17040
环卫职工人数	（人）	5777	2054	1487	638	296	296	281	725
生活垃圾	（万吨）	144.47	71.22	27.34	16.43	7.30	4.56	5.40	12.23
清洁卫生机械拥有量	（辆）	297	104	69	29	19	17	36	23
公共厕所	（座）	208	90	63	18	5	11	6	15

17-16 个体、私营工商登记情况

项 目		2006年	2007年	2008年	2009年	2010年	2011年	2012年	2013年
个体工商									
期末实有户数	（户）	110046	162640	177281	157757	162534	174424	191908	213296
期末注册资本	（万元）	484077	531693	555565	513062	495923	552602	641754	766882
本期新增户数	（户）	27617	65017	33630	29242	32383	29371	31616	33320
本期新增注册资本	（万元）	68667	93319	86656	98065	109557	115979	136882	174959
私营企业									
期末实有户数	（户）	16864	21345	26659	30590	36683	40512	46635	55332
期末注册资本	（万元）	2925639	4012782	4878822	5660030	7056445	8797786	10090534	12474730
本期新增户数	（户）	4244	4524	4069	4818	6585	7220	6896	9756
本期新增注册资本	（万元）	626205	710073	524790	521303	1109796	1254706	931221	1626711

17-17　个体工商基本情况统计表

（2013 年）　　单位：户、万元

项　目	期末实有		本期开业	
	户数	注册资金	户数	注册资金
合计	213296	766882	33320	174959
农业	1487	41892	284	11560
工业	33285	235504	5329	41825
建筑业	627	3839	139	658
第三产业	177897	485647	27568	120917
#交通运输、仓储和邮政业	314	1551	70	380
信息传输、计算机服务和软件业	772	1307	21	108
批发和零售业	138506	342617	21633	84185
住宿和餐饮业	16443	68551	3010	19452
金融业	46	59	1	1
房地产业	336	951	112	381
租赁和商务服务业	894	2930	205	800
科学技术服务和地质勘查业	1303	2600	84	355
水利、环境和公共设施管理业	56	305	6	24
居民服务和其他服务业	17928	46716	2220	10399
教育	207	743	49	192
卫生、社会保障和社会福利业	199	2248	28	444
文化、体育和娱乐业	666	12183	89	3854
其他	34	106	4	51

17-18　私营企业情况统计表

（2013 年）　　单位：户、万元

项　目	期末实有		本期开业	
	户数	注册资金	户数	注册资金
合计	55332	12474730	9756	1626711
农业	834	147163	161	22565
工业	9239	2135546	1280	294397
建筑业	5908	974765	1067	152893
第三产业	39351	9217256	7248	1156857
#交通运输、仓储和邮政业	1023	159470	165	21126
信息传输、计算机服务和软件业	1932	161357	321	24091
批发和零售业	18997	2461514	3753	267630
住宿和餐饮业	832	187010	242	19655
金融业	469	670369	93	92514
房地产业	6793	3744309	895	334636
租赁和商务服务业	5820	1201882	1278	323995
科学技术服务和地质勘查业	665	178971	133	29641
水利、环境和公共设施管理业	618	161697	83	14903
居民服务和其他服务业	1702	205685	174	13286
教育	90	13161	26	1716
卫生社会保障和社会福利业	44	3941	14	1573
文化、体育和娱乐业	225	28024	51	6589
其他	40	6086	2	110

附 录

F-1 全国国民经济主要指标

指 标		2012 年	2013 年	2013 年比 2012 年增长 (%)
年末总人口	(万人)	135404	136072	0.5
年末从业人员	(万人)	76704	76977	0.4
国内生产总值	(亿元)	519322	568845	7.7
第一产业	(亿元)	52377	56957	4.0
第二产业	(亿元)	235319	249684	7.8
第三产业	(亿元)	231626	262204	8.3
全社会固定资产投资额	(亿元)	374676	447074	19.3
社会消费品零售总额	(亿元)	210307	234380	13.1
货物周转量	(亿吨公里)	173145	186478	7.3
旅客周转量	(亿人公里)	33369	36036	7.9
沿海规模以上货物吞吐量	(亿吨)	97.4	106.1	8.5
实际使用外商直接投资	(亿美元)	1117	1176	5.3
海关进口总额	(亿美元)	18178	19503	7.3
海关出口总额	(亿美元)	20489	22100	7.9
财政收入	(亿元)	117210	129143	10.1
财政支出	(亿元)	125712	139744	10.9
税收总收入	(亿元)	110740	110497	9.8
年末国家外汇储备	(亿美元)	33116	38213	15.4
城镇居民人均可支配收入	(元)	24565	26955	9.7
农民人均纯收入	(元)	7917	8896	12.4
居民消费价格总指数	(%)	102.6	102.6	2.6
普通高校在校生	(万人)	2391	2468	3.2
普通中学在校生	(万人)	7522	6876	-8.6
普通小学在校生	(万人)	9926	9361	-5.7
医院、卫生院病床数	(万张)	509	618	21.4
卫生技术人员	(万人)	650	718	10.5
# 医生	(万人)	252	279	10.7

F-2 广东省国民经济主要指标

指 标		2009年	2010年	2011年	2012年	2013年	2013年比2012年增长（%）
年末常住人口	（万人）	9638	10441	10505	10594	10644	0.5
年末从业人员	（万人）	5680	5752	5961	5966		
本省生产总值	（亿元）	39483	45473	52674	57068	62164	8.5
第一产业	（亿元）	2010	2287	2660	2849	3048	2.5
第二产业	（亿元）	19420	22918	26205	27825	29427	7.7
第三产业	（亿元）	18053	20268	23808	26394	29689	9.9
人均生产总值	（元）	41166	44736	50807	54095	58540	8.2
固定资产投资额	（亿元）	13353	16113	16933	19308	22859	18.4
社会消费品零售总额	（亿元）	14892	17415	20247	22677	25454	12.2
货物周转量	（亿吨公里）	4943	5915	7106	9873	12407	25.7
旅客周转量	（亿人公里）	2853	3331	3853	4367	4848	11.0
港口完成货物吞吐量	（万吨）	102761	123300	133704	140776	156373	11.1
邮电业务总量	（亿元）	3938	5084	1906	2173	2470	13.7
地方财政收入	（亿元）	3650	4516	5514	6229	7076	13.6
地方财政支出	（亿元）	4334	5415	6716	7388	8266	11.9
海关进口总额	（亿美元）	2522	3315	3815	4099	4552	11.1
海关出口总额	（亿美元）	3590	4532	5319	5741	6364	10.9
在岗职工年平均工资	（元）	36355	40358	45152	50577	53611	6.0
城镇居民人均可支配收入	（元）	21575	23898	26897	30227	33090	9.5
农民人均纯收入	（元）	6907	7890	9372	10543	11669	10.7
居民消费价格总指数	(%)	97.7	103.1	105.3	102.8	102.5	2.5
城市居民消费价格总指数	(%)	97.6	103.1	105.3	102.8	102.5	2.5
普通高校在校生	（万人）	133	143	153	162	171	5.6
普通中学在校生	（万人）	696	709	699	668	625	-6.4
普通小学在校生	（万人）	888	849	822	808	808	0.0
医院病床数	（万张）	25	28	30	32.5	37.8	16.3
卫生技术人员	（万人）	41	45	48	51	54	6.5
#医生	（万人）	15.6	16.9	18	19.2	20.2	5.2

注：1、2006-2009年年末常住人口根据2010年第六次全国人口普查快速汇总数据进行平滑调整。
2、2005-2010年邮电业务总量为2000年不变价，2011年邮电业务总量为2010年不变价。

F-3　广东省及各市主要经济指标

（2013 年）

市　别	常住人口（万人）		人口密度（人 / 平方公里）		人均 GDP		
	实绩数	排位	实绩数	排位	元	排位	美元
全　省	**10644.00**		**592**		**58540**		**9452**
广州市	1292.68	1	1774	5	119695	2	19327
深圳市	1062.89	2	5442	1	136948	1	22113
珠海市	159.03	21	961	8	104786	3	16920
汕头市	547.91	8	2437	3	28661	16	4628
佛山市	729.57	4	1896	4	96310	4	15551
韶关市	289.27	17	157	21	35063	12	5662
河源市	303.76	15	194	20	22499	20	3633
梅州市	430.70	11	271	17	18603	21	3004
惠州市	**470.00**	**9**	**414**	**14**	**57144**	**7**	**9227**
汕尾市	298.62	16	609	10	22560	19	3643
东莞市	831.66	3	3364	2	66109	6	10674
中山市	317.39	14	1763	6	83393	5	13465
江门市	449.76	10	471	13	44546	8	7193
阳江市	247.96	19	311	16	42017	9	6784
湛江市	716.71	5	542	11	28859	14	4660
茂名市	601.25	6	526	12	36063	11	5823
肇庆市	402.21	12	271	18	41479	10	6698
清远市	379.11	13	198	19	28928	13	4671
潮州市	271.21	18	875	9	28837	15	4656
揭阳市	599.47	7	1138	7	26866	17	4338
云浮市	242.84	20	312	15	24863	18	4015

F-4 广东省及各市主要经济指标

（2013年）

市 别	GDP（亿元）			第一产业（亿元）	
	实绩数	排位	增长（%）	实绩数	增长（%）
全 省	**62164.0**	**—**	**8.5**	**3047.5**	**2.5**
广州市	15420.1	1	11.6	228.9	2.7
深圳市	14500.2	2	10.5	5.2	-19.8
珠海市	1662.4	10	10.5	43.1	5.4
汕头市	1565.9	13	10.0	87.2	3.9
佛山市	7010.2	3	10.0	139.1	2.8
韶关市	1010.1	16	12.1	131.3	4.8
河源市	680.3	19	12.0	83.1	6.2
梅州市	800.0	17	11.1	164.7	5.6
惠州市	**2678.4**	**5**	**13.6**	**136.7**	**3.6**
汕尾市	671.8	20	12.2	108.3	3.9
东莞市	5490.0	4	9.8	20.1	-0.3
中山市	2638.9	6	10.0	66.9	2.2
江门市	2000.2	9	9.8	158.8	3.0
阳江市	1039.8	15	15.3	192.9	5.1
湛江市	2060.0	8	12.0	421.4	6.1
茂名市	2160.2	7	13.2	373.2	3.3
肇庆市	1660.1	11	11.5	262.4	5.6
清远市	1093.0	14	8.2	167.7	4.8
潮州市	780.3	18	11.0	54.9	4.9
揭阳市	1605.4	12	14.5	154.4	4.1
云浮市	602.3	21	13.3	135.2	4.0

F-5　广东省及各市主要经济指标

（2013 年）

市　别	第二产业（亿元）		第三产业（亿元）		三次产业结构（%）
	实绩数	增长（%）	实绩数	增长（%）	
全　省	**29427.5**	**7.7**	**29689.0**	**9.9**	**4.9:47.3:47.8**
广州市	5227.4	9.2	9963.9	13.3	1.5:33.9:64.6
深圳市	6296.8	9.0	8198.1	11.7	0.0:43.4:56.5
珠海市	849.1	11.8	770.2	9.2	2.6:51.1:46.3
汕头市	817.8	12.1	660.9	7.9	5.6:52.2:42.2
佛山市	4340.4	11.4	2530.8	7.6	2.0:61.9:36.1
韶关市	428.3	16.0	450.5	10.5	13.0:42.4:44.6
河源市	337.1	15.6	260.1	8.9	12.2:49.6:38.2
梅州市	289.6	13.0	345.7	11.5	20.6:36.2:43.2
惠州市	**1550.6**	**16.0**	**991.1**	**11.0**	**5.1:57.9:37.0**
汕尾市	315.7	18.3	247.8	6.9	16.1:47.0:36.9
东莞市	2518.9	10.3	2951.1	9.4	0.4:45.9:53.7
中山市	1463.7	10.9	1108.4	9.0	2.5:55.5:42.0
江门市	1013.0	12.6	828.3	6.8	7.9:50.7:41.4
阳江市	513.8	23.4	333.1	9.6	18.6:49.4:32.0
湛江市	814.3	13.4	824.2	13.2	20.5:39.5:40.0
茂名市	893.4	15.0	893.7	15.2	17.3:41.3:41.4
肇庆市	791.1	15.7	606.6	8.5	15.8:47.7:36.5
清远市	430.7	8.5	494.6	8.8	15.3:39.4:45.3
潮州市	435.9	14.2	289.5	7.3	7.0:55.9:37.1
揭阳市	1013.8	18.8	437.2	8.4	9.6:63.2:27.2
云浮市	259.6	19.9	207.4	10.1	22.5:43.1:34.4

F-6 广东省及各市主要经济指标

（2013年）

市别	规模以上工业增加值（亿元）			固定资产投资（亿元）		
	实绩数	排位	增长（%）	实绩数	排位	增长（%）
全省	**25647.24**	**—**	**8.7**	**22858.5**	**—**	**18.3**
广州市	4430.3	2	10.2	4454.6	1	18.5
深圳市	5695.0	1	9.6	2501.0	2	14.0
珠海市	745.0	9	11.2	960.9	9	23.0
汕头市	568.3	12	14	784.7	12	28.2
佛山市	3652.8	3	12.7	2383.7	3	15.0
韶关市	306.8	16	17.8	664.5	13	21.2
河源市	294.2	17	17.3	342.7	19	22.0
梅州市	172.6	21	14	280.5	20	27.5
惠州市	**1374.6**	**5**	**17.7**	**1401.3**	**4**	**18.6**
汕尾市	235.0	19	24.9	462.1	18	22.3
东莞市	2112.7	4	11.3	1383.9	5	18.2
中山市	1257.0	6	10.2	962.9	8	15.2
江门市	714.4	10	14.1	1000.8	7	17.7
阳江市	380.2	14	31.2	598.7	16	23.8
湛江市	659.5	11	14.9	795.6	11	39.0
茂名市	529.1	13	17.1	660.5	14	54.6
肇庆市	813.5	8	18.1	1007.8	6	20.0
清远市	315.5	15	8.6	506.0	17	15.5
潮州市	277.5	18	16.5	253.6	21	19.3
揭阳市	860.8	7	23.8	829.4	10	27.5
云浮市	192.1	20	26	623.4	15	34.4

F-7　广东省及各市主要经济指标

（2013 年）

市　别	工业固定资产投资（亿元）			房地产开发投资（亿元）		
	实绩数	排位	增长（%）	实绩数	排位	增长（%）
全　省	**7365.7**	**—**	**12.3**	**6519.5**	**—**	**21.8**
广州市	682.9	2	11.2	1579.7	1	15.3
深圳市	377.3	10	-22.4	887.7	2	20.5
珠海市	254.3	15	36.2	272.6	7	12.6
汕头市	402.4	8	24.5	150.8	12	80.9
佛山市	925.2	1	9.4	745.4	3	16.7
韶关市	236.6	16	9.8	123.6	13	35.4
河源市	113.7	19	36.1	89.2	14	32.9
梅州市	89.9	21	21.2	77.0	17	74.8
惠州市	**423.7**	**6**	**20.8**	**593.5**	**4**	**23.1**
汕尾市	143.3	17	31.5	16.7	21	3.7
东莞市	417.0	7	0.6	497.7	5	31.9
中山市	294.7	13	-4.1	399.1	6	15.2
江门市	506.8	3	0	241.8	8	67.3
阳江市	313.0	12	12.5	89.0	15	15.3
湛江市	259.4	14	26.8	154.8	11	34.6
茂名市	383.8	9	75.9	77.4	16	4.6
肇庆市	506.5	4	19.9	171.5	10	17.9
清远市	107.3	20	5.7	187.8	9	3.9
潮州市	131.9	18	2	41.9	20	46.7
揭阳市	445.2	5	27.7	57.0	19	1.1
云浮市	350.8	11	26.6	65.4	18	84.9

F-8　广东省及各市主要经济指标

（2013 年）

市　别	社会消费品零售总额（亿元）			外贸进出口总额（亿美元）		
	实绩数	排位	增长（%）	实绩数	排位	增长（%）
全　省	**25453.9**	**—**	**12.2**	**10915.7**	**—**	**10.9**
广州市	6882.9	1	15.2	1188.9	3	1.5
深圳市	4433.6	2	10.6	5373.6	1	15.1
珠海市	720.5	11	13.5	541.7	6	18.6
汕头市	1158.9	5	12.5	92.3	9	4.9
佛山市	2264.1	3	12.1	639.4	4	4.7
韶关市	471.1	17	15.0	23.2	18	13.4
河源市	236.6	20	13.0	32.3	16	10.5
梅州市	450.2	18	11.7	17.6	19	17.3
惠州市	**857.9**	**10**	**13.5**	**573.9**	**5**	**16.0**
汕尾市	473.6	16	11.6	41.7	14	46.9
东莞市	1486.7	4	9.8	1530.7	2	5.9
中山市	890.6	9	10.4	356.3	7	6.3
江门市	903.7	8	12.0	197.3	8	5.1
阳江市	527.3	13	12.9	23.8	17	7.1
湛江市	1010.7	6	15.0	55.1	11	17.3
茂名市	1008.8	7	11.8	12.2	21	17.6
肇庆市	493.1	15	13.8	70.2	10	10.5
清远市	509.0	14	10.7	43.5	13	–4.2
潮州市	354.1	19	11.6	39.1	15	–7.5
揭阳市	657.7	12	15.2	46.9	12	9.8
云浮市	204.0	21	13.1	15.8	20	8.5

F-9 广东省及各市主要经济指标

（2013年）

市 别	外贸进口总额（亿美元）			外贸出口总额（亿美元）		
	实绩数	排位	增长（%）	实绩数	排位	增长（%）
全 省	**4551.7**	**—**	**11.0**	**6364.0**	**—**	**10.9**
广州市	560.8	3	-3.7	628.1	3	6.6
深圳市	2316.4	1	18.5	3057.2	1	12.7
珠海市	275.6	4	14.6	266.1	6	23.0
汕头市	26.3	10	-0.3	66.0	9	7.1
佛山市	214.1	6	2.4	425.3	4	5.9
韶关市	14.0	14	19.0	9.2	20	5.7
河源市	9.8	16	1.3	22.5	14	15.1
梅州市	2.2	21	-6.3	15.4	18	21.6
惠州市	**240.7**	**5**	**18.6**	**333.2**	**5**	**14.1**
汕尾市	22.2	11	61.8	19.5	17	32.9
东莞市	622.1	2	4.6	908.6	2	6.8
中山市	91.5	7	3.1	264.8	7	7.4
江门市	57.3	8	-1.2	140.0	8	7.9
阳江市	2.9	20	11.2	20.9	16	6.5
湛江市	28.9	9	16.0	26.2	13	18.7
茂名市	4.2	18	1.6	8.0	21	28.1
肇庆市	21.9	12	-14.8	48.3	10	27.6
清远市	21.1	13	-2.2	22.4	15	-6.0
潮州市	11.3	15	-26.3	27.8	12	3.2
揭阳市	3.1	19	-32.9	43.8	11	15.0
云浮市	5.1	17	-2.6	10.7	19	14.7

F-10　广东省及各市主要经济指标

（2013年）

市　别	实际吸收外商直接投资（亿美元）			地方公共财政预算收入（亿元）		
	实绩数	排位	增长（%）	实绩数	排位	增长（%）
全　省	**249.5**	**—**	**6.0**	**7075.5**	**—**	**13.6**
广州市	48.0	2	5.0	1140.5	2	10.8
深圳市	54.7	1	4.6	1731.3	1	16.8
珠海市	16.9	6	16.6	194.1	7	19.4
汕头市	1.5	16	13.6	112.0	10	16.3
佛山市	25.2	4	7.3	437.9	3	14.0
韶关市	1.9	13	10.3	71.7	14	16.5
河源市	2.1	12	7.1	48.8	18	29.6
梅州市	1.3	17	12.1	69.4	15	23.2
惠州市	**18.3**	**5**	**6.2**	**250.1**	**5**	**24.5**
汕尾市	1.5	15	–55.8	48.2	19	17.2
东莞市	39.4	3	16.9	409.0	4	14.8
中山市	6.5	9	–19.6	225.3	6	11.6
江门市	9.2	8	6.1	158.0	8	17.0
阳江市	1.7	14	8.0	53.7	17	24.5
湛江市	1.3	18	51.1	105.9	11	15.0
茂名市	1.2	19	43.3	90.3	13	15.6
肇庆市	12.4	7	7.8	120.8	9	16.3
清远市	2.1	11	–30.2	92.8	12	6.8
潮州市	1.0	21	–28.9	37.1	21	16.1
揭阳市	2.2	10	15.2	66.7	16	17.6
云浮市	1.1	20	4.9	45.8	20	24.5

F-11 广东省及各市主要经济指标

（2013年）

市　别	国税收入（亿元）			国税收入中的国内税收（亿元）		
	实绩数	排位	增长（%）	实绩数	排位	增长（%）
全　省	**9026.8**	**—**	**5.9**	**6436.0**	**—**	**13.5**
广州市	2582.3	1	1.8	1780.7	1	9.1
深圳市	2515.5	2	8.4	1676.0	2	18.3
珠海市	296.0	8	14.2	207.9	7	22.2
汕头市	120.0	11	2.7	93.9	11	4.9
佛山市	612.5	4	4.0	504.4	4	8.5
韶关市	87.3	12	8.3	76.1	13	8.8
河源市	40.3	19	5.4	38.6	18	11.6
梅州市	77.9	14	7.1	77.2	12	7.4
惠州市	**522.6**	**5**	**-1.3**	**342.2**	**5**	**12.5**
汕尾市	31.3	20	19.5	21.7	21	17.7
东莞市	684.1	3	17.4	545.1	3	20.3
中山市	299.4	7	12.3	268.7	6	14.1
江门市	213.7	10	6.6	182.1	8	15.1
阳江市	53.0	18	17.7	38.2	19	18.8
湛江市	334.2	6	-1.4	143.6	10	6.6
茂名市	248.5	9	2.3	165.6	9	16.6
肇庆市	82.7	13	5.1	63.4	15	15.7
清远市	66.3	16	12.4	62.9	16	11.5
潮州市	57.6	17	7.7	51.2	17	10.4
揭阳市	73.8	15	17.8	71.6	14	17.4
云浮市	28.0	21	19.3	24.7	20	18.3

F-12 广东省及各市主要经济指标

（2013 年）

市别	地税收入（亿元）			商品房销售面积（万平方米）		
	实绩数	排位	增长（%）	实绩数	排位	增长（%）
全　省	**5084.7**	**—**	**9.6**	**9836.4**	**—**	**24.5**
广州市	1256.8	2	9.3	1700.0	1	27.5
深圳市	1462.7	1	4.1	588.6	6	11.9
珠海市	206.8	5	14.8	342.2	11	36.2
汕头市	92.6	10	7.3	173.0	17	-8.9
佛山市	420.7	3	8.4	940.7	3	17.3
韶关市	57.0	15	11.9	347.2	10	33.7
河源市	46.8	18	21.2	192.4	15	50.0
梅州市	65.9	14	30.5	188.2	16	26.3
惠州市	**206.1**	**6**	**17.9**	**1149.5**	**2**	**39.0**
汕尾市	35.5	20	19.2	21.2	21	-61.2
东莞市	401.2	4	12.6	803.1	4	25.7
中山市	191.6	7	10.3	780.3	5	19.3
江门市	138.9	8	11.7	426.8	9	21.6
阳江市	48.4	17	22.0	265.4	14	40.2
湛江市	76.9	12	11.7	286.2	13	38.5
茂名市	70.8	13	32.1	329.9	12	0.7
肇庆市	100.1	9	14.1	465.4	8	24.6
清远市	82.0	11	2.9	506.5	7	29.0
潮州市	30.9	21	13.9	72.9	20	51.1
揭阳市	53.3	16	17.4	110.4	19	-0.3
云浮市	39.9	19	28.2	146.4	18	71.7

F-13 广东省及各市主要经济指标

（2013 年）

市 别	金融机构本外币贷款余额（亿元）			金融机构本外币存款余额（亿元）		
	实绩数	排位	增长（%）	实绩数	排位	增长（%）
全 省	**75665.2**	**—**	**12.3**	**119685.2**	**—**	**13.5**
广州市	20015.9	2	8.4	32822.8	2	12.4
深圳市	24680.1	1	12.9	33943.2	1	14.1
珠海市	2071.9	6	7.9	4121.6	5	18.8
汕头市	971.9	11	19.7	2530.2	9	10.7
佛山市	7112.3	3	11.3	11387.1	3	11.7
韶关市	581.4	15	16.8	1255.8	15	12.3
河源市	573.2	16	21.2	754.2	19	18.1
梅州市	547.5	17	20.6	1245.2	16	17.1
惠州市	**2036.9**	**7**	**17.4**	**3138.8**	**8**	**16.4**
汕尾市	228.5	21	19.8	487.4	21	15.3
东莞市	4989.5	4	12.2	8874.9	4	13.0
中山市	2315.9	5	17.6	4021.8	6	15.9
江门市	1715.5	8	16.9	3335.3	7	14.8
阳江市	537.6	18	20.6	816.8	18	12.0
湛江市	1227.3	9	15.0	2173.4	10	13.8
茂名市	642.1	14	18.8	1571.6	12	18.0
肇庆市	1051.4	10	17.7	1594.4	11	17.6
清远市	853.7	12	17.6	1401.4	14	15.3
潮州市	323.0	20	11.3	919.4	17	9.9
揭阳市	717.8	13	16.6	1529.7	13	16.7
云浮市	471.5	19	19.2	744.9	20	13.0

F-14 广东省及各市主要经济指标

（2013 年）

市别	本外币居民储蓄存款余额（亿元）			城镇居民可支配收入（元）		
	实绩数	排位	增长（%）	实绩数	排位	增长（%）
全　省	**75665.2**	**—**	**12.3**	**119685.2**	**—**	**13.5**
广州市	20015.9	2	8.4	32822.8	2	12.4
深圳市	24680.1	1	12.9	33943.2	1	14.1
珠海市	2071.9	6	7.9	4121.6	5	18.8
汕头市	971.9	11	19.7	2530.2	9	10.7
佛山市	7112.3	3	11.3	11387.1	3	11.7
韶关市	581.4	15	16.8	1255.8	15	12.3
河源市	573.2	16	21.2	754.2	19	18.1
梅州市	547.5	17	20.6	1245.2	16	17.1
惠州市	**2036.9**	**7**	**17.4**	**3138.8**	**8**	**16.4**
汕尾市	228.5	21	19.8	487.4	21	15.3
东莞市	4989.5	4	12.2	8874.9	4	13.0
中山市	2315.9	5	17.6	4021.8	6	15.9
江门市	1715.5	8	16.9	3335.3	7	14.8
阳江市	537.6	18	20.6	816.8	18	12.0
湛江市	1227.3	9	15.0	2173.4	10	13.8
茂名市	642.1	14	18.8	1571.6	12	18.0
肇庆市	1051.4	10	17.7	1594.4	11	17.6
清远市	853.7	12	17.6	1401.4	14	15.3
潮州市	323.0	20	11.3	919.4	17	9.9
揭阳市	717.8	13	16.6	1529.7	13	16.7
云浮市	471.5	19	19.2	744.9	20	13.0

F-15 广东省及各市主要经济指标

（2013年）

市别	在岗职工平均工资（元）			农民人均纯收入（元）		
	实绩数	排位	增长（%）	实绩数	排位	增长（%）
全省	**53611**	**–**	**6.0**	**11669**		**10.7**
广州市	69692	1	9.3	18887	3	12.5
深圳市	62619	2	6.1			
珠海市	55985	3	15.5	14940	5	11.5
汕头市	42645	13	13.1	10097	14	11.8
佛山市	50356	4	9.0	17503	4	11.6
韶关市	44898	8	11.9	9584	17	11.7
河源市	41098	15	15.0	8783	20	13.0
梅州市	39882	19	7.4	12722	7	11.1
惠州市	**47126**	**7**	**13.5**	**14029**	**6**	**13.0**
汕尾市	39333	21	13.1	9563	18	11.6
东莞市	42870	11	14.8	27214	1	9.1
中山市	48449	5	–12.7	21727	2	12.3
江门市	42851	12	12.8	12684	8	11.8
阳江市	40383	17	19.3	10670	12	16.0
湛江市	40534	16	19.3	10689	11	11.8
茂名市	42889	10	17.0	10704	10	12.6
肇庆市	44660	9	14.1	11661	9	12.5
清远市	47172	6	9.7	9689	16	12.5
潮州市	37962	20	13.7	9938	15	11.8
揭阳市	41932	14	18.1	9020	19	12.1
云浮市	40085	18	14.9	10283	13	11.5

H-1 2013年全市规模以上电子制造业100强企业

（按工业总产值排序）

序号	企业名称	县（区）	序号	企业名称	县（区）
1	惠州三星电子有限公司	仲恺区	51	南亚电子材料（惠州）有限公司	博罗县
2	惠州TCL移动通信有限公司	仲恺区	52	讯强电子惠州有限公司	仲恺区
3	惠州比亚迪电子有限公司	大亚湾区	53	惠州市创仕实业有限公司	博罗县
4	伯恩光学（惠州）有限公司	惠阳区	54	惠州市华阳数码特电子有限公司	仲恺区
5	TCL王牌电器（惠州）有限公司	仲恺区	55	惠阳科惠工业科技有限公司	惠阳区
6	TCL光电科技（惠州）有限公司	仲恺区	56	科时电子（惠州）有限公司	博罗县
7	龙旗电子（惠州）有限公司	仲恺区	57	惠州市恒信亿丰金属制品有限公司	惠阳区
8	乐金电子部品（惠州）有限公司	仲恺区	58	惠州市升华工业有限公司	仲恺区
9	惠州科锐半导体照明有限公司	仲恺区	59	惠州市德邦实业有限公司	仲恺区
10	乐金电子（惠州）有限公司	仲恺区	60	广东新美锐科技有限公司	惠阳区
11	TCL通力电子（惠州）有限公司	仲恺区	61	东阳（博罗）电子有限公司	博罗县
12	TCL海外电子（惠州）有限公司	仲恺区	62	骏亚（惠州）电子科技有限公司	惠城区
13	惠阳联想电子工业有限公司	惠阳区	63	博罗康佳精密科技有限公司	博罗县
14	博罗县聚缘五金有限公司	博罗县	64	阿富特电子（惠州）有限公司	仲恺区
15	华通电脑（惠州）有限公司	博罗县	65	惠州硕贝德无线科技股份有限公司	仲恺区
16	惠州市蓝微电子有限公司	仲恺区	66	惠州市恒都电子有限公司	仲恺区
17	惠州华阳通用电子有限公司	仲恺区	67	惠州合正电子科技有限公司	大亚湾区
18	世一电子科技（惠州）有限公司	惠城区	68	惠州优爱特电子有限公司	仲恺区
19	惠州市华阳多媒体电子有限公司	仲恺区	69	立隆电子（惠州）工业有限公司	惠东县
20	信华精机有限公司	仲恺区	70	惠州大亚湾永昶科技电子有限公司	大亚湾区
21	TCL显示科技（惠州）有限公司	仲恺区	71	富电电子（惠州）有限公司	惠城区
22	惠州市德赛西威汽车电子有限公司	仲恺区	72	惠州市健和光电有限公司	大亚湾区
23	安品达精密工业（惠州）有限公司	博罗县	73	友威光电（惠州）有限公司	仲恺区
24	索尼精密部件（惠州）有限公司	仲恺区	74	惠州市凯越电子有限公司	惠城区
25	TCL罗格朗国际电工（惠州）有限公司	仲恺区	75	惠州铂科磁材有限公司	惠东县
26	华通精密线路板（惠州）有限公司	博罗县	76	惠州志顺电子实业有限公司	仲恺区
27	惠州比亚迪实业有限公司	大亚湾区	77	建业科技电子（惠州）有限公司	大亚湾区
28	天宝电子（惠州）有限公司	惠城区	78	博罗县泰美镇淇虹和泰电子有限公司	博罗县
29	富来电子（惠州）有限公司	仲恺区	79	惠州市中京电子科技股份有限公司	惠城区
30	记忆科技电子（惠州）有限公司	惠阳区	80	惠州TCL王牌高频电子有限公司	仲恺区
31	美律电子（惠州）有限公司	龙门县	81	奥士康精密电路（惠州）有限公司	惠阳区
32	惠州市大鼎电子有限公司	惠阳区	82	惠州市力信电子有限公司	博罗县
33	胜宏科技（惠州）股份有限公司	惠阳区	83	惠州市德赛集团视听科技有限公司	仲恺区
34	惠阳中建电讯制品有限公司	惠阳区	84	旭辉磁石制造（惠州）有限公司	博罗县
35	惠州大亚湾光弘科技电子有限公司	大亚湾区	85	惠州君超电子有限公司	博罗县
36	惠州侨兴电讯工业有限公司	惠城区	86	惠州海格科技有限公司	仲恺区
37	凯赫威（惠州）精密制造有限公司	惠城区	87	惠州市兆光光电科技有限公司	惠城区
38	惠阳东亚电子制品有限公司	惠阳区	88	博罗承创精密工业有限公司	博罗县
39	德赛电子（惠州）有限公司	仲恺区	89	申泰电子（惠州）有限公司	博罗县
40	惠州美锐电子科技有限公司	仲恺区	90	立敦电子科技（惠州）有限公司	惠东县
41	广东九联科技股份有限公司	仲恺区	91	惠州三华工业有限公司	仲恺区
42	先进科技（惠州）有限公司	惠城区	92	博罗县石湾铁场皇积精机电子厂	博罗县
43	惠州市金山电子有限公司	仲恺区	93	联合铜箔（惠州）有限公司	博罗县
44	惠州超声音响有限公司	惠阳区	94	惠州元晖光电股份有限公司	惠城区
45	惠州海格电气有限公司	仲恺区	95	康惠（惠州）半导体有限公司	仲恺区
46	德联覆铜板（惠州）有限公司	博罗县	96	惠州市纳伟仕视听科技有限公司	惠城区
47	惠阳东威电子制品有限公司	惠阳区	97	惠州市惠阳区淡水鸿通电子厂	惠阳区
48	威世电子（惠州）有限公司	惠阳区	98	田村电子（惠州）有限公司	博罗县
49	盛宏光电（惠州）有限公司	仲恺区	99	惠州市米琦通信设备有限公司	仲恺区
50	奇胜工业（惠州）有限公司	仲恺区	100	惠州三美音响技术有限公司	博罗县

H-2　2013年全市规模以上石油化工制造业100强企业

（按工业总产值排序）

序号	企业名称	县（区）	序号	企业名称	县（区）
1	中海石油炼化有限责任公司惠州炼化分公司	大亚湾区	51	惠东县铁涌镇源塑橡胶鞋底加工厂	惠东县
2	中海壳牌石油化工有限公司	大亚湾区	52	惠州市肌缘日用化工有限公司	惠阳区
3	中海石油开氏石化有限责任公司	大亚湾区	53	惠州市华阳光学技术有限公司	仲恺区
4	中海油能源发展股份有限公司惠州石化分公司	大亚湾区	54	美家化工（惠州）有限公司	惠阳区
5	惠州李长荣橡胶有限公司	大亚湾区	55	惠州市中茂橡胶制品有限公司	大亚湾区
6	惠州兴达石化工业有限公司	大亚湾区	56	兑元工业科技（惠州）有限公司	仲恺区
7	惠州忠信化工有限公司	大亚湾区	57	惠州市国营东江化工厂	惠城区
8	惠州惠菱化成有限公司	大亚湾区	58	广东恒大新材料科技有限公司	惠城区
9	惠州中创化工有限责任公司	大亚湾区	59	惠州市久策工业气体有限公司	仲恺区
10	智盛（惠州）石油化工有限公司	大亚湾区	60	惠州圣邦环保新材料有限公司	惠阳区
11	普利司通（惠州）合成橡胶有限公司	大亚湾区	61	惠州凯美特气体有限公司	大亚湾区
12	恒昌涂料（惠阳）有限公司	惠阳区	62	惠州市新赛达实业有限公司	仲恺区
13	惠州市博美化妆品有限公司	博罗县	63	惠阳富顺色料有限公司	惠阳区
14	澳宝化妆品（惠州）有限公司	惠城区	64	惠东县天悦鞋材有限公司	惠东县
15	鑫双利（惠州）树脂有限公司	大亚湾区	65	博罗县园洲港日实业发展有限公司	博罗县
16	惠州市红墙化学建材有限公司	博罗县	66	惠州太阳神化工有限公司	仲恺区
17	惠州亚华胶粘带有限公司	博罗县	67	惠东县昌华鞋材有限公司	惠东县
18	大昌树脂（惠州）有限公司	仲恺区	68	广东中迅农科股份有限公司	仲恺区
19	先驱塑胶电子（惠州）有限公司	博罗县	69	惠东县天顺鞋材有限公司	惠东县
20	惠州市盛迭化工有限公司	博罗县	70	惠州市康洁洗涤用品有限公司	惠阳区
21	惠州市长润发涂料有限公司	惠阳区	71	惠阳区施美克化工有限公司	惠阳区
22	惠州市宙邦化工有限公司	大亚湾区	72	惠州光旭塑料有限公司	博罗县
23	普莱克斯（惠州）工业气体有限公司	大亚湾区	73	惠州市繁中宝橡塑发泡厂有限公司	惠阳区
24	科莱恩化工（惠州）有限公司	大亚湾区	74	惠阳晋煜工业有限公司	仲恺区
25	青上化工（惠州）有限公司	仲恺区	75	博罗石湾新欣和油墨涂料有限公司	博罗县
26	澳达树熊涂料（惠州）有限公司	惠东县	76	惠东县益成橡塑发泡厂	惠东县
27	巴斯夫造纸化学品（惠州）有限公司	大亚湾区	77	惠州鸿财化妆品有限公司	博罗县
28	伟明树脂制品（博罗）有限公司	博罗县	78	惠州市肯恩化妆品实业有限公司	博罗县
29	柏林（惠州）科技化工有限公司	博罗县	79	卓越化学（惠州）有限公司	惠城区
30	惠州市容大油墨有限公司	惠东县	80	惠东县港东塑胶制品有限公司	惠东县
31	博罗县力群纺织化工有限公司	博罗县	81	惠州市浩尔达实业有限公司	仲恺区
32	惠州兆骐礼品有限公司	惠城区	82	惠州市银农科技有限公司	惠城区
33	惠州长龙化工有限公司	博罗县	83	多泰工业有限公司	龙门县
34	广东千叶松化工有限公司	惠阳区	84	益通塑胶（惠东）有限公司	惠东县
35	佳丽化工（惠州）有限公司	惠阳区	85	惠州市百利宏晟安化工有限公司	大亚湾区
36	美雅（惠州）化妆品有限公司	博罗县	86	惠州普德化工有限公司	惠城区
37	博罗县石湾聚龙化工有限公司	博罗县	87	博罗县强力复合材料有限公司	博罗县
38	惠州市建科实业有限公司	惠阳区	88	惠州市惠福鞋材有限公司	惠东县
39	惠州市盛世龙实业有限公司	博罗县	89	博罗县龙溪镇宝美树脂有限公司	博罗县
40	惠州利宝粘剂有限公司	博罗县	90	惠东县懋德鞋材有限公司	惠东县
41	龙门协成新材料有限公司	龙门县	91	星皇亚太企业（博罗）化工有限公司	博罗县
42	惠州上曜塑胶开发科技有限公司	惠东县	92	惠州市弘盛塑胶制品有限公司	惠城区
43	惠州辉煌涂料有限公司	惠阳区	93	惠州市宏柏化工有限公司	博罗县
44	中海油能源发展股份有限公司采油技术服务惠州分公司	大亚湾区	94	惠州市嘉淇涂料有限公司	仲恺区
45	惠州市斯瑞尔环境化工有限公司	惠阳区	95	惠州市亿可化学工业有限公司	仲恺区
46	惠州市华保化工有限公司	仲恺区	96	惠东县志力日用化妆品有限公司	惠东县
47	惠州市坤洋实业有限公司	惠阳区	97	惠州市瑞来氟碳涂料实业发展有限公司	仲恺区
48	长泰化学工业（惠州）有限公司	博罗县	98	惠州市湾厦表面处理技术有限公司	仲恺区
49	乾瑞化工（惠州）有限公司	仲恺区	99	惠州市三优聚碳塑料有限公司	仲恺区
50	惠州市智华合成革有限公司	惠东县	100	惠州市铭邦涂料有限公司	惠阳区

H-3 2013年全市规模以上服装业100强企业

（按工业总产值排序）

序号	企业名称	县（区）	序号	企业名称	县（区）
1	骏达制衣厂（惠州）有限公司	博罗县	51	惠州市新天健服装有限公司	仲恺区
2	晶惠工业（惠州）有限公司	惠城区	52	汉精益服装（惠州）有限公司	仲恺区
3	慧怡织造（惠州）有限公司	惠阳区	53	胜伟新织造制衣（惠州）有限公司	博罗县
4	盛龙纺织（惠州）有限公司	博罗县	54	建邦服装（惠州）有限公司	惠城区
5	南泰印整（惠州）有限公司	博罗县	55	惠州泰富织造有限公司	博罗县
6	惠州南旋毛织厂有限公司	惠城区	56	龙门县汉兴织染有限公司	龙门县
7	博罗县石湾镇景鸿毛织制衣厂	博罗县	57	博罗县嘉盛帐蓬有限公司	博罗县
8	惠州三富服装有限公司	博罗县	58	新天伦服装配料（惠州）有限公司	惠城区
9	伟全化纤（惠州）有限公司	博罗县	59	力研时装（惠州）有限公司	惠阳区
10	惠州建亿织造有限公司	博罗县	60	惠州市大亚湾飞达针织有限公司	大亚湾区
11	广东中旭服饰有限公司	博罗县	61	恒胜制衣（惠州）有限公司	惠城区
12	惠州市老铭人服饰有限公司	惠东县	62	万合纺织染整（惠州）有限公司	博罗县
13	广东比帆制衣有限公司	博罗县	63	惠州市奥美针织有限公司	惠城区
14	南益热转印花（惠州）有限公司	博罗县	64	惠阳中核辉新化纤有限公司	惠阳区
15	惠州力运织造厂有限公司	惠城区	65	博罗县韵达服饰有限公司	博罗县
16	博罗县港泰印染厂	博罗县	66	惠州市棉王纺织有限公司	惠城区
17	惠州真华美服装有限公司	惠阳区	67	惠州市良丰服饰发展有限公司	惠东县
18	博罗县添丰织染实业有限公司	博罗县	68	龙门县益泰漂染业有限公司	龙门县
19	博罗县仁和织造制衣有限公司	博罗县	69	卡撒天娇家居（惠州）有限公司	仲恺区
20	博罗石湾致丰织染有限公司	博罗县	70	惠州市华大远东洗染有限公司	博罗县
21	博罗璟太元服饰有限公司	博罗县	71	惠州市世纪海洋制衣有限公司	惠城区
22	高业制衣（惠州）有限公司	博罗县	72	金丰制衣（惠州）有限公司	博罗县
23	惠州市金顺来服饰有限公司	仲恺区	73	惠州市帝盟纺织有限公司	惠城区
24	华业工业织造（惠州）有限公司	博罗县	74	惠州镇安制衣有限公司	仲恺区
25	博罗县裕升染织有限公司	博罗县	75	东翔制衣（惠州）有限公司	仲恺区
26	惠州皇威制衣有限公司	博罗县	76	胜丰织造制衣（惠州）有限公司	博罗县
27	宝嘉耀华（惠州）制衣有限公司	惠阳区	77	惠州新安制衣厂有限公司	仲恺区
28	佳都（惠州）制衣有限公司	博罗县	78	惠州溢昌制衣有限公司	惠东县
29	博罗县石湾镇湖山鸿达毛织制衣厂	博罗县	79	博罗复扬针织漂染有限公司	博罗县
30	博罗县德荣制衣有限公司	博罗县	80	惠州市风尚针织服饰有限公司	惠城区
31	惠州圣莲毛织实业有限公司	惠东县	81	博罗五达纺织印染有限公司	博罗县
32	金利兴（惠州）制衣有限公司	博罗县	82	惠东登龙针织制衣有限公司	惠东县
33	惠州新联业纺织有限公司	惠阳区	83	惠州市龙泰服装有限公司	惠城区
34	惠州市金泰制衣有限公司	惠城区	84	惠州市惠阳区宏鹰毛衫有限公司	惠阳区
35	三龙（惠州）化纤有限公司	博罗县	85	惠东玫瑰针织厂有限公司	惠东县
36	广东富绅服饰有限公司	仲恺区	86	惠州市创展运动器材有限公司	博罗县
37	博罗县创联实业有限公司	博罗县	87	惠州市安得利服装有限公司	惠城区
38	惠东伟盛制衣有限公司	惠东县	88	宏礼织造厂（惠州）有限公司	惠阳区
39	大进制衣厂（惠州）有限公司	惠城区	89	惠州德盛服装有限公司	博罗县
40	博罗县石湾三和制衣有限公司	博罗县	90	惠州市中邦服装有限公司	惠城区
41	惠东县港惠针织有限公司	惠东县	91	惠州市银河纺织科技有限公司	惠城区
42	惠州市高联制衣有限公司	惠城区	92	惠州澳龙无纺布有限公司	博罗县
43	惠州新泰美纺织有限公司	博罗县	93	惠州市德和制衣有限公司	惠城区
44	博罗县园洲华达制衣厂	博罗县	94	丰溢针织珠绣（惠阳）有限公司	惠阳区
45	惠州市泰兴织染制衣有限公司	惠阳区	95	联泰（龙门）针织有限公司	龙门县
46	龙门县裕泰漂染业有限公司	龙门县	96	惠州市大盈织造有限公司	惠阳区
47	广东睡冬宝家用纺织品有限公司	惠城区	97	惠东县正泰毛织厂有限公司	惠东县
48	惠州力豪服装有限公司	惠城区	98	惠州衣之纯服装有限公司	博罗县
49	龙门县鸿业纺织制衣漂染有限公司	龙门县	99	惠州丽佳服装有限公司	惠城区
50	博罗县园洲镇达泰制衣有限公司	博罗县	100	惠州蓝海旅行用品有限公司	博罗县

H-4 2013年全市规模以上皮鞋等皮革制造业50强企业

（按工业总产值排序）

序 号	企业名称	县（区）
1	隆发鞋业（惠州）有限公司	博罗县
2	惠州市港盈鞋业有限公司	惠东县
3	惠阳兆吉鞋业有限公司	惠阳区
4	宏凯鞋业（惠州）有限公司	惠城区
5	宝凯皮件（惠州）有限公司	惠城区
6	惠州信立工业有限公司	博罗县
7	惠东县信利达鞋业有限公司	惠东县
8	隆裕鞋业（惠州）有限公司	博罗县
9	惠州市远东鞋业有限公司	惠东县
10	惠州市惠阳华丽鞋业有限公司	惠阳区
11	新生港源鞋厂（惠阳）有限公司	惠阳区
12	惠州市超智鞋业有限公司	博罗县
13	惠东县黄埠镇华江鞋业有限公司	惠东县
14	惠东县振达鞋业有限公司	惠东县
15	惠州龙源鞋业有限公司	惠东县
16	惠东县翀兴鞋业有限公司	惠东县
17	惠州市金烽鞋业有限公司	惠东县
18	惠东县时艺鞋业有限公司	惠东县
19	惠州市伟明鞋业有限公司	惠东县
20	惠州市美盈鞋业有限公司	惠阳区
21	惠州市金喜源实业有限公司	惠东县
22	惠东县嘉诚鞋业有限公司	惠东县
23	惠东县源利通鞋业有限公司	惠东县
24	惠东县吉隆瑞星鞋业有限公司	惠东县
25	惠东县集丰鞋业有限公司	惠东县
26	惠东县雅士达鞋业皮具有限公司	惠东县
27	惠东县东华鞋业有限公司	惠东县
28	惠州市美源鞋业有限公司	惠东县
29	广东天鹅星鞋业有限公司	惠东县
30	惠东县信南鞋业有限公司	惠东县
31	惠东县裕顺鞋业有限公司	惠东县
32	惠东县富成鞋业有限公司	惠东县
33	惠东县黄埠镇福华鞋业有限公司	惠东县
34	惠州黄埠镇广信鞋业有限公司	惠东县
35	惠州市上丰鞋业有限公司	惠东县
36	惠州市粤秀鞋业有限公司	惠东县
37	惠州市莱斯特鞋业有限公司	惠东县
38	惠州市骏腾鞋业有限公司	惠东县
39	惠东县黄埠镇强生鞋业有限公司	惠东县
40	惠东县泰丰鞋业有限公司	惠东县
41	惠州黄埠得利高鞋业有限公司	惠东县
42	惠东县鼎鸿鞋业有限公司	惠东县
43	惠州市来裕鞋业有限公司	惠东县
44	惠东县吉隆金冠鞋业有限公司	惠东县
45	惠东县吉隆金豪鞋厂	惠东县
46	惠东县黄埠万达利鞋业有限公司	惠东县
47	惠东县正利丰鞋业有限公司	惠东县
48	惠州市新发鞋业有限公司	惠东县
49	惠州市新怡鞋业有限公司	惠东县
50	惠州市东方城鞋业有限公司	惠东县

H-5 2013年全市规模以上建筑材料制造业50强企业

（按工业总产值排序）

序 号	企业名称	县（区）
1	惠州市光大水泥企业有限公司	龙门县
2	惠州塔牌水泥有限公司	龙门县
3	惠东美新塑木型材制品有限公司	惠东县
4	龙门县密溪林场	龙门县
5	华润水泥（惠州）有限公司	龙门县
6	惠州罗浮山旋窑水泥有限公司	博罗县
7	博罗县园洲罗浮山水泥有限公司	博罗县
8	惠州国强水泥有限公司	博罗县
9	惠州市惠阳双新水泥有限公司	惠阳区
10	惠州市冠峰建材有限公司	龙门县
11	博罗县固力建材有限公司	博罗县
12	巴川影像科技（惠州）有限公司	仲恺区
13	泰山石膏（广东）有限公司	博罗县
14	惠州市宝湖建材制造有限公司	仲恺区
15	惠州建华管桩有限公司	惠东县
16	惠州麒华五金制品有限公司	博罗县
17	惠州市贝特瑞新材料科技有限公司	惠阳区
18	广东中航特种玻璃技术有限公司	大亚湾区
19	远东陶瓷制品（博罗）有限公司	博罗县
20	惠州盛晨金属有限公司	博罗县
21	惠州太胜预拌混凝土有限公司	惠阳区
22	有利华建材（惠州）有限公司	惠阳区
23	惠州市颂誉玻璃有限公司	惠阳区
24	惠州华润建材有限公司	惠阳区
25	杰森石膏板（惠州）有限公司	惠东县
26	惠州市荣康顺建筑材料制品有限公司	博罗县
27	华润混凝土（惠州）有限公司	惠城区
28	惠州市富昌矿业有限公司	龙门县
29	惠州市惠阳皇磁陶瓷有限公司	惠阳区
30	惠州市麦卡电工材料有限公司	惠阳区
31	龙门县地派镇大英矿场有限公司	龙门县
32	深圳市三鑫精美特玻璃有限公司惠州大亚湾分公司	大亚湾区
33	惠州市华丽盛混凝土有限公司	大亚湾区
34	三鑫（惠州）幕墙产品有限公司	大亚湾区
35	龙门县家业矿业有限公司	龙门县
36	惠州固力水泥集团有限公司	博罗县
37	博罗县东骏水泥有限公司	博罗县
38	惠州市亚银镜业有限公司	博罗县
39	惠东和兴泰实业有限公司	惠东县
40	德益金属制品（惠州）有限公司	仲恺区
41	龙门县荣生建材有限公司	龙门县
42	龙门县密溪林场芹菜塘瓷土场有限公司	龙门县
43	惠州市建达实业有限公司	仲恺区
44	惠阳区嘉骏预拌混凝土有限公司	惠阳区
45	惠东县现代预拌混凝土有限公司	惠东县
46	惠州市新金刚水泥有限公司	惠东县
47	惠东县吉泰混凝土搅拌有限公司	惠东县
48	惠州市亚巴郎新型建材有限公司	仲恺区
49	惠州市慧翔玻璃有限公司	惠阳区
50	龙门县恒隆环保钙业有限公司	龙门县

H-6 2013年全市规模以上汽车制造业企业

（按工业总产值排序）

序 号	企业名称	县（区）
1	惠州比亚迪电池有限公司	大亚湾区
2	惠州住润电装有限公司	惠城区
3	东风本田汽车零部件有限公司	大亚湾区
4	惠州住成电装有限公司	大亚湾区
5	惠州古河汽配有限公司	惠城区
6	惠州住润汽车线业有限公司	惠城区
7	惠州住电电装有限公司	大亚湾区
8	惠州住润汽车部品有限公司	惠城区
9	惠州住金锻造有限公司	大亚湾区
10	惠州东风易进工业有限公司	大亚湾区
11	惠州市华阳精机有限公司	仲恺区
12	惠州金山线束科技有限公司	惠城区
13	精塑汽配科技（惠州）有限公司	惠城区
14	惠州市住润汽车回路技术有限公司	惠城区
15	道生汽车空调（惠州）有限公司	博罗县
16	惠州市津惠汽车线束有限公司	仲恺区
17	惠州市闽航机械有限公司	龙门县
18	东方化成（惠州）精密制品有限公司	博罗县
19	惠州东风汽车零部件有限公司	大亚湾区
20	信昌盛(惠州)精密五金制造有限公司	大亚湾区
21	长丰汽车(惠州)有限公司	仲恺区
22	东洋精密工业（惠州）有限公司	仲恺区

H-7　2013年全市限额以上商贸超市企业

（按工业总产值排序）

序　号	企业名称	县（区）
1	惠州市天虹商场有限公司	惠城区
2	惠州市润鑫商城发展有限公司	惠城区
3	惠州市丽日购物广场有限公司	惠城区
4	惠州市人人乐商业有限公司	惠城区
5	永旺华南商业有限公司永旺惠州东平店	惠城区
6	惠州市万佳百货有限公司	惠城区
7	惠州市港惠新天地商业经营管理有限公司	惠城区
8	沃尔玛深国投百货有限公司惠州演达路分店	惠城区
9	沃尔玛深国投百货有限公司惠州崇雅店	惠阳区
10	惠州市海雅百货有限公司	惠城区
11	惠州市汇佳购物广场有限公司	仲恺区
12	惠州市人人乐商业有限公司淡水购物广场	惠阳区
13	佛山市南海屈臣氏个人用品商店有限公司惠州家华分店	惠城区
14	惠州市美多实业有限公司	惠东县
15	惠州市天天润实业有限公司	惠城区
16	江门百佳超级市场有限公司惠州家华花园分店	惠城区
17	深圳华润万佳超级市场有限公司惠州分公司	惠城区
18	龙门县供销社农贸实业有限公司	龙门县
19	龙门县新惠群商场	龙门县
20	北京华联综合超市股份有限公司惠州分公司	惠城区
21	龙门县龙城中庆购物商场	龙门县
22	惠州市益广兴实业有限公司	仲恺区
23	惠州市惠阳区裕华企业有限公司	惠阳区
24	惠州市原东礼品超市有限公司	惠城区
25	龙门县万家福购物广场有限公司	龙门县
26	惠州市广百商贸有限公司	惠城区
27	惠州市金宝购物连锁有限公司	惠城区
28	博罗县万信佳商贸有限公司	博罗县
29	惠州市兴勤实业有限公司	惠城区
30	惠州市大荣商贸有限公司	仲恺区
31	惠州市万信佳商贸有限公司	仲恺区
32	惠州市意生百货有限公司	惠城区
33	惠东县吉隆好客隆商场	惠东县
34	惠州市海滨城贸易有限公司	惠东县
35	博罗县石湾镇鑫邦购物广场	博罗县
36	博罗县福田镇新世界购物广场	博罗县
37	惠东县铁涌镇丽佳百货商店	惠东县
38	惠州市华兴万联实业有限公司	惠阳区
39	惠州市家多乐贸易有限公司	惠东县
40	惠东县广联贸易有限公司家家乐购物中心	惠东县
41	博罗县石湾镇圣城新世界购物广场	博罗县
42	惠州市惠阳区秋长新世界购物广场	惠阳区
43	广东东方粮号投资有限公司惠阳星河超市	惠阳区
44	博罗县三和商业街商场	博罗县
45	博罗县天天实业有限公司	博罗县
46	惠州市新一佳超市有限公司	惠城区
47	惠州市鑫慧贸易有限公司	惠城区

H-8　2013 年全市星级酒店业 50 强企业

（按工业总产值排序）

序　号	企业名称	县（区）
1	惠州市康帝国际酒店有限公司	惠城区
2	龙门县南昆山温泉旅游大观园有限公司	龙门县
3	龙门县地派温泉度假村有限公司	龙门县
4	龙门尚天然温泉度假有限公司	龙门县
5	惠州国际金融大厦天悦酒店	惠城区
6	惠州港升置业有限公司皇冠假日酒店	惠城区
7	惠州金华悦国际酒店有限公司	惠城区
8	金融街惠州置业有限公司金海湾喜来登度假酒店	惠东县
9	龙门县南昆三寨谷度假村有限公司	龙门县
10	龙门明信温泉发展有限公司	龙门县
11	惠州市家路酒店投资有限公司家路国际大酒店	惠阳区
12	惠州富丽房地产有限公司 惠州富丽万丽酒店分公司	惠城区
13	惠州涛景高尔夫度假村有限公司	惠城区
14	惠州市帝景房地产开发有限公司凯宾斯基酒店	惠城区
15	惠州市国惠大酒店有限公司	惠东县
16	龙门县海涛农特产加工有限公司	龙门县
17	惠东县碧桂园凤凰酒店管理有限公司	惠东县
18	惠州市金鹅温泉实业有限公司洲际度假酒店	惠城区
19	北京金禧丽景酒店管理有限责任公司惠州海尚湾畔分公司	惠东县
20	惠州市平海海滨温泉旅游度假区有限公司	惠东县
21	龙门县南昆山中恒生态旅游公司	龙门县
22	惠州市西湖宾馆	惠城区
23	惠州宾馆	惠城区
24	惠州市三阳酒店有限公司	仲恺区
25	龙门县南昆山柏祥森林渡假酒店	龙门县
26	龙城龙珠宾馆	龙门县
27	龙门县皇都宾馆	龙门县
28	博罗县龙花洞文化度假村有限公司	博罗县
29	博罗县园洲镇晶港酒店有限公司	博罗县
30	惠东县金滩酒店公寓管理有限公司	惠东县
31	龙门县永汉镇马星林丰温泉度假山庄	龙门县
32	惠州市罗浮山嘉宝田乡村俱乐部有限公司	博罗县
33	惠州市惠阳区星旗宾馆	惠阳区
34	中信惠州汤泉旅游度假村有限公司	惠城区
35	恒升国际大酒店（惠州）有限公司	惠东县
36	博罗县富华大酒店有限公司	博罗县
37	惠州德泽园假日大酒店有限公司	惠东县
38	惠州市琼苑酒店有限公司	惠阳区
39	惠州大亚湾安惠酒店有限责任公司	大亚湾区
40	惠州市隆泰金都酒店有限公司	惠城区
41	龙门县南昆山棉花庐度假村有限公司	龙门县
42	惠州市凯泉高尔夫渡假酒店有限公司	博罗县
43	龙门县南昆山云天海原始森林度假村有限公司	龙门县
44	惠州市金叶大酒店有限公司	惠城区
45	惠州市惠阳区鲁惠实业发展有限公司鲁惠国际饭店	惠城区
46	惠州汤泉春天高尔夫酒店有限公司	博罗县
47	惠州大亚湾中海酒店有限公司	大亚湾区
48	惠东县大亚湾三角洲岛俱乐部有限公司	惠东县
49	惠州市西湖大酒店	惠城区
50	惠州市金銮酒店有限公司	惠城区

H-9　2013年全市房地产业50强企业

（按销售面积排序）

序　号	企业名称	县（区）
1	惠东碧桂园房地产开发有限公司	惠东县
2	惠州大亚湾东圳房地产有限公司	大亚湾区
3	惠州中天海惠实业有限公司	惠阳区
4	惠州阳光新都房地产开发有限公司	惠阳区
5	惠州市中航工业地产投资发展有限公司	惠东县
6	惠州市惠阳区花千里实业有限公司	惠阳区
7	惠州比亚迪物业管理有限公司	惠阳区
8	中信惠州城市建设开发有限公司	惠城区
9	金融街惠州置业有限公司	惠东县
10	大亚湾粤银实业开发有限公司	大亚湾区
11	惠州丰通房地产有限公司	惠城区
12	惠州市昊恒房地产开发有限公司	惠城区
13	惠州市卓越东部房地产开发有限公司	惠阳区
14	惠州市惠阳区岐山度假村发展有限公司	惠阳区
15	龙门富力房地产开发有限公司	龙门县
16	惠州方好实业有限公司	惠城区
17	惠州大亚湾昌恒房地产开发有限公司	大亚湾区
18	惠东县富康实业有限公司	惠东县
19	惠州大亚湾龙光房地产有限公司	大亚湾区
20	惠州中博房产开发有限公司	惠阳区
21	惠州市德威集团有限公司	惠城区
22	惠州大亚湾丽嘉房地产开发有限公司	大亚湾区
23	惠州市海伦堡房地产开发有限公司	惠城区
24	惠州 TCL 房地产开发有限公司	惠城区
25	博罗县红中实业发展有限公司	博罗县
26	惠州南源投资有限公司	惠阳区
27	惠州大亚湾中联置业有限公司	大亚湾区
28	惠州市宝安房地产开发有限公司	惠城区
29	惠州大亚湾新利丰房地产开发有限公司	大亚湾区
30	惠州市华贸兴业房地产开发有限公司	惠城区
31	惠州仲恺创业广场发展有限公司	仲恺区
32	惠州白鹭湖旅游实业开发有限公司	惠城区
33	惠州市鑫月实业有限公司	惠城区
34	惠州市华浩房地产开发有限公司	惠阳区
35	惠州市鹏基投资有限公司	惠城区
36	惠州奥林匹克花园置业投资有限公司	惠城区
37	惠州纬通房产有限公司	惠城区
38	惠东县长江房地产投资有限公司	惠东县
39	惠东县康宏发展有限公司	惠东县
40	东湖房产（惠州）开发有限公司	惠城区
41	惠州市光耀城投资有限公司	惠阳区
42	惠东县汇锦房地产开发有限公司	惠东县
43	惠东县园方投资有限公司	惠东县
44	惠州方悦实业有限公司	惠城区
45	惠州市鸿升实业有限公司	惠城区
46	惠州市世纪置业有限公司	惠城区
47	惠州市民乐福投资有限公司	仲恺区
48	惠州市亚新房地产有限公司	惠城区
49	惠州国惠大酒店有限公司	惠东县
50	惠州市瑞峰置业有限公司	惠城区

H-9　续表　（按销售额排序）

序　号	企业名称	县（区）
1	惠东碧桂园房地产开发有限公司	惠东县
2	惠州大亚湾东圳房地产有限公司	大亚湾区
3	金融街惠州置业有限公司	惠东县
4	惠州阳光新都房地产开发有限公司	惠阳区
5	惠州市昊恒房地产开发有限公司	惠城区
6	惠州市华贸兴业房地产开发有限公司	惠城区
7	中信惠州城市建设开发有限公司	惠城区
8	惠州丰通房地产有限公司	惠城区
9	惠东县康宏发展有限公司	惠东县
10	惠州仲恺创业广场发展有限公司	仲恺区
11	惠州方好实业有限公司	惠城区
12	龙门富力房地产开发有限公司	龙门县
13	惠州市中航工业地产投资发展有限公司	惠东县
14	惠州市惠阳区花千里实业有限公司	惠阳区
15	惠州中天海惠实业有限公司	惠阳区
16	惠州市德威集团有限公司	惠城区
17	惠州纬通房产有限公司	惠城区
18	惠州市卓越东部房地产开发有限公司	惠阳区
19	惠州市惠阳区岐山度假村发展有限公司	惠阳区
20	广东合生帝景房地产有限公司	惠城区
21	大亚湾粤银实业开发有限公司	大亚湾区
22	惠州白鹭湖旅游实业开发有限公司	惠城区
23	惠州市利万房地产开发有限公司	惠东县
24	惠州方悦实业有限公司	惠城区
25	惠州市海伦堡房地产开发有限公司	惠城区
26	博罗县红中实业发展有限公司	博罗县
27	惠州 TCL 房地产开发有限公司	惠城区
28	惠州市宝安房地产开发有限公司	惠城区
29	东湖房产（惠州）开发有限公司	惠城区
30	惠州市鹏基投资有限公司	惠城区
31	惠州市华浩房地产开发有限公司	惠阳区
32	惠州大亚湾丽嘉房地产开发有限公司	大亚湾区
33	惠州市宏益房地产开发有限公司	惠城区
34	惠州中博房产开发有限公司	惠阳区
35	惠州比亚迪物业管理有限公司	惠阳区
36	惠州南源投资有限公司	惠阳区
37	惠州市光耀城投资有限公司	惠阳区
38	惠州大亚湾昌恒房地产开发有限公司	大亚湾区
39	惠州市瑞峰置业有限公司	惠城区
40	惠州大亚湾龙光房地产有限公司	大亚湾区
41	惠州市世纪置业有限公司	惠城区
42	惠阳新城市房地产开发有限公司	惠阳区
43	惠州奥林匹克花园置业投资有限公司	惠城区
44	光耀集团有限公司	惠城区
45	广东中胜置业有限公司	惠阳区
46	惠州市鑫月实业有限公司	惠城区
47	惠州市亚新房地产有限公司	惠城区
48	惠州市鼎峰房地产开发有限公司	惠城区
49	惠州市金中恒房产有限公司	惠城区
50	惠东县富康实业有限公司	惠东县

H-10　惠州市星级酒店（宾馆）一览表

(2013 年)

序　号	饭店名称	星　级	地　　址
1	康帝国际酒店	五	惠州市环城西一路渡口所
2	罗浮山宝田国际度假会议酒店	五	罗浮山风景区
3	家路国际酒店	五	惠阳区淡水中山四路
4	惠州金海湾喜来登度假酒店	五	惠东县巽寮金海湾金海路 1 号
5	国惠大酒店	五	惠东县黄埠镇吉黄大道 48 号
6	丽景花园酒店	四	惠阳区淡水南门西街
7	惠州宾馆	四	惠州市环城西二路 17 号
8	凯旋假日酒店	四	麦兴路 11 号
9	金华悦国际酒店	四	惠州市下埔大道 28 号
10	金世纪假日酒店	四	惠城区沥林镇惠樟路
11	万事达华侨酒店	四	惠东县平山镇广汕路 60 号
12	新都会大酒店	四	惠阳区白云路 50 号
13	隆泰金都酒店	四	惠州市麦地南二路 26 号
14	恒升国际大酒店	四	惠东县惠东大道 526 号
15	新丽晶大酒店	四	惠州市惠阳区淡水开城大道
16	世纪华园大饭店	四	惠阳区淡水镇东华大道一号
17	金鑫商务酒店	三	惠州市麦地路 16 号
18	西湖宾馆	三	惠州西湖芳华洲
19	金叶大厦	三	惠州市鹅岭南路 3 号
20	君豪大酒店	三	惠州市下角南路 3 号
21	大亚湾中海酒店	三	惠州市大亚湾澳头镇新澳大道 1 号
22	惠阳百老汇酒店	三	惠州市惠阳区淡水镇开城大道 88 号
23	海湖大酒店	三	惠州市南坛路 8 号
24	西湖大酒店	三	惠州市环城西二路 10 号
25	园洲宾馆	三	博罗县园洲镇兴园 2 路
26	京联宾馆	三	博罗县城博义路 3 号
27	惠阳中惠大酒店	三	惠阳区淡水镇土湖工业区 1 号
28	南方大酒店	三	鹅岭北路 12 号
29	广成酒店	三	淡水镇南门大街 1 号
30	星旗宾馆	三	淡水镇中山 2 路 39 号
31	天外天大酒店	三	鹅岭南路 12 号
32	凯雅酒店	三	麦地南路 11 号
33	德泽园（嘉柏）假日大酒店	三	惠东县巽寮松园湾

序 号	饭店名称	星 级	地 址
34	麦雅商务酒店	三	麦地路 30 号
35	嘉宾园宾馆	三	福田镇桥东路广汕公路旁
36	一景酒店	三	惠东县平山镇新华路
37	金鑫酒店	三	惠城区麦地南东二路
38	日华大酒店	三	惠阳淡水开城大道
39	柏利商务酒店	三	惠东县平山镇新华路 91 号
40	大富贵酒店	三	惠州市大湖溪广汕路
41	月亮宫大酒店	三	惠阳区上塘石园东街 118 号
42	万汇徕大酒店	三	惠阳区淡水镇
43	龙朝大酒店	三	龙门县城太平新路 33 号
44	鲁惠大酒店	三	淡水镇开城大道 21 号
45	明月湖大酒店	三	市区黄塘路 118 号
46	千帆阁酒店	三	大亚湾区霞涌
47	时代假日酒店	三	惠州市惠城区龙丰路 3 号
48	南城商务酒店	三	惠州市河南岸白泥路
49	景新酒店	三	龙门县城乐路
50	华尔富商务酒店	三	惠州市江北 5 号小区期湖塘路 3 号
51	望海楼	三	大亚湾澳头镇龙海街 47 号
52	康之源	三	惠城区下角丰山路 3–3 号
53	新富豪酒店	三	惠阳淡水南门路 68 号
54	金凯酒店	三	仲恺大道新海关对面
55	富壕园大酒店	三	江北乌石一路一号
56	金鑫国际酒店	三	仲恺区陈江镇陈江大道零星小区
57	鑫元大酒店	三	大亚湾区澳头镇新澳大道四街 6 号
58	星光大酒店	三	惠阳区淡水立交桥西侧
59	金殿大酒店	三	惠州市鹅岭南路仲恺大道 8 号
60	罗浮山狮峰宾馆	二	博罗县长宁镇罗浮山朱明洞
61	博罗新世纪大酒店	二	博罗县罗阳镇北门路 25 号
62	新美丽酒店	二	龙门县百担新城区百合路
63	七星宾馆	二	惠阳区新墟镇

主要统计指标解释

国民经济核算

总产出 指一定时期内一个国家（或地区）常住单位生产的所有货物和服务的价值，既包括新增价值，也包括转移价值。它反映常住单位生产活动的总规模。总产出按生产者价格计算。

中间投入 指常住单位生产或提供货物与服务过程中，消耗和使用的所有非固定资产货物和服务的价值，中间投入也称为中间消耗。一般按购买者价格计算。

国内（地区）生产总值 指一个国家（或地区）所有常住单位在一定时期内生产活动的最终成果，它有三种表现形态，即价值形态、收入形态和产品形态。从价值形态看，它是所有常住单位在一定时期内生产的全部货物和服务价值超过同期投入的全部非固定资产货物和服务价值的差额，即所有常住单位的增加值之和；从收入形态看，它是所有常住单位在一定时期内创造并分配给常住单位和非常住单位的初次分配收入之和；从产品形态看，它是最终使用的货物和服务减去进口货物和服务。在实际核算中，国内生产总值的三种表现形态表现为三种计算方法，即生产法、收入法和支出法。

劳动者报酬 指劳动者因从事生产活动所获得的全部报酬。它包括劳动者获得的各种形式工资、资金和津贴，既包括货币形式的，也包括实物形式的，它还包括劳动者所享受的公费医疗和医药卫生费、上下班交通补贴和单位支付的社会保险费等。单位支付的社会保险费，就是单位直接支付给负责社会保险的政府单位（一般指劳动部门）的社会保险金或为单位职工离退休、发生死亡、伤残、医疗保险等而支付的保险费。对于个体经济来说，其所有者所获得的劳动报酬和经营利润不易区分，这两部分统一作为劳动者报酬处理。

生产税净额 指生产税减生产补贴后的差额。生产税指政府对生产单位生产、销售和从事经营活动以及因从事生产活动使用某些生产要素，如固定资产、土地、劳动力所征收的各种税、附加费和规费。具体包括销售税金及附加、增值税、管理费中开支的各种税、应交纳的养路费、排污费和水电费附加、烟酒专卖上缴政府的专项收入等。生产补贴与生产税相反，是政府对生产单位的单方面收入转移，因此视为负生产税处理，包括政策亏损补贴、粮食系统价格补贴、外贸企业出口退税收入等。

固定资产折旧 指一定时期内为弥补固定资产损耗按照核定的固定资产折旧率提取的固定资产折旧，或按国民经济核算统一规定的折旧率虚拟计算的固定资产折旧。它反映了固定资产在当期生产中的转移价值。各种类型企业和企业化管理的事业单位的固定资产折旧指实际计提并计入成本费用中的折旧费；不计提折旧的单位，如政府机关、非企业化管理的事业单位和居民住房的固定资产折旧则是按照统一规定的折旧率和固定资产原值计算的虚拟折旧。原则上，固定资产折旧应按固定资产的重置价值来计算，但是我国目前尚不具备对全社会固定资产进行重估价的基础，所以暂时只能采用上述方法来计算。

营业盈余 指常住单位创造的增加值中扣除劳动者报酬、生产税净额和固定资产折旧后的余额。它相当于企业的营业利润加上生产补贴，但要扣除从利润中开支的工资和福利等。

最终消费 指常住单位在一定时期内对于货物和服务的全部最终消费支出，也就是常住单位为满足物质、文化和精神生活的需要，从本国经济领土和国外购买的货物和服务的支出。它不包括非常住单位在本国经济领土内的消费支出。最终消费分为居民消费和政府消费。

(1) 居民消费 指常住住户在一定时期内对于货物和服务的全部最终消费。居民关于货物的最终消费支出在货物的所有权发生变化时记录，关于服务的最终消费支出在服务提供的时候记录。居民消费按市场价格计算，即按居民支付的购买者价格计算，货物的购买者价格是购买者取得交货所支付的价格，它包括购买者支付的运输和商业费用。居民消费除了包括直接以货币形式购买的货物和服务的消费支出外，还包括以其他方式获得的货物和服务的消费支出，即所谓的虚拟消费支出。居民虚拟消费支出包括如下几种类型：单位以实物报酬及实物转移的形式提供给劳动者的货物和服务；住户生产并由本住户消费了的货物和服务，其中的服务仅指住户的自有住房服务；金融机构提供的金融媒介服务；保险公司提供的保险服务。

(2) 政府消费 指政府部门为全社会提供的公共服务的消费支出和免费或以较低的价格向居民住户提供的货物和服务的净支出，前者等于政府服务的产出价值减去政府单位所获得的经营收入的价值，政府服务的产出价值等于它的经常性业务支出加上固定资产折旧；后者等于政府部门免费或比较低价格向居民住户提供的货物和服务的市场价值减去向住户收取的价值。

资本形成总额 指常住单位在一定时期内购置、转入和自产自用的固定资产，扣除固定资产的销售和转出后的价值。可分为有形固定资产形成总额和无形固定资产形成总额。

有形固定资产总额包括一定时期内完成的建筑工程、安装工程和设备工器具购置(减处置)价值，以及土地改良、新增役、种、奶、毛、娱乐用牧畜和新增经济林木价值。

无形固定资产形成总额包括矿藏的勘探、计算机软件、娱乐和文学艺术品原件等获得减处置。

存货增加 指常住单位在一定时期内存货实物量变动的市场价值，即期末价值减期初价值的差额。存货增加可以是正值，也可以是负值；正值表示存货上升，负值表示存货下降。它包括生产单位购进的原材料、燃料和储备物资等存货，以及生产单位生产的产成品、在制品等存货等。

货物和服务净出口 指货物和服务出口减货物和服务进口的差额。出口包括常住单位从非常住单位出售或无偿转让的各种货物和服务的价值；进口包括常住单位从非常住单位购买或无偿得到的各种货物和服务的价值。由于服务活动的提供与使用同时发生，因此服务的进出口业务并不发生出入境现象，一般把常住单位从国外得到的服务作为进口，非常住单位从本国得到的服务作为出口。货物的出口和进口都按离岸价格计算。

人　　口

人口数 指一定时点、一定地区范围内的有生命的个人的总和。

年度统计的年末人口数是指每年12月31日24时的人口数。

常住人口、现有人口和户籍人口 常住人口，指在调查区域内经常居住的人口，具体包括三款人：1.户口登记地在调查区域并且在该区域内常住的人口（不包括户口登记地在调查区域内但长期外出的人口）；2.户口登记地不在调查区域但在该区域内常住的人口；3.在任何地方都没有登记户口，在该区域内居住的人口。现有人口（又称在场人口或现场人口），指在某一调查时点时，调查区域内的全部人口。现有人口的统计不考虑调查对象户口登记地的情况和居住时间的长短，只要调查时点时在场的人口都包括在内。现有人口不包括户口登记地在调查区域内但在调查时点暂时外出的人口。户籍人口，指在调查区域内有户口登记的人口。户籍人口的统计和常住人口以及现有人口不同，如果未办理户口迁入手续，不论在调查区域内居住时间有多长，都不能统计为户籍人口。由于常住人口资料的使用价值较高，便于进行行政管理、制订社会经济发展计划，现在我国的人口普查和每年进行的人口抽样调查均以常住地进行登记，一个人只能在一个地方登记。

市镇人口和乡村人口 按常住人口的居住地情况划分。

市镇人口 指地级市市辖区内的常住人口、县级市街道行政区域内的常住人口以及县级市和县下辖镇居委会行政区域内的常住人口。

乡村人口 指县级市和县下辖镇村委会行政区域内的常住人口以及县级市和县下辖乡行政域内的常住人口。

农业人口 指户籍人口统计中户口性质为农业人口的人口。

年平均人数 是年初、年底人口数的平均数，也可用年中人口数代替。

性别比 反映两性人口之间比例的指标。指在总人口中或在各年龄人口中，男性人数与女性人数之比。通常用每100个女性人口相应有多少男性人口表示。

出生率（又称粗出生率） 指在一定时期内(通常为一年)平均每千人所出生的人数的比率，一般用千分率表示。

出生人数是指活产婴儿，即胎儿脱离母体时(不管怀孕月数)，有过呼吸或其他生命现象。

死亡率（又称粗死亡率） 指在一定时期内(通常为一年)一定地区的死亡人数与同期平均人数(或期中人数)之比，一般用千分率表示。

在业人口（又称就业人口） 指在十五周岁及十五周岁以上人口中从事一定的社会劳动并取得劳动报酬或经营收入的人口。

不在业人口 指十五周岁以上人口中未从事社会劳动的人口。包括：在校学生、料理家务、待升学、市镇待业、离退休、退职、丧失劳动能力等非在业人口。

社会负担系数 指社会劳动人口与被抚养人口的比例。

人口密度 指平均单位土地面积上居住的人口数。一般以每平方公里上居住的人口数来表示。即某地区(某国家)的人口数除以该地区（该国家）的土地面积。

从业人员和职工工资

劳动力资源总数 指在劳动年龄内，具有劳动能力，在正常情况下，可能或实际参加社会劳动的人口数。劳动力资源的范围为：劳动年龄内(16周岁以上)，有劳动能力，实际参加社会劳动和未参加社会劳动的人员。劳动力资源也可划分为：经济活动人口和非经济活动人口。劳动力资源不包括下列人员：

(1) 在押犯人；

(2) 劳动年龄内丧失劳动能力的人员；

(3)16岁以下实际参加社会劳动的人员。

从业人员 指从事一定社会劳动并取得劳动报酬或经营收入的人员。包括：

(1) 全部职工

(2) 再就业的离退休人员

(3) 私营业主

(4) 个体户主

(5) 私营和个体从业人员

(6) 乡镇企业从业人员

(7) 农村从业人员

(8) 其他从业人员 （包括民办教师、宗教职业者等）。这一指标反映了一定时期内全部劳动力资源的实际利用情况，是研究我国基本国情国力的重要指标。

各单位的从业人员是指在各级国家机关、政党机关、社会团体及企业、事业单位中工作，并取得劳动报酬的全部人员。包括职工、再就业的离退休人员、民办教师以及在各单位中工作的外方人员和港、澳、台方人员。

各单位的从业人员反映了各单位实际参加生产或工作的全部劳动力。

在岗职工 指在本单位工作并由单位支付工资的人员，以及有工作岗位，但由于学习、病伤产假等原因暂未工作，仍由单位支付工资的人员。

在岗职工工资总额 指各单位在一定时期内直接支付给本单位全部在岗职工的劳动报酬总额，包括计时工资、计件工资、奖金、津贴、补贴、加班加点工资和其他工资（如附加工资、保留工资以及调整工资补发的上年工资等）。

计件工资 指对已做工作按计件单价支付的劳动报酬。包括：(1) 实行超额

累进计件、直接无限计件、限额计件、超定额计件等工资制，按照定额和计件单价支付给个人的工资；(2) 按工作任务包干方法支付给个人的工资；(3) 按营业额提成或利润提成办法支付给个人的工资。

计件超额工资 是计件工资的一部分，指计件工人超额完成定额任务后得到的工资。即计件工人实得的全部计件工资减去应得的计件标准工资后的数额。

奖金 指支付给职工的超额劳动报酬和增收节支的劳动报酬。

津贴和补贴 指为了补偿职工特殊或额外的劳动消耗和因其他特殊原因支付给职工的津贴。

职工平均工资 指企业、事业、机关单位的职工在一定时期内平均每人所得到货币工资额。它表明一定时期职工工资收入的高低程度，是反映职工工资水平的主要指标。

职工平均实际工资 指扣除物价变动因素后的职工平均工资。

固定资产投资

固定资产投资额 是以货币形式表现的在一定时期内建造和购置固定资产的工作量以及与此有关的费用的总称。它是反映固定资产投资规模、结构和发展速度的综合性指标，又是观察工程进度和考核投资效果的重要依据。全社会固定资产投资包括国有经济单位投资、城乡集体及其他各种登记注册类型的单位投资和城乡个人投资。按照国家统计制度规定，固定资产投资统计范围包括：基本建设投资、更新改造投资、房地产开发投资和其他固定资产投资。

基本建设投资 指企业、事业、行政单位以扩大生产能力或工程效益为主要目的的新建、扩建工程及有关工作的投资。包括：(1) 列入中央和各级地方本年基本建设计划的建设项目，以及虽未列入本年基本建设计划，但使用以前年度基建计划内结转投资（包括利用基建库存设备材料）在本年继续施工的建设项目；(2) 本年基本建设计划内投资与更新改造计划内投资结合安排的新建项目和新增生产能力（或工程效益）达到大中型项目标准的扩建项目，以及为改变生产力布局而进行的全厂性迁建项目；(3) 国有单位既未列入基建计划，也未列入更新改造计划的总投资在 50 万元以上的新建、扩建、恢复项目和为改变生产力布局而进行的全厂性迁建项目，以及行政、事业单位增建业务用房和行政单位增建生活福利设施的项目。

更新改造投资 是指企业、事业单位对原有设施进行固定资产更新和技术改造，以及相应配套的工程和有关工作（不包括大修理和维护工程）的投资。包括：(1) 列入中央和各级地方本年更新改造计划的投资单位（或项目）以及虽未列入本年更新改造计划，但使用上年更新改造计划内结转的投资在本年继续施工的单位（或项目）；(2) 本年更新改造计划内投资与基本建设计划内投资结合安排的对企、事业单位原有设施进行技术改造或更新的项目、和增建主要生产车间、分厂等其新增生产能力（或工程效益）未达到大中型项目标准的项目，以及由于城市环境保护和安全生产的需要而进行的迁建工程；(3) 国有企、事业单位既未列入基建计划也未列入更新改造计划，总投资在 50 万元以上的属于改建或更新

改造性质的项目，以及由于城市环境保护和安全生产的需要而进行的迁建工程。

房地产开发投资 各种登记注册类型的房地产开发公司、商品房建设公司及其他房地产开发单位统一开发的包括统代建、拆迁还建的住宅、厂房、仓库、饭店、宾馆、度假村、写字楼、办公楼等房屋建筑物和配套的服务设施、土地开发工程，如道路、给水、排水、供电、供热、通讯、平整场地等基础设施工程。包括实际从事房地产开发或经营活动的附营房地产开发单位。不包括单纯的土地交易活动。

其他固定资产投资 全社会固定资产投资中未列入基本建设、更新改造和房地产开发投资的建造和购置固定资产的投资。具体包括：

(1) 国有单位按规定不纳入基本建设计划和更新改造计划管理，计划总投资（或实际需要总投资）在 50 万元以上的项目和工程投资，包括用油田维护费和石油开发基金进行的油田维护和开发工程完成的投资；煤炭、铁矿、森工等采掘采伐业用维简费进行的开拓延伸工程完成的投资；交通部门用公路养路费对原有公路、桥梁进行改建的工程完成的投资；商业部门用简易建筑费建造的仓库工程完成的投资。

(2) 城镇集体经济单位固定资产投资：指所有隶属省辖市、县级市和县城（乡镇企业局管理的除外）建造和购置固定资产计划总投资（或实际需要总投资）在 50 万元以上未列入基本

建设计划和更新改造计划的单位（项目）的投资。

(3) 除国有、城镇集体以外的其他各种登记注册类型的企业、事业单位（包括城镇私营企、事业单位和个体经营户）建造和购置固定资产计划总投资（或实际需要总投资）在 50 万元以上的、未列入基本建设计划和更新改造计划的单位（项目）。

(4) 城镇和工矿区私人建房投资包括市、县城、镇、工矿区所辖范围内的全部私人建房，不论其房主是否系本地的常住户口均应包括。

(5) 农村固定资产投资包括农村区域范围内进行固定资产投资活动的企业、事业、行政单位及农村个人。

固定资产投资的资金来源 根据固定资产投资的资金来源不同，分为国家预算内资金、国内贷款、债券、利用外资、自筹资金和其他资金来源。

(1) 国家预算内资金 分为财政拨款和财政安排的贷款两部分。包括中央财政的基本建设基金、专项支出、收回再贷、贴息资金、财政安排的挖潜改造和新产品试制支出、城建支出、

商业部门简易建筑支出、不发达地区发展基金等资金中用于固定资产投资的资金；地方财政中由国家统筹安排的固定资产投资资金等。

(2) 国内贷款 指报告期固定资产投资单位向银行及非银行金融机构借入的用于固定资产投资的各种国内借款，包括银行利用自有资金及吸收的存款发放的贷款、上级主管部门拨入的国内贷款、国家专项贷款（包括煤代油贷款、劳改煤矿专项贷款等），地方财政专项资金安排的贷款、国内储备贷款、周转贷款等。

(3) 债券 是企业（公司）或金融机构通过发行各种债券，筹集用于固定资产投资的资金，包括由银行代理国家专业投资公司发行的重点企业债券和基本建设债券。

(4) 利用外资 指报告期内收到的用于固定资产建造和购置投资的境外资金（包括设备、材料、技术）。包括外商直接投资、对外借款及外商其他投资。不包括我国自有外汇资金。国家统借统还的外资：是指由我国政府出面同外国政府、团体或金融组织签订贷款协议，并负责偿还本息的国外贷款。

(5) 自筹资金 指固定资产投资单位报告期内收到的，由各地区、各部门及企事业单位筹集用于固定资产投资的预算外资金，包括中央各部门、各级地方和企事业单位的自有资金。

(6) 其他资金来源 指报告期收到的除以上各种资金之外其他用于固定资产投资的资金。包括社会集资、个人资金、无偿捐赠的资金及其他单位拨入的资金。

施工项目 指报告期内进行过建筑或安装施工活动的项目。凡是报告期内施过工的建设项目，不论施工时间长短，均作为施工项目统计。

全部建成投入生产（或交付使用）项目 工业项目是指设计文件规定形成生产能力的主体工程及其相应配套的辅助设施全部建成，经负荷试运转，证明具备生产设计规定合格产品的条件，并经过验收鉴定合格或达到竣工验收标准，与生产性工程配套的生产福利设施可以满足近期正常生产的需要，正式移交生产的建设项目。非工业项目是指设计文件规定的主体工程和相应配套工程全部建成，能够发挥设计规定的工程效益，经验收鉴定合格或达到竣工验收标准，正式移交使用的建设项目。

新增生产能力（或工程效益） 指通过固定资产投资活动而增加的设计能力（或工程效益），是以实物形态表示的固定资产投资成果的指标，也是考核投资经济效果的重要依据之一。

房屋建筑面积 是房屋建筑物勒脚以上外墙外围的水平截面面积，包括房屋建筑物的有效面积和结构面积。房屋建筑面积统计指标是从实物形态上反映建设规模和建设成果的重要指标之一，也是检查工程形象进度、计算工程造价、分析投资效果、研究施工任务和建筑材料之间平衡情况的重要依据。

住宅 指供人们居住的房屋，包括职工家属宿舍、集体宿舍（包括职工单身宿舍和学生宿舍）及供居住的各种公寓等。住宅建筑面积中不包括作为人防用、不住人的地下室面积和供办公用的公寓。

房屋施工面积 指在报告期内施工的全部房屋建筑面积。包括本期新开工的面积和上期开工跨入本期继续施工的房屋面积，以及上期已停建在本期恢复施工的房屋面积。本期竣工和本期施工后又停缓建的房屋，其建筑面积仍计入本期房屋施工面积中。

房屋竣工面积 指在报告期内房屋建筑按照设计要求已经全部完工，达到住人和使用条件，经验收鉴定合格（或达到竣工验收标准），正式移交使用单位的各栋房屋建筑面积的总和。

新增固定资产 指已经完成建造和购置过程，并已交付生产或使用单位的固定资产的价值。它是表示固定资产投资成果的价值指标，也是反映建设进度，计算固定资产投资效果的重要数据。

能源生产和消费

能源生产总量 指一定时期内全国（地区）一次能源生产量的总和，是观察全国（地区）能源生产水平、规模、构成和发展速度的总量指标。一次能源生产量包括原煤、原油、天然气、水电、核能及其他动力能（如风能、地热能等）发电量。不包括低热值燃料生产量、生物质能、太阳能等的利用和由一次能源加工转换而成的二次能源产量。

能源消费总量 指一定时期内全国（地区）物质生产部门、非物质生产部门和生活消费的各种能源的总和，是观察能源消费水平、构成和增长速度的总量指标。能源消费总量包括原煤和原油及其制品、天然气、电力，不包括低热值燃

料、生物质能和太阳能等的利用。能源消费总量分为三部分，即终端能源消费量、能源加工转换损失量和损失量。

(1) 终端能源消费量　指一定时期内全国（地区）物质生产部门、非物质生产部门和生活消

费的各种能源在扣除了用于加工转换二次能源消费量和损失量以后的数量。

(2) 能源加工转换损失量　指一定时期内全国　（地区）投入加工转换的各种能源数量之和

与产出各种能源产品之和的差额。它是观察能源在加工转换过程中损失量变化的指标。

(3) 能源损失量　指一定时期内能源在输送、分配、储存过程中发生的损失和由客观原因造
成的各种损失量。不包括各种气体能源放空、放散量。

财　政

财政收入　指国家财政参与社会产品分配所取得的收入，是实现国家职能的财力保证。财政收入所包括的内容几经变化，目前主要包括：

(1) 各项税收　包括增值税、营业税、消费税、土地增值税、城市维护建设税、资源税、城市土地使用税、印花税、个人所得税、企业所得税、关税、农牧业税和耕地占用税等。

(2) 专项收入　包括征收排污费收入、征收城市水资源费收入，教育费附加收入等。

(3) 其他收入　包括基本建设贷款归还收入、基本建设收入、捐赠收入等。

(4) 国有企业计划亏损补贴　这项为负收入，冲减财政收入。主要包括对工业企业商业企业、粮食企业的补贴。

财政支出　指国家财政将筹集起来的资金进行分配使用，以满足经济建设和各项事业的需要，主要包括：基本建设支出、企业挖潜改造资金、地质勘探费用、科技三项费用、支援农村生产支出、农村水利气象等部门的事业费用、工业交通商业等部门的事业费、文教科学卫生事业费、抚恤和社会福利救济费、国防支出、行政管理费、政策性补贴支出等项目。

中央财政收入和地方财政收入　指按现行分税制财政体制划分的中央本级收入和地方本级收入。1994 年实行分锐制财政体制以后，属于中央财政的收入包括关税、海关代征消费税和增值税，消费税，中央企业所得税，地方银行和外资银行及非银行金融企业所得税，铁道部门、各银行总行、各保险总公司等集中缴纳的营业税、利润和城市维护建设税，车辆购置税，船舶吨税，增值税的 75% 部分，证券交易税 (印花税)94% 部分，个人所得税中的利息所得税，利息所得税之外的个人所得税中央分享的部分，海洋石油资源税。属于地方财政的收入包括营业税，地方企业所得税，利息所得税之外的个人所得税地方分享的部分，城镇土地使用税，固定资产投资方向调节税，城镇维护建设税，房产税，车船使用税，印花税，屠宰税，农牧业税，农业特产税，耕地占用税，契税，土地增值税、国有土地有偿使用收入，增值税 25% 部分，证券交易税 (印花税)6% 部分和除海洋石油资源税以外的其他资源税。

中央财政支出和地方财政支出　指根据政府在经济和社会活动中的不同职责，划分中央和地方政府的责权，按照政府的责权划分确定的支出。中央财政支出包括国防支出，武装警察部队支出，中央级行政管理费和各项事业费，重点建设支出以及中央政府调整国民经济结构、协调地区发展，实施宏观调控的支出。地方财政支出主要包括地方行政管理和各项事业费，地方统筹的基本建设、技术改造支出，支援农村生产支出，城市维护和建设经费，价格补贴支出等。

预算外资金收支　预算外资金指国家机关、事业单位和社会团体为履行或代行政府职能，依据国家法律、法规和具有法律效力的规章而收取、提取和安排使用的未纳入国家预算管理的各种财政性资金。其范围主要包括法律、法规规定的行政事业性收费、政府性基金和附加收入等；国务院或省级人民政府及其财政、计划 (物价) 部门审批的行政事业性收费；国务院及财政部审批建立的政府性基金、附加收入等；主管部门所属单位集中上缴资金；用于乡镇政府开支的乡自筹和乡统筹资金；其他未纳入预算管理的财政性资金。社会保障基金在国家财政尚未建立社会保障预算制度以前，先按预算外资金管理制度进行管理，专款专用。财政部门在银行开设统一的专户，用于预算外资金收入和支出管理。部门和单位的预算外收入必须上缴同级财政专户，支出由同级财政按预算外资金收支计划和单位财务收支计划统筹安排，从财政专户中拔付，实行收支两条线管理。

财政一般预算收入　通过一定的形式和程序有计划组织由国家支配纳入预算管理的资金。

财政一般预算支出　国家对集中的预算收入，有计划的分配和使用而安排的支出。

财政总收入　指一般预算收入、基金收入、上划中央两税收入、上划中央所得税和上划省市共享税收入的总和。

物价指数

物价指数　是用来反映报告期所销售（或购进）的全部商品价格总水平比基期水平升降变动程度的相对数。通常以百分数表示，是一种经济指数。

物价指数按其包括范围的不同，分为单项商品价格指数（或称个体物价指数）、商品类别价格指数（或称物价类指数）和物价总指数。反映某种商品的平均价格水平变动程度的指数叫做单项商品价格指数；反映某一类或全部商品价格总水平变动程度的指数，叫物价类指数或物价总指数。物价指数按其所采用基期的不同，分为环比物价指数（以上一期为基期）、年距环比物价指数（以上年同期为基期）和定期物价

指数（以某一固定时期为基期）。目前国家统计部门编制的物价指数主要有：居民消费价格指数，商品零售价格指数，农副产品收购价格指数等。

商品零售价格指数 是反映城乡商品零售价格变动趋势的一种经济指数。商品零售物价的调整变动直接影响到城乡居民的生活支出和国家的财政收入，影响居民购买力和市场供需平衡，影响消费与积累的比例。因此，计算商品零售价格指数，可以从一个侧面对上述经济活动进行观察和分析。

居民消费价格指数 是反映一定时期内城乡居民所购买的生活消费品价格和服务项目价格变动趋势和程度的相对数。是综合了城市居民消费价格指数和农民消费价格指数计算取得。利用居民消费价格指数，可以观察和分析消费品的零售价格和服务价格变动对城乡居民实际生活费支出的影响程度。

城市居民消费价格指数 是反映城市职工及其家庭所购买的生活消费品和服务项目价格变动趋势和程度的相对数。编制城市居民消费价格指数，可以观察和分析消费品的零售价格和服务项目价格变动对职工货币工资的影响，作为研究职工生活和确定工资政策的依据。

人民生活

居民消费水平 居民消费水平是指按人口平均计算的居民消费额。居民消费水平表明国家对人民的物质文化生活需要的满足程度，它是反映一个国家（或地区）的经济发展水平和人民物质文化生活水平的综合指标。

居民消费水平，可以按国内生产总值口径，即包括劳务以内的总消费进行计算。根据计算居民消费的不同价格，可以计算出按当年价格计算的居民消费水平和按可比价格计算的居民消费水平，后者便于观察居民实际消费水平的增长变化。为了观察居民消费的实物构成，还可以进一步计算各种消费品的平均消费的数量和金额，以反映居民在取得基本生存资料的基础上逐步向需要享受资料和发展资料的方向发展的趋势。

城镇居民家庭可支配收入 指被调查的城镇居民家庭总收入在支付交纳所得税、个人交纳的社会保障支出以及扣除调查户的记帐补贴后的收入。

城镇居民家庭消费性支出 指被调查的城镇居民家庭用于本家庭日常生活的全部支出，包括食品、衣着、家庭设备用品及服务、医疗保健、交通和通讯、娱乐教育文化服务、居住、杂项商品和服务八大类支出。

农村居民全年总收入 是指农村居民家庭年内从各种来源得到的全部实际收入（包括现金收入和实物收入）。由工资性收入、家庭经营收入、转移性收入和财产性收入四部分组成。

农村居民家庭纯收入 指农村居民家庭当年从各种来源渠道得到的总收入，相应地扣除获得收入所发生的费用后的收入总和，纯收入可直接用于进行生产性、非生产性建设投资、生活消费和积蓄。农村居民家庭纯收入包括从事生产性和非生产性的经营收入，取自在外人口寄回带回和国家财政救济、各种补贴等非经营性收入，既包括货币收入，也包括自产自用的实物收入。但不包括向银行、信用社和向亲友借款等属于非收入所得的收入。

农村居民家庭生活消费支出 指农村居民家庭用于日常生活的全部开支，是反映和研究农村居民家庭实际生活消费水平高低的重要指标。

城乡居民储蓄存款余额 指某一时点城乡居民存入银行及农村信用社的储蓄金额，包括城镇居民储蓄存款和农村居民个人储蓄存款，不包括居民的手存现金和工矿企业、部队、机关、团体等单位存款。

农　业

农林牧渔业总产值 农林牧渔业总产值是以货币表现的农林牧渔业的全部产品总量和对农林牧渔业生产活动进行的各种支持性服务活动的价值。它反映一定时期内农林牧渔业生产总规模和总成果，是观察农林牧渔业生产水平和发展速度，研究农林牧渔业内部比例关系、农林牧渔业与工业、农林牧渔业与国家建设、人民生活比例关系的重要指标，同时也是计算农林牧渔业劳动生产率和农林牧渔业增加值的基础资料。

常用耕地 指耕地总资源中专门种植农作物并经常进行耕种、能够正常收获的土地。包括当年实际耕种的熟地；弃耕、休闲不满三年，随时可以复耕的地；开荒利用三年以上的地；小于 1 米宽的沟、渠、路、田埂。不包括临时种植农作物的坡度在 25 度以上的陡坡地；在河套、湖畔、库区临时开发的成片或零星土地；也不包括已列为国家和省退耕计划但仍临时耕种的土地。常用耕地分为基本农田和零星可用耕地。

农作物播种面积 是指一定生产季节结束时实际播种或移植有农作物的面积。播种面积的大小，反映农作物的生产规模和耕地的利用程度。所以，正确地核算播种面积，对于组织农业生产活动，计算农作物产量，研究农作物的种植结构和分布情况以及制定各项增产技术措施，都是非常必要的。

播种面积的统计年度，凡是能在本日历年度内（自 1 月 1 日至 12 月 31 日）收获的农作物（包括上年秋冬播和本年春播、夏播以及南方地区的晚秋播而在本年收获的全部作物）播种面积，都包括在内。

农作物总产量 是指在一定时期内（通常是一年）生产的各种农作物产品总产量。它是衡量农业生产成果，统筹安排城乡人民生活，研究生产、积累和消费比例关系及编制国民经济计划的基本数据。不论是种植在耕地上或非耕地上的农作物产量，都包括在内。有的农作物收割期较长，虽在当年冬季就开始收割，但需跨年延到来年春季才能收完的，仍计算为本年农作物总产量。

农作物总产量是指全社会的产量，包括国有农场等国有经济单位的产量、集体统一经营的和农户承包地的产量，还包括农民自留地、工矿企业职工家属办的农场和其他单位生产的农作物产量。

农作物总产量是统计晒干入库的产量。有些地区，粮食脱粒、晒干、入库比较迟，是按照折干比例折成晒干的粮食产量进行统计的。

农业机械总动力 是指主要用于农、林、牧、渔业的各种动力机械的动力总和。包括耕作机械、排灌机械、收获机械、农产品加工机械、运输机械、植保机械、牧业机械、林业机械、渔业机械和其他农业机械。内燃机按引擎马力计算，电动机功率折成马力计入。

乡镇企业 是指农村乡（包区、镇）、村、组各级集体办、联户办和个体办的，从事工业、建筑业、交通运输业、商业饮食业、服务业和其他生产经营活动的经济组织，以及农村乡（包括区、镇）、村集体举办的农业企业。

乡镇企业必须同时具备以下四个条件：

(1) 有固定的（或相对固定的）生产经营组织、场所、设备和从事生产经营的人员。

(2) 常年从事生产经营活动，或从事季节性生产经营，全年开工时间在三个月以上。

(3) 具备独立核算的条件，或虽非独立核算单位但有单独的帐目。

(4) 有当地工商行政或有关部门颁发的营业（经营）执照。此条件农业企业除外。

乡镇企业总产值 是以货币表现的乡镇农业、工业、建筑业、交通运输业、商业饮食业五大物质生产部门的全部产品的总量，即乡镇农业产值、工业产值、建筑业产值、交通运输业产值、商业饮食业产值之和。

乡镇企业总收入 指乡镇企业的全部收入。包括农业、工业、建筑业、交通运输业、商业饮食业、服务业和其它企业的经营收入、产品销售收入、劳务收入和其它收入。

(1) 农业企业以实际收入计算；

(2) 工业企业以产品销售收入和其它收入计算；

(3) 建筑业收入总包单位以全价计算总收入，非总包单位以实际收入计算；

(4) 交通运输业以实际收入计算；

(5) 商业的零售商店按零售额计算总收入，批发部门、代购代销、物资供销、仓储等均以手续费计算总收入。饮食业按营业额计算总收入；

(6) 服务业以实际收入计算；

(7) 其它企业以实际收入计算；

工　业

工业增加值 指工业企业在报告期内以货币形式表现的工业生产活动的最终成果，是企业全部生产活动的总成果扣除了在生产过程中消耗或转移的物质产品和劳务价值后的余额，是企业生产过程中新增加的价值。

计算工业增加值通常采用两种方法。一是"生产法"，即从工业生产过程中产品和劳务价值形成的角度入手，剔除生产环节中间投入的价值，从而得到新增价值的方法。公式为：

工业增加值＝工业总产值－工业中间投入＋本期应交增值税

二是"收入法"，即从工业生产过程中创造的原始收入初次分配的角度，对工业生产活动最终成果进行核算的一种方法，其计算公式为：

工业增加值＝固定资产折旧＋劳动者报酬＋生产税净额＋营业盈余

工业总产值 是以货币形式表现的，工业企业在一定时期内生产的工业最终产品或提供工业性劳务活动的总价值量。

计算工业总产值应遵循三条基本原则。

①工业生产的原则：即凡是企业在报告期生产的经检验合格的产品，不管是否在报告期销售，均应包括在内。反之亦然，凡不是本企业生产的产品，均不计入本企业的工业总产值中。

②最终产品的原则：即凡是计入工业总产值的产品必须是本企业生产经检验合格，不需再进行任何加工的最终产品。如果企业有中间产品（半成品）对外销售，那么对外销售的中间产品也应视为企业的最终产品。

③工厂法原则：即工业总产值是以工业企业作为基本计算（核算）单位，即按企业的最终产品计算工业总产值。按这种方法计算的工业总产值，不允许同一产品价值在企业内部重复计算，但允许企业间的重复计算。

工业总产值包括本期生产成品价值、对外加工费收入，在制品半成品期末期初差额价值三部分。

①本期生产成品价值：是指企业本期生产，并在报告期内不再进行加工，经检验、包装入库的全部工业成品（半成品）价值合计，包括企业生产的自制设备及提供给本企业在建工程、其他非工业部门和生活福利部门等单位使用的成品价值。本期生产成品价值按自备原材料生产的产品的数量乘以本期不含增值税（销项税额）的产品实际销售平均单价计算；会计核算中按成本价格转帐的自制设备和自产自用的成品，按成本价格计算生产成品价值。生产成品价值中不包括用定货者来料加工的成品（半成品）价值。

②对外加工费收入：是指企业在报告期内完成的对外承接的工业品加工（包括用定贷者来料加工产品）的加工费收入和对外工业修理作业所取得的加工费收入。对外加工费收入按不含增值税（销项税额）的价格计算，可根据会计"产品销售收入"科目的有关资料取得。

对于本企业对内非工业部门提供的加工修理、设备安装的劳务收入，如果企业会计核算基础比较好，能取得这部分资料，而且这部分价值所占比重较大，应包括在对外加工费收入中。

③自制半成品在制品期末期初差额价值：是指企业报告期自制半成品、在制品期末减期初的差额价值，本指标一般可从会计核算资料中取得。如果会计产品成本核算中不计算半成品、在制品的成本，则总产值也不包括这部分价值，反之则包括。

工业销售产值 是以货币形式表现的，工业企业在一定时期内销售的本企业生产的工业产品或提供工业性劳务活动的价值总量。

工业销售产值包括以下内容：

①销售成品价值：指企业在报告期内实际销售(包括本企业本期生产和非本期生产)的全部成品、半成品的总金额，即按报告期产品实际销售量乘以不含增值税(销项税额)的产品实际销售平均单价计算。销售成品价值包括为本企业在建工程，生活福利部门等提供的成品和自制设备价值。不包括用定货者来料加工的成品和半成品价值。

②对外加工费收入：是指企业在报告期内完成的对外承接的工业品加工(包括用定货者来料加工产品)的加工费收入；对外工业品修理作业可收取的加工费收入和对内非工业部门提供的加工修理、设备安装等收入。对外加工费收入按不含增值税(销项税额)的价格计算。

工业总产值与销售产值的区别在于：

①工业销售产值计算的基础是工业产品销售总量，不管是否本期生产，只要是在本期销售的都应计算工业销售产值，因此工业销售产值是以产品所有权的转移为计算原则；工业总产值的计算基础是工业产品生产总量，只要是本期生产的不论是已销售的还是尚未销售的都要计算工业总产值，所以工业部产值是以产品的生产为计算原则。

②销售产值不含半成品在制品期末期初差额价值，而工业总产值包括。

实收资本 指企业实际收到的投资人投入的资本。按投资主体可分为国家资本、集体资本、法人资本、个人资本、港澳台资本和外商资本等。

资产 指企业拥有或控制的能以货币计量的经济资源，包括各种财产、债权和其他权利。资产按其流动性(即资产的变现能力和支付能力)划分为：流动资产、长期投资、固定资产、无形资产、递延资产和其他资产。该指标根据会计"资产负债表"中"资产总计"项的期末数填列。

①流动资产 是指可以在一年内或者超过一年的一个生产周期变现或者耗用的资产。流动资产可以按变现能力(程度)划分，包括现金及各种存款、短期投资、应收及预付款项、存货。

②长期投资 是指不可能或者不准备在一年内变现的投资。

③固定资产 是指使用年限在一年以上，单位价值在规定标准以上，并在使用过程中保持原有物质形态的资产，包括房屋及建筑物、机器设备、运输设备、工具器具等。

④无形资产 是指企业长期使用而没有实物形态的资产，包括专利权、非专利技术、商标权、著作权、土地使用权、商誉等。

⑤递延资产 是指不能全部计入当年损益，应当在以后年度内分期摊销的各项费用，包括开办费、租入固定资产的改良及大修理支出等。

⑥其他资产 是指除以上各项之外的资产，如特种储备资产、银行冻结存款、冻结物资、涉及诉讼中的财产等。

所有者权益 是企业投资人对企业净资产的所有权，企业净资产等于企业全部资产减去全部负债后的余额，其中包括企业投资人对企业的最初投入以及资本公积金、盈余公积金和未分配利润，对股份制企业所有者权益即为股东权益。

营业收入 是按企业在销售产品(商品)或提供劳务等经营业务中实现的收入。一般可分为主营业务收入(或基本业务收入)和其他业务收入(或附营业务收入)两部分。

营业成本 是指产品的生产成本，即企业为生产产品所发生的制造成本。

由于各行业企业生产经营的范围和性质不同，企业的营业成本的范围和内容也不完全相同。一般来说，工业企业营业成本就是产品销售成本；贸易企业是指为之出售的商品在流通过程中所发生的各种直接费用和间接费用。服务性企业是指为提供服务而支出的各种服务费用以及各种材料和工资。

营业利润 是指企业从事生产经营活动所产生的利润，分为主营业务利润和其他业务利润。

产品销售收入 指企业销售产品的销售收入和提供劳务等主要经营业务取得的业务总额。

产品销售成本 指企业销售产品和提供劳务等主要经营业务的实际成本。

产品销售税金及附加 指企业销售产品和提供工业性劳务等主要经营业务应负担的城市维护建设税、消费税、资源税和教育费附加。

产品销售利润 指企业销售产品和提供工业性劳务等主要经营业务收入扣除其成本、费用、税金后的利润。

利润总额 是企业在一定时期内实现的盈亏总额。

应交增值税 指企业在报告期内应交纳的增值税额。

固定资产原价 指企业在建造、购置、安装、改建、扩建、技术改造某项固定资产时所支出的全部货币总额。它一般包括买价、包装费、运杂费和安装费等。一般用以反映企业的生产规模，以及企业拥有的物质技术基础。

固定资产净值 是指固定资产原价减去历年已提折旧额后的净额。一般用以说明企业固定资产的现有实际价值。

流动资产 是指可以在一年或者超过一年的一个营业周期内变现或者耗用的资产，包括现金及各种存款、短期投资、应收及预付货款、存货等。

利税总额 指企业产品销售税金及附加和利润总额之和

批发零售及餐饮业

社会消费品零售总额 指各种经济类型的批发零售贸易业、餐饮业和其他行业对城乡居民和社会集团的消费品零售额的总和。这个指标反映通过各种商品流通渠道向居民和社会集团供应的生活消费品满足他们生活需要的情况，是研究人民生活、社会消费品购买力、货币流通等方面的重要指标。

批发零售贸易业商品销售总额 指对本企业(单位)以外的单位和个人出售(包括对境外直接出口)的商品金额。这个指标反映批发零售贸易业在国内市场上销售商品以及出口商品的总量。

建筑业

建筑业总产值 指以货币表现的建筑业企业在一定时期内生产的建筑业产品和服务的总和。建筑业总产值包括三部分内容：

(1)建筑工程产值：指列入建筑工程预算内的各种工程价值。

(2)安装工程产值：指设备安装工程价值。

(3)其他产值：建筑业总产值中除建筑工程、安装工程以外的产值。包括房屋构筑物修理产值、非标准设备制造产值、总包企业向分包企业收取的管理费以及不能明确划分的施工活动所完成的产值。

①房屋构筑物修理产值：指房屋和构筑物的修理所完成的价值，但不包括被修理房屋构筑物的本身价值和生产设备的修理价值。

②非标准设备制造产值：指加工制造没有定型的非标准生产设备的加工费和原材料价值以及附属加工厂为本企业承建工程制作的非标准设备的价值。

建筑业增加值 是指建筑业企业在报告期内以货币表现的建筑业生产经营活动的最终成果。建筑业增加值有两种计算方法：一是生产法，即建筑业总产出减去建筑业中间消耗后的余额。二是分配法(收入法)，即从收入的角度出发，根据生产要素在生产过程中应得到的收入份额计算，具体构成项目有固定资产折旧、劳动者报酬、生产税净额、营业盈余。目前，建筑业统计报表制度中采用分配法(收入法)计算建筑业增加值。

竣工产值 一般是以单位工程为对象，当该工程按照设计所规定的工程内容全部完成，达到了设计规定的交工条件，经有关部门检查验收鉴定合格的单位工程价值，即为竣工产值。

房屋施工面积 指在报告期内施过工的全部房屋建筑面积，它包括本期新开工的房屋面积、上期跨入本期继续施工的房屋面积、上期停缓建在本期恢复施工的房屋面积、本期竣工的房屋面积以及本期施工后又停缓建的房屋面积。

房屋竣工面积 指在报告期内房屋建筑按照设计要求已全部完工，达到了使用条件，经检查验收鉴定合格的房屋建筑面积。

工程结算收入 指本企业承包工程实现的工程价款结算收入以及向发包单位收取的除工程价款以外按规定列作营业收入的各种款项，如临时设施费、劳动保险费、施工机构调迁费等以及向发包单位收取的各种索赔款。

工程结算利润 指已结算工程实现的利润。其计算公式为：

工程结算利润＝工程结算收入－工程结算成本－工程结算税金及附加

企业总收入 指与企业生产经营直接有关的各项收入，包括工程结算收入和其他业务收入，即：

企业总收入＝工程结算收入＋其他业务收入

运输邮电业

公路里程 指在一定时点上实际达到交通部规定的公路技术等级标准，并经公路主管部门正式验收交付使用的公路里程数。其计算单位为：km。它包括大中城市的郊区公路以及公路通过城镇(县城、集镇)街道的里程数，也包括桥梁、隧道长度和渡口宽度，但不包括大中城市的街道、厂矿、林区内部生产用道和农业生产用道的里程。两条或多条公路共同经由同一路段，只计算一次，不得重复计算里程长度。

货(客)运量 指在一定时期内运输业实际运送的货物(旅客)数量。货运按吨计算，客运按人计算。货物不论运输距离长短，货物类别，均按实际重量统计；旅客不论行程远近或票价多少，均按一人一次作为客运量统计。半价票、小孩票也按一人统计。

货(客)运密度 指在一定时期内某种运输方式运输线路的某一区段平均每公里线路通过的货物(旅客)运输周转量。计量单位是吨(人)公里/公里。计算公式为：

$$货(客)运密度=\frac{货物(旅客)周转量}{线路营业里程}$$

货物(旅客)周转量 指在一定时期内运输业实际运送的货物(旅客)数量与其相应运输距离的乘积之和。计量单位是吨(人)公里。

沿海主要港口货物吞吐量 指经由水运进出沿海主要港区范围，并经过装卸的货物数量，包括邮件及办理托运手续的行李、包裹以及补给运输船舶的燃、物料和淡水。其计量单位为吨。吞吐量可以分为进口、出口，又可以分为国内贸易和对外贸易。

邮电业务总量 指以货币表现的邮电部门为用户传递信息和提供其他邮电服务的总数量。它用各种邮电分类业务量，如函件件数、电报份数、长话次数、城市电话和乡村电话的年均户数、订销报刊累计份数等，分别乘以相应的平均单价(不变价），加总后再加上出租电路和设备的收入、代用户维护电话交换机和线路等设备的收入、其他业务收入求得。

城市电话用户 指按行政区划属于中央直辖市、省辖市、地级市、县级市的市区、市郊区及县城区范围内的电话用户数。包括分布在农村地区但以县团级以上建制的独立工矿区、林区、驻军的电话用户。N–ISDN 用户、无线接入（PHS）电话用户、智能网专用接入终端用户、集中用户交换机（Centrex）用户均按城市电话用户统计。计量单位为户。

乡村电话用户 指按行政区划属于城市范围以外的乡（镇）、村电话用户。计量单位为户。

移动电话用户 指在邮电部门登记，通过移动电话交换机进入移动电话网、占有移动电话号码的电话用户。用户数量以实际办理登记手续进入邮电部门移动电话网的户数进行计算，一部或一台移动电话统计为一户。

对外经济贸易和旅游

进出口总额 海关进出口总额指实际进出我国国境的货物总金额。包括对外贸易实际进出口货物，来料加工装配进出口货物，国家间、联合国及国际组织无偿援助物资和赠送品，华侨、港澳台同胞和外籍华人捐赠品，租赁期满归承租人所有的租赁货物，进料加工进出口货物，边境地方贸易及边境地区小额贸易进出口货物（边民互市贸易除外），中外合资经营企业、中外合作经营企业、外商独资经营企业进出口货物和公用物品，到、离岸价格在规定限额以上的进出口货样和广告品（无商业价值、无使用价值和免费提供出口的除外），从保税仓库提取在中国境内销售的进口货物，以及其他进出口货物。进出口总额用以观察一个国家在对外贸易方面的总规模。我国规定出口货物按离岸价格统计，进口货物按到岸价格统计。

利用外资 指我国各级政府、部门、企业和其他经济组织通过对外借款、吸收外商直接投资以及用其他方式筹措的境外现汇、设备、技术等。但不包括下列资金：(1) 我国自有的外汇资金，如国家外汇、地方外汇、留成外汇、调剂外汇和中国银行等金融机构用自有资金发放的外汇贷款等；(2) 各地方、各部门接受华侨、港澳同胞的捐赠资金，以及联合国和其他国际组织无偿赠送的资金和援建的项目；(3) 租赁公司进出口设备转租赁的项目；(4) 我国企业或其他组织在境外投资利润（股息）的收支；(5) 国家进口计划中用国家外汇支付的外贸进口延期付款。利用外资的方式有：对外借款，外国（或港澳地区）企业和经济组织或个人在我国境内开办独资企业，与我国境内的企业或组织共同开办合资企业合作经营（企业）项目或合作开发资源，以及补偿贸易、国际租赁等。

实际利用外资额 是指根据投资协议（合同）实际执行的投资额。即贷款按实际提取数或拨交的使用数填列；客商直接投资项目（合同）的实际投资额，按客商实际投入的现金、实物、工业产权及专有技术的计价投资额数；商品信贷按到货数计算。凡是本年内的实际投资，不论是执行本年签订的协议或是执行过去几年签订的协议均计算在内。

对外借款 指我国政府、部门、企业和中国银行等单位向国际金融组织、外国政府、企业等借用的长期、短期资本，到期需还本付息。借款按不同渠道分：(1) 外国政府贷款；(2) 国际金融组织贷款；(3) 外国银行贷款；(4) 出口信贷；(5) 发行债券、股票。按借还方式分：(1) 统借统还；(2) 统借自还；(3) 自借自还。

外商直接投资 指外国企业和经济组织或个人（包括华侨、港澳同胞以及我在境外注册的企业）按我国有关政策、法规，在我国境内开办外商独资企业，与我国境内的企业或经济组织共同举办中外合资企业、合作经营企业或合作开发资源的投资以及外商从企业得到收益的再投资。

从 2001 年开始，外商直接投资统计口径作了调整。"外商直接投资"中"企业投资总额内的境外借款"只包括"企业投资总额内直接投资者对企业的贷款，即外方股东贷款"。

"直接投资者提供担保的第三方对企业的贷款即外方股东担保贷款"和"其他方式的企业境外借款即其他境外借款"不计入直接投资统计。

国际租赁 指出租者用自用资金，或向银行借款购买资本设备租给承租者在约定的期限内使用，承租者依约按期付给出租者一定租金，在租赁期内设备的使用属于承租者，设备的所有权属于出租者，租期满后，出租者对设备具有支配权：收回、作价出卖或赠送企业。

旅游人数 指来我国参观、访问、旅行、探亲、访友、休养、考察、参加会议和从事经济、科技、文化、教育、体育、宗教等活动的外国人、华侨、港澳和台湾同胞的人数。不包括外国在我国的常住机构，如使领馆、通讯社、企业办事处的工作人员；来我国常驻的外国专家、留学生以及在岸逗留不过夜人员。

国际旅游（外汇）收入 指入境旅游的外国人、华侨、港澳台同胞在中国大陆旅游过程中发生的一切旅游支出，对于国家来说就是国际旅游（外汇）收入。

金融和保险

信贷资金 指金融机构以信用方式积聚和分配的货币资金，金融机构信贷资金的来源有各项存款、对国际金融机构负债、流通中货币、银行自有资金及当年结益等。信贷资金的运用有各项贷款、黄金占款、外汇占款、财政借款及在国际金融机构中的资产等。

存款 企业、机关、团体或居民把货币资金存入银行或其他信用机构保管并取得一定利息的一种信用活动形式。根据存款对象的不同可划分为企业存款、财政存款、机关团体存款、基本建设存款、城镇储蓄存款、农村存款等科目。它是银行信贷资金的主要来源。**贷款** 指银行或其他信用机构根据必须归还的原则，按一定利率，为企业、个人等提供资金的一种信用活动形式。我国银行贷款，分流动资金贷款、固定资产贷款、城乡个体工商户贷款以及农业贷款等科目。

国家储备 是一定时点上国家拥有的可直接对外支付的各种金融资产。包括黄金储备、外汇储备、特别提款权、在基金组织的储备头寸及对基金信贷的使用等。它是观察和衡量一个国家对外支付能力的主要指标。

货币供应量 指某一时点一国流通中的货币量。货币供应量可分为三个层次：

M_0：流通中的现钞。

M_1：M_0＋企事业单位活期存款＋机关部队团体存款＋农村存款＋个人持有的信用卡类存款。

M_2：M_1＋企业单位定期存款＋储蓄存款＋外币存款＋信托类存款。

货币流通、货币流通量 货币在流通领域中不断地离开出发点，在不同所有者之间转手，完成商品交换的行为，叫货币流通。货币流通量指货币离开金库在市场上流通的货币数量。投放货币就增加了货币流通量，反之，回笼货币就减少了货币流通量。增加或减少货币流通量主要是适应经济和社会发展需要。货币流通量过少，不能满足商品交换的需要，就会影响经济发展；货币流通量过多，超出了商品交换的需要，就会出现通货膨胀，同样会影响经济的增长。

信用膨胀 是价值运动的特殊形式。信用的形式有商业信用、银行信用、国家信用和消费信用。商业信用指以延期付款方式出售商品，主要利用商业票据或采取赊帐的方式。消费信用指对个人消费者提供的信用。如农村信用社向农民提供生活贷款等。财政信用是国家以债务人身份向国内人民取得信用。如通过发行公债、集中闲散资金用于重点建设方面。银行信用指银行对企业提供的信用。在我国，国家运用银行信用，有计划地动员和分配国民经济中的闲置资金，以满足企业的资金需要。各种信用形式都是建立在相互依赖和客观需要的基础上，如果信用超出实际可能，就会出现信用膨胀。如银行事先对企业的经营状况不了解，发放的贷款因企业亏损难以收回，这样势必加大贷款规模，出现信用膨胀。

通货膨胀 是指一国经济中的纸币发行量超过商品流通所需而引起的货币贬值，物价普遍上涨的现象。通货膨胀按形成的原因一般可分为需求拉动型通货膨胀、成本推进型通货膨胀和结构性通货膨胀。需求拉动型通货膨胀是指由于总需求的增长而引起的商品平均价格的普遍上涨的现象。成本推进型通货膨胀是指因商品和劳务的生产者主动提高价格而引起的商品平均价格的普遍上涨的现象。结构性通货膨胀是指物价上涨是在总需求并不过多的情况下，而对某些部门的产品需求过多，造成部分产品的价格上涨的现象。在通货膨胀期间，需求、成本以及结构这三种因素同时起作用。

可保财产额 是指社会总财产额（包括固定资产和流动资金），剔除按保险公司财产保险条款规定不在保险范围内的财产额（如土地、货币等）和有自保能力不向保险公司投保单位的财产额后所余的财产额。可保财产额是财产保险业务的全部工作对象的价值指标。

承保额 又叫保险金额。它是保险人对被保险人负担损失补偿或约定给付的金额。它是保险合同上的最高责任额，也是计算保费的依据。

保费 又叫保险费。是保险人根据保险合同的有关规定，为被保险人取得因约定危险事故发生所造成的经济损失补偿（或给付）权利，付给保险人的代价。包括财产险和人身险储金收入。

赔款 保险事故发生后，经查证确属保险责任范围以内的保险标的损失，保险人根据保险合同的规定履行赔偿义务，给予被保险人的款项叫做赔款。赔款可分为已决赔款和未决赔款两种。

教育、科技和文化

普通高等学校 指按照国家规定的设置标准和审批程序批准举办，通过国家统一招生考试，招收高中毕业生为主要培养对象，实施高等教育的全日制大学、独立设置的学院和高等专科学校、短期职业大学。

成人高等学校 指按照国家有关规定审批，招收通过全国成人高教统一招生考试的具有高中毕业或同等学历的在职从业人员利用脱产、半脱产、业余或函授等多种形式对其实施高等学历教育，培养高等教育专科或本科毕业水平的专门人才，修业年限、课程设置和总学时数均按高等学历教育要求付诸实施的学校。包括广播电视大学、职工高等学校、农民高等学校、管理干部学院、教育学院、独立设置的函授学院等。

独立研究与开发机构 指有明确的任务和研究方向，有一定学术水平的业务骨干和一定数量的研究人员，具有研究、开发、开展学术工作的基本条件，主要进行科学研究与技术开发活动，并且在行政上有独立的组织形式，财务上独立核算盈亏，有权与其他单位签订合同，在银行有单独户头的单位。包括国务院各部门、中国科学院、中国社会科学院和各省、自治区、直辖市以及地（市）以上〔含地（市）〕各部门所属的国有独立的科学研究与技术开发机构。

独立研究与开发机构职工 指在科学研究与技术开发机构工作，并由其支付工资的各种人员。包括长期职工和临时职工，不包括编制以外的离休、退休人员和停薪留职人员，但包括招聘人员。

研究与发展经费支出 指报告期内用于研究与试验发展课题活动（基础研究、应用研究、试验发展）的全部实际支出。包括用于研究与发展课题活动的直接支出，还包括间接用于研究与发展活动的一切支出（院、所管理费、维持院、所正常运转的必需费用和与研究发展有关的基本建设支出）。

科学家和工程师 指具有大学本科及以上学历和不具备上述学历但有高、中级职称的人员。

其他科技人员 指大专、中专毕业和具有初级职称的从事科技活动人员。

专业技术人员 指已取得科学技术职称，或大学、中专的理、工、农、医科系毕业，以及国民经济各部门从工作实践中提拔，从事理、工、农、医等自然科学技术的研究、教学、生产的专业人员和在机关、企业、事业中从事科学技术业务管理工作的专业人员。

工程技术人员 指在国民经济各行业从事工程技术工作的自然科学技术专业人员，包括：高级工程师、工程师、助理工程师、技术员和未评定职称的技术人员。

农业技术人员 指在国民经济各行业从事农业技术工作的自然科学技术专业人员，包括：高级农艺师、农艺师、助理农艺师、技术员和未评定职称的技术人员。

卫生技术人员 指在国民经济各行业从事卫生医务工作的自然科学技术专业人员，包括：正副主任医师、主治医师、医师、医(护)士和未评定职称的技术人员。

科学研究人员 指在国民经济各行业从事科学技术活动的科学技术专业人员，包括：正副研究员、助理研究员、研究实习员、技术员和未评定职称的技术人员。

教学人员 指在国民经济各行业从事科学技术方面教学活动的专业人员，包括：正副教授、讲师、助教、教师和在中学从事科学技术方面教学活动的人员。

发明 专利法及其实施细则所称的发明是指对有关产品、方法或其改进所提出的新的技术方案。

实用新型 专利法及其实施细则所称的实用新型是指对产品的形状、构造或者其结合所提出的适于实用的新的技术方案。

外观设计 专利法及其实施细则所称的外观设计是指对产品的形状、图案、色彩或者其结合所作出的富有美感并适于工业上应用的新设计。

文化事业机构 指从事专业文化工作和为专业文化工作服务的独立建制的单独核算的单位。不包括这些单位另外举办独立核算的其他机构和各部门的业余文化组织。

艺术表演团体 指从事戏曲、音乐、舞蹈、杂技等专业艺术表演，有独立帐户，实行单独核算的团体。不包括半工半艺、半农半艺和民间职业剧团。

电影放映单位 指具有放映机器设备、固定或不固定的放映场所与专职或兼职的放映技术人员，经有关部门登记批准，经常为一定的观众对象放映电影的机构。包括经批准对外开放进行营业，并与电影发行放映管理机构分帐的专用放映单位和军委系统租片单位。

艺术表演观众人数(人次) 指售票、包场演出或民族地区免费演出的艺术表演观众人次数。不包括彩排审查和内部观摩演出的观看人次数。

体育、卫生、社会福利和其他

等级运动员人数 指经考核正式批准授予等级运动员称号的人数。运动员等级分为国际级运动健将、运动健将、一级运动员、二级运动员、三级运动员、少年级运动员。

等级裁判员人数 指经考核正式批准授予等级裁判员称号的人数。裁判员等级分为国际裁判、国家级裁判、一级裁判、二级裁判、三级裁判。

体育场 指有400米跑道(中心含足球场)，有固定道牙，跑道6条以上，并有固定看台的室外田径场地。以看台容纳观众人数分：甲级25000人以上，乙级15000－25000人，丙级5000－15000人，丁级5000人以下。

体育馆 指有固定看台，可供篮球、排球、羽毛球、乒乓球、体操等项目训练比赛活动用的室内运动场地。以看台容纳观众人数分：甲级6000人以上，乙级4000－6000人，丙级2000－4000人，丁级2000人以下。

医院 指设有固定床位能收容病人住院并能为病人提供医疗、护理服务的医疗机构。包括县及县以上医院、农村乡卫生院、其他医院三部分。按所属性质分为卫生部门、工业及其他部门，集体经济单位三类。其中县及县以上医院按业务性质分为综合医院和专科医院。

卫生技术人员 指卫生事业机构支付工资的全部固定职工和合同制职工中现任职务为卫生技术工作的专业人员。包括中医师、西医师、中西医结合高级医师、护师、中药师、西药师、检验师、其他技师、中医士、西医士、护士、助产士、中药剂士、西药剂士、检验士、其他技士、其他中医、护理员、中药剂员、西药剂员、检验员，其他初级卫生技术人员。

医生 指经卫生部门审查合格，从事医疗工作的专业人员。分为中医医生和西医医生。包括卫生技术人员中的中医师、西医师、中西结合高级医师、中医士、西医士和其他中医。

社会福利事业单位 指集中收养社会孤老、残、幼的机构。包括由民政部门管理的社会福利院、儿童福利院、精神病人福利院和城镇集体办的福利院，以及农村集体举办的敬老院。

社会福利事业单位收养人数 包括民政部门管理的和城镇及农村集体举办的社会福利事业单位中收养的老人、少年儿童、缺乏生活自理能力的残疾人员和精神病人。

社会福利企业单位 指以安置城镇有一定劳动能力的盲、聋、哑和肢体残疾人员就业为目的，享受国家减免税待遇的国有或集体经济性质的企业。包括福利工厂、福利商业服务业、假肢厂和安置农场等单位。

离休、退休、退职人员 指正式办理了离休、退休、退职手续，并享受相应的离休、退休、退职待遇的人员。

保险福利费用 指企业、事业、机关单位在工资以外实际支付给职工和离休、退休、退职人员个人以及用于集体的劳动保险和福利费用。

中国统计出版社最新图书简目

（仅供参考，以最后出书为准）

统计资料

综合类：中国统计年鉴　中国统计摘要　中国发展报告

国际资料类：国际统计年鉴　金砖国家联合统计手册　世界能源资源年鉴

区域资料类：中国区域经济统计年鉴　中国县域统计年鉴　中国城市统计年鉴　中国农村统计年鉴　中国地区经济监测报告

经贸与投资类：中国贸易外经统计年鉴　中国对外直接投资统计公报　中国商品交易市场统计年鉴　大中型批发零售和住宿餐饮企业统计年鉴　中国零售和餐饮连锁企业统计年鉴

住户与物价类：中国住户调查年鉴　中国价格统计年鉴　中国农产品价格调查年鉴　全国农产品成本收益资料汇编

资源与环境类：中国环境统计年鉴　中国能源统计年鉴

产业类：中国工业统计年鉴　中国建筑业统计年鉴　中国房地产统计年鉴　中国第三产业统计年鉴　中国证券期货统计年鉴

科技类：中国科技统计年鉴　中国高技术产业统计年鉴　工业企业科技活动资料

人口与就业类：中国劳动统计年鉴　中国人口和就业统计年鉴　中国人才资源统计报告

社会与文化类：中国社会统计年鉴　中国文化及相关产业统计年鉴

公共管理类：中国民政统计年鉴　中国民族统计年鉴　中国乡镇街道行政区域简册

省级综合统计年鉴系列

北京 天津 河北 山西 内蒙古 辽宁 吉林 黑龙江 上海 江苏 浙江 安徽 福建 江西 山东 河南 湖北 湖南 广东 广西 海南 重庆 四川 贵州 云南 西藏 陕西 甘肃 青海 宁夏 新疆 新疆生产建设兵团

市(县)级综合统计年鉴系列

天津滨海新区 石家庄 唐山 邯郸 太原 大同 阳泉 长治 晋城 朔州 晋中 运城 忻州 临汾 呼和浩特 鄂尔多斯 包头 沈阳 大连 长春 吉林市 四平 哈尔滨 黑龙江垦区 上海浦东新区 南京 无锡 徐州 常州 苏州 南通 连云港 淮安 盐城 扬州 镇江 泰州 宿迁 江阴 丹阳 杭州 宁波 温州 嘉兴 绍兴 金华 衢州 舟山 台州 丽水 合肥 福州 厦门 宁德 福州经济技术开发区 南昌 济南 青岛 郑州 洛阳 平顶山 三门峡 南阳 武汉 十堰 荆州 宜昌 荆门 咸宁 长沙 广州 深圳 惠州 东莞 南宁 柳州 桂林 来宾 海口 三亚 成都 贵阳 昆明 西安 兰州 庆阳 银川 乌鲁木齐 兵团一师 兵团十师

调查年鉴系列

山西 内蒙古 吉林 辽宁 上海 福建 湖北 广西 重庆 四川 云南 甘肃 宁夏 新疆 南宁 桂林

“十二五”规划教材

统计学（经济管理类专业本科适用，单薇 等）　抽样调查理论与方法（冯士雍 等）

贝叶斯统计（茆诗松 等）　统计学（黄良文 等）　试验设计（茆诗松 等）

统计学：从数据到结论（吴喜之）　医学统计学（于浩）　统计学（经济、管理类专业基础教材，张小斐）

概率论与数理统计三十三讲（魏振军）　概率论与数理统计三十三：学习指导与习题解答（魏振军）

非参数统计（吴喜之 等）　统计学：经济与管理中的数据分析（李慧云 等）

卫生管理统计学（新编医学院校基础课教材，尚磊）医院统计学（新编医学院校基础课教材，徐天和 等）

社会统计学（蒋萍 等）　现代金融投资统计分析（李腊生 等）

国民经济核算初级教程（经济类、统计类、管理类专业适用，蒋萍 等）

重点图书

新中国65年　新编英汉汉英统计大词典　中华医学统计百科全书

挑大学选专业2014—考研择校指南　挑大学选专业2014—高考志愿填报指南

中国统计出版社发行部电话：（010）63376907,63376908　同楫行书店电话：68783171,68783172

通讯地址：北京市西城区三里河月坛南街57号　邮政编码：100826

网址：http://csp.stats.gov.cn

VIRTUE
衣品如人品 富绅品质男装
TEL：0752– 262 8906 / 262 8920 / 262 8281
富绅官网 www.virtue.com.cn 富绅衣站网络商城 www.yeshopping.com.cn
珠海 | 中山 | 深圳 | 东莞 | 广州 | 南宁 | 柳州 | 南昌 | 长沙 | 重庆 | 成都 | 西安 | 兰州 | 石家庄 | 天津 | 呼和浩特 | 长春 | 哈尔滨...
加"VIRTUE"为微信好友